Artur Axmann

„Das kann doch nicht das Ende sein"

Artur Axmann

„Das kann doch nicht das Ende sein"

Hitlers letzter Reichsjugendführer erinnert sich

VERLAG S. BUBLIES

Meinen gefallenen Kameraden

Impressum:
© 1995 by S. Bublies Verlag, Koblenz
Alle Rechte vorbehalten
Umschlaggestaltung: Studio Haneke, Dortmund
Herstellung: Druckerei Patzschke, Coburg
Satz: druck+text GmbH, Koblenz
Printed in Germany 1995
ISBN 3-926584-33-5

INHALTSVERZEICHNIS

Vorwort 9

Kindheit und Jugend in der Weimarer Republik 11
Eltern und Großeltern - Von Hagen/W. nach Berlin - Die Schule - Turnen und Sport - Ferien auf dem Land - Frauen haben mich erzogen - Ein Schlüsselerlebnis - In der ersten Versammlung mit Dr. Goebbels - Im NS-Schülerbund - Abschiedsrede über Walter Flex - Hitlerjugend im roten Wedding - Gauführer Robert Gadewoltz - Abitur und Universität - Sommer 1931 in der Kiesgrube - Horst Wessel als Beispiel - Erlebnisse in Diskussionen und Versammlungen - Kurt Gruber und Dr. Adrian von Renteln - Unsere Vorstellung vom Sozialismus - Hinein in Berufsschulen und Betriebe - Die Ermordung von Herbert Norkus und Georg Preiser - Männer im Kampf um die Betriebe - Erste Begegnung mit Baldur von Schirach - Meine Berufung in die Reichsjugendführung - Aufbau der Jugendbetriebszellen im Reich - Sonderaufträge - Reichsjugendtag in Potsdam - Rückschlag - Gregor Strassers Parole „Hinein in den Staat" - Reichskuratorium für Jugendertüchtigung - Notwerk der deutschen Jugend - Letzte Tagung des Reichsausschusses der deutschen Jugendverbände - Jahreswechsel 1932/33: Ermordung von Walter Wagnitz - Was hat die Jugend mit Politik zu tun? - BDM in der Berliner Kampfzeit - Am 30. Januar 1933 in Würzburg

Jahre des Aufbaus im Dritten Reich 71
Machtübernahme - Staatsakt in der Garnisonskirche und Ermächtigungsgesetz - „Kauft nicht beim Juden" - Feiertag der nationalen Arbeit - Bei Hindenburg und Hitler - Von München nach Berlin - Besetzung des Reichsausschusses der deutschen Jugendverbände - Auf schwierigem Weg zur Einheit der Jugendbewegung - Chef des Sozialen Amtes der Reichsjugendführung - Meine Mitarbeiter - Im Dienst des

Winterhilfswerks - Gesundheitsführung und Jugenderholungspflege - Unsere Aufgaben in der Arbeitsschlacht - Landhilfe, hauswirtschaftliches Jahr und Landjahr - Mitwirkung bei der Berufsberatung - Die Röhm-Affäre - Hindenburgs Tod - Der Reichsberufswettkampf - Studenten als Teilnehmer - Plakat- und Schaufensterwettbewerb -Berufs- und sozialpolitische Auswertung - Begabtenförderung - Die Freizeitaktion der HJ - Unsere Arbeit in der Akademie für Deutsches Recht - Das Jugendschutzgesetz - Auswirkungen auf internationaler Ebene - Das Jugendgerichtsgesetz - Zusammenarbeit mit Justiz und Gemeinden - Artamanen und Landdienst der HJ - Führer des HJ-Gebietes von Berlin - Heimabend, Schulung und Führerausbildung - Leibeserziehung und Sport - Wehrertüchtigung - Gründungsversuch einer „Reichsjugend" - Das HJ-Gesetz - Kulturarbeit - Bau von Heimen und Jugendherbergen - Auslandsarbeit der HJ - Informationsreisen auf dem Balkan und im Vorderen Orient - Bei Kemal Atatürk - Olympiade 1936 in Berlin - Das Jahr der Verständigung - Unser Auslandshaus - Österreich kommt zum Reich - Militärzeit beim Infanterieregiment 8 in Frankfurt/Oder - Wahlen im Sudetenland - Die Reichskristallnacht - Begegnungen mit Juden und ihr Einfluß in Berlin - Einmarsch in die Tschechoslowakei - Das Protektorat Böhmen und Mähren - Die Akademie für Jugendführung in Braunschweig - Die Verschlechterung der deutsch-polnischen Beziehungen

Die Kriegszeit 233

Soldat in westlichen Vorfeldkämpfen - Hitler ruft mich nach Berlin zurück - Ernennung zum Reichsjugendführer - Ärgerliche Vorfälle - Dr. Robert Ley - Rückblick aus der Sicht des Bundestagspräsidenten - Meine wichtigsten Mitarbeiter in der Reichsjugendführung - Meine ersten Maßnahmen im neuen Amt - Enge Verbindung zu Rudolf Heß - Helfende Hände in der Heimat - Draußen im Lande - Zum Jahresabschluß 1940: Dank den Eltern - 1941: Aufbau in den neuen Gebieten - In Norwegen - Vidkun Quisling - Winterkampfspiele der HJ mit europäischer Beteiligung - Dr. Fritz Todt - Mit Rudolf Heß zum Obersalzberg - Heß' Flug nach England - Dienstreise nach Italien - Bei Benito Mussolini - Zur

Frontleitstelle Krakau - Krieg mit der Sowjetunion - Meine Verwundung - Im Lazarett und Genesung auf Capri - In Wien - 1942: Osteinsatz und Landdienst - Bei Hitler in der Wolfsschanze - Führerentscheidung zur Wehrertüchtigung - Die Wehrertüchtigung der Jugend - Die Wehrertüchtigungslager der HJ - Sonderausbildung - Beratungen mit europäischen Jugendführern - Europäische Festspiele in Weimar und Florenz - Verpflichtung der Jugend - Sommerkampfspiele der HJ in Breslau - Der Europäische Jugendverband: Schwierigkeiten, Gründung, Grundsätze der Zusammenarbeit, Veranstaltungen, Echo im Ausland, Nachlese in Deutschland - Bei Joachim von Ribbentrop - Die Europakonzeption des Reichsaußenministers - Hitlers Garantie-Erklärungen für Norwegen und Schweden - 8. November 1942: Hitler unter alten Kampfgenossen - Entwicklung des HJ-Landdienstes im Krieg - Lehrhöfe - Germanische Landdienst- und Wehrertüchtigungslager - BDM im Osteinsatz - HJ-Einsatz im Luftkrieg - 1943: Kriegseinsatz der Hitlerjugend - Alliierte Forderungen nach bedingungsloser Kapitulation - Stalingrad - 12. SS-Panzerdivision „Hitlerjugend" - Feuersturm in Hamburg - Erweiterte Kinderlandverschickung - Fliegerheime der HJ - Hochfrequenzausbildung - Reichswettkämpfe der HJ-Sondereinheiten - Tag der Wehrertüchtigung - Kriegsberufswettkampf - Woche der schaffenden Jugend - Jugendwohnheime - „Heldenklau" - Verfehlte Ostpolitik - Das Spielzeugwerk der HJ - Verordnung des Ministerrates über die Lenkung des Kriegseinsatzes der Jugend - 1944: Jahr der Kriegsfreiwilligen - Gesundheit und Moral - Musischer und Technischer Wettbewerb - Ausbildungslager für naturwissenschaftlich Begabte - Opposition und Jugendcliquen - Arbeitsgemeinschaften für Jugendbetreuung - Totaler Kriegseinsatz - Die Verschwörung vom 20. Juli 1944 - Das tschechische Jugendkuratorium - Jugendarbeit im Baltikum und in Weißruthenien - Schanzdienst an den Grenzen - Das Dritte Aufgebot des Volkssturms - Wlassow - Freiwilligenappell im Potsdamer Stadtschloß - Kleinkampfverbände und Ein-Mann-Torpedo-Waffe - Todesflieger und Gespenstergeschwader - Vorführung neuer Waffen in Rechlin - Gegen meine direkte Unterstellung unter Hitler - 1945: Kriegseinsatz und Fronthilfe der HJ - Konflikte mit Martin Bormann - Bei Hermann Göring in Karinhall - Im eingeschlossenen Breslau - Inferno in Dresden - Zum Werwolf - Aufbau der Panzervernichtungseinheiten - Abschiedstagung der Reichs- und Gauleiter bei Hitler - Gespräch mit Albert Speer - Verfahren gegen Professor Dr. Brandt - Im Ruhrkessel - Die letzte Reichsveranstaltung der Hitlerjugend - Hitlers 56. Geburtstag - Armee Wenck und Pichelsdorfer Brücken - Im Führerbunker bis zum Ende - Der Ausbruch aus dem Regierungsviertel - Durch russische Linien nach Mecklenburg - Fünf Monate unter den Sowjets - Abenteuerlicher Auftrag - Wieder in den Westen - Verhaftung

Nach 1945

Verhöre beim amerikanischen Geheimdienst - Im britischen Lager Staumühle - Im Gefängnis von Nürnberg - Im amerikanischen Lager Langwasser - Erste Spruchkammerverhandlung in Nürnberg - Beruflicher Neubeginn - Die „Untergrundbewegung" - Die Bormann-Legende - HJ-Führer bei Erich Honecker - Im Interzonenhandel - In der Volksrepublik China - Mit Chinesen zur Hannover-Messe - Zweite Spruchkammerverhandlung in Berlin - Berufstätigkeit in Spanien - Wieder in Deutschland - Rückblick und Ausblick

VORWORT

Dieses Buch ist keine wissenschaftliche Arbeit und keine Geschichte der Hitlerjugend. Ich bin kein Historiker.
Ich berichte darüber, was ich in der Weimarer Republik und im Dritten Reich in Krieg und Frieden getan und erlebt habe. Es ist ein Sach- und Erlebnisbericht eines Zeitzeugen, der sich als Mosaiksteinchen in das Gesamtbild unserer Epoche einfügen soll. In einigen Umrissen ist auch dargestellt, wie es mir in der Nachkriegszeit ergangen ist.
Ich danke den Kameraden und Kameradinnen, die mir Unterlagen und Hinweise zugehen ließen, sowie dem Mikrochip-Archiv des Otto-Suhr-Instituts Berlin unter der Leitung von Frau Kirschbaum-Reibe für die freundliche Unterstützung
Vor allem möchte ich meiner Frau Dank sagen, die durch ihre Berufstätigkeit und manche Hilfe dazu beitrug, diese Niederschrift zu ermöglichen.

Berlin, März 1995   Artur Axmann

Kindheit und Jugend in der Weimarer Republik

Unsere Wohnungstür schnappte ins Schloß. Ich wurde wach. Es war halb sieben. Meine Mutter ging zur Arbeit. Unser Zimmer war kalt. Es war Winter und wir konnten nicht heizen. Ich drehte mich noch einmal in die warme Zudecke ein. Noch war Zeit, denn erst um 8.00 Uhr fing die Schule an. In Gedanken begleitete ich meine Mutter, die nun bei Eis und Schnee zu ihrer Arbeitsstätte ging. Das war die AEG in der Ackerstraße. Ich kannte diesen Weg im Wedding sehr gut. Schon als Kind durfte ich meine Mutter am Lohntag von der Arbeit abholen. Daher bin ich diesen Weg mit Freude gegangen. Nach einer halben Stunde stand ich vor dem hohen eisernen Tor des roten Backsteingebäudes. Ich wartete auf meine Mutter, bis sich endlich der Strom der Arbeiter auf mich zubewegte. Als ich sie entdeckte, fiel mir auf, wie ernst sie war. Entdeckte sie mich, dann kam ein leichtes Lächeln in ihre Züge. Spontan lief ich auf sie zu. Sie gab mir einen Groschen. Nun durfte ich voraus rennen, zum Bäcker. Vor der Tür empfing mich der Geruch frischer Backwaren. Den habe ich heute noch in der Nase. Daher mag es wohl kommen, daß ich hin und wieder länger vor einem duftenden Bäckerladen stehen bleibe. Für den Groschen konnte ich mir damals eine Schnecke und einen Amerikaner mit Zucker oder Schokoladenguß kaufen. Das hat geschmeckt. Der Lohntag meiner Mutter war ein Feiertag für mich.
Mit zehn Jahren erlebte ich, wie meine Mutter mit ihren Arbeitskollegen sofort nach Betriebsschluß in die nächst gelegenen Geschäfte eilte. Das war 1923, im Jahr der Inflation. Alle fürchteten, daß die Währung in wenigen Stunden weiter verfällt und sie für ihr Geld weniger an Ware bekommen würden. Kostete ein Kilo Roggenbrot noch im September des Jahres 2,2 Millionen Reichsmark, so mußte man bereits im November 600 Milliarden Papiermark dafür bezahlen. Im gleichen Zeitraum stieg der Preis für einen Liter Milch von 8 Millionen auf 300 Milliarden, ein Ei von 2 Millionen auf 300 Milliarden, ein Kilo Butter von 100 Millionen auf 6 Billionen, ein Kilo Zucker von 2,5 Millionen auf 1,3 Billionen, ein Hemd von 400 Millionen auf 8,5 Billionen Papiermark. Das war ein unvorstellbar rasanter Anstieg der Preise in schwindelregende Höhe und daher die Hast der Menschen in die Geschäfte nur allzu verständlich. Man trug damals das Geld nicht in Brief-, sondern in Aktentaschen oder gar Körben.
Während ich vor dieser Zeit allein Milch und Schrippen holen durfte, lö-

sten mich nun darin meine älteren Brüder ab. Mit Milliarden umzugehen, war wohl eine Überforderung für mich. Die Menschen hatten in der Inflation ihr gespartes Barvermögen verloren. Davon war meine Mutter nicht betroffen. Sie hatte nichts auf der hohen Kante. Wenn später von den goldenen 20er Jahren gesprochen wurde, so verband ich damit diese Zeit der Not und Inflation. Das war die Kehrseite der sogenannten goldenen Zeit.

Heute finde ich es merkwürdig, daß ich immer morgens nach halb sieben, wenn die Wohnungstür klappte und meine Mutter aus dem Haus zur Arbeit ging, mit 14 Jahren darüber nachzudenken begann, wie schwer es doch meine Mutter hatte, uns drei Söhne durchzubringen. Wir hatten keinen Vater mehr. Er war schon 1916 gestorben. Da war ich gerade drei Jahre alt. Ich besaß keine deutliche Erinnerung an ihn. Alles, was ich über ihn weiß, habe ich von meiner Mutter, meinem ältesten Bruder und von den Eltern meines Vaters erfahren, die ich erst mit 16 Jahren kennenlernte. Vorher war mir eine Reise nach Schlesien nicht möglich.

Auch meine Großeltern konnten sich eine Fahrt nach Berlin nicht leisten. Die erste Begegnung mit ihnen prägte sich tief in mir ein. Als sie mich sahen, riefen sie unter Tränen: „Das ist ja unser Aloys". Das war der Vorname meines Vaters. Er wurde in Friedenthal/Gießmannsdorf am 14. März 1885 geboren und besuchte dort die Volksschule. Meine Großeltern erzählten mir, daß er sehr begabt gewesen sei und die katholische Kirche seine Ausbildung übernehmen wollte. Er sollte auf ihren Weg gebracht werden. Doch dazu kam es nicht. Mein Vater muß als junger Mensch andere Vorstellungen gehabt haben. Noch vor seiner Heirat konvertierte er zum evangelischen Glauben, dem auch meine Mutter anhing. Nach dem Volksschulabschluß ließ sich mein Vater in Neiße, dem schlesischen Rom nieder, nur etwa 13 km von Friedenthal/Gießmannsdorf entfernt. Hier erhielt er einen Ausbildungsplatz in einem Anwalts- oder Rechtsberatungsbüro. Nachdem er diese Ausbildung beendet hatte, wanderte er zu Fuß nach Berlin und ließ seine Eltern zurück. Sie waren enttäuscht. In der Nähe vom Alexanderplatz wurde er wieder in einem Anwaltsbüro tätig. In Berlin-Weißensee lernte er auf einem Spaziergang meine Mutter kennen, die dort als Haushaltsgehilfin tätig war. Sie heirateten sehr jung im Jahre 1906. 1907 wurde Kurt, mein ältester Bruder, und 1910 mein Bruder Richard geboren. Meine Eltern hatten noch zwei Töchter, Hedwig und Elfriede. Sie starben sehr früh. Ich habe keine Erinnerung mehr an sie.

Mein Vater hatte durch seine Arbeit Verbindung zur Versicherungswirtschaft bekommen. Von der Viktoria-Gesellschaft erhielt er eine Anstellung in Düsseldorf. Nicht lange darauf wurde ihm eine Generalagentur mit dem Sitz in Hagen übertragen. Die Familie zog dorthin. In der Bergstraße 66, am Fuße des Goldbergs, mietete mein Vater eine Acht-Zimmer-Wohnung,

in der sich Wohnung und Büro befanden. Hier wurde ich am 18. Februar 1913 als fünftes Kind geboren.
Betrachte ich heute, 1994, rückblickend mein Geburtsjahr, so scheinen mir aus der Vielzahl der Ereignisse folgende Begebenheiten bedeutsam für den weiteren Lauf der Geschichte und meines eigenen Schicksals gewesen zu sein. In Berlin trafen sich der deutsche Kaiser Wilhelm II, der englische König Georg V. und der russische Zar Nikolaus II. Anlaß war die Hochzeit der einzigen Tochter des deutschen Kaisers, Viktoria Luise, mit dem Herzog Ernst August zu Braunschweig aus Lüneburg, die - wie berichtet wurde - an einem frühlingshaften Tag des 24. Mai gefeiert wurde. Die europäischen Großmächte hatten zu Land und zur See stark aufgerüstet, und der politische Horizont verdunkelte sich immer mehr. Die Menschen erhofften sich von der Begegnung der drei Monarchen eine Entspannung der Lage. Doch ihre Hoffnungen erfüllten sich nicht. 1914 brach der erste Weltkrieg aus. 1913 starb der Mitbegründer der Sozialdemokratischen Partei Deutschlands und Führer der Arbeiterbewegung August Bebel, der sein Leben dem Kampf um die sozialen Rechte der Arbeiterschaft geweiht hatte. 1913 wurde die 100. Wiederkehr der Völkerschlacht von Leipzig begangen. Gegen das hohe patriotische Pathos einer erstarrten bürgerlichen Welt stand die Jugendbewegung auf und bekannte sich auf dem Hohen Meissner zur inneren Wahrhaftigkeit, zu eigener Verantwortung und zu einem Leben in und mit der Natur.
Diese Ereignisse könnte ich heute nachträglich als wegweisende Zeichen für mein späteres Leben deuten. Damals war mir das natürlich nicht bewußt. Ich erlebte den zweiten Weltkrieg, rang um die Erfüllung der Forderungen der jungen Arbeiterschaft und war von meinem 15. bis zu meinem 32. Lebensjahr für die nationalsozialistische Jugendbewegung tätig.
Doch zurück nach Hagen. Wir lebten zwar im Westfalenland, aber meine Eltern waren keine gebürtigen Westfalen. Mein Vater war Schlesier. Auch seine Vorfahren kamen aus Schlesien sowie aus dem böhmisch-mährischen Raum, wo die Großfamilie der Axmanns in früher Zeit beheimatet war. Die Vorfahren väterlicherseits waren zumeist Landarbeiter und Handwerker.
Mein Großvater väterlicherseits arbeitete als Aufseher auf dem Gut des Barons von Friedenthal. Mein Großvater mütterlicherseits war jahrzehntelang als Haumeister im märkischen Wald tätig. Der Wald war sein Lebenselement. Die Forstbeamten und Waldarbeiter schätzten meinen Großvater sehr. Das habe ich noch auf der Feier für sein 50jähriges Dienstjubiläum miterleben können. Ihm zu Ehren und seinem Gedenken errichteten sie im Wald bei Tiefensee einen großen Naturstein, vor dem ich mit ihm noch zu seinen Lebzeiten stand.

Meine Mutter stammt aus der Mark Brandenburg. Sie wurde am 10. Juni 1884 in Freudenberg bei Tiefensee geboren. Sie besuchte dort die Volksschule. Die Vorfahren mütterlicherseits waren Bauern und Binnenschiffer. Da meine Mutter aus der Mark-Brandenburg und mein Vater aus Schlesien kam, konnte ich mich zu Recht einen echten Berliner nennen.

Als mein Vater am 1. August 1914 Soldat werden wollte, wurde er nicht angenommen. Er war schwer zuckerkrank. Damals gab es noch kein Insulin. Das wurde erst 1921 von den Kanadiern F. G. Banting und C. Best entdeckt. Während der Soldat im Krieg immer noch die Chance besaß, mit dem Leben davonzukommen, so hatte mein Vater die Chance nicht. Es gab keine Rettung für ihn. Mein ältester Bruder erzählte mir von seiner Erinnerung als Neunjähriger aus jenen Tagen.

Unser Vater stand am Fenster, hatte seine Arme und darauf seinen Kopf ans Fensterkreuz gelegt und weinte in sich hinein. Die Ärzte hatten ihm eröffnet, daß er nur noch kurze Zeit zu leben habe. In seiner Notlage entschloß sich mein Vater, die Familie nach Berlin zu bringen. Dort und in der ländlichen Umgebung waren unsere nächsten Verwandten ansässig, in deren Nähe er uns wissen wollte. So zogen wir nach Berlin-Prenzlauer Berg. Der Zustand meines Vaters verschlechterte sich zusehends. Er kam ins Krankenhaus am Friedrichshain. Dort starb er im Jahre 1916. Er war erst 32 Jahre alt.

Meine Mutter erzählte mir später, daß mein Vater einen Partner in seine Firma aufgenommen hatte, der ihn unter Ausnutzung seiner Krankheit betrog. So stand meine Mutter am Ende mittellos da.

Das Jahr 1916 brachte für sie die härteste Prüfung durch das Schicksal. Sie verlor nicht nur ihren Mann. In diesem Jahr starben auch ihre Mutter und eine Tochter. Das alles mitten im Krieg. Sie selber lag mit einer schweren Lungenentzündung danieder. Nach dem zweiten Weltkrieg sagte sie mir einmal in einer stillen Stunde, daß sie sich damals schon bei sphärischer Musik jenseits der Schwelle dieses Lebens wähnte.

Nach dem Tod meines Vaters zogen wir in den Stadtbezirk Wedding im Norden Berlins. Dort wohnte auch die Schwester meiner Mutter, meine Tante Siewert. Sie war verheiratet und hatte Sohn und Tochter. Der Wedding war ein ausgesprochenes Arbeiterviertel. Man sprach immer nur vom roten Wedding. Mitten in den Wohngebieten waren im Zuge der industriellen Revolution Fabriken entstanden, von denen einige später Weltruf erlangten, wie die AEG, OSRAM, Schering, Schwartzkopf und Telefunken. Es war ein Stadtteil der grauen Mietskasernen mit drei und vier Hinterhöfen. In der Ackerstraße gab es den Meyershof, mit sechs Hinterhöfen und Quergebäuden. Dort wohnten etwa tausend Menschen. Hier erblickten die Neugeborenen nicht das Licht, sondern das Dunkel der Welt. Der Weltstadt-

apostel Dr. Carl Sonnenschein hat angesichts solchen Elends geschrieben: „Ich schäme mich, in diesem Norden und Nordosten die 10 Gebote zu predigen. Die Mietskaserne ist ein Verrat an den 10 Geboten Gottes."
Es gab aber auch im Wedding Viertel mit breiten Straßenzügen, Häusern und Parks, die nicht drei oder vier, sondern nur einen Hinterhof hatten. Zum Glück bekamen wir dort, im belgischen Viertel, in der Lütticher Straße 6, eine kleine Wohnung im Seitenflügel mit Stube, Küche und Innentoilette. Als Junge beeindruckte mich der Hausflur, an dessen Wände sich grüne Jugendstilfliesen mit einem Frauenkopfrelief befanden. Wir drei Jungen schliefen in der Stube, meine Mutter in der Küche. Bad und Dusche gab es nicht. Wir wuschen uns in der Schüssel oder, wenn es vor Schulbeginn schnell gehen mußte, unter dem Wasserkran. Wir wohnten hier 16 Jahre, bis 1933.
Die letzten kargen Ersparnisse waren meiner Mutter durch den Umzug nach Berlin draufgegangen. Sie mußte sich Arbeit suchen. Die fand sie auch bald. Die Männer standen im Felde, und die Wirtschaft in der Heimat brauchte die Frauen. Vor allem die Rüstungsindustrie. Sie begann als ungelernte Arbeiterin und hatte vor allem mit dem Drehen von Gewinden zu tun. Nach entsprechender Einweisung wurde sie für Präzisionsarbeiten eingesetzt. Im Krieg gab es auch Nachtschichten für Frauen, was große Belastungen mit sich brachte. Es gab keine Gleichberechtigung für Mann und Frau. Das wirkte sich nachteilig auf die Löhne aus. Die Frauen erhielten bei gleicher Arbeit etwa 30 Prozent weniger ausgezahlt. Aber meine Mutter war trotzdem zufrieden, daß sie wenigstens ein regelmäßiges Einkommen hatte. Die Nahrungsmittel wurden im Krieg knapper und teurer. Wir aßen meistens Steckrüben, Kohlsuppen und Graupen, blauer Heinrich, wie man sagte. Da war es schon ein großes Ereignis, wenn mal ein Paket vom Großvater oder den Tanten vom Lande eintraf. Beim Öffnen des Paketes standen wir um unsere Mutter herum und waren fasziniert, welch seltene Delikatessen wie Blut- oder Leberwurst aus dem Packpapier auftauchten. Eines Tages teilte uns die Mutter mit, daß ihr jüngster Bruder Paul gefallen und ihre Brüder Gustav und Franz verwundet worden seien. Weitere Erinnerungen an den Ersten Weltkrieg habe ich nicht mehr.
1918 brach die deutsche Front zusammen. Der Kaiser dankte ab. Die Arbeiter- und Soldatenräte übernahmen die Macht. Friedrich Ebert wurde Reichspräsident. Am 9. November wurde die Republik ausgerufen. Doch die Räte fühlten sich von der Regierung getäuscht und riefen zum Generalstreik auf. Es gab Bürgerkrieg. Die Regierung rief zu ihrer Hilfe und Verteidigung die nationalen Freikorps auf, die mit den Regierungstruppen gemeinsam den Aufstand der Räte niederschlugen, die eben diese Regierung an die Macht gebracht hatten. Aus den Tagen des Umsturzes erinnere ich mich

daran, wie wir mit den Erwachsenen von der Straße in die Häuser flüchteten, als Schüsse durch die Straßen peitschten. Das muß Anfang 1919 gewesen sein. Im gleichen Jahr wurde ich eingeschult. Ich besuchte wie meine Brüder die 300. Gemeindeschule, die sich ganz in unserer Nähe, in der Ostender- Ecke Lütticher Straße befand. Das war ein riesiger imponierender Gebäudekomplex, der auch die Technische Beuthschule und die Diesterweg Realschule beherbergte. Meine erste Lehrerin war Fräulein Horst. Sie war freundlich, einfühlsam und konnte mit uns I-Männchen gut umgehen. Auf meinen ersten Zeugnissen gab es nur Einsen. Das qualifizierte mich für den Eintritt in die Förderklasse. Eine gute Einrichtung der Republik. Wir wurden gefragt, wer die höhere Schule besuchen möchte. Ich meldete mich gleich. Doch da hatte schließlich meine Mutter ein Wort mitzureden. Auch meine Brüder hatten das Zeug für die höhere Schule, aber sie mußten schon früh Geld verdienen und danach in die Lehre gehen. In meinem Fall aber gab meine Mutter nach Rücksprache mit dem Leiter der Förderklasse, Herrn Jäschke, ihr Einverständnis. Das habe ich ihr nie vergessen. Die Förderklasse absolvierte ich mit bestem Ergebnis und wurde 1922 in die 6. Oberrealschule aufgenommen, an der mir eine Freistelle gewährt wurde.

Aus den ersten Jahren meiner Schulzeit ist mir im Gedächtnis geblieben, daß sich jeden Morgen in unserer Küche mehrere Schulfreunde meines ältesten Bruders versammelten, um gemeinsam mit ihm Schularbeiten zu machen oder besser gesagt, von ihm abzuschreiben. Einige saßen am Tisch, andere an der Fensterbank. Ich, als Jüngster, lag auf dem Fußboden. Kurz vor 8.00 Uhr brachen wir alle lärmend auf. Wir trugen damals Holzklotzen und machten damit einen riesigen Krach, wenn wir die drei Treppen hinunterpolterten. Die Nachbarn konnten danach ihre Uhren stellen. Sie werden unsere Mutter nicht beneidet haben. Als wir um die Lütticher-/ Ecke Ostender Straße flitzten, klingelte es schon in der Schule. Auf den letzten Drücker erreichten wir unser Klassenzimmer. Mein Bruder Kurt ging mit 13 Jahren vormittags zur Schule und nachmittags arbeiten. Er war damals bei der Firma Jünger und Gebhardt beschäftigt. Er mußte Waren zur Kundschaft austragen. Als ich einmal krank im Bett lag, kam er mit einem vollbeladenen Rucksack in die Stube. Er war viel zu groß für ihn. Ich sah, wie die Riemen des Rucksacks seine Schultern nach hinten zogen. Er faßte in seine Tasche und legte mir sein Trinkgeld auf die Decke. Ein kleines Geschenk für seinen jüngsten Bruder. Und von diesem Jungen mit seiner doppelten Belastung haben seine Freunde jeden Morgen abgeschrieben. Vom Rektor Peris, an dem wir alle sehr hingen, bekam er als Klassenbester das Buch „Lebrecht Hühnchen" geschenkt. Darüber konnte er sich noch im hohen Alter freuen.

Dem Unterricht in der 6. Oberrealschule sah ich mit Spannung entgegen. Es gab neue Lehrer und neue Fächer. In den ersten Jahren war Dr. Fleischer mein Klassenlehrer. Er war streng und gerecht. Als ich einmal in meinem Atlas ein Kartenspiel von meinen älteren Brüdern mit in die Schule brachte, erhielt ich dafür mit einem langen biegsamen Rohrstock einen kräftigen Schlag auf die hingestreckte Hand. Sein Tod bei einem Unfall bewegte uns sehr. Die Oberrealschule gehörte zum naturwissenschaftlichen Zweig. Deutsch, Mathematik, Physik, Chemie und Biologie waren Hauptfächer. Während auf den Gymnasien Griechisch und Latein gelehrt wurde, standen bei uns die lebenden Sprachen wie Englisch und Französisch im Vordergrund. Die Fremdsprachen interessierten mich sehr. Ich muß mich hier stark engagiert haben, denn meine Mutter erzählte, daß ich des öfteren nachts im Traum mit fremden Zungen redete. In den höheren Klassen hatte ich einen ausgezeichneten Sprachlehrer. Das war Studienrat Doktor Schmeier. Er war relativ jung, sah gut aus, war immer sportlich und elegant gekleidet. Die Ferien verbrachte er in den Ländern, deren Sprache er lehrte. Er besaß das Flair der großen Welt und beeindruckte uns Schüler. Sein Unterricht war aufgelockert und immer interessant. Das trug dazu bei, daß ich mich auch für seinen wahlfreien Kursus in Spanisch meldete. Auch hier verstand er es, uns über das Sprachliche hinaus an die Kulturgeschichte des Landes heranzuführen. So mußten wir zum Beispiel Bilder von Velasquez und Morillo auf spanisch beschreiben. Dieser wahlfreie Lehrgang fand eine dreiviertel Stunde vor Beginn des Pflichtunterrichts statt. Während ich als Sextaner und Quintaner nur wenige Schritte zur Schule zu gehen brauchte, war mein späterer Schulweg viel länger. Ich brauchte dafür eine halbe Stunde. Am Anfang befand sich die 6. Oberrealschule auf dem Hof der Lütticher Straße 4, also nebenan von unserer Wohnung und wurde dann in die Schöningstraße 17, unmittelbar am Schillerpark verlegt. Heute ist dort die Lessingoberschule beheimatet. Ich machte meistens einen Umweg durch den Schillerpark. Dort war in der Frühe noch Stille. Die Morgenfrische war rein, und im Frühjahr und Sommer duftete es nach Sträuchern, Wiesen und Blumen. Das war ein schöner Tagesbeginn für mich. Die Lehrfähigkeit unseres Sprachlehrers wurde uns erst richtig bewußt, als wir nach ihm einen seiner Kollegen über uns ergehen lassen mußten, der uns mit Grammatik und seiner fürchterlichen Aussprache quälte. Als Auszeichnung habe ich es empfunden, wenn Doktor Schmeier mir 15- und 16jährigem Theaterkarten für fremdsprachliche Veranstaltungen außerhalb der Schule schenkte. Dabei ist mir vor allem noch eine Theateraufführung in englischer Sprache in Erinnerung. Es wurde von Oscar Wilde die Gesellschaftskomödie „The Importance of Being Earnest" (Es ist wichtig, ernst zu sein) gegeben. Ein Gentleman auf dem Lande erfindet einen Bruder in der erregenden Großstadt, um seiner Umgebung entfliehen zu können, und ein Gentleman in der Stadt gibt vor, einen kranken Freund auf dem Lande besuchen zu müssen, um ebenfalls Bekannten und Verwandten entrinnen zu können. Ich habe damals sicher nicht alles verstanden, aber es war vorteilhaft für mich, daß sich das Ohr an den Laut der fremden Sprache gewöhnen konnte. Außerdem war es für mich ereignisreich, allein unter Erwachsenen Theater zu erleben.

Ein anderes Mal erhielt ich eine Karte für einen Vortrag von Herbert George Welles an der Friedrich-Wilhelm-Universität, der als englischer Schriftsteller mit seinen fantastischen und utopischen Erzählungen und Romanen die „Science Fictions" in der Neuzeit mitbegründete. Dann hörte ich an der Uni den französischen Schriftsteller Georges Duhamel, der durch die Schilderung des zeitgenössischen Bürgertums bekannt geworden war und von dem wir im Französischunterricht Ausschnitte seiner Werke gelesen hatten wie „Le petit chose" (Der kleine Dingsda). Das waren für mich Höhepunkte im verlängerten Unterricht.

Nach dem Abschluß meiner Schulzeit habe ich später meinen Sprachlehrer hin und wieder besucht und freute mich, daß ich ihn während des zweiten Weltkrieges als Dolmetscher an eine Heeresdienststelle in Paris vermitteln konnte.

In bester Erinnerung ist mir mein Klassenlehrer in der Unter- und Oberprima, Studienrat Doktor Kiesow, geblieben, bei dem wir Deutschunterricht hatten. So gerade und aufrecht, wie sein Gang war, so war auch sein Charakter. Er entsprach meiner Vorstellung vom deutschen Mann. Über deutsche Literatur und ihre Geschichte hörte ich sehr gern. Schon als Kind hatte ich viel gelesen. Obenan standen dabei die Romane von Karl May und „Der Kampf um Rom" von Felix Dahn. Dieses Buch habe ich noch in der Nacht mit der Taschenlampe unter der Zudecke gelesen. Dabei begeisterte mich vor allem die jünglinghafte Gestalt des Totila, der selbst im Schmerz und in der Niederlage Helligkeit ausstrahlte und unterging wie die Sonne, die noch einmal herrlich am Abend die Welt mit ihrem Purpur beglückte. In den oberen Stufen wurden wir an die klassische Literatur herangeführt.

In den Jahren des Reifens, des Suchens, Goethes Sinn des Lebens auf der Spur, beeindruckten mich vor allem drei Kernsätze aus Goethes Faust: „Daß ich erkenne, was die Welt im Innersten zusammenhält ... Zwei Seelen wohnen, ach, in meiner Brust ... Wer immer strebend sich bemüht, den können wir erlösen."

In meiner Sturm- und Drangzeit begleiteten mich die Worte, die meinem Lebensgefühl entsprachen: „Ich habe Mut, mich in die Welt zu wagen, mit Stürmen mich herumzuschlagen und in des Schiffsbruchs Knirschen nicht zu zagen." Aber kaum eine Aussage beeinflußte mich so stark wie das Schillerwort: „... und setzet ihr nicht das Leben ein, nie wird euch das Leben gewonnen sein." Das war wie ein Leitsatz für mein späteres Leben. Bei geschlossenen Theateraufführungen für Schüler war ich immer ganz dabei, wenn ich vor den Brettern saß, „die die Welt bedeuten". Wenn ich auch als Schüler nicht besonders gern Gedichte auswendig lernte, so freute ich mich doch später als Mann, wenn ich noch ein Gedicht hersagen konnte. Gerade die Lyrik regt junge Menschen in der Pubertät an, eigene Empfindungen in Versen auszudrücken. So versuchte auch ich, mein erstes Naturerlebnis im Goethepark in Gedichtform zu fassen, als im Frühling alles zu blühen und zu sprossen begann, und die Vögel dazu ihre fröhlichen Lieder sangen. Als ich eines Nachts auf unserem kleinen Balkon stand, in den Lichterschein am Himmel sah und die summarischen Geräusche der Großstadt vernahm, wurde in mir die Faszination von der Großstadt mit ihrem regen Treiben und bunten Bildern erweckt. Diesen Eindruck wollte ich ebenfalls in Verse umsetzen. Aber es blieb beim stümperhaften Versuch.

Leider hatten wir keinen Lehrer, der uns Geschichte lebendig vermitteln konnte. Alles bewegte sich sehr oft in trockenen Zahlen, und niemand vermochte uns für die Weimarer Republik zu motivieren. Wenn ihr Gründungstag an der Schule begangen wurde, dann zogen wir auf den Sportplatz im Volkspark Rehberge hinaus und bekamen Würstchen mit Mostrich, aber keine Worte, die uns für das junge Staatswesen entzündet hätten. Wie himmelweit waren wir von der Begeisterung entfernt, die Geschichte erzeugen kann. Dazu habe ich erst außerhalb der Schule Zugang gefunden. An den naturwissenschaftlichen Fächern habe ich mit leidlichem Erfolg teilgenommen. Insbesondere zogen mich die chemischen und physikalischen Versuche in unserem Schullabor an. Aufgelockert wurde dieser Unterricht durch lehrkundliche Fahrten. So ging es zum Beispiel im Rahmen der Biologiekunde nach Büsum in Holstein, wo wir an einem kleinen Institut arbeiteten und in unserer Freizeit mit Krabbenfischern auf das Meer hinausfahren durften. Oder wir waren in Staßfurt und besichtigten unter Tage den Salzbergbau. Mit der Mathematik haperte es bei mir in der Oberprima. Da hatte ich aus später zu nennenden Gründen die Ableitung einiger Lehrsätze nicht mitbekommen. Das reichte für den schwarzen Fleck auf meinem Abiturzeugnis.

In keinem Fach habe ich so viele Fragen gestellt, wie in Religionsgeschichte. Da wurde nicht nur über das Christentum, sondern auch über die anderen Weltreligionen wie den Islam und den Buddhismus gesprochen. Bei dieser vergleichenden Darstellung der Weltreligionen kam ich zu dem Schluß, daß die wahre Religion über allen Bekenntnissen steht. Wie ist es mir stets fremd geblieben, wenn ich häßliche Äußerungen über die Religionsstifter hört! Auch für diejenigen, die nicht der christlichen Lehre oder anderen Dogmen anhängen, dürfte es außer Zweifel stehen, daß der Heiland wie die anderen Religionsstifter hohe Erscheinungen waren, die das besaßen, wonach alle streben sollten: Ein reines Herz und hohe Gedanken.

Eines jedoch habe ich nie glauben können: daß Christus Gott ist. Ich glaubte an einen Religionsstifter, in dem die Menschheit ihren höchsten Gipfel erreichte und durch ihn dem Himmel am nächsten war. Wenn wir alle in einer Gotteskindschaft leben, so kann Christus in diesem Sinne nur höchstbegnadeter Gottessohn sein. Gewinnt denn sein Opfertod am Kreuz nicht gerade dadurch tiefste Bedeutung, daß er als Mensch alle irdischen Leiden auf sich genommen hat? Ist Gott überhaupt am Kreuz vorstellbar und faßbar?

Mit ähnlichen Gedanken hatte ich schon meinen Pfarrer Widow im Konfirmationsunterricht bestürmt. An ihn denke ich mit hoher Wertschätzung zurück. Er hatte sich meiner besonders angenommen. Er besuchte uns öfter zu Hause und sprach mit meiner Mutter und mir, ob ich nicht Pfarrer werden wollte. Er selbst war es nicht von Beruf, sondern aus Berufung. In ihm erlebte ich einen kämpferischen Christen. Es tat direkt wohl, daß er auch einmal mit der Faust auf den Tisch schlug, um seine kämpferische Gesinnung zu unterstreichen. Er war eine Luthernatur, und mir schien, daß er ihm auch rein äußerlich ähnlich war. Er segnete mich in der Kapernaum-Kirche ein, die der deutsche Kaiser vor dem ersten Weltkrieg eingeweiht hatte. Durch ihn hatte ich erfahren, daß man sich Glaubensfragen nicht durch den Verstand, sondern durch das Herz nähern kann. Die Einsegnung war für mich nicht nur ein Routinevorgang wie für viele, die an diesem Tage zum ersten Mal lange Hosen trugen, sich über Geschenke freuten und die erste Zigarette rauchten. Ich habe das auch getan, aber seit dieser Erfahrung bin ich bis heute Nichtraucher geblieben.

Meine Mutter gehörte der freien evangelischen Gemeinde an. Sie nahm mich häufiger zu den Bibelstunden mit. Die Prediger, die ich dort erlebte, gaben mir die Überzeugung, daß sie auch taten, was sie verkündeten. Die Mitglieder dieser Gemeinde nannten sich nicht nur Brüder und Schwestern, sie waren es auch: Immer zur gegenseitigen Hilfe bereit. Einmal übernachtete ein Prediger aus Elberfeld in unserer kleinen Wohnung. Wir Jungen rückten im breiten Doppelbett zusammen, damit unser Gast noch Platz fand. Der Geist in dieser Gemeinde ließ ahnen, wie es vielleicht einmal im Urchristentum zugegangen ist. Als ich nach dem Tod meiner Mutter im Jahre 1970 der Verlesung der Heimgegangenen beiwohnte, sah ich eine schwarz gekleidete Frau die Kirche betreten. Sie führte einen blonden Jungen an ihrer Hand. Da dachte ich zurück an meine eigene Kindheit.

Auch meine Mutter nahm mich so an die Hand. Aber Pfarrer bin ich nicht geworden.

In unserer Schule nahm ich an einer philosophischen Arbeitsgemeinschaft teil. Nicht zuletzt die Anregungen dieser Arbeitsgemeinschaft führten dazu, daß in meinem Abschlußzeugnis des Abiturs die Worte standen: „Axmann will Volkswirtschaft und Philosophie studieren."

Aus meiner Kindheit und Jugend sind Turnen und Sport nicht fortzudenken. Gegenüber unserem Wohnhaus befand sich eine Mädchenschule, die zwei große Eingangspforten besaß, die sich bestens für unser Torschießen eigneten. Bei fehlender Treffsicherheit mußten auch einmal Fensterscheiben daran glauben mit allen häßlichen Folgen für uns. In unserer Straße gab es außerdem eine Promenade, auf der damals noch keine Bäume standen. Dort erhitzten wir uns im Handball- oder Fußballspiel. Ganz in unserer Nähe lag ein sandiges Dünengelände mit dem Leutnantsberg. Von dessen Abhängen sind wir oft heruntergesprungen und kamen auf die verwegene Idee, dort auf dem Sand Saltos zu trainieren, was uns auch schließlich gelang. Im Winter konnte man dort rodeln. Wenn meine Mutter von der Arbeit kam, bat ich sie noch abends, mit mir dort hinzugehen. Sie hat es getan, obwohl es ihr sicher schwergefallen ist. Hinter dem Dünengelände erstreckte sich die Jungfernheide. Sie wurde zum Schauplatz unserer abenteuerlichen Erkundungen und Spiele, bis hin zu jenem Gebiet, auf dem Rudolf Nebe mit Klaus Riedel und freiwilligen Mitarbeitern einen Raketenflugplatz errichteten. Unter diesen Freiwilligen befand sich der damalige Student der Physik an der Technischen Hochschule Berlin-Charlottenburg Werner von Braun. Sie wurden Pioniere der Weltraumfahrt.

Unsere Streifzüge erstreckten sich auch bis zum Hohenzollernkanal. Dort lag das Gelände der Chemisch-Technischen Reichsanstalt, in der der Vater der Weltraumfahrt, Prof. Wilhelm Oberth, die von ihm erfundene Kegeldüse erprobte, die für die Herstellung der Flüssigstoffraketen von ausschlaggebender Bedeutung war.

Schwimmen lernte ich im nahe gelegenen Plötzensee mit seinem hellen Sandstrand. Ich war schon ein bißchen stolz, als ich das erste Mal gemeinsam mit Älteren von einem Ufer zum anderen schwamm. Zu den Leibesübungen wurde ich von meinem sechs Jahre älteren Vetter Erich Siewert angeregt. Er war eine Sportskanone, ein guter Sprinter und hervorragender Handballspieler. Er kannte Karl Schelenz gut, der das Feld-Handballspielen in Deutschland eingeführt hatte. Mein Vetter nahm mich des öfteren zu einem Handballspiel mit, und bei einer dieser Gelegenheiten konnte ich auch Karl Scheelenz die Hand geben, dessen markante Gesichtszüge mir noch gut in Erinnerung sind. Mein Vetter spielte für den Sportverein Siemens und danach für den Berliner Handballclub. Sie waren zeitweise die führende Mannschaft in Deutschland mit Karl Scheelenz als Mittelstürmer, Kaudynia und Zabel als Halbstürmer und meinem Vetter als Läufer. Auf der großen runden Wiese im Schillerpark trainierte damals auch der Sportclub Brandenburg e.V., dessen Sportler den leuchtend roten Adler auf der Brust trugen. Bei diesem Verein meldete ich mich für die Knabenabteilung im Bereich Turnen an. Leiter dieser Abteilung war Herr Ziegenmeyer, der später mein Mitarbeiter wurde. Das Geräteturnen machte mir besonders Spaß. Mein Lieblingsgerät war der Barren. Bald wurde ich Vorturner. In dieser Eigenschaft durfte ich auf dem Hemd einen Stoffrhombus mit weißen und grünen Feldern tragen, die mit einer goldenen Paspelierung eingefaßt waren. Darauf war ich stolz.

Ein beliebter Sportler des Vereins war „Appel" Krause, ein Athlet mit immer frischem Ausdruck und rötlich blondem Haar. Ich ging auf seinen Händen in den Handstand und er stemmte mich langsam hoch. Das war unsere „Nummer". Diese frühen Abende im Turnverein liebte ich. Einen Vorteil gab es noch. Ich brauchte nichts zu bezahlen, und manchmal brachte mir jemand eine Stulle mit. Dieser Ausbildung verdanke ich, daß man mich in meiner Schule zu den Spitzenturnern zählte und ich mit meinen Kameraden Beyer und Kosin an den Berliner Ausscheidungskämpfen für die beste Mannschaft im Schulturnen teilnehmen konnte. Es wurden auch manchmal Schauturnen für unsere Auswahlriege auf Schulfesten im großen Saal der Hochschulbrauerei veranstaltet. Ich war in der Regel der Jüngste. Meine damalige Übung war im Vergleich zu den heutigen turnerischen Höchstleistungen denkbar einfach. Am Anfang des Barrens machte ich die Kippe zum Stütz, ging in den Handstand und lief auf den Händen bis zum Ende des Barrens und grätschte dann ab. Viel Beifall für den Jüngsten. Während wir turnten, spielte das Orchester den Walzer „An der schönen blauen Donau". Vom Turnen und vom Sport in der Kindheit und Jugend zehre ich noch heute.

In den Schulferien gewann ich neue Eindrücke. Zum ersten Mal kam ich von der Stadt aufs Land. Mein Großvater und zwei Onkel lebten in der Nähe von Berlin in der Mark Brandenburg. Die Fahrtkosten waren also erschwinglich. Wir fuhren vom Schlesischen Bahnhof ab, zumeist in der dritten oder vierten Klasse. In den Waggons der vierten Klasse standen ringsum einfache Holzbänke an der Wand. Die mittlere Freifläche war für die Traglasten bestimmt. Am Bahnhof Werftpfuhl wurde ich abgeholt. Mein Onkel Gustav wohnte gleich in der Nähe. Gegenüber befand sich das Johannaheim, und meine Cousine erzählte, daß dort die spätere Schauspielerin Brigitte Helm Aufnahme gefunden hatte. Neben seinem Haus befand sich ein kleiner Wirtschaftshof mit Stallgebäuden für Schweine, Ziegen und Hühner. Das war neu für mich. Mein Onkel war in Werftpfuhl Bahnhofsvorsteher. Bei ihm saß ich des öfteren im Stationszimmer. Die Abfertigung der Züge, das Kommen und Gehen der Reisenden, war eine Abwechslung für mich. Wenn ein Zug angekündigt wurde, lief ich an die Bahnsteigkante und sah die gerade weite Strecke hinunter, bis der nahende Zug mit der dampfenden Lokomotive in der Ferne sichtbar wurde. Dann durfte ich unter Aufsicht meines Onkels die Schranken für den Gleisübergang herunterdrehen. Diese kleine Funktion gab mir das Gefühl einer nützlichen Verantwortung. Es war schon ein tolles Gefühl für mich, wenn Fahrzeuge und Menschen vor der von mir heruntergedrehten Schranke halten mußten.

In einer guten Stunde Fußweg erreichte ich den Geburtsort meiner Mutter, das Dorf Freudenberg. Es gefiel mir mit seiner Kirche und seinen Weihern. Dort hatten mein Großvater und mein Onkel ein kleines Haus mit einem Garten und einer bescheidenen Viehwirtschaft. Mein Großvater nahm mich manchmal mit in den Wald, der sein Leben war. Mir gefiel es am besten im Gamengrund und am gleichnamigen See. Er erklärte mir Bäume und Sträucher und erzählte von seinen Erlebnissen mit den Wildschweinen. Einmal mußte er sich vor Wildschweinen retten, die Frischlinge bei sich hatten, und auf den Baum klettern. Für seine Waldarbeiter holte er die Löhne von Eberswalde ab. Das war hin und zurück ein mehrstündiger Fußmarsch. Auch dahin durfte ich ihn begleiten. Unterwegs erzählte er mir interessante Dinge. Besonders habe ich mich darüber gewundert, wie gut er sich im Sternenhimmel auskannte. Er war erd- und himmelverbunden zugleich. In Freudenberg fanden hin und wieder Dorfbälle statt. Dort lernte ich mit 15 oder 16 Jahren das Tanzen. Wenn die Tanzfläche mit Paaren überfüllt war, wagte ich mich in das Gewühl, um in dem Geschubse meine Füße nach dem Rhythmus der Musik zu setzen.

Es kam die Zeit, als ich auch zu meinen Großeltern nach Schlesien fahren konnte. Hier wandelte ich auf den Spuren meines Vaters. Mit den älteren Söhnen meines Onkels fuhr ich ins Glatzer Bergland und ins Riesengebirge, dessen erstmaliger Anblick aus der Ferne mich andächtig stimmte. Wir machten Ausflüge nach Neiße und Ottmachau. Die Älteren nahmen mich einmal zu einer Veranstaltung mit, auf der es zu einer Schlägerei mit den Polen kam. Einer unserer Freunde wurde dabei in eine Jauchegrube gestoßen. Auf der Heimfahrt stank er immer noch fürchterlich. Hier kam ich zum ersten Mal mit den Problemen in Berührung, die mit den Polen bestanden.

Ein begehrtes Ferienziel war für mich auch Pommern, wo wir entfernte Verwandte hatten. Mit der älteren Tochter Bertha und den beiden Söhnen Fritz und Berthold verstand ich mich sehr gut. Wir fuhren von dort an die Ostsee. Oben vom Kaffeeberg, in Misdroy, erlebte ich zum ersten Mal das

Meer. Die weite Sicht zum fernen, verschwimmenden Horizont, der hohe blaue Himmel, der sich wiederholende Wellenschlag und das Rauschen des Meeres ließen ahnen, was Ewigkeit bedeutet. Die Ferien waren für mich Lichtpunkte in einer Zeit, in der im Lande die Not umging.

Diese Fahrten ins „Wunderland" wurden mir dadurch möglich, daß mein ältester Bruder inzwischen etwas verdiente. Er trat 1921 als Lehrling in die „Neue Elementwerke" ein, wohin ihm drei Jahre später mein Bruder Richard folgte. Ich holte sie manchmal von der Firma ab, die sich in der Friedrichstraße an der Weidendammer Brücke befand. Ich ahnte nicht, daß ich 20 Jahre später in der Nacht vom 1. zum 2. Mai 1945 genau an dieser Stelle hinter den Panzersperren im Feuer der Russen liegen würde.

Als mein mittlerer Bruder 1924 in die kaufmännische Lehre kam, wurde ich in seiner Nachfolge der „Hausmann", der unsere Wohnung sauber und in Ordnung halten mußte. Von beiden Brüdern hatte ich das Bettenmachen, Staubwischen und Abwaschen gelernt. Als meine Mutter eines Tages von der Arbeit kam, wunderte sie sich, daß die Wohnung aufgewischt und sogar das Fenster geputzt war. Bald darauf erhielt sie durch einen Brief der Schule, in dem sie zum Direktor bestellt wurde, Aufklärung darüber. Ich hatte einige Tage den Unterricht geschwänzt, weil ich irgend etwas in der Schule nicht bezahlen konnte. Ich weiß nicht mehr, ob es sich dabei um einen Zuschuß für die Quäkerspeisung oder um etwas anderes handelte. „Sie haben ein merkwürdiges Kind", sagte der Oberstudiendirektor zu meiner Mutter. Aber der Vorfall hatte keine schwerwiegenden Folgen.

Eine Entlastung erfuhr meine Mutter dadurch, daß ihre Schwester, meine Tante Siewert, mich zeitweilig versorgte. Wenn ich aus der Schule kam, konnte ich bei ihr Mittag essen. Sie erfüllte meine Wünsche, ja sie verwöhnte mich. Mochte ich zum Beispiel gerne Schokoladensuppe, so bekam ich sie auch. Eines Tages kehrte ich von der Schule heim, ging gleich in die Küche an den Herd, hob den Deckel vom Kochtopf und sagte: „Was, keine Schokoladensuppe, dann gehe ich wieder." Doch dieses Mal hatte ich die Rechnung ohne den Wirt gemacht. Meine Mutter schoß aus ihrem Versteck hinter der Küchentür hervor und lange mir eine. Sie ließ so leicht nichts durchgehen. Wenn ich abends um 8.00 Uhr zu Hause sein mußte, dann durfte es nicht später werden. Als es doch einmal geschah, weil sich das Treffen mit meiner ersten liebgewonnenen Freundin unter der Laterne unserer nächsten Straßenecke hinzog, hatte ich schon Backpfeifen weg, kaum daß ich die Wohnungstür geöffnet hatte.

Meine Mutter erzählte mir später, wie furchtbar schwer es für sie war, zu uns Jungen streng zu sein. Aber da der Vater fehlte, mußte sie streng sein. Das sieht man natürlich erst später ein. Da ich früh über das Los unserer Familie nachzudenken begonnen hatte, zeigte ich bald Einsicht und gab meiner Mutter nicht mehr so patzige und schlagfertige Antworten. Meine Tante Siewert erschien mir da viel nachsichtiger. Sie war verheiratet. Ihr Sohn war die von mir erwähnte „Sportskanone", und die Tochter, vier Jahre älter als ich, fuhr mich mit einem Kinderwagen spazieren. Die Ehe meiner Tante hatte sich auseinandergelebt. Aber trotzdem kümmerte sich mein Onkel um unsere Familie. Er besohlte unsere Schuhe, schnitt uns die Haare und war immer da, wenn es handwerklich etwas zu tun gab. Die Älteren nahm er mit zum Angeln oder zum Ausheben eines Dachsbaues. Ich durfte ihm helfen, wenn er vor Silvester an einem Straßenstand Feuerwerkskörper verkaufte. Als junger Soldat hatte er 1909 an der Niederschlagung des Boxeraufstandes in China teilgenommen. Als Andenken hatte er sich chinesische Kleider und den Zopf eines gefallenen Chinesen mitgebracht. Das beeindruckte mich sehr. Meine Bezugsperson in dieser Zeit war meine Tante Siewert. Sie verteidigte stets die Kinder und hielt immer zu uns jungen Leuten.

Das trug zu ihrer großen Beliebtheit bei. Ich hatte sie sehr gern und ich fühlte, daß auch ich zu ihren Lieblingen gehörte. Sie war stolz darauf, daß ihr Neffe die höhere Schule besuchte. Als ich mit 15 Jahren von der Unterin die Obersekunda kam, wollte sie mir unbedingt eine Schülermütze kaufen, die zu erstehen meiner Mutter nicht möglich war. In der Müllerstraße, der Hauptverkehrsader im Wedding, deren Name daran erinnerte, daß es hier Mühlen gab, befand sich ein Laden, der für die verschiedenen Klassenstufen unserer Schule schöne Mützen in hellblau und für die Unter- und Oberprima weiße Mützen in seidener Ausführung anbot. Ich mußte die Mütze gleich aufbehalten, denn offensichtlich hatte meine Tante einen großen Gefallen daran.

Wenn ich meine Mütze trug, kam es vor, daß mich junge Burschen auf der Straße anrempelten, sie mir zu entreißen versuchten oder mich verprügelten. Sie trugen zumeist Räuberzivil mit Schiebermütze. Diese Überfälle hatten aber nichts mit den Auseinandersetzungen zu tun, die Jugendliche aus unserer Straße mit den Jugendlichen aus einer anderen und zum Feindgebiet erklärten Nachbarstraße führten. Solche Straßenschlachten waren in jenen Tagen üblich. Ich war auch einmal dabei. Viele Jugendliche stillten so ihren Abenteuerdrang und suchten mit solchen Schlägereien ihren Aggressionstrieb zu befriedigen. Man holte sich aus dem Park Dornenruten und Knüppel. Ließ sich jemand aus der Nachbarstraße blicken, dann ging es auf ihn los. Nein, diese Angriffe auf mich hatten einen politischen Hintergrund, was ich aus den Schimpf- und Schlagworten entnehmen konnte, die mir ins Gesicht geschrien wurden: „du Bürgerflenne, du Faschistensohn, du Arbeiter- und Klassenfeind, du Kapitalistenknecht". Es handelte sich um halbuniformierte Arbeitslose mit grauem Kittel, Koppel und einer

Mütze mit Sturmriemen. Sie ballten ihre Faust und riefen „Rotfront" und „Heil Moskau".
Zuerst begriff ich diese Losungen nicht. Wieso war ich ein Arbeiterfeind oder Kapitalistenknecht? Meine Mutter war Fabrikarbeiterin, und wir hatten unter der Not der Nachkriegszeit zu leiden wie alle anderen auch. Und was bedeutete das „Heil Moskau"? Welcher Sinn stand dahinter? Wünschte man sich, daß alles Heil aus Moskau kam oder daß alles Heil auf Moskau kommen möge? Darüber sprach ich mit meinen Klassenkameraden, von denen ich erfuhr, daß es ihnen schon ähnlich ergangen war. Ich befragte auch meine Brüder Kurt und Richard. Mein ältester Bruder war 21 Jahre alt und hatte schon erfahren, was es heißt, arbeitslos zu sein. In diesem Zusammenhang erwähnte er zum ersten Mal die Namen von Adolf Hitler und Doktor Goebbels, die für ein neues Deutschland kämpfen würden. Das hatte er in einer Versammlung im Kriegervereinshaus gehört. Er zeigte mir Postkarten mit Fotos von Hitler und Doktor Goebbels. Ich selbst hatte aber noch keine innere Beziehung zu beiden.
Der Zufall wollte es, daß ich zu dieser Zeit an der Litfaßsäule ein schreiendes Plakat entdeckte, das die Aufschrift „Vom Klassenkampf zur Volksgemeinschaft" trug. Es rief zur Teilnahme an einer Kundgebung auf. Doktor Goebbels sollte sprechen. Nach meinen jüngsten Erlebnissen interessierte mich das brennend. Ich verständigte meinen ältesten Bruder und machte mich zu Fuß vom Wedding bis nach Wilmersdorf auf den Weg. Die Menschen strömten in den Versammlungssaal. Es waren gutgekleidete Bürger und einfache Arbeiter, Alte und Junge, Männer und Frauen. Irgendwie teilte sich mir gefühlsmäßig etwas von der Solidarität dieser Gemeinschaft mit. Erwartungsvolle Spannung lag über den Menschen. Ich hatte einen Platz in der Nähe des Ganges ergattert. Als der Redner erschien, wurde er mit großem Beifall empfangen. Das war er also, der Gauleiter der Nationalsozialisten von Berlin. Klein und schmal von Gestalt, mit dunklem Haar und großen ausdrucksvollen Augen. Er hinkte etwas. Die Jugend des Redners - er war etwa 30 Jahre alt - zog mich an. Er begann seine Rede mit ruhigen Worten und steigerte sich allmählich in eine Anklage gegen die Regierung hinein.
Die Macht seiner Rede hatte große Wirkung. Die Zuhörer unterbrachen ihn mit Begeisterungsstürmen. Er sprach darüber, daß wir den deutschen Arbeiter aus der Front des Klassenkampfes für die Volksgemeinschaft gewinnen müßten. Auch an die Jugend wandte er sich. Dann rief er einen Satz in den Saal hinein, von dem ich mich getroffen fühlte und den ich so empfand, als sei er persönlich für mich gesprochen worden: „Die Jugend, die sich heimlich von zu Hause in unsere Versammlungen stiehlt, wird einmal berufen sein, unsere Ketten zu brechen." Diese Worte entzündeten et-

was in mir und ließen mich lichterloh brennen. Mit heißem Kopf ging ich in dieser Nacht durch die erleuchtete Großstadt nach Hause. Schon näherte sich der neue Tag, als ich heimkam. Meine Mutter war sehr besorgt, aber es kam zu keinem Aufruhr. Mein großer Bruder hatte mich gedeckt. Meinen Schulfreunden berichtete ich von meinem Erlebnis und konnte einige von ihnen gewinnen, mich beim Besuch der nächsten Kundgebung zu begleiten. Einer nach dem anderen folgte mit der Zeit meiner Aufforderung, mit mir mitzukommen. Wir diskutierten über den Inhalt der Reden und trafen uns nach dem Unterricht, um Pläne zu schmieden. So entstand an unserer Schule mit wachsendem Erfolg ein kleiner Kreis von Schülern, die mit der neuen Bewegung sympathisierten oder sich, wie ich, dieser Bewegung verpflichtet fühlten. Wir waren Schüler, aber unser Hauptanliegen war es, die Jungarbeiter für uns zu gewinnen. Dafür wollten wir im „Roten Wedding" die Hitlerjugend gründen, deren Existenz mir bekannt war. Doch bevor darüber berichtet wird, möchte ich noch schildern, wie es an unserer Schule weiterging.

Am Himmelfahrtstag 1929 erschien ein Aufruf zur Gründung des Nationalsozialistischen Schülerbundes in Berlin. Auf Anhieb meldeten sich 400 Schüler, die Mitglied werden wollten. Ich begab mich zum Berliner Leiter dieses neuen Bundes, Joachim Walter, in die Rönnestraße 25 nach Charlottenburg und meldete unsere Schülergruppe an. Ich wurde zum Schulgruppenleiter ernannt. Nun standen wir in einer festgefügten Organisation. Wenn wir Schulgruppenleiter uns von Zeit zu Zeit trafen, erhielten wir Richtlinien und Informationen. Wir hatten auch unsere eigene Zeitung: „Der Aufmarsch". Das begünstigte unsere Entwicklung. Unser Arbeitsfeld war die Schule. Wir traten nicht nach außen durch Aufmärsche, Kundgebungen oder Lastwagenfahrten hervor. Wir hatten keine Abzeichen, Wimpel oder Fahnen. Das war Sache der Hitlerjugend. Unsere Waffe war das Gespräch mit anderen, die noch nicht zu uns gehörten. Dennoch war es nicht ungefährlich, wenn man uns als Anhänger des Nationalsozialistischen Schülerbundes erkannte. So wurde 1929 der Oberprimaner Hans-Dietrich Sternberg bei einem Überfall der Kommunisten so schwer verwundet, daß er an den Folgen der Verletzungen starb. Es gab auch Gefahren in der Schule. Wir wurden verwarnt, wenn unsere Aktivitäten entdeckt wurden. In Briefen wurde den Eltern von der Schulleitung angedroht, daß dem Sohn die Schulgeldfreiheit entzogen werde, wenn er nicht aus dem Nationalsozialistischen Schülerbund austritt. An einigen Anstalten gab es auch den Rausschmiß. Bei uns kam es nur zu Verwarnungen.

Der Sozialistische Schülerbund und der Kommunistische Jugendverband traten an unserer Schule, die ja in einem Arbeiterviertel lag, nicht in Erscheinung. Ich kannte nur zwei Schulkameraden, die sich zum Kommunismus bekannten. Das war mein Klassenkamerad Werner, der in kommunistischer Literatur sehr belesen und dialektisch geschult war. Mit Harry drückte ich im freiwilligen Spanischunterricht die Schulbank. Auch er war sehr intelligent und konnte geschickt für seine kommunistische Sache argumentieren. Ich traf ihn viele Jahre nach dem Zweiten Weltkrieg wieder. Er hatte inzwischen führende Stellungen in nahmhaften Firmen übernommen. Entwicklung und Erfahrung hatten aus ihm einen Konservativen gemacht. Wir stimmten nun in vielen Fragen überein. Diese beiden Schulkameraden blieben an unserer Schule Einzelgänger und fanden keinen Anhang.

Unser Schülerbund hatte von 1930 bis 1932 eine starke Position errungen. Der Schriftsteller und Journalist Hans Zehrer stellte damals in einem Aufsatz fest, daß sich etwa 70 Prozent der Berliner Abiturienten zum Nationalsozialismus bekannten. 1931 wurde im Zuge der Demokratisierung an den Schulen die Schülergemeinde eingeführt. Ihr Sprecher sollte nach Möglichkeit ein Oberprimaner sein. Die Schüler wählten mich zum Sprecher. Das Lehrerkollegium benannte als Ansprech- und Betreuungspartner den Studienrat Dr. Deutschkron, der auch kurzfristig in unserer Klasse Unterricht gab. Er hatte eine Funktion in der Sozialdemokratischen Partei, war jüdischer Abstammung und Teilnehmer am Ersten Weltkrieg. Meine Zusammenarbeit mit ihm verlief ohne jede Komplikation. Vor der Verfolgung im Dritten Reich rettete er sich durch Emigration nach England. Durch einen Mitschüler, der sich nach 1945 mit ihm getroffen hatte, erfuhr ich von seinem Schicksal. Es war auch Gegenstand eines Fernsehfilms, der nach dem Buch seiner Tochter Inge „Ich trug den gelben Stern" im März 1990 gezeigt wurde. Der Schülergemeinde wurde gestattet, aus ihren Reihen einen Vortragenden zu benennen, der über ein selbstgewähltes Thema in der Aula sprechen durfte. Man benannte mich dafür. Ich hatte gerade das Buch von Walter Flex „Der Wanderer zwischen beiden Welten" gelesen, das einen lange nachwirkenden Einfluß in mir ausübte. Mit 15 oder 16 Jahren war ich mir der historischen Bedeutung des Wandervogels noch nicht voll bewußt. Nach dieser Lektüre suchte und entdeckte ich seine geistigen Spuren. Ich wählte dieses Buch zum Thema meines Vortrages. Es schien mir geeignet, gegen den materialistischen Zeitgeist über die Haltung eines selbstlosen Idealisten zu sprechen, dessen Gesinnung und Denken auch in seiner Tat zum Ausdruck kam. Der angehende Truppenführer Ernst Wurche war Wandervogel, Kriegsfreiwilliger und Theologiestudent. In der Wahrung von Gelassenheit in Situationen bei Gefahr sah er das Wesen männlicher Würde. Als gerade gekürter Offizier bekannte er: „Leutnants-Dienst tun heißt, seinen Leuten vorleben. Das Vorsterben ist dann wohl einmal ein Teil davon. Aber das Schönere bleibt das Vorleben. Es ist auch schwerer."

Und was einen Menschen und Truppenführer auszeichnen sollte, offenbarten seine Worte: „Nur wer beherzt und bescheiden die ganze Not und Armseligkeit der vielen, ihre Freuden und Gefahren mitträgt, Hunger und Durst, Frost und Schlaflosigkeit, Schmutz und Ungeziefer, Gefahr und Krankheit leidet, nur dem erschließt das Volk seine heimlichen Kammern, seine Rumpelkammern und seine Schatzkammern. Wer mit hellen und gütigen Augen durch diese Kammern hindurchgegangen ist, der ist wohl berufen, unter die Führer des Volkes zu treten."

„Das Herz seiner Leute muß man haben, dann hat man ganz von selbst Disziplin", sagte er. Leutnant Wurche wurde auf einer Patrouille am Simnowsee schwer verwundet und erlag seinen Verletzungen. Der Dichterfreund, der ihm sein hohes Lied gesungen hatte, folgte ihm. Walter Flex fiel am 16. Oktober 1917 auf der Insel Ösel bei den Kämpfen im Baltikum. Mit hellsichtigem Vorgefühl für das, was kommen wird, hinterließ er uns sein Bekenntnis: „Tiefer soll je keine Glocke tönen über uns und unsere Erben und Nachgeborenen als Du mein Volk und Du mein Bruder." Er glaubte, „daß die Menschheitsentwicklung ihre für das Individuum und seine innere Entwicklung vollkommenste Form im Volke erreicht." Das Vermächtnis des gefallenen Dichters und Soldaten, jenes Wanderers zwischen beiden Welten, sollte nicht in uns verhallen: „Gebt uns Heimrecht! Wir möchten gern zu jeder Stunde in Euren Kreis treten dürfen, ohne Euer Lachen zu zerstören ... Laßt uns den feuchten Duft der Heiterkeit, der als Glanz und Schimmer über unserer Jugend lag! Gebt Euren Toten Heimrecht Ihr Lebendigen, daß wir unter Euch wohnen und weilen dürfen, in dunklen und hellen Stunden ... Macht, daß die Freunde ein Herz fassen, von uns zu plaudern und zu lachen! Gebt uns Heimrecht, wie wir es im Leben genossen haben!"

Das waren die Kernsätze in meinem Vortrag. Danach ergab sich keine Diskussion. Das Lehrerkollegium übte keine Kritik. Dieser Vortrag im Januar 1931 war zugleich meine Abschiedsrede vom Nationalsozialistischen Schülerbund. Im Februar verließ ich nach dem Abitur die 6. Oberrealschule.

Die Hitlerjugend war vor dem Schülerbund gegründet worden. Im letzten Quartal des Jahres 1928 waren die Überfälle der Kommunisten auf mich ein Schlüsselerlebnis gewesen, das mich in eine Kundgebung mit Dr. Goebbels geführt hatte. Seine klare, überzeugende Rede bestimmte meinen Weg für die nächsten Jahre. Seitdem hatte ich mir fest vorgenommen, gegen den Klassenkampf in der Jugend anzutreten und im Wedding die Hitlerjugend zu gründen. Die Initiative dazu ging von den Schülern aus, die ich nach und nach für dieses Ziel gewonnen hatte. Nun ging es darum, auch Jungarbeiter zu gewinnen. Mein Bruder Richard hatte schon längst

seine kaufmännische Lehre absolviert und besaß Kontakte zur werktätigen Jugend. Ein älterer Kamerad, Bönig, der bereits in den Reihen der SA stand, gab mir Hinweise auf Jugendliche, die für uns ansprechbar waren. So konnten wir auch Jungarbeiter zur Gründungsversammlung der Hitlerjugend einladen. Am Anfang wagten wir uns noch nicht in die roten Hochburgen. Das hätte von vornherein unsere Vernichtung bedeutet. Es gab im Wedding Viertel und Straßenzüge, wie die Kösliner Straße, die total von Kommunisten beherrscht wurden und in denen aus jedem Fenster eine rote Fahne hing. Wir gingen deshalb in die Randlage von unserem Kiez und mieteten ein Hinterzimmer in dem Restaurant der Versuchs- und Lehrbrauerei in der Amrumer Straße. Der Raum war überfüllt. Mancher unserer Kameraden hatte noch einen Teilnehmer mitgebracht. Kommunisten waren nicht erschienen. Zum ersten Mal hielt ich einen Vortrag außerhalb der Schule. Das Thema hieß „Kampf um die Volksjugend". Ich hatte Lampenfieber. Man merkte mir das sicher an. Aber dadurch war der gefühlsmäßige Kontakt zu meinen Hörern hergestellt. Etwa 40 Jugendliche erklärten ihren Beitritt. Das war ein großer Erfolg. Das Fähnlein Wedding stand. Später hieß es Schar. Die meisten Jungen wußten, was auf sie zukam. Denn wir waren gegenüber dem politischen Gegner in einer aussichtslos erscheinenden Minderheit. Niemandem winkte ein Vorteil. Im Gegenteil. Nur Gefahren und Nachteile konnten wir erwarten. Wir hatten inzwischen schon gehört oder erfahren, daß die Losung „... und willst Du nicht mein Bruder sein, so schlag ich Dir den Schädel ein" nicht nur ein böses Schlagwort, sondern traurige und rauhe Wirklichkeit war. Von jedem wurde ein großer persönlicher Einsatz gefordert. Niemand hat uns das befohlen. Die Bereitschaft kam aus uns selbst. Es war eine innere Stimme, die uns sagte, einer wahren Volksgemeinschaft ohne Bruderzwist und dem Ideal der sozialen Gerechtigkeit dienen zu müssen. Es ist unwahr, wenn in der Literatur behauptet wird, Hitler und seine Partei haben die Jugend der Gefahr bewußt ausgesetzt, um sie so zu radikalisieren. Nein, die Jugend hat sich selber angedient. Ihr wurde nichts aufgezwungen. Alles hat sie freiwillig getan. Es ist auch nicht möglich, jemanden zu einem Opfer zu zwingen.
Natürlich sind im Laufe der Zeit auch einige Jungen abgesprungen, denen der Dienst zu gefährlich wurde. Aber das war kein Nachteil. Denn es blieben diejenigen, die beständig waren und auf die man sich verlassen konnte. So entstand eine Auslese in der Kampfzeit. Ich meldete dem Berliner Gauleiter der Hitlerjugend die neue Einheit. Ich wurde zum Scharführer Wedding ernannt. Eine Kluft oder eine Uniform hatten wir nicht. Dazu fehlte uns das Geld. Wir mußten uns am Anfang mit dem „Räuberzivil" begnügen. Aber ein Abzeichen bekamen wir, das in kreisrunder Form auf schwarzrotem Grund die helle aufgehende Sonne mit Strahlen und Haken-

kreuz und der umlaufenden Schrift „HJ - Deutsche Arbeiterjugend" zeigte. Dieses symbolträchtige Zeichen trugen wir nun. Nicht ohne Gefahr, wie sich bald herausstellen sollte. Ein eigenes Heim besaßen wir nicht. Wir trafen uns zumeist in Hinterzimmern von Kneipen, in denen auch die SA verkehrte, in Kellern oder unter freiem Himmel im Park. Hin und wieder machten wir eine Fahrt ins märkische Umland, wenn unsere Gemeinschaftskasse aufgefüllt war. Wer mehr besaß, half dem, der nichts hatte. Das war selbstverständliche Solidarität von Anfang an. Für die Anschaffung von Zelten reichte es nicht. Aber wir übernachteten auch gern in der Scheune im Heu. Da konnte sich jeder, bevor ihm die Augen zufielen, alles von der Leber reden. Manche Hilfe wurde da geboren.

Als unsere Einheit gefestigt war, haben wir auf den Dörfern für unsere Bewegung geworben. Die Werbung wurde unser hauptsächliches Ziel. In der Stadt versuchten wir uns auf unsere Weise nützlich zu machen. Da war zum Beispiel der Zeitungsverkäufer an der See-/Ecke Müllerstraße. Er verkaufte das nationalsozialistische Kampfblatt „Der Angriff", das seit 1927 erschien. Das muß eine Sensation mitten im roten Wedding gewesen sein, als dieses Blatt zum ersten Mal ausgerufen wurde. Wir bewunderten den Schneid des Zeitungsverkäufers. Wir versammelten uns hin und wieder in größerer Schar um ihn, um ihm so Schutz zu geben und Leute anzuziehen. Unsere Vermutung ging auf. Wo sich Menschen versammeln, kommen immer neue Menschen hinzu. So wurden sie verstärkt auf den „Angriff" aufmerksam gemacht, und dieser und jener entschloß sich, diese Zeitung zu kaufen. Da alles gut ging, wurden wir mutiger. Wir gingen dazu über, Flugschriften und Werbezettel unter die Türspalten der Wohnungen zu schieben. Vor der Haustür stand unsere Wache. Wehe, wer beim Flugblattverteilen erwischt wurde. Unter Flüchen wurde er dann die Treppe hinunter gejagt oder verprügelt. Wenn der Löwe erst geweckt war, konnten wir an ein weiteres Verteilen nicht denken. Des öfteren gingen wir geschlossen in die Kundgebungen der nationalsozialistischen Bewegung und beschafften uns Broschüren und Informationen über das Programm der NSDAP. Darüber wurde dann bei unseren Zusammenkünften gesprochen.

Wenn ich auf den Anfang zurückblicke, muß ich zugeben, daß uns mit 15 oder 16 Jahren einzelne Programmpunkte, die über die Ablehnung des Klassenkampfes hinaus gingen, nicht so sehr ansprachen, wie etwa die blutvolle Persönlichkeit oder der Einsatz in Gefahr. Im jugendlichen Alter überwogen die Emotionen. So beeindruckte uns stark, daß der „kleine Doktor" als Gauleiter von Berlin unter dem Hagel von Steinen und Wurfgeschossen hinkend vor seiner SA marschierte und sich beherzt in gegnerischen Versammlungen in geschliffener Rede der Diskussion stellte, und, wie wir von Zeugen hörten, in der blutigsten Saalschlacht in den Pharussälen das

Wort vom „Unbekannten SA-Mann" prägte. Ich entsinne mich, wie stark uns Fotos von Adolf Hitler ansprachen, wenn er z.B. am Bett eines verwundeten SA-Manns stand oder am Grab eines ermordeten Mitkämpfers sprach und diesem die letzte Ehre erwies. Das war es, was uns immer wieder überzeugte, die Kameradschaft zwischen dem höchsten Führer und dem letzten Mann im untersten Glied.

Im Laufe des Jahres 1929 erhielt unsere HJ-Einheit immer stärkeren Zulauf von Lehrlingen und Jungarbeitern, die von unseren aktivsten Mitgliedern geworben worden waren. Ich erinnere mich an eine Begebenheit, die deutlich macht, daß wir bis in die Reihen der „Enterbten" und derjenigen vordrangen, die auf der dunkelsten Schattenseite des Lebens standen. Ich hatte einen Appell meiner Einheit in der Jungfernheide bei Tegel angesetzt, an dem zum ersten Mal die „Neuen" teilnahmen. Mit ihnen unterhielt ich mich bei dieser Gelegenheit. Da fragte mich ein Junge, ob ich den weiten Weg zu Fuß gekommen wäre, was ich bejahte. Da machte er mir dreist den Vorschlag: „Du, soll ick Dir een Fahrrad klauen?" Das war ein Schock für mich. Ich überlegte mir, ob dieser Junge in der Hitlerjugend bleiben könnte. Ich unterhielt mich lange mit ihm. Dabei erfuhr ich von seinen bitteren Lebensumständen und dem schlechten Milieu, in dem er aufgewachsen war. Wir nahmen ihn auf und versuchten es mit ihm. Durch unsere Hilfsbereitschaft und den uneigennützigen Geist der Kameradschaft, der dem Jungen bis dahin fremd gewesen war, änderte er sich und wurde ein ordentliches Glied in unserer Gemeinschaft. Dieses Erlebnis bestärkte mich darin, daß wir uns noch intensiver in die Welt der jungen Arbeitslosen und der Jugendlichen wagen sollten, die ohne Hoffnung waren.

An der Verstärkung unserer Einheit und ihrer Verläßlichkeit erkannte die Gaudienststelle den Erfolg unserer Arbeit. Wir erfuhren daraufhin die Auszeichnung, daß der Gauführer Robert Gadewoltz zu uns kam und mit uns auf Fahrt ging. Nachts wurden ihm in der Scheune viele Fragen über die Zielsetzung der HJ, die kleinen und großen Sorgen des Alltags gestellt, die er mit einfachen klaren Worten beantwortete. Seit diesem erlebnisreichen Tag hatte unsere Einheit ein besonderes Vertrauensverhältnis zu ihm. Wir spürten, daß er ein gutes Herz hatte, ein Idealist war und in allem mit gutem Beispiel voranging. Wie wir später feststellten, war er auch ein guter Redner, der durch seine Überzeugungskraft zündete und Menschen gewann. Gerade bei ihm fanden wir es schön, daß wir Du zu ihm sagen durften.

Kurze Zeit nach unserer gemeinsamen Fahrt wurde ich auf die Gaudienststelle gerufen. Dort eröffnete mir Robert Gadewoltz, daß er mir ab sofort außer dem Wedding auch die Führung der Hitlerjugend in den Bezirken Moabit, Prenzlauer Berg und dem Fischerkiez überträgt. Aus der Schar wurde eine Gefolgschaft. So wurde ich Führer der Gefolgschaft 1. Damit hatte ich nicht gerechnet. Ich stand erst kurz vor meinem 17. Lebensjahr. Als ich am späten Abend nach Hause ging, schwirrten mir viele Gedanken, aber auch Zweifel und Bedenken durch den Kopf. Moabit-Beusselkiez, das war ein ausgesprochenes Arbeiterviertel, Prenzlauer Berg ebenso. Und dann erst der Fischerkiez. Das Zentrum des ältesten Berlin, in dem überwiegend Arbeiter lebten. Um den Alexanderplatz war die Unterwelt mit ihren Ringvereinen zu Hause. Hier blühte die Prostitution. Im Scheunenviertel um die Grenadierstraße befand sich das Zentrum der neu eingewanderten Ostjuden mit Betstuben neben den Händlerplätzen. Und ich war ein Schüler, ein Unterprimaner. Wie sollte ich das schaffen? Dort beherrschten überall die Kommunisten die Straße. Meine Bedenken darüber waren in dieser Nacht größer als meine Freude.

Meine besondere Aufmerksamkeit galt nun den neuen Bezirken. In Moabit-Tiergarten, wozu auch der Beusselkiez gehörte, waren gute Ansätze vorhanden. Dort führte Erich Steinacker die Schar. Auf ihn und seine Kameraden Gerhard Mondt, Eugen Gerhardi und Georg Bauschuß konnte man bauen. Im Bezirk Prenzlauer Berg war die Hitlerjugend im Aufbau begriffen. Im Fischerkiez bestand eine Einheit, die sich schon in der Auseinandersetzung mit der marxistischen Jugend bewährt hatte. Sie wurde von Bobby Rosié geführt, der bereis in der SA gedient hatte und im Straßenkampf verwundet worden war. Er war einige Jahre älter als ich, von kleinem Wuchs, aggressiv, und übte ohne Hemmung offene Kritik. Bei unserem ersten Treffen merkte ich, daß er nicht erfreut war, einen jüngeren Gefolgschaftsführer vorgesetzt zu bekommen. Ohne Zweifel hatte er größere Erfahrungen als ich, sich mit seinen Leuten auf der Straße zu behaupten. Ich ließ ihm daher die Freiheit in seinem Handeln, und unsere Zusammenarbeit verlief ohne Reibung. Er hielt enge Verbindung zur SA. Das war unbedingt notwendig, denn ohne die SA hätten wir uns in der Anfangszeit bei unseren Aufmärschen und Kundgebungen nicht ausreichend schützen können.

Die Jungen vom Fischerkiez hoben sich äußerlich von anderen Einheiten ab. Sie trugen nicht braune, sondern schwarze Hemden. Außerdem verfügten sie über eine Schalmeienkapelle, die einzige in der Berliner Hitlerjugend. In einem Konzertsaal wäre eine Schalmeienkapelle unvorstellbar und unerträglich gewesen. Aber auf der Straße zwischen den trostlosen Mietskasernen zog sie die Menschen an. In ihren Klängen lag etwas Aufreizendes, das zum Aufbruch mahnte. Wenn die „Internationale" intoniert wurde, glaubte man, darin Hoffnung und Sehnsucht zu verspüren. Auch mich hat es nicht unbeeindruckt gelassen, wenn die Roten Frontkämpfer mit ihrer Schalmeienkapelle durch die Arbeiterviertel marschierten.

Meine Gefolgschaft erreichte schon bald eine Stärke von über 150 Mann. Mit dieser geschlossenen Einheit konnte man punktuell Schwerpunkte setzen. Wenn z.B. in einem Bezirk die HJ einen Sprechabend, eine Kundgebung oder einen Aufmarsch durchführen wollte, so konnte aus den anderen Bezirken Verstärkung herangezogen werden. Das machte unser Auftreten wirkungsvoller. Während ich 1929 mit meiner Weddinger Schar mehr im Verborgenen gearbeitet hatte, konnte ich ab 1930 mit der stärkeren Gefolgschaft öffentlich in Erscheinung treten. So wurden wir allmählich ein Faktor, den die kommunistisch-marxistische Jugend als Gegner ernst nehmen mußte. Je öfter wir auf den Straßen auftraten, um so stärker war auch die Härte der Auseinandersetzungen. Es häuften sich die Überfälle und Verletzungen. Die Wohnungen von HJ-Führern wurden belagert. Viele unserer Jungen lebten in einem marxistisch gesinnten Elternhaus. In einigen Fällen kamen unsere Widersacher dahinter und schrieben wegen der Mitgliedschaft der Söhne in der Hitlerjugend an deren Eltern. Das führte im Einzelfall zum Rausschmiß aus dem Elternhaus. Eine Reihe von Kameraden wurde verhaftet und einzelne ins Gefängnis gebracht.

Beliebt waren in unserer Gefolgschaft die Lastwagenfahrten. Wir mieteten einen oder mehrere Lastwagen. Dann ging es mit wehenden Fahnen, mit kräftig gesungenen Liedern und heruntergezogenen Sturmriemen am Tag oder in die Nacht hinaus ins märkische Land. Ein wiederholt angesteuertes Ziel war Eberswalde.

1930 fuhren wir mit unserem Gauführer Robert Gadewoltz dorthin. Von einem Lastwagen hielt er eine flammende Rede an die Bevölkerung und Jugend. Damals waren auf dem Alsenplatz einige Hitlerjungen durch Messerstiche verletzt worden.

1931, als Robert Gadewoltz schon abberufen worden war, trat ich in seine Fußstapfen und richtete ebenfalls vom Lastwagen eine Kampfbotschaft an die Jugend. Ich rief in die Menge: „Wo sind unsere ermordeten Kameraden?" Und aus allen Kehlen kam laut und wuchtig die Antwort: „Hier!" Unser Marsch durch die Stadt wurde verboten. So gingen wir durch Eberswalde „spazieren". Die Kommune ließ sich nicht blicken. Nicht mal aus ihrer Hochburg beim „Schwarzen Adler" flogen Steine. Wir hatten hier erheblich an Boden gewonnen. So trugen unsere Lastwagenfahrten dazu bei, der Hitlerjugend an unseren Zielorten zu helfen.

Im Buch „Die Geschichte der Hitlerjugend" von Hans-Christian Brandenburg habe ich über meinen Gauführer folgendes gelesen: „Im Februar 1931 wurde Robert Gadewoltz wegen Unfähigkeit abgesetzt. Er hinterließ dem HJ-Gau eine Schuldenlast von 5.000 RM." Das mag durchaus irgendwo in den Akten gestanden haben. Aber trotzdem stimmt es nicht, zumindest was seine angebliche Unfähigkeit betrifft. Aus meiner Nähe zur Entwicklung und den Ereignissen dieser Zeit kann ich bezeugen, daß es gerade Robert Gadewoltz war, der 1929 und 1930 die Grundlagen für den Aufbau der Berliner Hitlerjugend geschaffen hat. Selbst vor dem Urteil Adolf Hitlers hat er gut bestanden. In der Kampfzeit der NSDAP hatten alle ihre HJ-/NS-Verbände Schulden, und Robert Gadewoltz führte nicht nur die Hitlerjugend in Berlin, sondern auch in der Mark Brandenburg. Da war der Betrag von 5.000 Reichsmark nicht einmal allzu hoch. Man denke einmal an die Millionen Schulden, die Parteien besitzen, obwohl der Staat die Wahlen finanziert. Nein, Robert Gadewoltz ist das Opfer einer Intrige geworden. Die Vorgänge darum gehören zu meinen ersten Enttäuschungen über menschliche Unzulänglichkeit. Nach seinem Ausscheiden war Gadewoltz ein vielgefragter Gau- und Reichsredner, wurde nach 1933 Stadtrat, war vom ersten bis zum letzten Tag im Krieg Offizier, verwundet und Träger des Eisernen Kreuzes erster Klasse. Nach dem Krieg hatte er eine leitende Position in der Wirtschaft inne. Als ich vor einigen Jahren seine Witwe besuchte, erfuhr ich, daß seine Söhne und Töchter sich alle in ihren Berufen bewährt hatten. So sieht also das Lebensbild eines Mannes aus, der in der Literatur „wegen Unfähigkeit abgesetzt" worden war.

Auf den Zusammenkünften meiner Gefolgschaft habe ich meistens selbst gesprochen und mit einem eingeladenen Gegner diskutiert. Dabei kam es hin und wieder zur Schlägerei, bei der mal wir oder die anderen den kürzeren zogen. Am Anfang war mein Thema (und Programm) die Überwindung des Klassenkampfes. Darüber konnte ich aus eigenem Erleben sprechen. Mit 15 Jahren hatte ich noch einige Schlagworte nachgebetet, deren tiefere Bedeutung ich noch nicht selber erfahren oder ergründet hatte. Mit der Zeit erwarb ich aus Büchern, Broschüren und Reden führender Parteigenossen Kenntnisse, die mich zur Argumentation befähigten. Das Reden war nicht meine schwächste Seite. Schon im Deutschunterricht in der Schule machte es mir Spaß, mich über ein literarisches Thema auszulassen. Man durfte sich dort selber ein freies Thema für einen kurzen Vortrag auswählen. So sprach ich zum Beispiel über August Borsig, der 1837 in Berlin eine Maschinenfabrik gegründet hatte, oder über Amerika, das Land der unbegrenzten Möglichkeiten. Etwas Übung im Reden hatte ich also.

In der Hitlerjugend mußte ich mich vielen Fragen stellen, die zu beantworten waren, oder in Gesprächen mit Andersgesinnten versuchen, sie von meinem Standpunkt zu überzeugen. Das war eine gute Schulung für mich. 1930 wurde ich aufgefordert, auch öffentlich zu sprechen. Ich erinnere mich an die erste Jungarbeiterversammlung bei Siemens. Ich lieh mir ein Fahrrad und fuhr nach Siemensstadt hinaus. Ich radelte dem Strom der Arbeiter entgegen, die nach Betriebsschluß ihrem Zuhause zueilten. Mir war ziemlich flau zumute. Ich stieg vom Fahrrad ab, verweilte einen Augenblick und sah in die Gesichter der vorbeiströmenden Männer, die von Sorge gezeichnet waren. Sicher hatten sie Kinder, die in dieser schweren Zeit ernährt sein wollten. Schon dieser Gedanke und Eindruck weckten Zweifel in mir, ob ich als Schüler den wartenden Jungarbeitern einen Weg in die bessere Zukunft weisen könnte. Diese Anfechtung mußte überwunden werden. Es gab kein Zurück mehr. Ich überwand mich und fuhr weiter. In der Versammlung lief alles gut. Vielleicht war es Glück, aber vielleicht spürten meine Zuhörer auch, daß meine Worte aus selbst erlebter Not kamen und daher Überzeugungskraft besaßen. Man sagte mir, daß sich einige Jungarbeiter zur Hitlerjugend gemeldet hätten. Diese Erfahrung gab mir Auftrieb. Noch oft war ich bei Siemens und habe im gleichen Jahr noch auf mehreren öffentlichen Versammlungen gesprochen. Als ich eines Morgens zur Schule kam - ich war in der Oberprima -, sah ich an der Litfaßsäule ein Plakat, auf dem ich als Redner angekündigt wurde: „Es spricht Gefolgschaftsführer Axmann". Das hatten auch einige Herren des Lehrerkollegiums entdeckt. Je nach ihrer politischen Einstellung bekam ich das in den verschiedenen Fächern zu spüren. Leider zum Nachteil in Mathematik. Mir fiel auf, daß ich nach Kundgebungen der NSDAP, die bis weit in die Nacht hineingingen, in der ersten Morgenstunde sofort an die Tafel gerufen wurde, um einen Lehrsatz abzuleiten. Da versagte ich manchmal, was sich in meinem Abiturzeugnis bemerkbar machte.

Nach dem Abgang von Robert Gadewoltz übernahmen Joachim Walter im Februar 1931 den Gau Berlin und Gunter Stegemann den Gau Brandenburg der Hitlerjugend, in dem ich auch als Redner eingesetzt wurde. Sogar am Abend vor meiner Abiturientenprüfung. Diese Tatsache dokumentiert am besten, daß meine Pflichterfüllung für die Hitlerjugend absolute Priorität vor der Schule besaß. In früher Morgenstunde meines Prüfungstages kam ich auf dem Lehrter Bahnhof an und ging über die Heidestraße nach Hause, die mich auch am 2. Mai 1945 in einer schicksalsschweren Stunde aufnehmen sollte. Nach kurzem, aber tiefem Schlaf zog ich mein bestes Zeug an und begab mich zum letzten Mal auf meinen Schulweg. Meine Klassenkameraden - alle in dunklem Anzug - waren bereits versammelt. Der Raum stand voller Qualm. Man hatte den Abiturienten am Prüfungstag das Rauchen gestattet. Einige vertieften sich noch in ihre Bücher, andere standen am Fenster und schauten in den Himmel. Zu diesen gehörte auch ich. Ab und zu wurde die Tür geöffnet und der nächste Prüfling aufgerufen. Man rätselte herum, wer wohl im Abi durchfallen könnte. Nach Abschluß der Prüfung nahmen wir in einem besonderen Raum Aufstellung. Es erschien unser Schulleiter, der Oberstudiendirektor Dr. Bernecke, den ich sehr schätzte. Mit seinem Stirnwulst über den Augenbrauen hatte er ein ausdrucksvolles Gesicht. In die Spannung und Stille hinein verkündete er:

„Das Abitur haben bestanden Arlt, Beyer, Binias ..." usw. Ich stand an zweiter Stelle im Alphabet. Mein Name wurde ausgelassen. Nun beglückwünschte der Direktor meinen Nachbarn an der Spitze. Er kam zu mir. Ich war zurückgetreten, weil er mich nicht aufgerufen hatte. Dr. Bernicke sah mich mit strengen Blicken an und sagte mit mißbilligendem Ton: „Ach so, Axmann, das wollte ich Ihnen noch sagen, Sie hätten das Abitur viel besser bestehen können." So hatte er mir seinen letzten Denkzettel für meine mangelnde Hinwendung zur Schule verpaßt. Dabei ging ich trotz meiner Beanspruchung durch die Hitlerjugend gern zur Schule. Ich fand das Wort treffend: Nicht für die Schule, sondern für das Leben lernen wir.

Ich hatte das Abitur trotz anderer Aufgaben, Pflichten und Ablenkungen mit 2,3 bestanden. Ich ging zufrieden nach Hause. Nach 1933 traf ich meinen Direktor in der U-Bahn am Bahnhof Seestraße. Ich war in Zivil, ging auf ihn zu und begrüßte ihn. Wir kamen ins Gespräch. Er sagte zu mir: „Sie sind ja inzwischen ein großer Mann geworden. Aber Sie tragen ja gar kein Abzeichen." Darauf antwortete ich ihm: „Herr Direktor, das habe ich in der Zeit getragen, als ich bei Ihnen zur Schule ging."

Ich wollte studieren, aber mir fehlte das Geld. Unsere Familie befand sich auf dem wirtschaftlichen Tiefpunkt. Zu Hause waren alle arbeitslos. Ich suchte nach Arbeit, fand aber keine. Das war das Trostlose. Man wollte gern arbeiten und stand überall vor verschlossenen Türen. Man brauchte mich nicht. Das Gefühl der Aussichtslosigkeit war es, das viele Menschen für den politischen Kampf motivierte und radikalisierte. Ich suchte nach Schülern, denen ich Nachhilfeunterricht geben konnte. Auch das war nicht einfach, denn viele Eltern hatten kein Geld dafür. Durch eine Empfehlung erhielt ich am Ende doch einige Schüler. Dadurch bekam ich etwas Geld, um die Aufnahmegebühren für mein Studium bezahlen zu können. Ich wurde an der Friedrich-Wilhelm-Universität unter dem Rektor Adolf Theissmann immatrikuliert.

An der Hochschule tobte ebenfalls der politische Kampf. Universitätsfremde Elemente drangen ein, und es kam zu tätlichen Auseinandersetzungen. Deshalb wurde am Eingang eine Kontrolle durchgeführt, bei der man seinen Studienausweis vorweisen mußte. Die nationalsozialistischen Studenten waren an der Berliner Universität sehr aktiv. Ich bin jedoch nicht im NS-Studentenbund tätig geworden, weil mich die Arbeit in der Hitlerjugend vollkommen in Anspruch nahm. Ich belegte die Vorlesungen für Arbeitsrecht bei Prof. Dersch, Bürgerliches Recht bei Prof. Wolff und Strafrecht bei Prof. Kohlrausch. Das waren Professoren von hohem Rang. Gastvorlesungen hörte ich bei dem Zeitungswissenschaftler Prof. Emil Dovifat. Die waren sehr interessant für mich. Er legte Schallplatten von den Reden meines Gauleiters Dr. Goebbels auf und analysierte sie im Hinblick auf

Rhetorik und Demagogie. Als ich nach 1933 an der Hochschule für Politik einen Vortrag hielt, entdeckte ich unter den Zuhörern Prof. Dovifat. Ich begrüßte ihn nach meiner Rede und bat ihn, den Vortrag seines ehemaligen Studenten zu analysieren. Er tat es und gab mir gute Ratschläge und Tips. Leider habe ich meine Vorlesungen nicht kontinuierlich wahrnehmen können, denn die nackte Existenzfrage wurde immer brennender. Neben meinem Studium hatte ich keine Arbeit. Es ging einfach nicht mehr, daß ich meiner Familie zur Last fiel.

So bin ich eines Morgens aufgebrochen und aufs Land gegangen. Dort wollte ich mich gegen Unterkunft und Essen verdingen. Der Weg führte mich über Potsdam, Michendorf und Seddin nach Kähnsdorf, wo der Wandervogel eine seiner ersten Hütten gehabt hatte. Diese Wanderung durch das tiefste Tal meines jungen Daseins habe ich nicht vergessen. Ich hatte nur leichtes Gepäck bei mir, war aber mit sorgenschweren Gedanken beladen. Auf meinem nächtlichen Weg traf ich kein Fahrzeug und keine Menschenseele. Ich war allein unter dem hohen Sternenhimmel. Ich erlebte die Einsamkeit. Als der Morgen dämmerte, wurde ich müde. Die Wegzehrung war schon aufgebraucht, und der Magen begann zu knurren. Ich schaute nach Leuten aus, die ich ansprechen konnte, unterließ es aber immer wieder. Dann sah ich einen Mann in Schaftstiefeln, der nach seinem Aussehen und seiner Haltung ein SA-Mann sein konnte. Ihn sprach ich an und fragte nach Arbeit. Im Laufe des Gesprächs erfuhr ich, daß er tatsächlich der SA angehörte. Ich erzählte ihm von meiner Lage, und er versprach, sich für mich um eine Aushilfsarbeit zu bemühen. Das klappte schließlich, und ich konnte in einer Kiesgrube schippen. Ich erhielt mein Essen und ein Dach über dem Kopf. Einmal nahm er mich auf dem Rahmen seines Fahrrades mit zu einer gegnerischen Versammlung in einem kleinen Nachbarflecken. Dort sprach ich zur Diskussion. Daß es kein Mißerfolg war, konnte ich an der guten Laune meines Helfers erkennen. So vergingen die Sommerwochen, in denen ich mich gekräftigt fühlte. Auch die Zuversicht war wieder da.

Die Verbindung mit meinen Berliner Kameraden hatte ich aufrechterhalten. Sie drängten mich, nach Berlin zurückzukommen, da sich die Auseinandersetzungen mit den gegnerischen Kräften verschärft hatten. So übernahm ich wieder die Führung meiner Gefolgschaft 1. Der Berliner Hitlerjunge Gerhard Liebsch war am 26. Mai 1931 ermordet worden. Nach meiner Rückkehr erfuhr ich, daß drei Hitlerjungen auf dem Lausitzer Platz überfallen worden waren. Der 17jährige Drechslerlehrling Perghammer erhielt eine schwere Schlagverletzung am Hinterkopf, der 18jährige Jungarbeiter Schmidt trug einen Streifschuß davon, und der 17jährige Jungarbeiter Hans Hoffmann wurde durch einen Bauchschuß verwundet und erlag am 17.

August 1931 seinen Verletzungen. In zwei Monaten hatte die Berliner Hitlerjugend zwei Tote zu beklagen. Wieder deutete alles darauf hin, daß sich die Kommunisten ihre Herrschaft auf der Straße nicht streitig machen lassen wollten, und schon gar nicht ihre Hochburgen, in denen sie nach dem Ersten Weltkrieg von Anfang an ganze Stadtviertel beherrschten. Wir hatten das schon im vergangenen Jahr zur Kenntnis nehmen müssen, als am 14. Januar 1930 auf den SA-Sturmführer Horst Wessel beim Öffnen der Wohnungstür Schüsse abgefeuert wurden, an deren Folgen er am 22. Februar 1930 starb. Mich hatte das sehr tief getroffen. Horst Wessel war Werkstudent. Sein Vater war Pfarrer an St. Nikolai, der ältesten Kirche von Berlin. Im Kriege hatte er als Militärpfarrer im Feldquartier des Generalfeldmarschalls von Hindenburg gedient, mit dem er gut bekannt war. Horst Wessel verließ das bürgerliche Elternhaus, um im Bezirk Friedrichshain im Fischerkiez und im Scheunenviertel die Arbeiter für die Volksgemeinschaft zu gewinnen. Das war ein Beispiel für uns höhere Schüler, die ihre Mützen verbrannt hatten und die Jungarbeiter zu sich holen wollten. Übrigens war Horst Wessel schon 1927 für die Hitlerjugend tätig gewesen. Dr. Goebbels hatte ihn im Januar 1928 beauftragt, während seines privaten Aufenthaltes in Wien die Organisation der Nationalsozialisten, vor allem aber die der Hitlerjugend, in der Horst Wessel kurzfristig eine Einheit geführt hatte, zu erkunden. Darüber berichtete er in einem Brief an einen Freund vom 20. Februar 1928: „Die hiesige HJ ist glänzend durchorganisiert ... Die HJ veranstaltet große Jugendmassenveranstaltungen, und zwar mit Erfolg. Ich gehe jetzt daran, meine hier gemachten Beobachtungen und Erfahrungen zu Papier zu bringen und zu überarbeiten, da ich die feste Absicht habe, sie in Berlin zu verwerten, sei es in der Jugend oder der Partei. Jedenfalls arbeitet der Gau Wien vorbildlich, und es dürfte einige Mühe kosten, den Gau Berlin auf gleiche Höhe zu bringen."
Nach dem Abbruch meiner Tätigkeit in Kähnsdorf kamen nun viele Anforderungen auf mich zu, vor allem Einsätze als Redner. Ich hatte Mühe, sie bis zum Jahresende 1931 neben meiner Gastrolle in den Hörsälen der Friedrich-Wilhelm-Universität zu bewältigen.
Die Sozialistische Arbeiterjugend veranstaltete am 12. August 1931 eine Versammlung von Jungarbeitern der Firma Borsig, zu der auch Vertreter der Hitlerjugend eingeladen waren. Ich ging dorthin und meldete mich zur Diskussion. Man mußte sich dem Austausch von Argumenten stellen, weil sich gerade dadurch die Chance bot, junge Mitkämpfer zu gewinnen. Der Referent Theo referierte über den Kapitalismus, verstieg sich zu der Behauptung, daß es noch nie eine marxistische Mißwirtschaft gegeben habe und äußerte sich lobend über die „Internationale". Es war nicht schwer, auf dem Hintergrund der Tatsachen die marxistische Mißwirtschaft nachzu-

weisen. Zur „Internationalen" zitierte mich „Der Junge Sturmtrupp" in der zweiten September-Ausgabe 1931 mit den Worten: „Wir glauben nicht an Eure sagenhafte Internationale. Haben jemals die ausländischen Arbeiterorganisationen über die ungeheuren Tributlasten, die auf den Schultern des deutschen Arbeiters ruhen, wirksamen Protest erhoben? Bis der letzte Bantuneger zu der Erkenntnis gekommen ist, daß dem deutschen Arbeiter geholfen werden muß, solange warten wir nicht! Wir glauben nicht an andere, wir glauben an unsere eigene Kraft."

Die Diskussion verlief geordnet und ohne Zwischenfälle. Ich hatte bemerkt, daß einige Teilnehmer sehr nachdenklich geworden waren. Das war der Grund dafür, das wir zum 8. Oktober 1931 eine eigene Betriebsversammlung bei Borsig einberiefen. Als Redner zum Thema „Der Marxismus sterbe, damit der Sozialismus lebe" führte ich aus, daß die Erfüllung sozialer Forderungen vom Schicksal unseres Volkes abhinge und das Wohl und Wehe der deutschen Arbeiterschaft mit dem Auf- oder Abstieg der Nation aufs engste verbunden sei. An diesem Abend hatten wir zehn Neuaufnahmen zu verzeichnen.

Wenn ein junger Idealist aus dem Kommunistischen Jugendverband oder der Sozialistischen Arbeiterjugend zu uns übertrat, so wog das damals viel schwerer als der Übertritt eines Jungen aus den bürgerlichen Jugendverbänden. Die Kommunisten waren gewohnt, konsequent zu kämpfen. Auf die vielen von mir bestrittenen Sprechabende will ich nicht eingehen, sondern nur diejenigen erwähnen, die einen außergewöhnlichen Verlauf nahmen und im Kampfblatt der werktätigen Jugend Berlins, dem „Jungen Sturmtrupp" der Jahrgänge 1931 und 1932 dokumentiert sind. Die kommunistischen „Roten Pfadfinder" forderten zu einer öffentlichen Diskussion am 20. August 1931 auf. Die Hitlerjugendschar Moabit-Tiergarten erhielt dazu eine Einladung. Als deren Gefolgschaftsführer meldete ich mich zur Teilnahme an. Außer dem Hauptredner des Veranstalters wurde auch mir die Gelegenheit gegeben, ein Referat zu halten, das nicht, wie es häufiger vorkam, durch wüste Zwischenrufe unterbrochen wurde. Die anschließende Aussprache wurde sachlich geführt. Plötzlich stürmten angetrunkene Männer des Rot-Front-Kämpfer-Verbandes vom Wedding in den Saal und riefen: „Wo ist die SA?" Sie war nicht da. Die „Roten Pfadfinder" warfen sich den eigenen Rabauken entgegen und verhinderten so ein Blutvergießen. Die Polizei wurde alarmiert. Als sie eintraf, verfolgte sie nicht die kommunistischen Eindringlinge, sondern schlug auf die anwesenden Hitlerjungen ein. Auf der Straße lungerten dunkle Gestalten herum. Die „Roten Pfadfinder" erboten sich, unsere Jungen nach Hause zu begleiten. Unser Gegner schützte seinen Gegner. Auch das hat es gegeben.

Am nächsten Tag fand bei Siemens eine Jungarbeiterversammlung statt, wo ich vor mehr als einem Jahr meine Jungfernrede gehalten hatte. Als ich den Raum betrat, stellte ich fest, daß eine starke Abordnung der KPD vertreten war. Sie benahm sich so, als wollte sie jeden Augenblick selber die Leitung der Versammlung übernehmen. Es sah sehr mulmig aus. Aber dann erschien die SA, und die Versammlung verlief normal und führte zum Erfolg. Bei Siemens hatten wir seitdem eine starke und verläßliche Gruppe. Der 8. Oktober war ein denkwürdiger Tag für mich. Ich habe berichtet, daß wir an diesem Tag bei Borsig zehn neue Mitglieder aufnehmen konnten. Das war am späten Nachmittag nach Betriebsschluß. Am gleichen Abend ging eine Veranstaltung der kommunistischen Fichtelgruppe in der Wildenowstraße über die Bühne. Das war in unmittelbarer Nähe vom Bahnhof Wedding. Das Viertel war eine rote Hochburg. Man hatte ein Mitglied der Hitlerjugend zur Diskussion aufgefordert. Hier handelte es sich um meinen eigenen Kiez. Da durften wir nicht kneifen. Ich mußte hin. Wir überlegten uns, ob es richtig wäre, eine starke Einheit der HJ in die Versammlung zu entsenden. Für solche gefährlichen Einsätze sprachen wir in der Regel nur die bewährten 17- und 18jährigen an. Aber von diesem Gedanken nahmen wir Abstand, weil in diesem Fall eine Schlägerei oder Schlimmeres unvermeidlich erschien, und das in einer Gegend, wo jedes Haus vor kampfbereiten Kommunisten strotzte. Wir wurden auch von verschiedener Seite davor gewarnt, daß man uns „fertigmachen" wollte. Wir entschieden, daß ich allein mit einem Begleiter ins Jugendheim gehen sollte. Das war mein Kamerad Werner Müller, ein baumlanger kräftiger Bursche. Nur zwei oder drei Beobachter sollten im neutralen Zivil im Raum postiert werden. Wir alarmierten die Schar Moabit-Tiergarten, die sich ebenfalls im Zivil auf dem Sparrplatz und Umgebung unter die Passanten mischen und die Szene beobachten sollte. Anschrift und Telefonnummer des Polizeireviers mußten griffbereit sein. Wir kamen in einen überfüllten Saal. Für die kommunistische Jugend sprach ein Genosse, den ich für einen guten Durchschnittsredner hielt. Natürlich bekam er laute und demonstrative Zustimmung. Als mir das Wort zur Aussprache erteilt wurde, brach johlendes Gelächter aus. Erwähnte ich den Namen Marx, so brüllte der ganze Saal. Führte ich ein Argument an, dann ging es im tosenden Lärm unter. Ich kam kaum zu Wort. Nach und nach erschienen noch Schlägertypen, der eine mit einem Krückstock, der andere mit einem Knüppel. Sie bauten sich hinter mir auf. Es wurde ruhig und ernst. Sie zogen ihr Messer heraus und putzten sich, wenn ich zur Seite schaute, damit provokativ die Fingernägel. Mir stieg im Hals die Angst hoch. Plötzlich rissen Polizisten die Tür auf, die Pistole in der Hand und riefen in den Saal: „Nationalsozialisten verlassen sofort den Saal!" Bei eingetretener Stille folgten mein Begleiter und ich diesem Ruf. Nun wollte die Kommune wohl sehen, wer zur Hitlerjugend im Wedding gehörte. Es muß für sie eine Enttäuschung gewesen sein, nur zwei Männeken verließen den Saal. Auf der Straße war es ziemlich dunkel. Trübe flackerte das Licht der Laternen. Der Sparrplatz war belagert. An den Ecken und Hauseingängen standen Gruppen. Wir versuchten schnell die helle und verkehrsreiche Müllerstraße zu erreichen. Wir bekamen Wortfetzen mit: „... der liegt noch im Bett", „die Schweine schlachten wir ab." Man war hinter uns her. Wir sprangen auf die Straßenbahn und entkamen. Zu Hause trafen wir noch Hitlerjungen. Irgendwie hatten sie unseren Rückzug gedeckt.

In der Zeit vom 15. Februar bis zum 15. November 1931, in der Joachim Walter Gauführer der Berliner Hitlerjugend war, beauftragte er mich hin und wieder, ihn als Redner zu vertreten. Diese Mitteilungen erhielt ich zumeist kurz vor den Versammlungsterminen, einmal sogar in letzter Minute. Deutlich erinnere ich mich an eine Begebenheit, die sich auf dem Bahnhof einer märkischen Stadt abspielte, ich glaube, es war Lenzen. Es handelte sich um eine Parteiversammlung. Die örtlichen Hoheitsträger erwarteten ihren Gast aus Berlin auf dem Bahnsteig. Bei der Begrüßung fragten sie: „... na, wo bleibt denn der Redner?" - „Das bin ich" gab ich zur Antwort. Die Absage von Joachim Walter hatte sie nicht mehr erreicht. Ich sah in enttäuschte Gesichter, von denen man die unausgesprochenen Worte ablesen konnte, „ach, du lieber Gott". Ein Parteigenosse faßte sich mit beiden Händen an den Kopf. Die Unterhaltung bis zur Kundgebungsstätte blieb einsilbig. Das Verhalten meiner Begleiter war Grund genug, daß ich mir mit meiner Rede besondere Mühe gab. Ich wollte ihnen beweisen, was junge Menschen können. Die Versammlung muß ein Erfolg gewesen sein, denn die Verabschiedung war wesentlich freundlicher als der Empfang. Es war immer eine unangenehme Aufgabe, wenn man eine Persönlichkeit von Rang und Namen vertreten mußte.

Ich greife der Zeit vor und erwähne dazu ein Beispiel. Es war im Jahr 1935. Der Adjutant des Reichsjugendführers Baldur von Schirach, Horst Krutschinna, rief mich eines Nachmittags an: „Baldur ist zum Führer gerufen worden. Du mußt den Nachtzug nach Heidelberg nehmen, um ihn auf einer Kundgebung im Schloßhof zu vertreten." Es handelte sich hier um eine Kundgebung der Korpsstudenten. Man erwartete von ihnen, daß sie sich freiwillig auflösten, und ihre Auflösung sollte wohl durch diese öffentliche Demonstration besiegelt werden. Der Brisanz meines Auftrages war ich mir bewußt. Auch war mir das verbreitete, aber unzutreffende Gerücht bekannt, daß Schirach, der ehemalige Führer des NS-Studentenbundes, vor diesem Duell gekniffen haben sollte. Der Anmarsch zur rötlichen Sandsteinruine auf der Höhe war lang. Bis dort hinauf bildeten Jugendliche und Erwachsene Spalier, die den Reichsjugendführer aus der Nähe sehen wollten. Sie begrüßten mich mit begeisterten „Heil"-Rufen. Wie ich aber den Berg hinaufschritt, hörte ich, wie es von Mund zu Mund ging: „Das ist er ja gar nicht." Der Beifall verebbte. Das war ein furchtbares Spießrutenlaufen für mich. Der Weg kam mir viel weiter vor, als er tatsächlich war. Die Korpsstudenten standen in vollem Wichs im Innenhof. Meine Rede leitete ich damit ein, daß Baldur von Schirach zum Führer gerufen worden sei und nannte diese Tatsache als einzigen Grund, der sein Fernbleiben rechtfertigen würde. Ein solcher Grund wurde damals, Gott sei Dank, von jedem akzeptiert. Ich sprach von meinen Erlebnissen der Kampfzeit und erwähnte, daß wir unsere bunten Schülermützen verbrannt hätten, um ein sichtbares Zeichen für die Überwindung des Klassenkampfes zu setzen und die Tatgemeinschaft mit den Arbeitern zu erreichen. Das war also eine Parallele zum bunten Wichs der Korporationen. Es regte sich kein Protest, aber der Beifall am Ende meiner Rede war nicht sehr stark. Aber immerhin hatte ich die Durchführung meines Auftrages glimpflich überstanden.

Am 31. Oktober 1931 war Baldur von Schirach von Adolf Hitler zum Reichsjugendführer der NSDAP ernannt worden. Ihm unterstanden damit die Hitlerjugend, der Nationalsozialistische Studentenbund und der Nationalsozialistische Schülerbund. Reichsführer der Hitlerjugend wurde der Baltendeutsche Dr. Adrian von Renteln. Kurt Gruber, der von 1926 bis dahin die Hitlerjugend geführt hatte, wurde von seinem Auftrag entlastet. Ich habe Kurt Gruber persönlich noch kennengelernt, als er 1930 meine Gefolgschaft 1 besuchte, was für uns alle eine Auszeichnung bedeutete. Wir waren in einer Waldlichtung bei Potsdam angetreten. Er sprach zu uns über die Tradition der Hitlerjugend als Bund deutscher Arbeiterjugend und beschwor uns, der sozialrevolutionären Zielsetzung der Hitlerjugend stets treu zu bleiben. Kurt Gruber war ein Mann des Alltags, ein Mann zum Anfassen. Wenn er auch nicht über eine große Ausstrahlung verfügte, so überzeugte er doch durch seine Redlichkeit, die Aufrichtigkeit seines Wollens und die Unbeirrbarkeit in seiner Überzeugung. Seit 1924 hatte er sich in der Auseinandersetzung mit nationalen und völkischen Gruppen und in vielen Querelen durchgesetzt, bis ihn Adolf Hitler auf dem zweiten Parteitag der NSDAP in Weimar im Juli 1926 mit der Führung der Hitlerjugend beauftragte. Dazu gehörten ein fester Wille, Ausdauer und Beständigkeit. In dem Buch „Die Geschichte der Hitlerjugend" wurde Kurt Gruber von Hans-Christian Brandenburg als typischer Vertreter jener entwurzelten Nachkriegsgeneration beschrieben, die in der Idee eines nationalen Sozialismus Aufgabe und Lebensinhalt gefunden zu haben glaubte. Aus meinen persönlichen Begegnungen mit Kurt Gruber hatte ich den Eindruck gewonnen, daß er innerlich gefestigt war, sehr wohl wußte, was er wollte und seine Vorhaben zielstrebig verfolgte. Er war ein Kärrner der nationalsozialistischen Bewegung. Dr. Adrian von Renteln kannte ich bereits aus der Arbeit für den Nationalsozialistischen Schülerbund, dessen Leitung er seit dem 17. November 1929 innehatte. Auch als Reichsführer der Hitlerjugend hatte ich nun mit ihm zu tun. Oft wird in der Literatur behauptet, daß nach dem Ausscheiden von Kurt Gruber unter seinen Nachfolgern eine Kursänderung und eine Verbürgerlichung der Hitlerjugend eingetreten sei. Das entspricht nicht den Tatsachen. Am 15. November 1931 fand nach der Ernennung von Baldur von Schirach und Dr. Adrian von Renteln eine Reichsführertagung der Hitlerjugend in München statt, in deren Mittelpunkt eine Rede Adolf Hitlers stand. Auf der Tagung bekannten sich der Reichsjugendführer und der Reichsführer der Hitlerjugend zum Sozialismus. Auf der nächsten Tagung der Hitlerjugend in Braunschweig über Ostern 1932, aus deren Anlaß die Regierung eine öffentliche Kundgebung verboten hatte, wurde der sozialistische Kurs der Hitlerjugend von Dr. Adrian von Renteln bekräftigt. Auch die Aufsätze der Führenden in den Zeitschriften der Hitlerjugend, wie z.B. im „Aufmarsch" und im „Jungen Sturmtrupp", bestätigen das. Und auch auf dem Reichsjugendtag der HJ, der am 1. und 2. Oktober 1932 in Potsdam stattfand, stellte Baldur von Schirach die Großkundgebung unter die Losung: „Gegen die Reaktion für die sozialistische Revolution". Aus der Zeit nach 1933 kann ich als zuständiger Amtschef bezeugen, daß sich Baldur von Schirach nicht allein durch Worte, sondern immer wieder durch Taten nachhaltig für die Verwirklichung des Sozialismus auf dem Gebiet der Jugendarbeit eingesetzt hat. Die Behauptung von einer inhaltlichen Kursänderung nach Kurt Gruber stimmt einfach nicht. Welche Vorstellungen hatte ich nun damals mit 18, 19 Jahren vom Sozialismus? Auf keinen Fall war er für mich nur eine Wirtschaftsdoktrin. Er bedeutete für mich vor allem eine Gesinnung, eine Haltung, eine Handlungs- und Verhaltensweise, die sich in der Forderung „Gemeinnutz geht vor Eigennutz" ausdrückte, und die sich in allen Lebensbereichen bewähren mußte. Das Wir hatte vor dem Ich zu stehen. So verstand ich auch in meiner frühen Jugend die Redner in unseren Parteiversammlungen, die als ehemalige Frontsoldaten meinten, diese gelebte Gesinnung sei in den Stahlgewittern des Ersten Weltkrieges geboren worden, in denen es um das gemeinsame Schicksal ging, in denen der eine für den anderen stand, die Geburt und Herkunft gegenüber dem Wesentlichen bedeutungslos wurden. Aus meinen ersten Auseinandersetzungen mit den Jungarbeitern marxistischer Organisationen wußte ich, daß auch sie sich zum Sozialismus bekannten. Aber unsere Auffassungen darüber waren grundverschieden. Durch mein erwähntes Schlüsselerlebnis als 15jähriger Pennäler, der wegen der bunten Schülermütze überfallen worden war, hatte ich sozusagen am eigenen Leibe erfahren, daß ihnen der Klassenkampf die Hauptsache war. „Proletarier aller Länder vereinigt euch!", hieß die Parole. Und Lenin hatte verkündet: „Wir kennen keine Moral. Unsere Moral ist der Klassenkampf." Man strebte eine Internationale der proletarischen Klassengemeinschaft an.

Unsere Vorstellung vom Sozialismus bezog sich auf unser Volk. Sie war von seinen Interessen geprägt. Daher sprachen wir auch vom nationalen oder deutschen Sozialismus. Darin kam zum Ausdruck, daß nationale Faktoren, wie der Charakter und die Eigenschaften eines Volkes, seine geographische Lage, das Klima, die vorhandenen Rohstoffe und andere Gegebenheiten, die Gestaltung des Sozialismus in der Praxis der Völker beeinflußten. 1931/32 konnte ich noch nicht wissen, daß nach dem Zweiten Weltkrieg sogar Führer des internationalen Sozialismus dieser Erkenntnis Rechnung trugen. Es begann mit Tito in Jugoslawien und seinem eigenen Weg zum Sozialismus. Die Auffassungen über seine Verwirklichungsformen in der Sowjetunion, in der Volksrepublik China und in den arabischen Ländern waren beispielsweise durchaus nicht identisch. Auch die Entwicklung des Euro-Kommunismus ließ die Folgerung zu, daß man die unterschiedlichen Voraussetzungen und Gegebenheiten in den Ländern erkannt hatte.

In den Diskussionen mit dem Gegner trat mir auf den Sprechabenden wiederholt die marxistische Lehre vom Mehrwert entgegen. Sie betrachtete die Arbeit als Ware, die der Arbeitnehmer an den Arbeitgeber verkauft. Es wurde davon ausgegangen, daß der erhaltene Lohn zwar die Kosten des notwendigen Lebensbedarfs abdeckt, der Arbeitnehmer jedoch darüber hinaus einen Mehrwert schafft, den der Arbeitgeber abschöpft und damit seinen Gewinn und seinen Reichtum schafft. Daher sollten sich die Arbeitnehmer gegen die Arbeitgeber erheben und die Enteigner enteignen. Lenin drückte es so aus: „Aller Besitz ist Diebstahl! - Stehlt das Gestohlene!" Das war die Forderung nach Expropriation der Exproprieteure. Wir waren da ganz anderer Auffassung. Für uns war die Arbeit keine Ware. Wir teilten nicht diese rein materialistische Auffassung. Sicher war die Arbeit notwendig, um die materielle Existenz zu sichern. Sie war aber auch eine Pflicht gegenüber dem Gemeinwohl. Und die gleiche Pflicht galt für den Arbeitgeber. In dieser gemeinsamen Pflichterfüllung sollte im Sinne des Gemeinwohls eine sozial gerechte Lebensordnung geschaffen werden. Die Arbeit war für uns auch ein Teil der Sinnerfüllung des Lebens. Diese Einstellung ebnete den Weg vom Proletariat zum wahren Arbeitertum. Die marxistische Mehrwertlehre hatte nicht berücksichtigt, daß es der Arbeitgeber war, bei dem die unternehmerische Initiative lag, durch die ja auch Arbeitsplätze geschaffen wurden. Außerdem hatte er allein das Risiko und den mögli-

chen Verlust zu tragen. Als nationale Sozialisten anerkannten wir das Eigentum und sahen es auch als unsere Aufgabe an, dem Arbeiter nicht Eigentum zu nehmen, sondern ihm zu geben. Wir erkannten das Privateigentum an. Schon bald hatte ich erkannt, daß nicht nur die großen, sondern auch die kleinen Leute nach Eigentum strebten und daß dieses Streben eine elementare Antriebskraft für die Leistung war.
Das waren etwa so meine Gedanken, wenn ich damals vom Bekenntnis zum deutschen Sozialismus sprach. Mein Gedankengebäude war noch nicht vollkommen errichtet. In einigen Stockwerken fehlte noch manches. Ich blieb ein Suchender. Auch später blieb meine Arbeit als Leiter des Sozialen Amtes in der Reichsjugendführung von diesem Suchen und Bemühen beherrscht, Wege für die konkrete Ausformung und Gestaltung der gedanklichen Grundsätze des Sozialismus in der sozialen Jugendarbeit zu finden.
1931 wurde die Berliner Hitlerjugend an den Berufsschulen aktiv. Die NS-Berufsschulzellenorganisation (NS-BSO), die dem Nationalsozialistischen Schülerbund entsprach, wurde von Rolf Boy geleitet. Erste Erfolge waren im frühen Sommer des Jahres zu verzeichnen. An der Kaufmännischen Berufsschule Prenzlauer Berg und in der Berufsschule Wartenbergstraße wurden nationalsozialistische Vertrauensleute gewählt. Bis zum Herbst des Jahres zählten die Berufsschulzellen einige hundert Mitglieder. Rolf Boy legte dann sein Amt nieder. Am 15. November 1931 wurde ich mit der Leitung der Berufsschulzellenorganisation in Berlin beauftragt. Nachdem ich bereits in Sprechabenden der Betriebe versucht hatte, die Jungarbeiter für die Hitlerjugend zu werben, sah ich nun in der BSO eine weitere Möglichkeit, die werktätige Jugend für uns zu gewinnen. Meine Arbeit konzentrierte sich jetzt auf die Betriebe sowie auf Berufs- und Werkschulen. In meinem Bericht an die Gauleitung Berlin der HJ vom 13. Januar 1932 hatte ich den Stand der Dinge in einem Kurzbericht dargelegt. Darin hieß es:
„Am 15. November 1931 wurde mir die Leitung der Berliner Berufsschulzellenorganisation übertragen. Zu der Zeit waren keine organisatorischen Unterlagen vorhanden. Ich stellte die Verbindung mit den in der HJ organisierten Berufsschülern her. Einen den besonderen Verhältnissen angepaßten Organisationsplan legte ich in einer Denkschrift nieder. Die Berufsschulferien waren vom 20. Dezember 1931 bis zum 11. Januar 1932. In dieser Zeit konzentrierte sich die Arbeit auf die stimmungsmäßige Vorbereitung durch die Presse. Bisher sind 150 Neuaufnahmen erfolgt, so daß wir augenblicklich mit den in der HJ organisierten Berufsschülern 500 Berufsschüler erfaßt haben."
Das nächste Ziel hieß, bis zum 31. Januar 1932 1.000 Berufsschüler in Berlin für uns zu gewinnen. Dieses Ziel haben wir in zwei Monaten, nach

unermüdlicher Kleinarbeit und vielen Sprechabenden erreicht.
Am 5. Januar 1932 fand eine Großkundgebung im Kriegervereinshaus statt, auf der ich mit dem SA-Gruppenführer Graf Helldorf und dem neuen Gebietsführer der Berliner Hitlerjugend, Elmar Wanning, sprach. Er hatte Joachim Walter, der nach München in die Reichsleitung berufen worden war, abgelöst. Nach der Versammlung hatten wir starken Zulauf. Am 13. Januar sollte in den Germania-Festsälen eine Kundgebung mit dem Leiter der Nationalsozialistischen Betriebszellenorganisation in Berlin, Johannes Engel, und mir als Redner steigen. Darüber meldete der „Junge Sturmtrupp" am 13. Januar 1932 folgendes: „Soeben ist eine große Versammlung der Hitlerjugend in den Germaniasälen, in der die Parteigenossen Engel und Axmann sprechen sollten, durch die überwachenden Polizeioffiziere wegen angeblichen Verstoßes gegen das Uniformverbot aufgelöst worden. Der Versammlungsleiter und 31 Teilnehmer wurden der politischen Polizei übergeben."
Je mehr wir an den Berufsschulen an Boden gewannen, um so häufiger waren die Überfälle auf unsere Berufsschulkameraden. Dabei waren der Kommunistische Jugendverband und die Sozialistische Arbeiterjugend an den Berufsschulen gar nicht so stark vertreten. Die Angriffe kamen vielmehr von außen. Am 16. Februar 1932 waren wir von kommunistischen Berufsschülern zur Diskussion eingeladen worden, ebenso die SAJ. Es stellte sich heraus, daß mehr nationalsozialistische Berufsschüler anwesend waren als Jungkommunisten. So fiel es mir leicht, selbst die Leitung der Versammlung zu übernehmen und in Ruhe ein sachliches Referat zu halten. Wie ich erfuhr, waren Schwierigkeiten dadurch entstanden, daß an einigen Berufsschulen die politische Zugehörigkeit von Schülern in speziellen Charakteristika vermerkt wurde. Ich schrieb deshalb an den Preußischen Handelsminister Dr. Schreiber am 9. Februar 1932 einen offenen Brief, in dem es hieß:
„Sehr geehrter Herr Minister! Es ist in letzter Zeit an einzelnen Berufsschulen Berlins vorgekommen, daß in der über den Schüler angefertigten Charakteristik, die in der Firma den Vorgesetzten des Lehrlings zur Verfügung steht, seine politische Zugehörigkeit vermerkt worden ist. Als größte Berufsschulorganisation erlauben wir uns höflichst, die Frage an Sie zu richten: Ist es statthaft, daß derartige Vermerke, die an sich mit dem Charakter des Lernenden nichts zu tun haben, für diesen aber die schwerwiegendsten Folgen zeitigen können, gemacht werden dürfen? Entspricht diese Maßnahme dem Artikel 143, Abs. 2 der Reichsverfassung und der Erziehung zur staatsbürgerlichen Gesinnung? Wir glauben, daß es sich in dem genannten Fall um ein eigenmächtiges Vorgehen verschiedener Herren Direktoren und Lehrer handelt. Wir sehen, sehr geehrter Herr Minister,

Ihrer geschätzten Antwort entgegen."
Dieser Brief wurde beantwortet. Ihm lag ein Abdruck des Erlasses Nr. 2656 an die Herren Regierungspräsidenten vom Provinzial-Schulkollegium, Abt. 3, vom 8. März 1932 bei. In diesem Erlaß stand der für uns wesentliche Satz: „Auf jeden Fall ist es unzulässig, etwaige Hinweise auf die parteipolitische Einstellung oder Betätigung der Schüler und Schülerinnen mit in die Charakteristiken aufzunehmen."
Rückblickend muß ich feststellen, daß wir damals selbständig eigene Entscheidungen treffen konnten, ohne die vorgesetzte Dienststelle zu fragen. Mir fiel auf, daß die Kommunisten an den Berufsschulen verhältnismäßig schwach vertreten waren. Sie hatten sich viel stärker auf die Betriebe konzentriert. Das lag daran, daß die Jugendlichen nur einmal in der Woche die Berufsschule besuchten. Nach dem Unterricht konnte man nicht allzuviel bewirken, da viele sofort in ihre Firma oder ihren Betrieb zurückgingen. Die Voraussetzungen für die Beeinflussung der Jungarbeiter war in den Betrieben viel günstiger. Jeden Tag in der Pause oder nach Betriebsschluß konnte man miteinander sprechen. Nachdem ich das erkannt hatte, verlagerte ich den Schwerpunkt unserer Arbeit immer mehr auf die Betriebe.
Hans-Christian Brandenburg schreibt in „Die Geschichte der HJ": „Die HJ vermochte nicht, an den Berufsschulen Fuß zu fassen. Was dem NS-Schülerbund gelungen war, nämlich, trotz aller staatlichen Verbote unter der Schuljugend Einfluß zu gewinnen, mißlang bei der Berufsschulorganisation. Nach mehreren vergeblichen Versuchen mußte diese Arbeit wieder eingestellt werden. Im HJ-Gau Groß-Berlin übernahm am 15. November 1931 Artur Axmann die Berufsschulorganisation, die damals nur auf dem Papier bestand. Aber auch er hatte keinen Erfolg."
Demgegenüber schien der Gebietsführer der Berliner Hitlerjugend, Elmar Warning, mit unserer Arbeit sehr zufrieden zu sein, denn er berichtete am 12. Januar 1932 an den Reichsführer Dr. Adrian von Renteln und an die Gauleitung Berlin der NSDAP: „Eines der wichtigsten Referate, die Arbeit in Berufsschulen und Betriebszellen, hat der Jugendgenosse Axmann inne, der alle Eigenschaften in sich vereint, die für diese außerordentlich schwere Aufgabe gefordert werden müssen. Die Erfassung der Berufsschulen und Betriebszellen ist der Kernpunkt unserer Arbeit, denn nur hier können wir wirklich an die marxistisch verseuchte Jungarbeitschaft herankommen."
Immerhin führte das Ergebnis meiner Tätigkeit dazu, daß mich der Reichsführer Dr. Adrian von Renteln am 1. Mai 1932 zum Referenten für Berufsschulfragen in der Bundesleitung der nationalsozialistischen Jugendbewegung mit dem Sitz in München, Schellingstraße 50, ernannte. Da die SA und damit auch die ihr damals noch unterstellte Hitlerjugend wieder einmal, diesmal vom 13. April bis 17. Juni 1932, verboten worden war, hatte

man die Hitlerjugend in die nationalsozialistische Jugendbewegung umfirmiert.

Am 24. Januar 1932 wurde der Hitlerjunge Herbert Norkus ermordet. Er gehörte der Schar Hansa-Beusselkiez aus meiner Gefolgschaft an. Diese Einheit hatte zu einem öffentlichen Sprechabend am 28. Januar in den Hansasälen, Alt-Moabit 48, aufgerufen. Es sollten der Parteigenosse Edzardi über das Thema „Hakenkreuz oder Sowjetstern" und ich über das Thema „Was wir wollen" sprechen. Eine Diskussion war angesagt. Der Sprechabend wurde durch das Verteilen von Flugblättern vorbereitet. Von den Norkus-Kameraden erfuhr ich die Einzelheiten der furchtbaren Tragödie. Der Kameradschaftsführer und Bäckerlehrling Gerhard Mondt, der Herbert Norkus für die Hitlerjugend gewonnen hatte, war aus eigenem Erleben von Gefahren sehr umsichtig bei den Sicherungsmaßnahmen für die Flugblattverteiler vorgegangen. Die Kommunisten hatten von der geplanten Aktion erfahren. Als die Hitlerjungen am frühen Sonntagmorgen zwischen 5.00 und 6.00 Uhr ihre Aktion begannen, setzten die Roten ihre gutorganisierten Häuserstaffeln mit Motor- und Fahrrädern ein. Es gelang ihnen, im Nebel des naßkalten Morgens Herbert Norkus von den anderen abzudrängen und ihn bis in die Zwinglistraße zu verfolgen. Er versuchte, sich in die Hansa-Molkerei zu retten. Das Tor war verschlossen, und auch im Milchladen vor seiner Schule fand er am Sonntag keinen Einlaß. Seine Verfolger stachen ihn nieder und zertrampelten ihn. Die Kameraden berichteten, daß sie auf einem Balkon einen Bürger gesehen hatten, der Zeuge des furchtbaren Geschehens war. Er sah weg und wandte sich ab. Nichts geschah. Dieser Mann wurde für die Jungen das Symbol des feigen Bürgertums.

Die Nachricht vom Tod des jungen Herbert Norkus erreichte am Sonntag eine Versammlung im Sportpalast, auf der Dr. Goebbels sprach. Die Menschen schrien auf und gedachten des Opfers. Am 28. Januar wurde, wie geplant, unser Sprechabend durchgeführt. Aber die Kommune war nicht erschienen. Am nächsten Tag trugen wir unseren Kameraden zu Grabe. Ein starkes Polizeiaufgebot mußte das von den Roten, bedrohte Trauergefolge sichern. Sogar auf den Dächern lagen die Polizisten. Die Kommunisten versuchten, den Sarg mit Steinen zu treffen. Ein erschütterndes und tiefgreifendes Erlebnis für mich. Die letzten Worte am Grab sprach Dr. Goebbels. Später versuchten die Roten, den Sarg auszugraben und daraus die Fahne zu entwenden. Was Horst Wessel für die Partei und die SA war, das bedeutete Herbert Norkus für die Hitlerjugend. Er war erst 15 1/2 Jahre alt, Sohn eines Parteigenossen, der als Heizer in der Chemo-Technischen Reichsanstalt arbeitete und im Ersten Weltkrieg verwundet worden war. Norkus besuchte die Oberrealschule, hatte musische Interessen, zeichnete gern und spielte Klavier. Da er die Absicht hatte, zur See zu gehen, wollte er sich in der Marinejungschar der Berliner Hitlerjugend auf seinen Beruf vorbereiten. Er leistete dort seinen Dienst ebenso wie in seiner alten Kameradschaft im Beusselkiez, von der er sich nicht trennen mochte. Er leistete also doppelten Dienst und meldete sich noch freiwillig zum Flugblattverteilen für unseren Sprechabend. Er wurde *der* Typus der Hitlerjugend. Sein Name steht für freiwilliges Dienen, das die sittliche Wurzel der Hitlerjugend war.

Nach 14 Tagen erreichte uns eine neue Hiobsbotschaft aus dem Bezirk Prenzlauer Berg, der ebenfalls zu meiner Gefolgschaft gehörte. Bei einer gemeinsamen Aktion mit der SA für die Hauspropaganda wurde unser Kameradschaftsführer von Weißensee, Georg Preiser, niedergeschlagen, als er sich schützend vor seine Jungen stellte. Dabei wurde er so stark verletzt, daß er in den folgenden Tagen starb. Georg Preiser war 18 Jahre alt und Maschinenbaulehrling, der kurz vor seiner Gesellenprüfung stand. Er zählte zu den fähigsten Kameradschaftsführern. Sein Vater war im ersten Weltkrieg gefallen. Sein Stiefvater war Sozialdemokrat. Georg Preiser ist den Weg gegangen, den er für richtig hielt. In nur einem Monat hatten wir zwei weitere Kameraden im politischen Kampf verloren.

Im Buch von Hans-Christian Brandenburg „Die Geschichte der HJ" las ich: „... von dieser Verfolgung und Gefährdung entsprach nichts der Wirklichkeit." Und weiter: „Mit dieser unsterblichen Gefolgschaft der HJ wurde ein maßloser Totenkult getrieben, der seinerseits nur dazu dienen sollte, bei der HJ das Märtyrergefühl und den Radikalismus, wie Einsatz und Todesbereitschaft zu steigern." Natürlich haben wir zu jener Zeit unserer 23 ermordeten Hitlerjungen gedacht. Aber nicht wir, sondern die trostlosen Verhältnisse, die ohne Aussicht auf eine bessere Zukunft waren, haben die Jugend radikalisiert. Nicht wir haben einen Mythos geschaffen, sondern er ist aus dem Opfer der jungen Gefallenen geboren worden. Zum Opfer kann man niemanden befehlen. Es wird nur aus eigenem Entschluß und freiem Willen gebracht.

Am 10. Februar 1932 nahm die Berliner Hitlerjugend an einem Appell der Schutzstaffeln und des Nationalsozialistischen Kraftfahrkorps in den Tennishallen teil, auf dem Adolf Hitler sprach. Er begrüßte die Kameraden, die die letzte Stunde des Einsatzes mit Herbert Norkus geteilt hatten.

Am 13. März war Reichspräsidentenwahl. Da kein Kandidat die absolute Mehrheit erreicht hatte, war ein zweiter Wahlgang notwendig geworden. Der Generalfeldmarschall von Hindenburg erhielt 53 Prozent, Adolf Hitler 36,8 Prozent und der Kommunistenführer Thälmann 10,2 Prozent der abgegebenen Stimmen. Die Hitlerjugend nahm an den Wahlveranstaltungen teil und machte sich beim Plakatkleben und Verteilen von Flugblättern nütz-

lich. In Hitlers Aufruf vom 13. März hieß es:
„Kameraden der Hitlerjugend! Ein schwerer Kampf liegt hinter Euch! Ich habe persönlich Eure Opfer und Eure Anstrengungen kennengelernt. Dank ihnen ist die Partei in einem unvergleichlichen Aufstieg nunmehr zur zweitstärksten politischen Bewegung Deutschlands geworden ..."
Hitler hatte die Jugend ernst genommen. Am 12. Mai 1932 sprach ich mit Johannes Engel vor etwa 2500 Jungarbeitern im Kriegervereinshaus. Engel gehörte zu den wirkungsvollsten Kämpfern um die Arbeiter in den Betrieben. Er war Mitglied Nr. 1 der Nationalsozialistischen Betriebszellenorganisation (NSBO), Dreher von Beruf und Mitglied des preußischen Landtags. Mit einfachen Worten verstand er, den Menschen anzusprechen:
„Der Lehrling im Betrieb, der Lehrling in der Hochschule, beide lernen sie für morgen, und wenn sie lernen, um ihr Wissen in den Dienst der Nation zu stellen, so kommt hier der Gemeinnutz vor dem Eigennutz. Der Arbeiterstand ist heute verpönt, bis in die Reihen der Backfische hinein! Warum? Weil der Arbeiter als Freiwild betrachtet wird, als Mensch zweiter Klasse, dem man um 3.00 Uhr sagen kann, er soll sich um 4.00 Uhr seine Papiere holen."
Mit Johannes Engel blieb ich in ständiger Verbindung. In Berlin lernte ich auch Walter Schuhmann kennen, der von Hitler im Januar 1931 zum Reichsleiter der NSBO ernannt worden war. Er gehörte seit 1925 der NSDAP an, gründete in Berlin-Neukölln eine Sektion und wurde im September 1930 Reichstagsabgeordneter. Als Angehöriger des Jahrgangs 1898 nahm er am Ersten Weltkrieg teil und wurde verwundet. Nach einer Ausbildung in der Forst- und Landwirtschaft arbeitete er später als Monteur für Hochantennen, Blitzableiter- und Funksendeanlagen. In der Kampfzeit war Reinhold Mochow sein Vertreter als Sektionsführer, der der NSDAP ebenfalls seit 1925 angehörte und 1926 das System der Straßenzellen und -bezirke aufbaute, das sich besonders in der Verbotszeit bewährt hatte. Dr. Goebbels berief ihn als Organisationsleiter in den Gau Berlin. Reinhold Muchow baute ihn nach dem Modell von Neukölln auf. 1931 übernahm er das Amt des Organisationsleiters in der NSBO und wurde Vertreter von Walter Schuhmann als Reichsleiter dieser Organisation. Er hatte sich ganz besondere Verdienste um die Arbeit in den Betrieben erworben. Seit der Gründung der NSBO - so Reinhold Muchow - bestanden nach etwa 1 1/2 Jahren mehr als 8.500 Betriebszellen, in denen 210.000 Arbeiter und Angestellte erfaßt waren. Meine persönlichen Kontakte zu Walter Schuhmann, Reinhold Muchow und Johannes Engel sollten für meine zukünftige Tätigkeit eine wertvolle Hilfe sein.
Eine große Unterstützung - auch für später - bedeuteten für mich die Mitarbeiter, die ich in dieser Zeit gewinnen konnte. Ohne deren Einsatzbereit-

schaft wäre unser Erfolg nicht denkbar gewesen. Das gilt vor allem für Griffion Stierling, der durch seine Reden und überzeugenden Diskussionsbeiträge in gegnerischen Versammlungen so manche Neuaufnahme eingebracht hatte. Er studierte in Berlin, war hochbegabt, sensibel und Idealist. Sein Vater war Museumsdirektor, seine Mutter die Tochter des Historikers Dietrich Schäfer, der u.a. ein bedeutendes Werk über die Deutsche Hanse geschrieben hat. Stierling war ein wahrer Humanist und wurde von uns der „Edeling" genannt. Er tat sich manchmal schwer im rauhen Klima der politischen Auseinandersetzung. Aber er hielt durch und erwies sich stets als zuverlässig. Er wohnte mit seiner Mutter auf dem Fichteberg in Steglitz im Haus seines verstorbenen Großvaters, an den bis vor kurzem der dortige Schäferweg erinnerte.

Im Zuge der Vergangenheitsbewältigung ist vor nicht allzu langer Zeit diese Straße umbenannt worden, weil man Wilhelm Schäfer für einen der geistigen Wegbereiter des Nationalsozialismus hielt. Der Fichteberg in Steglitz ist übrigens auch mit der Entstehungsgeschichte der Deutschen Jugendbewegung eng verbunden. Es ist überliefert, daß sich hier an einem kalten Wintertag des Jahres 1900 Hans Hoffmann und Karl Fischer trafen. Hans Hoffmann führte vor der Jahrhundertwende das Jungwandern ein und kann als Gründer des „Wandervogels" bezeichnet werden. Er hatte Karl Fischer zu seinem Nachfolger ausersehen. Bevor er ins Ausland ging, hatte er sich auf dem Fichteberg mit Karl Fischer über die Gestaltung des neuen Jugendbundes beraten.

In der Schäfervilla führte ich mit Stierling fruchtbare Gespräche, deren Inhalte auch in die Wirklichkeit umgesetzt wurden. Viel lieber aber kam er zu uns, in die 1-Zimmer-Wohnung auf dem Hinterhof, und äußerte eines Tages, daß er sich bei uns am wohlsten fühle. Bald darauf zog Stierling aus der Villa am Fichteberg aus und mietete sich ein Zimmer auf einem Hinterhof in der Stresemannstraße. Darin stand ein eisernes Feldbett, und an der Wand hing die Totenmaske Friedrich des Großen. Obwohl ich diesen Umzug als etwas überspannt empfand, wußte ich doch, was er mit dieser Demonstration zum Ausdruck bringen wollte: „In der Notzeit unseres Volkes muß man auf den großbürgerlichen Komfort verzichten und in Einfachheit und Bescheidenheit leben können." Mit dieser Einstellung fühlte er sich vor sich selber besser für seinen kämpferischen Einsatz motiviert. Seine Mutter fuhr mit Eimer und Besen in der Straßenbahn zur Stresemannstraße und machte bei ihm sauber. Nach seinem Umzug sagte ich zu Stierling: „Weißt Du, Griffion, unsere Gesinnung und unser Bekenntnis zum Deutschen Sozialismus hängen nicht von der Art unserer Behausung ab. Wir bejahen, im Gegensatz zum Sozialismus marxistischer Prägung, das Privateigentum. Wenn jemand sein Leben lang geschuftet und viel geleistet

hat, dann hat er sich auch sein Haus oder seine Villa verdient."
Gern erinnere ich mich an die Sonntagsstunden, als wir mit unseren Müttern in die Mark Brandenburg hinaus gefahren sind.
Am 13. Mai 1932 hob Adolf Hitler die Unterstellung der Hitlerjugend unter die Oberste SA-Führung auf. Baldur von Schirach wurde Amtsleiter in der Reichsleitung der NSDAP. Er übernahm danach auch die unmittelbare Führung der Hitlerjugend.
Am 16. Juni 1932 verlautbarte er folgende Bekanntmachung:
„Parteigenosse Dr. von Renteln hat mich um Enthebung von seinem Posten als Bundesführer der Hitlerjugend gebeten, da er sich ganz der Arbeit in der wirtschaftspolitischen Abteilung der Reichsleitung widmen will. Im Namen der nationalsozialistischen Jugend danke ich Parteigenosse Dr. von Renteln für seine in der Hitlerjugend für die gesamte Bewegung geleistete Arbeit.
Die Führung der Hitlerjugend habe ich selbst übernommen und als meinen Stabsleiter der HJ den Kameraden Elmar Warning, bisher Gauführer Berlin der Hitlerjugend, berufen."
In diesen Tagen weilte der Reichsjugendführer in Berlin. Er ließ mich zu sich rufen. Bis dahin war ich ihm noch nicht begegnet. Auf dieses erste Treffen war ich sehr gespannt. Ich mußte daran denken, daß mich einige Leute aus meinem alten Kiez gefragt hatten, ob es mir nicht zu denken gäbe, daß zwei Reichsführer der Hitlerjugend aus dem Adel kommen würden. Dr. Adrian von Renteln entstammte dem baltischen und Baldur von Schirach dem habsburgischen Adel. Ihre adlige Herkunft war völlig unproblematisch für mich. Das war ja gerade das Jahrhunderterlebnis für uns, daß in unseren Reihen der Sohn des Arbeiters in kameradschaftlicher Verbundenheit neben dem Sohn des Generaldirektors und die Hausgehilfen neben der Gräfin stand. Schon als Weddinger Hitlerjunge bin ich in der Kampfzeit mit einem Kaisersohn zusammen getroffen, mit dem mich später das vertraute „Du" verband. Nicht die Frage: „Woher kommst Du?" bewegte mich, sondern die Frage: „Wohin gehst Du?" Es ist nicht das Verdienst der Geborenen, unter welchen Verhältnissen sie in die Welt eintreten. Auf ihren Charakter und auf ihre eigene Leistung kommt es an. So war für uns die Volksgemeinschaft kein blutleeres Dogma, sondern gelebtes Leben.
Was wußte ich nun vor meinem ersten Termin von Baldur von Schirach? Er war sechs Jahre älter als ich. Er begegnete Adolf Hitler 1925 und lernte ihn näher in seinem elterlichen Haus in Weimar kennen, als der Führer dem Generalintendanten des Weimarer Nationaltheaters, Schirachs Vater, seine Aufwartung machte. Hitler forderte den 18jährigen Baldur auf, zu ihm nach München zu kommen, um dort sein Studium aufzunehmen. Die-

sem Ruf folgte er und wurde sein Gefolgsmann. In kurzer Zeit gelang es ihm, an einigen Hochschulen die Mehrheit der deutschen Studenten für die nationalsozialistische Bewegung zu gewinnen. Das hatte ich an der Friedrich-Wilhelm-Universität noch selbst miterlebt. Aus seinem lyrischen Schaffen kannte ich einige Gedichte, in denen er unsere Ideale und den Führer verherrlichte. Am stärksten beeindruckte mich seine Nähe zu Hitler, den ich bisher nur aus der Entfernung erlebt hatte. Daß er ihn besuchen und ihm vortragen durfte, faszinierte mich. Ich traf auf eine junge Persönlichkeit, die durchaus etwas sonnenhaftes ausstrahlte, das auch in seinem Namen - Baldur - lag. Die Distanz am Anfang war schnell überwunden, als er mich nach meiner Arbeit an den Berufsschulen und in den Betrieben fragte, worüber ich ihm eingehend berichten mußte. Dabei betonte ich besonders, daß wir in Zukunft nicht mehr den Schwerpunkt auf die Berufsschulen, sondern auf die Betriebe legen würden, da wir dort die besseren Möglichkeiten hätten, auf die Jungarbeiter einzuwirken. Das Gespräch endete mit seinem Auftrag an mich, die Jugendbetriebszellen im gesamten Reichsgebiet aufzubauen. Das war in dem politisch heiß umkämpften Jahr 1932 eine riesige Herausforderung, nicht nur für einen jungen Menschen wie mich. Ich sollte sofort mit meiner Arbeit beginnen. Vor meiner Übersiedelung nach München bewegte mich die ernste Frage, ob sich die Erfüllung meines Auftrages mit der Fortsetzung des Studiums in München vereinbaren ließe. Wir vertraten ja die Auffassung, daß für die Jugend eine abgeschlossene schulische und berufliche Ausbildung notwendig sei. Aber schon die ersten Tage meines Einsatzes belehrten mich, daß der Kampf in den Betrieben der industriellen Zentren und ein Studium zugleich sich nicht miteinander vereinbaren ließen. Die bürgerkriegsähnlichen Verhältnisse in der politischen Auseinandersetzung des Jahres 1932 eskalierten derart, daß eine Entscheidung im Machtkampf zwischen den Kommunisten und den Nationalsozialisten in Bälde abzusehen war. Jetzt kam es darauf an, alle verfügbaren Kräfte dafür einzusetzen, daß die jahrelangen Anstrengungen und Opfer am Ende nicht ergebnislos blieben. In dieser geschichtlichen Ausnahmesituation auf die berufliche Karriere zu verzichten, hielt ich damals für richtig. Was bedeutete es schon, wenn ein einzelner Karriere machte und das Ganze vor die Hunde ging? Den Vorrang hatte der kämpferische Einsatz.
Als ich von Berlin fortging, übertrug ich die Nachfolge meinem ältesten Bruder Kurt, nicht, weil er mein Bruder war, sondern weil er sich bereits mit Erfolg für die Arbeit der Jugendbetriebs- und Berufsschulzellen eingesetzt hatte. Unter seiner Leitung behielten sie bis zu ihrer Auflösung im Oktober 1933 eine Pilotfunktion für die Arbeit im Reich.
Als ich nach München kam, erwartete mich eine Überraschung. Der Reichs-

jugendführer hatte inzwischen Heinz Otto, der vom Nationalsozialistischen Studentenbund kam, zum Hauptleiter der Nationalsozialistischen Jugendbetriebszellen ernannt. Ich wurde mit der Hauptorganisationsleitung beauftragt. Meine Arbeit lag hauptsächlich draußen im Lande in den Betrieben. Ich konnte sie nur im engen Zusammenwirken mit der Betriebszellenorganisation der Erwachsenen optimal erfüllen. Dafür besaß ich gute Voraussetzungen durch meine persönlichen Verbindungen zu Walter Schuhmann und Reinhold Muchow. Die NSBO ressortierte als Hauptabteilung 6 in der Reichsorganisationsleitung der NSDAP unter Gregor Strasser. Um die Zusammenarbeit zwischen der NSBO und der Reichsjugendführung reibungslos zu gestalten, wurde ich als Jugendreferent in die Hauptabteilung 6 der Reichsorganisationsleitung der NSDAP berufen. Hier stand ich an der Nahtstelle zwischen der Arbeiterbewegung und der Jugendbewegung der NSDAP, und das war damals für mich die Erfüllung eines großen Wunsches. Die Zusammenarbeit gestaltete sich problemlos und gab meiner Tätigkeit einen starken Rückhalt, den ich auch dringend brauchte, denn meine Aufgabe war nicht leicht. Die Schwerpunkte unserer Tätigkeit lagen zunächst in Sachsen und in Hamburg. In Dresden gewann ich in dem Jugendgenossen Hampel einen wertvollen Mitarbeiter, dem es durch seine organisatorische und rednerische Begabung gelang, in kurzer Zeit mehrere Jugendbetriebszellen zu gründen. Dasselbe galt auch für den Jugendgenossen Oskar Schüler in Hamburg, der dort die ersten Breschen in die gegnerische Front schlagen konnte. Beide Mitarbeiter kamen später über ihren Verantwortungsbereich hinaus in anderen Industriezweigen zum Einsatz.

Kaum hatte die Arbeit in den Berufsschulen und Betrieben der neu in Angriff genommenen Gebiete begonnen, da wurden auch schon die ersten Überfälle auf Jugendgenossen gemeldet. Gott sei Dank waren nur Verletzte und keine Toten zu beklagen. Auch in München und in Baden-Württemberg faßten wir Fuß. Wien stand nicht zurück. Mit dem Führer der Wiener Jungarbeiter, Karl Kowarik, hatte ich schon in früher Zeit von Berlin aus engen Kontakt, der auch weiterhin erhalten blieb. Wir Berliner verstanden uns gut mit den Wienern. An den Wochenenden kehrte ich in der Regel an meinen Schreibtisch in München zurück. Die Reichsjugendführung hatte ihren Dienstsitz hoch oben in einem ehemaligen Hotel, dem „Reichsadler", der sich in einer kleinen Nebengasse, der Kaufingerstraße, gleich hinter dem Stachus befand. Dort residierte auch die Reichsorganisationsleitung der NSDAP mit der NSBO. Wahrscheinlich durch meine häufige Abwesenheit bedingt, bin ich in diesem Gebäude niemals Gregor Strasser begegnet, während ich ihn in Berlin mehrfach erlebt hatte, wie z.B. bei seiner sehr guten Rede im Saal der Bockbrauerei in der Fidicinstraße. Auch Adolf

Hitler traf ich in München nie. Nur einmal hörte ich seine unverkennbare Stimme durch die Stockwerke dröhnen, als er sich heftig und lautstark mit Gottfried Feder auseinandersetzte.

Vom Ergebnis meiner Reisen berichtete ich dem Reichsjugendführer in seinem Büro. Manchmal lud er mich dazu auch in seine Wohnung, in der Königinstraße 31, am Englischen Garten ein, in der einst der Maler Defregger gelebt hatte. Wenn ich über die Schwelle der Wohnung trat, mußte ich daran denken, daß hier Adolf Hitler ein- und ausging. In München traf ich auf einen neuen Kameradenkreis. Die Mehrzahl der Mitarbeiter der Reichsjugendführung war mit Schirach aus dem Nationalsozialistischen Studentenbund gekommen. Zur Zeit meines Dienstantritts war Karl Georg Schäfer Stellvertreter des Reichsjugendführers. Er war ein herzensguter Mensch, dem aber die Durchsetzungskraft fehlte. Seine Kameraden hänselten ihn und erlaubten sich manchen Scherz. So rief man ihn z.B. mit fingierter Stimme an und bestellte ihn zu einer Besprechung mit dem Reichsleiter Alfred Rosenberg. Schäfer ging hin, um zu erfahren, daß ein solcher Anruf gar nicht erfolgt sei. Er blieb nur kurze Zeit im Amt.

Werner Georg Haverbeck leitete das Amt für Kultur und Weltanschauliche Erziehung. Er war einer der alten Weggefährten von Schirach aus der Studentenzeit und unterzeichnete mit ihm 1928 den Aufruf zur Gründung der Deutschen Studentenschaft. Um so mehr war ich überrascht, als er eines Tages nicht mehr in die Dienststelle kam. Er war von heute auf morgen von seinem Amt entbunden worden. Damals erfuhr ich keinen Grund dafür. Als uns der Weg nach einem halben Jahrhundert wieder zusammenführte, erfuhr ich von Haverbeck, daß er damals mit Rudolf Heß und Alfred Rosenberg Gespräche geführt hatte, ohne vorher den Reichsjugendführer zu befragen. Er leitete in der Folgezeit zunächst unter Rudolf Heß den Bund für Volkstum und Heimat. Nach 1945 war Prof. Dr. Werner Haverbeck Verfasser von mehreren Büchern, wie z.B. „Die andere Schöpfung" und „Rudolf Steiner, Anwalt für Deutschland" sowie Gründer des Kollegiums Humanum und Vorkämpfer für den Lebens- und Umweltschutz.

Vom Studentenbund kam auch Willi Körber, den wir Quex nannten. Er war ein quicklebendiger, immer gut aufgelegter und kundiger Mann der Feder. Er schied 1934 aus der Reichsjugendführung aus, in der er das Presseamt geleitet hatte.

Heinz Hugo John war Adjutant des Reichsjugendführers und kam aus Thüringen. Er war einer der Mitarbeiter, die am längsten der Reichsjugendführung angehörten. Später übernahm er das Personalamt und wurde unter meiner Verantwortung Hauptamtschef. Er zeichnete sich durch Umsicht und Loyalität aus. 1943 rückte er zur 12. SS-Panzerdivision „Hitlerjugend" ein. Er fiel kurz darauf in Caen.

Bruno Geisler betreute die Jungvolkarbeit, schied jedoch bald aus seiner Verantworung aus. Von Berlin her kannte ich Fritz Krause. Er hatte die ersten Kinderlandverschickungen in der Hitlerjugend durchgeführt. Er war der erste Sozialreferent der Reichsjugendführung und der erste Vertreter des Deutschen Jugendwerks e.V. im Reichsausschuß der Deutschen Jugendverbände. In dieser Funktion folgte ich ihm nach, als er Anfang 1933 Landesjugendpfleger in Mecklenburg wurde. Elmar Warning - mein zeitweiliger Gauführer in Berlin - hatte in München das Amt des Stabsleiters der Reichsjugendführung inne. Ich erinnere mich gern an einen strahlenden Sonntag, als mich Elmar Warning im Auto mit hinaus zur Zugspitze nahm, wo ich zum ersten Mal und tief beeindruckt die Hochgebirgswelt erlebte.

Meine Reisen waren jungfräuliche Fahrten. Außer in meinen Schulferien hatte ich nie zuvor die Schönheit und die Vielgestaltigkeit der deutschen Landschaft in mir so intensiv aufgenommen. Mit Staunen und Aufgeschlossenheit erlebte ich die Eigenart der Rheinländer oder der Ostpreußen, der Friesen oder der Bayern, der Sachsen oder der Hessen. Diese reiche Vielfalt hat mich bewegt und die Liebe zu meinem Land vertieft. Das gab immer wieder Auftrieb für die alltägliche Arbeit. Mein rednerischer Einsatz hatte sich inzwischen von den Sprechabenden der Betriebe auch auf Kundgebungen der Partei und der Hitlerjugend ausgeweitet. So bat mich der HJ-Gebietsführer von Hamburg, in Eimsbüttel und in Altona zur Jugend zu sprechen. Eimsbüttel und Hamburg-Altona gehörten mit zum heißen Pflaster, das mir aus Berlin schon gut bekannt war. Am 17. Juni 1932 fanden bei einem genehmigten Propagandamarsch durch einen Angriff der Kommunisten mit Schußwaffen von Dächern und Balkonen 18 Menschen den Tod. Bei diesen Kundgebungen erfuhr ich, daß es dort genauso schlimm herging, wie in den Arbeitervierteln von Berlin. Wenn ich in Norddeutschland zu tun hatte, benutzte ich die Gelegenheit zum kurzen Aufenthalt in Berlin, um den Amtsleitern der Jugendbetriebszellen Richtlinien zu geben. So konnte ich auch einmal wieder zu Hause sein. Aber ich bin nicht ungern an meinen Dienstsitz in München zurückgekehrt.

Ich hatte dort in der Blütenstraße 12, im Schwabinger Viertel, ein preiswertes Zimmer gemietet. In der Nähe lag die prächtige Ludwigstraße mit der Feldherrenhalle und dem Siegestor, die Universität und die Akademie der Künste. Die Schellingstraße war nicht weit entfernt und erinnerte mich an die ersten Geschäftsstellen der NSDAP. Um die Ecke von mir befand sich das „Simpl", ein Künstlerlokal, in dem Joachim Ringelnatz, Erich Kästner und andere Künstler verkehrten. Vor diesem Lokal bin ich einmal in eine handgreifliche politische Auseinandersetzung geraten. Aber dabei waren keine Knüppel, Totschläger oder Waffen im Spiel. Nur die Fäuste

wurden gebraucht. Es ging hier nicht so hart zu wie in Hamburg-Altona oder Berlin-Wedding. Ich bekam damals 90 Mark im Monat. Das reichte knapp für den Unterhalt, für die Miete und den Leberkäs im Spatenbräu. Die natürlich-liebenswürdige Bedienung durch die Annis und Zenzis machte mir den Aufenthalt in den Bräus angenehm. Für meine Reisen erhielt ich den Mindestsatz an Tagegeld. Da ich viel unterwegs war, konnte ich zurechtkommen. Ich habe bei sparsamster Lebensführung sogar etwas zurücklegen können. Das Gesparte schickte ich an meine Mutter nach Berlin. Ich habe München gemocht und gern dort gelebt. Mit den Menschen kam ich gut aus, und ich wurde auch als Preuße gut angenommen. Wenn ich nicht seit meiner frühesten Kindheit mit Berlin so tief verwurzelt gewesen wäre, dann hätte ich sicher meinen ständigen Wohnsitz in München genommen.
Von Baldur von Schirach erhielt ich Sonderaufträge. So schickte er mich einmal nach Kiel. Dort war in der Hitlerjugend eine Rebellion ausgebrochen. Sie richtete sich gegen den neuen Gebietsführer, der vom Reichsjugendführer ernannt worden war. Er war ein aufrichtiger Mensch und verdienstvoller Jugendführer in der Kampfzeit, der viel für die Landjugend getan hatte und sich seiner bäuerlichen Heimat stark verbunden fühlte. Aber dieser ruhige, besonnene, bäuerliche Typ paßte offenbar den großstädtischen Rebellen nicht. So streikten sie. Ich konnte mir vorstellen, daß er mit einigen Rabauken der Großstadt nicht gut zurecht kam. Aus eigener Erfahrung kannte ich ja die rauheren Maßstäbe, die die Großstadtjugend in ihrer Kritik anlegte und konnte mich auf einiges gefaßt machen. In Kiel wurde eine Versammlung der Hitlerjugend einberufen, auf der ich zu sprechen hatte. Ich erfuhr vorher, daß man bei einer Zusammenkunft mit dem neuen Gebietsführer im Saal weiße Mäuse losgelassen hatte. Das hatte man von Berlin gelernt, als gegen den Film „Im Westen nichts Neues" mit gleichen Mitteln protestiert wurde. Mit Störaktionen war zu rechnen. Als sich die erste Unruhe bemerkbar machte, fuhr ich sofort dazwischen: „Ihr irrt, wenn Ihr glaubt, Ihr habt es mit einem Schreibtischhengst zu tun. Ich habe genauso wie Ihr in Kiel auf der Straße und in den Arbeitervierteln gekämpft. Mit mir könnt Ihr solchen Klamauk nicht machen." Da wurde es ruhig, und ich konnte unbehelligt meine Argumente vortragen. Als Ergebnis dieser Zusammenkunft blieb der neue Gebietsführer im Amt.
Ein anderer Sonderauftrag führte mich nach Frankfurt am Main. Der Reichsjugendführer wollte den Stellvertreter des NSDAP-Gauleiters als Gebietsführer einsetzen. Die Schwierigkeit bestand nun darin, die Zustimmung des Gauleiters Jakob Sprenger dafür zu erhalten. Das sollte ich erreichen. Mein Besuch war schriftlich nicht vorbereitet worden, weil mit einer Ablehnung gerechnet wurde. Jakob Sprenger war seit 1922 Mitkämpfer Adolf Hitlers. Er war sehr eigenwillig und schroff, wenn er glaubte, etwas ableh-

nen zu müssen. Zuerst sprach ich mit dem stellvertretenden Gauleiter, der mit der Übernahme der Gebietsführung Hessen-Nassau einverstanden war. Dann rief ich mehrere Male beim Gauleiter an, wurde jedoch nicht mit ihm verbunden. Mir blieb nichts anderes übrig, als am Abend mein Glück an seiner Haustür zu versuchen. Ich klingelte und wurde hereingelassen. Das Gespräch mit dem Gauleiter verlief positiv. Am Ende gab er sein Einverständnis für die Einsetzung seines Stellvertreters als Gebietsführer. Der Reichsjugendführer war mit dieser Lösung sehr zufrieden. Doch die Freude darüber sollte nicht allzulange anhalten. Der neue Gebietsführer wurde der Homosexualität und der Verführung von Minderjährigen überführt.

Am 31. Juli 1932 fanden Reichstagswahlen statt. In den Wahlergebnissen spiegelte sich der Aufstieg der NSDAP wider. Hatte sie bei den Reichstagswahlen im Mai 1928 zwölf Mandate und im September 1930 107 Mandate errungen, so konnte die NSDAP nunmehr 230 Abgeordnete stellen. Damit verfügte die NSDAP über die stärkste Fraktion im Reichstag. Seinen Dank richtete Adolf Hitler auch an uns:

„Hitlerjungen! Ein unerhörter Sieg ist erkämpft worden! Viele Kameraden haben ihn durch schwerste Opfer ermöglicht. Die Toten sind für uns eine heilige Verpflichtung, nunmehr erst recht den Kampf für Deutschlands Freiheit weiterzuführen."

Nach diesem Erfolg plante die Reichsjugendführung ein Großtreffen der Hitlerjugend, den Reichsjugendtag in Potsdam am 1. und 2. Oktober 1932. Dieser Vorschlag wurde Hitler von Baldur von Schirach in dessen Wohnung unterbreitet und vom Führer positiv aufgenommen. Hitler selbst entwarf die Plakette für den Reichsjugendtag, Hohlbein das Plakat. Fieberhaft ging es draußen an die Vorbereitungen. Vor allem mußte fleißig gespart und jede Quelle erschlossen werden, um die Fahrt und Teilnahme der Jugendlichen möglich zu machen. Jeder Junge und jedes Mädel aus der NS-Jugendbewegung brachten willig dieses Opfer. Eine Sorge blieb bis zum Schluß, daß diese Willenskundgebung der jungen Generation, in deren Mittelpunkt eine Rede Adolf Hitlers stehen sollte, verboten werden könnte. Doch dieser bittere Kelch ging an der Reichsjugendführung vorüber.

In Potsdam wurden eine riesige Zeltstadt sowie Strohlager errichtet. Die SA stellte Feldküchen auf. Die ärztliche Versorgung wurde von Dr. Kondeyne organisiert. Er war Freikorpskämpfer und nach 1933 zeitweilig Leiter des Gesundheitsamtes der Reichsjugendführung. Als mehr Teilnehmer eintrafen als erwartet worden waren, mußten zusätzliche Unterkünfte außerhalb der Stadt erschlossen werden. Mit der Bahn, auf unzähligen Lastwagen und Fahrrädern rollten die Heerscharen der Jugend heran.

Der Reichsjugendtag stand unter dem Zeichen: „Gegen die Reaktion - für

die sozialistische Revolution". Am Samstag, dem 1. Oktober, fand die Großkundgebung im Potsdam-Stadion am Luftschiffhafen statt. Nachdem das Stadion vollkommen gefüllt war, rief Baldur von Schirach den Führer in der Wohnung des Gauleiters Dr. Goebbels am Berliner Reichskanzlerplatz an, der sich sogleich nach Potsdam begab. Nach dem abenteuerlichen Fackeleinmarsch im Stadion eröffnete Baldur von Schirach den ersten Reichsjugendtag der Hitlerjugend.
Dann sprach Adolf Hitler und sagte u.a.:
„Niemals wird unser Volk vergehen, solange es seinen großen Idealen zugänglich ist. Was kann einem Volke geschehen, dessen Jugend auf alles verzichtet, um seinem großen Ideal zu dienen? Die nationalsozialistische Bewegung soll den deutschen Jungen erziehen, ihn stolz und mutig machen und ihn beizeiten lehren, das Haupt nicht zu beugen, wenn andere ihn zu Unrecht bewegen wollen. Gerade dann bleibt ein deutscher Junge seinem Volke treu, wenn es sich in der größten Gefahr befindet. Ich glaube, daß in der nationalsozialistischen Jugendbewegung ein neues deutsches Geschlecht heranwächst."
Am nächsten Morgen fand nach dem Kaffeefassen auf der Ravensburg eine Weihestunde statt, auf der Baldur von Schirach noch einmal zu den Jungen und Mädeln sprach und seine Rede mit den Worten schloß:
„Das Ziel unseres Kampfes, Kameraden, ist dasselbe, wie es vor zehn Jahren war, und es wird immer dasselbe bleiben. Es ist: Die sozialistische deutsche Revolution."
Dann zogen die endlosen Kolonnen, auf die das Glockenspiel der Garnisonskirche herabklang, zum Luftschiffhafen. Nach der Ehrung der Gefallenen marschierten annähernd 100.000 Jungen und Mädel Stunde um Stunde an Adolf Hitler vorbei. Unter ihnen auch österreichische Hitlerjungen. Allein ein voller Bus kam aus Wien. Die Teilnehmer am Tag von Potsdam kehrten mit Sonderzügen und Lastwagen in dem Bewußtsein in ihren Heimatort zurück, eine der größten Willensmanifestationen junger Menschen erlebt zu haben. Für Baldur von Schirach und seinen Mitarbeiter Carl Nabersberg, der die Verantwortung für die Organisation der Veranstaltung trug, war der Reichsjugendtag ein großer Erfolg. Und in der gegebenen politischen Lage war es auch ein Gewinn für Adolf Hitler, der glaubwürdig verkünden konnte: „Die Jugend steht hinter mir."
Die gegnerische Presse hatte die Kundgebung in Potsdam verzerrt wiedergegeben und von einem Kinderkreuzzug gesprochen. Es wurde gelogen, daß 120 Teilnehmer ins Krankenhaus eingeliefert werden mußten. In Wirklichkeit waren es 20. Hunderttausend Menschen machen eine Großstadt aus. Und wenn an zwei Tagen in einer Großstadt 20 Menschen ins Krankenhaus eingeliefert werden, dann liegen diese 0,02 Prozent im Normalbereich.

In Wirklichkeit handelte es sich um einen Aufbruch der jungen Generation.
Die erfolgreichen Juli-Wahlen 1932 und der großartige Verlauf des Reichsjugendtages ließen uns auf weiteren Bodengewinn und Vormarsch hoffen. Dann kamen am 6. November 1932 erneute Reichstagswahlen. Zur großen Enttäuschung brachten sie den Nationalsozialisten einen schweren Rückschlag. Sie erreichten 34,1 Prozent der abgegebenen Stimmen, also 4,2 Prozent weniger als im Juli 1932. Die Analyse für den Grund dieses beträchtlichen Verlustes ergab, daß viele Wähler ihre Stimme versagt hatten. Das war darauf zurückzuführen, daß die NSDAP einen scharfen Kurs gegen die Reaktion steuerte und die sozialistische Zielsetzung betont hatte. Das manifestierte sich auch darin, daß die Nationalsozialisten in Berlin gemeinsam mit den Kommunisten für bessere Arbeitsbedingungen bei der Berliner Verkehrsgesellschaft (BVG) gestreikt hatten. Offenbar waren dadurch viele Bürger verschreckt worden. Der unerwartet schlechte Wahlausgang erzeugte bei vielen unserer Parteigenossen ein Stimmungstief und Resignation. Zu lange schon standen sie in Opposition und drängten endlich an die Macht.
Das war die Situation, in der die Parole Gregor Strassers „Hinein in den Staat!" auf günstigen Nährboden fiel. Diese Parole lief der Strategie Adolf Hitlers zuwider. Sehr gefährlich wurde die Lage, als Gregor Strasser ohne vorheriges Wissen des Führers mit dem Regierungschef, General Karl von Schleicher, in Verhandlungen eintrat. Dadurch wurde die Partei in zwei Lager gespalten. Für mich war das die gefährlichste Krise in der NSDAP, gegen die der Stennes-Putsch in Berlin und die Absonderung Otto Strassers mit der „Schwarzen Front" Vorgänge geringerer Bedeutung waren. Jeder hatte sich nun zu entscheiden. Als Jugendreferent der NSBO gehörte ich der Reichsorganisationsleitung unter Gregor Strasser an. Ich schätzte ihn sehr und verfolgte seine volksnahen Reden mit hohem Interesse. Insbesondere hing ich am Radio, als er am 15. August 1932 zum ersten Mal im Rundfunk die Zielsetzungen unserer Bewegung darlegen konnte. Meine Vorstellung war immer, daß sich Adolf Hitler und Gregor Strasser in einer nationalsozialistischen Regierung hervorragend ergänzen würden. Aber trotz dieser starken Sympathien für Gregor Strasser konnte ich jetzt nicht seiner Parole „Hinein in den Staat!" folgen. Seine eigenmächtige Handlungsweise entsprach nicht meiner Einstellung. Adolf Hitler hatte als Führer der stärksten Partei ein Recht darauf, eine neue Regierung zu bilden und nicht als Stellvertreter des Kanzlers in eine Regierung einzutreten. Die allgemeine Not schrie am Ende des Jahres 1932 zum Himmel. 90.000 Zahlungsbefehle wurden am Tag erlassen, Abertausende von ergebnislosen Pfändungen fanden statt. Jeden Tag zählte man 10.000 Offenbarungseide.

Ein Gastwirt am Kurfürstendamm bot seine Gerichte auf Abzahlung an. Das Sozialprodukt war von 1929 bis 1932 um 40 Prozent gesunken. Banken krachten zusammen. Hungernde stürmten Lebensmittelgeschäfte und Brennstofflager. Aber nicht aus Demonstrationsgelüsten, sondern weil sie Hunger hatten und an Not litten. 23 Millionen Deutsche lebten von öffentlichen Mitteln. Deutschland stand mit der Selbstmordrate in Europa mit großem Abstand an der Spitze. Die Hoffnung auf Befreiung aus dieser katastrophalen Lage richtete sich immer mehr auf Adolf Hitler. Sie durfte nicht dadurch vertan, enttäuscht und zerschlagen werden, daß der Hoffnungsträger auf die Richtliniengebung der Politik als Kanzler verzichtete.

So dachten wir als Jugendführer damals und vor allem auch der größere Teil der Parteigenossen. Unsere Reaktion auf die Handlungsweise von Gregor Strasser war Bestürzung. Es erschien uns als folgerichtig, daß er aus seinen Ämtern schied. Eine Spaltung der NSDAP war noch einmal verhindert worden. Wie ernst die Lage tatsächlich war, bezeugen die Worte Hitlers, die nach dem Krieg in den Aufzeichnungen in den „Monologen" wiedergegeben worden sind: „Wenn die Partei zerfällt, dann erschieße ich mich."

Im November 1932 gab es ein Ereignis, daß uns in der Hitlerjugend besonders berührte. Der Reichspräsident von Hindenburg hatte durch eine Verordnung das „Reichskuratorium für Jugendertüchtigung" ins Leben gerufen, mit dessen Leitung der General von Stülpnagel beauftragt worden war. Eine Abordnung des Kuratoriums ließ sich in Genf sein Programm vom Völkerbund bestätigen. Es bestand in der körperlichen Ertüchtigung und vormilitärischen Ausbildung der Jugend sowie in der Weckung des Wehrwillens. Die Jugend sollte dafür in mehrwöchigen Lagern erfaßt werden. Hinter dieser Maßnahme stand auch die Absicht, die Jugend zu entpolitisieren, wie sich der General Stülpnagel in einem Interview mit der französischen Zeitung „Paris-Midi" geäußert hatte. Allein die Frage der 1,3 Millionen jugendlichen Arbeitslosen „Warum läßt man uns nicht arbeiten? Was ist die Ursache dafür?" führte sie direkt in die Politik. Erst die Beseitigung der materiellen und geistig-seelischen Not der Jugend hätte vielleicht eine Entpolitisierung der Jugend erreichen können. Zwar waren dafür erste Ansätze seit dem August 1931 vorhanden, als die Jugend zum freiwilligen Arbeitsdienst aufgerufen worden war. Am 31. Januar 1933 waren im freiwilligen Arbeitsdienst immerhin 175.656 Jugendliche beschäftigt. Sie betätigten sich bei Maßnahmen der Boden- und Verkehrsverbesserung, bei Forstarbeiten, der Herrichtung von Siedlungs- und Kleingartenland, der Hebung der Volksgesundheit sowie der Not- und Winterhilfe. Der um den freiwilligen Arbeitsdienst verdiente Präsident der Reichsanstalt für Arbeitsvermittlung und Arbeitsversicherung, Dr. Syrup, der im letzten Kabinett

der Weimarer Republik unter General von Schleicher Reichsarbeitsminister war, erkannte, daß diese Maßnahmen allein nicht ausreichten. Er machte daher eine Vorlage zur Gründung eines Notwerks der Deutschen Jugend, das seinen Ausdruck in einem Aufruf des Reichspräsidenten und der Reichsregierung vom 24. Dezember 1932 fand. Darin hieß es:
„Die Not der Arbeitslosigkeit lastet schwer, gerade auf der deutschen Jugend. Weder Arbeitsbeschaffung noch Arbeitsdienst können verhindern, daß mit dem Anbruch des Winters Hunderttausende von jungen Deutschen mit dem Schicksal der Erwerbslosigkeit und der Untätigkeit zu ringen haben. Darum rufen Reichspräsident und Reichsregierung das deutsche Volk am Weihnachtstage zum Notwerk der Deutschen Jugend auf. Das Notwerk der Deutschen Jugend soll der arbeitslosen Jugend Gelegenheit zu ernsthafter beruflicher Bildungsarbeit bieten und ihr sonstige sinnvolle geistige und körperliche Betätigung ermöglichen. Es soll ihr in Verbindung damit täglich eine gemeinsame warme Mahlzeit sichern. Gemeinsinn und Hilfsbereitschaft aller Teile der Bevölkerung müssen in diesem Notwerk zusammenwirken, um die arbeitslose Jugend körperlich und geistig gesund und lebenstüchtig zu erhalten und ihren Willen zur kameradschaftlichen Selbsthilfe zu stärken. Die freiwilligen Anstrengungen der Bevölkerung werden die planmäßige Unterstützung des Reiches erfahren. Die Reichsregierung stellt allen geeigneten Einrichtungen, insbesondere auch freiwilligen Kameradschaften junger Arbeitsloser, die sich in den Dienst des Notwerks stellen und es praktisch verwirklichen, Beihilfen zur Verfügung. Sie sollen vor allem die vorgesehene Verpflegung ermöglichen. Die Förderung des Notwerks der deutschen Jugend ist dem Reichsarbeitsminister übertragen. Er wird die notwendigen Anordnungen treffen."
Die Ansätze des Freiwilligen Arbeitsdienstes und des Notwerkes der Deutschen Jugend waren ohne Zweifel gut. Aber sie kamen viel zu spät. Es blieb den Nationalsozialisten vorbehalten, die soziale Frage der Jugend umfassend zu lösen.
Im November 1932 fand die fünfte Tagung des Reichsausschusses der Deutschen Jugendverbände in Soest statt. Unter seinem Dach waren konfessionelle, berufsständige, bündische, sportliche und Wehrjugendverbände erfaßt. Sie erfuhren eine staatliche Förderung für die Arbeit der Jugendpflege. Die Hitlerjugend blieb jahrelang ausgegrenzt. Erst 1932, als die nationalsozialistischen Jugendorganisationen im „Deutschen Jugendwerk e.V." zusammengefaßt waren, wurde sie zugelassen. Vertreter des Deutschen Jugendwerks e.V. im Reichsausschuß war Fritz Krause. Ihn löste ich in dieser Funktion bei seiner Berufung zum Landesjugendpfleger in Mecklenburg ab. Durch unsere Zugehörigkeit zum Reichsausschuß wurden wir nun gefördert. Das bezog sich vor allem auf die 50prozentige Fahrpreis-

ermäßigung für Jugendpflegefahrten. Das bedeutete eine große Erleichterung für unsere vielen Fahrten ins Lager, Jugendherbergen, Führer- und Fachschulen. Nach der Machtübernahme hatte ich die Scheine für Fahrpreisermäßigung zu unterschreiben, damit sie als gültig anerkannt wurden. So waren die Axmann-Scheine sehr gefragt. Die Tagung in Soest war insofern bedeutsam, als sich Jugendgruppen aus allen politischen Himmelsrichtungen und unterschiedlicher Überzeugung begegneten. Die Pädagogen bedauerten die Politisierung der Jugend, während die Vertreter der politischen Jugend die praktische Mitgestaltung im Alltag forderten, um die Not zu wenden. Von den Führern der Hitlerjugend hatte man sich offenbar eine falsche Vorstellung gemacht, wenn man das Schlußwort von Prof. Wilhelm Flitner bedenkt, in dem es hieß:
„... die nationalsozialistischen Jugendführer, die neben den Wehrverbänden auf dieser Tagung zum ersten Mal vertreten waren, haben sich keineswegs im faschistischen Sinne geäußert, sondern den Gedanken des gemeinsamen nationalen Handelns betont ..." Bei einigen Jugendverbänden wurde der Reichsgedanke in den Vordergrund gestellt. Aber auf keinem Gebiet war die Übereinstimmung der jungen Generation so groß wie im Hinblick auf die unbedingte wirtschaftliche Erneuerung. Der Pressechef der Reichsjugendführung, Willi Körber, nahm als Beobachter und Berichterstatter an der Tagung des Reichsausschusses teil und zog im „Deutschen Sturmtrupp" Nr. 1 und 2 vom Januar 1933 folgendes Fazit:
„Es war nicht im geringsten so, als ob die Jugend aus den verschiedenen Lagern in Soest ein Verbrüderungsfest gefeiert hätte. Im Gegenteil. Die politischen Anschauungen und weltanschaulichen Gegensätze prallten oft hart aneinander. Und das war gut so, das mußte so sein, wenn man Klarheit haben wollte. Es hat keinen Wert, sich gegenseitig etwas vorzumachen. Aber bei aller Verschiedenheit und Gegensätzlichkeit der Einstellungen war doch dies eine Gemeinsame in der Haltung der jungen Generation immer wieder festzustellen: Die Jugend bekennt sich zum sozialistischen Gedanken. Und dieser Sozialismus, zu dem die junge Generation aus allen Schichten und Lagern des Volkes vorzustoßen beginnt, das ist ein Begriff, nationaler Sozialismus ... Die Jugend ist heute die große antikapitalistische Schicht. Der Sozialismus als Sehnsucht und Wille lebt in ihr ..."
Der Inhalt der Tagung in Soest wurde als erstes Wetterleuchten gedeutet. Es war die letzte Tagung des Reichsausschusses der Deutschen Jugendverbände in der Weimarer Republik.
Das Jahresende 1932 verbrachte ich in Berlin. Es war bei allen Erfolgen, die bitter erkämpft werden mußten, das härteste Jahr in der politischen Auseinandersetzung. Wir hatte viele Tote zu beklagen. Kaum war das Feuerwerk der Silvesternacht verknallt und kaum waren die Turbulenzen zum

neuen Jahr verebbt, als mich erneut die Nachricht von der Ermordung eines Hitlerjungen erreichte. In früher Stunde des neuen Jahres war Walter Wagnitz in der Utrechterstraße 24 durch Stiche in den Unterleib ermordet worden. Das geschah nur wenige hundert Meter von meiner Wohnung entfernt. Er gehörte zur Schar 3 meiner alten Gefolgschaft 1. Ich kannte ihn. Er war Schneiderlehrling und 16 Jahre jung. Kurz nach der traurigen Meldung weilte ich an der Mordstätte. Seine Freunde, die ihn näher kannten, erzählten mir von seinem ausgeprägten Kameradschaftssinn und daß er oft spendierte, wenn andere nicht bezahlen konnten. Er wohnte in der Liebenwalderstraße, in der es fast nur Kommunisten gab. Er war immer zur Stelle und hat nie gekniffen, wenn es mulmig wurde. In der Vereinzelung und in hoffnungsloser Minderheit stand er für seine Überzeugung. So begann das Jahr 1933 mit dem Tod eines Hitlerjungen.
Gerade nach Überfällen und Morden an Hitlerjungen wurden häufig in der Öffentlichkeit vorwurfsvolle Stimmen laut, die sagten: Die Jugend hat ja selbst schuld. Was kümmert sie sich um Politik? Sie hat ja keine Erfahrung. Politik hat sie gefälligst den Erwachsenen zu überlassen.
Nun, die Jugend hatte am eigenen Leibe erlebt, wohin sie mit der Erfahrung der Erwachsenen in der Politik gekommen war. Und das galt nicht nur für die Jugendlichen, die unter dem deprimierenden Schicksal langfristiger Arbeitslosigkeit zu leiden hatten. So empfanden auch viele Jugendliche, die noch Arbeit oder eine Lehrstelle besaßen. Lehrlinge beklagten sich bitter darüber, daß sie gar kein Lehrgeld erhielten, sondern ihre Eltern für die Lehre zuzahlen mußten, daß sie zur Berufsschule zu gehen hatten, diese Zeit aber vom Lohn abgezogen wurde, daß sie gar keine ordentliche Berufsausbildung erhielten, sondern ohne entsprechende Entlohnung für Arbeiten eingesetzt wurden, die auch Erwachsene verrichteten, daß diese Arbeiten teilweise sogar am Sonntag geleistet werden mußten, daß die Schüler über 70 Ferientage erhielten, während sich die werktätige Jugend überwiegend mit null bis drei Tagen Urlaub im Jahr begnügen mußte. Diese sozialen Mißstände und die Frage nach dem „Warum" führte die Jugend in die Politik, sofern sie nicht in einer Nische ohne Not lebte, duldsam ergeben oder schlafmützig war. Dieses innere Aufbegehren bezog sich nicht nur auf materielle Dinge, sondern war auch gegen den herrschenden Zeitgeist gerichtet. So empfanden es viele Söhne und Töchter von gefallenen Vätern als Schande, daß die Politiker öffentlich erklärten, ihre Väter seien auf dem Feld der Unehre gefallen, daß Politiker mit dem Brustton der Überzeugung verkündeten, „ich kenne kein Vaterland, das Deutschland heißt", daß das Bild Friedrichs des Großen aus der Schule entfernt und daß der Idealismus als Dummheit verachtet wurde. In der verelendeten Landwirtschaft wurden Jugendliche mit ihren Eltern vom Hof gejagt, wenn sie nicht

fristgemäß die Kredite zurückzahlen konnten. Im Ruhrgebiet hörten die Kinder vom Vater, daß er den Bürgersteig verlassen müsste, wenn ihm ein Besatzungsoffizier entgegen käme, und daß Schulen geschlossen worden waren, wenn in ihnen das Deutschlandlied erklang. Im Osten Deutschlands hörte oder erlebte die Jugend, daß Ostpreußen vom Reich abgetrennt und Teile von Westpreußen und Oberschlesien, wo die Menschen mit großer Mehrheit für Deutschland gestimmt hatten, trotzdem von Polen einverleibt worden waren. Jugendliche, die mit österreichischen Familien verwandtschaftlich verbunden waren, erfuhren davon, daß die Österreicher durch ihre sozialdemokratische Regierung bekundet hatten, daß sie ein Teil der Republik Deutschlands sein wollten und dennoch in Vergewaltigung des Selbstbestimmungsrechts vom Deutschen Reich losgelöst wurden.
Alle diese Gründe und Erlebnisse führten die Jugend auf diesem oder jenem Weg zur Politik. Die Hitlerjugend war eine politische Jugendbewegung. Aus der unpolitischen Jugendbewegung kamen schon in früher Kampfzeit Persönlichkeiten wie Gotthard Ammerlahn, Werner Georg Haverbeck oder Joachim Walter und viele andere zur nationalsozialistischen Bewegung. Warum? Weil sie erkannt hatten, daß die geistig-seelische und materielle Not nur auf politischem Weg durch den Kampf gegen den herrschenden Zeitgeist zu überwinden war. Manches Mal traf ich am Sonntagmorgen auf dem Bahnhof Gruppen der bündischen Jugend, die aufs Land hinaus fuhren, um Natur und Kameradschaft zu erleben. Das war für die Bildung junger Menschen gut und schön. Auch bei uns waren Fahrt und Lager gepriesener Teil unseres Gemeinschaftslebens, vor allem im Jungvolk. Aber darüber hinaus war es für die älteren in der Hitlerjugend hauptsächliches Anliegen, den Jungarbeiter für eine klassenlose Volksjugend zu gewinnen. Deshalb mußten wir uns dem politischen Gegner stellen. In den Versammlungen, auf der Straße, in der Berufsschule und in dem Betrieb. Deshalb unterschieden wir uns von der unpolitischen Jugendbewegung. Die bündische Jugend ging aus dem Alltag heraus. Die Hitlerjugend ging in den Alltag hinein.
Von den Mädeln in der Berliner Kampfzeit wurde noch nicht gesprochen. 1929 hörte ich zum ersten Mal vom Zusammenschluß der weiblichen Jugend. Die Mädels nannten sich Schwesternschaft der Hitlerjugend. Die erste Gruppe der Schwesternschaft entstand 1927 in Plauen, wo der Reichsführer der Hitlerjugend Kurt Gruber seinen Dienstsitz hatte. Im National-sozialistischen Schülerbund wurden von Anbeginn auch Mädel erfaßt. Die nationalsozialistische Frauenorganisation verfügte ebenfalls über Jungmädchengruppen. Der Bund Deutscher Mädel (BDM) wurde im Juli 1930 ins Leben gerufen. Erst am 7. Juli 1932 wurde der Bund Deutscher Mädel durch eine Verfügung des Reichsjugendführers Baldur von

Schirach zur alleinigen Mädelorganisation der NSDAP erklärt. In Berlin wurde der BDM am 5. Mai 1930 gegründet. Der damalige Berliner Gauführer der Hitlerjugend, Robert Gadewoltz, beauftragte Lotte Pannwitz, die im Jugendamt Schöneberg arbeitete, mit der Führung des BDM. Sie meldete den BDM als unpolitischen Bund an, und dieser erhielt dadurch für die Fahrten Fahrpreisermäßigung. In ihrer Wohnung in Friedenau fanden die ersten Heimabende statt. In öffentlichen Veranstaltungen sammelten die Mädel für den Kampfschatz der SA, so z.B. am 25. Mai 1930 auf einer Kundgebung im Berliner Sportpalast. Das sollte sich dann noch öfter wiederholen. Gemeinsam begingen Hitlerjugend und Bund Deutscher Mädel die Sonnenwendfeier am 21. Juni 1930 in Hohenneundorf. Eine der ersten Mädelfahrten ging nach Seddin. Im März 1931 zählte der BDM in Berlin 82 eingetragene Mitglieder. Die Mädel trugen als Kluft blaue Röcke, weiße Blusen und Halstücher mit Knoten. Diese Kluft wurde für das ganze Reich übernommen. Pfingsten 1931 nahm der BDM an einer Kundgebung des Kampfbundes für Deutsche Kultur im Stadion von Potsdam teil, auf der Alfred Rosenberg sprach. Im Sommer fand ein größeres Schulungslager in Canow/Mecklenburg statt. Eine Spielschar wurde ins Leben gerufen und im September die Gründung der „Kükengruppen" mit den 10- bis 14jährigen Jungmädel vollzogen. Im Herbst trat der BDM auf einer Kundgebung in den Tennishallen geschlossen vor ihrem Gauleiter Dr. Goebbels an, und am 11. November 1931 führte der BDM eine eigene öffentliche Veranstaltung im Petri-Gemeindehaus durch, die von der Spielschar gestaltet wurde.
Auf einer Fahrt, die vom 29. Dezember 1931 bis zum 3. Januar 1932 nach Blankensee führte, verabschiedete sich Lotte Pannwitz von ihren Führerinnen und übergab am 4. Januar 1932 den Gau Berlin an Trude Mohr, die auch die Führung des Gaues Brandenburg innehatte. Zu jener Zeit hatte der Gau Berlin 200 Mädel als eingetragene Mitglieder. Trude Mohr weihte im folgenden Monat in den Havelbergen die Wimpel des BDM und begab sich im März mit ihren Führerinnen nach Klein-Köris auf Fahrt. Während des Verbots der Hitlerjugend, in der Zeit vom 30. April bis zum 17. Juni 1932, tarnte sich der BDM als „Bund Märkischer Wandermädel", als „Nordpfadfinderinnen" oder als „Freischar Kurmark". Pfingsten 1932 fand ein gemeinsames Treffen der Mädelgaue Berlin und Brandenburg in Staffelde statt, auf dem etwa 500 Berliner Mädel erschienen waren. Zur Sonnenwendfeier im Juni kamen Hitlerjugend und Bund Deutscher Mädel in Stolpe bei Birkenwerder zusammen, wo auch der Reichsjugendführer Baldur von Schirach das Wort ergriff.
In den ersten Tagen des neuen Jahres blickte ich, wie alle Anhänger unserer Bewegung, mit gespannter Erwartung auf das Land Lippe-Detmold, in

dem für den 15. Januar 1933 Landtagswahlen ausgeschrieben worden waren. Sie besaßen eine große Bedeutung für uns. Würde deren Ausgang nach den schweren Stimmenverlusten bei den Novemberwahlen 1932 den Abwärtstrend der NSDAP bestätigen? Oder würde es gelingen, ihn durch einen überzeugenden Wahlsieg zu stoppen oder gar umzukehren? Von dem Ergebnis hing in politischer und psychologischer Hinsicht sehr viel ab. Daher engagierten sich die führenden Männer der NSDAP stark in diesem Wahlkampf, an ihrer Spitze Adolf Hitler, der pausenlos bis zum Wahltag, sogar in kleineren Ortschaften, zu den Menschen sprach. Das Wahlergebnis brachte den erhofften Erfolg durch Stimmengewinne und damit gute Voraussetzungen für die weitere Entwicklung.
Nun ging man wieder mit neuem Elan an die Arbeit. Aus Berlin erfuhr ich, daß es am 20. Januar in den Pharussälen zu einer Saalschlacht gekommen war. Die Jugendbetriebszellen hatten dort mit der Hitlerjugend Wedding eine Kundgebung durchgeführt, auf der mein Mitarbeiter Griffion Stierling als Redner auftrat. Es gab dabei einige Verletzte. Das erinnerte an die schwere Saalschlacht von 1927, die ebenfalls in den Pharussälen stattgefunden hatte. Außerdem wurde gemeldet, daß bei einer Versammlung des Kommunistischen Jugendverbandes im Frankfurter Hof, in der die Hitlerjugend vertreten war, Auseinandersetzungen entstanden, bei denen einige Kameraden verwundet wurden. Überall standen die Zeichen auf Sturm.
Ende Januar weilte ich zum ersten Mal im Gau Unterfranken. In Würzburg veranstaltete die Nationalsozialistische Betriebszellenorganisation im „Platzschen Garten" eine öffentliche Kundgebung, auf der ich einen Vortrag hielt und zu der auch die politischen Gegner eingeladen, jedoch nicht erschienen waren. Am 28. Januar sprach ich vor der Hitlerjugend und am 29. Januar vor den Amtswaltern der NSDAP und den Führern der HJ. Dieser Sonntag wurde mit einem Marsch durch Würzburg beschlossen, an dem die Amtswalter der NSDAP, der SS, der SA, der NSBO mit den Jugendbetriebszellen und Einheiten der Hitlerjugend teilnahmen. Würzburg stand ganz in unserem Zeichen. Mir verblieb nicht die Zeit, um einen ausgiebigen Bummel durch das schöne Würzburg zu machen und seine Sehenswürdigkeiten zu betrachten. Doch wollte ich wenigstens von oben einen Blick auf dieses Stadtjuwel werfen. So ging ich über die Mainbrücke hinaus und stieg die Höhe zur trutzigen Feste Marienberg empor. Von dort aus bot sich mir bei klarem Winterwetter ein herrlicher Panoramablick auf die Residenz- und Bischofsstadt am Main mit ihren Gassen, Toren, Kirchen und Türmen, von dem ich mich nur schwer zu trennen vermochte. Mit diesem bleibenden Eindruck ging ich in die Stadt zurück. Da sah ich von weitem einen Zeitungsverkäufer, der ein Blatt hoch in die Luft hielt. Je näher ich kam, um so deutlicher hörte ich ihn rufen: „Hitler ist Reichs-

kanzler! Hitler ist Reichskanzler!" Ich blieb stehen und hörte mir das immer wieder an und glaubte kaum, daß es wahr sein könnte. Ich war fassungslos vor Freude. Am Nachmittag fuhr ich mit der Bahn nach München zurück.

Jahre des Aufbaus im Dritten Reich

Gedanken und Pläne stürmten auf mich ein. „Schade, daß ich jetzt nicht in Berlin dabei sein kann", dachte ich bei mir, denn dort hatte mein Weg begonnen. Mein Blick ging zurück. Damals befanden wir uns in einer aussichtslosen Minderheit gegenüber den Kommunisten und Marxisten. Sie waren schon lange vor uns da und beherrschten die Straße. Aber wir sind in Gefahr unbeirrt unseren Weg weitergegangen, und mancher Kamerad ist dabei auf der Strecke geblieben. Ihnen galt in dieser Stunde unser Dank. Wie Abertausende andere Lebenswege, so führte auch mein Weg zu diesem Tag. Dann ging es mir durch den Kopf, wie wir jetzt die sozialen Forderungen der Arbeiterjugend, die wir in der Kampfzeit vertreten hatten, am besten in die Wirklichkeit umsetzen könnten. Da tat sich ein weites Feld von Aufgaben und Problemen auf, die zu erfüllen und zu lösen lebenswert waren.
Von München aus verfolgten wir mit Spannung die Ereignisse in der Reichshauptstadt. Adolf Hitler hatte nicht die Macht usurpiert. Es gab keinen Putsch und keinen Staatsstreich. Der Reichspräsident hatte ihn als Führer der größten Partei mit der Führung der Regierungsgeschäfte beauftragt. Adolf Hitler kam legal zur Macht. Es fehlte nicht an Versuchen, ihm diese Macht streitig zu machen. In der Nacht des 30. Januar wurden der SA-Sturmführer Hans Eberhard Maikowski und ein Polizist ermordet. Der SA-Sturm 33 kehrte vom Vorbeimarsch am Reichspräsidenten und neuen Kanzler in seinen Kiez zurück, als in der Wallstraße Schüsse aus dem Hinterhalt von Kommunisten abgefeuert wurden. Es folgten weitere Todesopfer überall im Reich, auf unserer Seite, aber auch auf der des Gegners. Unter ihnen wieder Hitlerjungen. So kam am 26. Februar 1933 in Hamburg der 17jährige Hitlerjunge Blöcker durch Schüsse ums Leben. Er stand gerade im Examen und war wegen seiner Begabung von der mündlichen Prüfung freigestellt worden. Diesen freien Tag nutzte er, um an einem Aufmarsch teilzunehmen. Es war sein letzter Dienst. Am gleichen Tag wurde in Lindenfels im Odenwald der Hitlerjunge Christian Crössmann durch einen Messerstich tödlich ins Herz getroffen. Der Reichsjugendführer entsandte mich zu seiner Beisetzung im hessischen Pfungstadt. Schon manches Mal hatte ich am offenen Grab eines Kameraden gestanden, und wiederum war es mir schwer ums Herz, den Nachruf zu sprechen. Hitler hatte den jungen Kameraden durch seinen Kranz geehrt.

Diese nicht endenwollenden Auseinandersetzungen machten deutlich, daß es sich am 30. Januar 1933 nicht um den 24. Regierungswechsel seit 1918 handelte, sondern um einen Umbruch und um eine Revolution. Der Führer hatte uns wiederholt zur Ruhe und zur Disziplin gemahnt. So hieß es in seinem Aufruf vom 2. Februar 1933:
„13 Jahre seid Ihr mir in seltener Disziplin gefolgt. Die kommunistische Mordorganisation hetzt seit Tagen in unverantwortlicher Weise gegen die nationale Erhebung. Niemand verliert die Nerven! Haltet Ruhe und Disziplin! Laßt Euch nicht durch Spitzel und Provokateure an der Befolgung dieses meines Befehls irre machen! Die Stunde der Niederbrechung dieses Terrors kommt."
Einen ähnlichen Appell richtete er am 22. Februar 1933 an die Nationalsozialisten, in dem es unter anderem hieß:
„Provokatorische Elemente versuchen unter dem Deckmantel der Partei durch Störung oder Sprengung, insbesondere von Zentrumsversammlungen, die nationalsozialistische Bewegung zu belasten. Ich erwarte, daß alle Nationalsozialisten sich in äußerster Disziplin gegen diese Absichten wenden."
„Eine Revolution ist keine Abendgesellschaft", äußerte einmal der rotchinesische Führer Mao Tse-Tung. Denken wir einmal an die Umbrüche in anderen Ländern. In England des 17. Jahrhunderts ertrank der Umbruch unter Oliver Cromwell in Blut und kostete König Karl I. das Leben. Oder denken wir an die Schrecken der französischen Revolution, der 1793 der französische König Ludwig XVI. auf dem Schaffott zum Opfer fiel, und im gleichen Jahr folgte ihm die Königin-Witwe Marie-Antoinette, eine Tochter der österreichischen Kaiserin. Diese Revolution hat Millionen Opfer in Frankreich gekostet. Das hinderte 1989 diese große Nation nicht daran, den 200. Jahrestag ihrer Wiederkehr zu feiern. Die bolschewistische Oktoberrevolution von 1917 übertraf mit ihren Abermillionen an Opfern bei weitem die Schrecken der französischen Revolution. Die Umbrüche und revolutionären Umwälzungen in China in unserem Jahrhundert forderten ebenfalls Abermillionen von Toten.
Bei Anlegung dieser Maßstäbe überrascht es nicht, daß selbst die feindseligsten Kritiker Hitlers zugeben, daß sich die nationalsozialistische Revolution in großer Disziplin vollzogen hat. Niemand wird bestreiten wollen, daß es in Zeiten des Umbruchs, wie auch nach 1933, Ungerechtigkeiten gegeben hat und einige Nationalsozialisten die Gunst der Stunde nutzten, um ihr persönliches Mütchen am einstigen Gegner zu kühlen.
Im Januar 1933 hatte unsere Organisation der Jugendbetriebszellen im ganzen Reichsgebiet, außer den Sprechabenden, 75 Versammlungen durchgeführt. Die Machtübernahme war für uns kein Grund, die Aktivitäten ein-

zustellen oder einzuschränken. Allein die Tatsache, daß die kommunistische Partei am 30. Januar in Berlin und anderen Städten sowie im Ruhrgebiet den Generalstreik versuchte, bestärkte uns in der Absicht, unsere Arbeit in den Berufsschulen und Betrieben unvermindert fortzusetzen. So war ich im Februar und März wieder auf diesem Kurs unterwegs und sprach in Zwickau, Leipzig, Dresden, München und Baden.
Der Deutsche Reichstag wurde am 1. Februar 1933 nach Art. 25 der Reichsverfassung vom Reichspräsidenten aufgelöst. Neuwahlen wurden für den 5. März ausgeschrieben. Gegenüber den 34,1 Prozent der Novemberwahl 1932 errang die NSDAP jetzt 43 Prozent der abgegebenen Stimmen. Das war zwar ein Zuwachs von 9,1 Prozent in wenigen Monaten, aber nicht die absolute Mehrheit. Die Regierung mußte mit den nationalen Parteien fortgeführt werden. Wie groß der Einfluß der Kommunisten nach der Machtübernahme noch war, bewiesen die Wahlergebnisse in verschiedenen Gebieten. Im Wedding Berlins z.B. war die KPD die stärkste Partei geblieben. Es gab also keinen Grund, in unseren Anstrengungen nachzulassen. Wir hatten das historische Beispiel des Umsturzes in Bayern von 1919 vor Augen, als die Räterepublik ausgerufen und von Moskau aus gesteuert wurde. Lenin selbst gab dafür die Direktiven. Darin hieß es unter anderem: „Wir danken für Euer Begrüßungstelegramm und begrüßen unsererseits die Sowjetrepublik Bayern von ganzem Herzen ... Habt Ihr die Arbeiter bewaffnet und die Bourgeoisie entwaffnet? Habt Ihr die Fabriken und Reichtümer der Kapitalisten in München und ebenso die kapitalistischen landwirtschaftlichen Betriebe in seiner Umgebung enteignet? Habt Ihr alles Papier und alle Druckereien zum Drucken von populären Blättern und Zeitungen für die Massen konfisziert? Habt Ihr die Bourgeoisie in München zusammengedrängt, um unverzüglich Arbeiter in den reichen Wohnungen einzuquartieren? Habt Ihr Euch Geiseln aus dem Lager der Bourgeoisie gesichert?"
Am 27. Februar 1933 wurde der Reichstag von dem ehemaligen holländischen Kommunisten Marinus van der Lubbe in Brand gesteckt. Die Flammen signalisierten, daß die Bedrohung und Gefahr eines Umsturzes noch nicht endgültig beseitigt war. Jahrzehnte hindurch hatten die öffentlichen Medien unzutreffend verbreitet, die Nationalsozialisten wären selbst Urheber dieses Brandanschlags gewesen. So verwundert es nicht, daß es heute noch Menschen gibt, die davon überzeugt sind. Inzwischen haben Historiker diese Unterstellung widerlegt.
Am 21. März 1933 fand in der Garnisonskirche von Potsdam ein Staatsakt statt, in dem Adolf Hitler in Gegenwart des Reichspräsidenten seine Regierungserklärung abgab. Wie viele andere Menschen, bin auch ich von Berlin nach Potsdam herausgefahren, um in der Nähe der Garnisonskirche

einen günstigen Platz zu finden, von dem aus ich den greisen Feldmarschall und den Führer sehen konnte. Auch meine Mutter und meine Tante waren dabei. Wir alle empfanden das gemeinsame Auftreten des Reichspräsidenten und des Reichskanzlers als hoffnungsvolles Zeichen für das Bündnis zwischen der Tradition und Vergangenheit und den jungen aufstrebenden Kräften. Baldur von Schirach war beauftragt worden, vom Fortuna-Turm des Potsdamer Stadtschlosses dieses historische Ereignis für den Deutschen Rundfunk zu kommentieren. Nach Beendigung des Staatsaktes nahm der Reichspräsident die Parade der Reichswehr und der nationalsozialistischen Verbände, darunter auch die Hitlerjugend, ab. Am Nachmittag wurde der neue Reichstag vom Reichstagspräsidenten Hermann Göring in der Krolloper eröffnet, in die die Abgeordneten wegen des zerstörten Reichstags umgezogen waren. Am gleichen Tag vor 62 Jahren hatte auch die Eröffnung des Reichstages des ersten Deutschen Reiches stattgefunden. Den 21. März 1933 habe ich als strahlenden Frühlingstag in Erinnerung behalten. Ich glaubte, daß es ein Frühlingstag für unsere Geschichte wäre.

Zwei Tage später saß ich mit in der Krolloper, nicht als Reichstagsabgeordneter. Das wurde ich erst im Oktober 1941 für einen ostpreußischen Wahlkreis. Ich war Zuhörer und erlebte am 23. März 1933 die Reichstagssitzung, in der das „Gesetz zur Behebung der Not von Volk und Reich" mit 441 zu 94 Stimmen verabschiedet wurde. Bemerkenswert war, daß auch Theodor Heuss, der spätere Präsident der Bundesrepublik Deutschland, ebenso mit ja stimmte wie die früheren Reichskanzler Josef Wirth, Heinrich Brüning und Franz von Papen. Das waren pofilierte Demokraten der Weimarer Republik. Nur die Sozialdemokraten stimmten gegen das „Ermächtigungsgesetz". Als Sprecher seiner Partei begründete Otto Wels die Ablehnung des Gesetzes. Trotz meiner Überzeugung vom Versagen der Sozialdemokraten in der Weimarer Republik ließ mich die Rede von Wels und die Art, wie er sie vorgetragen hatte, nicht unbeeindruckt. Danach folgte eine schneidende Abrechnung Hitlers mit der Politik der letzten 14 Jahre, die die Zustimmung des Hauses und natürlich auch meine innere Zustimmung fand. Das Gesetz ermächtigte die Reichsregierung, in einer aussichtslos erscheinenden Lage ohne Zustimmung des Parlaments Gesetze zu erlassen. Exekutive und Legislative lagen damit in einer Hand. Die Not des Volkes schrie zum Himmel. Wir hatten sechs Millionen Arbeitslose. Da mußte gehandelt werden, und zwar sofort. Das rechtfertigte damals in meinen Augen die Vollmacht für die Reichsregierung, die übrigens auf vier Jahre befristet war und 1937 durch Reichstagsbeschluß verlängert wurde. Für mich war diese Vollmacht auch insofern nichts Außergewöhnliches, als in der Weimarer Republik in einem ganz erheblichen

Maße mit Notverordnungen und Ausnahmebestimmungen regiert worden war, allerdings ohne Erfolg. Das nach dem zweiten Weltkrieg so heftig angegriffene Ermächtigungsgesetz ist also weder usurpiert noch durch Staatsstreich erzwungen worden. Auch die Vertretung der Länder, der Reichsrat, hatte das Gesetz gebilligt. Es mutet heute wie ein übler Scherz der Zeitgeschichte an, wenn man bedenkt, daß Hitlerjugendführer nach 1945 im Konzentrationslager für das Ermächtigungsgesetz verantwortlich gemacht wurden.

Am 1. April 1933 wurde die erste Aktion gegen die Juden in der Öffentlichkeit durchgeführt. SA-Männer standen vor jüdischen Geschäften mit Plakaten, die die Aufschrift trugen: „Wehrt Euch, kauft nicht beim Juden!" Diese Maßnahme wurde dadurch ausgelöst, daß das internationale Judentum Deutschland den Krieg erklärt hatte. Die einflußreiche und auflagenstarke Londoner Zeitung „Daily Express" vom 24. März 1933 brachte als Schlagzeile auf der Titelseite folgende Mitteilung: „Judea declares war on Germany" (Das Judentum erklärt Deutschland den Krieg). Im Text hieß es weiterhin:

„Ganz Israel in der gesamten Welt schließt sich zusammen, um den Wirtschafts- und Finanzkrieg gegen Deutschland zu erklären ... Das Reich steht vor einem totalen Boykott in Handel, Finanz und Industrie. In Europa und Amerika sind Pläne zu einem Gegenschlag gegen das hitlerische Deutschland gereift. Entschließungen in der gesamten jüdischen Handelswelt zielen auf einen Abbruch der Handelsbeziehungen mit Deutschland. Deutschland ist auf dem internationalen Geldmarkt, wo der jüdische Einfluß beträchtlich ist, hoch verschuldet. Druckmaßnahmen jüdischer Bankiers sind eingeleitet worden. Ein zusammengefaßter Boykott jüdischer Käufer wird voraussichtlich dem deutschen Ausfuhrhandel einen schweren Schlag versetzen ..."

In diesem Sinne äußerten sich auch andere Blätter und Vertreter jüdischer Organisationen. Die deutsche Maßnahme war zugleich eine Antwort auf die Greuelpropaganda der ausländischen Presse, die unter anderem von der Vergewaltigung jüdischer Mädchen und von jüdischen Leichen in Spree und Havel sprach. Zu dieser Frage veröffentlichte der „Völkische Beobachter" vom 29. März 1933 folgende Mitteilung: „Die heutige Reichskabinettsitzung, die erste, die aufgrund des Ermächtigungsgesetzes weittragende Beschlüsse zu fassen hat, wurde von Reichskanzler Adolf Hitler mit Erklärungen zur politischen Lage eröffnet. Der Führer verbreitete sich über die Abwehrmaßnahmen gegen die jüdische Greuelpropaganda im Ausland. Die Abwehr mußte organisiert werden, weil sie sonst vom Volke heraus selbst gekommen wäre und vielleicht unerwünschte Formen angenommen hätte. Durch die Organisierung bleibe die Abwehr in Kontrolle und es wer-

de verhindert, daß es zu Belästigungen persönlicher Art und zu Gewalttätigkeiten komme. Das Judentum aber müsse erkennen, daß ein jüdischer Krieg gegen Deutschland das Judentum in Deutschland mit voller Schärfe selbst trifft."
Der Central-Verein deutscher Staatsbürger jüdischen Glaubens bezog am 30. März 1933 zu den Verleumdungen des Auslands in der „Central-Vereins-Zeitung" Stellung: „Wir 556.000 deutsche Juden legen feierliche Verwahrung ein. Eine zügellose Greuelpropaganda gegen Deutschland tobt in der Welt. Durch jedes Wort, das gegen unser Vaterland gesprochen und geschrieben wird, durch jeden Boykottaufruf, der gegen Deutschland verbreitet wird, sind wir deutschen Juden genauso tief getroffen wie jeder andere Deutsche. Nicht aus Zwang, nicht aus Furcht, sondern weil gewisse ausländische Kreise die Ehre des deutschen Namens lästern, das Land unserer Väter und Kinder schädigen, sind wir ohne Verzug dagegen aufgestanden. Vor dem Inland und dem Ausland haben wir die Lügenmeldungen über Deutschland und die neue Regierung gebrandmarkt ... Gegen diese ungeheuren Beschuldigungen legen wir 556.000 deutschen Juden vor ganz Deutschland und vor der Welt feierliche Verwahrung ein."
Einen gleichen Protest hatte auch der Vorsitzende des Reichsbundes Jüdischer Frontsoldaten, Dr. Löwenstein, in seinem Schreiben vom 24. März 1933 an die amerikanische Botschaft gerichtet.
In den Richtlinien der NSDAP für die Durchführung des Boykotts hieß es in Punkt 2: „Die Aktionskommitees sind verantwortlich für den höchsten Schutz aller Ausländer ohne Ansehen ihrer Konfession und Herkunft oder Rasse. Der Boykott ist eine reine Abwehrmaßnahme, die sich ausschließlich gegen das Judentum in Deutschland wendet." Und im Punkt 6 hieß es: „Die Aktionskommitees müssen in Verbindung mit den Betriebszellenorganisationen der Partei die Propaganda der Aufklärung über die Folgen der jüdischen Greuelhetze für die deutsche Arbeit und damit für den deutschen Arbeiter in die Betriebe hineintragen und besonders die Arbeiter über die Notwendigkeit des nationalen Boykotts als Abwehrmaßnahme zum Schutz der deutschen Arbeiter aufklären." Der Punkt 11 dieser Richtlinien sah vor: „Die Aktionskommitees sind dafür verantwortlich, daß sich dieser gesamte Kampf in vollster Ruhe und größter Disziplin vollzieht. Krümmt auch weiterhin keinem Juden auch nur ein Haar! Wir werden mit dieser Hetze fertig, einfach mit der Wucht dieser einschneidenden Maßnahmen." Nachdem die ausländische Presse Zurückhaltung in ihrer weiteren Berichterstattung geübt hatte, wurde am 5. April 1933 der Boykott eingestellt. In meinem Umfeld hatte ich keine Übergriffe oder Nichtbeachtung dieser erlassenen Richtlinien beobachten können. Die Hitlerjugend hatte an dieser Aktion nicht teilgenommen.

Am 8. April erließ die Reichsregierung das „Gesetz zur Wiederherstellung des Berufsbeamtentums". Danach mußten die jüdischen Beamten den Staatsdienst quittieren. Die Pensionen wurden weiter gezahlt. Von diesen Bestimmungen wurden jüdische Beamte ausgenommen, die Frontsoldaten gewesen oder kriegsbeschädigt waren. Dafür hatte der Reichspräsident von Hindenburg plädiert. Erst Jahrzehnte später habe ich von dem Brief erfahren, den der Reichspräsident am 4. April 1933 in dieser Sache an den Reichskanzler gerichtet hatte, in dem es unter anderem hieß:
„Nach meinem Empfinden müssen Beamte, Richter, Lehrer und Rechtsanwälte, die kriegsgeschädigt oder Frontsoldaten oder Söhne von Kriegsgefallenen sind oder selbst Söhne im Feld verloren haben, soweit sie in ihrer Person keinen Grund zu einer Sonderbehandlung geben, im Dienste belassen werden. Wenn sie es wert waren, für Deutschland zu kämpfen und zu bluten, sollen sie auch als würdig angesehen werden, im Vaterland in ihrem Beruf weiter zu dienen."
Diese Auffassung haben viele Nationalsozialisten gezeigt, und ich zählte mich zu ihnen.
Im April 1933 wurden von der neuen Führung zwei Entscheidungen getroffen, die ich mit großer Freude aufgenommen habe. Die Nationalsozialistische Betriebszellenorganisation durfte in Zukunft an den Betriebsrätewahlen teilnehmen und wurde ermächtigt, die Werktätigen in Rechtsfragen vor dem Arbeitsgericht zu vertreten. Damit waren sie den Gewerkschaften gleichgestellt. Im Gau der Berliner Jugendbetriebszellen gab es bereits eine Stelle, die die Jungarbeiter in arbeitsrechtlichen Fragen beriet. Nun war es möglich, deren Anliegen über die NSBO vor dem Gericht zu vertreten. Ein schöner Erfolg für uns. Am 10. April 1933 erhob die Reichsregierung den 1. Mai durch ein Gesetz zum „Feiertag der nationalen Arbeit". Damit wurde eine alte Forderung der Arbeiter und der Gewerkschaften erfüllt. Der Bundesvorstand des Allgemeinen Deutschen Gewerkschaftsbundes begrüßte dieses Gesetz und forderte den deutschen Arbeiter auf, als vollberechtigtes Mitglied der deutschen Volksgemeinschaft standesbewußt am 1. Mai zu demonstrieren.
In der Nachkriegsliteratur ist der 1. Mai des Jahres 1933 häufig so dargestellt worden, als seien die Betriebsbelegschaften zum Aufmarsch und zur Teilnahme an Kundgebungen und Volksfesten gezwungen worden, was ich in Einzelfällen auch bei anderen Maßnahmen nicht in Frage stellen will. Aber aufs Ganze gesehen, handelte es sich um einen bewegenden Aufbruch im Geiste der Überwindung des Klassenkampfes und im Geiste der Volksgemeinschaft. Wirtschaftsführer, Betriebs- und Firmeninhaber marschierten in Berlin, wie in allen Orten des Reiches, gemeinsam mit ihren Belegschaften zu den Kundgebungen, und von den Häusern grüßten sie

Transparente mit dem Bekenntnis Adolf Hitlers: „Es gibt nur einen Adel - den Adel der Arbeit". Selbst die Vertreter der auswärtigen Mächte waren von der Dynamik dieses Aufbruchs sehr beeindruckt. So äußerte sich z.B. der französische Botschafter:

„Ja, es ist wirklich ein schönes, wundervolles Fest. Die Deutschen und die Ausländer, die ihm beiwohnten, nehmen den Eindruck mit, daß ein Hauch der Versöhnung und der Einigkeit über das Dritte Reich weht."

Der nationale Feiertag der Arbeit begann um 9.00 Uhr mit einer Kundgebung der Jugend im Berliner Lustgarten. Der Berliner Gauleiter und nunmehrige Reichsminister Dr. Goebbels begann seine einleitende Rede mit den Worten:

„Es ist kein Zufall, daß der Feiertag der nationalen Arbeit mit einem Appell an die Deutsche Jugend beginnt. Auf ausdrücklichen Wunsch des Reichspräsidenten, der mit dem Wunsch der Reichsregierung übereinstimmt, fangen wir diesen Tag gemeinsam mit der Jugend, der Trägerin der Deutschen Zukunft, an."

Damit war eine Tradition begründet, die so lange anhielt, wie der 1. Mai im Dritten Reich feierlich begangen wurde. Als Hauptredner ergriff Reichspräsident von Hindenburg das Wort, der von den über 100.000 jungen Menschen mit stürmischer Begeisterung begrüßt wurde. Hier die Worte seines Appells an die junge Generation:

„Herzlich begrüße ich die deutsche Jugend aus Schule und Hochschule, aus Werkstatt und Schreibstube, die heute hier versammelt ist, um sich zum gemeinsamen Vaterland, zur pflichttreuen Hingabe an die Nation und zur Achtung vor der schaffenden Arbeit zu bekennen. Ihr seid unsere Zukunft. Ihr müßt einst das Erbe der Väter auf Eure Schultern nehmen, um es zu erhalten, zu festigen und auszubauen. Um dieser Aufgabe gerecht zu werden, muß die Jugend Ein- und Unterordnung und hierauf gründend Verantwortungsfreudigkeit lernen. Nur aus Mannszucht und Opfergeist, wie solche sich stets im deutschen Heer bewährt haben, kann ein Geschlecht entstehen, das den großen Aufgaben, vor welchen die Geschichte das deutsche Volk stellen wird, gewachsen ist. Nur wer gehorchen gelernt hat, kann auch befehlen. Und nur wer Ehrfurcht vor der Vergangenheit unseres Volkes hat, kann dessen Zukunft meistern. Wenn ihr in Eurem täglichen Wirkungskreis rückblickend wieder einmal des heutigen Tages gedenkt, erinnert Euch dieser meiner Mahnung. Dieser Tag soll dem Bekenntnis der Verbundenheit aller schaffenden Kräfte des Deutschen Volkes mit dem Vaterland und den großen Aufgaben der Nation dienen und zugleich ein Denkstein der hohen sittlichen Werte jeder Arbeit, der Faust wie der des Kopfes sein. Aus treuem Herzen gedenke ich daher in dieser Stunde der deutschen Frauen und Männer, die in fleißiger Tagesarbeit ihr Brot verdie-

nen und in tiefstem Mitempfinden der großen Zahl derer, die durch die Wirtschaftsnot unserer Zeit von der Arbeit und ihrem Segen ferngehalten sind. Daß Mittel und Wege gefunden werden, um dem Heer der Arbeitslosen wieder Brot zu schaffen, ist mein sehnlichster Wunsch und eine der vornehmlichsten Aufgaben, die ich der Reichsregierung gestellt habe. Die Zeit, in der wir leben, ist schwer, aber wenn wir alle zusammenhalten und in Einigkeit mit festem Mut und in unbeirrbarem Glauben zusammenstehen, dann wird Gott uns auch weiterhelfen. In diesem Willen laßt uns zusammen rufen: Deutschland, unser geliebtes Vaterland, hurra!"
Nicht enden wollender Jubel brandete dem Reichspräsidenten und dem Reichskanzler entgegen, als dieser an die Brüstung der Schloßrampe trat und rief:
„Deutsche Jungen! Deutsche Mädchen! Unser Reichspräsident, Generalfeldmarschall von Hindenburg, der große Soldat und Feldherr des Krieges, er lebe hoch! Hoch! Hoch!"
So, wie diese Morgenkundgebung der Jugend zur Eröffnung des nationalen Feiertags der Arbeit eine Tradition einleitete, so wurde es auch zur Tradition, daß am 1. Mai eine Abordnung der deutschen Arbeiter vom Staatsoberhaupt und Reichskanzler empfangen wurde. Die Abordnung war auf etwa 100 Teilnehmer begrenzt. Es entsprach dem Willen der Führung, daß in diesem Kreis auch Repräsentanten der Jugend vertreten sein sollten. Die Auswahl ist sicher vom Reichsobmann der NSBO Walter Schuhmann und dem Reichsjugendführer Baldur von Schirach gemeinsam getroffen worden. Sie fiel auf Heinz Otto, den bewährten Kreiswalter der Berliner Jugendbetriebszellen Konrad Lehmann und auf mich. Eine schönere Anerkennung für meine Arbeit hätte ich mir nicht vorstellen können. So fieberte ich dem außergewöhnlichen Tag entgegen. Doch am Vorabend gab es eine unliebsame Überraschung für mich. Ich hatte meine Stiefel zum Besohlen gebracht, und als ich sie nun abholen wollte, war der Laden geschlossen und der Schuster nicht erreichbar. Ein zweites Paar Stiefel besaß ich nicht. So mußten neue Stiefel im Schuhgeschäft gekauft werden. Es hat noch im letzten Augenblick geklappt, so daß ich wohlgestiefelt zum Empfang erscheinen konnte.
In der Abordnung waren Arbeiter aus allen Gauen des Reiches vertreten. Einige kamen aus Österreich, aus dem Saargebiet und aus Danzig. Um die Mittagsstunde reisten sie in Sonderflugzeugen an und wurden auf dem Flughafen vom Mitglied [der] Nr. 1 der Nationalsozialistischen Betriebszellenorganisation, Staatskommissar Johannes Engel und Reichsminister Dr. Goebbels empfangen. Mehrere Männer waren in ihrer Berufstracht erschienen, wie die Bergknappen oder die Zimmerleute. Am Nachmittag nahmen wir im historischen Kongreßsaal der alten Reichskanzlei Aufstellung. Für

mich war es bereits ein großes Erlebnis, mich in den geweihten Räumen zu befinden, in denen Otto von Bismarck, der Kanzler des zweiten Deutschen Reiches gelebt und für sein Land gewirkt hat. Um 17.30 Uhr öffneten sich die hohen Flügeltüren und der Reichspräsident erschien in Begleitung seines Kanzlers. Gegen die hohe vierschrötige Gestalt des Generalfeldmarschalls wirkte Adolf Hitler klein. In die Stille des Kongreßsaals richtete er Worte der Begrüßung an uns, nachdem zuvor der Reichspräsident seiner Freude Ausdruck verliehen hatte, die Vertreter der Deutschen Arbeiterschaft willkommen heißen zu können. Der „Völkische Beobachter" vom 2. Mai 1933 gab seine Worte wie folgt wieder:
„Ich glaube, es ist für Sie alle, die Sie hier in diesem ehrwürdigen Saal versammelt sind, um den Herrn Reichspräsidenten zu begrüßen, vielleicht der größte Tag Ihres Lebens. Sie werden sich diese paar Minuten für Ihr Leben merken, und Sie werden daraus in Ihre Heimat die Überzeugung zurücktragen, daß die deutsche Arbeit und der deutsche Arbeiter hier in des Reiches Hauptstadt von dem Herrn Reichspräsidenten selbst die Ehrung und die Würdigung erfahren, die die deutsche Arbeit und der deutsche Arbeiter beanspruchen können. Sie werden daraus auch ersehen, wie unwahr und unrichtig die Behauptung ist, daß etwa die Umwälzung, die sich in Deutschland vollzogen hat, sich gegen den deutschen Arbeiter richtet. Im Gegenteil, ihr erster und innerster Zweck ist es, die Millionen unserer deutschen Arbeiter in die Volksgemeinschaft einzugliedern und damit wirklich innerlich einzubauen, in unser heiliges Deutsches Reich."
Dann kam der Reichspräsident langsam, mit gemessenem Schritt, aber gerade und aufrecht, auf uns zu. Er reichte jedem die Hand. Dann stand er auch vor mir, in seiner wuchtigen Gestalt, mit greisem Haupt und silbrigem Haar. Ich blickte zu ihm auf und nahm seine Erscheinung in Ehrfurcht auf. Ich fühlte den Händedruck des Mannes, der 1866 bei Königgrätz im Preußisch-Österreichischen Krieg und 1870/71 gegen Frankreich gekämpft hatte, der als Vertreter seines Regiments im Spiegelsaal von Versailles Zeuge der Deutschen Kaiserproklamation war, der 1914 die Schlacht bei Tannenberg siegreich entschieden und nach dem Weltkrieg, in einer Notzeit, auf den Ruf der Mehrheit unseres Volkes die schwere Bürde des Reichspräsidentenamtes übernommen hatte. Ich durfte auch zum ersten Mal dem Manne so nahe sein und in die Augen sehen, dem wir durch alle Gefahren unbeirrt gefolgt sind. Drei Generationen trafen hier im Kongreßsaal der alten Reichskanzlei zusammen. Es war eine Begegnung mit der Geschichte und ein historisches Ereignis für mich.
Ich war nun häufiger in Berlin und sehr froh darüber, daß sich Baldur von Schirach entschlossen hatte, den Sitz unserer Dienststelle von München in die Reichshauptstadt zu verlegen. Dort wurden jetzt die politischen Ent-

scheidungen getroffen, und dort fühlte man am stärksten den Pulsschlag des Geschehens und der Zeit. Er hatte aus den Mitteln einer Spende ein Haus unmittelbar an der Spree am Kronprinzenufer 10 erworben. Mein Arbeitszimmer teilte ich mit Trude Mohr, die ich schon aus der Kampfzeit als Gauführerin von Berlin-Brandenburg kannte. Seit dem 1. Mai 1933 war sie Gauverbandsführerin Ost und wurde am 19. Juni 1933 vom Reichsjugendführer zur Reichsreferentin des Bundes Deutscher Mädel ernannt. Sie war Jahrgang 1902 und stammte aus einer gutbürgerlichen Familie. Sie hatte das Lyzeum der Königin-Elisabeth-Schule und danach ein Jahr das Oberlyzeum besucht. 1920 war sie in den Postverwaltungsdienst eingetreten. Mit 17 Jahren war sie Mitglied im deutsch-nationalen Jugendbund geworden und gehörte bis 1929 dem Großdeutschen Jugendbund an. Im selben Jahr wurde sie Mitglied der NSDAP und betätigte sich bis zum November 1937 in der nationalsozialistischen Jugendbewegung, nachdem sie ein Jahr zuvor geheiratet hatte. Sie hieß dann Trude Bürkner-Mohr. Sie hat die Grundlagen für die Arbeit des Bundes Deutscher Mädel geschaffen, sein Wesen und seine Erscheinung geprägt. Wir verstanden uns persönlich sehr gut, was sich positiv auf die Gestaltung der Sozialarbeit für die weibliche Jugend auswirkte. Als die Aufgaben der Reichsjugendführung wuchsen, zogen einige Ämter in das Bürohaus in der Lothringer Straße 1 am Prenzlauer Berg. Von meinem Arbeitszimmer konnte ich auf den Nicolai-Friedhof sehen, auf dem Horst Wessel 1930 unter für das Trauergefolge gefährlichen Umständen beigesetzt worden war.
Die Verlegung des Dienstsitzes von München nach Berlin war vorteilhaft für mich. Ich gab mein Zimmer in Schwabing auf, sparte dadurch die Miete und konnte wieder bei meiner Mutter wohnen. Sie brauchte jetzt nicht mehr arbeiten zu gehen. Meine Brüder fanden in ihren kaufmännischen Berufen Beschäftigung und Brot. Ich bekam etwas mehr als 90 Mark im Monat und erhielt auch weiterhin den Mindestsatz für die Unkosten meiner Reisen. So hatte sich der Lebensstandard unserer Familie spürbar verbessert. Das Jahr 1933 brachte uns gegenüber dem Jahr 1932 oder gar 1931, als ich ziemlich verzweifelt auf dem Lande untergekommen war, den Aufstieg. 17 Jahre lang hatten wir in einer 1-Zimmer-Wohnung auf dem Hinterhof gelebt.
Schon als Junge hatte ich mir gewünscht, auch einmal die Vordertreppe benutzen zu dürfen. Dieser Wunsch ging jetzt in Erfüllung. Wir bezogen eine 3-Zimmer-Wohnung in der Ostenderstraße 2. Wir blieben im Wedding. Um die Ecke lagen die einst heiß umkämpften Pharussäle. Abgesehen von der allgemeinen politischen Entwicklung empfand ich daher gegenüber Adolf Hitler eine ganz persönliche Dankbarkeit.
Mit der Nachbarschaft in unserem alten Mietshaus hatte ich gute Erfahrun-

gen gemacht. Jeder wußte von jedem, wo er politisch stand. Niemandem war meine Aktivität in der Hitlerjugend verborgen geblieben. Unter uns wohnte ein Kommunist. Die meisten Mieter gehörten der Sozialdemokratie an. Aber im Haus gab es keinen Streit oder Verfolgung. Auch nach 1933 nicht. Mir ist kein Fall dieser Art bekannt geworden. Nie wäre es mir in den Sinn gekommen, einen Nachbar zu denunzieren. Die Nachbarschaft war tabu. Das galt auch für mein neues Domizil. Ich weiß, daß es auch andere Fälle gab. In Zeiten des Umbruchs ist nicht alles schön und weiß. Da gibt es auch graue und schwarze Töne. Das war und ist die Realität.

Am 5. April 1933 ließ der Reichsjugendführer durch ein Kommando der Hitlerjugend unter der Führung von Obergebietsführer Carl Nabersberg die Dienststelle des Reichsausschusses der Deutschen Jugendverbände in der Alsenstraße 10 in Berlin besetzen. Auch ich erfuhr vorher nichts davon, obwohl ich nach Fritz Krause Vertreter der Hitlerjugend im Reichsausschuß war. Baldur von Schirach äußerte sich zu diesen Vorgängen in einem Aufruf wie folgt:

„Deutsche Jugend! Als ich am 5. April d.J. die Führung des Reichsausschusses der deutschen Jugendverbände übernahm, gab ich lediglich einer längst vollzogenen Entwicklung den letzten sichtbaren Ausdruck. Gewiß, der Reichsausschuß wurde bis zu jenem Tag nicht maßgeblich durch die Hitlerjugend bestimmt, und die gewaltige Zahl der Mitglieder nationalsozialistischer Jugendorganisationen kam in diesem Ausschuß nur wenig zur Geltung, aber in ganz Deutschland hatte die Hitlerjugend die politische Führung der Jugendlichen bereits im Besitz. So war die Übernahme der Gesamtführung, zu der ich mich am 5. April entschloß, eigentlich nur eine Formalität, eine Bestätigung der ungeheuren Arbeit, die meine tapferen und selbstlosen Kameraden in jahrelangem, ununterbrochenem Schaffen geleistet haben. Der bisherige maßgebliche Leiter des Reichsausschusses, Herr General a.D. Vogt, hat sich auf meinen Wunsch in dankenswerter Weise für die weitere Arbeit zur Verfügung gestellt und hat auch die Berufung in den Führerrat angenommen. Es ist mir ein aufrichtiges Bedürfnis, auch an dieser Stelle Herrn General Vogt für seine Treue und hingebende Tätigkeit am Werke der deutschen Jugend im Rahmen des Reichsausschusses meinen herzlichen Dank zum Ausdruck zu bringen. Bei der von mir in Aussicht genommenen und bereits begonnenen Umgestaltung des Ausschusses wird in erster Linie darauf gesehen werden, daß entsprechend den Idealen der deutschen Jugend, die sich in ihrer überwiegenden Mehrheit zum Führergedanken bekennt, der Führerrat immer Spiegelbild des Wollens der deutschen Jugend bleibt. Dieser Führerrat soll als höchste beratende Instanz der Deutschen Jugendverbände dem Vorsitzenden des Reichsausschusses zur Seite stehen und ihm die Wünsche der dem Reichsausschuß angeschlos-

senen Verbände vortragen. Es ist für mich eine Selbstverständlichkeit, daß das Eigenleben der Verbände unangetastet bleibt, daß ihnen im freien Wettbewerb der Kräfte der Spielraum gewährleistet wird, dessen sie zu ihrer Entfaltung bedürfen. Ebenso selbstverständlich muß es aber auch sein, daß jeder Versuch eines Bundes, Verbandes oder Vereins, diese Freiheit zu Handlungen zu mißbrauchen, die sich mit den Zielen der Regierung der nationalen Revolution nicht vereinbaren lassen, schnell und ohne falsche Rücksichtnahme unterdrückt wird. Aus diesem gleichen Grunde habe ich mich entschlossen, sämtliche jüdischen und marxistischen Jugendverbände aus dem Reichsausschuß auszuschließen. Wer mit heißem Herzen an der Zukunft unseres Volkes arbeitet, kann unmöglich die Feinde und Verderber der Nation ungehindert ihr gegen das Vaterland gerichtete Werk weiterbauen lassen. Darum ist es eine der ersten Aufgaben des Reichsausschusses, den Kampf gegen marxistisch-jüdischen Geist bereits in der Jugend durchzuführen. Zu meiner großen Freude haben auch andere Verbände und Vereine meinen Plänen für die Gleichschaltung und Straffung der Jugendarbeit in Deutschland ihre Zustimmung gegeben, so daß ich bereits in Kürze über bedeutende Erweiterungen des Reichsausschusses nach anderen Richtungen der Jugendarbeit hin berichten zu können hoffe. Möge die deutsche Jugend in immer steigendem Maße dieses Werk fördern und unterstützen! Möge sie mehr und mehr erkennen, daß Jugendarbeit Staatsarbeit sein muß! Allen, die guten Willens sind, reiche ich die Hand und bitte sie: Helft mir! Nicht für uns, sondern für Deutschland ..."
General a.D. Vogt hat dem Reichsjugendführer und seinen Mitarbeiterinnen und Mitarbeitern als Berater dann über viele Jahre loyal zur Verfügung gestanden. Ich weiß von meinen Kameraden, daß sie seinen Rat, seine Hilfsbereitschaft und Menschlichkeit hoch geschätzt haben.
Eine BDM-Führerin, die dem General Vogt nach dem Zusammenbruch wiederbegegnet war, erzählte mir z.B. folgendes von ihm: Er konnte sie in seine Wohnung nicht einladen, da dort immer noch die Russen ein und aus gingen. So setzte er sich mit ihr am Hohenzollernplatz auf eine Bank und paukte mit ihr für das Latinum, das sie für das Studium benötigte. Dieser Mann hatte ein weites Herz für die Jugend. Wir sahen in unserem Verhältnis zu ihm ein Sinnbild für die innere Verbundenheit der jungen mit der älteren Generation des ersten Weltkrieges.
Nach dem 30. Januar 1933 strömten Zehntausende Jungen und Mädel in die Hitlerjugend. Sie kamen auch in hellen Scharen aus den bestehenden Jugendverbänden. Einige Jugendorganisationen lösten sich freiwillig auf und empfahlen ihren Mitgliedern, sich der Hitlerjugend anzuschließen. Zu diesen Verbänden gehörten u.a. der Nerother-Bund, die Kyffhäuserjugend, der Katholische Wandervogel, die Jungdeutsche Zunft e.V., der Bund der

Wandervögel und Kronacher, der Jungdeutsche Orden mit den Junggefolgschaften und Jungschwesternschaften, die Fahrenden Gesellen über den Bund der Kaufmannsjugend im Deutsch-Nationalen Handlungsgehilfenverband (DHV), der Bund Deutscher Pfadfinderinnen e.V., der Wandervogel Deutscher Bund, die Freischar Schill und die Deutsche Pfadfinderschaft e.V. Diese gab in ihrem Bundes-Rundbrief durch den Vorstand folgende Gründe für ihren Beschluß an: „Die von der Deutschen Pfadfinderschaft eifrig geförderten Bestrebungen, die deutschen Pfadfinderbünde im Geiste der Gründer des Deutschen Pfadfindertums wieder zu vereinigen, hatten keinen Erfolg. Die von uns aufrichtig begrüßte Neugestaltung der politischen Verhältnisse in unserem Vaterland hat auch für uns eine neue Lage geschaffen ... Wir brauchen uns nicht umzustellen, aber die von der Regierung der nationalen Erhebung mit Recht betonte Notwendigkeit zum großen Zusammenschluß verpflichtet auch uns, in klarer Erkenntnis der Sachlage die Folgerung zu ziehen." Es gab auch andere Jugendverbände, die sich nicht aus freiem Entschluß aufgelöst haben. Dazu gehörten beispielsweise der Großdeutsche Bund und konfessionelle Jugendorganisationen.

Am 17. Juni 1933 verfügte der Reichskanzler mit sofortiger Wirkung: „Es wird eine Dienststelle des Reiches errichtet, die die amtliche Bezeichnung 'Jugendführer des Deutschen Reiches' trägt. Zum Jugendführer des Deutschen Reiches wird der Reichsjugendführer der NSDAP, Baldur von Schirach, ernannt. Der Jugendführer des Deutschen Reiches steht an der Spitze aller Verbände der männlichen und weiblichen Jugend, auch der Jugendorganisationen von Erwachsenen-Verbänden. Gründungen von Jugendorganisationen bedürfen seiner Genehmigung. Die von ihm eingesetzten Dienststellen übernehmen die Obliegenheiten der staatlichen und gemeindlichen Ausschüsse, die ihre Aufgaben unter unmittelbarer Mitwirkung der Jugendorganisationen auszuführen haben."

Baldur von Schirach unterstand in seiner neuen staatlichen Funktion zunächst dem Reichsminister des Innern, bis er am 1. Dezember 1936 durch ein Reichsgesetz als Leiter einer Obersten Reichsbehörde dem Führer und Reichskanzler unmittelbar unterstellt wurde. Baldur von Schirach berief den Deutschen Jugendführerrat, in dem je ein Vertreter der katholischen und evangelischen Jugend, der Wehrverbandsjugend sowie der Bündischen, der Sport- und der Berufsständischen Jugend aufgenommen wurde. An den Beratungen des Jugendführerrates nahmen auch die Vertreter der zuständigen Ministerien teil.

Kurz nach seiner Ernennung löste der Jugendführer des Deutschen Reiches den Großdeutschen Bund auf. Zu dessen Unter- und Teilorganisation gehörten folgende Verbände: Freischar junger Nation, Deutsche Freischar, Deutscher Pfadfinderbund, die Geusen, Ring-Gemeinschaft Deutscher

Pfadfindergaue, Deutsches Pfadfinderkorps und Freischar evangelischer Pfadfinder.
An der Spitze des Großdeutschen Bundes stand der Admiral Adolf von Trotha, der im ersten Weltkrieg Stabschef des Admirals Scheer, dem Chef der Deutschen Hochseeflotte, war. In der Seeschlacht am Skagerak befehligte Admiral von Trotha die deutschen Schiffsverbände auf seiner Kommandobrücke. Er besaß gute Verbindungen zum Reichspräsidenten von Hindenburg. Da war es verständlich, daß die verantwortlichen Mitarbeiter des Großdeutschen Bundes alles daran setzten, den Admiral mit seinen Verbindungen gegen die Auflösung des Großdeutschen Bundes zu mobilisieren. Der Auflösungsbeschluß zog Schwierigkeiten und Verstimmungen nach sich. Trotz Trothas Interventionen beim Reichspräsidenten, der über Schirachs Vorgehen gegen den Großdeutschen Bund sehr erbost war, blieb es bei der Auflösung des Großdeutschen Bundes, auch, weil Hitler seinem Reichsjugendführer den Rücken gestärkt hatte. Der Admiral von Trotha grollte dem Reichsjugendführer wegen seines Handstreichs. Aber nach einem Jahr versöhnten sie sich. Komplikationen hatte es bereits bei der Auflösung des Reichsausschusses der Deutschen Jugendverbände gegeben, der dem Reichsministerium des Inneren unterstand. Wie Baldur von Schirach in seinem Buch „Ich glaubte an Hitler" berichtete, hatte Oberst von Reichenau die Absicht, den Reichsausschuß der Deutschen Jugendverbände unter die Aufsicht des Reichswehrministeriums zu bringen. Das wollte der Reichsjugendführer verhindern. Auch deshalb ließ er den Reichsausschuß so rasch besetzen.
Im Jahre 1936 empfing Baldur von Schirach den Admiral von Trotha und ernannte den nunmehrigen Führer des Reichsbundes für Seegeltung und Preußischen Staatsrat in Gegenwart des Chefs der Reichsmarineleitung, Admiral Raeder, zum Ehrenführer der Marine-Hitlerjugend. Die Zusammenarbeit mit ihm ließ nichts zu wünschen übrig. Er erfreute sich in unseren Reihen großer Beliebtheit. Bei einer solchen Gelegenheit erzählte er mir von seinem Gespräch mit Adolf Hitler über die Seeschlacht am Skagerak. Er sei sehr erstaunt gewesen, daß Hitler über alle Einzelheiten der Schlacht Bescheid gewußt hätte, sogar über Tatsachen, an die er sich selbst kaum erinnern konnte. Und als er ihn fragte, woher sein Wissen darüber stamme, habe er die Antwort erhalten: „Ich habe über diese Schlacht die Aufzeichnungen Ihres Gegenspielers, des englischen Admirals Jellicoe, studiert."
Die Aufgaben des Reichsausschusses der Deutschen Jugendverbände waren in den erweiterten Arbeitsbereich des Jugendführers des Deutschen Reiches übergegangen. Im Laufe der Jahre 1933 und 1934 überführten weitere Jugendverbände von sich aus ihre Mitglieder in die Hitlerjugend,

darunter u.a. der „Scharnhorst B.d.J." und die Adler und Falken.
Der Reichsbischof Ludwig Müller und der Jugendführer des Deutschen Reiches unterzeichneten am 19. Dezember 1933 ein Abkommen über die Eingliederung des „Evangelischen Jugendwerks" in die Hitlerjugend. Schon lange vorher waren viele Mitglieder und Jugendführer von evangelischen und katholischen Jugendorganisationen zur Hitlerjugend gekommen. Was noch fehlte, waren klare Abmachungen mit der Kirche. Sie wurden für die katholische Bevölkerung und Jugend durch den Abschluß des Reichskonkordats geschaffen. Zur Verhandlung der Jugendfragen wurde Baldur von Schirach hinzugezogen. Die Hitlerjugend wurde für die staatspolitische, sportliche und körperliche Ertüchtigung zuständig erklärt, während in den Jugendabteilungen der konfessionellen Organisationen die religiöse und seelsorgerische Betreuung wahrgenommen werden sollte. Der Vertrag zwischen dem Deutschen Reich und dem Vatikan wurde am 20. Juni 1933 vom Vizekanzler von Papen und dem Kardinal-Staatssekretär Pacelli, dem späteren Papst Pius XI., unterzeichnet. Da die Abgrenzung dieser Aufgaben von beiden Seiten gelegentlich nicht beachtet wurde, kam es hier und da zu Auseinandersetzungen, die jedoch im großen und ganzen den Ausgleich der Interessen nicht zu beeinträchtigen vermochten.
Die Übernahme der Jugend von Erwachsenenorganisationen, die von einem Nationalsozialisten geführt wurden, ging problemlos vor sich. So vereinbarte der Jugendführer des Deutschen Reiches mit dem Reichssportführer, Hans von Tschammer und Osten, die Eingliederung der Turn- und Sportjugend in die Hitlerjugend. Am 8. Dezember 1933 traf er mit dem Leiter der inzwischen gegründeten Deutschen Arbeiterfront, Dr. Robert Ley, ein Abkommen, in dem es hieß: „Die Hitlerjugend ist die einzige Jugendbewegung Deutschlands. Sie umfaßt auch die Jugend der Deutschen Arbeitsfront." Mit dem Reichsbauernführer und Reichsernährungsminister, Richard Walther Darré, schloß er am 17. Januar 1934 eine Übereinkunft, die u.a. vorsah:
„Die HJ als die einzige Jugendbewegung Deutschlands soll künftig auch die jugendlichen Söhne und Töchter aller Angehörigen des Reichsnährstandes umfassen. Aus diesem Grunde löst der Reichsbauernführer mit sofortiger Wirkung alle noch vorhandenen selbständigen oder beim Reichsnährstand befindlichen Jugendorganisationen hiermit auf."
Die Angehörigen des Nationalsozialistischen Schülerbundes waren in die Hitlerjugend überführt worden. Es verstand sich von selbst, daß auch die Mitglieder der Nationalsozialistischen Jugendbetriebszellen in die HJ eingegliedert wurden. Diese Eingliederung wurde durch den Reichsjugendführer auf einer zentralen Kundgebung im Berliner Sportpalast am 17. Oktober 1933 vollzogen. In seiner Rede führte er unter anderem aus:

„Die Jugendbetriebszellen hatten die Aufgabe, innerhalb dieser Arbeiterschaft, in der wir die starken Wurzeln der Kraft des Staates erkannten, zu werben und zu kämpfen ... Die Jugendbetriebszellen haben diese Aufgaben innerhalb der Deutschen Arbeiterjugend in hervorragender Weise gelöst. Sie sind der starke Arm der großen nationalsozialistischen Organisation in den Betrieben gewesen, und ohne sie wäre es nie möglich gewesen, in solchem Maße und mit solcher Kraft Arbeiterjugend in Deutschland zu erfassen. Wir von der nationalsozialistischen Jugend sind stolz darauf, daß 70 Prozent unserer Gefolgschaft aus dieser handarbeitenden, tätigen Jugend bestehen. Das ist auch das Geheimnis unseres Erfolges."
Auf dem Weg zur Einheit der Jugendbewegung gab es Verstimmungen, Schwierigkeiten, Auseinandersetzungen und Opfer. Es kam auch zu Verhaftungen von bündischen Jugendführern. Sie erfolgten nicht, weil sie Führer in einer anderen Jugendorganisation waren, sondern weil sie trotz des Aufrufs zur Versöhnung in den Untergrund gingen und aktiven Widerstand leisteten.
Andere wurden wegen gleichgeschlechtlichen Verkehrs und Verführung von Minderjährigen in Haft genommen. Das geschah aber nicht durch die Hitlerjugend, sondern die Exekutivorgane des Staates. Es ist bekannt, daß gerade in kleinen elitären Kreisen die Grenze von unbedingter und totaler Kameradschaft zur Homoerotik und Homosexualität leicht überschritten werden kann. Es gab dabei sicher tragische Fälle.
Unser Wille zur Einheit wurde nicht von der Freude an Schikanen oder Organisationsegoismus beherrscht. Er wurde aus der Erkenntnis und der Erfahrung unserer Geschichte geboren. Die Uneinigkeit der Deutschen ist ihre verhängnisvollste Untugend. Sie war stets der stärkste Bundesgenosse all jener, die das Reich in der Mitte Europas zerstören wollten. Schon in der Frühzeit unserer Geschichte waren unsere germanischen Vorfahren für ihren Hang zur Absonderung bekannt und für den Kampf der Stämme gegeneinander. Karl der Große mußte 32 Jahre gegen die Sachsen für die Einheit des Reiches kämpfen. Denken wir an die Zeit, in der es in Deutschland 400 Kleinstaaten gab, das Reich nach dem 30jährigen Krieg zerhackt und zerstückelt worden war. Denken wir an die vielfachen Fehden und Intrigen der Fürstentümer und die Auseinandersetzung der deutschen Länder. Denken wir schließlich an die konfessionelle Spaltung und an den Klassenkampf der jüngsten Vergangenheit. Schon Martin Luther rief verzweifelt aus: „Lieber Gott, schicke uns lieber eine gute, starke Pest, wenn wir schon zerstört werden sollen, so wenigstens nicht durch uns selbst. Nicht durch den Wahnsinn der Zwietracht!"
In der Weimarer Republik gab es zeitweise 40 Parteien. Sie hoben sich im Kampf gegeneinander im Inneren auf und verloren dadurch die Kraft, nach

außen zu wirken. Es gab in Deutschland über 200 Jugendbünde, Verbände, Organisationen und Gruppen. Selbst im Ausland hatte man für diese Zersplitterung kein Verständnis. Als der Stellvertreter des Reichsjugendführers, Carl Nabersberg, im Januar 1934 in London Gespräche mit der Führung des internationalen Boy-Scout-Verbandes führte, erklärte dessen Sekretär, es sei für ihn eine Freude, daß es ihm möglich sei, den Stellvertreter des Reichsjugendführers als einen Führer der größten Jugendbewegung der Welt kennenzulernen. Er habe mit Interesse vernommen, daß die Reichsjugendführung nun endlich die gesamte deutsche Jugend hinter sich habe. Früher habe er die Beobachtung gemacht, daß in Deutschland eine Unzahl verschiedener Jugendverbände bestanden habe, mit denen die englischen Boy-Scouts nie in Verbindung treten konnten, weil diese Jugendorganisationen alle den Anspruch auf die Führerstellung erhoben und sich gegenseitig befehdeten, so daß in England niemals ein klares Bild der deutschen Jugendbewegung entstehen konnte.

Es ist eine unbestrittene Tatsache, daß nach dem 30. Januar 1933 die Mehrheit der Jugendlichen aus diesen vielen Jugendverbänden freiwillig zur Hitlerjugend gekommen ist und sich insbesondere große Verdienste um den Aufbau des Deutschen Jungvolks, in dem die 10- bis 14jährigen erfaßt waren, erworben hat. Unser Ziel war, die Volksgemeinschaft und die Einheit des Reiches schon in der Jugend zu leben und zu verwirklichen.

Im Juni 1933 ernannte mich Baldur von Schirach zum Chef des Sozialen Amtes der Reichsjugendführung. Auf einer gemeinsamen Bahnfahrt von Berlin nach Hamburg hatte ich Gelegenheit, ihm ausführlich meine Konzeption für die soziale Arbeit der Hitlerjugend vorzutragen. Ich erhielt seine Zustimmung. In den folgenden Jahren hat er stets durch seinen persönlichen Einsatz und seinen gewichtigen Einfluß der sozialen Arbeit zum Durchbruch und zum Erfolg verholfen.

Mit dem Amt besaß ich nun die Möglichkeit und Voraussetzungen, die Forderungen, die wir schon in der Kampfzeit erhoben hatten, in die Tat umzusetzen. Denn diese Forderungen bildeten im wesentlichen den Inhalt der Konzeption für meine zukünftige Tätigkeit. Jetzt galt es, für die Verwirklichung der vor uns liegenden Aufgaben die geeigneten Mitarbeiter zu finden. Für den Aufbau waren nicht nur Haltung und Kampfgeist gefragt, sondern auch die Fähigkeit zur Gestaltung. Erfreulicherweise standen mir Mitarbeiter mit diesen Eigenschaften aus den Berliner Jugendbetriebszellen zur Verfügung, die sich schon in der Kampfzeit bewährt hatten, und sofort mit der Machtübernahme ergriffen sie die Initiative für aufbauende Maßnahmen. So führten sie mit meinem Bruder, ihrem Gauführer, arbeitsrechtliche Beratungen, erste Untersuchungen und Erholungsaufenthalte sowie kostenlose Filmstunden durch, schufen einen Chor und richteten eine

Bibliothek für Jungarbeiter ein. Das gleiche galt auch für die weibliche werktätige Jugend, die von engagierten und befähigten Mitarbeiterinnen betreut wurde.

Da war Griffion Stierling, der von Anfang an mit mir in den Berufsschulen und Betrieben gearbeitet hatte. Er übernahm im Sozialen Amt das agrarpolitische Referat, das auch die Fragen der Siedlung und die Zusammenarbeit mit dem Arbeitsdienst einschloß. Da war Franz Langer, der sich aus der Erfahrung seiner Berufspraxis mit den Fragen der beruflichen Ertüchtigung zu befassen hatte. Er war früher Marxist und gehörte der sozialistischen Arbeiterjugend an. Als Geselle durchwanderte er Deutschland und einige fremde Länder. Nicht zuletzt die im Ausland gemachten Erfahrungen veranlaßten ihn, sich zu einem nationalen Sozialismus zu bekennen und sich nach den Gegebenheiten in Deutschland für eine gerechte Sozialordnung einzusetzen. Er kam 1928 zur NSDAP. In vielen Versammlungen hatte er für unsere Sache gestritten. Für einige Jahre wurde er mein Stellvertreter im Amt.

Der Dritte im Bund meiner Mitarbeiter war Dr. Richard Liebenow. Er übte seine Tätigkeit als Stadtmedizinalrat im Arbeiterviertel Kreuzberg aus und wirkte zugleich als Sportarzt. Sein besonderes Anliegen war die Sozialhygiene. Die Aktivitäten der Jugendbetriebszellen für die Erhaltung und Förderung der Gesundheit der werktätigen Jugend hatten seine Anteilnahme geweckt und ihn veranlaßt, mit uns Kontakt aufzunehmen. Das war insofern ungewöhnlich, als er bis 1932 das Mitgliedsbuch der Sozialdemokratischen Partei Deutschlands besaß. Wegen seiner reichen sozialhygienischen Erfahrungen mit der Jugend vor Ort zog ihn mein Bruder Kurt zur Beratung heran. Dadurch entstand die Verbindung zu mir. In eingehenden Besprechungen mit Dr. Liebenow gewann ich die Überzeugung, daß seine Auffassungen über vorbeugende Maßnahmen und die Gesundheitspflege vollkommen unseren eigenen Zielsetzungen entsprachen. So berief ich ihn trotz seiner sozialdemokratischen Vergangenheit mit Zustimmung des Reichsjugendführers in das Soziale Amt für das Aufgabengebiet der Sozialhygiene. Hinzu kam Alfred Schnarr. Ein langjähriger Hitlerjugendführer, der über Erfahrungen in der Jugendpflege verfügte und nun dieses Gebiet im Sozialen Amt zu bearbeiten hatte. Hinzu kam Dr. Theo Goldmann, der die Fragen des Jugendrechts bearbeitete. In den folgenden Monaten wurde dieser Kreis durch Mitarbeiter aus berufsständischen Verbänden, ehemaligen Gewerkschaften und konfessionellen Jugendorganisationen ergänzt, die vor 1933 für die Nationalsozialisten gestimmt hatten, mit ihnen sympathisierten oder aber auch noch abseits standen.

Meine Personalentscheidungen wurden nicht von allen alten Kämpfern gutgeheißen. Ihre Kritik richtete sich gegen diejenigen Mitarbeiter, die erst

nach der Machtübernahme zu uns gestoßen waren. Selbstverständlich hatte ich mich darum bemüht, in erster Linie Kameraden für die Aufbauarbeit zu gewinnen, die sich in der kämpferischen Auseinandersetzung bewährt hatten. Aber viele brachten dafür nicht die sachlichen Voraussetzungen mit, und da wir bei der großen Not sofort die Ärmel aufkrempeln mußten, waren mir die Fachkräfte, die charakterlich integer und loyal erschienen, zur Mitarbeit sehr willkommen. Das entsprach auch dem Versöhnungsgedanken Adolf Hitlers, der alle zur Mithilfe aufgerufen hatte, die guten Willens waren.
Die Partei und die SA hatten in viel stärkerem Maße mit dem Problem zu tun, die alten Kämpfer sofort in den Aufbau einzugliedern. Ich erinnere mich der großen Schwierigkeiten, die selbst ein so befähigter Gauleiter wie Dr. Goebbels hatte, seinen altgedienten Berliner Parteigenossen und SA-Männern den rechten Platz beim Aufbau zuzuweisen. Da gab es am Anfang Unruhe und Kritik, die erst im fortschreitenden Erfolg durch die Beseitigung der Arbeitslosigkeit beschwichtigt werden konnten.
Zu den verdienten Mitarbeiterinnen der ersten Stunde gehörten Gertrud Kunzemann und danach vor allem Erna Pranz, die auf dem Gebiet der sozialen Arbeit meine beständigste und erfolgreichste Mitstreiterin war.
Gegen die Not des Jahres 1933 rief Adolf Hitler im Herbst das Winterhilfswerk ins Leben. Er appellierte an das deutsche Volk, für den Kampf gegen Hunger und Kälte freiwillig Geld und Sachgüter zu spenden. In den ersten Monaten nach der Machtübernahme gab es noch Millionen Arbeitslose, die mit Sorge dem Winter entgegensahen. Die Parole lautete daher: Keiner soll hungern und frieren. Die notwendigen Mittel hätten auch durch eine pflichtmäßige Sonderabgabe erhoben werden können. Aber darauf wurde verzichtet. Man wollte durch ein freiwilliges soziales Gemeinschaftswerk die noch vorhandene Not zu beheben versuchen, zumindest jedoch lindern.
Mit der Leitung des Winterhilfswerks wurde der Oberbefehlshaber Erich Hilgenfeldt beauftragt, der zugleich Leiter der Nationalsozialistischen Volkswohlfahrt war. Im Rahmen dieser Maßnahme war auch die HJ aktiv. Der Reichsjugendführer übertrug mir die Organisation des Einsatzes der Jugend für dieses große Werk. Unsere erste Aktion bestand darin, daß auf öffentlichen Plätzen und in den Schulen zahlreicher Dörfer und Städte ein hölzerner Schild in der Rhombusform unseres HJ-Abzeichens benagelt wurde. Jeder, der einen Nagel einschlagen wollte, hatte dafür einen Obulus für die Winterhilfe zu entrichten. Draußen auf den Plätzen erklangen dazu die Lieder der Jugend und unsere Chöre, und die Melodien unserer Musikzüge zogen die Menschen an. In Berlin stand Baldur von Schirach am Brandenburger Tor, um beim Nageln des Schildes dabei zu sein, und klapperte mit seiner Büchse, um die Scherflein für den guten Zweck zu sammeln.

Den Jungen und Mädeln machte es Spaß, in den Straßen durch lustige Einfälle an die Groschen der Passanten zu kommen, so z.B. wenn sie eine Zollschranke errichteten, an der eine Gebühr zu zahlen war. Oder sie bauten sich vor den Lichtspieltheatern auf, um ihr Glück zu versuchen. In Berlin-Lichtenberg wurde in einem Vorstadtkino der Film „Leise flehen meine Lieder" gespielt, der das Leben des Komponisten Franz Schubert zeigte. Seine Not mag auch an die Not der Gegenwart erinnert haben. Als im Kino das Licht anging, machten sich Jungen und Mädel bemerkbar, um für den Kampf gegen die Not um eine Spende zu bitten. Später stellte die HJ mit ihrer Werkarbeit praktische Gegenstände - vom Kerzenleuchter über den Bilderrahmen bis zum Spielzeug - her und übergab sie dem Winterhilfswerk zum Verkauf. Dadurch konnten beachtliche Erlöse erzielt werden.
Es machte mir Spaß, mich am Potsdamer oder Leipziger Platz in Berlin unter die Passanten zu mischen, die führende Persönlichkeiten wie Göring, Dr. Goebbels oder Rosenberg umringten, um ihr Scherflein in die Büchse zu werfen. Dabei konnte ich keine Absperrung oder Sicherheitsbeamten entdecken. Hier standen Männer zum Anfassen. Das erste Winterhilfswerk erbrachte auf Anhieb 320 Millionen Reichsmark. Dieses Ergebnis konnte später auf annähernd eine Milliarde Reichsmark gesteigert werden. Das war damals sehr viel Geld. Jeder Junge und jedes Mädel konnte sich sagen, daß sie dazu beigetragen hatten. Insofern linderte das Winterhilfswerk nicht nur die materielle Not der Menschen, sondern leistete zugleich einen wertvollen Dienst für die Erziehung zum Gemeinsinn.
Es gab einige alte Kämpfer, für die die Barrikade ein Dauersymbol der Revolution war. Für uns war die Barrikade ein Mittel zur Erringung der Macht, wie die Macht im Staate ein Mittel war, das Ziel der Revolution zu erreichen. Und dafür mußten die richtigen, loyalen und fachlichen Könner den richtigen Platz ausfüllen. Am Ende wurde die personelle Besetzung durch den Erfolg gerechtfertigt. Wir besaßen teilweise noch in den Jahren des Sturm und Drangs eine unbegrenzte Zuversicht, daß wir die auf uns zukommenden Probleme bewältigen würden. Das war ein Lebensgefühl des weiten Herzens, in dem auch andere Platz finden konnten, die aus verschiedenen politischen Himmelsrichtungen zu uns kamen.
Wenn ich über meine Erinnerungen schreibe, so muß ich auch die Sachgebiete und inhaltlichen Aufgaben einbeziehen, denen sich meine Kameraden und ich gewidmet haben. Ich weiß, daß ich damit den Leser strapaziere. Aber diese Aufgaben und ihre Erfüllung gehören nun einmal zu meinem Leben, ja sie sind mein Leben. Es ist auch deswegen angebracht, weil das Bild der Hitlerjugend in der öffentlichen Darstellung der letzten Jahrzehnte mehr oder weniger identisch ist mit Marschieren, Kadavergehorsam,

Schießen und Vorbereitung auf den Krieg. Erwähnt werden muß auch, daß Jungen und Mädel, Führerinnen und Führer der Jugend gemeinsam, Seite an Seite die Fragen der sozialen Arbeit bewältigt haben. Wenn ich in diesem Zusammenhang von der Hilterjugend spreche, dann ist immer der Bund Deutscher Mädel mitgemeint und eingeschlossen. Grundlage unserer sozialen Arbeit war die Erhaltung und Förderung der Gesundheit der Jugend. Ohne Gesundheit gibt es keine optimale Lebensfreude, aber auch keine optimale Leistung. Der Gesundheitszustand der Jugend nach dem ersten Weltkrieg und in der Notzeit der Weimarer Republik war stark angegriffen. Tuberkulose und Rachitis waren sehr verbreitet und Mangelerscheinungen durch unzureichende Ernährung zu beklagen. Besonders schlimm war es in den Großstädten, wo die Jugend zu einem großen Teil auf lichtlosen Hinterhöfen aufwuchs und mehrere Kinder in einem Bett schlafen mußten. Die Arbeitslosigkeit unter der Jugend bewirkte, daß junge Burschen auf der Straße herumlungerten, teilweise dem Alkohol und Tabak erlegen waren und keine sinnvolle Freizeitgestaltung oder Jugenderholungspflege kannten. Daher hatte Dr. Liebenow schon Anfang 1933 auf der Gaudienststelle der Berliner Jugendbetriebszellen am Schiffbauerdamm 19 und in der Charité Untersuchungen an arbeitslosen Jugendlichen durchgeführt, denen ich zeitweise beiwohnen konnte.

Die Zeit der Kindheit und Jugend bis zum 18. Lebensjahr ist ein entscheidender Lebensabschnitt im Hinblick auf das körperliche Wachstum, die geschlechtliche Reife und das geistige und seelische Werden der jungen Persönlichkeiten. Nun hatten wir zwar in der Weimarer Republik eine Schulgesundheitsfürsorge. Aber gerade sie war besonderen Belastungen ausgesetzt. Die werktätige Jugend mußte acht bis zehn Stunden täglich arbeiten und hatte in ihrer Mehrzahl höchstens sechs Tage Urlaub im Jahr, während die Schüler sich ihrer Ferien, über 70 Tage im Jahr, erfreuen konnten. Hier glaubten wir, unbedingt etwas tun zu müssen. So beriet ich mit Dr. Liebenow darüber. An einem Sonntag fuhr ich mit ihm nach Strausberg, wo er von seinem Vater einen kleinen Besitz hatte. Bei schönem Sommerwetter ruderten wir auf den Straussee hinaus und verhielten in der Mitte. Hier beratschlagten wir in aller Ruhe, welche Maßnahmen zu ergreifen wären. Das Ergebnis bestand darin, daß wir in der Hitlerjugend Reihenuntersuchungen durchführen wollten. Damit würden wir auch die werktätigen Jugendlichen erfassen, die zu einem großen Teil Mitglied der Hitlerjugend waren. Aber woher sollten wir die vielen Ärzte und Ärztinnen nehmen? Wir müßten durch einen Aufruf oder durch eine öffentliche Kundgebung auf unser geplantes Vorhaben hinweisen. Wer aber sollte außer dem Reichsjugendführer auf dieser Kundgebung sprechen, um insbesondere die Deutsche Ärzteschaft anzusprechen? Wer sollte auf der Kundgebung au-

ßer dem Reichsjugendführer das Wort ergreifen? Der Reichsärzteführer der NSDAP, Dr. Wagner, oder der Gauärzteführer der NSDAP Berlin, Dr. Conti? Das waren ehrenwerte und befähigte Männer. Aber besaßen sie für die medizinische Fachwelt die Ausstrahlung und den Einfluß? Dr. Liebenow schlug als Redner den Prof. August Bier vor, ein Vorschlag, der mich überzeugte. Prof. Bier war der Nestor der deutschen Medizin. Nicht nur von Dr. Liebenow, sondern auch von Studenten wußte ich, welche Verehrung diesem Mann entgegengebracht wurde. Sie verehrten ihn als Menschen und Erzieher und ebenso als Arzt, Chirurg und Forscher. Er hatte die Bier'sche Stauung eingeführt und die Lumbal-Anästhesie erfunden. Dabei war besonders bemerkenswert, daß Prof. Bier die erste betäubende Einspritzung in den Rückenmarkkanal am eigenen Körper vorgenommen hatte. Sein Ruf ging weit über unsere Grenze hinaus.
Nach unserer Beratung erbat ich beim Professor einen Termin, den ich auch sofort bekam. Mit Dr. Liebenow machte ich mich auf den Weg zur Universitätsklinik in der Ziegelstraße. Das war die Wirkungsstätte eines großen Mannes in einem bescheidenden Haus. Wir wußten vor unserem Gespräch nicht einmal, wie der Professor zu unserer Bewegung eingestellt war. Das verunsicherte mich etwas. Bei der Begrüßung fühlte ich sofort die starke Ausstrahlung dieser Persönlichkeit. Ich trug unser Anliegen vor und begründete es. Er hörte mich ruhig an und stellte einige Zwischenfragen. Aus der Unterhaltung glaubte ich nicht, unbedingt eine zustimmende Einstellung zu erkennen. Ich erwähnte dann, daß seine Rede über alle Sender des Deutschen Rundfunks übertragen würde. Da platzte es aus ihm heraus: „Vor dieser ollen Quasselstrippe spreche ich nicht." Über seine Antwort war ich in diesem Augenblick verdutzt. Nun bewährte sich die Assistenz von Dr. Liebenow, der das Wort ergriff, um den kritischen Punkt des Gesprächs zu überwinden. Am Ende sagte der Professor zu, eine Rede zur Einführung der Reihenuntersuchungen in der Hitlerjugend zu halten. Vielleicht hatte der Eindruck von unserem ehrlichen Wollen, von unserem Idealismus eine Seite in ihm zum Schwingen gebracht. Bestimmt hatte er auch die Bedeutung dieser Maßnahme für die Volksgesundheit in Rechnung gestellt. Die erste Hürde hatten wir genommen.
Dann kam der große Tag am 19. September 1933. Im Auditorium maximum der medizinhistorischen Charité, in der bedeutende Ärzte und Forscher gewirkt hatten, versammelte sich die gesamte medizinische Fakultät der Friedrich-Wilhelm-Universität. Der Reichsjugendführer hatte sein Kommen wegen Krankheit absagen müssen. Mit vielen Ehrengästen waren der Kultusminister Dr. Bernhard Rust, der Präsident des Reichsgesundheitsamtes Prof. Dr. Reiter und Ministerialrat Dr. Conti erschienen. Als Prof. August Bier das Auditorium maximum betrat, erhob sich die gesamte me-

dizinische Fakultät wie ein Mann. In dieser Stille der Begrüßung hätte man die berühmte Stecknadel fallen hören können. Der Verwaltungsdirektor der Charité, Dr. Kuhnert, knüpfte an die Begrüßungsworte den Wunsch, die hohe Tradition der Anstalt und die Verbundenheit mit dem neuen Deutschland möge sich erneut bewähren. Prof. Bier begrüßte aufrichtig das Selbsthilfewerk der Jugend und betonte, daß in früheren Jahren unendlich viel über die Notwendigkeit der Betreuung der Jugend geredet, aber wenig getan worden sei. Nach seiner Ansicht habe freilich die Fürsorge schon längst vor dem schulpflichtigen Alter einzusetzen, um die beiden wichtigsten Gefahren für junge Menschen, die englische Krankheit und die Tuberkulose frühzeitig abzuwenden. Er erinnerte an ein Wort, das er früher gesprochen habe: „Der vergangene Staat hat erst dann geholfen, wenn man tuberkulös, verrückt oder völlig abnorm geworden sei." Demgegenüber sei es die Pflicht des heutigen Staates, ein starkes und gesundes Geschlecht zu erziehen, das nicht alle Augenblicke auf der Nase liegt.

Diese Kundgebung hatte positive Auswirkungen. In der folgenden Zeit meldeten sich viele Ärzte und Ärztinnen sowie Medizinstudenten und -studentinnen und erklärten sich zur Mitarbeit bereit. Damit war die Grundlage für die Durchführung der Gesundheitsführung der Hitlerjugend und der Reihenuntersuchungen gegeben.

Zeitlich vorgreifend möchte ich in diesem Zusammenhang eine kleine Begebenheit erwähnen. Als ich mit meiner Frau nach der Vereinigung mit Mitteldeutschland in die Mark Brandenburg fuhr, entdeckte ich am Wege ein Hinweisschild auf den Ort Sauen. Da fiel mir ein, daß dort Prof. August Bier viele Jahre auf seinem Gut gelebt hatte. Wir wichen von unserer geplanten Route ab und fuhren in diesen Ort. Wir fanden sofort das ehemalige Gut. An der hohen Feldsteinmauer war ein Kopfrelief von August Bier angebracht. Das ehemalige Gut ist heute Begegnungsstätte für Menschen aus Kunst und Wissenschaft. Ich dachte daran, daß sich der große Arzt in seinen letzten Lebensjahren viel mit biologischen Studien befaßt hatte. Auch der Sauener Wald gehörte zu seinem Lebenswerk. Dann wird er ja auch hier begraben sein, dachte ich bei mir. So machten wir uns auf in den Wald. Wir sahen bald ein Hinweisschild auf die Grabstätte. Wir fanden sie nicht gleich. Erst auf dem Rückweg sah ich einen Drahtzaun mit einer Tür. Ich konnte sie öffnen und entdeckte hinter hohem Gestrüpp einen Findling, auf dem stand: „Anna Bier 1883 - 1947, August Bier 1861 - 1949". Das war seine letzte Ruhestätte. Fast über sechs Jahrzehnte gingen meine Gedanken dankbar zurück, da uns dieser Mann damals so sehr geholfen hatte.

Ich bekam nach der Kundgebung in der Charité Schwierigkeiten. Der Reichsärzteführer Dr. Wagner hatte sich darüber beklagt, daß die Reichsärzteführung bei der Veranstaltung nicht eingeschaltet worden war. Inzwi-

schen hatte man auch ermittelt, daß Dr. Liebenow noch Anfang 1933 der Sozialdemokratischen Partei Deutschlands angehörte. Ich sollte mich deswegen verantworten. Die Angelegenheit ging bis zum Stellvertreter des Führers Rudolf Heß. Meine Dienststelle wurde verständigt, daß ich bei ihm zu erscheinen hätte. Da ich mich jedoch auf einer längeren Dienstreise befand, konnte ich diesen Termin nicht wahrnehmen. Einige Zeit darauf erkrankte Dr. Wagner über lange Zeit sehr schwer und verstarb. Ich behielt meinen Mitarbeiter. Dr. Conti wurde Reichsgesundheitsführer und Staatssekretär im Reichsministerium des Innern. Mit ihm konnte ich des öfteren über Dr. Liebenow sprechen. Er lernte ihn kennen, seine Integrität schätzen und berief ihn als Mitarbeiter ins Reichsinnenministerium. Er wurde zum Ministerialrat ernannt. Der Führer und Reichskanzler verlieh Dr. Liebenow den Professorentitel. Es war für mich eine Genugtuung, meinen Mitarbeiter auf diese Weise ausgezeichnet zu sehen.
Die Reihenuntersuchungen fanden in geeigneten Räumen der Polikliniken, Ambulatorien und Gesundheitshäuser statt. Es waren ganzheitliche Untersuchungen, zu denen auch Röntgenaufnahmen gehörten. Sie erstreckten sich auf Herz, Lungenkreislauf, Nervensystem, Haltungsfehler usw. Es wurden Größe, Gewicht, Brustumfang, Lungenfassungsvermögen, Hör-, Seh- und Farbentüchtigkeit festgestellt. Zugleich fand eine zahnärztliche Untersuchung statt, denn statistische Erhebungen in größeren Industriewerken hatten gezeigt, daß von den dort beschäftigten Jugendlichen 80 Prozent behandlungsbedürftig zahnkrank waren und nur zwei Prozent die Behandlung aufgenommen hatten. Diese Untersuchungen wurden in der Regel im 10., 14., 15. und 18. Lebensjahr durchgeführt. Außerdem fanden periodisch Gesundheitsappelle statt, bei denen gesundheitsgefährdete Jugendliche einer nachgehenden Behandlung und Betreuung zugeführt wurden. Das Untersuchungsergebnis wurde auf Karteikarten und in der späteren Zeit im Gesundheitspaß festgehalten. Dieser begleitete die Jungen und Mädel bis zu ihrem Ausscheiden aus der HJ. Die Ärzte und Ärztinnen der Hitlerjugend erhielten unter Wahrung der Schweigepflicht Einblick in die Schulgesundheitsbögen. Die Zusammenarbeit mit den beamteten Ärzten wurde durch einen Erlaß des Reichsministers des Innern vom 6. März 1934 geregelt, in dem es unter anderem hieß:
„Soweit die beamteten Ärzte der Länder und Kommunen mit der gesundheitlichen Betreuung der Jugendlichen beauftragt sind oder bei dieser mitarbeiten, sind sie gehalten, den von der Reichsjugendführung bestellten HJ-Ärzten auf Anforderung jede Auskunft für den gesundheitlichen Werdegang, den Gesundheitszustand und das zulässige Maß der Inanspruchnahme der in der HJ stehenden Jugend zu geben. Die Amts- und Fürsorgeärzte haben ferner irgendwelche gesundheitlichen Störungen der ihnen zur

Bewachung anvertrauten Jugend sofort dem zuständigen HJ-Arzt zur Anordnung der notwendigen Maßnahmen mitzuteilen. Sie sind berechtigt, aus gesundheitlichen Gründen die völlige oder teilweise Befreiung von Mitgliedern der HJ vom Dienst in der HJ zu verlangen."
Die Zusammenarbeit zwischen den beamteten und den Ärzten der Hitlerjugend wurde in den folgenden Jahren fortschreitend vertieft, bis 1940 die Vereinheitlichung des Jugendgesundheitswesens erfolgte. Das geschah durch einen Runderlaß der beteiligten Reichsministerien und der Obersten Reichsbehörde „Jugendführer des Deutschen Reiches" vom 6. März 1940. Durch diesen Erlaß wurde auch der Begriff „Jugendarzt" bzw. „Jugendärztin" geschaffen. In diesem Erlaß hieß es unter anderem:
„Die Jugendärzte sollen möglichst zugleich Hitlerjugendärzte sein; soweit das bei nebenamtlich tätigen Ärzten der Gesundheitsämter noch nicht der Fall ist, sollen sie nach Möglichkeit bis zum 1. April 1941 durch Hitlerjugendärzte ersetzt werden, wenn solche zur Verfügung stehen und das Ausscheiden der bisher nebenamtlich tätigen Ärzte keine übermäßige Härte bedeutet. Ist ein hauptamtlich tätiger Schularzt (Jugendarzt) nicht zugleich Hitlerjugendarzt, so ist er verpflichtet, den Dienst und die Dienstleistungen der Hitlerjugend kennenzulernen. Der beratende Arzt auf jugendärztlichem Gebiet, soweit es sich um Hitlerjugend-Gesundheitspflege handelt, ist für die Medizinaldezernenten der oberen Verwaltungsbehörden der zuständige Gebietsarzt, für die Amtsärzte der zuständige Bannarzt."
Durch diese personelle Union und Rationalisierung wurde Doppelarbeit vermieden und höhere Wirksamkeit erzielt. Die Einführung der Institution „Jugendarzt" regte auch eine verstärkte Forschung auf dem Gebiet der im Entstehen begriffenen Jugendmedizin an, die sich auf den entscheidenden Lebensabschnitt des werdenden Menschen mit seinen spezifischen Eigenheiten konzentrierte. Auf diese Notwendigkeit hatte bereits der Begründer der modernen Kinderheilkunde, Prof. Czerny, hingewiesen. Die Reihenuntersuchungen waren 1933 vom Sozialen Amt der Reichsjugendführung initiiert worden. 1934 wurde das Amt für Gesundheitsführung begründet. Die Leitung dieses Amtes lag in den Händen von Dr. Kondeyne, der die ärztliche Versorgung auf dem Reichsjugendtag in Potsdam 1932 organisiert hatte. Sein Nachfolger war Dr. Robert Hördemann, der mit dem späteren Prof. Dr. Joppich das Buch „Die Gesundheitsführung der Jugend" herausgegeben hatte.
Nach meiner Ernennung zum Reichsjugendführer der NSDAP und Jugendführer des Deutschen Reiches im Jahre 1940 übernahm mein alter Mitarbeiter für Sozialhygiene, Dr. Richard Liebenow, die Leitung des Gesundheitsamtes und war damit Reichsarzt der Hitlerjugend. Ihm war eine Amtsreferentin des Bundes Deutscher Mädel beigegeben. Sie war Reichsärztin

des BDM. Entsprechend gab es Ärzte und Ärztinnen in den Gebieten und Bannen. Die Ärzte arbeiteten an der Gestaltung der Dienstpläne für die Hitlerjugend mit, um eine Überbeanspruchung der Jugendlichen zu vermeiden. Sie führten Tauglichkeitsuntersuchungen für besondere Einheiten durch. Das galt z.b. für die Marine-, Flieger-, Motor- und Nachrichten-HJ sowie für den Streifendienst. Tauglichkeitsuntersuchungen fanden auch für die Anwärter von Adolf-Hitler-Schulen, von Nationalpolitischen Erziehungsanstalten, von Landjahr und Landdienst statt.

Eine weitere Aufgabe bestand in der Gesundheitssicherung bei Großveranstaltungen, Kundgebungen, Aufmärschen, Fahrten und Zeltlagern. Dafür wurden auf breitester Grundlage Feldschere und Gesundheitsdienstmädel ausgebildet und in Erster Hilfe unterwiesen.

Einen breiten Raum nahm die Gesundheitserziehung ein. Richtlinien und Gebote für gesundes Leben und gesunde Ernährung wurden erlassen und insbesondere der Feldzug gegen Alkohol und Nikotin geführt. Der Reichsjugendführer Baldur von Schirach proklamierte das Jahr 1939 zum Jahr der Gesundheit. Es stand unter dem Zeichen: Du hast die Pflicht, gesund zu sein!

1939 waren für die Gesundheitsführung der Hitlerjugend etwa 3.700 HJ-Ärzte, 1.300 BDM-Ärztinnen, 800 Zahnärzte und Zahnärztinnen, 500 Apotheker und Apothekerinnen, 40.000 Feldschere und 35.000 Gesundheitsdienstmädel tätig. In der kameradschaftlichen Zusammenarbeit zwischen Arzt und Jugendführer lag die große Chance für den Erfolg der Gesundheitsführung. Ärzte und Ärztinnen lebten mit der Jugend und ihren Aktivitäten. Es ist verständlich, daß ein Arzt, der zusammen mit Jungen in der Scheune oder im Zeltlager schlief, ganz andere erzieherische Einwirkungsmöglichkeiten besaß als der Sprechstundenarzt. Dieses Vertrauensverhältnis war eine starke Grundlage für den Erfolg allen Bemühens. Die Gesundheitsführung der Hitlerjugend diente der Volksgesundheit und auch der Entlastung der Sozialversicherung. Bedeutende Ärzte haben daran mitgewirkt, wie der große Kinderarzt Prof. Dr. Gerhard Joppich, der im Alter von 88 Jahren 1991 in Göttingen verstorben ist. Er ist in die Geschichte der medizinischen Forschung durch die Einführung der Schluckimpfung gegen die Kinderlähmung eingegangen. Gern erinnere ich mich an die Zusammenarbeit mit den ärztlichen Beratern der Reichsjugendführung, den Professoren Dr. Siebert und Dr. Erwin Gohrbandt. Dieser bedeutende Chirurg erzählte mir einmal, daß man bei ihm wegen seines Parteieintritts angefragt und er darauf erwidert hätte: „In der Kampfzeit konnte ich durch meine Operationen SA-Männern das Leben retten, die durch Bauchschüsse verwundet worden waren. Ich nehme an, daß Ihnen das mehr wert ist als meine Mitgliedschaft."

Nach 1933 stellten sich viele Ärzte zur Verfügung, die nicht der NSDAP angehörten. Aber im Laufe der Zeit konnte manch einer von ihnen durch das Erleben der Zusammenarbeit mit der Hitlerjugend für die Bewegung gewonnen werden. Das Soziale Amt führte in den ersten Monaten nach der Machtübernahme eine Sofortaktion für die Landverschickung von erholungsbedürftigen Jungen und Mädeln durch. Schon 1932 hatten sich die Gebietsführer der Hitlerjugend darum bemüht, für ihre erholungsbedürftigen Mitglieder bei Parteigenossen und Sympathisanten auf dem Lande Erholungsplätze zu beschaffen. Fritz Krause organisierte das zunächst für Berlin und dann für das Reich. Auch die Jugendbetriebszellen sorgten mit bescheidenen Voraussetzungen dafür, daß Jungarbeiter und Jungarbeiterinnen zur Erholung aufs Land kamen. Jetzt konnten wir diese Maßnahmen der Jugenderholungspflege mit viel besseren Voraussetzungen und auf breiter Grundlage realisieren. In kurzer Frist gelang es uns, 50.000 erholungsbedürftige Kinder und Jugendliche aufs Land zu verschicken. Diese Zahl erfuhr bis Jahresende eine Steigerung auf 70.000. Dankenswerterweise zeigten sich die Bauern trotz ihrer wirtschaftlichen Schwierigkeiten bereit zu helfen. In diese Landverschickungen bezogen wir auch 2.000 Kinder aus dem Saargebiet ein, die nicht Mitglieder der Hitlerjugend waren. Das Saargebiet gehörte damals noch zu Frankreich. Ich denke an den Empfang von 1.000 Kindern aus dem Saargebiet zurück, der sich im Stettiner Bahnhof von Berlin zu einer eindrucksvollen Kundgebung gestaltete. Als der Transport eintraf, sahen wir in blasse, schmale und hohlwangige Gesichter von Kindern, die dringend einer Erholung bedurften. Die Gauverbandsführerin des BDM, Trude Mohr, hatte eine Erfrischung für die nach langer Bahnfahrt hungrigen Mäuler vorbereitet. Nach dieser Stärkung ging es mit Bussen zu einer Besichtigungsfahrt durch die Stadt. Dann wurde die Reise nach Rügen, Pommern und Ostpreußen fortgesetzt. Wir erhielten so manchen lieben Brief. In einem hieß es: „Herzlichen Dank dafür, daß ich hier weilen darf. Es ist alles wie ein schöner Traum, von dem man nicht erwachen möchte."
Als die Kinder heimfuhren, konnten wir den Erfolg der Erholung von ihren Gesichtern ablesen. Das spornte uns an, mit Freude weiterzuarbeiten. Inzwischen war die „N.S. Volkswohlfahrt e.V." ins Leben gerufen worden. Um eine Überschneidung in den Arbeitsgebieten zu vermeiden, wurde zwischen dieser Organisation und der Reichsjugendführung im August 1933 eine Vereinbarung getroffen, in der es u.a. hieß:
„Die Jugendpflege und die Jugendertüchtigung ist grundsätzlich die Aufgabe der Reichsjugendführung. Sie betreibt die Erholungspflege insoweit, als sie die Einrichtung von Ferienlagern usw. betrifft. Die Reichsjugendführung organisiert die Verschickung von an sich gesunden Jugendlichen

(Kinderlandverschickung), die der Hitlerjugend oder dem Jugendführer des Deutschen Reiches unterstellten Jugendverbänden angehören. Im übrigen zählt die Erholungspflege zu den Aufgaben der NS Volkswohlfahrt. Sie ist eine jugendfürsorgerische Aufgabe und als solche in die Abteilung Gesundheitsfürsorge bei der NS Volkswohlfahrt eingegliedert ... Die Zusammenarbeit zwischen der NS Volkswohlfahrt e.V. und der Reichsjugendführung im Reich wird dadurch gewährleistet, daß der Reichsjugendführer zu seinem Vertreter im Beirat der NS Volkswohlfahrt den Parteigenossen Artur Axmann bestimmt hat."
In nicht allzulanger Zeit konnte die NSV die Verschickung von Jugendlichen mit Negativbefunden auf ca. 500.000 steigern. Die bei den Reihenuntersuchungen festgestellten Schäden gaben Veranlassung, die betroffenen Jugendlichen zur ärztlichen Behandlung zu überweisen oder eine nachgehende Betreuung durch die NSV oder durch kommunale Dienststellen einzuleiten.
Diese Maßnahmen der Gesundheitsvorsorge erwiesen sich in einer Zeit als besonders notwendig, in der es in Deutschland etwa sechs Millionen Erwerbslose gab. Darunter befanden sich etwa 1,2 Millionen Jugendliche im Alter von 14 bis 21 Jahren. Damit hatte die neue Regierung ein furchtbares Erbe übernommen. Ihre allerdringlichste Aufgabe war die Minderung und Beseitigung der Arbeitslosigkeit. Die Bewältigung dieser überdimensionalen Aufgabe ließ eine sofortige Erhöhung der Löhne nicht zu. Dazu mußte erst die Wirtschaft angekurbelt werden. Ging es wieder aufwärts mit ihr, dann waren auch soziale Verbesserungen möglich. Diese Zusammenhänge riefen wir ins Bewußtsein unserer Führerschaft und damit ins Bewußtsein der werktätigen Jugend. Anfang Februar 1933 wurden die ersten Maßnahmen für die Arbeitsbeschaffung verkündet. Sie bezogen sich auf eine verstärkte Vergabe öffentlicher Aufträge für den Straßenbau sowie für die Verkehrswirtschaft. Auf der Internationalen Automobilausstellung vom 11. Februar 1933 verkündete Adolf Hitler sein umfassendes Straßenbauprogramm und den Abbau der steuerlichen Belastung für die Autofahrer. Das hatte zur Folge, daß die Produktion von neuen Kraftfahrzeugen bereits im März 1933 gegenüber dem gleichen Monat des Vorjahres um 62 Prozent bei Personenwagen und um 40 Prozent bei Nutzfahrzeugen gestiegen war. Die Autoindustrie gehörte zu den Schlüsselindustrien, von deren Aufstieg auch die Zulieferfirmen profitierten.
Am 1. Juni 1933 wurde das „Gesetz zur Minderung der Arbeitslosigkeit" erlassen. Für „volkswirtschaftlich wertvolle Arbeit" wie Wohnungs- und Tiefbau, wurden Arbeitsschatzanweisungen in Höhe von einer Milliarde Reichsmark ausgegeben. Die Ausgaben für die Anschaffung von Maschinen in der Zeit vom 30. Juni 1933 bis zum 1. Januar 1934 durften von der

Steuer abgezogen werden. Außerdem wurden Ehestandsdarlehen in Höhe von 1.000 RM gewährt. Ein weiteres Gesetz regelte die Entschuldung der Landwirtschaft; darin war auch vorgesehen, daß die Entschuldung durch Landabgabe für Siedlungszwecke erfolgen konnte.

Am 27. Juni 1933 trat das „Gesetz über die Errichtung des Unternehmens Autobahn" in Kraft, das bis 1939 den Bau von 6.500 km Autobahnen vorsah. Hitler führte den ersten Spatenstich für die Strecke der Autobahn von Darmstadt nach Frankfurt aus. Dies war ein Schritt, der uns alle animierte: jetzt packen wir es an! In der Nachkriegszeit wurde immer wieder betont, daß schon vor 1933 Pläne für den Bau von Autobahnen im Schubfach gelegen hätten. Das ist sicher richtig, aber es ist ein großer Unterschied, ob die Pläne im Schubfach liegen bleiben oder ob sie tatkräftig verwirklicht worden sind.

Am 1. Oktober 1933 wurde die Arbeitsdienstpflicht zum 1. Januar 1934 eingeführt. Sie galt für diejenigen, die 1934 das 19. Lebensjahr vollendet hatten. Bis dahin wurde der Arbeitsdienst auf freiwilliger Grundlage von Erwerbslosen geleistet. Nun sollten alle durch diese Schule der Nation gehen, in der der Sohn des Arbeiters neben dem Sohn des Generaldirektors den Spaten für das Gemeinwohl schulterte. Es wurden produktive Arbeiten für die Verbesserung des Bodens, der Forsten, des Verkehrs und für die Bauern und Stadtrandsiedlungen geleistet, Moore trockengelegt, Deiche gebaut und dem Meer Land abgerungen. Auch die weibliche Jugend übernahm im Arbeitsdienst Aufgaben, die ihrer Natur gemäß waren. Neben der hohen ethischen und gemeinschaftsbildenden Bedeutung trug der Arbeitsdienst in den ersten Jahren nach der Machtübernahme dazu bei, den Arbeitsmarkt zu entlasten. Am Ende des Jahres waren etwa 240.000 Erwerbslose im Arbeitsdienst tätig.

Aber was hatte nun die Hitlerjugend mit dem Problem der Arbeitslosigkeit zu tun? Ihr oblag, arbeitslose Jugendliche zu betreuen. Schon in der Kampfzeit wurden von ihr Erwerbslosen-Kameradschaften gebildet. Diese Kameradschaften lebten nun wieder auf einer breiteren Grundlage auf. Hier zeichnete sich besonders die nordwestsächsische Jugend unter Alfred Frank aus, der in Zusammenarbeit mit den Parteidienststellen, den Gemeinden und Behörden 100 solcher Erwerbslosen-Kameradschaften ins Leben rief. In ihnen wurden Jugendliche im Alter von 15 bis 25 Jahren erfaßt und in sechswöchigen Winterkursen durch berufliche Schulung, Wanderungen und Betriebsbesichtigungen betreut. Ein warmes Mittagessen gehörte dazu. Durch diese Maßnahme trug die Hitlerjugend dazu bei, daß die arbeitslose Jugend nicht ohne Ziel und Aufgabe herumlungerte und auf der Straße lag. Durch Beschluß der Reichsregierung war nach der Machtübernahme die Landhilfe eingeführt worden, deren Durchführung der Reichsanstalt für

Arbeitsvermittlung und Arbeitslosenversicherung oblag. Die Landhilfe war freiwillig. Durch sie wurden arbeitslose Jungen und Mädel im Alter von 14 bis 25 Jahren einzeln für ein halbes Jahr gegen Kost, Logis und Taschengeld auf Bauernhöfe vermittelt. Die Betriebe, denen sie zugewiesen wurden, durften nicht über 40 ha und in Ostpreußen nicht über 60 ha groß sein. Die Hilfe wurde also auf kleinere und mittlere Betriebe beschränkt. Die Bauern erhielten von der Reichsanstalt 25 RM im Monat, die davon dem über 18 Jahre alten Landhelfer 20 RM und fünf RM für dessen Sozialversicherung zahlte. Der Landhelfer war kein Knecht, sondern eine zusätzliche Kraft. Er saß auch beim Essen am Mittagstisch des Bauern. Es wurde versucht, den Landhelfer nach den abgeleisteten sechs Monaten über den Winter auf dem Lande zu halten. In einigen Fällen sind Erwerbslose für immer auf dem Land geblieben. Die Landhilfe war auch deswegen wertvoll, weil die Stadtjugend einmal das Landleben und seine harte Arbeit kennenlernte. Die Hitlerjugend führte einen Teil ihrer erwerbslosen Kameraden dieser Landhilfe zu und betreute besonders dort, wo im Umkreis in Dörfern und Betrieben mehrere Landhelfer tätig waren. Bis Ende des Jahres 1933 konnten 175.000 Landhelfer verzeichnet werden. Zum gleichen Zeitpunkt hatte die Arbeitslosigkeit vom 31. Januar 1933 bis zum 31. Dezember 1933 von 6.013.612 auf 4.058.000 abgenommen.

Ostern 1934 wurden doppelt so viele Jugendliche aus den Volksschulen entlassen wie im Jahr 1933. Waren es im Vorjahr noch etwa 600.000 Jungen und Mädel, so belief sich 1934 die Zahl der Schulentlassenen auf 1,2 Millionen. Darunter befanden sich allein 625.000 Mädel, die auf den Arbeitsmarkt drängten. Leider waren 1934 noch nicht so viele Lehr- und Arbeitsstellen vorhanden, daß der geschlossene Jahrgang untergebracht werden konnte. Es mußte vermieden werden, daß der Wechsel von der Schule in das Leben für die nicht in Arbeit zu vermittelnden Mädel mit Untätigkeit und ihren negativen Folgen begann. In einem Bereich gab es genug zu tun und zwar im deutschen Haushalt. So wandten sich die Reichsfrauenführerin, der Reichsjugendführer und der Präsident der Reichsanstalt für Arbeitsvermittlung und Arbeitslosenversicherung am 2. Mai 1934 mit einem Aufruf an die Deutschen Frauen und Mütter, in dem es u.a. hieß: „Deutsche Hausfrauen! Ihr müßt nur Eure Häuser öffnen und die Mädchen hereinlassen! Deutsche Eltern! Ihr müßt nur Eure Mädchen lehren, in solcher Arbeit die Grundlage jeder fraulichen Tätigkeit zu sehen! Die Einrichtung eines 'Hauswirtschaftlichen Jahres' für Mädchen soll dazu helfen. Tüchtige Hausfrauen nehmen Mädchen zum Anlernen ein Jahr zusätzlich in ihre Hauswirtschaft und Kinderpflege. Junge Mädchen, die keine Stelle finden oder im Hause oder Betrieb der Eltern nicht arbeiten können und nicht arbeitslos sein wollen und sollen, erwerben so lebensnotwendige Kenntnisse, die sie entweder in einer späteren Berufsarbeit oder im eigenen Heim verwerten können. Die Aufnahme erfolgt schlicht um schlicht. Die Krankenkassenbeiträge trägt die Hausfrau. Die Vorschriften über die Genehmigung von Steuererleichterungen für Hausgehilfinnen finden Anwendung. Am Jahresabschluß erhält das Mädchen ein Zeugnis als Ausweis über das erworbene Können, das ihm als Grundstein seiner weiteren Arbeit dienen kann."

Hier ergab sich für den BDM die Aufgabe, die Mädel zu überzeugen, daß sie sich durch ihre Ausbildung im „Hauswirtschaftlichen Jahr" nützlich machen und daß sie damit zugleich einen Dienst für das Gemeinwohl und die Entlastung des Arbeitsmarktes leisten. In gleicher Richtung bewegten sich auch die Umschulungslager des Sozialen Amtes der Reichsjugendführung, in denen erwerbslose Jungarbeiterinnen und Jungarbeiter auf die Land- und Gartenarbeit vorbereitet und ausgebildet wurden. Die Durchführung dieser Umschulungslager wurde der Hitlerjugend vom Präsidenten der Reichsanstalt für Arbeitsvermittlung und Arbeitslosenversicherung ebenso übertragen wie die Betreuung der Landhelfer.

1934 wurde zunächst in Preußen ein Gesetz über die Einführung des Landjahres für die Schulentlassenen 14- bis 15 jährigen Volksschüler und -schülerinnen verkündet, das nach seiner Bewährung von den anderen Ländern übernommen wurde. Das Landjahr ressortierte im Reichsministerium für Erziehung, Wissenschaft und Volksbildung und wurde von Staatsrat Schmidt-Bodenstedt geleitet. Er war zugleich Gebietsführer im Stab der Reichsjugendführung. Mein Mitarbeiter Griffion Stierling war außerdem in Fragen des Landjahrs unser Verbindungsführer zu diesem Reichsministerium. Durch diese Lösung wurde der Gleichklang in der Gestaltung des Landjahres gewahrt. Viele Führer des Jungvolks und der Hitlerjugend betätigten sich als Lagerführer im Landjahr. Dadurch kam die enge Verbindung des Landjahres mit der Jugendbewegung zum Ausdruck. Das Landjahr war ein Teil von ihr. In ihm wurden die gleichen Aufgaben wie in der Hitlerjugend durchgeführt. Man wanderte, ging auf Fahrt, betrieb Spiel, Sport und Geländedienst, turnte, ging schwimmen und führte Heimabende durch, für die die Reichsjugendführung die Unterlagen zur Verfügung stellte. Ärzte der Hitlerjugend überwachten die Gesundheit der Jungen und Mädel, und über die Verpflegung konnte wahrlich niemand klagen. Die Jungen trugen die Uniform der Hitlerjugend und die Mädel die Tracht des BDM.

Die Landjahrheime bildeten mit der örtlichen Hitlerjugend eine Einheit. Sie veranstalteten gelegentlich gemeinsam den „Deutschen Abend im Dorf". Neu war im Landjahr, daß die Jungen und Mädel halbtags zu den Bauern und Siedlern gingen, um bei der Arbeit zu helfen. Einige wählten auch den

Beruf des Landmanns. Dieses ständige Zusammenleben in Heimen und Lagern half, ein starkes Gemeinschaftsgefühl auszuprägen, das durch größere Landjahrtreffen, die von Zeit zu Zeit veranstaltet wurden, eine Vertiefung erfuhr. Vor Beendigung der Lagerzeit wurde im Heim die Berufsberatung durchgeführt. Ende 1934 wiesen die Arbeitsämter die Betriebe darauf hin, daß 22.000 Jungen und Mädel an Geist und Körper geschult auf sie zukommen würden. Dieses Landjahr zwischen Schule und Beruf hatte ohne Zweifel eine positive Wirkung auf die jungen Menschen. Es brachte für eine Zeitspanne eine Entlastung für den Arbeitsmarkt. Inzwischen hatten sich auch die wirtschaftlichen Voraussetzungen für die Aufnahme von Lehrlingen und Arbeitskräften verbessert. In den folgenden Jahren wurde das Landjahr nach Maßgabe der vorhandenen Heime und Führungsvoraussetzungen zahlenmäßig noch stärker ausgebaut.
Anfang Oktober 1934, so erinnere ich mich, besuchte ich mit Baldur von Schirach und meinem Mitarbeiter Griffion Stierling in Norddeutschland die Einsatzgruppen der erwerbslosen Jugend vor Ort. Wir sprachen mit den Jungen und Mädeln, mit den Bauern und Vertretern des Arbeitsamtes über die gemachten Erfahrungen und aufgetretenen Schwierigkeiten. In Voigtsbrügge bei Kyritz inspizierten wir ein Lager von 100 Landhelfern, die auf mehreren städtischen Gütern arbeiteten. Von weitem grüßten uns die Fahnen der Jugend. Wir fanden saubere Unterkünfte und Gemeinschaftsräume vor. Wir gingen zu einer Arbeitsstelle und informierten uns über Einzelheiten. Dann fuhren wir in ein nahegelegenes Landjahrlager in Bärensprung, wo uns die 14- bis 15jährigen Jungen aus Oberschlesien fröhlich begrüßten. Im Park führten sie ein Sprechspiel auf. Nach dem gemeinsamen Abendbrot sprach der Reichsjugendführer zu ihnen. Mit bestem Eindruck verließen wir das Lager. Am nächsten Morgen waren wir in Fredenhagen in Mecklenburg, wo bereits die Dorfbevölkerung, die Hitlerjugend und die SA mit 300 Einzellandhelfern zur Begrüßung Baldur von Schirachs versammelt waren. Im Gemäuer der Burg sprach er zu ihnen. Kein Stand dürfe Vorrechte fordern. Der junge Industriearbeiter sei genauso wertvoll wie der junge Landarbeiter. Es käme darauf an, wie jemand arbeite, nicht, was er arbeitet. Besprechungen mit den Vertretern des Arbeitsamtes, den Bauern und Hitlerjugendführern beschlossen den Besuch. Weiter ging es über Lübeck nach Bad Schwartau zu einem Mädellandjahrlager und nach Selent bei Kiel, wo auf einem Gutshof arbeitslose Hamburger Mädels auf landwirtschaftliche Arbeiten umgeschult wurden. Solche Gespräche vor Ort sagten mir am meisten zu, besonders wenn sie unangemeldet erfolgten. Auf dieser Inspektionsreise in die stillen Dörfer hatte mich vor allem beeindruckt, mit welcher inneren Bereitschaft die jungen Menschen die notwendigen und unpopulären Maßnahmen für die Entla-

stung des Arbeitsmarktes aufgenommen hatten. Das traf in erster Linie auf die jungen Männer bis zum 25. Lebensjahr zu, die im Rahmen des von der Reichsanstalt verordneten Arbeitsplatzaustausches freiwillig ihre Arbeitsstelle räumten, um älteren Kollegen, die eine Familie zu versorgen hatten, Platz zu machen. Welch ein gemeinnütziges Denken und welcher Idealismus gehörten dazu, sich eine andere Tätigkeit, vornehmlich in der Landwirtschaft, zu suchen und vermitteln zu lassen! Wenn die große Arbeitsschlacht am Ende gewonnen wurde, dann hat auch die Jugend durch ihr Verhalten und ihren Einsatz mit dazu beigetragen.

Die Massenarbeitslosigkeit von sechs Millionen Menschen ist in dreieinhalb Jahren beseitigt, und das in der Kampfzeit proklamierte Recht auf Arbeit verwirklicht worden. Besondere Verdienste dafür sind dem Staatssekretär im Reichsfinanzministerium, Fritz Reinhardt, zuzuschreiben. Er legte auf der vierten Tagung des Parteikongresses in Nürnberg ausführlich Rechenschaft über die soziale, wirtschaftliche und finanzielle Gesundung Deutschlands seit der Machtübernahme ab. „Das Archiv" berichtete darüber am 12. September 1936:

„Eine Dauerarbeitslosigkeit von unbeschränkt Arbeitsfähigen gibt es in Deutschland nicht mehr ... Die Zunahme der Beschäftigtenziffer seit Übernahme der staatlichen Macht durch den Führer bis heute ist sogar um eine Million größer als der Rückgang der Arbeitslosenziffer. Die Zahl der Beschäftigten hat sich um sechs Millionen erhöht. Der Mangel an Facharbeitern wird fortgesetzt größer. Die Zahl der Arbeitslosen der Welt betrug im Durchschnitt des Jahres 1932 rund 26 Millionen und beträgt gegenwärtig rund 19 Millionen. [Der] Rückgang von 1932 bis heute [beträgt] also sieben Millionen. Von diesen sieben Millionen entfallen allein fünf Millionen auf Deutschland. In der gleichen Zeit, in der die gesamte übrige Welt von ihren 20 Millionen Arbeitslosen nur zwei Millionen wieder in Arbeit gebracht hat, ist es dem nationalsozialistischen Deutschland gelungen, fünf Millionen Arbeitslose wieder in Arbeit und Brot zu bringen. Für Mitte 1936 ergibt sich das folgende Bild an Arbeitslosen auf je 1.000 Einwohner: Vereinigte Staaten 81, Österreich 48, Niederlande 45, Tschechoslowakei 39, Großbritannien 37, Frankreich 31, Spanien 30, Italien 23, Schweiz 19 und dann erst kommt Deutschland mit 18 Arbeitslosen auf 1.000 Einwohner, deren Vorhandensein sich aus den dargestellten Gründen erklärt."

Staatssekretär Reinhard erwähnte auch den enormen Rückgang der Konkurse, das Ansteigen der Industrieproduktion und der Anlagegüter, die Erhöhung des Volkseinkommens, das Ansteigen der Verkaufserlöse der Landwirtschaft, eine bedeutende Erhöhung der Spareinlagen, die große Zunahme des Reinvermögens der Sozialversicherung, die Verdoppelung des Rohzuganges von Wohnungen, die Belebung des Baugewerbes, die Steigerung der Umsätze in Hausrat und Wohnungsbedarf, den Aufschwung der Aktienkurse sowie die Erhöhung des Kurses der festverzinslichen Wertpapiere. Grundlage für diesen Aufstieg war vor allem das Vertrauen des Volkes zur Regierung.

Nach meiner Entlassung aus dem Gefängnis und Konzentrationslager weilte ich Anfang der 50er Jahre in Hamburg. Ich kam am Curio-Haus vorbei, in dem der Bundeswirtschaftsminister Ludwig Ehrhardt sprach. „Da mußt du mal reingehen und anhören, was er sagt", dachte ich mir. Dann hörte ich die Worte des Redners: „Das wichtigste für den Aufbau unserer Wirtschaft ist das Vertrauen des Volkes zur Regierung." Der Mann war auf dem richtigen Weg.

In der Nachkriegszeit wurde häufig die unzutreffende Meldung verbreitet, daß die Arbeitslosigkeit nur durch eine gewaltige Aufrüstung des Dritten Reiches behoben werden konnte. Man bedenke nur, daß der Wehrmachtsetat des Jahres 1933 dem Etat der Weimarer Republik von 1932 entsprach. Das waren 500.000 Millionen Reichsmark. Und die sind nicht überschritten worden. Die Wehrpflicht wurde erst 1935 eingeführt. Die Auswirkung der Aufrüstung (man spricht besser von Nachrüstung, da die Mächte des Völkerbundes nach wie vor trotz der Abrüstungskonferenzen aufgerüstet hatten) wirkte sich laut Prof. Wagemann erst im Jahre 1937 auf die Wirtschaft aus. Und da war die Massenarbeitslosigkeit schon längst beseitigt. Durch die vielen ungelernten Jungarbeiter sowie die große Zahl der arbeitslosen Jugendlichen war die berufliche Ausbildung in Rückstand geraten. Das wirkte sich natürlich auf die Wirtschaft und deren Leistungsvermögen nachhaltig aus. Dem mußte unbedingt Einhalt geboten werden. Daher bemühten wir uns, die berufliche Aktivierung und Qualifizierung der Jugend voranzubringen. Dazu gehörte die Mitwirkung bei der Beratung für die Berufswahl. Vor der Schulentlassung hatte der junge Mensch eine für sein Leben wichtige Entscheidung zu treffen: Welchen Beruf ergreife ich? Die Eltern berieten ihn. Mutter und Vater kannten ihr Kind am besten. Die Schule konnte die Leistungen in den einzelnen Fächern, die Veranlagung und den Schwerpunkt der Begabung beurteilen. Wir waren nun der Meinung, daß Jugendführer und -führerinnen diese wertvollen Urteile durch ihre Mitteilungen über das Verhalten der Jugendlichen in der Gemeinschaft ergänzen konnten. Dazu gehörten der Kameradschaftsgeist, der Gemeinsinn, die Hilfsbereitschaft für andere, die Zuverlässigkeit, die gewissenhafte Ausführung von kleineren Aufträgen, die Pünktlichkeit und Disziplin, die Initiative und Unternehmungslust und schließlich die Anstelligkeit im Basteln, in der Werkarbeit und im Modellbau. Diese letzteren Aufgaben wurden ja bereits im Jungvolk und bei den Jungmädeln durchgeführt. Das wichtigste aber war, daß sich die Jungen und Mädel unter ihresgleichen frei

bewegten und keine Hemmungen besaßen, auch ihre wahren und geheimen Wünsche mitzuteilen. Und das war im Hinblick auf eine anstehende Berufswahl nicht zu unterschätzen. Darüber sprach ich mit dem Präsidenten der Reichsanstalt, bei dem und dessen Arbeitsämtern die Berufsberatung lag. Dr. Syrup hatte ja schon die Hitlerjugend zur Mitwirkung in der Betreuung der erwerbslosen Landhelfer herangezogen und den Bund Deutscher Mädel mit der Durchführung der Umschulungslager für landwirtschaftliche Arbeiten beauftragt und damit gute Erfahrungen gemacht. Der Präsident gehörte zu den ersten, die sofort erkannt hatten, welche Vorteile es bringt, wenn sich die Jugend aus freiem Willen mit ihrem Schwung für eine Aufgabe engagiert. In diesem Geist der Übereinstimmung schlossen wir im August 1934 die nachstehende Vereinbarung:
„Die Berufsberatung und Lehrstellenvermittlung wird in engstem Einvernehmen mit der Reichsjugendführung und ihren sozialen Ämtern von der Reichsanstalt für Arbeitsvermittlung und Arbeitslosenversicherung und ihren Dienststellen durchgeführt. An jeder Berufsberatungsstelle bei den Arbeitsämtern, den Landesarbeitsämtern und bei der Hauptstelle der Reichsanstalt wird ein Vertreter des Sozialen Amtes der HJ zum Verbindungsmann ernannt. Im Einvernehmen mit ihm werden die notwendigen Maßnahmen getroffen. Die Dienststellen der Hitlerjugend führen ihren vor der Berufswahl stehenden Angehörigen der öffentlichen Berufsberatung und Lehrstellenvermittlung zur Beratung und Vermittlung zu. Zu diesem Zweck unterbreiten sie, ähnlich wie die Schulen, den Berufsberatungsstellen Unterlagen über die körperliche und geistige Veranlagung und Leistungsfähigkeit der betreffenden Jugendlichen, soweit sie aus dem äußeren und inneren Dienst der Hitlerjugend bekannt geworden sind. Diese Mitteilungen gelten, genau wie die Mitteilungen der Schule und des Schularztes, als vertraulich. Die der Hitlerjugend bekanntwerdenden Lehr- und Ausbildungsstellen werden von ihr den Arbeitsämtern zur Besetzung gemeldet. Besondere Sorgfalt ist bei der Zusammenarbeit auf die Betreuung wirtschaftlich schwacher Jugendlicher zu legen. Für solche sind gemeinschaftliche Beihilfen für die berufliche Ausbildung zu beschaffen. Die Abmachungen erstrecken sich in gleicher Weise auf die Angehörigen des Bundes Deutscher Mädel."
In Zukunft liefen nun die Urteile der Eltern und der Schule, der HJ, der Schul- und Hitlerjugendärzte, die in einigen Fällen noch Tauglichkeitsuntersuchungen auf Eignung für bestimmte Berufe durchführten, bei den Berufsberatern in den Arbeitsämtern zusammen. In besonderen Fällen traten noch psychologische Eignungsprüfungen hinzu. Insgesamt bedeutete das eine qualitative Verbesserung der Berufsberatung. Sie konnte auch nicht gut genug sein, denn von der richtigen Berufswahl hängt das persönliche Wohl-

ergehen des einzelnen ab. Jeder, der einmal gezwungen war, eine Tätigkeit auszuüben, die überhaupt nicht seinen Anlagen und Neigungen entsprach, wird wissen, welche Energie er schon morgens zur Überwindung eines Unlustgefühls aufbringen muß. Auch mir erging es in der Nachkriegszeit so, als ich nach Auflagen der Spruchkammer nur gewöhnliche Arbeit verrichten durfte. Die Arbeit im Wunschberuf ist ein solider Baustein für die Wirtschaft.

In den Heimabenden der Hitlerjugend wurde auf die Wichtigkeit der Berufswahl hingewiesen und der Gang zum Berufsberater dringend empfohlen. Unterlagen und berufskundliches Material sowie in späterer Zeit ein Bildwerfergerät stellte die Reichsjugendführung zur Verfügung. Diese Hinweise trugen mit dazu bei, daß auch die quantitative Inanspruchnahme der Berufsberatung wesentlich gesteigert werden konnte.

Oberregierungsrat Dr. Handrick führte im Jahre 1935 dazu im Heft 12 des „Jungen Deutschland" folgendes aus:

„Es wurden in der Zeit vom 1. Juli 1934 bis zum 30. Juni 1935 bei den Berufsberatungsstellen der Reichsanstalt 848.371 Ratsuchende gezählt. Diese Zahl bedeutet gegenüber dem Vorjahr eine Zunahme der Ratsuchenden um rund eine viertel Million (248.000) gegenüber dem Jahre 1932/33 um beinahe eine halbe Million (454.000). In Vom-Hundert-Sätzen ausgedrückt, hatte eine Zunahme von 115,7 v.H. und 41,2 v.H. stattgefunden ... Eines aber muß erwähnt werden: An der Erhöhung der Zahl der Ratsuchenden ist die Reichsjugendführung mit ihren Dienststellen der HJ und des BDM ganz wesentlich beteiligt. Ohne ihre Mitwirkung hätte mancher Junge und manches Mädel die Berufsberatung überhaupt nicht aufgesucht. In gleicher Weise zeigen nun die Zahlen der gemeldeten Lehr- und Anlernstellen, daß man die Bedeutung der Berufsberatung der Reichsanstalt auch in den Kreisen der gesamten Wirtschaft erkannt hat. Während im Jahr 1932/33 insgesamt 128.000 Lehrstellenmeldungen bei den Berufsberatungsstellen der Reichsanstalt erfolgten, waren es im Jahre 1934/35 schon rund 219.000. Im Berichtsjahr 1934/35 erhöht sich diese Zahl nahezu auf 300.000. Davon waren 72,7 v.H. Lehrstellen für männliche, 27,3 v.H. für weibliche Jugendliche vorgesehen. In Vom-Hundert-Sätzen ausgedrückt, ergeben sich folgende Daten: von 1932/33 auf 1933/34 stieg die Zahl der gemeldeten Lehrstellen um 71 v.H., im Jahr darauf um 35 v.H. Auf das Jahr 1932/33 bezogen bedeutet das eine Vermehrung um 134 v.H. ...

Aus dem Ansteigen der Zahlen geht untrüglich hervor, daß sich die gesamte Wirtschaft in aufsteigender Linie bewegt. Denn eine seit 1933 so erhebliche Vermehrung der eingestellten Lehrlinge ist nur möglich, wenn es sich um ein Ingangsetzen der Wirtschaft handelt, und nicht, wie man im Ausland behauptet, um Verminderung der Arbeitslosenzahl durch Notmaßnahmen."

Die Zusammenarbeit des Sozialen Amtes der Reichsjugendführung mit der Arbeitsverwaltung bezog sich später auch auf andere Gebiete. Am 26. Februar 1935 verkündete die Reichsregierung das „Gesetz über die Einführung eines Arbeitsbuches", um zu erreichen, daß die Arbeitskräfte in der Deutschen Wirtschaft zweckentsprechend verteilt werden. Außerdem sollte dadurch der Andrang zu den überfüllten Berufen gemindert, die Landflucht abgebremst und die Schwarzarbeit verhindert werden. Das Arbeitsbuch war ein amtlicher Ausweis für die Berufsausbildung und die weitere berufliche Entwicklung der Arbeiter und Angestellten, das es erleichtern sollte, den richtigen Mann an den richtigen Platz zu stellen. Die Arbeiter hatten diesen Ausweis dem Unternehmer zu übergeben, der darin seine Eintragungen über die berufliche Entwicklung machte und diese dem Arbeitsamt zu melden hatte, das laufend seine Karteien über die Arbeitsbücher ergänzte. In einem Aufsatz des „Jungen Deutschland" vom Juni 1935 wandte sich der Präsident der Reichsanstalt Dr. Syrup mit den Worten an uns:
„Das Ziel, das mit dem Arbeitsbuch erreicht werden soll, deckt sich mit dem Streben des Sozialen Amtes der Hitlerjugend. Das Soziale Amt hat deswegen nicht nur die selbstverständliche Pflicht, an der Durchführung eines Reichsgesetzes mitzuhelfen, sondern im Hinblick auf seine eigenen Ziele ist es besonders berufen, dahin zu wirken, daß das Arbeitsbuch voll und ganz seinen Zweck erfüllt."
Dieser Aufforderung hatten wir in vollem Umfang entsprochen und in unserer Gemeinschaft darüber aufklärend gewirkt.
Die Zusammenarbeit mit der Reichsanstalt, den nachgeordneten Arbeitsämtern, war zum Nutzen der Jugend dauerhaft und sehr erfreulich. Für mich war es stets eine Bereicherung, mit dem Präsidenten Dr. Syrup über die anstehenden Aufgaben zu sprechen. Aus dem Schatz seiner langjährigen Erfahrungen konnte ich Anregungen und Rat mit nach Hause nehmen. Bereits im April 1920 war der Vortragende Rat im Preußischen Ministerium für Handel und Gewerbe, Dr. Friedrich Syrup, durch den Reichspräsidenten Friedrich Ebert und den Reichsarbeitsminister Schlicke zum Präsidenten des Reichsamts für Arbeitsvermittlung bestellt worden. Der Reichspräsident von Hindenburg ernannte ihn am 20. August 1927 zum Präsidenten der Reichsanstalt für Arbeitsvermittlung und Arbeitslosenversicherung. Meine Gespräche mit Dr. Syrup waren auch deswegen so angenehm, weil er es vermochte, sich in seiner liebenswürdigen Menschlichkeit in die Vorhaben der Jugend hineinzuversetzen. Er hat das soziale Anliegen der Reichsjugendführung sehr ernst genommen. Erst später erfuhr ich, daß diese Einstellung wohl auch auf die soziale Lage in seiner eigenen Jugend zurückzuführen war, in der er frühzeitig seinen Vater verloren hatte und seine Mutter ihm unter schwierigen Verhältnissen dennoch eine gute Ausbildung

ermöglichte. Er war für mich ein väterlicher Freund. Durch die trostlose Entwicklung in der Berufsausbildung vor 1933 fühlten wir uns seitdem für die berufliche Qualifizierung der Jugend verantwortlich. Der Bedarf an Facharbeitern wurde durch den Aufschwung in der Wirtschaft immer dringender. Nach Angaben der Reichsanstalt benötigte man zum organischen Aufbau der Facharbeiterschaft etwa 350.000 Lehrstellen. Sie konnten zwar fortschreitend zur Verfügung gestellt werden, aber noch am 7. November 1936 hieß es in der Einleitung zu einer Verordnung des mit der Durchführung des Vierjahresplanes beauftragten Ministerpräsidenten Hermann Göring:

„Eine der wichtigsten Aufgaben zur Durchführung des Vierjahresplanes ist die Sicherstellung des Facharbeiternachwuchses. Das gilt insbesondere für die Eisen- und Metallwirtschaft sowie für das Bauerngewerbe. Bei der Bedeutung dieser Aufgabe ist es Pflicht aller in Betracht kommenden öffentlichen und privaten Betriebe, sich an der Ausbildung ihres Nachwuchses zu beteiligen."

Daraus ergab sich, daß die Ausbildung eines quantitativ ausreichenden und qualitativ hochwertigen Facharbeiternachwuchses mitentscheidend für den Erfolg des Vierjahresplanes war. Durch die geleistete Wertarbeit erhöhten sich auch die Aussichten auf die Steigerung des deutschen Exports, von dem wiederum neue Arbeitsplätze abhängig waren. Das „Made in Germany" mußte seinen guten Ruf bewahren und noch vertieft werden. Deutschland hatte durch den Vertrag von Versailles ungeheure Gebietsverluste erlitten. Wir verfügten nicht über viele Rohstoffe und Bodenschätze. Unser größter Reichtum lag in der deutschen Arbeitskraft und in der schöpferischen Leistung unserer Erfinder und Geistesarbeiter. Sie mußten besonders gehegt und gepflegt werden. Das zu verdeutlichen, war eine Aufgabe für die Gesamterziehung der Hitlerjugend.

In die ersten Anfänge der konzentrierten Aufbauarbeit, die mich mit allen Fasern in Anspruch nahm, platzte im frühen Sommer 1934 eine innenpolitische Bombe hinein. Am 1. Juli erfuhr ich aus der Zeitung, daß am 30. Juni der Stabschef der SA, Ernst Röhm, mit einigen seiner engsten Führungskräfte verhaftet worden war. Die Reichspressestelle der NSDAP hatte dazu am gleichen Tag u.a. folgende Erklärung abgegeben:

„Seit vielen Monaten wurde von einzelnen Elementen versucht, sowohl zwischen SA und Partei als auch zwischen SA und Staat Keile zu treiben und Gegensätze zu erzeugen. Der Verdacht, daß diese Versuche einer beschränkten, bestimmt eingestellten Clique zuzuschreiben sind, wurde mehr und mehr bestätigt. Staabschef Röhm, der vom Führer mit seltenem Vertrauen ausgestattet worden war, trat diesen Erscheinungen nicht nur nicht entgegen, sondern förderte sie unzweifelhaft.

Seine bekannte unglückliche Veranlagung führte so allmählich zu unerträglichen Belastungen, so daß der Führer der Bewegung und Oberste Führer der SA selbst in schwerste Gewissenskonflikte getrieben wurde. Stabschef Röhm trat ohne Wissen des Führers mit General Schleicher in Beziehung. Er bediente sich dabei neben einem anderen SA-Führer einer von Adolf Hitler schärfstens abgelehnten, in Berlin bekannten obskuren Persönlichkeit.
Da sich diese Verhandlungen endlich, natürlich ebenfalls ohne Wissen des Führers, zu einer auswärtigen Macht bzw. deren Vertreter hin erstreckten, war sowohl vom Standpunkt der Partei, wie auch vom Standpunkt des Staates, ein Einschreiten nicht mehr zu umgehen. Planmäßig provozierte Zwischenfälle führten dazu, daß der Führer heute Nacht um 2.00 Uhr nach der Besichtigung von Arbeitslagern in Westfalen von Bonn aus nach München flog, um die sofortige Absetzung und Verhaftung der am schwersten belasteten Führer anzuordnen.Der Führer begab sich mit wenigen Begleitern nach Wiessee, um dort jeden Versuch eines Widerstandes im Keime zu ersticken".
Diese Nachricht hatte mich sehr betroffen gemacht. Ich hatte noch die kameradschaftliche Hilfe der SA in frischer Erinnerung, ohne deren Schutz und Schirm wir nicht in der Lage gewesen wären, uns als Hitlerjugend in den Arbeitervierteln der großen Städte zu behaupten. Das konnte ich nicht so schnell vergessen. In den ersten Apriltagen 1931 hatte ich den Putsch des Obersten SA-Führers Ost, Walter Stennes, erlebt, als einige seiner Trupps die Dienststelle der Berliner Gauleitung und des „Angriff" besetzten. Die dadurch entstandene Unruhe währte nur kurze Zeit. Es war kein Aufstand der Basis. Es handelte sich um den Putsch einer Führungsclique. Hitler kam nach Berlin, und die große Gefolgschaft formierte sich hinter ihm. Stennes ging 1932 nach China und war dort bis 1949 bei General Tschiangkai-shek, dem Führer der Nationalen Kuomintang, als Militärberater tätig. Wie verhielt sich nun dieses Mal die Basis? Das blieb abzuwarten. Durch meine neuen Aufgaben besaß ich zu den unteren Einheiten der SA keine direkte Verbindung mehr. Die neue Führung der Berliner SA machte auf mich nicht den gewinnenden Eindruck, wie es bei den SA-Führern der Kampfzeit der Fall war. Sie trat in der Öffentlichkeit anmaßend und arrogant auf. Ich möchte dazu nur ein Beispiel erwähnen. Mit meinem Freund und ärztlichen Berater, Dr. Richard Liebenow, aß ich im Restaurant des Bahnhofs Friedrichstraße in Zivil zu Abend, als plötzlich die Eingangstür aufgerissen wurde und der Berliner SA-Gruppenführer Karl Ernst mit einigen Männern seiner Umgebung, die Pistole in der Faust, an uns vorbei ins Lokal stürmte. Die glasigen Augen ließen darauf schließen, daß die Männer unter Alkohol standen. Sie wirkten auf mich wie Landsknechte

und Revoluzzer, die sich auf Verfolgungsjagd befanden. So schnell wie sie gekommen waren, so schnell waren sie auch wieder verschwunden. Ihr kurzer Auftritt brachte uns auf das Thema Revolution und Evolution. Es gab noch manche Leute, die Stil und Methoden der Kampfzeit nicht ablegen, sondern auf die neue Epoche des Aufbaus übertragen wollten, die jedoch Arbeit an sich selber und neben den einst bewährten Eigenschaften Sachverstand erforderte.

Den Stabschef der SA Ernst Röhm kannte ich nicht persönlich und hatte nie Arbeitskontakt mit ihm gehabt. Aus der Distanz war er mir nie sonderlich sympathisch gewesen. Aber das war ja kein Argument gegen seine Fähigkeiten und sein organisatorisches Talent, worüber ich mir kein Urteil erlauben konnte. Ich war nun sehr begierig, außer der Pressererklärung Einzelheiten über die Hintergründe der Vorgänge um Röhm und Genossen zu erfahren. Ich hörte bald von der Erklärung, die Hitler in einer Sitzung des Reichskabinetts dazu abgegeben hatte. Sie besagte, daß sich unter Röhm ein Klüngel von SA-Führern gebildet hätte, der nicht aus Treue zur Bewegung, sondern durch persönlichen Ehrgeiz und besondere Veranlagung zusammengehalten wurde und daß die SA nach den Wünschen Röhms ein Staat im Staat werden sollte. Juristische Bedenken gegen seine Handlungsweise wies er mit der Begründung zurück, es habe sich „um eine militärische Meuterei gehandelt, bei der es ein prozeßähnliches Verfahren nicht geben könne". Er übernahm die volle Verantwortung für die Erschießung von 43 Verrätern, „denn dadurch ist das Reich und womöglich das Leben unzählig anderer gerettet worden". Der Reichsjustizminister Dr. Franz Gürtner bezeichnete die Maßnahme „als staatsmännische Pflicht". Das Reichskabinett erließ ein Gesetz, in dem es hieß:

„Die zur Niederschlagung hoch- und landesverräterischer Angriffe vom 30. Juni und am 1. und 2. Juli 1934 vollzogenen Maßnahmen sind als Staatsnotwehr Rechtens."

Der Reichswehrminister Werner von Blomberg dankte Hitler in einem Tagesbefehl an die Reichswehr:

„Der Führer hat mit soldatischer Entschlossenheit und vorbildlichem Mut die Verräter und Meuterer selbst angegriffen und niedergeschmettert."

Das Staatsoberhaupt, Reichspräsident Paul von Hindenburg, dankte Hitler telegraphisch von Neudeck in Ostpreußen:

„Sie haben das deutsche Volk aus einer schweren Gefahr gerettet."

Ich muß gestehen, daß mich alle diese Erklärungen der Reichsführung sehr beruhigt hatten.

Am 13. Juli 1934 trat Hitler vor den Deutschen Reichstag mit einer ausführlichen Rede über die Vorgänge um Röhm, die am folgenden Tag mit vollem Wortlaut im „Völkischen Beobachter" veröffentlicht wurde und aus

der die Hintergründe des Geschehens hervorgingen. So erfuhr die Öffentlichkeit, daß Hitler als Oberster SA-Führer seinen Stabschef in mehreren Gesprächen auf Mißstände hingewiesen hatte, ohne daß eine Reaktion oder wirksame Abhilfe erfolgt war, daß er noch Anfang Juni 1934 Röhm zu sich kommen ließ und ihm erklärte, daß er jeden Versuch, in Deutschland ein Chaos entstehen zu lassen, augenblicklich persönlich abwenden würde, und daß jeder, der den Staat angreift, ihn von vornherein zu seinen Feinden zählen müsse. Überraschend war der Hinweis von Hitler, daß mit dem Standartenführer Uhl der Mann zur Beseitigung seiner Person gedungen worden war, der wenige Stunden vor dem Tod seine Bereitschaft zur Durchführung eines solchen Befehls gestanden hatte. Für Überraschung sorgte auch die Mitteilung, daß der Stabschef über den General von Schleicher und dessen außenpolitischen Agenten, General von Bredow, Verbindung zum Ausland geknüpft hatte, worauf auch die Berichte französischer und englischer Zeitungen zurückzuführen waren, die von einer bevorstehenden Umwälzung in Deutschland sprachen. In der Reichstagsrede des Führers wurde vor allem eine der wichtigsten Ursachen für den Konflikt mit dem Stabschef deutlich, der die Bewaffnung der SA anstrebte, während Hitler nur die Streitkräfte als einzige Waffenträger der Nation anerkannte. Dazu äußerte er sich wie folgt:
„Es wäre mir weder sachlich wie menschlich jemals möglich gewesen, meine Einwilligung zu einem Wechsel im Reichswehrministerium zu geben, und die Neubesetzung durch den Stabschef Röhm vorzunehmen. Erstens aus sachlichen Gründen: Ich habe seit 14 Jahren unentwegt versichert, daß die Kampforganisationen der Partei politische Institutionen sind, die nichts zu tun haben mit den Heeren. Es wäre sachlich in meinen Augen eine Desavouierung dieser meiner Auffassung und 14jährigen Politik gewesen, an die Spitze des Heeres nun den Führer der SA zu berufen. Ich habe auch im November 1923 an die Spitze der Armee einen Offizier vorgeschlagen und nicht meinen damaligen SA-Führer Hauptmann Göring. Zweitens wäre es mir menschlich unmöglich gewesen, jemals in diesen Vorschlag des Generals von Schleicher einzuwilligen. Als diese Absichten mir bewußt wurden, war mein Bild über den inneren Wert des Stabschef Röhm schon derart, daß ich ihn vor meinem Gewissen und um der Ehre der Armee wegen erst recht niemals hätte mehr für diese Stelle zulassen können.
Vor allem aber: Die Oberste Spitze der Armee ist der General Feldmarschall und Reichspräsident. Ich habe als Kanzler in seine Hand meinen Eid abgelegt. Seine Person ist für uns alle unantastbar. Mein ihm gegebenes Versprechen, die Armee als unpolitisches Instrument des Reiches zu bewahren, ist für mich bindend aus innerster Überzeugung und aus meinem ge-

gebenen Wort. Es wäre mir aber weiter eine solche Handlung auch menschlich unmöglich gewesen gegenüber dem Wehrminister des Reiches ... Es gibt im Staate nur einen Waffenträger: die Wehrmacht ... Jeder Gedanke eines Eingehens auf die Pläne des Generals von Schleicher wäre meinerseits aber nicht nur eine Treulosigkeit gegenüber dem General Feldmarschall und dem Reichswehrminister gewesen, sondern auch eine Treulosigkeit gegenüber der Armee."
Diese Rede Hitlers übte meiner Einschätzung nach eine positive Wirkung auf die Bevölkerung aus, die sich in ihrer Mehrheit hinter ihn stellte.
Zum neuen Stabschef der SA ernannte der Führer den SA-Obergruppenführer und Oberpräsidenten der Provinz Hannover Viktor Lutze. Der gebürtige Westfale war im Ersten Weltkrieg zuletzt Hauptmann und Regimentsadjutant, wurde mehrfach verwundet und verlor dabei ein Auge. Er gehörte mit der Nummer 84 zu den ältesten Mitgliedern der NSDAP. Er war mit Leo Schlageter befreundet, der während der Ruhrbesetzung von den Franzosen zum Tode verurteilt worden war, und hatte damals die Leiche seines Freundes unter Lebensgefahr ins unbesetzte Gebiet überführt. Als Reichsjugendführer arbeitete ich mit Viktor Lutze problemlos zusammen. Ich gewann ein herzliches Verhältnis zum älteren Kameraden. Er besaß eine sehr kritische Einstellung zum gegenwärtigen Kriegsgeschehen. Mit ihm unterhielt ich mich auch über die Ereignisse des 30. Juni 1934. Er bedauerte zutiefst, daß bei der Niederschlagung des Putsches auch Opfer ungerecht zu Tode gekommen waren und deutete an, daß sich dabei auch persönliche Machtinteressen im Spiel befunden hatten. Bei diesem Thema schien er mir resigniert. Unschwer war zu erkennen, was er mit dieser Andeutung sagen wollte.
Jedenfalls ging der Einfluß der SA nach dem 30. Juni 1934 zurück, während die SS an Macht gewann. In der Spitze drückte sich das darin aus, daß der Reichsführer-SS und Chef der Deutschen Polizei in der Schlußphase des Dritten Reiches zugleich auch Reichsinnenminister, Befehlshaber des Ersatzheeres und Inhaber weiterer gewichtiger Ämter war. Viktor Lutze erlitt am 2. Mai 1943 einen tödlichen Autounfall. Postum verlieh ihm der Führer das Goldene Kreuz des Deutschen Ordens.
Mir ist bekannt, daß bezweifelt wird, es habe sich bei der Röhm-Affäre um einen geplanten Putsch gehandelt. Vor einigen Jahren hatte ich Gelegenheit, in Berlin mit dem Historiker Prof. Werner Maser, der sich in seinen Büchern kritisch mit dem Dritten Reich auseinandergesetzt hat, darüber Gedanken auszutauschen. Er erzählte mir eine Begebenheit, von der ich bis dahin nichts wußte, nämlich, daß der Gruppenführer Karl Ernst auf einem Schiff in Bremen verhaftet worden sei und daß bei ihm ein Auftrag des Stabschefs Röhm gefunden wurde, in Frankreich als Botschafter einer

von Röhm kontrollierten Regierung tätig zu werden. Das spricht für einen beabsichtigten Putsch, abgesehen davon, daß bei mehreren Einheiten der SA größere Ansammlungen von Waffen gefunden wurden.

Anfang August 1934 befand ich mich im Wagen auf Dienstfahrt. In der schwülen Sommerhitze machte ich am Ammersee eine Pause und sprang in die erfrischende Flut. Vom Wasser aus beobachtete ich, wie die Fahne des Reiches auf Halbmast ging. Im Ort erkundigte ich mich nach dem Anlaß dafür. Der Reichspräsident von Hindenburg war auf seinem Gut Neudeck in Ostpreußen gestorben. Es war der 2. August 1934. Ich fuhr nach Berlin. Der Reichsjugendführer nahm mit seinen Amtschefs und Gebietsführern an der Trauerfeier teil, die in den Vormittagsstunden des 7. August 1934 stattfand. Mit dem Sonderzug für alle Teilnehmer ging es nach Hohenstein in Ostpreußen. Der Staatsakt für die Beisetzung wurde im Innenhof des Tannenberg-Denkmals vollzogen, das sich mit seinen acht trutzigen Türmen über der ostpreußischen Erde erhob, die der verewigte Generalfeldmarschall so erfolgreich gegen die Russen verteidigt hatte. Auf den hohen Zinnen wachten wie zum Schutze mit aufgepflanztem Seitengewehr Soldaten der Wehrmacht, die sich klar und eindrucksvoll gegen den weiten Himmel abhoben. Die Gedenkrede zum Heimgang hielt Adolf Hitler, die er mit den Worten beschloß:

„Hier, inmitten der schlummernden Grenadiere seiner siegreichen Regimenter, soll der müde Feldherr seine Ruhe finden. Die Türme der Burg sollten trotzige Wächter sein, dieses letzten großen Hauptquartiers des Ostens. Standarten und Fahnen halten die Parade. Das deutsche Volk aber wird zu seinem toten Helden kommen, um sich in Zeiten der Not neue Kraft zu holen für das Leben. Denn wenn selbst die letzte Spur dieses Leibes verweht sein sollte, wird der Name noch unsterblich sein. Toter Feldherr, geh nun ein in Wallhall."

Dann wurde der Sarg in die Gruft eines Turmes getragen, der gen Osten blickte.

Am Todestag Hindenburgs richtete Adolf Hitler einen Brief an den Reichsinnenminister, in dem es hieß:

„Die infolge des nationalen Unglücks, das unser Volk getroffen hat, notwendig gewordene gesetzliche Regelung der Frage des Staatsoberhauptes veranlaßt mich zu folgender Anordnung: 1. Die Größe des Dahingeschiedenen hat dem Titel Reichspräsident eine einmalige Bedeutung gegeben. Er ist nach unser aller Empfinden in dem, was er uns sagte, unzertrennlich verbunden mit dem Namen des großen Toten. Ich bitte daher, Vorsorge treffen zu wollen, daß ich im dienstlichen und außeramtlichen Verkehr wie bisher nur als Führer und Reichskanzler angesprochen werde. Diese Regelung soll für alle Zukunft gelten. 2. Ich will, daß die vom Kabinett beschlossene und verfassungsrechtlich gültige Betrauung meiner Person und damit des Reichskanzleramtes an sich mit den früheren Funktionen des Reichspräsidenten die ausdrückliche Sanktion des deutschen Volkes erhält. Tief durchdrungen von der Überzeugung, daß jede Staatsgewalt vom Volke ausgehen und von ihm in freier und geheimer Wahl bestätigt werden muß, bitte ich Sie, den Beschluß des Kabinetts mit den etwa noch notwendigen Ergänzungen unverzüglich dem Deutschen Volke zur freien Volksabstimmung vorlegen zu lassen."

Die Volksabstimmung fand am 19. August 1934 statt. 89,9 Prozent der Bevölkerung stimmten für die Zusammenlegung des Amtes des Reichskanzlers mit dem Amt des Reichspräsidenten in den Händen Adolf Hitlers. Generaloberst von Blomberg hatte als Reichswehrminister aufgrund des Gesetzes über das Staatsoberhaupt des Deutschen Reiches und Volkes die sofortige Vereidigung der Soldaten der Wehrmacht auf das Staatsoberhaupt befohlen. Die Eidesformel lautete:

„Ich schwöre bei Gott diesen heiligen Eid, daß ich dem Führer des Deutschen Reiches und Volkes, Adolf Hitler, dem Oberbefehlshaber der Wehrmacht, unbedingten Gehorsam leisten und als tapferer Soldat bereit sein will, jederzeit für diesen Eid mein Leben einzusetzen."

Das Testament des verstorbenen Reichspräsidenten wurde am 16. August 1934 im „Völkischen Beobachter" veröffentlicht. Es schloß mit folgenden Worten:

„Mein Kanzler Adolf Hitler und seine Bewegung haben zu dem großen Ziele, das deutsche Volk über alle Standes- und Klassenunterschiede zur inneren Einheit zusammenzuführen, einen entscheidenden Schritt von historischer Tragweite getan. Ich weiß, daß vieles noch zu tun bleibt, und ich wünsche von Herzen, daß hinter dem Akt der nationalen Erhebung und des völkischen Zusammenschlusses der Akt der Versöhnung stehe, der das ganze deutsche Vaterland umfaßt. Ich scheide von meinem deutschen Volk in der festen Hoffnung, daß das, was ich im Jahre 1919 ersehnte, und was in langsamer Reife zu dem 30. Januar 1933 führte, zu voller Erfüllung und Vollendung der geschichtlichen Sendung unseres Volkes reifen wird. In diesem festen Glauben an die Zukunft des Vaterlandes kann ich beruhigt meine Augen schließen."

In der Nachkriegszeit wurde das Testament im Hinblick auf seine Echtheit angezweifelt. Man verstieg sich zu der Behauptung, daß es von den Nationalsozialisten gefälscht worden sei. Daher möchte ich noch die Worte anführen, die der Sohn des verstorbenen Reichspräsidenten, Oberst Oskar von Hindenburg, am 18. August 1934 über den Rundfunk sprach:

„Mein nunmehr verewigter Vater selbst hat in Adolf Hitler seinen unmittelbaren Nachfolger als Oberhaupt des Deutschen Reiches gesehen, und ich handele in Übereinstimmung mit meines Vaters Absicht, wenn ich alle deutschen Männer und Frauen aufrufe, für die Übergabe des Amtes meines Vaters an den Führer und Reichskanzler zu stimmen. Und so dringt vom Marschallturm zu Tannenberg auch an diesen Tagen noch sein Ruf: 'Schart Euch zusammen und steht fest geschlossen hinter Deutschlands Führer. Zeigt nach außen und innen, daß ein unzerreißbares Band das deutsche Volk in einem Willen fest umspannt.'"

Am Abend des 8. November 1934 versammelte der Führer in München seine alten Kämpfer um sich, um der Ereignisse vom 9. November 1923 zu gedenken. Wie üblich ging er bei dieser Gelegenheit von Tisch zu Tisch, um sich mit seinen Mitarbeitern zu unterhalten. So kam er auch an meinen Tisch. Da vernahm ich aus seinem Munde seine Einstellung zum Reichspräsidenten von Hindenburg:

„Nach der Machtübernahme hatte ich zum ehrwürdigen alten Herrn ein sehr herzliches Verhältnis gewonnen. Man schreibt die Verdienste um den siegreichen Ausgang der Schlacht von Tannenberg dem Generalstabschef von Ludendorff zu. Ich aber sage, daß der Generalfeldmarschall von Hindenburg als Heerführer die letzte Verantwortung trug. Zu seinen hohen Qualitäten als Heerführer gehörte es auch, daß er in der Nacht vor der Schlacht noch ruhig schlafen konnte."

Wie konnte man es nun am besten erreichen, die Jugend freiwillig und mit Freude für leistungssteigernde Maßnahmen zu gewinnen? War der sportliche Wettkampf nicht ein bewährtes Mittel dafür? War es nicht möglich, den Wettkampfgedanken auch auf den Beruf zu übertragen, der den Menschen den ganzen Tag über in Anspruch nimmt? Der Gedanke der Durchführbarkeit bewegte mich unaufhörlich. Ein Beispiel für einen solchen Wettbewerb hatte es bereits gegeben. Schon 1921 verzeichnete man den ersten Ansatz dazu, wie August Haid im Märzheft 1935 des „Jungen Deutschland" berichtete. Damals wurden von der Ortsgruppe Singen/Hohentwiel des Bundes der Kaufmannsjugend im Deutschen Handlungsgehilfen-Verband (DHV) und dem Gewerkschaftsbund der Angestellten (GDA) Wettbewerbe durchgeführt, die sich auf die kaufmännische Jugend beschränkten. Die durchschnittliche Teilnehmerzahl wurde von Haid im Jahr mit 20.000 bis 30.000 angegeben. Diese Maßnahme hatte damals ihren Ursprung in der Tatsache, daß keine amtlichen Kaufmannsgehilfenprüfungen stattfanden, die immer wieder von den Angestelltenverbänden gefordert worden waren. So griff man eben zur Selbsthilfe. Ich hatte aus dem DHV und GDA Mitarbeiter gewonnen, mit denen ich mich nun über die Durchführbarkeit eines beruflichen Wettstreits beraten konnte. Zu ihnen gehörten u.a. Hans Wiese vom DHV und Wilhelm Grupp vom GDA. Vor allem aber beriet ich mich mit Fritz Knoop vom DHV, der zu einem

meiner engsten Mitarbeiter wurde. Ich berief ihn zu meinem Stellvertreter im Sozialen Amt der Reichsjugendführung, als Franz Langer in die Erwachsenenarbeit übertrat, bestellte ihn zum Chef des Zentralamtes, als ich meine Ernennung zum Reichsjugendführer erhielt, beauftragte ihn mit der Führung des Gebietes Mark Brandenburg der Hitlerjugend und entsandte ihn als meinen Beauftragten ins Protektorat Böhmen und Mähren nach Prag. Während ich diese Zeilen niederschrieb, erreichte mich die Nachricht, daß er sterbenskrank war. Ich besuchte ihn. Noch einmal hatte er sich von seinem Bett erhoben und stand aufrecht vor mir, vom Tode schon gezeichnet, und begrüßte mich. Wir umarmten uns. Dann legte er sich wieder hin. Wenige Tage später war er tot.
In den Beratungen vertrat ich die Auffassung, daß ein von uns durchgeführter Wettbewerb auf keinen Fall auf kaufmännische Lehrlinge oder „Stehkragenberufe" beschränkt bleiben dürfte. Er sollte auf alle handarbeitenden Berufe ausgedehnt werden. Wir waren uns klar darüber, welche Schwierigkeiten sich bei dieser Lösung vor uns auftürmen würden. Im sportlichen Wettbewerb waren die Disziplinen einfach. Es gab den Lauf, den Sprung und den Wurf. Gemessen wurde die Leistung mit der Stoppuhr oder dem Bandmaß. Wieviel komplizierter war es bei der Aufgabenstellung für viele Berufe und die Erarbeitung der Richtlinien für die Bewertung dieser Aufgaben! Da brauchte man ja ein Heer von Fachleuten, Meistern, Ingenieuren und Berufsschullehrern. Das konnte die Hitlerjugend nicht allein bewältigen.
Nun hatte inzwischen Adolf Hitler am 10. Mai 1933 die Gründung der Deutschen Arbeitsfront verkündet, die an die Stelle der aufgelösten Gewerkschaften trat. Dr. Robert Ley wurde zu ihrem Leiter bestimmt. Diese große Organisation der Schaffenden gliederte sich in 18 Reichsbetriebsgemeinschaften, denen Werktätige aller Berufe angehörten. Nur sie kam als fachlich-organisatorischer Träger für einen Berufswettkampf in Frage. Die Hitlerjugend würde in diese Aktion ihre Dynamik und Begeisterungsfähigkeit einbringen und ihre Mitglieder wie auch Nichtmitglieder zur Teilnahme mobilisieren. So entstand vor meinen Augen ein Gemeinschaftswerk zwischen Hitlerjugend und Deutscher Arbeitsfront. Diese Gedanken trug ich dem Reichsjugendführer vor. Er stimmte ihnen zu und sprach darüber mit Dr. Ley, der ebenfalls seine Zustimmung gab. Beide Reichsleiter kamen überein, mir die Leitung des Berufswettkampfes zu übertragen. Wir gingen unverzüglich ans Werk. Es waren noch grundsätzliche Entscheidungen zu treffen, bevor die Fachgremien zusammengerufen wurden. Der Wettkampf sollte alle Berufe erfassen, auch die Landwirtschaft und den Bergbau. Die Teilnahme am Wettkampf sollte absolut freiwillig sein. Erst die Freiwilligkeit gab dieser Maßnahme die Schwung-

kraft, die früher oder später die im Abseits Stehenden ergreifen würde. Auch Körperbehinderte konnten teilnehmen. Der Wettkampf war keineswegs dazu gedacht, die amtliche Gesellen- oder Gehilfenprüfung zu ersetzen. Die Aufgabenstellung mußte einheitlich für das Reichsgebiet erstellt werden. Nur auf dieser Grundlage war eine berufskundliche Auswertung und ein Leistungsvergleich möglich. Der reichseinheitlichen Aufgabenstellung mußten auch die reichseinheitlichen Bewertungsrichtlinien entsprechen. Drei Bewerter hatten die Aufgaben zu prüfen. Sie bezogen sich auf die Berufspraxis, die Berufstheorie, die Weltanschauung und den Sport. Das Schwergewicht lag eindeutig auf der Berufspraxis. Die besten Leistungen wurden in der Berufspraxis mit 70 Punkten, in der Berufstheorie mit 30 Punkten und in der Weltanschauung mit 20 Punkten bewertet, während im Sport nur eine Mindestleistung ohne Bewertung gefordert wurde. Diese um Sport und Weltanschauung erweiterten Aufgaben waren Ausdruck unserer Vorstellung, daß die besten Jungarbeiter die Ganzheit ihres Berufes beherrschen, den wichtigen Lebensfragen ihres Volkes gegenüber aufgeschlossen sein und ihre körperliche Ertüchtigung nicht vernachlässigen sollten. Eine politisch weltanschauliche Indoktrinierung war damit keineswegs beabsichtigt, wie man es uns nachträglich unterstellt hatte. Für die weibliche Jugend wurden zusätzlich hauswirtschaftliche Aufgaben in Theorie und Praxis eingeführt, wobei die Bewertung der theoretischen Bestleistung bei zehn und der praktischen Bestleistung bei 20 Punkten lag. Die Aufgaben wurden in vier Leistungsklassen eingeteilt, die den vier Lehrjahren entsprachen. Aber nicht nur die Lehrberufe waren zu erfassen, sondern auch die Un- und Angelernten. Für sie wurden eigene Leistungsklassen geschaffen. Einige Fachleute hatten dagegen ihre kritische Stimme erhoben und meinten, daß es sich doch um einen Berufswettkampf handelte, die Un- und Angelernten jedoch noch keine Berufsausbildung abgeschlossen hätten. Wir hingegen waren der Auffassung, daß wir gerade die Un- und Angelernten durch den Berufswettkampf ermutigen sollten, sobald wie möglich eine vollkommene Berufsausbildung einzugehen und abzuschließen.
Geplant wurde ein Orts-, ein Gau- und ein Reichswettkampf, aus dem die Orts-, Gau- und Reichssieger in den verschiedenen Berufen und Leistungsklassen hervorgehen sollten. Die Arbeiten der vielen Ortssieger wurden von den Wettkampfleistungen der Kreise nachbewertet und die Kreissieger bestimmt. Diese nahmen am Gauwettkampf teil. Für Räume, Material und für die Fortzahlung des Lohnes während des Wettkampfes mußte gesorgt werden. Jeder Teilnehmer am Wettkampf war versichert und erhielt eine 50prozentige Ermäßigung für die erforderlichen Fahrten. Die Gesamtfinanzierung übernahm die Deutsche Arbeitsfront. Die Mitgliedergroschen

der Arbeiter waren hier gut angelegt, die später vielen ihrer eigenen Söhne zugute kamen. Wir nannten die Aktion „Reichsberufswettkampf der Deutschen Jugend". Die Aktion erstreckte sich auf das ganze Jahr. Am 1. Oktober 1933 begannen die Vorbereitungen. Vom 1. Februar bis 1. Mai 1934 fanden die Wettkämpfe statt und in der Zeit vom 1. Mai bis zum 1. Oktober desselben Jahres wurde die berufskundliche Auswertung der Ergebnisse sowie die Festlegung und Durchführung der Fördermaßnahmen für die Sieger realisiert. Meine Mitarbeiter und ich erläuterten in der Zentrale und draußen im Lande vor den Fachgremien die erarbeiteten Richtlinien. In vielen Kundgebungen wurde die Jugend von ihren Führern und Führerinnen und den Amtsleitern der Deutschen Arbeitsfront zur Teilnahme aufgerufen. Betriebsführer, Berufsschullehrer, Handwerk, Industrie und Reichsnährstand begrüßten öffentlich den Wettkampf, ebenso die Minister der Regierung. Über die Fachzeitschriften, die Presse, den Film und den Rundfunk erreichte unsere Stimme und unser Aufruf auch das letzte Dorf. Fähige Mitarbeiter und Journalisten wie Günter Kaufmann und Albert Müller, die sozialpolitisch versiert waren, erfüllten diese Aufgabe mit großem Erfolg. Nur ganz selten haben wir damals im eigenen Bett geschlafen, als wir uns auf einer pausenlosen Kundgebungs- und Besprechungstour befanden und manchesmal übermüdet zum nächsten morgendlichen Betriebsappell erschienen.

Die Mühe lohnte sich. Zum ersten Reichsberufswettkampf meldeten sich 500.000 Jungen und Mädel freiwillig. Der Reichsberufswettkampf wurde durch eine Kundgebung im Berliner Sportpalast eröffnet. Im ersten Jahr sprachen Baldur von Schirach und Dr. Robert Ley, die durch ihr beständiges persönliches Engagement unserem Vorhaben zum Durchbruch verholfen haben. In den folgenden Jahren ergriff auch stets Reichsminister Dr. Goebbels das Wort. Die Sieger wurden in den Orten, Kreisen und Gauen unter Teilnahme der Bevölkerung und der Jugend ausgezeichnet und geehrt.

Die höchste Ehrung für die Reichssieger war der Empfang am 1. Mai beim Reichspräsidenten von Hindenburg und Reichskanzler Adolf Hitler. Wieder durfte ich dabei sein. Im vorausgegangenen Jahr verdankte ich meine ehrenvolle Teilnahme meiner Arbeit für die Jugendbetriebszellen in der Kampfzeit. Dieses Mal verdankte ich meine Anwesenheit meiner Arbeit als Leiter des Reichsberufswettkampfes. Doch zwischen diesen Empfängen gab es für mich einen wesentlichen Unterschied. Dieses Mal hatte ich maßgeblich dazu beigetragen, daß sich die Elite der schaffenden deutschen Jugend durch ihre eigene Leistung die Tore zur Reichskanzlei öffnen konnte, und zwar unabhängig von Beziehungen, Protektion oder Zufall. Das war für mich ein denkwürdiges gesellschaftspolitisches Ereignis, das ich auch

als persönliches Glück empfand. Dieses Ereignis machte mir bewußt, daß es die schönste Aufgabe meines Lebens ist und bleiben wird, den besten der werktätigen Jugend den Weg nach oben bereiten zu helfen.
Noch etwas anderes kam hinzu. Der 1. Mai war in der Weimarer Republik ein Tag des Klassenkampfes und blutiger Auseinandersetzungen gewesen. Ich denke nur an den 1. Mai 1929, als in Berlin und vor allem im roten Wedding bei den Kämpfen zwischen den Kommunisten und der Polizei neun Tote und viele Verletzte auf der Strecke blieben. Jetzt wurde am Feiertag der Nationalen Arbeit die Elite der aufstrebenden Jugend, der Adel der Arbeit gewürdigt. Das war für mich die neue und eigentliche Sinngebung des 1. Mai. Zeuge der Begegnung der jungen Elite mit ihrem Staatsoberhaupt und Reichskanzler zu sein, war für mich die Erfüllung eines großen Wunsches. Hitler pflegte seine Ehrengäste durch Handschlag zu begrüßen. Er scharte sie um sich, und sie hingen wie eine Traube an ihm. Dann sprach er über den Aufbau eines modernen sozialen Volksstaates. Der Weg nach oben soll für den Tüchtigen am kürzesten sein. Um ihn herum hörten junge Menschen gebannt zu, die bereits in sich selbst sein Programm verkörperten.
Ich habe Adolf Hitler in der Kampfzeit und in den Jahren des Aufbaus des öfteren auf Kundgebungen sprechen hören und stand unter der Wirkung eines großen Redners und einer charismatischen Persönlichkeit, die in einfachen Worten überzeugend das auszudrücken vermochte, was die Menschen dachten, empfanden oder ersehnten. Wenn er an jedem 1. Mai im kleinen Kreis mit seiner tiefen, gutturalen Stimme zu uns sprach, dann drang die Wirkung seiner Worte noch tiefer ein, als es in einer Großkundgebung der Fall war. Wir befanden uns dann in hautnahem Kontakt zu ihm und unter der Ausstrahlung seiner Persönlichkeit. In diesen Augenblicken fühlten wir, daß er es mit dem Aufbau eines sozial gerechten Volksstaates ehrlich meinte. Gerade junge Menschen haben dafür ein feines Gespür. Wie sollte in mir der geringste Zweifel an der Richtigkeit der Zielsetzung und des Weges aufkommen, wenn mir schon in jungen Jahren die Freiheit gelassen wurde, nach eigenen Vorstellungen an der Lösung einer großen sozialen Aufgabe mitzuwirken, die u.a. in den Worten Adolf Hitlers ihren Ausdruck fand:
„Uns schwebt ein Staat vor, bei dem in Zukunft jede Stelle vom fähigsten Sohn unseres Volkes besetzt sein soll, ganz gleichgültig, wo er herkommt. Ein Staat, in dem die Geburt gar nichts ist und Leistung und Können alles."
Diese Begegnungen mit dem Führer und Reichskanzler hatten in mir ein tief eingewurzeltes Vertrauen geschaffen, das trotz aller Anfechtungen und kritischer Beurteilung in späterer Kriegszeit bis zum Ende währte.
Mit den Vorbereitungen für den 1. Reichsberufswettkampf, der bereits im Februar 1934 beginnen sollte, hatten wir erst im letzten Quartal des Jahres

1933 beginnen können. Das war ein Wagnis und grenzte an Improvisation. Bei der schwierigen fachlich-organisatorischen Umsetzung des beruflichen Wettkampfgedankens traten natürlich Mängel auf, die im folgenden Jahr beseitigt wurden. Den Reichsentscheid der Gausieger verlegten wir 1935 von Berlin nach Saarbrücken. Unter der Kontrolle des Völkerbundes hatte am 13. Januar 1935 eine Abstimmung der Saarbevölkerung darüber stattgefunden, wer zu Deutschland oder zu Frankreich gehören wollte. 90,7 Prozent der Bevölkerung hatten für die Rückkehr des Saargebietes zum Deutschen Reich, 0,4 Prozent für die Angliederung an Frankreich und 8,84 Prozent für den Status quo gestimmt. Die Verkündung der Reichssieger fand im historischen Wartburgsaal statt, in dem die Ergebnisse der Volksabstimmung ausgestellt worden waren. Im Sinne des von der Reichsjugendführung seit 1933 eingeleiteten Austausches mit der französischen Jugend hatten wir eine Abordnung junger Franzosen zu den Veranstaltungstagen von Saarbrücken eingeladen. Damit wollten wir unseren Wunsch zur Zusammenarbeit gerade nach der Abstimmung bekunden. Ein gemeinsam verbrachter Abend hatte mich besonders beeindruckt. Jeder Franzose geleitete eine BDM-Führerin zu ihrem Platz an seiner Seite, und jeder Hitlerjugendführer nahm eine Französin an die Hand und führte sie zu Tisch. Trotz der sprachlichen Schwierigkeiten lag über dem Abend Frohsinn und der Geist der Kameradschaft. Leider gab es auch einen Wermutstropfen im Wein. Wir waren entsetzt über die Worte eines älteren Hoheitsträgers der Partei, der von der Anwesenheit der Franzosen Kenntnis hatte. Seine Ansprache atmete nicht den Geist der Freundschaft, sondern den einer gelungenen Revanche, die in der Saarabstimmung ihren vermeintlichen Ausdruck gefunden hatte. Ich ging danach zu den Franzosen und entschuldigte mich. Sie wußten nun, daß auch wir als junge Generation unsere Sorgen hatten. Der Reichswettkampf der beruflichen Elite wurde zu einem nationalen Ereignis. Die Städte bewarben sich darum, seine Durchführung in ihren Mauern zu haben. Waren wir 1935 im äußersten Südwesten, so gingen wir 1936 nach Königsberg in Ostpreußen, der Stadt Immanuel Kants und Agnes Miegels. Verbunden war damit unser Bekenntnis zum deutschen Osten und seiner geschichtlichen Sendung. Die Eröffnung des Reichskampfes erfolgte im fackelerleuchteten Hof des Schlosses, in dem einst der erste König in Preußen, Friedrich I, residierte. Den Teilnehmern des Reichskampfes wurde dadurch eine Auszeichnung zuteil, daß zu ihren Ehren eine Kompanie der Wehrmacht aufmarschiert war. Der Befehlshaber des Wehrkreises I., der spätere Generalfeldmarschall und Oberbefehlshaber des Heeres von Brauchitsch, zeigte sich sehr an unseren Maßnahmen interessiert und besuchte mehrere Wettkampfstätten. Er erzählte mir, es wäre in seiner Familie Tradition gewesen, daß jeder Sohn ein Handwerk erlernen mußte. Die

Wettkämpfer konnten ihre Freizeit sinnvoll nutzen. Sie besichtigten die Bernsteinmanufakturen, in denen das „Ostpreußische Gold" verarbeitet wurde. Sie fuhren hinaus ins schöne Ostseebad Crantz oder machten mit ihrem Reichsjugendführer einen zwanglosen Spaziergang an der Samlandküste. Der Besuch des Tannenberg-Denkmals durfte nicht fehlen.
Die Wettkämpfe und Veranstaltungen verliefen in zeitlicher Präzision. Zwischen der Ermittlung und Verkündung der Reichssieger und -siegerinnen lag nur ein Tag. In dieser Zeit mußten die vielen kunstvollen Urkunden noch grafisch beschriftet und gestaltet sowie von den Reichsleitern Dr. Ley und von Schirach unterschrieben werden. Bei dieser Unterschriftenaktion gerieten die Urkunden in der Reihenfolge, in der sie verlesen werden mußten, durcheinander. Meine Mitarbeiter lagen noch wenige Minuten vor der Kundgebung in Hemdsärmeln auf dem Boden ihres Hotelzimmers, um die Stapel wieder in die richtige Reihenfolge zu bringen. Erst mit dem Fahneneinmarsch erschienen die Urkunden. Als ich das Podium für meine Eröffnungsworte betreten wollte, flüsterte mir Hans Wiese, mein Vertreter für den Wettkampf, zu, daß die Siegerabzeichen noch nicht eingetroffen seien. Also mußte ich meine Rede zeitlich so weit dehnen, bis mir vom Eingang der Ausstellungshallen durch ein Zeichen bedeutet wurde, daß sie im Anrollen waren. Für solche Pannen entschädigte uns die unermeßliche Freude der Reichssieger bei der Verlesung ihrer Namen vollauf. Nach der Arbeit des Tages entspannte sich mancher Wettkampfleiter und -helfer zur späten Stunde im „Blutgericht", einem historischen Weinlokal im Keller des Schlosses mit verräucherten Gewölben und braunen, geschnitzten Weinfässern, die eine gemütliche Atmosphäre schufen. Doch mußte er Obacht geben, daß ihm der „Bärenfang" nicht wie Blei in die Beine ging.
1937 traf sich die Auslese der Jungarbeiter und Jungarbeiterinnen zum Reichskampf in München. Er wurde mit einer Kundgebung vor der Feldherrenhalle eröffnet. In der Freizeit wurden die Sehenswürdigkeiten der Stadt besichtigt. Mit einer Fahrt zu den Alpen erfüllte sich ein Wunsch vieler Teilnehmer. Der Druckerlehrling Heinz Mauer aus Hannover schrieb darüber in seinem Brief:
„Auf der Heimfahrt war im Abteil eine merkwürdige Ruhe. Wir waren nur ein paar Stunden in den Alpen gewesen. Trotzdem hatten sie uns überwältigt, waren wir noch gefangen von dem leisen Spiel der tiefgrünen klaren Gebirgsseen, von den schneebedeckten Berggipfeln und den ruhigen ernsten Nadelforsten. Jeder von uns mußte diese Eindrücke erst verdauen. Lange nach Zapfenstreich konnte ich noch keinen Schlaf finden. Immer wieder mußte ich an dieses unvergeßliche Erlebnis denken."
Auf der Schlußkundgebung im Zirkus Krone wurden die Reichssieger und -siegerinnen verkündet. Über die Stimmung gespannter Erwartung schrieb

der Lithographenlehrling Fr. Großmann aus Hamburg:
„Ein jeder freute sich mit diesen Kameraden, die nun überglücklich und strahlend in der Mitte der Halle standen. Keiner in dieser großen Menge, die nun noch auf den Plätzen blieb, zeigte häßlichen Egoismus. Diese Ritterlichkeit und Kameradschaft war wohl das Größte dieses Kampfes. Jeder kann nun einmal nicht Reichssieger werden. Uns Reichsbesiegte soll das nur noch zu besserer und sicherer Arbeit anspornen. Eine fast unerträgliche Spannung lag über uns, als der Reichsjugendführer die Namen der Sieger verkündete und sie zu sich hinab rief. Als mein Name genannt wurde, lief es mir kalt den Rücken hinunter. Ich war ganz verwirrt von dem großen Ereignis, daß ich nun doch Reichssieger geworden war. Erst allmählich konnte ich mich mit dem Gedanken vertraut machen, daß ich das hohe Ziel tatsächlich erreicht hatte. Der Reichskampf in München wird immer ein Höhepunkt in meinem Leben bedeuten, und daß ich Reichssieger wurde, ist nicht nur ein großer Erfolg für mich, sondern auch für alle, die sich irgendwann und irgendwie um mich bemüht haben und denen ich darum zu Dank verpflichtet bin."
Es war kennzeichnend für alle Wettkämpfer, daß sie den Sieg ihrer Kameraden mit herzlichen Glückwünschen und ohne Neid und Mißgunst anerkannt haben. Diese vornehme kameradschaftliche Gesinnung äußerte sich symbolisch darin, daß sie ihre Berufsbesten in einem feierlichen Fackelzug zum Bahnhof begleiteten. Der Druckerlehrling Fritz Kruchen aus Düsseldorf berichtete darüber:
„Ein Erlebnis hat sich mir unauslöschlich eingeprägt. Die 50 Kameraden, die zum Führer fuhren, stehen am Bahnhof und an ihnen vorbei ziehen ihre Kameraden im Fackelzug. Gestern noch Schulter an Schulter mit ihnen um die Siegespalme ringend, und jetzt ihnen zujubelnd in ehrlicher und freudiger Anerkennung ihres errungenen Erfolges. Ja, dieser Geist, möge er in Deutschlands Jugend nie erlöschen. Möge ihn jeder von München mitgenommen haben und ihn weitergeben, wo er auch stehe."
1938 nahm uns die großzügige Hansestadt Hamburg mit dem Reichskampf auf. Hier erlebten die Teilnehmer das deutsche Tor zur Welt, den emsigen, verkehrsreichen Hafen mit seinen Ozeanriesen, Frachtdampfern, Motorjachten und Schaluppen, seinen Speichern, greifenden Krähnen und dröhnenden Werften, ein Sinnbild des Aufstiegs und wiedergewonnener Geltung. Eine Abordnung der Gausieger wurde vom Gauleiter und Reichsstatthalter Karl Kaufmann empfangen, mit dem wir uns besonders verbunden fühlten. Die Senatoren der Hansestadt Hamburg begrüßten sie im Rathaus als willkommene Gäste. Mit mir erfreuten sie sich auf dem Sülberg in Blankenese einer erholsamen Kaffeerunde und schauten von dort über die äußere Elbe hinaus in die weite Ferne. In Hamburg nahmen von allen bis-

her stattgefundenen Reichsentscheidungen die meisten Gausieger und Gausiegerinnen teil. Von nahezu 2,8 Millionen Teilnehmern und Teilnehmerinnen wurden 37.700 Gausieger und -siegerinnen ermittelt, von denen die Bestbeurteilten - 6.352 Gausieger und -siegerinnen - nach Hamburg gekommen waren. Es war das erste Mal, daß in Hamburg auch Gausieger und -siegerinnen der Erwachsenen zum Reichsentscheid angetreten waren.
Nach vier Berufswettkämpfen der Deutschen Jugend hatte die Idee auch unter den Erwachsenen gezündet. Schon am 18. März 1937 hatte mich Dr. Robert Ley zum Leiter des von der Deutschen Arbeitsfront durchzuführenden Berufswettkampfes aller schaffenden Deutschen bestellt. Am 12. September 1937 war von ihm folgende Anordnung erlassen worden:
„In Ausführung meiner Anordnung 15/37 wird für den Berufswettkampf aller schaffenden Deutschen nun eine ständige Dienststelle 'Berufswettkampf aller schaffenden Deutschen' errichtet. Der Leiter dieser Dienststelle ist gemäß der gegebenen Anordnung Pg. Axmann. Die Dienststelle 'Berufswettkampf aller schaffenden Deutschen' trägt den Charakter einer Führungsstelle und hat in dieser Eigenschaft den Berufswettkampf der Jugend und den Berufswettkampf der Erwachsenen in der Unterteilung: Facharbeiter bzw. Gesellen und Meister zu vertreten und auszurichten. Die praktische Durchführung erfolgt unmittelbar über die Reichsbetriebsgemeinschaften und Gauverwaltungen. In fachlicher und gebietlicher Hinsicht sind damit die Reichsbetriebsgemeinschaftsleiter und die Gauobmänner für die ordnungsgemäße Abwicklung des Berufswettkampfes aller schaffenden Deutschen voll verantwortlich."
Für die Facharbeiter, Gesellen und Meister waren neue Leistungsklassen geschaffen und die Aufgaben nach den bisher praktizierten Grundsätzen erstellt worden. Nach Hamburg hatten wir auch als Gäste alle bisherigen Reichssieger und -siegerinnen der Jahre 1934 bis 1937 eingeladen. Das war ein überraschendes Wiedersehen unserer Besten. Ich hatte Dr. Ley berichtet, daß es selbst in einer Großstadt wie Hamburg schon Schwierigkeiten bereiten würde, für über 6.000 Teilnehmer die gleichen räumlichen Voraussetzungen für die Durchführung des Wettkampfes zu schaffen. Wir faßten für die Zukunft ins Auge, den Bau eines zentralen Areals mit Wettkampfstätten für den Reichsentscheid zu errichten. In der Hanseatenhalle fand mit Reden von Baldur von Schirach und Dr. Robert Ley die Verkündung der Reichssieger und -siegerinnen 1938 statt. In seiner Rede gab Dr. Ley unseren Plan der Errichtung umfangreicher Wettkampfstätten bekannt. Dazu äußerte er nach dem Bericht des „Jungen Deutschland" vom August 1938 folgendes:
„Es sind 6.000 Jungen und Mädel, Arbeiter und Arbeiterinnen hier versam-

melt. Es gibt aber 40.000 Gausieger, also fast die siebenfache Zahl. Es ist notwendig, die Gausieger zum gemeinsamen Endkampf zusammenzufassen. Wir können aber die Bedingungen nicht ins Uferlose steigern, um die Zahl der Gausieger zu verringern. Wir wollen froh und stolz sein, daß es uns in den fünf Jahren gelungen ist, die beruflichen Fähigkeiten unseres Volkes so sehr zu steigern. Es sei daher vorgesehen, eine Wettkampfstadt, ein Stadion für den Berufswettkampf zu bauen, und zwar in der Stadt des Deutschen Volkswagens, an deren Errichtung bereits herangegangen wird. Hier werden alle Wettkampfstätten und Unterkünfte für die Veranstaltungen der nächsten Jahre entstehen. Den Plan wird die Wettkampfleitung unter Obergebietsführer Axmann im einzelnen ausarbeiten."
Es sollte eine Hochschule der praktischen Arbeit entstehen und jeder, der sie als Reichssieger und Reichssiegerin absolvierte, einen staatlich sanktionierten Grad erhalten, der dem Doktorgrad entsprach. Ohne Zweifel ein gesellschaftspolitisches Novum. Diese Entwicklung blieb uns durch den Krieg versagt.
In Hamburg führte ich den englischen Botschafter Sir Neville Henderson durch die Wettkampfstätten. Ich hatte ihn im Hause von Viktor Lutze - dem neuen Stabschef der SA - kennengelernt und war seitdem hin und wieder Gast in der englischen Botschaft. Er war gegenüber den Fragen der Auslese im Berufsleben sehr aufgeschlossen und interessiert. Das verwunderte nicht, denn gerade die Engländer hatten reiche Erfahrungen in Fragen der Auslese für die politische Führung des Commonwealth. Auch der französische Botschafter François Poncet hatte sein Interesse an unseren Maßnahmen bekundet. Er hatte bereits 1936 unsere Wettkampfstätten in Berlin besucht.
1939 wählten wir Köln als Austragungsort für den Reichsentscheid. Als die Teilnehmer mit ihren Tornistern, Koffern und ihrem Werkzeug aus allen Gauen eintrafen, grüßten sie Transparente und Plakate an Straßenbahnen und Anschlagsäulen. Die Häuser waren zu ihren Ehren beflaggt und die Wettkampfstätten geschmückt. Überall in den Straßen lief und sang die Jugend. Konzertsäle und Theater hatten sich geöffnet. Die ganze Stadt stand im Zeichen des Reichskampfes. Die Freizeit wurde mit Stunden des Frohsinns auf den Rheindampfern ausgefüllt. Dieses Mal hatte ich den Auftrag erhalten, die Reichssieger und -siegerinnen zu verkünden. Sie blieben bis zum letzten Augenblick geheim. In der Stille des Saals war angespannte Erwartung. Ich verlas den Beruf und Namen des Siegers. Ein freudiger Aufschrei war die Antwort. Die Erwählten sprangen hoch, fielen dem Nachbarn um den Hals, erreichten die Tribüne unter dem ehrlichen Jubel der neidlosen Kameraden und erhielten unter Lachen oder Weinen von den Reichsleitern Baldur von Schirach und Dr. Ley die Urkunde und das Ab-

zeichen des Reichssiegers. Ich war so bewegt, daß mir für Augenblicke die Stimme versagte. Es war der letzte Reichsentscheid im Frieden. Zum ersten Mal waren Österreicher und Sudetenländer mit dabei.
Eine Bereicherung für den Reichsberufswettkampf war die Teilnahme der Studenten. Damit standen Handarbeiter und Geistesarbeiter in einer Front und dokumentierten ihren gemeinsamen Willen zum Aufbau des Reiches. Der Reichsleistungskampf aktivierte den jungen Nachwuchs der deutschen Wissenschaft. Der Leiter des Vierjahresplanes, Ministerpräsident Generalfeldmarschall Göring, äußerte sich dazu wie folgt:
„Die Durchführung des Reichsleistungskampfes der Deutschen Studenten im Rahmen des Reichsberufswettkampfes der gesamten deutschen Jugend begrüße ich lebhaft. Die deutsche Studentenschaft beweist dadurch ihren Willen, sich voll in die große Front der deutschen Jugend einzugliedern und auf dem so wichtigen Gebiet der Erziehung eines wissenschaftlichen Nachwuchses neue Wege zu beschreiten. Ich hoffe und wünsche, daß Deutschlands Studenten auf den Hoch- und Fachschulen sich freudig und zahlreich an diesem Kampf beteiligen werden."
Die Aufgabenstellung führte die Studenten und Studentinnen an Fragen und Probleme heran, die einer dringenden Lösung bedurften. Sie waren also weitgehend praxisbezogen. Sie erstreckten sich z.B. auf Themen wie die deutsche Textilindustrie, deutsche Roh- und Werkstoffe, deutsche Energieversorgung, deutscher Verkehr, Raum und Siedlung, die Ernährungsfreiheit, nationalsozialistische Wirtschaftsgestaltung, deutsches Rechtsleben, Gesundheitsführung und auf bildendes Kunstschaffen. Es war zu erkennen, daß diese Themen einen unmittelbaren Bezug zu der Zielsetzung des Vierjahresplanes besaßen. Die gewählten Aufgaben wurden nicht von einem einzelnen Studenten, sondern von einer Arbeitsgemeinschaft behandelt und gelöst. Viele Arbeiten waren für den Aufbau von großem Nutzen. Dabei gab es auch Arbeiten, die zur Geheimen Reichssache erklärt wurden. Andere Arbeiten erfuhren eine Veröffentlichung in wissenschaftlichen Fachzeitschriften und in der Presse. Die Ergebnisse der Bemühungen und Forschungen konnten in zahlreichen Sparten - vom Maschinen- bis zum Bergbau oder von Raum und Siedlung bis zum Kunstschaffen - zu einem hohen Prozentsatz, zwischen zwölf und 100 Prozent, in die Praxis umgesetzt werden.
Diese Zahlen bewiesen den schöpferischen Anteil der Studenten an der Gestaltung unseres Lebens. Die Bewertung der Lösungen erfolgte durch mehrere fachkundige Persönlichkeiten. Die Prädikatisierung der Lösungen erfolgte von der Kategorie „unbrauchbar" bis „sehr wertvoll".
Auch die Hitlerjugend profitierte vom Leistungskampf der Studenten. So stellte z.B. eine studentische Arbeitsgemeinschaft ihre Pläne für ein HJ-

Heim, ein Feierplatzgelände und einen Sportplatz der Grenzmarkgemeinde Flatow zur Verfügung. Die Regierung Schneidemühl und die Landesplanung der Gemeinschaft Grenzmark stellten dann die erforderlichen finanziellen Mittel für den Bau dieser Anlage zur Verfügung. Auch auf anderen Gebieten bildeten die gebrachten Leistungen eine Einheit von Forschung und Praxis. Die Zusammenarbeit der Führungsstelle des Reichsberufswettkampfes mit der Studentenführung war sehr erfreulich. Die Finanzierung des Reichsleistungskampfes der Studenten erfolgte durch die Deutsche Arbeitsfront. Vertreter der Siegerarbeitsgemeinschaften wurden am 1. Mai dem Staatsoberhaupt vorgestellt. Die Fachschulstudenten leisteten im Reichsleistungskampf die Pionierarbeit. Sie beteiligten sich 1934/35 mit 78 Fachschulen, 256 Mannschaften und 1.482 Studenten. 1935/36 folgten die Hochschulstudenten mit 8.970 Teilnehmern. Ich betrachte es als ein besonders erfreuliches Zeichen, daß sich der Reichsnährstand mit 282.137 Jugendlichen und der Bergbau mit 48.265 Bergknappen und Bergjungleuten beteiligt hatten. Sehr beachtlich war auch die Tatsache, daß sich das deutsche Handwerk mit 25.000 Meistern, 21.000 Gesellen und 14.000 Betriebsgemeinschaften am Reichsberufswettkampf beteiligt hatte. Das Handwerk hat ja nicht nur eine große Bedeutung für den wirtschaftlichen Aufbau, sondern als schöpferisch gestaltende Kraft auch für die Erfüllung einer kulturellen Sendung.

Im Rahmen des Reichsberufswettkampfes gab es auch Sonderaktionen, wie z.B. einen Plakat- oder einen Schaufensterwettbewerb. So wurden die Angehörigen des graphischen Gewerbes aufgerufen, ein Plakat für den Reichsberufswettkampf zu gestalten, das das hohe Ziel des Reichsberufswettkampfes überzeugend und sinnvoll zum Ausdruck bringen sollte. 1937 wurden 579 Plakatentwürfe eingesandt. Sie fanden vor Künstlern und Gebrauchsgraphikern hohe Anerkennung. Die Hersteller der besten Entwürfe erhielten ein Stipendium für einen Jahresbesuch der Kunstgewerbeschule Offenbach am Main. Weiterhin waren Entwürfe für eine Ehrenurkunde der Sieger und für eine Teilnehmerurkunde einzureichen, die eine schöne Erinnerung und ein stolzer Besitz fürs Leben zu werden versprachen. Schließlich war ein Plakat für den Schaufensterwettbewerb der kaufmännischen Jugend zu entwerfen, das in den Schaufenstern zum Aushang gelangen sollte. Dazu wurden Jugendliche und Erwachsene beiderlei Geschlechts aufgerufen. Es handelte sich dabei um 15 Geschäftszweige von Blumenbindereien, Kunst- und Antiquitätenhandel über Drogerien, Gesundheits- und Körperpflege, Nahrungs- und Genußmittel bis zu Textilien, Glas und Porzellan. Der Schaufensterwettbewerb stand unter dem Leitsatz: „Wir künden deutsche Leistung". Das Schaufenster sollte auch im Dienst der wirtschaftspolitischen Zielsetzung stehen und die Verbrauchslenkung im

Sinne des Vierjahresplanes beeinflussen. Es konnte falsche Auffassungen und Vorurteile über die neuen deutschen Ersatzrohstoffe beseitigen helfen und ihren wahren Wert propagieren. Nicht nur in belebten Verkehrsadern sollten die Schaufenster dekoriert werden, sondern vor allem auch in den Nebenstraßen, Vororten und Kleinstädten. 1938 wurden 75.000 Schaufenster für Dekorationen zur Verfügung gestellt. Aus ihnen sollte dem Betrachter der Wille zur Arbeit und Leistung entgegenleuchten. Besaß für uns der Erlebniswert in der Gemeinschaft einen hohen Rang, so nicht minder die nach innen gerichtete Arbeit. Das betraf neben den organisatorischen Arbeiten vor allem die berufskundliche und wissenschaftliche Auswertung der Leistungsergebnisse und die berufliche Förderung der Sieger und Siegerinnen. Die Auswertung bezog sich auf etwa 2.800.000 Arbeiten. Das war gewiß ein repräsentativer Querschnitt. Damals konnten wir noch nicht mit Computern arbeiten. Sie kamen erst drei Jahrzehnte später auf den Markt. Wir bedienten uns damals des Lochkartenverfahrens von Hollerith.

Auf eine Tatsache sei noch hingewiesen, die mir erwähnenswert erscheint. Der Reichsbund der deutschen Beamten zeigte sich von der Auswirkung des Berufswettkampfes so beeindruckt, daß er anregte und vorschlug, auch die Beamten in Zukunft am Wettkampf teilnehmen zu lassen. Er bat den Reichsminister des Innern um Zustimmung. Dieser erwiderte darauf in einem Brief vom 17. Juni 1939:

„Nach Benehmen mit dem Stellvertreter des Führers stimme ich der Beteiligung der Beamten am Reichsberufswettkampf grundsätzlich zu. Im Sinne der Vorverhandlungen mache ich diese Zustimmung jedoch davon abhängig, daß der Wettkampf für Beamte dem der nichtbeamteten Gefolgschaftsmitglieder des öffentlichen Dienstes und der freien Wirtschaft völlig gleich gewertet und nicht als Sonderveranstaltung aufgezogen wird, sondern mit ihrer Beteiligung unter einheitlicher Organisation und nach einheitlichen Richtlinien stattfindet."

Wir begrüßten natürlich diese Entscheidung. Man sprach immer von den wohlerworbenen Rechten der Beamten, die sich dieser oder jener im Laufe der Zeit mehr ersessen als verdient hatte. Da wäre es schon begrüßenswert gewesen, wenn es im festgetretenen Ablauf etwas Bewegung gegeben hätte. Vor allem wäre es auch möglich geworden, daß jemand außerhalb des Berechtigungswesens durch seine erwiesene Leistung eine höhere Position erlangen konnte. Leider kam eine solche Lösung nicht mehr zum Tragen. Eine Kuriosität sei noch am Rande vermerkt: Dr. Ley hatte dem Reichsleiter Martin Bormann vorgeschlagen, daß sich die Gutsverwaltung Obersalzberg am Reichsberufswettkampf beteiligen sollte. Darauf antwortete Bormann in einem Brief vom 23. Juli 1939 wie folgt:

„Dies ist verschiedener Gründe wegen nicht möglich. Zunächst einmal deswegen, weil man unmöglich den Gutshof Obersalzberg im Vergleich mit anderen Gutshöfen setzen kann, denn der Gutshof wurde mit Mitteln gebaut, die in solcher Höhe den sich am Reichsberufswettkampf beteiligenden Landwirten gar nicht zur Verfügung stehen. Es wäre völlig unbillig, wenn man den anderen Beteiligten eine derartige Konkurrenz zumuten wollte. Zweitens wurde der Gutshof nach den genauen Weisungen des Führers gebaut und eingerichtet, und daher ist es nicht angängig, daß der Führer gewissermaßen seinem eigenen Produkt einen Preis erteilt. Drittens kann aber der interne Gutsbetrieb heute mit anderen Wirtschaften noch gar nicht konkurrieren. Unser Viehstapel mußte z.B. aus einer ganzen Reihe verschiedener Zuchten zusammengekauft werden und ist daher noch nicht so einheitlich wie andere Zuchten, die seit vielen Jahren bestehen. Diese Beispiele ließen sich erweitern. Aus all diesen Gründen muß von einer Beteiligung der Gutsverwaltung Obersalzberg am Reichsberufswettkampf abgesehen werden."

Verantwortlich für die Verwaltung des Obersalzberges und des Gutsbetriebes war Martin Bormann. Er hatte ja in früher Zeit als Eleve und später als Inspektor auf dem Gut Herzog in der Nähe von Parchim in Mecklenburg gearbeitet. Nicht der Führer, sondern Bormann oder sein Beauftragter wären durch den Wettkampf geprüft worden.

Die reichseinheitliche Aufgabenstellung und Bewertung ermöglichten die vergleichende Auswertung. Als Unterlage diente der Auswertungsbogen. Darin war die Kennummer des Wettkämpfers und des Betriebes verzeichnet. Er enthielt Fragen über die Personalien, die Berufsausbildung und sozialpolitischen Verhältnisse. Die möglichen Antworten wurden mit einer Schlüsselzahl in ein Kästchen eingetragen. Der Auswertungsbogen enthielt auch die Wettkampfergebnisse. Die Auswertung versetzte uns in die Lage, einen Überblick über die Leistungsentwicklung der verschiedenen Jahre zu erhalten. So erzielten 1936 sehr gute Leistungen in der Berufspraxis 5,5 Prozent und 1939 10,4 Prozent der jugendlichen Teilnehmer, gute Leistungen im Jahr 1936 34,5 Prozent und 1939 44,5 Prozent, ausreichende Leistungen 1936 38,7 Prozent und 1939 37,1 Prozent sowie nicht ausreichende Leistungen 1936 21,3 Prozent und 1939 8 Prozent. Mit diesen exakten Zahlen war die leistungssteigernde Wirkung des Reichsberufswettkampfes bewiesen. Das traf auch für den Leistungsanstieg in der Hauswirtschaft und der Erfüllung der weltanschaulichen Aufgaben zu. 1937 erhielten 46,5 Prozent der Angehörigen der Hitlerjugend und 36,9 Prozent der nicht Organisierten eine sehr gute und gute Beurteilung, während sich bei der nicht ausreichenden Bewertung acht Prozent der Mitglieder der Hitlerjugend und 13 Prozent der nicht Organisierten gegenüberstanden. So konnten wir auch die Auswirkung der Arbeit der Hitlerjugend feststellen. Diese Auswertung erfolgte differenziert nach Berufen und seinen Leistungsklassen innerhalb der Gaue. Dadurch ergaben sich viele Möglichkeiten des Vergleichs. In der berufspraktischen und berufstheoretischen Leistung stand der Gau Württemberg-Hohenzollern an der Spitze. Die Auswertung bestätigte, daß die berufspraktischen Leistungen von Teilnehmern aus Betrieben mit Lehrwerkstätten stets am besten waren, während die berufstheoretischen Leistungen von den Teilnehmern am besten waren, die eine praxisnahe Werkschule besuchten. So gaben uns die konkreten Ergebnisse der Auswertung wertvolle Hinweise, welche Vorschläge und Maßnahmen zur Verbesserung notwendig waren. Die sozialpolitische Auswertung der Fragebogen bezog sich unter anderem auf den Beruf des Vaters, auf die Zahl der Geschwister bei Jugendlichen, die Zahl der Kinder bei Erwachsenen und vor allem auf den bezahlten Urlaub. Eine Erhebung im Jahre 1932 bei 200.000 Jugendlichen hatte ergeben, daß 84,4 Prozent der werktätigen Jugendlichen nur einen Urlaub unter acht Tagen erhielten, davon allein 23 Prozent überhaupt keinen Urlaub. In den ersten drei Jahren nach der Machtübernahme hatte die Urlaubsgewährung für die werktätige Jugend eine ganz beachtliche Steigerung erfahren, worauf ich noch näher eingehen werde.

Besonders aufschlußreich waren die Ergebnisse der sozialpolitischen Auswertung der Fragebögen bei den Reichssiegern. 60 Prozent ihrer Väter arbeiteten als Lohnarbeiter. Davon waren 22 Prozent in den entscheidenden Entwicklungsjahren der Reichssieger arbeitslos oder Rentenempfänger. Aus Familien mit mehr als fünf Kindern stammten 17 Prozent aller Reichssieger. Etwa ein Drittel der Reichssieger mußte aus wirtschaftlichem Zwang einen Beruf gegen ihren eigenen Wunsch ergreifen. In 32 Prozent der Fälle wurde die Ausbildung auf einer mittleren oder höheren Schule aus finanziellen Gründen und Nichtgewährung einer Freistelle unterbrochen. Ein dringendes Bedürfnis nach Förderung bestand aus Mangel an eigenen Mitteln bei 73 Prozent aller Reichssieger. Diese Ergebnisse entsprachen in etwa denen bei den Tausenden von Gausiegern. Hier war dringend eine Abhilfe geboten.

Der Wettkampf war Voraussetzung für die Ermittlung der Elite und sein hauptsächliches Ziel die Förderung der aus dem Wettkampf hervorgegangenen Sieger. Bereits 1937 zählten wir in allen Berufen etwa 100.000 Ortsbeste, Kreis-, Gau- und Reichssieger. Durch die Teilnahme der Erwachsenen in den Jahren 1938 und 1939 erhöhte sich diese Zahl noch.

So war ein gewaltiges Förderungsprogramm zu bewältigen. Die Grundlage dieser Arbeit bestand in der Förderung der Sieger in dem Betrieb, aus dem sie kamen. Sie galt es zuerst voll auszuschöpfen. Dann erst wurden außerbetriebliche Maßnahmen in Betracht gezogen. Die qualifizierten un- und angelernten Jugendlichen wurden z.b. in ein Lehrverhältnis oder in eine erweiterte Ausbildung übernommen. Bei den Lehrlingen erfolgte die Verkürzung der Lehrzeit, so daß sie früher zur Gesellen- oder Gehilfenprüfung zugelassen werden konnten. Auch in der Erhöhung der Erziehungsbeihilfe lag eine Anerkennung für die gezeigte Leistung. In mehreren Fällen erwies sich der Wechsel in eine andere Betriebsabteilung als zweckmäßig. Häufig wurden Fachbücher und Werkzeugkästen geschenkt. Selten kam ein Betriebswechsel in Frage. Der Besuch von Abendkursen wurde ermöglicht. Zu den außerbetrieblichen Förderungsmaßnahmen gehörte vor allem die zusätzliche Berufsschulung, deren Trägerin das Jugendamt der Deutschen Arbeitsfront und ihre Reichsbetriebsgemeinschaften waren.

Das Jugendamt der Arbeitsfront war für die berufskundliche und sozialpolitische Arbeit, die sich in den Betrieb hinein erstreckte, verantwortlich. Auf diesem Gebiet fand eine enge Verzahnung zwischen der Deutschen Arbeitsfront und der Hitlerjugend statt. Der Leiter des Jugendamtes war zugleich Berufsreferent im Sozialen Amt der Reichsjugendführung. Diese Funktion hatte mein Mitarbeiter aus den Jugendbetriebszellen Franz Langer inne. Als er 1935 in die Erwachsenenarbeit der Deutschen Arbeitsfront überwechselte, beauftragte mich Dr. Ley im gleichen Jahr mit der Übernahme dieses Amtes, das ich für ein Jahr leitete. An der zusätzlichen Berufsschulung konnte jeder freiwillig teilnehmen. Dafür setzte die Hitlerjugend ihren erzieherischen Einfluß ein. Sie erkannte die Teilnahme an der zusätzlichen Berufsschulung als HJ-Dienst an. Seit 1933 hatten im Laufe der Jahre Millionen von Jungen und Mädeln an diesen Maßnahmen teilgenommen. Begehrt waren vor allem die wirtschaftskundlichen Fahrten, auf denen mehrere Betriebe auch in anderen Gauen besichtigt und dadurch Kenntnisse von besonderen Eigenarten und Prägungen des Berufsbildes in verschiedenen Regionen erworben wurden. Diese Fahrten vermittelten ebenfalls Einblicke in die wirtschaftlichen Zusammenhänge und erweiterten damit den Horizont in der Ausbildung.

Auch die sogenannte Übungswirtschaft, die in der Vergangenheit bereits vom Deutsch-Nationalen-Handlungsgehilfenverband (DHV) aufgebaut worden war, stellte für viele eine sehr willkommene Ausbildungseinrichtung dar. Hier wurde mit fingierten Werten die praktische Wirtschaft und der Verkehr zwischen den Firmen imitiert. Sogar im Ausland gab es Übungsfirmen, mit denen man korrespondieren konnte. Die Anzahl der Übungsfirmen wurde fortschreitend vermehrt. Außerbetriebliche Förderungsmaßnahmen kamen vorwiegend für Gau- und Reichssieger in Betracht. Dazu gehörte die Ermöglichung des Besuches von speziellen Bildungsinstitutionen, von Fach- und Hochschulen.

Die Finanzierung des Ausbildungsweges erfolgte durch die Deutsche Arbeitsfront, teilweise auch gemeinsam im Zusammenwirken mit den Betrieben. Dafür seien einige Beispiele angeführt. Ernst Rösler wurde im vierten Reichsberufswettkampf Reichssieger in der Fachschaft Porzellan-Graveure in der Wettkampfgruppe Stein und Erde. Die Förderung der Deutschen Arbeitsfront ermöglichte ihm den Besuch der Porzellanfachschule in Selb, wo er seine Kenntnisse auf dem Gebiete des Gravierens vervollständigen konnte und zusätzlich als Mustermaler ausgebildet wurde. Sein Ausbildungsbetrieb, die Porzellanfabrik Pettau, erklärte sich bereit, diese Ausbildung durch einen monatlichen Lebensunterhaltungszuschuß zu unterstützen. Alfred Hätte wurde im zweiten Reichsberufswettkampf Reichssieger in der Wettkampfgruppe Textil. Die Deutsche Arbeitsfront ermöglichte ihm die Ausbildung zum Textilingenieur auf der Textilfachschule in Chemnitz. Er erhielt von der Fachschule ein ausgezeichnetes Abschlußzeugnis und wurde dann persönlicher Sekretär einer Wirtschaftsgruppe. Heinrich Wiegand war Reichssieger im dritten Reichsberufswettkampf in der Wettkampfgruppe Eisen und Metall, Fachschaft Elektroinstallateure. Wiegand äußerte den Wunsch, Ingenieur zu werden. Die Deutsche Arbeitsfront hielt es für geboten, vor Beginn der eigentlichen Ingenieurausbildung die elementarberufliche Grundlage des Wiegand zu festigen und zu erweitern. Er wurde an die Fa. Blohm und Voss vermittelt, um als Praktikant tätig zu werden. Gleichzeitig erhielt er Gelegenheit, vorbereitende Abendkurse für den Besuch der Technischen Lehranstalt zu besuchen. Die Urteile seiner Lehrer bestätigten übereinstimmend, daß er alle Voraussetzungen besaß, um das gewählte Berufsziel zu erreichen. Nach Beendigung seiner Praktikantenzeit, für die er von der Fa. Blohm und Voss ein vorbildliches Zeugnis erhielt, besuchte er die technische Staatslehranstalt in Hamburg. Johann Gerspacher errang im dritten Reichsberufswettkampf den Reichssieg in der Fachschaft Großhandel der Wettkampfgruppe Handel. Wegen seiner elfköpfigen Familie bestand für ihn wenig Aussicht, aus eigenen Kräften das Berufsziel eines Exportfachmannes zu erreichen. Die Förderung der Deutschen Arbeitsfront ermöglichte ihm eine Ausbildung an der Außenhandelsschule der Deutschen Arbeitsfront in Hamburg. Mit bestem Erfolg schloß er einen Lehrgang für Ex- und Importkaufleute ab. Dem Reichssieger Josef Fühles, der als Chemotechniker im Berufswettkampf stand, wurde von seinem Lehrbetrieb, dem Kaiser-Wilhelm-Institut für Eisenforschung, aufgrund seiner Leistung die Lehrzeit verkürzt, so daß er die Möglichkeit erhielt, mit Mitteln der Deutschen Arbeitsfront zur technischen Staatslehranstalt nach Essen zu gehen. Postjungboten, die als Sieger aus dem Berufswettkampf hervorgegangen waren, wurden vom Reichspostminister Dr. Ohnesorge zu Postsupernumeraten erhoben oder mit Vorrang zur Assistentenprüfung zugelassen. Den besten Telegrafenbaulehrlingen wurde die Lehrzeit verkürzt. Die Reichssiegerin aus dem Postbereich wurde vorrangig in das Beamtenverhältnis übernommen, ebenso wie später die erwachsenen Sieger.

Die Reichssiegerin Gertrud Gaiser, die als ungelernte Arbeiterin in einer Kartonagenfabrik stand, wurde in einer Stuttgarter Fabrik zur Kartonagenfacharbeiterin ausgebildet. Die Reichssiegerin Anni Wiedemann wurde nach ihrem Reichssieg von ihrer Firma in das Betriebslaboratorium übernommen und besuchte auf deren Kosten die Lehr- und Versuchsanstalt, die sich nach wenigen Monaten bereiterklärte, der Reichssiegerin die Schulgebühren zu erlassen. Der Lehrbetrieb übernahm die Reichssiegerin in das Angestelltenverhältnis und gab ihr jede Gelegenheit zur praktischen Verwertung ihrer Kenntnisse und Fähigkeiten. Der Reichssieger Paul Ringel, der als Stoffdrucker im Berufswettkampf kämpfte, besuchte mit Mitteln der Deutschen Arbeitsfront die Textilfachschule, die ihm nach dem ersten Semester die besten Leistungen in den theoretischen Fächern und in den praktischen Laborarbeiten bestätigte. Im Auftrag der Anstalt arbeitete er an der Düsseldorfer Ausstellung, zu der er verschiedene Arbeiten liefern konnte. Aber ich könnte tausend ähnliche Beispiele nennen. Die Dankbarkeit der geförderten Sieger und Siegerinnen war ebenso groß wie unsere Freude. Für ihre innere Einstellung mögen einige Zeilen aus ihren Briefen zeugen.

Der Reichssieger Blaschke schrieb:

„Für Deine Bemühungen sowie die Einsatzbereitschaft der HJ und der DAF, mir mein berufliches Fortkommen zu ermöglichen, danke ich. Ganz besonders aber, da Du hierdurch meinem Vater eine große Sorge abgenommen hast. Jetzt habe ich einen festen Rückhalt und kann sicher meine Lehre beenden. Ich arbeite wieder so gut ich kann, und Du wirst mit mir zufrieden sein. Brauchst Du mich beruflich im Dienst der HJ, ich setze mich mit ganzer Kraft für sie ein."

In einem Brief des Reichssiegers Günter Schultze hieß es:

„Ich freue mich, daß durch diese Beihilfe mein weiteres Studium an der Tagesabteilung der Gaus-Schule in Berlin möglich gemacht wurde und möchte mich nun auf diesem Wege bestens bedanken."

Der Gausieger Eberhard Bär schrieb 1937:

„Ich bin erfreut darüber, daß Sie mir soviel Verständnis entgegenbringen und mich gleich am nächsten Lehrgang der Hamburger Außenhandelsschule teilnehmen lassen. Der beiliegende Unterrichtsplan der Schule übersteigt meine größten Erwartungen. In dieser Schule wird wirklich etwas geboten, und ich bin glücklich, daran teilnehmen zu dürfen. Ich werde diese günstige Gelegenheit für meine Berufsausbildung nicht unausgenützt an mir vorbeigehen lassen. Jetzt oder nie!"

Die Siegerin Johanna Gotte schrieb mir folgendes:
„Ich danke Dir, daß Du mir aus den Mitteln der Siegerförderung des Reichsberufswettkampfes 225 Reichsmark zum Besuch der Höheren Fachschule für Wirkerei- und Strickerei-Industrie zur Verfügung gestellt hast. Dadurch ist mir die Möglichkeit gegeben worden, beruflich weiterzukommen. Ich werde Dir laufend Bericht von meinen Arbeiten geben und verspreche Dir, fleißig zu lernen, damit ich nach Abschluß meiner Lehrzeit eine gute Facharbeiterin bin."
Aus England meldete sich die Siegerin Irmgard Frahm:
„Ich freue mich, daß mir das Geld zur weiteren Berufsausbildung zur Verfügung steht. Jetzt, wo sich der diesjährige Reichsberufswettkampf nähert, steht das große Erlebnis des vorherigen Jahres wieder so deutlich vor mir. Ich kann gar nicht sagen, wie sehr mir das gerade hier im Ausland hilft, und so viel wie möglich erzähle ich davon und zeige die Bilder vom 1. Mai, und dann werde ich immer mehr über unser Land gefragt, und ich versuche, von all dem Großen und Neuen zu berichten. Es ist eigenartig, wie sehr man sich gerade in der Fremde als Glied des Ganzen fühlt, und ich hoffe, viele für meine Arbeit nützliche Eindrücke heimzubringen."
Die Siegerin Annemarie Commesmann äußerte sich wie folgt:
„Es ist eigenartig, daß man niemandem persönlich für das wundervolle Stipendium danken kann. Wenn ich abends mein Brot und meine Wurst zum Abendessen kaufe, habe ich ein so eigenartiges Gefühl, wenn ich daran denke, woher das Geld kommt, mit dem ich bezahle. So etwas ist verpflichtend. Ich werde versuchen, den Aufenthalt hier an der Schule in Weimar so gut wie möglich auszunutzen, damit ich Euch nachher sagen kann, daß es sich gelohnt hat."
Die Beständigkeit der Leistung wirkte sich auch in der Tatsache aus, daß viele Teilnehmer und Teilnehmerinnen zum wiederholten Male die Palme des Sieges errangen. In jedem Jahr luden wir kostenlos die Sieger und Siegerinnen zu den Schiller- und Jugendfestspielen nach Weimar ein. Dort erlebten sie im Deutschen Nationaltheater mit besten Darstellern Aufführungen der Deutschen Klassik. Wir ließen sie auch an Kreuzfahrten von „Kraft durch Freude" teilnehmen. Am 9. September 1934 schiffte ich mich mit Jungarbeitern und Siegern des ersten Reichsberufswettkampfes in Bremerhaven auf dem Passagier- und Frachtdampfer „Stuttgart" ein. An Bord hatten wir ausführlich Gelegenheit, auch zwanglos über Fragen des Berufsweges oder vorhandene Schwierigkeiten miteinander zu sprechen. Die Seereise ging an die Westküste Norwegens. Auf der Fahrt passierten wir zwischen Jütland, Norwegen und Schweden den Skagerak. Am 31. Mai und 1. Juni 1916 hatte in diesem Gebiet eine der größten Seeschlachten der Geschichte stattgefunden. Es standen sich die an Schiffen und Feuerkraft

überlegene britische „Große Flotte" und die deutsche Hochseeflotte gegenüber. Die Engländer hatten 6.094 Tote und 674 Verwundete und die Deutschen 2.551 Tote und 507 Verwundete zu beklagen. Auf dem Hinterschiff begingen wir eine Skagerak-Gedenkfeier, auf der Kapitän Lehnberg und ich die Ansprache hielten. Wir gedachten der Toten auf beiden Seiten und versenkten zu ihren Ehren einen Kranz in den Fluten. Auf hoher See begegneten wir den Urlaubsdampfern „Der Deutsche" und „Monte Olivia". Bei ihrem Anblick fiel mir ein, daß die Sozialdemokraten nach der Jahrhundertwende ein Flugblatt verbreitet hatten, auf dem zu lesen war: „Und ihr Arbeiter werdet einmal auf eigenen Schiffen die Meere durchkreuzen." Ein gutes Jahr nach der Machtübernahme war es nun möglich geworden.

Die Hitlerjugend honorierte den Sieg ihrer Mitglieder im Berufswettkampf durch die Verleihung eines nächsthöheren Dienstranges. Es war also nicht so, daß es nur aufs Marschieren und Schießen ankam! Die erfreulichen Ergebnisse und positiven Erfahrungen unserer Siegerförderung gaben Anlaß, das „Begabtenförderungswerk des Deutschen Volkes" ins Leben zu rufen. Die Gründung erfolgte unter der Schirmherrschaft des Beauftragten für den Vierjahresplan, Hermann Göring. Die Gründer waren der Reichsorganisationsleiter der NSDAP und Leiter der Deutschen Arbeitsfront, Dr. Robert Ley, der Reichwirtschaftsminister Dr. Walter Funk und der Reichsjugendführer Baldur von Schirach. Die Leitung des Begabtenförderungswerkes übernahm Dr. Ley. Ich wurde zu seinem Geschäftsführer bestellt. Die Gründer erließen folgenden Aufruf:

„Noch vor wenigen Jahren fehlten uns Arbeitsplätze. Heute haben wir einen großen Mangel an Arbeitskräften. Darin liegt ein wunderbarer Wandel unserer Wirtschaft. Heute kommt es darauf an, jeden Volksgenossen an den Arbeitsplatz zu bringen, der am besten seinen natürlichen Anlagen entspricht. Der hochwertige Arbeiter muß an den hochwertigen Arbeitsvorgang gebracht werden. Die primitive Arbeit muß mehr und mehr durch die Maschine ersetzt werden. Der Arbeitseinsatz und die Berufslenkung erhalten unter diesem Blickwinkel eine besonders hohe Bedeutung. Es ist für die Leistungssteigerung unseres Volkes entscheidend, daß wir planmäßig eine Auslese der Tüchtigen treffen. So wie es im politischen Leben geschieht, so muß es auch im beruflichen Leben sein. Der Reichsberufswettkampf hat sich in den vergangenen Jahren als Auslesesystem hervorragend bewährt. Er gibt jedem Schaffenden die Möglichkeit, einmal im Jahr öffentlich unter Beweis zu stellen, was er zu leisten vermag. Wer überdurchschnittliche Leistungen vollbringt oder sogar in seinem Beruf Kreis-, Gau- oder Reichssieger wird, ist ohne weiteres würdig, von der Gemeinschaft gefördert zu werden. Das haben wir auch bisher getan. Um nun durch die einheitliche Erfassung der Mittel eine noch wirksamere Gestaltung der

Förderung zu gewährleisten, ist das Begabtenförderungswerk des Deutschen Volkes ins Leben gerufen worden. Durch das Zusammenwirken der Partei, des Staates und der Wirtschaft sollen Mittel und Wege gefunden werden, die den Besten in der Entwicklung ihrer Fähigkeiten die Widerstände des Alltags überwinden helfen. Das Begabtenförderungswerk soll im Sinne des nationalsozialistischen Parteiprogramms tätig werden, in dessen Punkt 20 es heißt: 'Wir fordern die Ausbildung besonders veranlagter Kinder armer Eltern ohne Rücksicht auf deren Stand oder Beruf auf Staatskosten.' So will es der Führer."
Dieses Ziel strebten auch die Adolf-Hitler-Schulen an, die 1937 von Dr. Robert Ley und Baldur von Schirach mit Zustimmung des Namensträgers begründet wurden. Ihre Absolventen hatten nach dem Kriege in vielen Bereichen eine leitende Stellung eingenommen - ihre Auswahl und ihre Ausbildung müssen sich offenbar bewährt haben.
Die am 11. Juli 1939 erfolgte Gründung des Begabtenförderungswerkes hatte den Vorteil, daß nun auch der Vierjahresplan und das Reichswirtschaftsministerium mit ihren Interessen in unsere Zielsetzung eingebunden waren. Nachdem die Deutsche Arbeitsfront bereits Millionenbeträge für die Begabtenförderung bereitgestellt hatte, bestand Aussicht, die Kapitalbasis noch wesentlich zu verstärken. In die Begabtenförderung konnte man nicht genug Geld investieren. Wir hatten nicht die Absicht, alle Fördermaßnahmen bei uns zu zentralisieren. Wir wollten dezentralisiert arbeiten und die Initiativen zur Begabtenförderung unangetastet lassen. Es gab ja auch außerhalb der Siegerförderung des Reichsberufswettkampfes wertvolle Ansätze und Leistungen in der Förderung der Tüchtigen. Das galt für den Staat, die Industrie, das Handwerk, den Handel, den Reichsnährstand sowie für das Deutsche Studentenwerk. Der Reichsfinanzminister gewährte unter bestimmten Voraussetzungen laufend Zuschüsse zur Ausbildung von Begabten aus kinderreichen Familien an Schulen, Fachschulen und Hochschulen. Als Maßstab für die Begabung nahm er die im Reichsberufswettkampf erzielten Leistungen. Ein Erlaß vom 27. Februar 1940 besagte, daß wiederum die Ausbildungsbeihilfen im wesentlichen auf die Sieger und Siegerinnen des Berufswettkampfes angewandt werden sollten. Der Reichsminister des Innern hatte verfügt, daß Sieger und Siegerinnen im Berufswettkampf auch beim Fehlen schulischer Voraussetzungen zu besonderen Prüfungen zugelassen werden sollten. Das war insofern beachtlich, wenn man bedenkt, daß die Zulassung zu solchen Prüfungen vorher an bestimmte schulische Voraussetzungen geknüpft worden war. Städte und Gemeinden hatten in ihrem Etat Mittel für Stipendien und zur Förderung von Begabten eingeplant. Der Reichsminister für Luftfahrt hatte in einem Erlaß vom 18. August 1939 verfügt:

„Die Gausieger sind aufgrund ihres besonderen fachlichen Könnens ihren Fähigkeiten entsprechend in jeder Weise zu fördern. Ihnen ist sofort durch Verwendung in einer gehobenen Stelle für die Dauer von etwa drei Monaten Gelegenheit zu geben, die Eignung für die gehobene Stelle mit besonderen Einkommensverhältnissen unter Beweis zu stellen."
Der Reichspostminister Dr. Ohnesorge hatte sich stets ganz persönlich um die Förderung der Begabten im Bereich der Postverwaltung bemüht. In seinem Erlaß vom 5. September 1939 hieß es:
„Es erfüllt mich mit besonderer Freude, daß ich den recht verschiedenartigen Wünschen der Sieger und Siegerinnen zum allergrößten Teil habe entsprechen können. Bei Berücksichtigung der Wünsche habe ich alle besonderen Umstände, wie Erfolge in früheren Reichsberufswettkämpfen, Lebensalter, Dienstalter, Dienstleistungen, Charakter, Verhalten in der Kameradschaft und soziale Verhältnisse berücksichtigt."
Der Reichsverkehrsminister hatte 1935 eine Anordnung herausgegeben, daß für außergewöhnlich begabte Kinder von Reichsbahnarbeitern und Reichsbahnbeamten der unteren Besoldungsgruppen eine bessere Allgemeinbildung und Fachausbildung, ja in geeigneten Fällen sogar der Hochschulbesuch aus Mitteln der Reichsbahn ermöglicht werden soll. Am 28. März 1939 besagte ein von ihm herausgegebener Erlaß, daß alle Maßnahmen für die Leistungsförderung bei Angehörigen der Deutschen Reichsbahn ergriffen werden sollen. Diese Maßnahmen bezogen sich insbesondere auch auf die Verkürzung der Lehrzeit und die Zuweisung von höherwertigen Arbeiten im Reichsbahndienst. Es war ein bemerkenswerter Tatbestand, daß etwa 75 Prozent der Reichsbahnbeamten aus dem Arbeiterstand der Reichsbahn hervorgegangen waren.
Aus den Geschäftsberichten bedeutender Industrieunternehmungen konnte man ersehen, daß im fortschreitenden Maße Mittel für die Begabtenförderung bereitgestellt wurden. So hatte die Dortmunder Hoesch AG am 1. April 1938 eine „Friedrich-Springorum-Stiftung" in Höhe von einer Million Reichsmark geschaffen. Die Gutehoffnungshütte aus Nürnberg-Oberhausen hatte im gleichen Jahr eine „Paul-Reusch-Stiftung" in Höhe von 1,25 Millionen Reichsmark ins Leben gerufen. Dem Zweck der Förderung begabten Nachwuchses diente auch die „Peter-Klöckner-Stiftung" in Höhe von einer Million Reichsmark. Die Vereinigte Stahlwerke AG, Düsseldorf, wirkte für ihre 5.200 gewerblichen Lehrlinge und 8.300 Jungbergleute im gleichen Sinne. Die IG Farbenindustrie widmete sich im besonderen Maße der Förderung ihrer Reichs-, Gau- und Kreissieger. Der Reichsnährstand sorgte dafür, daß den Qualifizierten der Besuch besonderer Ausbildungsstätten ermöglicht wurde. Das Reichsstudentenwerk war in der Förderung der Auslese sehr aktiv. Es wurde mit Gesetz vom 6. Juli 1938 zu einer

öffentlich-rechtlichen Reichsanstalt erhoben. Seit der Machtübernahme bestand eine enge Zusammenarbeit mit dem Sozialen Amt der Reichsjugendführung, dem auch ein leitender Mitarbeiter des Reichsstudentenwerkes angehörte. In den Jahren 1933 bis 1937 verausgabte das Reichsstudentenwerk für die Förderung von Studenten und Studentinnen mehr als 9,5 Millionen Reichsmark. Diese Maßnahmen sollten auch in der Zukunft von ihren Trägern in eigener Regie fortgeführt werden. Das konnte so bleiben. Hinzukommen sollte aber der verstärkte Austausch von Anregungen und Erfahrungen aller Beteiligten an der Begabtenförderung sowie die Abstimmung in den Grundsätzen und in der Verteilung der Mittel. Die Führungsstelle des Reichsberufswettkampfes verfügte bereits über eine Reichsarbeitsgemeinschaft für die Begabtenförderung. Sie sollte durch die Aufnahme weiterer prominenter Vertreter aller Wirtschaftszweige ergänzt und entsprechend in den Gauen etabliert werden.

Bei der Gründung des Begabtenförderungswerks des Deutschen Volkes wurde von hoher Stellung unsere Auffassung gerechtfertigt, daß die materiellen Widerstände, die sich den Tüchtigen entgegenstellten, beseitigt werden mußten. Es gab auch einige kritische Stimmen, die besagten, daß sich die Auslese gerade erst durch die Überwindung der Widerstände bilden würde. Sie vertraten den Standpunkt, daß die Begabungen in den untersten Schichten des Volkes ausgelaugt wären und daß sich die Tüchtigen ohnehin schon längst in die sozial gehobenen Schichten emporgearbeitet hätten. Dabei gingen sie davon aus, daß es auch in der Wirtschaft und im sozialen Leben einen Kampf ums Dasein geben würde und daß somit der soziale Aufbau eines Volkes seinem biologischen entsprechen würde. Diese Auffassung sozial-darwinistischer Tendenz wurde durch unsere Erfahrungen und Feststellungen widerlegt. In diesem Zusammenhang möchte ich nur daran erinnern, daß 73 Prozent der reichsbesten Spitzenkönner die gewünschte berufliche Entwicklung nicht einschlagen konnten, da ihnen die nötige Fortbildung durch den völligen Mangel an eigenen Mitteln verwehrt blieb.

Das Genie setzt sich von selbst durch, hörte man oft sagen. Nun, Genies sind selten in einem Jahrhundert, und selbst zu ihren Lebzeiten konnten sich einige nicht durchsetzen, wurden von ihren Zeitgenossen nicht erkannt und versanken in einem Armengrab. Erst nach ihrem Tode stand man bewundernd vor ihrer Größe. Der Reichsberufswettkampf wurde nicht ins Leben gerufen, um seltene Genies zu entdecken, sondern unzählige verborgene Talente aus dem Volke sichtbar zu machen und sie für ihre optimale Entwicklung von den materiellen Fesseln der sozialen Not zu befreien. Wieviele kamen aus kleinen Orten und Dörfern! Ein Teilnehmer erzählte mir, daß er bis zum Tag des Gauwettkampfes noch nie eine Eisenbahn gesehen hätte. Dorthin mußte man also gehen, um die Schätze der Arbeitskraft, unseren größten Reichtum, zu heben.

Eine Aufgabenerweiterung für das Begabtenförderungswerk brachte die Förderung des künstlerischen Nachwuchses mit sich. Bei ihm kündigte sich oft schon in Kindesjahren das große Talent an. Es gibt wunderbare Beispiele aus unserer Kulturgeschichte dafür. Ich denke z.B. an den großen Dramatiker Friedrich Hebbel, der aus einem Elternhaus stammte, das in ärmlichen Verhältnissen lebte. Mit 14 Jahren hatte ihn der Kirchspielvogt in seinem Heimatort Wesselburen als Botengänger und Schreiber aufgenommen. Hinter einem Treppenverschlag mußte er sein Bett mit einem Kutscher teilen. In dieser bedrückenden Zeit seiner jungen Jahre schrieb er in sein Tagebuch: „Wie war nicht meine Kindheit finster und öde!" Und dennoch überkamen ihn in dieser Zeit die beherrschenden Ideen seines zukünftigen Werkes. Später bekannte er von sich, daß er nach seinem Fortgehen aus Wesselburen nicht eine einzige neue Idee mehr gewonnen, vielmehr die Keime zu seiner ganzen späteren Lebens- und Kunstanschauung bereits dort in sich entwickelt hatte. Seine seelische Verfassung schilderte er mit den Worten: „Am unglücklichsten ist der Mensch, wenn er durch seine geistigen Anlagen und Kräfte mit dem Höchsten zusammenhängt und durch seine Lebensstellung mit dem Niedrigsten verknüpft wird." Diese Worte klingen wie ein imperativer Hinweis auf die Notwendigkeit der Begabtenförderung. Denken wir an Friedrich Schiller, der mit „Die Räuber" in seinen beginnenden 20er Jahren ein die Zeiten überdauerndes Werk schuf.

Auch auf dem Gebiet der Musik konnte man auf Kinder und junge Menschen mit starker Frühbegabung verweisen. Mit zehn Jahren ist Johann Sebastian der größte Sproß aus dem durch Generationen der Musik ergebenen Geschlecht der Bachs von der Leidenschaft zu dieser Kunst ergriffen worden. Uns berührte die Geschichte, wie er sich heimlich des Nachts, als alle anderen schliefen, an den verschlossenen Schrank seines ältesten Bruders schlich, mit seinen schmalen Kinderhänden durch die Gittertür nach den zusammengerollten Partituren griff und sie für sich im Licht des Mondes abschrieb.

Einmal weilte ich mit meiner Frau in Eisenstadt im Burgenland an der letzten Ruhestätte von Josef Haydn. Dabei wurde in mir die Erinnerung wach, daß dieser schon mit sechs Jahren nach eigener Aussage „ganz dreist einige Messen auf den Chor herabgesungen" hatte. Er wirkte als Chorknabe im Stephansdom zu Wien und beherrschte das Violinspiel und das Klavier. Und daß der sechsjährige Mozart an den Fürstenhöfen konzertierte, ist aller Welt bekannt. Der kleine Ludwig van Beethoven reichte noch nicht an die Tasten des Instruments heran und mußte sich auf den Schemel setzen, wenn er üben wollte. Im Alter von 13 Jahren versetzte er die Welt mit den Präludien und Fugen aus dem „Wohltemperierten Klavier" ins Staunen. Christoph Willibald Gluck war nicht einmal zwölfjährig Meister auf dem Cello und später auf der Orgel. Von dem achtjährigen Franz Schubert, der die Geige an sein Herz nahm, hatte der Singstundenlehrer Holzer berichtet: „Wenn ich ihm etwas Neues beibringen wollte, hatte er es schon gewußt. Folglich habe ich ihm eigentlich keinen Unterricht gegeben, sondern mich mit ihm bloß unterhalten und ihn stillschweigend angestaunt." Dem neunjährigen Robert Schumann war der Vortrag eines Klaviervirtuosen zum entscheidenden Erlebnis geworden, das später während seines Studiums der Jurisprudenz durchbrach. Der junge Johannes Brahms war mit zehn Jahren so vollkommen auf dem Klavier, daß man ihn als Wunderkind nach Amerika schicken wollte. Vier Jahre später gab er selbst Unterricht und spielte des Abends im dunklen Hamburg auf, um das Brot für seine Familie zu verdienen. Den jungen Gymnasiasten Richard Wagner wühlten die Symphonien Beethovens derartig auf, daß er sich schwor, aus dessen Geist neue Werke zu schaffen. Dem ganz kleinen Anton Bruckner war die Geige das Allerliebste, und gläubig saß er als Knabe für den kranken Vater an der Orgel im Gottesdienst.

Aus den Spielscharen der HJ, ihrem Laien- und Puppenspiel der bildnerischen Werkarbeit, ihren Jugendorchestern, aus den Jugendmusikschulen und dem Bereich des solistischen Nachwuchses gingen auch viele Talente hervor, die sich als förderungswürdig erwiesen. So öffnete sich vor uns ein weites Feld beglückender Arbeit zur Förderung der künstlerischen Nachwuchskräfte.

Zusammenfassend kann für den Reichsberufswettkampf und das Begabtenförderungswerk folgendes Fazit gezogen werden: 1934 beteiligten sich auf Anhieb 500.000 Jugendliche, 1935 waren es 750.000, 1936 schon 1.036.000 und 1937 bereits 1.800.000 Jungen und Mädel. 1938 zählten wir mit den hinzugetretenen Männern und Frauen 2.800.000 und 1939 3.600.000 Teilnehmer.

In sechs Jahren hatten also weit über zehn Millionen schaffende Menschen ihren Leistungswillen unter Beweis gestellt. Unser Ziel, die Jugend und die Erwachsenen zu beruflichen Leistungen zu mobilisieren, war damit erreicht worden. Dabei ist beachtenswert, daß wir 1939 über eine Million berufstätige Mädel und Frauen im Berufswettkampf erfaßt hatten, und ihre Tätigkeit bezog sich nicht nur auf soziale und pflegerische Berufe. Im Mittelpunkt der weiblichen Erziehung stand zwar die Sendung der Mutter, aber das bedeutete keineswegs die Ausgrenzung von gewerblichen und freischaffenden Berufen. Dazu hatte sich der Reichsleiter Alfred Rosenberg als Beauftragter Adolf Hitlers für die gesamte weltanschauliche Erziehung

auf einer Arbeitstagung der BDM-Führerinnen vom 12. Dezember 1934, die im Potsdamer Stadtschloß stattfand, richtungsweisend geäußert: „Es ist nicht so, daß die nationalsozialistische Bewegung der Frau Bildungsmöglichkeiten versagen will, ganz im Gegenteil. Ich persönlich stehe auf dem Standpunkt, daß die Erziehung des Frauentums, die bei Ihnen beginnt und durchgeführt wird, ihre Krönung hat in der selbständigen Frau. Es gilt einer Anschauung entgegenzutreten, die besagt, daß die Frau nur an den Haushalt gebunden sein solle. Ich bin der Überzeugung, daß eine große Anzahl unserer Frauen auch noch andere Begabungen in sich fühlen, und daß das Deutsche Reich verpflichtet ist, diese Fähigkeiten auszubilden."
Die Behauptung in der Nachkriegszeit, die Frau im Dritten Reich sei nur für das Gebären von Kindern, für Haushalt und Küche dagewesen, stimmt einfach nicht. Jeder konnte am Berufswettkampf teilnehmen. Damit wurde ihm auch die Möglichkeit erschlossen, beruflich gefördert zu werden. Das bedeutete Chancengleichheit für alle!
Durch die Aufgabensammlungen von sechs Jahren wurde auch die Berufskunde bereichert und damit die Berufsbilder präzise geprägt. Die Auswertung der Arbeitsergebnisse wurde zum Röntgenbild für die Berufsausbildung und sozialpolitischen Leistungen der Betriebe. Der berufliche Wettstreit erhob die Ermittlung der Auslese zu einem System.
36 Jahre nach dem Reichsberufswettkampf legte John H. Pye vom Massey-College der Universität Toronto/Kanada einen Fragebogen vor, in dem es u.a. hieß: „Können Sie mir unvoreingenommen sagen, ob der Reichsberufswettkampf Ihnen und allen anderen deutschen Jugendlichen nützlich gewesen war?" Die meisten ehemaligen Teilnehmer drückten sich sehr positiv über ihre Erfahrungen aus.
So antwortete z.B. Herr Wulf Marsen aus Mariensee, „daß jeder selbstlose Einsatz für etwas, das man für eine gute Sache hält, fortwirkenden Wert zumindest für die Persönlichkeitsbildung hat. Insofern muß ich diese Frage uneingeschränkt bejahen."
Frau Anna Schmidt-Brücken aus Heidelberg äußerte sich wie folgt: „Vielleicht war auch der Reichsberufswettkampf ein Mittel, uns aktiv, lebendig, lernfroh und vielseitig interessiert zu halten. Junge Menschen wollen doch gefordert sein."
Frau Christel Schlosser aus Dortmund schrieb zu der Anfrage: „Für alle, die immer bereit sind, mehr zu lernen, war der Reichsberufswettkampf nicht nur nützlich für die berufliche Förderung, sondern auch eine Freude. Wir haben nicht nur gearbeitet, sondern auch Theater und Konzerte besucht und viel Schönes von Deutschland gesehen."
Herr Alfred Botzem aus Frankfurt am Main gab folgende Antwort: „Zusammenfassend möchte ich sagen, daß die Berufswettkämpfe nur nützlich

sein konnten, denn es wurden nur fähige Kräfte ausgesiebt, ohne daß die Parteizugehörigkeit die Voraussetzung war, obwohl heute immer wieder das Gegenteil behauptet wird."

In meinem Textbildband „Olympia der Arbeit" von 1935, in meinem Buch „Der Reichsberufswettkampf", in meinen Reden und auf den Konferenzen der Auslandspresse habe ich immer wieder darauf hingewiesen, daß wir im Reichsberufswettkampf einen Tatbeweis für den Frieden erblicken. In diesem Zusammenhang hatte ich Gelegenheit, unsere Gedanken dazu dem Reichsaußenminister Konstantin Freiherr von Neurath vorzutragen, von dem eine vertraueneinflößende Ausstrahlung ausging. Er stellte uns daraufhin 1935 einen Aufruf zur Verfügung, in dem es hieß:

„Die deutsche Jugend hat den Grundsatz der Leistung auf ihre Fahnen geschrieben. Sie will ihre Leistungsfähigkeit im Berufsleben zur höchsten Entfaltung bringen. Diesem Ziele dient auch der diesjährige Reichsberufswettkampf. Doch es geht dabei nicht nur um Werte beruflicher Ertüchtigung und um das Bekenntnis zur Arbeit im Dienste der nationalen Gemeinschaft. In ihrer Bereitschaft, alle Kräfte in einem friedlichen Wettbewerb einzusetzen, gibt Deutschlands Jugend zugleich in aller Welt einen Beweis von dem Friedenswillen, der die gesamte Nation erfüllt."

Auch mit dem späteren Reichsaußenminister Joachim von Ribbentrop und seinem Stellvertreter und Staatssekretär Ernst von Weizsäcker habe ich darüber Gespräche geführt. Herr von Weizsäcker ermunterte mich in seiner ausgeglichenen und liebenswürdigen Art, auf dem eingeschlagenen Weg fortzuschreiten. Ich ahnte damals nicht, daß er zum Widerstand gehörte.

Reichsjugendführer Baldur von Schirach, der mit seinen persönlichen Initiativen um die Zusammenarbeit mit der ausländischen Jugend im Dienste des Friedens bemüht war, wußte, warum er den Reichsberufswettkampf zum Symbol der Hitlerjugend erkor.

Nach der Machtübernahme begann die soziale Arbeit der Hitlerjugend nicht mit Forderungen an den Staat. Es gab sechs Millionen Arbeitslose. Ihre Beseitigung hatte absoluten Vorrang. Durch sofortige sozialpolitische Verbesserungen wären möglicherweise Arbeitsplätze verlorengegangen. Es kam noch etwas anderes hinzu. Wir vertraten die Auffassung, daß vor den Rechten die Erfüllung der Pflichten steht. Erst die Pflichterfüllung gab die Basis dafür ab, daß man sozialpolitische Forderungen erheben konnte. Die Pflichterfüllung war von der Jugend in den dargelegten Maßnahmen erfüllt worden. Nun besaß sie auch das Recht, Forderungen an den Staat heranzutragen. Das ist von der Regierung auch anerkannt und honoriert worden. Als Sprecher der Reichsregierung hat das Reichsminister Dr. Goebbels wiederholt in seinen Reden zum Ausdruck gebracht. Schon auf der ersten Maikundgebung 1933 rief er vor der im Lustgarten Berlins versammelten Jugend

aus: „Diese Jugend hat ein Recht zu fordern. Aber diese Jugend, geläutert durch das Fegefeuer des Krieges und der Nachkriegszeit, sie weiß auch ebensogut, daß nur der ein Recht zu fordern hat, der auch die Pflicht zur Leistung auf sich nimmt."
Und zur Eröffnung des zweiten Reichsberufswettkampfes am 15. Februar im Berliner Sportpalast verkündete er:
„Es ist in der Tat eine sozialistische Feier, die wir am heutigen Abend gemeinsam begehen ... Ist es nicht ein wunderbares Zeichen, daß gerade die Jugend die Parole des Sozialismus auf ihre Fahnen geschrieben hat? Daß gerade die Jugend es ist, die in der Leistung sich vor der Nation präsentieren will? Daß gerade die Jugend es ist, die in einem Tüchtigkeitskampf sich messen will untereinander, um vor der Nation zu beweisen, daß sie Anspruch darauf hat, ernst und gerecht und würdig bewertet zu werden? ...Was beweist die Jugend damit? Sie beweist damit, daß sie nicht auf öffentliche Gesetze, Pläne und Projekte wartet, sondern selbst handelt ... Ihr, meine Jungen und Mädel, bereitet damit der deutschen Öffentlichkeit ein wunderbares Vorbild. Was vermag demgegenüber der ewige Meckerer und Kritiker, der sich in seinen Schmollwinkel zurückzieht und von der Gegenwart nur die Schattenseiten, aber niemals die Lichtseiten sehen will, der am liebsten das Licht überhaupt ausblasen möchte, weil es einen Schatten wirft. Der am liebsten die Gegenwart überhaupt verneinen wollte, weil eben die Gegenwart neben den vielen großen Tugenden auch hier und da selbstverständlich menschliche Schwächen aufzuweisen hat."
Unsere sozialpolitischen Zielsetzungen waren durch unsere vor 1933 öffentlich und in den Betriebsversammlungen erhobenen Forderungen vorgegeben. Dazu gehörte auch die Gewährung eines ausreichenden Urlaubs für die werktätige Jugend, die sich unter großen Belastungen in körperlicher, geistiger und seelischer Entwicklung befand. Es ist bereits dargelegt worden, in welchem katastrophalen Zustand sich auf diesem Gebiet die Zustände in der Weimarer Republik befanden, wenn man sich daran erinnert, daß 23 Prozent der arbeitenden Jugend überhaupt keinen und 61,4 Prozent nur einen Urlaub unter acht Tagen erhielten. Diese Tatsache mußten wir immer wieder ins Bewußtsein der Betriebsführer und der Öffentlichkeit rufen.
Aus diesem Grund veranstalteten wir die Freizeitaktion der Hitlerjugend, die sich vor allem auf die Jahre 1934 bis 1937 erstreckte. Am 3. Mai 1933 machte ich mich zum ersten Mal auf den Weg ins Berliner Funkhaus an der Masurenallee, um über den Deutschlandsender zur Jugend über unsere sozialistischen Zielvorstellungen zu sprechen, und bereits am 3. und 4. Dezember des gleichen Jahres trafen sich etwa 300 Mitarbeiter und Mitarbeiterinnen der Sozialarbeit der HJ im Preußischen Landtag zu Berlin,

um von Baldur von Schirach und mir die Richtlinien für die Durchführung der Sozialarbeit und der Freizeitaktion zu empfangen. Diese Maßnahme wurde gemeinsam vom Sozialen Amt der Reichsjugendführung, dem Jugendamt der Deutschen Arbeitsfront und dem Reichsnährstand getragen. Sie richtete sich nicht gegen die Betriebsführer, sondern auf die einvernehmliche Zusammenarbeit mit ihnen. Dabei konnte erfreulicherweise festgestellt werden, daß die Betriebsführer immer häufiger aus eigener Initiative bei der Regelung des Urlaubs weit über das bis dahin übliche Maß hinausgingen. Daran war zu erkennen, daß sie in ihrer Tätigkeit nicht nur einen Dienst für ihren Betrieb, sondern darüber hinaus für das Gemeinwohl des Volkes erblickten.

Und die Jugend marschierte für das Ziel längerer Freizeit in den Straßen und auf den Plätzen und engagierte sich durch ihre Teilnahme an öffentlichen Kundgebungen dafür. In der Tagespresse und in Fachzeitschriften begründeten unsere sozialpolitisch versierten Journalisten den berechtigten Anspruch der Jugend auf erweiterten Urlaub.

So kam die Welle der Freizeitaktionen in der gesamten Wirtschaft ins Rollen. Im Sommer 1934 meldeten z.B. 21 der größten Maschinenfabriken und Eisengießereien aus Mitteldeutschland, daß sie ihren jugendlichen Gefolgschaftsmitgliedern folgenden Urlaub geben: im 15. Lebensjahr 18 Arbeitstage, im 16. Lebensjahr 16 Arbeitstage, im 17. Lebensjahr 14 Arbeitstage und im 18. Lebensjahr zwölf Arbeitstage. Im Kreis Neuwied im Rheinland war nachstehende vorbildliche Urlaubsregelung erreicht worden: 24 Arbeitstage im 15. Lebensjahr oder im ersten Lehrjahr, 18 Arbeitstage im 16. Lebensjahr oder im zweiten Lehrjahr und zwölf Arbeitstage im dritten und vierten Lehrjahr oder im 17. und 18. Lebensjahr. Aus dem Ostland wurde z.B. bekannt, daß die Schichauwerke in Elbing, Danzig und Königsberg ihre Lehrlinge in den Werkstätten und Büros im ersten Lehrjahr 21 Arbeitstage, im zweiten Lehrjahr 18 Arbeitstage, im dritten Lehrjahr 15 Arbeitstage und im vierten Lehrjahr zwölf Arbeitstage gewährten. Besonders war zu beachten, daß man von unterschiedlichen Urlaubsregelungen von Jungangestellten und Jungarbeitern abrückte und sie für beide Gruppen einheitlich gestaltete. Auch das war ein bemerkenswerter Fortschritt von gesellschaftspolitischer Bedeutung.

Große Freude empfand ich stets in der vorbildlichen Zusammenarbeit mit den Treuhändern der Arbeit, den Willensträgern der staatlichen Sozialpolitik. Die Deutsche Arbeitsfront und die Treuhänder der Arbeit waren entscheidende Faktoren im sozialen und gesellschaftlichen Leben des Dritten Reiches. Im Prinzip bejahten die Nationalsozialisten die Gewerkschaften als Vertreter der Arbeitnehmerinteressen im liberal-kapitalistischen System. Nicht wegen dieser Funktion wurden sie aufgelöst, sondern weil sie sich in

der Weimarer Republik unter Ausnutzung der sozialen Not und hohen Arbeitslosigkeit zur politischen Hochburg des Klassenkampfes entwickelt hatten. Und dieser sollte gerade im Dritten Reich überwunden werden. Nach dem Gesetz zur Ordnung der nationalen Arbeit vom 20. Januar 1934 waren die Treuhänder der Arbeit für die Erhaltung des Arbeitsfriedens verantwortlich. Sie hatten u.a. über die Bildung und Geschäftsführung der Vertrauensräte zu wachen und in Streitfällen zu entscheiden, Vertrauensmänner der Betriebe zu berufen und abzuberufen. In ihrer Entscheidung lag auch die Entscheidung über beabsichtigte Entlassungen, die der Unternehmer eines Betriebes dem Treuhänder schriftlich anzuzeigen hatte. Ihm oblag die soziale Ehrengerichtsbarkeit. Er konnte nach Beratung in einem Sachverständigenausschuß die Richtlinien für den Inhalt von Betriebsordnungen und Einzelarbeitsverträgen festsetzen. Diese Vollmacht war für die Gewährung des Urlaubs und insgesamt für die Gestaltung der Arbeitsvertrags- und Lehrvertragsverhältnisse von ausschlaggebender Bedeutung. Die Treuhänder der Arbeit waren Reichsbeamte und unterstanden der Dienstaufsicht des Reichsarbeitsministers. Sie wurden für größere Wirtschaftsgebiete ernannt. Ich kannte die Treuhänder der Arbeit und fühlte mich mit einigen von ihnen aus der Kampfzeit verbunden. Zu ihnen gehörte beispielsweise Johannes Engel. Auch mit seinem Nachfolger für das Wirtschaftsgebiet Berlin-Brandenburg bestand eine enge Zusammenarbeit. In enger kameradschaftlicher Verbindung stand ich mit dem Treuhänder Willi Börger für das Wirtschaftsgebiet Rheinland. Er kam aus dem Bereich des Bergbaus und war zum Professor und Ministerialdirektor im Reichsarbeitsministerium aufgestiegen. Ich traf ihn noch einmal Jahre nach dem Ende des Zweiten Weltkrieges auf dem Bahnhof Mühlheim, wo ich mit Otto Skorzeny, der an der Befreiung Mussolinis teilgenommen hatte, verabredet war. Willi Börger hat sich große Verdienste um die deutschen Arbeiter erworben. Bei ihm lagen die sozialen Belange der Jugend in besten Händen.
Im Laufe der Zeit wurden vom Sozialen Amt der Reichsjugendführung sachkundige Vertreter zu den Treuhändern der Arbeit abgeordnet, die bei ihm soziale Entscheidungen für die werktätige Jugend vorbereiten halfen. So konnten wir nun Gutes von den Treuhändern der Arbeit auch für die Urlaubsgewährung erwarten. Nach Vereinbarungen mit den größten deutschen Arbeitgebern, dem Reichsverkehrsminister und dem Reichspostminister, entsandten wir unsere Verbindungsführer und Beauftragten auch zur Reichsbahn und zur Reichspost. Der Reichsverkehrsminister erließ am 10. bzw. 11. August 1937 Bestimmungen über den Urlaub der Jugendlichen bei Teilnahme von HJ-Lagern. In ihnen heißt es:
„Bei jugendlichen Arbeitern bis zum vollendeten 18. Lebensjahr,

Mittelschulpraktikanten, Junghelfern und Lehrlingen, die mindestens zehn Kalendertage an einem Lager oder an einer Urlaubsfahrt der HJ teilnehmen, erhöht sich der ihnen zustehende Erholungsurlaub auf 18 Arbeitstage. Für diese Zeit wird der Lohn oder die bestimmungsmäßige Vergütung fortgezahlt."

Der Erholungsurlaub der Werkstättenlehrlinge wurde wie folgt festgelegt: „Die Lehrlinge erhalten in jedem Lehrjahr einen Erholungsurlaub, und zwar im vollendeten Lebensalter von 14, 15, 16, 17, 18 Jahren einen Erholungsurlaub von 18, 18, 16, zwölf und neun Arbeitstagen unter Fortzahlung der Lehrlingsvergütung."

Nach einem Erlaß vom Reichspostminister vom 20. August 1937 wurde der Urlaub für alle Jugendlichen wie folgt bemessen:

„Bis zum vollendeten 16. Lebensjahr 18 Arbeitstage, bis zum vollendeten 17. Lebensjahr 15 Arbeitstage und bis zum vollendeten 18. Lebensjahr zwölf Arbeitstage. Bei mindestens zehntägiger Teilnahme an einem von der Hitlerjugend geführten Lager soll der Urlaub für alle Jugendlichen ohne Unterschied des Lebensalters allgemein 18 Arbeitstage betragen." Daß die Forderungen der Hitlerjugend durch das Reich anerkannt wurden, bezeugt ein Erlaß des Reichsministers der Finanzen aus dem Jahre 1937, in dem es u.a. heißt: „Ferner ist der Urlaub für Lehrlinge und jugendliche Arbeiter künftig wie folgt zu bemessen. Vor vollendetem 16. Lebensjahr mit 18 Arbeitstagen, vor vollendetem 17. Lebensjahr mit 15 Arbeitstagen, vor vollendetem 18. Lebensjahr mit zwölf Arbeitstagen. Wenn der Jugendliche mindestens zehn Tage an Lagern oder Urlaubsfahrten teilnimmt, die von der Hitlerjugend geführt werden, erhöht sich der Urlaubsanspruch der Jugendlichen unter 18 Jahren auf 18 Arbeitstage. Im Einvernehmen mit dem Herrn Reichs- und preußischen Minister des Innern bin ich damit einverstanden, daß die vorstehenden Regelungen auch in die Dienstordnungen anderer öffentlicher Verwaltungen und Betriebe übernommen werden."

Unsere Freizeitaktion hatte sich wirklich gelohnt. Nun kam es darauf an, den gewährten Urlaub richtig zu nutzen und zu gestalten. Dafür standen unsere Jugenderholungsmaßnahmen, besondere Jungarbeiterlager und die Zeltlager der Hitlerjugend bereit. Zu den Zeltlagern äußerte sich Baldur von Schirach in seiner Rundfunkrede vom 29. August 1938 wie folgt: „Vor wenigen Tagen erlebten wir den Abschluß des in der Nähe von Murnau gelegenen Hochlandlagers der Hitlerjugend. 6.000 Jungen im Alter von zehn bis 18 Jahren haben dort vier Wochen lang ein Jungenleben geführt, wie es sich schöner und beglückender nicht denken läßt. Berge und Wiesen, Zelte und Lagerfeuer bildeten eine Erlebniseinheit, von der diese Jungen ihr ganzes Leben lang zehren werden. Ungefähr um die gleiche Zeit gehen nun alle großen Ferienlager der Jugend ihrem Ende entgegen. Al-

lein im Monat Juli waren rund eine Million Jungen unter dem Zeltdach. Im August wuchs diese Zahl noch um ein Beträchtliches. Auch fanden große Mädelsportlager in allen Teilen des Reiches statt. Kurz, ein großer Teil der deutschen Jugend hat einen Sommer in Freude und Gesundheit verbracht." Der bedeutende Kinderarzt Dr. Joppich, der selbst in der Hitlerjugend für die Gesundheitsführung tätig war, schrieb den Zeltlagern eine sehr positive Wirkung auf die körperliche und geistige Ertüchtigung zu. Erfreulicherweise traf auch der Reichsnährstand für die landarbeitende Jugend eine ausreichende Urlaubsregelung, die der in der gewerblichen Wirtschaft entsprach. Jugendliche im Alter von 14 bis 18 Jahren erhielten gestaffelt einen Urlaub von 18 bis zu zwölf Arbeitstagen. Da die Jugendlichen auf dem Lande in ihrer Arbeit jahreszeitlich vom Frühjahr bis zum Herbst gebunden waren, kamen für sie in verstärktem Maße Erholungsmaßnahmen über den Winter in Betracht. Es kam hin und wieder vor, daß mir nach einer Rede vor den Jungarbeitern großer Werke die Direktoren erklärten, daß sie nun fortan ihrer jugendlichen Belegschaft einen bezahlten Urlaub bis zu 18 Tagen gewähren würden. Ich empfand das jedesmal als ein großes Geschenk. So geschah es z.B. in den Leunawerken im März 1935.
Neben unseren erfolgreichen Freizeitaktionen wurden von uns in Gemeinschaft mit dem Jugendamt der Deutschen Arbeitsfront weitere sozialpolitische Forderungen erhoben, deren Erfüllung die schädlichen und gefährlichen Auswirkungen des vergangenen liberal-kapitalistischen Systems auf die arbeitende Jugend beseitigen sollte. Dazu gehörte das grundsätzliche Verbot der Kinderarbeit, auf die man immer wieder zurückgegriffen hatte. Wir verlangten die Festsetzung einer angemessenen Regelarbeitszeit, die nicht mehr überschritten werden durfte. Wir sprachen uns entschieden gegen die Akkordarbeit von Lehrlingen aus. Das Wesen einer Lehre bestand für uns in einer gründlichen Ausbildung und Berufserziehung, die nicht auf die Erzielung eines möglichst hohen Akkordverdienstes ausgerichtet war. Wir wandten uns dagegen, daß Betriebe von den Eltern des Lehrlings Geld für die Ausbildung beanspruchten. Wir gingen gegen das Züchtigungsrecht des Lehrherrn vor und begrüßten es, daß z.B. das Ehrengericht des Handwerks in einigen Fällen der Mißhandlung die Lehrherren einer verdienten Strafe zuführte. Lehrgeldforderungen mußten prinzipiell untersagt werden. Wir bekämpften die Lehrlingszüchterei. Es gab noch einige Betriebe, die Lehrlinge ohne geordnete Ausbildung nur mit Arbeiten beschäftigten, die von Erwachsenen verrichtet wurden, um so Geld zu schinden. Bis Anfang 1935 wurden uns 110 Fälle bekannt, in denen solchen Betrieben die Lehrbefugnis entzogen wurde.
Wir sprachen uns auch dafür aus, daß die Zeit für den Berufsschulunterricht entgegen einer häufig geübten Praxis auf die Arbeitszeit anzurechnen war.

Denn der Unterricht in der Berufsschule diente der Berufsausbildung ebenso wie die praktischen Unterweisungen im Betrieb. Wenn ein Lehrling nach achtstündiger Arbeitszeit noch die Berufsschule besuchen mußte, dann litt dort ganz erheblich seine Aufnahmefähigkeit. Mußte er umgekehrt nach dem Berufsschulunterricht noch acht Stunden im Betrieb arbeiten, so ermüdete er leicht mit jenen negativen Folgen, die einen Betriebsunfall begünstigen konnten. Wir setzten uns für das grundsätzliche Verbot der Nachtarbeit für Jugendliche ein, das nur in wenigen spezifischen Fällen eine Einschränkung erfahren sollte. Wir waren unbedingt für eine Überprüfung der vierjährigen Lehrzeit und meinten, daß in überwiegenden Fällen eine dreijährige Lehrzeit den Anforderungen im Beruf und Betrieb Genüge tun würde. Die Förderung der Gesundheit und der Leistungsbereitschaft der schaffenden Jugend war ein so hohes Gut, daß wir mit Nachdruck die Heraufsetzung des Jugendschutzalters vom 16. auf das 18. Lebensjahr fordern mußten. Alle diese so wichtigen Bestimmungen durften auch nicht der Regelung durch Tarifverträge überlassen bleiben, sondern mußten in einem Reichsgesetz verankert werden. Das war unser erstrebenswertes Ziel. Wir versuchten, es in Zusammenarbeit mit allen an diesen Fragen und Problemen beteiligten Dienststellen zu erreichen. Im allgemeinen waren die zuständigen Reichsministerien und die Wirtschaft dieser sozialpolitischen Zielsetzung gegenüber sehr aufgeschlossen. Nun galt es, die einzelnen und konkreten Fragen gemeinsam zu erörtern. Dafür bot sich die neutrale wissenschaftliche Ebene der Akademie für Deutsches Recht an.

Im Juni 1933 war die Akademie für Deutsches Recht von dem damaligen Leiter der Rechtsabteilung der NSDAP, Dr. Hans Frank, gegründet worden, der Adolf Hitler in der Kampfzeit in mehreren Strafprozessen verteidigt hatte. Die Aufgabe der Akademie bestand darin, an der Gestaltung der Gesetzgebungswerke mitzuwirken. Zur gleichen Zeit hatte mich Baldur von Schirach mit der Leitung des Sozialen Amtes der Reichsjugendführung beauftragt, zu dessen Aufgaben neben dem Gebiet des Berufes, der agrarpolitischen Arbeit, der Sozialhygiene und der Jugenderholungspflege auch das Jugendrecht gehörte. Dieser Abteilung meines Amtes hatte ich neben der Rechtsschulung, Rechtsauskunft und der Zusammenarbeit mit den Justizbehörden die Erarbeitung von Entwürfen für ein neues Jugendrecht als Zielsetzung vorgegeben. In der Akademie waren für die verschiedenen Rechtsgebiete mehrere Ausschüsse vom Straf- und Strafprozeßrecht bis zum Urheberrecht tätig. Wir bemühten uns nun darum, daß in der Akademie auch ein Ausschuß für Jugendrecht etabliert wurde. Der Präsident der Akademie entsprach unserem Anliegen. Eine vorbereitende Besprechung fand dazu am 24. November 1934 statt, zu der auch ich und meine Mitarbeiter eingeladen worden waren.

Die konstituierende Sitzung des Jugendrechtsausschusses erfolgte am 3. Dezember 1934 im Ministersaal des Preußischen Herrenhauses in Berlin, an der hochrangige Vertreter des Staates, der Partei der Wissenschaft und der Wirtschaft teilnahmen. Der Präsident der Akademie bat den Reichsminister ohne Geschäftsbereich, Dr. Kerrl, den Vorsitz des Jugendrechtsausschusses zu übernehmen. An den Staatssekretär im Preußischen und später im Reichsjustizministerium, Dr. Roland Freisler, und mich richtete er die Bitte, als Stellvertreter von Dr. Kerrl tätig zu werden. Dr. Frank erklärte, der Deutschen Jugend ihren Lebensweg auch rechtlich so auszubauen, daß der Jugendliche nicht wie ein abgesplittertes Holz vom Stamm in den wilden Strom des Lebenskampfes hineintreibt, sondern mitten hineingestellt ist in eine Gemeinschaft, die für ihn nicht nur Pflichten, sondern auch Rechte kennt. Und diese Rechte des Jugendlichen auf Arbeit, Fürsorge, Schutz und auf Bildung sowie auf eine gewisse Sicherung seines eigenen Lebensaufbaus sollen in diesem Ausschuß ihre rechtliche Fundierung erhalten. Danach ergriff der Reichsjugendführer Baldur von Schirach das Wort und führte u.a. aus:
„Wir alle wissen leider, daß es heute keine einheitliche Jugendgesetzgebung gibt. Wir wissen, daß die Gesetzesbestimmungen, die der Jugend gelten, verstreut sind und daß nach ihnen die Jugendlichen als kleine Erwachsene mit minderen Rechten und minderen Pflichten behandelt werden."
Es handele sich für einen Jugendausschuß dieser Akademie darum, eine gesetzgeberische Grundlage zu schaffen, von der aus sich die selbständigen Kräfte, die in dieser Jugend und in dieser Jugendbewegung wohnen, entfalten können. Der Reichsjugendführer bezeichnete die drei Rechtsgebiete, denen die Arbeit dieses Ausschusses gelten sollte, als die Gebiete des Jugendarbeitsrechts, des Jugendpflegerechts und des Jugendstrafrechts. Für das Jugendarbeitsrecht gelte die Forderung, daß die Jugendlichen nicht mehr als Arbeitnehmer, sondern als Arbeitsschüler behandelt werden und daß das künftige Jugendarbeitsrecht dem Facharbeitermangel begegnete, indem es eine rationelle Verteilung der Jugendlichen auf alle Wirtschaftszweige ermöglicht. Dieses neue Recht müsse der Erkenntnis bahnbrechen, daß der Jugendliche nicht Objekt, sondern Subjekt des Arbeitsmarktes sei. Auf das Jugendpflegerecht eingehend, bezeichnete der Reichsjugendführer das „Reichsjugend-Wohlfahrtsgesetz" schon allein dem Namen nach als wesensfremd. Beim Jugendstrafrecht wies er insbesondere auf den Erziehungsgedanken hin und erwartete vor allem vom Jugendrichter den Nachweis pädagogischer Fähigkeiten.
Dr. Freisler wies ebenfalls auf das Chaos in den Rechtsbestimmungen für Jugendliche hin. Reichsarbeitsminister Seldte bekannte sich unter Hinweis auf seine eigene Jugend und Erfahrungen zu den Gedanken des Reichs-

jugendführers und sicherte dem Jugendrechtsausschuß seine volle Unterstützung zu. Am Schluß forderte der Präsident des Reichsgesundheitsamtes, Professor Reiter, dazu auf, daß die biologischen Umweltvoraussetzungen bei der Gestaltung des neuen Jugendrechts weitgehend berücksichtigt werden sollten. Besonders wertvoll war für mich die Zusage des Reichsarbeitsministers, unsere Arbeit hilfreich zu fördern. In meinen Beratungen mit Dr. Freisler über die zeitliche Priorität der Inangriffnahme unseres Programms stand nämlich für mich die Behandlung des Jugendarbeitsrechts und damit die Kodifizierung unserer sozialpolitischen Forderungen in einem Reichsgesetz absolut im Vordergrund. Dr. Freisler war damit auch aus einem anderen Grund einverstanden. Er wollte erst das Ergebnis der Beratungen über die Neufassung des Strafrechts für Erwachsene abwarten, bevor wir an die Neuordnung des Jugendstrafrechts gingen. Damit waren die Weichen in unserem Sinn gestellt. Nun konnte die Arbeit in der Akademie beginnen, die unsere öffentlichen Aktivitäten in der sozialpolitischen Tätigkeit im parallelen Lauf begleiten sollte.

Nach der Ernennung von Dr. Kerrl zum Reichs- und Preußischen Minister für kirchliche Angelegenheiten am 16. Juli 1935 wurde mir die Leitung des Jugendrechtsausschusses der Akademie für Deutsches Recht übertragen. Zu meinem Stellvertreter berief ich Professor Wolfgang Siebert, der an der Universität in Kiel Sozial- und Arbeitsrecht lehrte. Danach erhielt er eine Professur an der Friedrich-Wilhelm-Universität in Berlin. Schon mit 30 Jahren hatte er sich einen guten Ruf auf dem Gebiet des Jugendarbeitsrechts erworben. Er gehörte im Sozialen Amt dem Stab der Reichsjugendführung an. Unsere Zusammenarbeit war sehr produktiv, und wir sind gute Freunde geworden. Manches Mal saß ich unter den Studenten, um seine Vorlesungen zu hören. Als ich 1940 zum Reichsjugendführer ernannt wurde, übernahm Wolfgang Siebert die Leitung des Jugendrechtsausschusses der Akademie. Ihm gehörten die Vertreter der beteiligten Reichsministerien, der freien Wirtschaft, der verschiedenen Verbände und Wissenschaftler an. Auch Mitarbeiter des Sozialen Amtes der Reichsjugendführung und des Jugendamtes der Deutschen Arbeitsfront nahmen an den Sitzungen teil. Auf dem Gebiet der Sozialpolitik und des Jugendarbeitsrechts war auf ministerieller Ebene das Reichsarbeitsministerium federführend und hatte einen Entwurf für ein Gesetz über die Kinderarbeit und die Arbeitszeit der Jugendlichen vorbereitet. So hatte es die Reichsjugendführung getan. Obwohl es in vielen Fragen eine Übereinstimmung gab, kam es bei verschiedenen Bestimmungen zu kontroversen Auseinandersetzungen, insbesondere mit Vertretern des Bergbaus.

Nach zweieinhalb Jahren der Beratung und Verhandlungen konnte ein Entwurf vorgelegt werden, der die Zustimmung aller beteiligten Dienststellen gefunden hatte. So konnte das Jugendschutzgesetz mit dem Untertitel „Gesetz über Kinderarbeit und die Arbeitszeit der Jugendlichen" von der Reichsregierung am 30. April 1938 verkündet werden. Es trat am 1. Januar 1939 in Kraft. Die Vorschriften über den Urlaub der werktätigen Jugend fanden jedoch mit sofortiger Wirkung Anwendung. Das Gesetz galt auch für das Land Österreich, das am 13. März 1938 in das Deutsche Reich zurückgekehrt war. In einer Volksabstimmung vom 10. April 1938 hatten die Bürger Österreichs diese historische Entscheidung mit 99,73 Prozent der Stimmen bejaht. Zum ersten Mal in der Sozialgeschichte waren sozialpolitische Bestimmungen für die Jugend durch ein Reichsgesetz geregelt worden, die nun in ihrer allgemeinen Verbindlichkeit den einzelnen Tarifverhandlungen enthoben waren.

Das Jugendschutzgesetz brachte den Vorteil, daß alle bisherigen Bestimmungen in der Arbeitszeitordnung, im Gesetz über die Kinderarbeit, in der Gewerbeordnung, im Heimarbeitsgesetz, im Gesetz über den Ladenschluß und im Gesetz über Arbeitszeit in Bäckereien mit vorteilhaften Änderungen zusammengefaßt worden waren. War die Jugend bisher mit 16 Jahren schon als „erwachsen" erklärt worden, so galt nun der Arbeitsschutz bis zum 18. Lebensjahr. Die Kinderarbeit wurde grundsätzlich verboten. Die regelmäßige Arbeitszeit erfuhr eine Begrenzung auf acht Stunden täglich und 48 Stunden wöchentlich. Die Zeit für den Berufsschulbesuch wurde auf die Dauer der Arbeitszeit angerechnet. Es erfolgte die Bezahlung der Erziehungsbeihilfe und des Lohnes für die durch den Berufsschulunterricht ausfallende Arbeitszeit. Die Ruhepausen wurden festgelegt. Sie betrugen bei mehr als sechs bis zu acht Stunden Arbeitszeit eine halbe Stunde. Jugendliche durften nicht in der Nachtzeit von 20.00 Uhr bis 6.00 Uhr beschäftigt werden. Der Arbeitsschluß an den Sonnabenden und den Tagen vor dem Weihnachts- und Neujahrsfest war auf 14.00 Uhr festgelegt worden. An Sonn- und Feiertagen galt für Jugendliche die Arbeitsruhe. Der Reichsarbeitsminister war ermächtigt, die Beschäftigung Jugendlicher für einzelne Arten von Betrieben oder Arbeiten, die mit besonderen Gefahren für die Gesundheit oder Sittlichkeit verbunden waren, gänzlich zu untersagen oder von Bedingungen abhängig zu machen.

Ein bedeutender Fortschritt lag in der reichsgesetzlichen Regelung des Urlaubs. Die Mindestdauer des Urlaubs betrug für Jugendliche unter 16 Jahren 15, für Jugendliche über 16 Jahren zwölf Werktage. Sie erhöhten sich jedoch auf 18 Werktage, wenn der Jugendliche mindestens zehn Tage an einem Lager oder einer Fahrt der Hitlerjugend teilnahm. Da nach dem Gesetz vom 1. Dezember 1936 die gesamte deutsche Jugend zur Hitlerjugend gehörte, kam auch die gesamte deutsche Jugend in den Genuß dieser Bestimmung.

Wer einer Vorschrift dieses Gesetzes oder einer aufgrund dieses Gesetzes ergangenen Verordnung oder Anordnung zuwiderhandelte, wurde mit Geldstrafe bis zu 150 Reichsmark oder mit Haft bestraft. In besonders schweren Fällen war eine Gefängnis- und Geldstrafe oder eine dieser Strafen vorgesehen. Wer gewissenlos eine Person unter 18 Jahren, die durch ein Arbeits- oder Lehrverhältnis von ihm abhängt, durch Überanstrengung in ihrer Arbeitskraft schwer gefährdet, sollte mit Gefängnis nicht unter drei Monaten und in besonders schweren Fällen mit Zuchthaus bestraft werden. Ausnahmen von den grundsätzlichen Bestimmungen wurden im Gesetz geregelt oder an die Genehmigung des Reichsarbeitsministers oder des Gewerbeaufsichtsamtes gebunden.

Wegen der Eigenart der Arbeitsbedingungen blieben einer besonderen gesetzlichen Regelung vorbehalten: die Beschäftigung in der Hauswirtschaft, in der Landwirtschaft einschließlich des Gartenbaues, des Weinbaues und der Imkerei, in der Forstwirtschaft, bei der Jagd und in der Tierzucht, in der Fischerei, in der See- und Binnenschiffahrt, in der Flößerei und in der Luftfahrt ausschließlich der zugehörigen Land- oder Bodenbetriebe. Die Grundgedanken des Gesetzes sollten jedoch für alle Kinder und Jugendliche in den nicht ausgenommenen Wirtschaftszweigen berücksichtigt werden. Wir waren sehr zufrieden, daß vom Geltungsbereich des Gesetzes der Bergbau nicht ausgenommen wurde. Die Reichsregierung hatte mit dem Jugendschutzgesetz die Pflichterfüllung und die Leistungsbereitschaft der Jugend honoriert.

Im Jahre 1838 war als erste sozialpolitische Maßnahme das Preußische Regulativ über die Kinderarbeit erlassen worden. In den folgenden 100 Jahren sind keine weiteren entscheidenden Bestimmungen zugunsten der werktätigen Jugend mehr erfolgt. So war uns 1938 die Verkündung des Jugendschutzgesetzes ein Tatbeweis für die Gesinnung, den deutschen Sozialismus zu verwirklichen. Das Gesetz war ein bleibender Erfolg, denn es blieb auch nach 1945 in seinen wesentlichen Bestimmungen in Kraft. Es war für uns kein Abschluß in der sozialpolitischen Entwicklung. Es gab noch manche Möglichkeit der Verbesserung. Aber es war ein großer Anfang.

Die sozialen Errungenschaften des Dritten Reiches strahlten auch auf andere Länder aus. Davon konnte ich mich z.B. auf der dritten internationalen Konferenz für soziale Arbeit in London im Juli 1936 überzeugen. Ich gehörte dem Ständigen Ausschuß der Tagung an. In ihm waren außerdem der Leiter der Nationalsozialistischen Volkswohlfahrt Hilgenfeldt, der Ministerialdirektor Gütt, Vizepräsident Dr. Zeitler, Landesarbeitsamtspräsident Dr. Gassner, Amtsleiter Mende von der Deutschen Arbeitsfront und Professor Polligkeit vertreten. Das Tagungsthema lautete: „Soziale Arbeit und

Gemeinschaft".

In meinem Vortrag hatte ich Gelegenheit, über unsere Maßnahmen der Gesundheitsführung, Erholungspflege, unsere Freizeitaktionen und Freizeitgestaltung zu berichten. Die Tagungsteilnehmer zeigten sich sehr interessiert und stellten viele Rückfragen. Der Erzbischof von Canterbury erschien auf der Tagung und unterhielt sich zwanglos mit uns. Ein Parlamentsabgeordneter der Labour-Party lud mich aufgrund meiner Ausführungen in sein Haus in einem Vorort Londons ein und geriet mit mir in eine lebendige Aussprache über die anstehenden sozialen Probleme. Natürlich nutzte ich die Pausen der Tagung, um mir einige Sehenswürdigkeiten der britischen Hauptstadt anzusehen.

Im Juli des gleichen Jahres tagte in Hamburg der Zweite Weltkongreß für Freizeit und Erholung. Während auf dem Kongreß über die Freizeitgestaltung beraten wurde, führte die Hitlerjugend im Hamburger Stadtpark ein großes Zeltlager durch, in dem Vertretern der Weltöffentlichkeit die praktische Freizeitgestaltung vorgeführt wurde. Das bezog sich auf Leibesübungen wie Bodenturnen, Baumstammübungen, Boxen, Freiringen, Speerspiele und Modellfliegen. Die kulturelle Freizeitgestaltung wurde u.a. durch Puppen- und Laienspiele sowie Singen demonstriert. Auch die berufliche Ertüchtigung nahm mit Schaubildern vom Reichsberufswettkampf und der Darstellung der Übungswirtschaft größeren Raum ein. Von der Ausstellung und dem Freizeitlager der Hitlerjugend gingen Impulse aus, die in der Entschließung der Kommission „Freizeit für Kinder und Jugendliche" ihren Niederschlag fanden.

Zwei Jahre später traf man sich in der Zeit vom 26. Juni bis 3. Juli 1938 zum Dritten Weltkongreß „Arbeit und Freude" in Rom wieder. Die Beratungen fanden im Hinblick auf die Jugend unter dem Vorsitz des Rumänen Sidorovici, des Italieners Mezzazoma, des Schweizers Binder und des Dänen Draghjelm statt. Herr Sidorovici war rumänischer Jugendführer und zugleich Adjutant seines Königs. Er unterhielt mit der Reichsjugendführung eine enge Zusammenarbeit. Ich wurde zum Sprecher und Berichterstatter der Kommission „Arbeit und Freude" gewählt. Die Beratungen standen ganz im Zeichen des Jugendschutzgesetzes, das vor wenigen Wochen in Deutschland verkündet worden war. In welchem Ausmaß sich das zeigte, bewies der Wortlaut der Entschließung der Kommission „Arbeit und Freude", in der es u.a. hieß:

„1. Grundlage jeder Freizeitgestaltung ist die Freizeit selbst.
2. Im Hinblick auf die besondere Schutzbedürftigkeit und mit Rücksicht auf ausreichende Gelegenheiten zur körperlichen, charakterlichen und beruflichen Ertüchtigung ist eine besondere Regelung der Arbeitszeit der Kinder und Jugendlichen notwendig. Es empfiehlt sich, die Regelung der

Arbeitszeit der Kinder und Jugendlichen in einem Sondergesetz vorzunehmen, da sie in wesentlichen Punkten von derjenigen der erwachsenen Arbeiter abweicht.
a) Kinderarbeit vor Beendigung der Schulpflicht ist zu beseitigen.
b) Jugendliche dürfen bis zur Vollendung des 18. Lebensjahres nicht länger als acht Stunden täglich und 48 Stunden wöchentlich beschäftigt werden. Ihnen ist durch frühzeitigen Arbeitsschluß am Sonnabend und Arbeitsruhe am Sonntag ein freies Wochenende von mindestens 40 Stunden zu gewähren.
3. Die planmäßige Gestaltung der Freizeit im Sinne einer wirkungsvollen Erholung und Ertüchtigung der Jugend erfordert darüber hinaus eine längere zusammenhängende Urlaubszeit, in der die Jugendlichen von jeder Beschäftigung freigestellt sind. Die Dauer des Urlaubs ist im Interesse einer reibungslosen Durchführung der Freizeitgestaltung möglichst für alle Altersklassen der Jugendlichen einheitlich zu bemessen. Als Richtlinie gilt die Zeit von drei Wochen. Während der Urlaubszeit ist das Arbeitsentgelt weiterzuzahlen.
4. Zu den Grundlagen der Freizeitgestaltung gehören feste Organisationsformen der Jugend sowie räumliche Voraussetzungen wie Heime, Sport- und Spielplätze, Herbergen und Schulungsstätten. Die Mitglieder der Kommission IX werden nach Mittel und Möglichkeiten auch diese Seite ihrer Arbeit stärkstens beachten und auf den nächsten Zusammenkünften über die bestehenden Verhältnisse und geplanten Maßnahmen Bericht erstatten.
5. An der Erziehung der Jugend sind neben den Jugendorganisationen vornehmlich Familie und Gesellschaft, Schule und Arbeitsstätte beteiligt. Es wird angeregt, Untersuchungen darüber anzustellen, in welcher Form diese Faktoren zur Mitarbeit an der Lösung aller Freizeitfragen der Jugend herangezogen werden können.
Freizeitgestaltung:
1. Die Kommission IX legt ihren Bemühungen die Erkenntnis zugrunde, daß jede Freizeitforderung nur durch die Freizeitgestaltung gerechtfertigt wird. Nur gestaltete Freizeit ist als echte Freizeit anzuerkennen.
2. Die Freizeit ist dann am besten als Freizeit gestaltet, wenn sie zur Heranbildung gesunder Menschen beiträgt und diese befähigt, ihre Aufgabe im Leben nach besten Kräften zu erfüllen. Entsprechend der Erschließung von 1936 hat sich die Kommission IX besonders mit den Fragen der körperlichen Ertüchtigung und beruflichen Schulung beschäftigt. Auf allseitigen Wunsch wird die baldige Fortsetzung der Besprechungen auf diesen beiden Gebieten beschlossen und durch eine zweckmäßige Gliederung des gesamten Stoffes vorbereitet. Am Anfang steht das Spiel der Kinder, das mit erzieherischem Gehalt durchsetzt ist. Auf diesem baut sich die plan-

mäßige körperliche Ertüchtigung auf, die wiederum für die charakterliche und geistige Erziehung die Grundlage darstellt und sich in einer umfassenden beruflichen Schulung erweitert.
3. Kulturelle Veranstaltungen für die Jugend wie Pflege des Brauchtums des Volksliedes und Tanzes, Theater und Schrifttumsarbeit werden der lebhaften Aufmerksamkeit aller beteiligten Länder empfohlen, ohne daß dadurch ihr unabhängiger nationaler Charakter berührt würde.
4. Einheitlich wird für alle beteiligten nationalen Länder die Förderung der Lager und Fahrten der Jugend angeregt. Diese geben insbesondere die Möglichkeit, durch Besuche von Jugendgruppen in anderen Ländern und durch Austauschlager zu einem gegenseitigen Kennenlernen, zum Verstehen und zur Freundschaft zwischen den Völkern beizutragen. Insbesondere dienen die Jugendherbergen der Verbindung unter den Völkern. Aus diesem Grunde setzt sich der Kongreß für die Schaffung der Jugendherbergen in allen Ländern ein. Wegen der hohen Bedeutung dieser Form der Freizeitgestaltung der Jugend wird die Regelung dieser Fragen Gegenstand einer besonderen Zusammenkunft der Kommissionsmitglieder sein.
Schlußbemerkung:
Jugendschutz ist Volksschutz. Jugendertüchtigung ist Volksertüchtigung. Die von der Kommission IX erhobenen Forderungen nach ausreichender Freizeit berücksichtigen nicht nur die Belange der Jugend, sondern dienen in erster Linie den Interessen der Völker. Insbesondere bedeutet ihre Verwirklichung für die Wirtschaft und damit auch für die Arbeitgeber keinen Verlust. Die nach den Grundsätzen dieser Entschließung gestaltete Freizeit sichert die Gesunderhaltung der Jugend, führt zur Leistungssteigerung und hebt die Arbeitsfreude des einzelnen. Die Mitglieder der Kommission werden über diese aufbauende Wirkung der Freizeitgestaltung Untersuchungen anstellen und auf den nächsten Zusammenkünften über die Ergebnisse berichten."
So versetzte uns das deutsche Jugendschutzgesetz in die Lage, auf internationaler Ebene nicht nur theoretische Anregungen zu geben, sondern auf bereits verwirklichte Beispiele hinweisen zu können.
Gegen Ende des Jahres 1937 hatte der Jugendrechtsausschuß der Akademie für Deutsches Recht die Arbeiten für den Entwurf des Jugendschutzgesetzes abgeschlossen. Nun konzentrierten wir unsere Beratungen auf die Fragen des Jugendstraf- und Jugendpflegerechts. Unser hauptsächliches Anliegen war auf die Neufassung des Reichsjugendgerichtsgesetzes von 1923 gerichtet, das gegenüber früheren Rechtsvorschriften beachtliche Fortschritte gebracht hatte. Wir gründeten den Unterausschuß für Jugendstraf- und Jugendpflegerecht, dessen Leitung auf meine Bitte Professor Friedrich Schaffstein übernahm. Er kam ebenso wie mein Stellvertreter

Professor Siebert von der Universität Kiel, an der er Straf- und Jugendstrafrecht lehrte. Zu den weiteren wissenschaftlichen Mitarbeitern gehörten Professor Boldt von der Universität Königsberg, Professor Wieacker von der Universität Leipzig und Professor Sieverts, der im Krieg an der Universität Hamburg lehrte. Es waren junge Professoren, die mit der Hitlerjugend in Verbindung standen. Wir waren froh darüber, daß das federführende Reichsjustizministerium aktiv an den Beratungen der Akademie teilnahm. Der Staatssekretär Dr. Freisler war ja seit der Gründung des Jugendrechtsausschusses dabei. Im Laufe der Zeit nahmen weitere Vertreter des Reichsjustizministeriums an den Sitzungen der Arbeitsgemeinschaft teil. Zu ihnen gehörten u.a. der Ministerialdirektor Schäfer und die Ministerialräte Eichler und Rietzsch. Besonders möchte ich den Oberregierungsrat Dr. Heinz Kümmerlein erwähnen, der seit Beginn des Krieges Referent für Jugendrecht und insbesondere für Jugendstrafrecht im Reichsjustizministerium und zugleich Verbindungsführer zur Reichsjugendführung war, der er auch angehörte. Er hatte entscheidend zum Konsens zwischen seinem Ministerium und der Reichsjugendführung beigetragen. Mit den Mitarbeitern der Rechtsdienststelle der Reichsjugendführung wie Boldt, Bergemann, Vornefeld, Rauch und Weißleder pflegte er ständig intensiven Gedankenaustausch. Aus dem Bereich Justizpraxis waren Jugendrichter und Jugendstaatsanwälte in der Arbeitsgemeinschaft vertreten sowie Beauftragte der Nationalsozialistischen Volkswohlfahrt, des Reichskriminalpolizeiamtes und des Oberkommandos der Wehrmacht. Wir waren uns in diesem Kreis einig darüber, daß das Jugendstrafrecht nicht im Rahmen des Strafrechts für Erwachsene behandelt werden sollte. Auch der Reichsjustizminister Dr. Gürtner und führende Strafrechtler wie Professor Kohlrausch vertraten unsere Auffassung. Das Jugendstrafrecht sollte jugendgemäß sein, d.h. der Eigenart der in der Entwicklung befindlichen Jugendlichen entsprechen. Aus dieser grundsätzlichen Erkenntnis ergab sich die Forderung, daß der Erziehungsgedanke das Jugendgerichtsgesetz zu durchdringen hatte. Die Aufgabe des Jugendrichters war es, gewissenhaft zu ermessen, ob der einmal gestrauchelte junge Mensch durch geeignete erzieherische Maßnahmen für die Gemeinschaft zurückzugewinnen sei. Das bedeutete aber nicht, daß auf die Strafe verzichtet werden konnte. Wer aus einer vorgegebenen verbrecherischen Veranlagung heraus schwere Straftaten beging, vor dem mußte die gesunde Gemeinschaft geschützt, der Täter verwahrt und einer harten Strafe zugeführt werden. In diesem Zusammenhang von Erziehung und Strafe erachteten die Reichsjugendführung und der Jugendrechtsausschuß der Akademie einige Bestimmungen und Maßnahmen des österreichischen Jugendgerichtsgesetzes von 1928 als beispielhaft, über deren Bewährung uns Professor Kadeker aus Wien, der Generalstaatsanwalt aus

Graz, Meissner, und der Oberstaatsanwalt Pichler-Drexler aus Steier im Jugendrechtsausschuß berichteten. Es handelte sich dabei um den Jugendarrest und die unbestimmte Verurteilung. Die Einführung des Jugendarrestes war auch dazu bestimmt, die kurzfristige Gefängnisstrafe für Jugendliche zu ersetzen. Erfahrungsgemäß erstreckte sich diese überwiegend auf eine Zeit bis zu drei Monaten. In dieser Zeit konnte der Jugendliche zu anderen Insassen in Kontakt geraten, die schwere Vergehen begangen hatten und kriminell vorbelastet waren. Diese Gefährdung mußte unbedingt vermieden werden. Die kurzfristige Gefängnisstrafe wurde ins Strafregister verzeichnet, so daß der Jugendliche als vorbestraft galt. Der Jugendarrest wurde ins Erziehungsregister eingetragen und dessen Löschungsfrist verkürzt. Man unterschied den Wochenendkarzer bis zu vier Wochenenden und den ununterbrochenen Arrest von mindestens einer Woche bis höchstens zu vier Wochen, den der Jugendrichter je nach Schwere des Falls verhängte. Diese jugendgemäße Maßnahme entbehrte nicht des erzieherischen Charakters. Mit ihr wurde die letzte Warnung ausgesprochen und gleichsam die Rote Karte gezeigt. Bis hierher und nicht weiter! Dieser Freiheitsentzug war nicht ehrmindernd. Sein Vollzug erfolgte nicht in den Haftanstalten, sondern in gesonderten Räumen der Justizverwaltung. Die ärztliche Kontrolle und Versorgung war gegeben. Großer Wert wurde auf den beschleunigten Vollzug nach dem Spruch des Jugendrichters gelegt, um eine unmittelbare Wirkung zu erzielen.

Gerade für die Zeit des Krieges erachteten wir die Einführung des Jugendarrestes schon vor einer Verkündigung eines neuen Jugendgerichtsgesetzes für unbedingt notwendig. Sie erfolgte durch eine Verordnung des Reichsverteidigungsrats zur Ergänzung des Jugendstrafrechts vom 4. Oktober 1940. Aus Anlaß der Verkündung veranstaltete der Jugendrechtsausschuß der Akademie für Deutsches Recht in Berlin am 6. November 1940 eine Kundgebung, auf der die Bedeutung des Jugendarrestes von Reichsjustizminister Dr. Gürtner, Staatssekretär Dr. Freisler und mir sachlich gewürdigt wurde. Bei dieser Gelegenheit dankte mir Dr. Gürtner als inzwischen ernannter Reichsjugendführer für die Worte der Anerkennung, die ich der Mitarbeit der Justiz bei der Jugenderziehung gewidmet hatte. Er gab seiner Befriedigung darüber Ausdruck, daß der Jugendrechtsausschuß Arbeitsmethoden entwickelt hatte, die für die Zukunft das Beste erhoffen ließen. Dr. Gürtner wies dann darauf hin, daß die Einführung des Jugendarrestes einen Anfang der großen Reformarbeit auf dem Gebiet des Jugendrechts bedeutete. Das Anwendungsgebiet des Jugendarrestes liegt grundsätzlich dort, wo zum ersten Male ein Jugendlicher strauchelt.

In der Tat erwies sich der Jugendarrest im Krieg als angebracht. Mit ihm konnten z.B. Arbeitsbummeleien und Verstöße gegen die Arbeitsmoral geahndet werden. Leichtere Fälle wurden im Betrieb oder durch die Jugendwalter der Deutschen Arbeitsfront erledigt. Ernstere Fälle wurden vom Betrieb dem Reichstreuhänder der Arbeit mitgeteilt, der beim Jugendrichter die Verhängung von Jugendarrest beantragen konnte. Professor Sieverts, der dem Jugendrechtsausschuß angehörte, berichtete, daß 1942 in Hamburg 202 Verurteilungen wegen Arbeitsvertragsbruch durch das Jugendgericht stattgefunden hatten. Die Zahl der Arbeitsbummelanten war - gemessen an der Arbeitswilligkeit und Einsatzbereitschaft der überwältigenden Mehrheit der deutschen Jugend - verhältnismäßig gering. Es gab auch einzelne Fälle in der Rüstungsindustrie, in denen Betriebe schwerste oder wiederholte Verstöße gegen getroffene Vereinbarungen der Staatspolizei gemeldet hatten, die die Jugendlichen in ein Jugendkonzentrationslager überwies. Als mir das zu Ohren kam, bin ich beim Reichsführer SS vorstellig geworden und habe unsere Auffassung dargelegt, daß solche Fälle vor den Jugendrichter gehören. Er hörte mich ruhig an, und ich hatte den Eindruck, daß ihm meine Argumente vernünftig und überzeugend erschienen. Jedenfalls gab er mir die Zusage, daß in Zukunft keine Überweisungen von Jugendlichen in Konzentrationslager mehr erfolgen werden. Eine Kontrollmöglichkeit für die Maßnahmen der SS besaß ich nicht.

Neben dem Jugendarrest erschien uns die unbestimmte Verurteilung des früh kriminellen Jugendlichen als geeignet und angemessen. Danach konnte der Richter eine Gefängnisstrafe von unbestimmter Dauer aussprechen. Voraussetzung dafür war, daß mindestens eine Gefängnisstrafe von neun Monaten verhängt wurde und sich nicht voraussehen ließ, welche endgültige Strafdauer erforderlich schien, um ihn durch Erziehung im Jugendstrafvollzug, der von dem Erwachsenenstrafvollzug getrennt stattfand, wieder in die Gemeinschaft eingliedern zu können. Das Höchstmaß der Gefängnisstrafe im Rahmen der unbestimmten Verurteilung betrug vier Jahre. Bewährte sich der Jugendliche, so konnte er für eine zu bestimmende Probezeit entlassen werden, nachdem er die Mindeststrafe von neun Monaten verbüßt hatte. In dieser Probezeit stand er unter Schutzaufsicht. Ihm konnten nach seiner Entlassung für die Dauer der Probezeit besondere Verpflichtungen auferlegt werden. Bewährte sich der Verurteilte in dieser Zeit nicht, so wurde die Entlassung widerrufen. Wir glaubten, daß man durch diese elastische Regelung dem Einzelfall am besten gerecht werden konnte. Wir waren auch der Auffassung, daß im Hinblick auf die zu erwartende positive Auswirkung der unbestimmten Verurteilung der Erlaß einer entsprechenden Verordnung schon vor dem Abschluß der Beratungen über ein neues Reichsjugendgerichtsgesetz anzuraten war. Die Verordnung wurde vom Ministerrat für die Reichsverteidigung am 10. September 1941 erlassen.

Der Erfolg der Anwendung des Jugendarrestes und der unbestimmten Verurteilung hing weitgehend von der Persönlichkeit des Jugendrichters und seinem Einfühlungsvermögen in die Psyche und Erlebniswelt der Jugendlichen ab. Daraus ergab sich die Forderung, daß der Jugendrichter auch die innere Verbindung zur Jugend und Jugendbewegung finden sollte. Sein Amt durfte kein Abstellgleis sein. Ihm mußten Möglichkeiten der Beförderung und finanziellen Besserstellung erschlossen werden. Den Wirkungsgrad aller Maßnahmen galt es durch die Beschleunigung und Vereinfachung des Verfahrens zu erhöhen. Wir lehnten die Geldstrafe für Jugendliche ab, ebenso die Prügelstrafe.

In dieser Frage ergab sich eine Komplikation. Im Herbst 1942 hatte ich eine Besprechung mit dem Leiter der Parteikanzlei, Martin Bormann, in der auch das Jugendgerichtsgesetz zur Sprache kam. Bormann teilte mir mit, der Führer habe in einem Gespräch geäußert, die Prügelstrafe sollte für gewisse Vergehen von Jugendlichen berücksichtigt werden. Das entsprach nicht der Auffassung der Reichsjugendführung und des Jugendrechtsausschusses der Akademie. Deshalb bemerkte ich dazu, daß man einer Tracht Prügel vielleicht noch eine gewisse erzieherische Wirkung zusprechen könnte, wenn sie unmittelbar auf dem Fuße der Tat erfolgen würde. Wenn aber der Jugendrichter diese Strafe verhängt, dann vergeht erst eine geraume Zeit bis zu ihrer Vollstreckung. Damit würde die Strafe weitgehend ihren erzieherischen Effekt verlieren. Vor allem aber gab ich zu bedenken, daß Jugendliche, die im Krieg freiwillig viele Dienste an der Heimatfront übernommen hatten, selbst im Fall des erstmaligen Strauchelns eine körperliche Züchtigung im längeren Verfahrensweg als ehrmindernd empfinden könnten. Ich hielt beim erstmaligen Straucheln des Jugendlichen den Wochenend- oder einen längeren Jugendarrest für geeigneter. Ich spürte, daß diese Argumente von Bormann nicht negativ aufgenommen wurden. Dennoch betonte er klar, daß getan werden müsse, was der Führer sage. Man konnte gegen Bormann vieles ins Feld führen, aber an seiner Loyalität gegenüber dem Führer war in der Ausführung seiner Direktiven nicht zu zweifeln. Das erlebte ich auch in diesem Gespräch. Ich bat den Reichsleiter, dem Führer mitzuteilen, daß ich gern meine Beweggründe gegen die Prügelstrafe ihm persönlich vortragen möchte. Ich glaubte nämlich, daß ich aus der Erlebniswelt der Jugend die Argumente überzeugender als ein Technokrat vertreten könnte.

Ich war auf Bormann angewiesen. Denn außer den höchsten Offizieren der Wehrmacht war er im Krieg allein das Nadelöhr, durch das man zu Adolf Hitler gelangen konnte. Wider Erwarten sagte er zu, dem Führer über meinen Wunsch zu berichten. Es fand dann noch ein Briefwechsel zwischen dem Reichsjustizminister, dem Chef der Reichskanzlei, dem Reichsführer

SS und Chef der Polizei und mir über die Frage der Prügelstrafe statt. Der Reichsjustizminister, dessen zuständige Mitarbeiter meiner Auffassung waren, begründete seine abwartende Haltung zur Prügelstrafe damit, daß man zunächst das Ergebnis des Vortrages des Reichsjugendführers bei Hitler abwarten müßte. Zu diesem Vortrag kam es nicht. Als ich 1943 in einer anderen Angelegenheit bei Hitler einen Besprechungstermin erhielt, wurde die Frage der Prügelstrafe von ihm und von mir nicht mehr angesprochen. Vielleicht lag der Grund, diese Frage nicht mehr aufzugreifen, in den belastenden Kriegsereignissen oder Hitlers Absicht, im Krieg nicht gegen die Stimme der Jugendführung zu entscheiden. Den Grund habe ich nicht erfahren. So wurde das Reichsjugendgerichtsgesetz am 6. November 1943 ohne die Bestimmung über eine Prügelstrafe verkündet. Aus diesem Anlaß fand in Bad Salzungen in der Zeit vom 18. bis 22. November 1943 eine Reichsarbeitstagung statt. An ihr nahmen aus allen Oberlandesgerichtsbezirken je ein Jugendrichter, ein Jugendstaatsanwalt, ein Jugendstrafvollzugsleiter sowie die Rechtsreferenten der Gebiete der Hitlerjugend teil. Auf ihr wurden Erfahrungen ausgetauscht und die Anwendung des Gesetzes kommentiert.

Reichsjustizminister Dr. Thierack gab in seiner Rede die Richtlinien vor. Er hatte die Nachfolge von Dr. Gürtner angetreten, der 1941 verstorben war und außerdem das Amt des Präsidenten der Akademie für Deutsches Recht von Dr. Hanns Frank übernommen, der als Chef der Generalgouvernements im Osten tätig geworden war.

Über die produktive Zusammenarbeit der beteiligten Dienststellen führte der Reichsjustizminister u.a. folgendes aus:

„Träger der gesamten Entwicklung auf dem Gebiet des Jugendrechts war, das verdient festgestellt zu werden, die Reichsjugendführung, die auch die Führung des im Jahre 1934 gegründeten Jugendrechtsausschusses der Akademie für Deutsches Recht übernahm. Sie, lieber Parteigenosse Axmann, hatten anfänglich vor der Übernahme Ihres Amtes als Reichsjugendführer selbst den Vorsitz in diesem Ausschuß übernommen und zunächst die vordringliche Arbeit in Angriff genommen, der berufstätigen deutschen Jugend den Schutz zuteil werden zu lassen, der erforderlich ist, um aus unserer Jugend leistungsfähige und leistungswillige Männer und Frauen zu machen. Diese Arbeit hat im Jahre 1938 ihre Krönung in der Verkündung des Jugendschutzgesetzes gefunden, das der deutschen Jugend den besten und fortschrittlichsten Arbeitsschutz der Welt gibt und auch im Krieg seine Bewährungsprobe bestanden hat. Das noch schwierigere Berufserziehungsgesetz ist ebenfalls von der Arbeitsgemeinschaft für Jugendarbeitsrecht im Jugendrechtsausschuß unter dem Vorsitz von Professor Siebert noch vor dem Krieg in unermüdlicher Arbeit in Angriff genommen worden. Auch

diese Arbeiten haben in dem kühnen und großzügigen Entwurf eines Berufserziehungsgesetzes für die deutsche Jugend ihren bedeutsamen Abschluß gefunden ... Das neue Reichsjugendgerichtsgesetz ist im besten Sinne des Wortes eine Gemeinschaftsarbeit von Reichsjugendführung, Reichsjustizministerium und Akademie für Deutsches Recht. Sie, lieber Parteigenosse Axmann, haben für den Fortgang der Arbeiten stets das größte Interesse bekundet. Die Lösung einer Reihe von Fragen ist Ihrer persönlichen Meinungsäußerung zu verdanken. Ihre Mitarbeiter, die zum Teil zugleich auch meine sind, haben unermüdlich an diesem Werk mitgearbeitet."
Das Reichsjugendgerichtsgesetz ist ebenso wie das Jugendschutzgesetz auch nach 1945 in seinen wesentlichen Bestimmungen in Kraft geblieben. Als man 1952 im Deutschen Bundestag über die Änderung einiger Bestimmungen beriet, anerkannte man ausdrücklich das Gesetz von 1943. Man sprach sogar davon, daß das Gesetz die „bisher fortschrittlichste Kodifikation des Jugendstrafrechts in Deutschland" darstellte. Auch von den alliierten Besatzungsmächten wurde es nicht beanstandet. In einem Bericht vom 8. Dezember 1948 der zuständigen Stelle in der britischen Zone hieß es sogar, daß es „in vielerlei Hinsicht sogar bewundernswert" sei.
Wenn das Reichsjugendgerichtsgesetz erst zwei Jahre nach dem Erlaß über den Jugendarrest und ein Jahr nach der Verordnung über die unbestimmte Verurteilung in Kraft treten konnte, so ergab sich das aus der unterschiedlichen Auffassung des Reichsjustizministeriums, der Reichsjugendführung und der Polizeiführung in einigen Fragen, deren Austragung zeitraubend war und in denen nicht selten die Polizeiführung die Oberhand behielt. Das galt auch für das Jugendschutzlager in Moringen.
Später entnahm ich aus einem Besprechungsvermerk des Reichsjustizministers Dr. Thierack vom 13. Dezember 1942, daß der Reichsführer SS und Chef der Deutschen Polizei sogar den Versuch unternommen hatte, die Staatsanwaltschaft aus dem Verantwortungsbereich des Justizministers herauszulösen. Dieser Versuch hatte jedoch keinen Erfolg. Das Jugendschutzgesetz und das Jugendgerichtsgesetz trugen dazu bei, ein neues Jugendrecht zu schaffen.
Der Unterausschuß für Jugendpflegerecht befaßte sich mit der Reform des Reichsjugendwohlfahrtsgesetzes von 1922. Es war verbesserungsbedürftig, weil es keine ausgebaute Jugendamtsorganisation schuf und den fortlaufend gemachten jugendpflegerischen Erfahrungen nicht immer entsprach. Die erarbeiteten Vorschläge fanden im Krieg in einer Novelle zum Reichsjugendwohlfahrtsgesetz ihren Niederschlag. Der Unterausschuß für Jugendpflegerecht wurde von Professor Wieacker geleitet, der in der Nachkriegszeit mit dem Bundesverdienstkreuz und von den Italienern für seine Arbeiten über das Römische Recht ausgezeichnet wurde.

So wie wir die Gesundheitspflege der im Wachstum begriffenen Jugend, die Jugendmedizin und den Jugendarzt zur Geltung brachten, so hatten wir nun durch diese Gesetze ein Jugendrecht gestaltet, das der Eigenart und dem Werden der jungen Persönlichkeit entsprach.

Mit großem Bedauern habe ich die Tatsache zur Kenntnis nehmen müssen, daß es weder in der Friedens- noch in der Kriegszeit zur Verkündung des Berufserziehungsgesetzes gekommen ist. Dadurch wäre das neue Jugendrecht vollkommen gewesen. Im Sozialen Amt der Reichsjugendführung war schon 1934 ein Entwurf erarbeitet worden. Der Reichsarbeitsminister Franz Seldte wies 1934 darauf hin, daß im Reichsarbeitsministerium ein Reichsberufsausbildungsgesetz vorbereitet würde. Adolf Hitler beauftragte 1937 den Reichswirtschaftsminister, ein Berufsausbildungsgesetz vorzulegen. Leider wurde es nie verkündet. Es ist in den Kompetenzauseinandersetzungen zwischen der Wirtschaft, dem Reichsarbeitsministerium und der Deutschen Arbeitsfront gescheitert. Und unser Einfluß reichte nicht aus, diesen entstandenen Knoten zu lösen. Aber dafür hatten wir durch unsere praktischen Maßnahmen und öffentlichen Aktionen wie den Reichsberufswettkampf die zusätzliche Berufsschulung und die Begabtenförderung mit dazu beigetragen, daß die geordnete und qualifizierte Berufsausbildung der Jugend gegenüber 1932 ganz wesentlich verbessert worden war.

Als ich in die Reichsjugendführung und Reichsorganisationsleitung der NSDAP zum Aufbau der Jugendbetriebszellen berufen wurde, mußte ich auf mein Studium der Rechts- und Staatswissenschaften verzichten, weil es mit meiner neuen Aufgabe nicht vereinbar war. Damals hatte ich jedoch gehofft, daß sich mir noch einmal die Möglichkeit bieten würde, meine Kenntnisse und Ausbildung auf diesem Gebiet zu erweitern. Ende 1934 war ich Stellvertreter und bald darauf Vorsitzender des Jugendrechtsausschusses der Akademie für Deutsches Recht und wurde 1940 zu ihrem Vollmitglied ernannt. So konnte ich die Chance nutzen, mit nahmhaften Rechtswissenschaftlern und Universitätsprofessoren zusammenzuarbeiten, von ihnen zu lernen und Rechtsgedanken zu verwirklichen. Das brachte mir sogar die Anerkennung durch die Reichsjustizminister Dr. Gürtner und Dr. Thierack ein. Besser konnte mein einst gehegter Wunsch nicht in Erfüllung gehen. So war es auch selbstverständlich, daß ich mich um die Rechtsdienststelle meines Amtes in der Reichsjugendführung besonders bemüht und gekümmert habe, in der meine Mitarbeiter Heinz Boldt und Walter Bergemann erfolgreich tätig waren. Sie haben nicht nur durch ihre Anregungen und Vorschläge die Arbeit im Jugendrechtsausschuß der Akademie befruchtet, sondern auch die Rechtsschulung der Jugendführer und Jugendführerinnen durchgeführt sowie die Zusammenarbeit mit den Justizbehörden gepflegt. Die Rechtsschulung bezog sich nicht nur auf das neugeschaffene Jugendrecht, sondern auch auf die Rechtsfragen des Alltags. Der Rechtsreferent saß nicht nur am „grünen Tisch", wälzte nicht nur dicke Kommentare zu den Gesetzen und hatte nicht nur mit Paragraphen zu tun. Er lebte vielmehr inmitten der Hitlerjugend und stand hier seinen jungen Kameraden beratend zur Seite. Die Rechtsdienststellen der Hitlerjugend entsandten Mitarbeiter in die Rechtsberatungsstellen der Deutschen Arbeitsfront, in denen sie auch Jungarbeitern, die in arbeitsrechtlichen Fragen Rat suchten, Auskunft erteilen konnten.

Die Reichsjugendführung hatte sich bemüht, mit allen Erziehungsträgern zusammenzuarbeiten und auch mit allen staatlichen und kommunalen Stellen, die mit Jugendangelegenheiten befaßt waren, in Verbindung zu treten. Nur durch das Zusammenwirken aller Erziehungsträger und -kräfte im Staat konnten die Erziehungsziele erreicht werden. So erachteten wir auch die Zusammenarbeit mit den Justizbehörden für unbedingt notwendig. Sie fand in einer allgemeinen Verfügung des Reichsjustizministers vom 16. Mai 1935 ihren Ausdruck. Darin hieß es: „Die Reichsjugendführung hat mir gegenüber zum Ausdruck gebracht, daß sie bei ihren erzieherischen Aufgaben auf eine verständnisvolle Zusammenarbeit mit den Justizbehörden Wert lege und daß sie bei allen Maßnahmen, die von den Justizbehörden gegen Angehörige der Hitlerjugend oder in deren Interesse ergriffen würden, mitzuwirken bereit sei. Nach den Erfahrungen, die in einigen Bezirken gemacht sind, kann von einer solchen Zusammenarbeit eine wertvolle Förderung der Justizbehörden obliegenden Aufgaben erwartet werden."

Nach dem Erlaß dieser Verfügung nahmen die Rechtsreferenten der Gebiete die Verbindung zu den Oberlandesgerichtspräsidenten und Generalstaatsanwälten auf. Die Rechtsreferenten der Banne setzten sich entsprechend mit ihrer zuständigen Justizbehörde zusammen. Die Zusammenarbeit bezog sich z.B. darauf, daß die Rechtsreferenten den Justizbehörden auf deren Ersuchen über die Persönlichkeit eines Angehörigen der Hitlerjugend Auskunft erteilten oder geeignete Personen für die Übernahme der Schutzaufsicht für einen Jugendlichen vorgeschlagen wurden. Umgekehrt sollten die Justizbehörden unseren Rechtsreferenten über eingeleitete Verfahren gegen Angehörige der Hitlerjugend, vom Termin der Hauptverhandlung, von ergangenen Urteilen mit Gründen sowie dem Ausgang des Verfahrens Mitteilung machen. Ansprechpartner waren vorwiegend Jugend- und Vormundschaftsrichter sowie Jugendstaatsanwälte. In den Oberlandesgerichtsbezirken wurden Arbeitsgemeinschaften gegründet, in denen Beamte, die mit dem Jugendstrafrecht, dem Vormundschaftswesen und der Fürsorge sowie der Erziehung befaßt waren, Erfahrungen mit unseren Rechtsreferenten austauschen konnten. Die persönliche Fühlungnahme der

Beteiligten schuf die Voraussetzung für eine vertrauensvolle Zusammenarbeit, die sich allenthalben bewährt hatte. Wir machten uns stark für die Veranstaltung von Seminaren für Jugendrecht an den Universitäten. Die Initiative ergriffen zuerst die Professoren Dr. Siebert und Dr. Schaffstein in Kiel. Es folgten Berlin, Königsberg in Ostpreußen und weitere Hochschulen. Durch diese Seminare gewann das Jugendrecht in der Ausbildung an den Universitäten immer mehr an Boden. Ich freue mich noch heute, wenn ich in den Fachbuchhandlungen Kommentare zum Jugendrecht entdecke. Es hat sich durchgesetzt.

Von überragender Bedeutung war die Zusammenarbeit mit den Gemeinden und den Gemeindeverbänden auf dem Gebiet der Jugendpflege. Schon kurz nach der Gründung des Sozialen Amtes sind wir daran gegangen, Jugendführer im Rahmen der kommunalpolitischen Schulung in gutem Einvernehmen mit dem Deutschen Gemeindetag auf die jugendpflegerischen Aufgaben in der Verwaltung vorzubereiten. Den Gemeinden und Gemeindeverbänden oblag es u.a., aus ihrem Haushalt die Jugendpflege bereitzustellen. Dazu gehörten die Mitwirkung an der Ertüchtigung der gesunden Jugend, der Schutz der Jugend vor Gefahren, die Hilfe für gefährdete und geschädigte Jugendliche sowie die Unterstützung der Familienerziehung. In den Bereich der kommunalen Jugendpflege fielen außerdem die Bereitstellung oder die Errichtung von neuen Sportstätten, Turnhallen, Schwimmbädern, von Heimen und Jugendherbergen. Der Reichsminister des Inneren hatte z.B. durch einen Runderlaß vom 14. Januar 1937 den Gemeinden zur Pflicht gemacht, an der Heimbeschaffung der Hitlerjugend mitzuwirken und in einem Erlaß vom 15. März 1938 verfügt, daß bei den Gemeinden und Gemeindeverbänden HJ-Sachbearbeiter eingesetzt werden sollten. Für die Zusammenarbeit zwischen der Verwaltung und Jugendführung wirkte sich die personelle Union zwischen dem Reichsjugendführer der NSDAP und dem Jugendführer des Deutschen Reiches in seiner staatlichen Funktion sehr positiv aus. Durch das Gesetz vom 1. Dezember 1936 über die Hitlerjugend wurde die Dienststelle des Jugendführers des Deutschen Reichs zur Obersten Reichsbehörde erhoben, die dem Führer und Reichskanzler unmittelbar unterstand. Durch eine Verordnung des Jugendführers des Deutschen Reichs vom 11. November 1939 wurden die Mittelbehörden der allgemeinen Verwaltung zu seinen nachgeordneten Dienststellen bestimmt. So bewährte sich, daß wir rechtzeitig mit der Heranbildung geeigneter Sachbearbeiter für die Kommunen begonnen hatten und dadurch den Nachwuchs, der noch eine weitere spezielle Ausbildung erfuhr, für die Verwaltung sicherstellen konnten. Zur Gestaltung von Zielvorstellungen und Ideen gehört nun einmal auch die Verwaltung. Von ihr blieb das frische Jugendleben auf Fahrten, Zeltlagern

und Jugendherbergen, ihre Leibeserziehung und ihre kulturelle Betätigung völlig unberührt. Aber sie schuf gute Voraussetzungen dafür.
Eine der schwierigsten Aufgaben, an die wir uns heranwagten, war der Versuch, gesunde Stadtjugend auf dem Lande seßhaft zu machen. Diese Zielsetzung ergab sich aus der Entwicklung der Vergangenheit. Sie wurde durch die industrielle Revolution bestimmt, die die Menschen vom Land in die Stadt zog. Als 1871 das Zweite Deutsche Reich gegründet worden war, waren 63,9 Prozent auf dem Lande ansässig. 1933 war dieser Zustand nahezu umgekehrt. Jetzt lebten 33 Prozent der Bevölkerung auf dem Lande und 67 Prozent in der Stadt. Durch den wirtschaftlichen Aufschwung nach 1933 und das Mehrangebot von Arbeitsplätzen war die Tendenz zur weiteren Verstädterung vorgegeben. 1871 zählte man in Deutschland acht Großstädte über 100.000 Einwohner, 1933 waren es schon 51. Und immer mehr Großstädte entstanden. Das war aber nicht auf die Steigerung der Geburtenzahlen in den Städten zurückzuführen, sondern auf den Zuwachs, den das Land an die mittleren und großen Städte abgab. In diesem Sinn befruchtete stets das Land die Stadt. Heute deckt die Landwirtschaft nur einen Bruchteil jenes Anteils ab, den sie 1933 an der Gesamtwirtschaft noch besaß. Jeden Tag sterben jetzt Bauernhöfe.
Bei aller großen Freude über die Wende 1989/90 macht es mich traurig, wenn ich bei meinen Fahrten durch die Dörfer der neuen Bundesländer kaum noch einen Bauernhof entdecke. Adolf Hitler und seine Bewegung sprachen dem Bauerntum eine hohe Bedeutung für das Leben unseres Volkes zu. Das kam auch in den Maßnahmen zum Ausdruck, die dem Abbau des sozialen, kulturellen und zivilisatorischen Gefälles zwischen Stadt und Land dienen sollten. Es ist bekannt, daß Hitler dabei gegenüber dem technischen Fortschritt, der Erzeugung von Ersatzrohstoffen und der Entwicklung einer modernen kräftesparenden Industrie sehr aufgeschlossen und wegweisend gegenüberstand. Er wollte weder einen reinen Agrar- noch einen reinen Industriestaat, sondern die Ausgewogenheit zwischen beiden. Mich hat es stets beeindruckt, wenn er vor Industriearbeitern über die Anerkennung und Förderung der Arbeiter sprach. Im Rahmen dieser angestrebten Herstellung und Erhaltung der Ausgewogenheit zwischen Stadt und Land, zwischen Industrie und Landwirtschaft, müssen auch die Bestrebungen der Hitlerjugend betrachtet werden, die gegen eine Gefährdung dieses bedrohten Gleichgewichts gerichtet waren. In diesem Sinne hatten bereits lange vor 1933 die Artamanen gewirkt, deren Führungskräfte zu einem großen Teil für die nationalsozialistische Bewegung aktiv eintraten oder mit ihr sympathisierten.
1924 war der Bund „Artam e.V." ins Leben gerufen worden. Einer seiner hervorragenden Kanzler war Hans Holfelder, ein alter österreichischer

Nationalsozialist, gebürtig aus Wien und im nahen Baden aufgewachsen. Einer seiner Nachfolger war Friedrich Schmidt, der später zum Leiter des Hauptschulungsamtes der NSDAP unter Reichsorganisationsleiter Dr. Ley berufen wurde. Der spätere Reichsführer SS, Heinrich Himmler, führte um das Jahr 1929 zeitweise den Gau Bayern des Bundes. Die Artamanen hatten sich in einer Zeit tiefer Depression das Ziel gesetzt, arbeitslose junge Menschen auf Gütern anstelle von polnischen Saisonarbeitern und Schnittern einzusetzen. Diese Arbeit währte sieben Jahre, bis sich im Mai 1931 der Bund wegen der drohenden Gefahr eines Konkurses auflöste. Einige Kräfte bemühten sich, durch ein freiwilliges Opfer den Bund vor der Auflösung zu bewahren, was sich jedoch nicht verwirklichen ließ. Am 21. Juni 1931 gründeten Arno Wojirsch, Rudi Proksch, Berthold Kohlmeyer und Arno Wilde in Gneven bei Schwerin den „Bund der Artamanen", nationalsozialistischer freiwilliger Arbeitsdienst auf dem Lande. Zum Bundesführer wurde Albert Wojirsch gewählt. Sein engster Mitstreiter und Freund war Rudi Proksch. Beide waren sich schon 1925 im österreichischen „Körner-Bund" begegnet, den sie bald darauf in die „Nationalsozialistische Deutsche Arbeiterjugend", die spätere Hitlerjugend überführten. Beide stammten aus Baden bei Wien. Der „Bund der Artamanen" war bis zum Oktober 1934 selbständig tätig. Um diese Zeit zählte er etwa 700 Gefolgsleute aus der Stadt, die nun auf dem Lande arbeiteten. Die Bedeutung lag nicht in der Zahl, sondern vielmehr in der pionierhaften Tat, daß gegen den Geist und Strom der Zeit und gegen die weitverbreitete Unterbewertung der Landarbeit ein Ehrendienst am Boden geleistet wurde. Das war in einfachsten Verhältnissen und harter Arbeit praktizierter Idealismus. Viele diskutierten nur darüber, sie aber handelten. Eine Gruppe der Artamanen hatte dafür auch eine Anerkennung durch einen Besuch von Adolf Hitler erfahren. Darüber berichtete mir einmal Rudi Proksch. Es war auf dem Prachtgut des späteren mecklenburgischen Ministerpräsidenten Walter Granzow in Severin. Die Jungen hatten Hitler entdeckt, der in einiger Entfernung auf einem Kremser mit Walter Granzow, Dr. Goebbels und seiner Frau vorüberfuhr. Proksch gelang es, bis zu Hitler vorzudringen und ihn um einen Besuch bei den Jungen zu bitten. Dieser sagte zu: „Ich komme heute abend." Die Jungen erwarteten ihn stehend um einen Tisch. Hitler betrat schmunzelnd den bescheidenen Gemeinschaftsraum in der ehemaligen Schnitterkaserne, zog einige Jungen ins Gespräch und entwarf ein Bild von der nächsten Entwicklung, wie sie dann tatsächlich eingetroffen ist. Die Jungen waren aufs tiefste beeindruckt. Als Hitler ihre Unterkunft verließ, war es draußen schon Nacht. Die Jungen sangen das Florian-Geyer-Lied aus den Bauernkriegen: „... und setzt auf sKlosterdach den roten Hahn."
Mein Mitarbeiter Griffion Stierling, der im Sozialen Amt der Reichsjugend-

führung auch Siedlungsfragen bearbeitete, hatte bereits 1933 Kontakt zum „Bund der Artamanen" aufgenommen. In der Folgezeit erschien er bei mir mit Albert Wojirsch, dem Führer der Artamanen. Wir sprachen darüber, daß sie mit den ideellen und materiellen Möglichkeiten der Reichsjugendführung ihre Arbeit auf breiter Basis noch erfolgreicher gestalten könnten. Wir waren uns darin einig und entschieden uns, der künftigen Sondereinheit den Namen „Landdienst der Hitlerjugend" zu geben. So kam es zur Eingliederung der Artamanen, die am 7. Oktober 1934 in Güstrow in Mecklenburg erfolgte. Baldur von Schirach nahm sie persönlich auf. Die Stadt stand im Zeichen der Artamanen, die von ihren Arbeitsstellen hierher geströmt waren und mit ihrer schwarzen Tracht und ihren schwarzen Fahnen, auf denen Pflug und Schwert rot-weiß leuchteten, durch die Straßen zogen. Albert Wojirsch bekannte:
„Wir Artamanen haben es uns zur Aufgabe gestellt, die Jugend aus der Stadt auf das Land zurückzuführen, um dem deutschen Volk seine Zukunft bauen zu helfen. Als Pioniere dieses Kampfes treten wir heute in die Front Baldur von Schirachs ein."
Der Reichsjugendführer antwortete:
„Innerlich seid Ihr Artamanen ein Bestandteil der nationalsozialistischen Bewegung, wie die Ideen der Artamanen ein Bestandteil des Nationalsozialismus sind ... Wir nehmen Euch nicht auf, daß an diesem Tag Eure Arbeit aufhöre, sondern daß sie Allgemeingut der ganzen Jugend werde ... Möget Ihr Artamanen immer mit derselben Bereitschaft zu unserer Sache stehen, mit der Ihr in den vergangenen Jahren zu Euren gemeinsamen Fahnen gestanden habt. Kommt in unsere Reihen, die sich durch mich feierlich verpflichten, Eurem Ziel zu dienen."
Dieser festliche Tag wurde mit einem Vorbeimarsch der Artamanen und der Hitlerjugend an Baldur von Schirach beschlossen. Die Arbeit des Landdienstes der Hitlerjugend begann.
Im November 1934 beauftragte mich Baldur von Schirach unter Beibehaltung meiner Ämter mit der Führung des Gebietes Berlin der Hitlerjugend. Mein Vorgänger in dieser Funktion, Erich Jahn, der sich in der Kampfzeit um die Hitlerjugend verdient gemacht hatte, wurde in den Stab der Reichsjugendführung berufen, um andere Aufgaben zu übernehmen. Der Grund für meine Beauftragung lag wohl in der Absicht, ein harmonisches Zusammenwirken zwischen der Reichsjugendführung und dem Gebiet Berlin der HJ zu garantieren. Da ich Amtschef in der Reichsjugendführung war und seit 1928 von der Pike auf in der Berliner Hitlerjugend gedient hatte, glaubte Schirach in mir einen Garanten für die Durchsetzung seiner Absichten gefunden zu haben. Berlin war das Forum für viele Reichsveranstaltungen, auf denen die Ziele und die Richtlinien der Reichsjugendführung verkün-

det wurden. Ihre organisatorische Vorbereitung und kulturelle Gestaltung bedurften daher einer besonderen Sorgfalt, denn auf ihnen sprachen zumeist Hitler, Heß, Dr. Goebbels, Dr. Ley und Baldur von Schirach. Noch ein anderer Gedanke mag den Reichsjugendführer bewogen haben, mir diesen neuen Auftrag zu erteilen. Die führenden Männer des Reiches lebten mit ihren Familien überwiegend in Berlin. Ihre Söhne und Töchter waren in der HJ und deren Organisationen. Ihre Erlebnisse in den Einheiten der nationalsozialistischen Jugendarbeit prägten in positiver und negativer Hinsicht das Bild, das sich ihre einflußreichen Väter und Mütter von unserer Arbeit machten. Und das war sehr wichtig für uns. Das bedeutete aber keineswegs, daß die Söhne und Töchter der Führenden den anderen Mitgliedern vorgezogen wurden. Aber wir mußten ein wachsames Auge darauf haben, daß in ihren Einheiten ordentliche Verhältnisse herrschten.

Dazu fällt mir ein typischer Vorfall ein: Zu den schönen Erlebnissen in meiner Arbeit gehörten die Sommer-Zeltlager der HJ. In dieser Zeit ging ich auf Inspektionsfahrt. Das war zugleich mein Urlaub. Die Berliner zelteten häufig am Stechlin und anderen stillen Seen der schönen Mark Brandenburg sowie an der Ostsee. In einem der Zeltlager an der Ostsee befand sich Harald Quandt, der leibliche Sohn des bekannten Industriellen und nunmehrige Stiefsohn meines Gauleiters Dr. Goebbels. Er war mit dem Berliner Hitlerjungen Joachim Marseille, dem später erfolgreichen Jagdflieger und „Stern von Afrika", befreundet. Harald Quandt war ein guter, sehr sympathischer Junge. Wie gewohnt inspizierte ich die Küche und Verpflegung, die sanitäre Versorgung, die Unterkünfte und informierte mich über die Freizeitgestaltung. Wenn ich mich zu den Jungen ins Zelt setzte und mich länger mit ihnen unterhielt, erfuhr ich, wo sie der Schuh drückte. Ich setzte mich auch in das Zelt von Harald und fragte ihn, wie ihm das Lagerleben gefalle. Er äußerte sich durchaus zufrieden. Tatsächlich hatte ich keine Mängel im Lager entdecken können. Als ich das Lager verlassen hatte, kam mir auf der Landstraße ein Mercedes mit Dr. Goebbels entgegen. Sicher wollte er seinen Sohn besuchen. Ich wendete sofort um und erreichte den Gauleiter noch, bevor er seinen Rundgang durch das Zeltlager begann. Ich begleitete ihn nicht, weil er sich allein einen Eindruck vom Lager verschaffen sollte. Ich erwartete ihn mit seinem Sohn am Lagertor. Seine ernste Miene ließ mich nichts Gutes ahnen. Er forderte mich auf, ihm nach Heiligendamm zu folgen. Dort pflegte er hin und wieder mit Hitler Tage der Entspannung zu verbringen. Nachdem er mit Harald aufs Zimmer gegangen und wieder unten erschienen war, nahm er mich kräftig ins Gebet und machte mir Vorwürfe über die Verhältnisse im Lager. Sie bezogen sich weder auf die Verpflegung noch auf die sanitäre Versorgung: Es hatte Harald beim „Heilige-Geist-Spiel" erwischt, wobei man ihm Schuhwichse ins Gesicht geschmiert hatte. Ich sagte Dr. Goebbels, ich hätte seinen Sohn ausdrücklich über die Verhältnisse im Lager befragt und zur Antwort bekommen, daß alles in Ordnung wäre. Der Gauleiter schien mir nicht zu glauben, holte seinen Sohn herunter und fragte ihn, ob er mir diese Antwort tatsächlich gegeben hätte. Harald bejahte das. Nun war Dr. Goebbels über seinen Sohn verärgert. Mir tat Harald leid. Seinem Gebietsführer gegenüber wollte er seine Kameraden nicht anschwärzen, und gegenüber seinem Vater hatte er die Wahrheit gesagt. So geriet er in eine Zwickmühle. Mir blieb nichts anderes übrig als zu erklären, daß solche Streiche zwar nicht in unserem Programm stünden, diese rauhen Späße aber unter Jungen üblich seien. Das gute Verhältnis zwischen dem Gauleiter und mir blieb durch diesen Vorfall ungetrübt, und es blieb keine Verstimmung zurück. Aber es war doch gut, daß ich das Lager seines Sohnes besucht hatte.

Eine Begebenheit anderer Art ist in meiner Erinnerung lebendig geblieben: In jedem Jahr fand vor dem Schloß im Berliner Lustgarten zur Eröffnung der Feierlichkeiten zum 1. Mai eine Kundgebung der Jugend statt. Es war die erste, die ich als Gebietsführer von Seiten der Hitlerjugend in Zusammenarbeit mit dem Propagandaministerium, das für alle Reichsveranstaltungen zuständig war, durchzuführen hatte. Es sprach Adolf Hitler. Als er das Wort ergreifen wollte, trat auf dem weiten Platz bis zum Dom hin keine Ruhe ein. Ich war entsetzt und vermutete, daß die Kundgebungsteilnehmer den Führer überhaupt nicht hören konnten. Erst nach wiederholten Zeichen wurde es still. Nach seiner Rede befahl Hitler alle Verantwortlichen für die Durchführung der Kundgebung in die Reichskanzlei. Das erste Wort der Kritik richtete er an Dr. Goebbels, der sich damit verteidigte, daß die Jugend unruhig gewesen sei. Hitler unterbrach ihn sogleich: „Reden Sie doch keinen Stuß. Die Jungen und Mädel haben gestanden wie die Heftlmacher. Die Lautsprecheranlage war nicht in Ordnung." Mir fiel ein Stein vom Herzen, und ich war dankbar für diesen Spruch der Gerechtigkeit. Das war der einzige ernste Zwischenfall auf einer der Jugendkundgebungen im Lustgarten, im Olympiastadion, in der Deutschlandhalle oder in der „Arena der Leidenschaften", dem Sportpalast.

Meine Aufgaben in Berlin konnte ich nur erfüllen, weil mir einige sehr befähigte Mitarbeiter zur Seite standen. Ich denke an Otto Hamann, der im Krieg mein Nachfolger als Gebietsführer wurde und der in den letzten Tagen des Krieges vor der Reichskanzlei fiel. Ich denke an Eberhard Grüttner und Günther Dabel, die tragende Säulen für die Evakuierung der Jugend aus den Luftnotgebieten und die Kinderlandverschickung für das gesamte Reichsgebiet waren. Ich erinnere mich an Kalli Klinter, der als Stabsleiter größere Aufgaben in einem anderen HJ-Gebiet übernahm und wenige Tage vor Kriegsende noch sein Bein verlor. Ich denke an Franz Greiser, Götz Krack und manche andere. Das Gebiet Berlin war eine ständige Herausforderung für mich. Zwar hatte ich schon in der Kampfzeit eine Gefolgschaft mit 150 Jungen geführt, aber ein Gebiet in der Aufbauzeit mit Tausenden von Jungen und Mädeln zu führen, war doch noch etwas anderes. Durch unsere Arbeitstagungen, Veranstaltungen und Amtschefsitzungen war ich genau über unsere vielseitigen Aufgabengebiete informiert. Sie aber im einzelnen durchzuführen, war eine neue Erfahrung, die mir durch meine Tätigkeit im Gebiet Berlins zuwuchs.

Die Zelle unserer Arbeit war der Heimabend. In der Kampfzeit waren unsere Zusammenkünfte zumeist improvisiert. Oft sprachen wir darüber, wie wir die Jugend für uns gewinnen konnten. Aber in der Zeit des Aufbaues - ab 1933 - wurden die Heimabende geplant, vorbereitet und gestaltet. Ein gemeinsames Lied stand am Anfang. Danach wurde ein Sinnspruch vorgetragen. Es folgte ein Erlebnisbericht, eine Erzählung oder ein Thema der weltanschaulichen Schulung. Ein gemeinsames Lied beschloß den Heimabend, der oft durch die Erfüllung von Sonderaufgaben wie Basteln und Werkarbeit ausgefüllt wurde. Von der lebendigen inhaltlichen Gestaltung des Heimabends hing weitgehend die Qualität unserer Arbeit ab. An einigen Heimabenden habe ich teilgenommen. Bei meiner Belastung leider zu selten. Ich habe interessante, durchschnittliche und langweilige Heimabende erlebt. Das hing von der Eignung und Fähigkeit des jungen Führers ab. Daher war deren Ausbildung unsere vordringlichste Aufgabe.

Wir hatten die Führerschulung Anfang 1933 sofort in Angriff genommen. In Potsdam entstand die Reichsführerschule in der Neuen Königsstraße 66 und schräg gegenüber die Reichsführerinnenschule, die über ein schönes Sportgelände am Wasser verfügte. In den Gebieten folgte die Errichtung weiterer Ausbildungsstätten auch für die verschiedenen Arbeitsbereiche wie die Leibeserziehung, die Wehrertüchtigung, die Kultur- und Sozialarbeit und den Landdienst. Auch die Eröffnung von Werk- und Haushaltungsschulen gehörte dazu. Diese vielen Einrichtungen und Ausbildungsstätten mußten in kürzester Zeit buchstäblich aus dem Boden gestampft werden. In der Zeit von 1933 bis 1936 erhielten etwa 78.000 Führer und Führerinnen eine Ausbildung. Durch die Eingliederung von Jugendbünden hatten wir zusätzlich junge Kräfte gewonnen, die sich darauf verstanden, einen Heimabend abzuhalten, eine Fahrt oder ein Zeltlager durchzuführen. Das bedeutete insbesondere für das Jungvolk eine Bereicherung.

Inzwischen war auch die Hitlerjugend bis 1936 zu einer Millionenbewegung angewachsen, so daß es immer noch an geschulten Kräften mangelte, die in der Lage waren, die Jugend innerlich zu erfüllen. Jetzt machte sich das Versäumnis bemerkbar, daß nicht schon 1933 eine Mitgliedersperre erlassen worden war. Aber wer wollte im begeisterten Aufbruch eine Jugend abweisen, die freudig und guten Willens zu uns strömte? Die Mitgliedersperre wurde erst im Laufe des Jahres 1934 eingeführt und 1935 für eine beschränkte Zeit wieder aufgehoben. Durch diese Entwicklung blieb es nicht aus, daß die lebendige Dienstgestaltung zu wünschen übrig ließ, wenn der jeweilige jugendliche Führer nicht zur inneren Führung befähigt war. So konnte es in solchen Fällen vorkommen, daß die mangelnde Fähigkeit durch einen um so lauteren Kommandoton ersetzt wurde.

Eine Erleichterung bestand darin, daß von Anfang an der Rundfunk in den Dienst des Heimabends gestellt wurde. An einem Tag in der Woche wurde im Rahmen der „Stunde der jungen Nation" die Rede einer führenden Persönlichkeit in den Heimabend übertragen. Eine zentrale Bedeutung für seine Gestaltung hatten die alters- und geschlechtsspezifisch aufbereiteten Heimabendmappen, die dem jungen Einheitsführer an die Hand gegeben wurden und die von Mitarbeitern der Reichsjugendführung ausgearbeitet worden waren. In der Nachkriegszeit wurde die weltanschauliche Schulung als Indoktrination verurteilt. Wir waren Nationalsozialisten und haben logischerweise das Geschehen aus unserer Sicht vermittelt. Es wurde über wichtige geschichtliche Ereignisse, schöpferische Persönlichkeiten und Lebensfragen unseres Volkes gesprochen.

Die Übereinstimmung in den wichtigen Lebensfragen bedeutete viel für die Verwirklichung der Einheit des Reiches. Das hieß keinesfalls, daß wir in allen Fragen einer Meinung waren, weder in der untersten Einheit noch in den Amtschefsitzungen der Reichsjugendführung. So war es auch in der NSDAP, deren Mitstreiter aus verschiedenen politischen Richtungen und Lagern gekommen waren. Für die einen standen in der Zeit der großen materiellen Not die sozialen und wirtschaftlichen Fragen im Vordergrund. Bei ihnen handelte es sich um die große Mehrheit der Anhänger. Für andere waren die Fragen der Kultur, die Außen- oder Rassenpolitik das wichtigste. Aus diesen verschiedenen Beweggründen mußten Spannungen entstehen, die immer wieder durch das Charisma und die Entscheidungskraft Hitlers ausgeglichen wurden. Nach seinem Tod gingen seine Anhänger mehr oder weniger wieder in die verschiedensten politischen Richtungen, aus denen sie einst gekommen waren, oder sie entschieden sich für gar keine Partei. In allen Parteien der Welt, ob konservativ, liberal, sozialistisch oder ökologisch orientiert, gibt es Flügelkämpfe und Spannungen. Jeder, der sich heute für eine Partei entscheidet, teilt nicht unbedingt alle ihre Programmpunkte, sondern hält nur ihre Mehrzahl für richtig. Er wählt, wie man oft hört, „das geringere Übel". Um wieviel größer mußten daher die Spannungen und die Richtungskämpfe in der NSDAP sein, war sie doch damals die einzige Partei in Deutschland.

In der weltanschaulichen Schulung der Hitlerjugend spielte auch die Rassenfrage eine Rolle, aber nicht im Sinne der systematischen Schürung des Rassenhasses, sondern im Sinne der Wissensvermittlung über die Existenz und Arten der Rassen, so, wie es die Naturwissenschaft lehrte, und das ohne jede Wertung. Es hat auch hier Ausnahmen gegeben, und nicht immer entsprach die Durchführung eines Heimabends den zentralen Vorgaben. Bei der Erforschung und Beschreibung der Tierwelt spielten und spielen Fragen der Abstammung, des Stammbaums und der Rassen eine große Rolle. Diese Tatsache, die mir schon als Junge in der Kampfzeit bekannt war, wurde durch die häufigen Ausstellungen für Rassekatzen, Rassehunde oder -pferde ebenso bestätigt wie durch die Existenz der zahlreichen entsprechenden Züchtervereine oder auch durch die Ergebnisse wissenschaftlicher Forschungen. Daher erschien es mir damals nicht unnatürlich, wenn dieses Thema auch auf die Menschen übertragen wurde. Bezieht man heute Fragen der Erforschung der Abstammung oder der Herkunft auf die Menschen, so wird dies sofort zum Reizthema, auf das die Öffentlichkeit und die Medien mit einer geradezu seismographischen Sensibilität reagieren. Vor dem Hintergrund der heute bekannten Resultate nationalsozialistischer Judenpolitik ist diese Sensibilität verständlich. Auf meine damaligen Kenntnisse und heutigen Erfahrungen zur sogenannten Judenfrage komme ich in einem anderen Zusammenhang zu sprechen.

Ich gebe zu, daß ich unter dem Einfluß von Reden als Junge beim ersten Aufbau der Hitlerjugend Ausschau nach gleichaltrigen Jugendlichen hielt, die blond, groß und blauäugig waren. Unter ihnen gab es prächtige Burschen, manchmal aber auch Nieten. Hingegen gab es Jungen, die nicht dem nordischen Erscheinungsbild entsprachen, die sich aber in jeder Hinsicht bewährten. Diese Erfahrung habe ich frühzeitig gemacht. Kriegserfahrene Soldaten werden bestätigen, daß ein kleinwüchsiger Soldat mit einem Alltagsgesicht an der Front oft über sich hinauswuchs und sich durch Tapferkeit und Einfälle auszeichnete, während andere von großem Wuchs und gutem Aussehen in der rückwärtigen Kaserne eine große Klappe hatten und vorne an der Front ganz still wurden. Sahen wir einige unserer Parteiführer an, vor deren Leistung wir großen Respekt empfanden, so mußten wir zugeben, daß sie in vielen Fällen nicht nordisch aussahen. So waren zum Beispiel Friedrich der Große, Napoleon, Wolfgang Amadeus Mozart und Richard Wagner zwar körperlich klein, aber geistig groß, und sie bewegen mit ihren Wirkungen die Welt noch heute.

Die Vermessung von Schädeln zur Bestimmung eines dinarischen, ostischen oder nordischen Typs mag für die einschlägige Forschung interessant und aufschlußreich gewesen sein. In der Führung und im Leben der Jugend hatte das überhaupt keine Bedeutung. Diese Differenzierungen in Ver-

bindung mit Wertigkeiten trugen sogar ein Element des Trennenden bei sich. Für uns waren Charakter und Leistung entscheidend. Der Hauptschriftleiter unserer Führerzeitschrift „Wille und Macht", Günter Kaufmann, brachte diese Auffassung im Jahre 1943 wie folgt zum Ausdruck:
„Aber wir wollen keine Rasseideologen dulden, die daher gehen und die Völker nach ihren rassischen Merkmalen klassifizieren. Wir nahmen als Volk der Mitte Blut aller Völker des Kontinents in uns auf - ein Blick in die Friedrichstraße in Berlin und über die Kärntner Straße in Wien, aber auch über eine der braven deutschen Grenadierkompanien, lehrt das ganz deutlich."
Die weltanschauliche Schulung hat mit dazu beigetragen, in der Jugend das Geschichtsbewußtsein zu wecken. Deshalb sind wir auch mit unseren Veranstaltungen an Stätten gegangen, die für das geschichtliche Werden unseres Volkes viel bedeuten. So haben wir unsere Fahnen in der Garnisionskirche zu Potsdam geweiht und im dortigen Stadtschloß die Freiwilligenmeldungen im fünften Kriegsjahr entgegengenommen, die Kulturfestspiele der Hitlerjugend nach Weimar gelegt, das Reichsführerlager dort und in Braunschweig stattfinden lassen, die Zehnjährigen in das Jungvolk und den Jungmädelbund im großen Remter der Marienburg des deutschen Ritterordens aufgenommen, Gebietsführertagungen in der Kaiserpfalz zu Goslar abgehalten, die Verpflichtung der Jugend an der letzten Ruhestätte Heinrichs I. im Dom zu Quedlinburg durchgeführt und den Europäischen Jugendverband 1942 in Wien gegründet.
Durch meine Tätigkeit im Gebiet Berlin kam ich wieder in engere Verbindung mit dem Sport, dem ich mich in meiner Kindheit und frühen Jugend mit viel Freude und großem Nutzen gewidmet hatte. Ich berief meinen damals bewährten Turnwart der Knaben- und Jugendabteilung des Sportvereins Brandenburg, Alfred Ziegenmeyer, in den Gebietsstab. Dort sollte er sich insbesondere um die Förderung des Geräteturnens kümmern. Der Sportlehrer des Gebietes, Helmut Schöner, drang in mich und meinte: „Chef, Du mußt Dich sportlich mehr betätigen und etwas für Deinen Körper tun. Du gibst damit den Jungen ein gutes Beispiel." Natürlich hatte er Recht damit. So bin ich mit ihm und anderen Mitarbeitern des Gebiets zum Grunewald-Sportplatz hinausgefahren und habe dort meine Runden gedreht. Nach dem Duschen fühlte man sich dann entspannt und für die weitere Tagesarbeit gut aufgelegt. Leider geschah das wegen der vielen Termine viel zu selten.
Nach 1945 wurde an der Hitlerjugend kritisiert, daß die Leibeserziehung und Wehrertüchtigung in der HJ einen überdimensionalen Raum eingenommen hätten. Man führte das auf die Überbetonung der körperlichen Ertüchtigung in der Erziehung durch Adolf Hitler zurück. Dabei hatte man

gleich das Zitat aus seiner Rede an die Jugend auf dem Reichsparteitag in Nürnberg von 1935 zur Hand: „In unseren Augen, da muß der deutsche Junge der Zukunft schlank und rank sein, flink wie Windhunde, zäh wie Leder und hart wie Kruppstahl."

Zweifellos hatte die Leibeserziehung für uns einen hohen Rang, zumal sie nicht nur den Körper betraf, sondern auch Einfluß auf die Bildung des Charakters besaß. Wer seinen Körper stählte, erfuhr, daß er sich bei hoher Beanspruchung und auch in Gefahr auf ihn verlassen konnte. Das gab ihm ein natürliches Selbstbewußtsein. Ich meine, daß die Leibeserziehung in der Zeit des Aufbaues nicht vor der Kultur-, Sozial- und Auslandsarbeit oder dem Bau von Heimen und Jugendherbergen rangierte. Für mich waren diese Aufgaben gleichrangig. Lediglich in den letzten drei Kriegsjahren war die Wehrertüchtigung verstärkt worden, ebenso die Einsätze der HJ an der Heimatfront. Jugendbewegung und Leibeserziehung gehörten immer zusammen. Das war schon bei der Gründung der Jugendbewegung um die Jahrhundertwende so, als junge Menschen das einfache, natürliche Leben zu loben begannen und sich die heimatlichen Gefilde erwanderten. Wenn sich im Jungvolk die Paare im Reiterkampf begegneten, wobei ein Junge auf den Schultern eines anderen saß, oder wenn ich die Austragung einer angesagten Fehde zwischen zwei Fähnlein beobachten konnte, hatte ich meine Freude daran. Hier wurden unsere kindlichen Indianer- oder Räuber- und Hauptmannspiele in neuer Form lebendig. Die Leibeserziehung im Jungvolk war auf die Verwirklichung des Spieltriebs angelegt, der besonders diesen Jahrgängen der 10- bis 14jährigen innewohnte. Aber in ihnen war auch schon der Drang zum Wettbewerb lebendig.

Nicht von ungefähr wurden bereits bei der Ableistung der Pimpfenprobe Mindestleistungen im Rahmen der „Grundschule der Leibesübungen" gefordert. In der Hitlerjugend kam dann die Ausübung aller anderen Sportarten hinzu. Die „Grundschule der Leibesübungen" umfaßte die Disziplinen des Laufens, Springens und Werfens. Jeder Junge und jedes Mädel sollte sie beherrschen. Darin bestand die Mobilisierung der Jugend für den Sport auf breitester Grundlage. 1935 und 1936 veranstaltete die Hitlerjugend das „Deutsche Jugendfest", auf dem diese Disziplinen wettbewerbsmäßig ausgeführt wurden. 1937 wurde das Deutsche Jugendfest zum Reichssportwettkampf erklärt, an dem sämtliche Einheiten der Hitlerjugend teilnahmen. Auch in der Weimarer Republik waren „Reichsjugendwettkämpfe" veranstaltet worden, an denen ich als Schüler teilgenommen und sogar eine Siegerauszeichnung erhalten hatte. Sie erfaßten aber nur die Schuljugend, während im Reichssportwettkampf auch die werktätige Jugend in der HJ antrat. In den Reichsjugendwettkämpfen waren vor der Machtübernahme lediglich Einzelwettbewerbe durchgeführt worden, während im Reichssport-

wettkampf Einzel- und Mannschaftswettbewerbe stattfanden. In den Gefolgschafts- und Fähnleinwettkämpfen ermittelte man die besten Zehn, die eine Mannschaft bildeten und sich bemühten, über die Bann- und Gebietssportfeste bis in den Reichssportwettkampf vorzudringen. Die beste Gefolgschaft, das beste Fähnlein, die beste Mädel- und Jungmädelgruppe des Reiches wurde vom Führer ausgezeichnet. Er hielt diese Aktion für so wichtig, daß er selbst dazu einen Aufruf erließ, in dem es 1938 hieß: „Es ist mein Wille, daß die gesamte deutsche Jugend sich einmal im Jahr einer großen sportlichen Leistungsprüfung unterzieht und mit dieser vor der ganzen Nation Zeugnis ablegt von der Kraft und Unbesiegbarkeit des Volkstums. Ich rufe daher jeden Jungen und jedes Mädel zur Teilnahme am diesjährigen Reichssportwettkampf der Hitlerjugend auf."
Aus der Breitenarbeit der Leibesübungen erwuchsen der Leistungssport und die Spitzensportler. Jeder konnte sich in der Hitlerjugend in der Sportart seiner Wahl betätigen und sich darin ausbilden lassen. Das wurde durch eine Vereinbarung möglich, die der Reichsjugendführer mit dem Reichssportführer, Hans von Tschammer und Osten, getroffen hatte. Danach wurden die Jugendabteilungen der 10- bis 14jährigen bei den Turn- und Sportvereinigungen aufgelöst und von der Hitlerjugend übernommen. Die Jugendabteilungen für 14- bis 18jährige blieben bei den Vereinen bestehen, aus denen sie den Nachwuchs für den Erwachsenensport rekrutieren konnten. Der freiwillige Leistungssport wurde von der Hitlerjugend übernommen. Die Fachkräfte stellte der Reichsbund für Leibesübungen zur Verfügung. Die Wettkämpfe wurden von nun an von der Reichsjugendführung ausgeschrieben. So fanden nach der Vereinbarung von 1937 die Deutschen Jugendmeisterschaften im Rahmen der Hitlerjugend statt. Die Zusammenarbeit zwischen der Reichsjugendführung und dem Reichsbund für Leibesübungen wurde dadurch harmonisiert, daß der Reichssportführer als Obergebietsführer in die Reichsjugendführung eintrat und von dort aus seinen bestimmenden Einfluß auf die Leibeserziehung der Jugend geltend machen konnte.
Von Jahr zu Jahr war eine Leistungssteigerung sowohl im Breiten- wie im Spitzensport zu verzeichnen. Es wurden Sportschulen ins Leben gerufen, auf denen die Spitzensportler kostenlos gefördert wurden. Die Reichsjugendführung bemühte sich, Sportstätten und Schwimmbäder auf dem Lande zu schaffen, um dort den Sportbetrieb zu ermöglichen und dadurch das Gefälle zwischen Stadt und Land abzubauen.
Die Leibeserziehung der weiblichen Jugend verdient noch eine besondere Erwähnung. Sie wurde im Bund Deutscher Mädel groß geschrieben. In unserer Vorstellung gehörten Jungen und Körperertüchtigung wie selbstverständlich zusammen. Bei der weiblichen Jugend war das nicht immer

so gewesen. Erst im BDM war die Leibeserziehung der Mädel auf breitester Grundlage eingeführt worden. Sie wurde sofort nach der Machtübernahme in Angriff genommen. 1934 waren bereits über zwei Millionen Mädel Mitglied im BDM. Deshalb war die Ausbildung von Sportwartinnen dringend erforderlich. Es ist beachtlich, daß bereits in diesem Jahr 55.200 Mädel eine Ausbildung in Sportlehrgängen erhalten hatten. So konnte man es im September 1934 wagen, den ersten Reichssporttag des BDM zu veranstalten, der gleichzeitig in 80 Städten des Reiches stattfand. Um die bahnbrechende Aufgabe der weiblichen Leibeserziehung auf breitester Grundlage bewältigen zu können, wurden Reichssportschulen des BDM in Gladbeck, Traunstein und Stuttgart-Degerloch errichtet. Die jeweiligen Fachkräfte auf sportlichem Gebiet hatten an den Hochschulinstituten in Marburg, Leipzig, Greifswald und München ein Studium absolviert. Was das Training für Spitzensportlerinnen betraf, so konzentrierte man sich weniger auf die athletischen Übungen, sondern vielmehr auf die Disziplinen, die der weiblichen Konstitution besser entsprachen. Dem BDM gehörten internationale Spitzensportlerinnen an, wie z.B. Christel Cranz, die Weltmeisterin im Slalom- und Abfahrtslauf. Sie hatte in Freiburg die ersten BDM-Gruppen aufgebaut. Gisela Mauermeyer, die 1934 in London den Dreikampf gewonnen hatte, führte eine Einheit des BDM in Bayern. Im Geräteturnen wandte man sich von den Übungen für Männer ab und entwickelte neue Formen für Mädel. Ziel der Erziehung und Ausbildung waren männliche Männer und weibliche Frauen, aber keine Zwitter. So stand der Sport der männlichen Jugend mehr im Zeichen der Kraft und die Leibeserziehung der weiblichen Jugend mehr im Zeichen der Anmut.
Diesem letzteren Ziel diente vor allem das BDM-Werk „Glaube und Schönheit" für die 18- bis 21jährigen Mädel. Hier hatte sich Hinrich Medau besondere Verdienste erworben. Er hatte längere Zeit als Turn- und Musiklehrer im Ausland gearbeitet. Von dem Nestor der rhythmischen Gymnastik, Rudolf Bode, dem er 1929 in Berlin begegnet war, hatte er viel für seine eigene Gymnastikschule in der Reichshauptstadt übernommen. Seine Bewegungserziehung nach Musik trug der Natur der Mädel Rechnung und fand im BDM-Werk freudige Zustimmung.
Mit der Leibeserziehung der männlichen Jugend war die Wehrertüchtigung eng verbunden. Wir haben mit diesem Begriff im Laufe des Krieges die Bezeichnung „vormilitärische Ausbildung" ersetzt. Sie ließ vermuten, daß die Ausbildung der Jugend unter militärischem Gesichtswinkel und an der Waffe erfolgte. Das war aber in der Hitlerjugend nicht der Fall. Sie wurde aus dem Selbstverständnis der Jugendbewegung, also jugendgemäß und ohne Waffen betrieben. Die Ausbildung an der Waffe fand erst ab Herbst 1944 statt, als die Jungen im fünften Kriegsjahr mit 16 Jahren zum Volks-

sturm als Drittes Aufgebot eingezogen bzw. die Wehrertüchtigungslager der HJ als Drittes Aufgebot des Volkssturms anerkannt wurden. In fast allen Ländern gab es damals eine vormilitärische Ausbildung, etwa in Polen, in Frankreich, in Italien, in Japan oder der Sowjetunion. Auch in der „Boyscout-Bewegung" der Briten, deren Gründung auf die Erfahrungen im Burenkrieg um die Jahrhundertwende zurückging und der sich viele Pfadfinderbünde in der Welt angeschlossen hatten, wurde eine Ausbildung betrieben, die in geländesportlicher Hinsicht der unseren sehr nahe kam. In der Weimarer Republik befaßten sich mehrere Jugendbünde mit Wehrsport. Auf das Reichskuratorium für Jugendertüchtigung, das schon 1932 ins Leben gerufen und dessen vormilitärisches Ausbildungsvorhaben vom Völkerbund anerkannt wurde, habe ich bereits hingewiesen.
Trotz alledem war unsere damalige Tätigkeit auf diesem Gebiet in der Bundesrepublik scharfen Angriffen ausgesetzt. Warum wohl? Nur, weil es bei der Hitlerjugend stattfand. Vor allem wurde die Ausbildung im Schießen und in den Sonderformationen, wie der Marine-, Flieger-, Motor-, Nachrichten- und der Reiter-HJ, mißbilligend kritisiert. Die Hitlerjugend hat das Schießen nicht erfunden. Es ist ein Volksbrauch seit Jahrhunderten, nicht nur in Deutschland, sondern auch in anderen Ländern. Die Schützenfeste sind aus Vergangenheit und Gegenwar nicht wegzudenken. „Aber doch kein Schießen für die Jugend!", sagte man. Falsch. Die Schützenvereine von früher und heute widmeten oder widmen sich in ihren Jugendabteilungen der gleichen Ausbildung, wie sie bei uns stattgefunden hatte. Das habe ich mir vom Präsidenten eines Landesschützenverbandes bestätigen lassen. Außerdem ist das Schießen bei den Olympischen Spielen, die sich der Erhaltung des Friedens verpflichtet fühlen, eine feste Disziplin. Woher soll denn dafür der Nachwuchs kommen? In der Hitlerjugend wurde nicht mit scharfen Waffen geschossen, sondern die Pimpfe übten mit dem Luftgewehr und die Älteren mit dem Kleinkalibergewehr.
Und nun zu den Sonderformationen. Waren sie nicht notwendig? Ihr Ursprung geht nicht auf den Gedanken der Nachwuchssicherung für das Militär zurück, sondern auf den Drang der Jugend, sich im Segelflug oder im Wassersport zu betätigen. Wer wollte es denn im technischen Zeitalter einem Jungen verwehren, sich in der Motor-HJ zu engagieren? Wer wollte es einem jungen Interessenten für den Amateurfunk verübeln, wenn er sich der Nachrichten-HJ angeschlossen hatte oder Lust und Liebe für den Reitsport besaß? Hatten wir uns nicht geschworen, in der Einheit der Jugend den vielfältigen Interessen und Begabungen der Jungen und Mädel zu dienen? Ich hatte schon erwähnt, daß sich Herbert Norkus für die Marine-HJ angemeldet hatte, weil er sich auf den Seemannsberuf vorbereiten wollte. Das war 1931. Da war an eine bevorstehende Machtübernahme überhaupt

nicht zu denken, geschweige denn an einen Krieg, auf den man sich vorbereiten mußte. Schon vor 1933 gab es einige HJ-Einheiten, in denen man sich mit diesen Sportarten befaßte. Sogar bei den Jugendbetriebszellen gingen 1933 Jungarbeiter mit größtem Interesse an den Flugmodellbau und das Segelfliegen heran. Sollte man es im Krieg jemandem untersagen, daß er zur Marine gehen wollte, wenn er einige Jahre Seesport getrieben hatte? Und mußten die Wehrmachtteile im Kriege nicht an einem Nachwuchs interessiert sein, der sportlich eine einschlägige Vorausbildung erhalten hatte? Darauf werde ich in meinem Bericht über die Kriegszeit noch einzugehen haben.

Ein Kernstück der Wehrertüchtigung war das Geländespiel. Gerade hier verwirklichte sich das Jugendgemäße in der Ausbildung. Es kam darauf an, in den jungen Menschen die natürlichen Instinkte zu wecken und zu schärfen. Mehrere Generationen hatten bereits in den Großstädten gelebt, so daß bei den jungen Menschen die Sinne wie Hören und Sehen nachgelassen hatten. Ein Junge, der in der Stadt ständig auf graue Mauern blicken muß, wird in der Natur ein Ziel nicht sofort und so deutlich zu erkennen vermögen. Er sollte also in der Natur sehen und sich bewegen lernen. Er sollte sich an die Geräusche in Wald und Feld bei Tag und Nacht gewöhnen. Er sollte lernen, den Kompaß zu benutzen, sich aber auch ohne ihn und ohne Karte im Gelände orientieren können. Er sollte in der Lage sein, unter Tarnung und Anpassung an das Gelände zuverlässig eine Meldung zu überbringen. Beim Geländespiel wurde nie eine Waffenwirkung angenommen. Es war keine Felddienstübung, sondern ein Spiel. Als Gebietsführer wohnte ich solchen geländesportlichen Übungen bei. Wenn ich die Sonderformationen besuchte, mußte ich mich gründlich darauf vorbereiten. Ich wollte nicht dadurch auffallen, daß ich mich in der Seemannschaft, im Knoten und Spleißen, im Blinken oder Funken nicht auskannte oder die Bestimmungen für den A-, B- oder C-Schein der Flieger-HJ nicht kannte, daß ich bei der Motor-Hitlerjugend durch Unkenntnis im motortechnischen Bereich oder in Fragen der Verkehrsregelung nicht informiert war oder daß ich bei der Nachrichten-Hitlerjugend nicht wußte, daß die Jungen bei ihrer Arbeit nicht aufzustehen brauchten, wenn einer ihrer Führer erschien. Hier erfuhr ich als Gebietsführer praktisch, wie vielseitig die Ausbildung eines Hitlerjugendführers zu sein hatte.

Im Laufe des Jahres 1935 hörte ich in Amtschefssitzungen in der Reichsjugendführung, daß mit der Wehrmacht laufend Gespräche über die vormilitärische Ausbildung der Jugend geführt wurden. Der Leiter des Amtes für körperliche Schulung, Dr. Helmut Stellrecht, nahm die Gespräche wahr. Bevor Stellrecht zur HJ-Zentrale kam, hatte er sich unter dem Reichsarbeitsführer Konstantin Hierl Verdienste um den Aufbau des Reichs-

arbeitsdienstes erworben. Da der Reichsarbeitsdienst die Vorstufe zur Wehrmacht war, verfügte er als ehemaliger Reserveoffizier des Ersten Weltkrieges über gute Verbindungen zur Wehrmacht. In der Weimarer Republik hatte die Reichswehr stets angestrebt, Einfluß auf die Ausbildung der Jugend zu gewinnen, was sich zum Beispiel bei der Bildung des Reichskuratoriums für Jugendertüchtigung im Jahre 1932 manifestierte. Nach der Machtübernahme und insbesondere nach der Verkündung der Wehrhoheit im Jahre 1935 begrüßte die Wehrmacht die Auffassung Hitlers, besonderen Wert auf die körperliche Ertüchtigung der Jugend zu legen.
Am 3. Dezember 1935 richtete der Führer und Reichskanzler an den Reichskriegsminister und Oberbefehlshaber der Wehrmacht, Werner von Blomberg, sowie den Jugendführer des Deutschen Reiches, Baldur von Schirach, einen Brief, in dem es hieß:
„Ich beabsichtige, die Ertüchtigung der gesamten deutschen Jugend vom 10. bis 18. Lebensjahr außerhalb der Schule durch den Jugendführer des Deutschen Reiches vorbereiten zu lassen. Mit den Vorarbeiten hierzu wird Obergebietsführer Dr. Stellrecht beauftragt. Vorbehaltlich einer endgültigen Regelung, stellt für diese Vorarbeiten bis zum 31. März 1936 der Reichskriegsminister und Oberbefehlshaber der Wehrmacht einen von ihm festzulegenden Betrag aus Mitteln der Wehrmacht zur Verfügung. Obergebietsführer Dr. Stellrecht wird für die vorstehend bezeichnete Aufgabe bis zum 31. März 1936 dem Reichskriegsminister und Oberbefehlshaber der Wehrmacht unterstellt."
Mit Zustimmung des Reichsfinanzministers wurden aus den Mitteln der Wehrmacht daraufhin zunächst 600.000 RM der Dienststelle Dr. Stellrecht zugewiesen. Ihre Finanzierung wurde später bis zum 30. September 1936 verlängert. Man plante, die bisher nicht in der HJ erfaßten Jugendlichen in einer eigenen Jugendorganisation - „der Reichsjugend" - zu erfassen und mit ihnen eine eigene körperliche Ertüchtigung und vormilitärische Ausbildung durchzuführen. Am 14. Januar 1936 wurde von Dr. Stellrecht ein Aufbauvorschlag für die Reichsjugend unterbreitet, der einen Tag später vom Generalstab des Heeres anerkannt wurde. Der Staatssekretär und Chef der Reichskanzlei, Dr. Hans Heinrich Lammers, übersandte am 6. April 1936 an die Reichsministerien im Auftrage des Führers und Reichskanzlers den Entwurf eines „Gesetzes über die Führung der deutschen Jugend (Reichsjugend)" und forderte sie zur Stellungnahme auf. Der Entwurf sollte dem Reichskabinett in der nächsten Sitzung vorgelegt werden. Die Ministerien unterbreiteten jeweils einen eigenen Entwurf. Das Reichskriegsministerium war nicht zu einer Stellungnahme aufgefordert worden. Das führte offensichtlich zu einer Verstimmung. Während der Generalstab des Oberkommandos des Heeres noch am 8. April 1936 das Reichskriegs-

ministerium gebeten hatte, den Plan für den Aufbau der Reichsjugend zu befürworten, hieß es in einem Schreiben vom 16. April 1936: „Unter den jetzigen Verhältnissen, die jede Mitwirkung des Reichskriegsministeriums bei der gesetzlichen Bildung der Reichsjugend ausschließen, kann nicht in Frage kommen, zu dem anliegenden Plan Stellung zu nehmen." Beide Schreiben waren vom Generalstabschef Beck persönlich unterzeichnet.
Diese Vorgänge ließen darauf schließen, daß Anfang April 1936 bei der obersten politischen Führung im Hinblick auf ein Gesetz über die Reichsjugend eine Sinnesänderung stattgefunden haben muß. Das kam auch darin zum Ausdruck, daß die Beratungen darüber im Reichskabinett abgesetzt wurden. Zu dieser Sinnesänderung hatte auch die Argumentation des Reichsjugendführers unter dem Eindruck des Aufbegehrens der aktiven Gebietsführer beigetragen. Die Gebietsführer konnten sich nicht dafür erwärmen, daß neben der Hitlerjugend eine neue Jugendorganisation nur zum Zwecke der vormilitärischen Ausbildung aufgebaut werden sollte. Sie waren auch dagegen, daß diese nach den Richtlinien der Wehrmacht zu erfolgen hatte. Auch die Finanzierung dieser Arbeit durch die Wehrmacht erschien ihnen durch ein dadurch entstehendes Abhängigkeitsverhältnis nicht ratsam. Auch die Tatsache, daß beide Jugendorganisationen in der Spitze unter dem Jugendführer des Deutschen Reiches und draußen unter den Gebietsführern zusammengefaßt werden sollte, konnte sie von ihrer Auffassung nicht abbringen. Mich irritierte vor allem, daß für eine Jugendorganisation mit einer Teilaufgabe die Bezeichnung „Reichsjugend" vorgesehen war, wo doch die Hitlerjugend mit ihren vielseitigen Aufgabengebieten, insbesondere der Kultur- und Sozialarbeit, Trägerin der Erziehung zum Reichsgedanken war.
Baldur von Schirach hatte das Jahr 1936 zum Jahr des Deutschen Jungvolks erklärt. Das hatte zur Folge, daß sich zur Mitte des Jahres der größte Teil der 10- bis 14jährigen freiwillig zur Aufnahme gemeldet hatte, und auch in der Hitlerjugend war die überwiegende Mehrheit der 14- bis 18jährigen. Diese Tatsachen sprachen dafür, daß die vormilitärische Ertüchtigung der bisher nicht erfaßten Jugend unter dem Dach der einen, bereits bestehenden Jugendbewegung durchgeführt werden konnte. Diesem Hinweis des Reichsjugendführers hat sich die oberste politische Führung offensichtlich nicht verschlossen. Aber auch aus einem anderen Grund drängte Baldur von Schirach auf eine gesetzliche Regelung. Nicht nur die Wehrmacht war bestrebt, Einfluß auf die körperliche Ertüchtigung der Jugend zu gewinnen. Die gleiche Zielsetzung verfolgte auch die SA, denn nach der Röhm-Affäre besaß sie keine besondere Aufgabe mehr. Und Hitler hatte entschieden, daß es neben der Wehrmacht keine Miliz und keinen anderen Waffenträger geben sollte. Aber die SA wollte sich jetzt nicht nur auf die nachmilitärische

Ausbildung beschränken, sondern auch die vormilitärische Ertüchtigung übernehmen. Baldur von Schirach hatte des öfteren an der Mittags- bzw. Abendtafel des Führers erlebt, daß dort wichtige Entscheidungen über Sachfragen getroffen wurden. Um einer möglichen Meinungsänderung in Jugendfragen vorzubeugen, war von Schirach bemüht, die Aufgaben der Hitlerjugend durch ein Gesetz festschreiben zu lassen. Hitler hatte ihm schon vorher die Zusage gegeben, für ihn als Jugendführer des Deutschen Reiches eine Oberste Reichsbehörde zu schaffen. Diese Zusage hat er durch die Herbeiführung eines Beschlusses der Reichsregierung gehalten. So kam es zum Gesetz über die Hitlerjugend vom 1. Dezember 1936, dessen Bestimmungen folgendes besagten:

„§ 1
Die gesamte deutsche Jugend innerhalb des Reichsgebietes ist in der Hitler-Jugend zusammengefaßt.

§ 2
Die gesamte deutsche Jugend ist außer in Elternhaus und Schule in der Hitler-Jugend körperlich, geistig und sittlich, im Geiste des Nationalsozialismus, zum Dienst am Volk und zur Volksgemeinschaft zu erziehen.

§ 3
Die Aufgaben der Erziehung der gesamten deutschen Jugend in der Hitler-Jugend wird dem Reichsjugendführer der NSDAP übertragen. Er ist damit 'Jugendführer des Deutschen Reiches'. Er hat die Stellung einer Obersten Reichsbehörde mit dem Sitz in Berlin und ist dem Führer und Reichskanzler unmittelbar unterstellt.

§ 4
Die zur Durchführung und Ergänzung dieses Gesetzes erforderlichen Rechtsverordnungen und allgemeinen Verwaltungsvorschriften erläßt der Führer und Reichskanzler."

Als Baldur von Schirach im April 1933 den Reichsausschuß der Deutschen Jugendverbände besetzte, war er damit den Bestrebungen der Reichswehr zuvorgekommen, von deren Absichten er im Hinblick auf den Reichsausschuß informiert gewesen war. Durch die Verkündung des Gesetzes über die Hitlerjugend hatte sich im Grunde der gleiche Vorgang von damals wiederholt. Wir Jugendführer befürworteten die freiwillige Mitgliedschaft in der Hitlerjugend. Unter den Gegebenheiten und dem Zwang der Entwicklung haben wir jedoch das Gesetz über die Hitlerjugend akzeptiert. So habe auch ich die Entscheidung des Reichsjugendführers mitgetragen. Die Lösung mit dem Gesetz über die Hitlerjugend erschien mir noch besser als die Gründung einer zweiten Reichsjugend. Dr. Stellrecht erhielt vom Reichskriegsministerium im Zuge dieser Entwicklung seine fristgemäße Kündigung zum September 1936. In der Reichsjugendführung wurde er von der

Leitung des Amtes für körperliche Ertüchtigung entbunden, denn seine Auffassungen über die Wehrertüchtigung entsprachen nicht denen des Reichsjugendführers. Sein Nachfolger wurde Dr. Ernst Schlünder, der ein konsequenter Verfechter der jugendgemäßen Wehrertüchtigung war. Dr. Stellrecht hatte große Leistungen im Reichsarbeitsdienst und in der Reichsjugendführung erbracht. Er verblieb im Stab der Reichsjugendführung und erhielt später weitere Aufträge. Dr. Stellrecht wurde von uns sehr anerkannt, war in Wort und Tat ein Preuße. Unsere Wertschätzung bezog sich ebenfalls auf seine Lebensweise und seine Arbeit als Schriftsteller. Im Krieg war er Stabsleiter bei Reichsleiter Alfred Rosenberg und stand nach dem Tod von Hitler der neuen Reichsregierung unter Großadmiral Dönitz zur Verfügung. Er ist im hohen Lebensalter von über 90 Jahren gestorben. Viele Kameraden hatten in ihm zuerst den preußischen Offizier und dann den nationalsozialistischen Jugendführer gesehen.

In den fünf Jahren, in denen ich das Gebiet Berlin führte, erlebte ich in den unteren HJ-Einheiten die Entwicklung und das Fruchtbarwerden unserer kulturellen Arbeit. An ihrem Anfang stand das Lied, das gemeinschaftsbildend war, frohe Geselligkeit schuf, in den Feierstunden erhob oder tröstete, und das auch Kraft gab, wenn man müde wurde. Ich erinnere mich, daß ich als Hitlerjunge und Soldat beim Wandern oder Marschieren die Müdigkeit überwand, wenn es hieß: „Ein Lied! ... drei, vier ...". Dann stimmten alle ein und bekamen neuen Schwung.

Das Lied ist auch Ausdruck für das Ja zum Leben und den Glauben an das Gute im Menschen. Nicht umsonst hört man immer wieder sagen: Böse Menschen haben keine Lieder. Die Lieder waren schon an der Schwelle unseres Jahrhunderts treue Begleiter des Wandervogels und wurden von Hans Breuer, einem seiner Besten, 1911 im „Zupfgeigenhansel" zusammengefaßt. Auch daraus hat die Hitlerjugend gesungen. Ein besonderes Anliegen war ihr die Pflege des Volksliedes. Alte Volksweisen wie „Der Mond ist aufgegangen", „Innsbruck, ich muß dich lassen", „Am Brunnen vor dem Tore", „Es waren zwei Königskinder", „Ännchen von Tharau" und viele andere Lieder wurden von ihr weiter in die Zukunft gesungen. Natürlich durften die Lieder aus der Kampfzeit nicht fehlen, wobei ich mich besonders an das Wiener Jungarbeiterlied „Es pfeift von allen Dächern" erinnere. Je nach Stimmung klangen alte Landknechts- und Seemannslieder auf. Neue Lieder wurden uns im Laufe der Zeit von schöpferischen Kameraden unserer Erlebnisgemeinschaft geschenkt, wie „Ein junges Volk steht auf zum Sturm bereit, reißt die Fahnen höher Kameraden" von unserem Gebietsführer Werner Altendorf, „Auf, hebt unsere Fahnen in den frischen Morgenwind, laßt sie wehen und mahnen die, die müßig sind" von Fritz Sotke, „Wir gehen als Pflüger durch unsere Zeit" von Hermann

Roth und Heinrich Spitta, „Lobet der Berge leuchtende Firne" von Thilo Scheller und Georg Blumensaat, „Vorwärts, vorwärts, schmettern die hellen Fanfaren" von Baldur von Schirach, „Deutschland, heiliges Wort, du voll Unendlichkeit" von Eberhard Wolfgang Möller und Georg Blumensaat und „Hohe Nacht der klaren Sterne", „Die Morgenfrühe, das ist unsere Zeit, wenn die Winde um die Berge singen" und „Es zittern die morschen Knochen" von Hans Baumann.

Wegen dieses letzten Liedes hat man uns nach dem Krieg vorwurfsvoll in der Bundesrepublik die Ausrichtung der Jugend auf die Weltherrschaft angedichtet, weil es darin angeblich hieß: „... denn heute gehört uns Deutschland und morgen die ganze Welt". Hans Baumann, der nach der Machtübernahme viele Jahre schöpferisch in der HJ wirkte, hatte dieses Lied 1932 für die katholische Jugendbewegung geschrieben. Wir haben es in unsere Liederbücher mit dem Text aufgenommen: „... denn heute hört uns Deutschland und morgen die ganze Welt." Sollte nun doch einmal statt „hört" „gehört" gesungen worden sein, so kann man das nicht als eine Willenskundgebung der Reichsjugendführung bewerten.

Aus dem gemeinschaftlichen Singen hoben sich die Mädel und Jungen mit den besten Stimmen hervor, mit denen Chöre und Spielscharen aufgebaut wurden. Zu besonderen Leistungen brachte es zum Beispiel die Rundfunkspielschar der Berliner Hitlerjugend, die vorwiegend im Deutschlandsender eingesetzt wurde. Ihre Leitung hatte Willi Träder, der später in der Bundesrepublik als Professor lehrte. Für Konzertveranstaltungen qualifizierte sich der hervorragende Mozart-Chor der Berliner Hitlerjugend unter der Leitung von Erich Steffen. Er wurde für viele Veranstaltungen und für das kulturelle Programm bei Diplomatenempfängen angefordert. Ich entsinne mich an einen Empfang beim italienischen Botschafter Dino Alfieri während des Krieges, der zu meiner Überraschung den Mozart-Chor gemeinsam mit Lale Andersen und ihrem weltberühmt gewordenen Lied von der Soldatenbraut Lilly Marlen auftreten ließ.

Die Rundfunkspielschar der Berliner Hitlerjugend nahm auch an den Austauschsendungen des Rundfunks mit anderen Ländern teil. Die erste Lieder-Austauschsendung fand am 24. März 1935 mit der polnischen Jugend statt und wurde von allen polnischen und deutschen Sendern übertragen. Der Initiator und Leiter der Jugendfunkarbeit in der Reichsjugendführung, Karl Cerff, reiste mit der Spielschar nach Warschau, wo sie von den polnischen Jugendorganisationen kameradschaftlich empfangen wurde. Man fand sich zu einem Gemeinschaftsabend mit der polnischen Jugend zusammen, der großen Anklang fand. Es folgten Austauschsendungen mit der finnischen, englischen, französischen und japanischen Jugend. Großes Aufsehen erregte die Weltring-Sendung „Jugend singt über die

Grenzen" vom 27. November 1937, die vom deutschen Rundfunk und der Reichsjugendführung von Berlin aus organisiert wurde. An ihr nahmen Jugendorganisationen aus 32 Nationen teil. Die funktechnische Leistung sowie die Darbietungen der verschiedenen Volksweisen und Heimatlieder wurden damals in allen Ländern gewürdigt. So stand das Lied auch im Dienst der internationalen Verständigung der Jugend. Neben Berlin verfügten die anderen Gebiete der Hitlerjugend ebenfalls über konzertreife Chöre. Ich denke an den Heinrich-Albert-Chor in Königsberg in Ostpreußen. Die traditionsreichen Spitzenchöre, die schon lange vor unserer Zeit bestanden hatten, gliederten sich in die Kultur- und Musikarbeit der Hitlerjugend ein, wie die Regensburger Domspatzen, der Thomaner-Chor Leipzig, der Kreuz-Chor Dresden, das Musische Gymnasium Frankfurt und die Wiener Sängerknaben. Leistungsfähige Spielscharen gab es in allen Gebieten, von denen einige zur Gestaltung von Reichsveranstaltungen herangezogen wurden, wie die Rundfunkspielschar München. Jungen und Mädel mit musikalischer Veranlagung wurden angeregt, das Spielen eines Instruments zu erlernen. So trug auch die Hitlerjugend dazu bei, die Hausmusik als Ausdruck unserer Volkskultur zu beleben. Das sollte auch der Tag der Hausmusik in jedem Jahr bezwecken, der im ganzen Reich begangen wurde. Ein Fähnlein des Deutschen Jungvolks konnte man sich nicht ohne Fanfarenzug vorstellen, und zur Hitlerjugend gehörten selbstverständlich die Musik- und Spielmannszüge. Hier erbrachte der Reichsmusikzug Kölleda eine Spitzenleistung.

Die Musikarbeit erforderte auf breitester Grundlage eine intensive Ausbildung der Musikerzieher. Sie erfolgte in Lehrgängen und Seminaren der Hochschule für Musikerziehung in Berlin-Charlottenburg, in Weimar, später auch in Graz und Hirschberg in Schlesien. Für die Ausbildung der Jugend standen im Reich etwa 150 Musikschulen zur Verfügung. Außerdem wurden in den Einheiten Musikschulungslager durchgeführt. Um die Jugend an das hohe Kulturgut heranzuführen, wurde ein Veranstaltungsring ins Leben gerufen, durch den ihre Teilnahme an Konzerten, Theateraufführungen oder Dichterlesungen zu günstigen Bedingungen möglich war. Besonders begehrt war dabei die Teilnahme an den Meister-Konzerten. Das erste Meisterkonzert fand am 3. Februar 1938 in der Berliner Philharmonie unter der Leitung von Wilhelm Furtwängler statt. Für diese Meister-Konzerte der Hitlerjugend stellte sich die Elite der Dirigenten, der Solisten und der Kammermusik selbstlos zur Verfügung. Zu ihnen gehörten die Dirigenten Hans Pfitzner, Hermann Abendroth, Herbert von Karajan, Paul Sixt, die Solisten Erwin Fischer, Elly Ney, Ludwig Hölscher, Kulenkampff und Gerhard Hüsch sowie die Kammermusiker des Dahlke-Trios, das Harveyman-, das Strub-, das Zernick- und das Dresdner Streich-

quartett sowie das Collegium musicum von Hermann Diener.
Für die Spitzenkräfte unseres Solistennachwuchses war es eine Auszeichnung, an einigen dieser Meister-Konzerte mitwirken zu dürfen. Diesen Spitzenkräften des Nachwuchses den Weg nach oben zu bereiten, war seit 1938 besonderes Anliegen des Begabtenförderungswerks des Deutschen Volkes, dem als Geschäftsführer zu dienen ich die Ehre hatte. Für viele Jungen und Mädel war die Musikarbeit der Hitlerjugend ihr liebstes Kind. Große Verdienste um die Musikarbeit und Musikerziehung hatte sich Wolfgang Stumme erworben. Er kam aus der Jugendmusikbewegung und hatte unter Fritz Jöde, der die erste Jugendmusikschule in Berlin gegründet hatte, an einem einjährigen Lehrgang für Volks- und Jugendmusikpflege teilgenommen. Er folgte dem Vorschlag Jödes, die Zielsetzung der Jugendmusikbewegung in der Hitlerjugend fortzusetzen. Von 1934 bis 1936 war Wolfgang Stumme Musikreferent des Deutschlandsenders für den Schul- und Jugendfunk und leitete dort auch die monatlichen Singstunden. 1936 wurde er in das Kulturamt der Reichsjugendführung berufen. Nur mit Unterbrechung durch seinen Fronteinsatz leitete er kontinuierlich die Musikarbeit bis 1945.
Aufgabe der Kulturarbeit war es, junge Menschen zu eigener Tätigkeit anzuregen und sie zu den Werken unserer großen Meister hinzuführen. Das galt auch für das bildnerische Schaffen und die Dichtkunst. Diesem Ziel dienten die Dichterlesungen und die Versuche, die Jugend für das Theater zu begeistern. Es erfüllte uns mit großer Freude, daß sich so viele schöpferische Kräfte der Jugendarbeit zur Verfügung stellten. Dichterlesungen hielten z.B. Erwin Guido Kolbenheyer, Hans Carossa, Paul Alverdes, Josef Weinheber, Friedrich Blunck, Hermann Claudius, Gerhard Schumann, Martin Luserke, Erhard Wittek, Heinrich Zillich, Wilhelm Pleyer, Heinrich Waggerl, Rudolf Kienau, Börries von Münchhausen, Agnes Miegel, Josefa Behrens-Totenohl, Alma Rogge und viel andere. Aus unseren Reihen lasen vor ihren Kameraden Eberhard Wolfgang Möller, Wolfram Brockmeyer, Hans Baumann und Fritz Helke. Auch sie waren froh, daß sie bei ihren Kameraden eine so starke innere Teilnahme verspürten. Der schöpferische Mensch braucht diese Resonanz. Die Dichterlesungen trugen dazu bei, im jungen Menschen das Empfinden für die Schönheit unserer Sprache zu wecken und sie als eines der höchsten Güter unserer Kultur und Geschichte begreifen zu lernen und sie wissen zu lassen, daß mit der Verunstaltung der Sprache auch der Identitätsverlust eines Volkes beginnt.
Der bedeutende Zulauf zu den Dichterlesungen ergab sich gewiß auch aus dem Drang und der Neugier, einmal einen bekannten Schriftsteller persönlich zu erleben und ihm vielleicht die Hand drücken zu können. Das ging mir genauso. Wie freute ich mich darauf, 1934 in Berlin dem Arbeiterdich-

ter und niederrheinischen Kesselschmied Heinrich Lersch begegnen zu können. Wir setzten uns im Wedding in eine Kneipe und diskutierten heiß bei einem Bier über die Wege zum deutschen Sozialismus. Da saß er vor mir, klein von Gestalt mit zerfurchter Stirn, der Autor von „Stern und Amboß" und „Mensch in Eisen". Zum Ersten Weltkrieg hatte er die Worte geschrieben: „Laß mich gehen, Mutter, laß mich gehen ... Deutschland muß leben, auch wenn wir sterben müssen". Nach dem Zweiten Weltkrieg las ich in einer Zeitung von einer Demonstration in Frankfurt am Main, daß auf den mitgeführten Transparenten zu lesen war: „Deutschland muß sterben, damit wir leben können!" Welch ein Wandel in der Zeit! Welch ein Wandel in den Wertvorstellungen in nur 50 Jahren. - Heinrich Lersch ereilte früh der Tod im besten Mannesalter. Er starb 1936 in Remagen.
Vor meinem Auge steht auch der Lyriker und Erzähler Rudolf Georg Binding, der Autor von „Der Opfergang", „Reitvorschrift für eine Geliebte" und „Moselfahrt aus Liebeskummer". Ich sehe ihn in seiner schlanken Erscheinung vor mir, die auf den Offizier des Ersten Weltkriegs schließen ließ. Aus seinem Antlitz sprach das Maß und die Vornehmheit der Seele. Ich begleitete ihn in den mittleren dreißiger Jahren hinaus nach Potsdam zu unserer Reichsführerschule, in der er zu unseren erwartungsvollen Jugendführern sprach. Wie gut, daß einem niemand eine solche Erinnerung nehmen kann! „Die Erinnerung ist das einzige Paradies, aus dem man nicht vertrieben werden kann."
Von unvergänglichem Wert bleibt für mich eine Begegnung mit Agnes Miegel, der „Mutter Ostpreußens". Mit unserer Reichsreferentin des BDM, Dr. Jutta Rüdiger, besuchte ich sie während des Krieges in ihrer einfachen Königsberger Mietwohnung in der Hornstraße. Der Bund Deutscher Mädel fühlte sich dieser großen Balladendichterin in besonderem Maße verbunden, da diese warmherzige und weise Frau keine Zeit und Mühe scheute, ihre Lesungen vor Führerinnen und Mädeln zu halten. Baldur von Schirach würdigte diese Tatsache durch die Verleihung des Goldenen Ehrenzeichens der Hitlerjugend. Was uns bei dem Besuch in ihrem Heim so nachhaltig beeindruckte, war die Erwähnung einer Vision, die sie in ihrem Ahnungsvermögen in Italien hatte. Sie besaß das „zweite Gesicht". Sie sah uns ernst mit ihren klaren großen Augen an und schilderte, wie ihr der Untergang des Reiches erschien, das an allen Enden in Flammen stand. Sie hatte das innere Bedürfnis, wie sie meinte, uns beiden das mitzuteilen. Nachdenklich verabschiedeten wir uns von ihr. Nach der Flucht vor den Sowjets über Dänemark nach Deutschland wurde sie von BDM-Führerinnen bis zu ihrem Tod in Bad Nenndorf betreut. Dr. Anni Piorrek, eine ehemalige BDM-Führerin, schrieb in Würdigung ihres großen Werkes ihre Biographie. Eine Gedenktafel an dem Mietshaus in Königsberg, in dem sie

wohnte, erinnert heute an die Verse und Lieder, die sie einst für ihre ostpreußische Heimat gesungen hatte. Ich kann mir vorstellen, daß damals so mancher Junge und manches Mädel eine ähnliche Erinnerung an die Dichter und ihre Lesungen mit nach Hause genommen und fürs Leben bewahrt hat.

Auf einer Reichstagung „Jugend und Buch" forderte der Reichsjugendführer seine jungen Kameraden auf, nicht zu vergessen, in ihrer Freizeit zum Buch zu greifen. Karl Hobrecker, der sich schon seit der Jahrhundertwende durch seinen Einsatz für die Kinder- und Jugendliteratur verdient gemacht hatte, brachte 1933 seine auch international bedeutende Büchersammlung in die Reichsjugendführung ein und leitete sie dort als Kurator. Sie umfaßte ein Kinder- und Jugendschrifttum aus der Zeit um 1500 bis 1850. Der Reichsjugendführer rief zusätzlich „Die neue Bücherei für das Schrifttum der Gegenwart" ins Leben. Beide Sammlungen wurden 1938 unter der Leitung von Fritz Helke zur Reichsjugendbücherei zusamengefaßt. Dieses Jugendarchiv, das mit der Bibliothek der Akademie für Jugendführung etwa 27.000 Bände umfaßte, wurde ein Opfer des Krieges.

Der Durchbruch für die Hinwendung der Jugend zum Theater erfolgte auf den ersten Reichstheatertagen der Hitlerjugend in der Zeit vom 11. bis 18. April 1937 in Bochum. Sie wurden mit Bedacht ins Ruhrgebiet gelegt. Das war ein deutliches Zeichen dafür, daß die werktätige Jugend für das Theater gewonnen werden sollte. Entscheidend für die Wahl des Tagungs- und Spielortes war die Tatsache, daß das Stadttheater Bochum unter seinem Intendanten Dr. Saladin Schmitt zu den Spitzenbühnen des Reiches aufgestiegen war und sich bereitwillig der Jugend, den jungen Künstlern und Dramatikern geöffnet hatte. So wurden in diesen Tagen Werke von Dramatikern aus der Erlebnisgemeinschaft der Hitlerjugend aufgeführt, wie „Rothschild siegt bei Waterloo" von Eberhard Wolfgang Möller, „Scannons Schatten" von Heinz Schwitzke und „Der Vasall" von Friedrich Wilhelm Hymmen. Die richtungsweisenden Reden hielten Baldur von Schirach und Obergebietsführer Dr. Rainer Schlösser. Viele Intendanten der deutschen Theater nahmen an diesem Fest der Jugend in Bochum teil und äußerten sich mit Zustimmung und Anerkennung zu dem Erlebten in der vom Kulturamt der Reichsjugendführung herausgegebenen Schrift „Jugend und Theater". Aus ihr zitiere ich folgende Worte des damaligen Oberspielleiters des Landestheater Oldenburgs, Sellner:

„Die Reichstheatertage der Hitlerjugend in Bochum waren eine kulturelle Tat. Sie wurden zur wichtigsten Arbeitstagung, die je für das neue deutsche Theater veranstaltet wurde. Sie zeigte, wie brennend sich der Künstler nach einer Verbindung mit der Jugend gesehnt und wie schmerzlich diese die innere Fühlung zum Künstler vermißt hat. Theater und Jugend haben aufeinander gewartet, beide konnten nicht mehr länger nebeneinander hergehen, ohne mit Sorge die Kluft zu beobachten, die sich immer tiefer zwischen ihnen auftat. Endlich sind sie sich nicht mehr fremd! Mit Leidenschaft und Offenheit wurde gesagt, was zu sagen war, wurden alle wichtigen Probleme erörtert: Es war der Anfang einer großen gemeinsamen Arbeit zwischen Künstler und Jugend zum Segen der Nation."

Das Laien- und Puppenspiel, das schon früher in der Jugendbewegung gepflegt wurde, kam in der HJ ebenfalls zu seinem Recht. Kinder hatten auf ihren Festen daran ihre Freude, und es war für das Lagerleben der Jüngeren bestens geeignet. Wer diese Spiele mitgestalten wollte, wurde dafür geschult. Es gab dreiwöchige Lehrgänge des Reichsinstituts für Puppenspiel in Stuttgart, in dem die interessierten Kräfte seit 1939 ihre Ausbildung erhielten. Es wurde von Friedel Raeck geleitet.

Das bildnerische Schaffen in der Jugendbewegung begann auf den Heimabenden des Jungvolks und der Jungmädel mit dem Basteln. Dafür gab es nützliche Anwendungsgebiete. Das Basteln wurde in der HJ-Werkarbeit fortgesetzt. Die Älteren arbeiteten mit verschiedenen Werkstoffen, insbesondere aber mit Holz. Dabei lernten sie gründlich die Eigenschaften und Strukturen des Materials kennen. Diese Erfahrung ermöglichte ihnen eine bessere Gestaltung des Werkstoffes. Mit der Zeit wurden daraus Gebrauchsgegenstände hergestellt. Das führte auch zu Tischlerarbeiten sowie zur Herstellung von einfachem und technischem Spielzeug. Die Anleitung für die vielseitigen Bereiche der Werkarbeit erfolgte durch Arbeitsblätter der Reichsjugendführung, die alle Vorlagen enthielten. Die weitergehende Ausbildung von Fachkräften fand auf unseren Werkschulen statt. Noch während des Krieges wurde in Bad Schandau in Sachsen eine Reichswerkschule errichtet. Denn auch im Kriege gab es viele Nutzanwendungen für diesen Arbeitsbereich.

Die Hauptabteilung „Bildende Kunst" der Reichsjugendführung wurde von Heinrich Hartmann bis zum Ende des Krieges geleitet. Wie bei dem Hauptabteilungsleiter für Musik, Wolfgang Stumme, wurde seine Tätigkeit nur durch den Fronteinsatz unterbrochen, den er in den schweren Kämpfen um Narvik leistete. Einen großen Verdienst erwarb er sich dadurch, daß er in jungen Jahren aus eigener Initiative und ohne Auftrag eine Architektentagung einberief, der auch Persönlichkeiten Folge leisteten, die bereits damals einen bedeutenden Ruf besaßen, wie die Professoren Schmitthenner und Tiedje von der Technischen Hochschule Stuttgart. Mit dieser Arbeitstagung begann die Heranführung vor allem der jungen Architekten an das Leben der Hitlerjugend. Das wirkte sich sehr fruchtbar für den Heimbau und den Bau von Jugendherbergen aus. Ich betrachte es als ein Phänomen, daß sich so junge Menschen in einer Aufbruchszeit nicht nur an gro-

ße Aufgaben heranwagten, sondern sie auch bewältigten. Da widmete sich der Schuhmachersohn Heinrich Hartmann, der schon die Kampfzeit im Erzgebirge mitgemacht hatte, frühzeitig seinen grafischen Arbeiten, auf die sogar ein Reichsministerium aufmerksam wurde. Als sie wegen einer möglichen Berufung Hartmanns Nachfrage hielten, erfuhren sie, daß er gerade erst dem Abitur entwachsen war.
Von einem ähnlichen Fall hörte ich von meinem Freund, Professor Werner Haverbeck, der 1932 in der Reichsjugendführung für die weltanschauliche Schulung und Kulturarbeit verantwortlich war. Als 20jähriger Student hatte er 1929 in Bonn seine Professoren aufgesucht und ihnen Pläne für eine neue Kulturpolitik vorgetragen. Dieser und jener hatte sich ernsthaft für seine Ideen interessiert und war seiner Einladung zu weiteren Gesprächen und Zusammenkünften gefolgt. Das Ergebnis war die Gründung einer Ortsgruppe des Kampfbundes für Deutsche Kultur an der Universität Bonn. Dieser Erfolg veranlaßte Alfred Rosenberg, Haverbeck zu berufen und mit redaktionellen Aufgaben zu beauftragen. Eine Folge war auch, daß Haverbeck Hausgast in der Verlegerfamilie Bruckmann wurde, in der auch Adolf Hitler und Baldur von Schirach verkehrten. Diese zwei Beispiele stehen für viele aus der Kampfzeit. In diesen jungen schöpferischen Menschen kündigte sich eine neue Zeit an und schritt durch sie zur Tat.
Die Millionenbewegung der Jugend brauchte dringend Heime für ihr Gemeinschaftsleben. Sie hatte sich bis dahin mit vorhandenen Räumen begnügt, die ihr insbesondere von den Gemeinden zur Verfügung gestellt worden waren und die sie nach eigenen Vorstellungen für ihren Zweck ausgestaltet hatte. Um nun dem dringenden Bedarf an Gemeinschaftshäusern gerecht zu werden, erklärte der Reichsjugendführer das Jahr 1937 zum Jahr der Heimbeschaffung. Ein Jahr zuvor hatte er den Arbeitsausschuß für Heimbeschaffung ins Leben gerufen, in dem die interessierten Persönlichkeiten, Reichsbehörden und Parteidienststellen vertreten waren. Adolf Hitler hatte alle Behörden und Dienststellen aufgefordert, die Bemühungen der Jugend um die Beschaffung von Heimen weitgehend zu unterstützen, was der Verwirklichung ihrer Zielsetzung von großem Nutzen war. Am Anfang wurde dieser Ausschuß vom Stabsführer Hartmann Lauterbacher geleitet. Die laufenden Geschäfte führte Helmut Möckel, der später die Leitung des Arbeitsausschusses übernahm. Alle künstlerischen und bildnerischen Aufgaben nahm Heinrich Hartmann wahr. Er übernahm auch die fachliche Bearbeitung der beiden umfassenden Bild-Text-Bände über den Heimbau und seine innere Gestaltung. 1938 erließ die Reichsregierung das Gesetz zur Förderung der HJ-Heimbeschaffung. Es machte den Gemeinden zur Pflicht, Heime zu errichten und zu unterhalten und dafür finanzielle Rücklagen zu schaffen. Es waren auch Beihilfen des

Jugendführers des Deutschen Reiches vorgesehen. Außerdem sollte sich der Reichsschatzmeister der NSDAP an der Finanzierung beteiligen. Bis Ende des Jahres 1943 konnten insgesamt 1.040 Heime erstellt werden. In der Planung waren weitere 1.035 Heime abgeschlossen worden. Bei Ausbruch des Krieges wurden 648 Heime im Rohbau wegen der Beschränkung der Bautätigkeit und Materialien stillgelegt. Den jungen Architekten erschloß sich auch ein weites Betätigungsfeld für den Bau von Führer- und Führerinnenschulen, von Gemeinschaftseinrichtungen verschiedener Art und insbesondere von Jugendherbergen.

Der „Reichsverband für deutsche Jugendherbergen" unterstand dem Jugendführer des Deutschen Reiches als Oberster Reichsbehörde. Er wurde 1919 von dem Lehrer Richard Schirrmann gegründet, der nach 1933 zum Ehrenführer dieses Verbandes ernannt wurde. Schon seit 1910 nutzte die wandernde Jugend die 800jährige Stammburg der Grafen von der Mark in Altena/Westfalen als Herberge. In Anwesenheit der Vertreter der europäischen und überseeischen Jugendherbergsverbände übergab der Stellvertreter des Führers, Rudolf Heß, dieses Mutterhaus der deutschen Jugendherbergen am 25. Mai 1935 in einem Weiheakt als erste deutsche Weltjugendherberge seiner Bestimmung. Der verdienstvolle und kaufmännisch versierte Leiter des Reichsverbandes, Obergebietsführer Johannes Rodatz, erklärte am 12. Juni 1937, daß seit der Machtübernahme 500 neue Jugendherbergen errichtet worden waren und daß neben den bestehenden 2.000 Häusern mit 250.000 Betten noch weitere 2.000 Jugendherbergen benötigt würden. Bis zum Ausbruch des Krieges sind noch viele Herbergen gebaut worden, aber das Planungsziel konnte wegen des Kriegsgeschehens nicht mehr erreicht werden.

Im Jahre 1938 übernachteten in den deutschen Jugendherbergen mehr als 8,7 Millionen Personen, während in den anderen Ländern, in denen es Jugendherbergsverbände gab, insgesamt etwa eine Million Übernachtungen gezählt wurden. Die ausländische Jugend war mit einem hohen Kontingent an den Übernachtungszahlen in den deutschen Jugendherbergen beteiligt. Die Herbergen waren nicht nur Übernachtungsstätten, sondern entwickelten sich mehr und mehr zu Stätten des kulturellen Lebens der Jugend. Viele der weit über 2.500 Jugendherbergen sind den jungen Menschen zu einem besonderen und bleibenden Erlebnis geworden. Ich denke nur an die schwimmende Jugendherberge „Hein Godewind" im Hamburger Hafen, an die „Adolf-Hitler-Jugendherberge" in der Bergwelt von Berchtesgaden, an die Jugendherberge auf dem einst heiß umkämpften Annaberg in Oberschlesien, die Jugendherberge in der Kaiserstallung zu Nürnberg, an die Jugendherbergen auf Burg Stahleck am Rhein oder auf der Marienburg im Osten des Reiches. Die Jugendherbergen nahmen im Krieg deutsche Flüchtlinge auf, die aus ihrer Heimat vertrieben worden waren, boten den volksdeutschen Rückkehrern ins Reich Unterkunft, dienten den Soldaten im Krieg als Quartier und Lazarett sowie der evakuierten Jugend aus den luftbedrohten Gebieten im Rahmen der Kinderlandverschickung als vorübergehende Heimat. Die neu errichteten Heime und Jugendherbergen wurden durch ihre Zweckmäßigkeit, Einfachheit, Klarheit, Schönheit und Landschaftsgebundenheit zum Ausdruck und steinernen Zeugen für den Kulturwillen der jungen Generation. Sie wurden selbst zu einem Element der Erziehung. Wie gut, daß sie auch heute noch zu einem großen Teil der Jugendarbeit verfügbar sind!

Im Juni 1939 ordnete Baldur von Schirach die Errichtung eines „Ausbildungswerkes für Architektur und Technik" an. Gemeinsam mit dem Generalinspekteur für das deutsche Straßenwesen, Dr. Fritz Todt, und dem Generalbauinspektor für die Reichshauptstadt und Beauftragten für das Bauwesen der NSDAP, Professor Albert Speer, erließ er dazu einen Aufruf, in dem es u.a. hieß:

„Das neugeschaffene HJ-Ausbildungswerk für Architektur und Technik hat die Aufgabe, die im Jahre 1937 mit den Architektentagungen der Hitlerjugend begonnene Auslese- und Erziehungsarbeit in weiterem Rahmen fortzusetzen und vor allem in einer allgemeinen Werkarbeit des deutschen Jungvolks die grundlegende Vorbereitung zur Erfüllung dieser Aufgaben zu leisten. Mit seinen Einrichtungen und Veranstaltungen wird dieses Werk zu einer harmonischen Allgemeinerziehung der deutschen Jugend beitragen, in dem es neben der körperlichen und geistigen Schulung, die gestalterischen Fähigkeiten der Hand entwickelt und damit auch zu einer organischen Lösung der Nachwuchsfragen auf den Gebieten der Architektur, der bildenden Künste, des Handwerks und der Technik beiträgt."

In den neuen Heimen und Herbergen wirkte auf die Jugend die erzieherische Macht des Raumes, die Baldur von Schirach immer wieder hervorhob. Für ihn waren sie, wie er in der Zeitschrift „Die Kunst im Deutschen Reich" vom November 1940 schrieb,

„keine an zentraler Stelle konstruierten landschaftsfremden Typenhäuser, sondern heimatgebundene Bauwerke, die Zweckmäßigkeit und Schönheit harmonisch vereinen. Das HJ-Heim ist weder Villa noch Bauernhaus ... Jeder Bau der Jugend soll ein Denkmal bodenständigen Handwerks sein. Ohne Handwerk keine Kultur."

Dazu möchte ich Worte von Heinrich Hartmann über die innere Gestaltung des Raumes zitieren, die er in dem Führerorgan der nationalsozialistischen Jugend „Wille und Macht" vom 15. November 1938 in seinem Aufsatz „Von den Kräften des Raumes" schrieb:

„Die Sprache eines Raumes wird erst dann wirksam, wenn zu seinen baulichen Elementen noch Bilder, Möbel und die kleinen Dinge des täglichen Gebrauchs hinzutreten, ihm seine Leere nehmen und ihr Kräfte schenken. Von all' diesen Gegenständen des Hausrates, die wir täglich gebrauchen, wird der besondere Charakter einer Räumlichkeit meist mehr bestimmt, als von der Gestalt der umschließenden Wände. Sie sind lebendiger und feiner, oft einladender und ansprechender, während Wände, Decke, Boden und Öffnungen in ihrer raumbestimmenden Wirkung vielen gar nicht bewußt werden, haben wir doch alle schon einmal über die schöne Platte eines Tisches gestrichen, eine Schale in der Hand gewogen, uns an der Reinheit einer edlen Form erfreut und ein Bild bewußt betrachtet. All' diese Gegenstände, die wir mit einem Blick erfassen können, mit denen wir in langen Jahren des Besitzens und Gebrauchens erst recht verwachsen, schaffen für die meisten die tiefsten Bindungen an einen Raum, geben ihm seine Wärme und Herzlichkeit, die ihn uns so liebenswert macht. Darum bedarf aller Hausrat mehr als nur der Hand des Technikers, die ihn brauchbar und haltbar löst, er braucht Gestaltung aus reinem Herzen und begnadeten Händen ... Alles das muß in einem Werkstück zusammenwachsen und verbunden werden: Die reine Zweckmäßigkeit der Form, die der oftmals nüchternen Aufgabe gerecht werden soll, das Material in seiner Haltbarkeit, Zusammensetzung in seiner besonderen Farbe und Oberfläche, seinem Klang und innerem Gewicht und die Konstruktion mit ihren technischen Bedingungen, ihrer Abhängigkeit vom Material und dem Wert ihres Ausdruckes. All diese Notwendigkeiten und Abhängigkeiten zu einer Harmonie zu verbinden, verlangt schon den ganzen Menschen - braucht die Phantasie, die das Ergebnis vorwegnimmt und klärt, braucht das geübte Auge, das die Formen schaut und prüft und die fühlende Hand, die ihnen nachspürt. Vor allem aber die dazu notwendige, die schöpferische Kraft, die nach einem in jedem Menschen ruhenden, inneren Gesetz mit der Vereinigung aller Bedingungen eine Gestalt prägt. Es ist das Gesetz, nach dem sich alles Organische und Lebendige baut, das auch in jeder echten künstlerischen Arbeit sichtbar wird."

Der Führer und Reichskanzler nahm an den Bauten der Jugend regen Anteil. Aus seinen Mitteln förderte er verschiedene Projekte. Vor allem ließ er sich die Entwürfe der Architekten vorlegen, begutachtete sie und gab Anregungen dazu. Über das Schaffen der jungen Künstler freute er sich und brachte ihnen seine Anerkennung zum Ausdruck. Sein Interesse begünstigte das Vorankommen der Bauvorhaben der Reichsjugendführung sehr. Die Kulturarbeit der HJ erfüllte das Postulat Baldur von Schirachs, daß die musische Erziehung für die deutsche Nationalerziehung unverzichtbar ist. Er bekräftigte das in seinen Richtlinien und Willenskundgebungen. Dafür stehen z.B. seine Reden zur Eröffnung der Weimar-Festspiele der Jugend

1937 über „Goethe in unserer Zeit" sowie 1938 „Vom musischen Menschen". In der letzteren sprach er offene Worte:
„Ich weiß, daß es manchem kritischen Beobachter der neuen deutschen Jugendbewegung nicht recht einleuchtet, daß unsere Organisation Theaterwochen, Konzertreihen, Dichterabende usw. veranstaltet und sich nicht ausschließlich auf die sogenannte politische Erziehung beschränkt. Man betrachtet vor allem vom Ausland her die Hitlerjugend gern als einen vom Staat errichteten Zweckverband für die vormilitärische Ausbildung und politische Schulung jugendlicher Jahrgänge. Vielleicht gibt es auch im Inland den einen oder anderen, der uns in solcher Art einengen und beschränken möchte ...
Es hat früher einmal in unserer Jugend zum vermeintlich guten Ton gehört, auf künstlerische Betätigung verächtlich herabzusehen und diese als weichlich zu verhöhnen. Und es gab viele in dieser Jugend, die sich ihrer Freude an der Kunst schämten und sie vor anderen verbargen, um nicht dem Spott der Kameraden preisgegeben zu sein. Diese Freude an der Kunst aber und die Fähigkeit, von Tönen, Worten, Bildern oder Bauten ergriffen zu werden, ist uns Deutschen durch die besondere Gnade der Gottheit geschenkt. Das wird uns täglich stärker bewußt. So ist auch unsere Jugend längst schon zu der Erkenntnis gereift, daß dieses Deutschland nicht nur ein geografischer Raum ist, sondern ein größerer, und daß wir nicht nur vor unserer Landschaft und unseren Städten Schildwache stehen müssen, sondern auch vor unseren Symphonien und Dramen, Liedern und Gedichten."
Baldur von Schirach war durch Natur und Anlage der gegebene Initiator der Kulturarbeit, was sich fruchtbar im Leben der Hitlerjugend ausgewirkt hat. Er gründete 1935 das Kulturamt, das er am Anfang selbst leitete. Zu seinem Nachfolger berief er Karl Cerff, der seit 1934 die Jugendfunkarbeit an den Deutschen Sendern aufgebaut, die Jugendfunkwarte ausgebildet hatte und dafür in Göttingen eine Reichsschule ins Leben rief. Er führte die Arbeit im Kulturamt erfolgreich fort, veranstaltete Gemeinschaftslager für junge Künstler und gestaltete die Reichsmusiktage in Heidelberg sowie die Reichstheatertage in Bochum und Hamburg, die ein Höhepunkt des kulturellen Schaffens waren. Die Auswahl der Mitarbeiter für das Kulturamt zeugte von einer glücklichen Hand. Wolfgang Stumme führte in der HJ die Tradition der Jugendmusikbewegung fort, Wolfram Brockmeyer und Fritz Helke waren für das Schrifttum verantwortlich, die Dramaturgie war das Anliegen des Reichsdramaturgen Dr. Rainer Schlösser und des Dichters Eberhard Wolfgang Möller und für die bildende Kunst stand Heinrich Hartmann. Allen Mitarbeitern war auf ihrem Gebiet eine eigene schöpferische Tätigkeit gemeinsam.
Die Aktivitäten Baldur von Schirachs in der Kulturarbeit verleiteten kriti-

sche Autoren dazu, sein Wirken für die Jugend nur auf den Bereich des Musischen zu beziehen. Diese Einschätzung teile ich nicht. Als damals Verantwortlicher für die soziale Jugendarbeit weiß ich nur zu gut, daß er sich mit den Sorgen und Problemen der werktätigen Jugend identifizierte und sich für sie nicht nur durch Worte, sondern durch Taten einsetzte. Zur Erreichung einer sozialen Verbesserung genügte es nicht allein, wenn meine Mitarbeiter und ich die Sachfragen bearbeiteten oder Vorschläge unterbreiteten. Sie mußten auch durchgesetzt werden, insbesondere bei stark divergierenden Interessen. Dazu gehörten offenes Engagement und politischer Einfluß. Den hatte der Reichsjugendführer, und er setzte ihn ein, wenn es erforderlich war. Das galt auch für andere Aufgabengebiete, wie z.B. die Auslandsarbeit, die auf seine Initiative zurückging. Früh drängte er auf eine Zusammenarbeit mit den Jugendorganisationen anderer Länder. Seine Mutter war gebürtige Amerikanerin. Bis zum Eintritt in die preußische Armee besaß auch sein Vater die amerikanische Staatsbürgerschaft. 1928 bereiste der 21jährige Sohn Baldur, der ebensogut englisch wie deutsch sprach, mit seiner Mutter die Vereinigten Staaten von Amerika und besuchte die reiche Verwandtschaft in Philadelphia und New York. Sein Onkel Alfred Norris war Wallstreetbankier und versuchte, seinen Neffen zum Eintritt in seine Firma zu bewegen. Der aber war inzwischen in München ein begeisterter Anhänger von Adolf Hitler geworden, und so zog es ihn wieder nach Deutschland zurück. Immerhin hatte er einen Eindruck von den wirtschaftlichen Möglichkeiten und den technischen Errungenschaften des Heimatlandes seiner Mutter bekommen und Gelegenheit gehabt, Deutschland von draußen, aus amerikanischer Sicht zu sehen. Auch seine späteren Auslandserfahrungen haben ihn sicher bewogen, für die Akademieausbildung zu bestimmen, daß jeder Angehörige des Führerkorps sechs Monate im Ausland leben und nach Möglichkeit dort arbeiten sollte.
Diese Entscheidung spricht nicht für ein provinzielles Denken, sondern für eine offene Weltschau. Das kam der Hitlerjugend und insbesondere ihrer Auslandsarbeit zugute. Schon 1933 empfing er eine große Abordnung der italienischen Jugend und veranstaltete mit ihr eine erlebnisreiche Fahrt auf dem Rhein. Im gleichen Jahr begab sich eine Einheit der Berliner Marine-Hitlerjugend auf dem Wasserweg nach Ungarn und wurde in Budapest begeistert von der Bevölkerung und Vertretern der Regierung begrüßt. Am 3. Januar 1934 begann in der Reichshauptstadt ein deutsch-französisches Jugendtreffen, bei dem die Teilnehmer Arbeit und Spiel der Hitlerjugend kennenlernen konnten. Das Treffen war noch vom Sohlberg-Kreis angeregt worden, der schon vor unserer Zeit die Vertiefung der deutsch-französischen Zusammenarbeit angestrebt hatte. Mit ihm waren wir durch den Führer des HJ-Gebietes Baden, Friedhelm Kemper, in Verbindung ge-

kommen. Zu seinen Initatoren gehörte Otto Abetz, der Mitglied der Reichsjugendführung war und später Botschafter des Deutschen Reiches in Paris wurde. Für die Zeit vom 11. bis 17. Januar 1934 entsandte der Reichsjugendführer seinen Stellvertreter und Stabsführer Carl Nabersberg nach London, um mit der Führung des „Boy-Scout-Verbandes" erste Gespräche zu führen, die dessen Nachfolger im Amt, Hartmann Lauterbacher, fortsetzte. Im Juli 1934 fand das erste deutsch-englische Jugendlager in der HJ-Gebietsführerschule Dibbersen bei Bremen statt, an dem je 30 junge Engländer und Deutsche aus allen Berufsschichten teilnahmen. Ihm folgten weitere Veranstaltungen, wie z.B. im Januar 1935 ein deutsch-englisches Skilager in Berchtesgaden, dessen Teilnehmer vom preußischen Ministerpräsidenten, Hermann Göring, empfangen wurden. Junge Arbeiter aus den englischen Industriestädten Nottingham und Birmingham sowie Studenten aus London verbrachten gemeinsam mit Hitlerjungen aus Hamburg, Franken und Schlesien ihre Urlaubszeit im tannenumsäumten thüringischen Schwarzatal und besuchten die Dichterstadt Weimar, in die sie der Intendant des Weimarer Nationaltheaters, Dr. Hans Severus Ziegler, einführte. Junge Franzosen und Deutsche trafen sich im Gemeinschaftslager in Cannes an der Côte d'Azur, wo sie auch Gäste des 18. französischen Alpenregiments waren, und in Bad Reichenhall wurden junge Franzosen freundschaftlich im Hitlerjugendlager aufgenommen.

Ab 1935 verstärkte sich der Jugendaustausch mit anderen Ländern zusehends, so daß die gemeinschaftlichen Unternehmungen einzeln nicht erwähnt werden können. Nach den Angaben des Auslandsamtes der Reichsjugendführung besuchten 1936 51.178 Ausländer Einrichtungen der Hitlerjugend, unter ihnen ca. 23.000 Besucher aus England und den Dominions, 3.673 aus Schweden, 3.609 aus den Vereinigten Staaten, 2.544 aus Italien, 2.498 aus Belgien, 2.457 aus Norwegen, 2.370 aus Frankreich, 2.116 aus Holland sowie Besucher aus Polen, Japan, Mittelamerika, den baltischen Staaten, der Tschechoslowakei, der Schweiz, aus dem Orient, aus China und Ägypten. Sie kamen in der Regel auch in die Reichshauptstadt, so daß ich als Berliner Gebietsführer häufig Gelegenheit zur Kontaktaufnahme mit ihnen hatte und so das Anwachsen der Austauschbewegung mit der Jugend anderer Länder hautnah miterleben konnte. Das galt auch für den Achsenpartner Italien. Häufig weilten unsere Abordnungen im „Campo Mussolini" in Rom, wo einige von ihnen vom Duce begrüßt wurden. Viele Einheiten der Opera Balilla kamen aus Italien nach Deutschland. So statteten uns im Juni 1937 1.200 Studenten und Studentinnen der Akademie von Littoria und der Mädchenakademie von Orvieto einen Besuch ab. In der Nähe von Berlin lebten sie in einem Zeltlager und führten in der Berliner Deutschlandhalle ihre sportlichen Übungen vor. Auf dem Wilhelmplatz marschierten sie vor der Reichskanzlei auf, von der aus Adolf Hitler zu ihnen sprach. Am 25. August 1937 weilten die Gebietsführer der HJ auf den Schlachtfeldern von Verdun und gedachten im Gebeinhaus von Douaumont der Gefallenen aller Nationen im Ersten Weltkrieg. Wir waren uns dessen bewußt, daß in Verdun der Vertrag über die Teilung des Karolingischen Reiches im Jahre 842 besiegelt worden war, durch den das ostfränkische Reich unter Ludwig dem Deutschen, das westfränkische Reich unter Karl II. und das Reich Italien unter Lothar I., der die Kaiserwürde trug, entstand. Ob es jemals in Europa wiedererstehen wird?

Baldur von Schirach hatte zuvor die Verbindung zur britischen und französischen Frontkämpfervereinigung aufgenommen und die Söhne der Veteranen des Ersten Weltkriegs nach Deutschland eingeladen. Der bekannte französische Journalist und Vizepräsident des Kommitees France-Allemagne, Graf de Brinon, schrieb für uns die Zeilen: „Gibt es ein schöneres Geschick für die Söhne der Kriegsteilnehmer, als zwischen den benachbarten Ländern Frankreich und Deutschland die Wege der Verständigung und Freundschaft zu öffnen?"

Von Verdun fuhren die Gebietsführer zur Weltausstellung nach Paris. Dort beeindruckten uns der sowjetische Pavillon mit seinen in den Himmel ragenden, vorwärtsstürmenden Figuren der Revolution, dem der deutsche Pavillon in seiner gebändigten klassischen Form gegenüberstand. Der französische Ministerpräsident Camille Chautemps empfing im September den Leiter einer HJ-Abordnung, Obergebietsführer Werner Klein aus München. Der Ministerpräsident stellte dem Führerorgan der nationalsozialistischen Jugend „Wille und Macht" vom 15. Oktober 1937 folgendes Geleitwort zur Verfügung:

„Ich habe mich persönlich den erfreulichen Anregungen angeschlossen, durch die in diesem Sommer junge Deutsche und junge Franzosen in gemeinsamen Ferienlagern einander näher gebracht worden sind, und ich bin als Chef der französischen Regierung bereit, die weitere Entwicklung dieser friedlichen Zusammenkünfte zu fördern. Ich wünschte, die jungen Leute beider Nationen lebten alljährlich zu Tausenden Seite an Seite und lernten einander auf diese Weise kennen, verstehen und schätzen. Hinter unseren beiden großen Ländern liegt eine lange Vergangenheit voller Arbeit und Ruhm. Beide haben im höchsten Maße zur europäischen Zivilisation beigetragen. Wenn es auch oft gerade durch die Lebenskraft und Tapferkeit beider Völker Zusammenstöße zwischen ihnen gegeben hat, so empfinden sie doch Hochachtung und Respekt voreinander. Und sie wissen auch, daß eine Verständigung zwischen ihnen eine der wertvollsten Faktoren für den Weltfrieden sein würde. Deshalb ist es Pflicht aller derer von beiden Seiten

der Grenze, die einen klaren Blick und menschliches Empfinden haben, an der Verständigung und Annäherung der beiden Völker zu arbeiten. Niemand aber könnte das aufrichtiger und eifriger tun, als die Führer unserer prächtigen Jugend, der französischen und der deutschen. Wenn sie es verständen, diese Jugend zur Einigkeit zu bringen, so hielten sie damit die Zukunft Europas und der menschlichen Kultur in Händen."
Im September 1937 empfing auch der französische Staatspräsident Lebrun die Abordnung der HJ auf Schloß Ramboulliet und nannte sie „glückliche deutsche Jugend".
Nach Beendigung des spanischen Bürgerkrieges fuhren mehrere HJ-Führer in Erwiderung des Besuches von über 100 Angehörigen der nationalspanischen Jugendorganisation und Falangistinnen nach Spanien und wurden in Burgos vom Staatschef General Franco empfanden. Mit nahezu allen Ländern Europas wurde der Jugendaustausch gepflegt.
Aber auch nach Übersee liefen unsere Bemühungen. Junge Amerikaner lebten als Gäste der Reichsjugendführung in einem Gemeinschaftslager in der Baldur-von-Schirach-Jugendherberge am Walchensee mit Angehörigen der Hitlerjugend und besuchten mit ihnen im August 1938 die Stadt Salzburg, ein Juwel der heimgekehrten Ostmark.
Im Jahre 1937 hatte der Austausch mit der Jugend Japans begonnen. Der Führer des „Alljapanischen Jugendverbandes", Graf Yosinori Fhutaara, weilte mit zehn japanischen Jugendführern in Deutschland und besuchte am 14. und 15. August das Gebietssportfest der HJ in Bremen, auf dem er eine Ansprache in Deutsch an die 120.000 Jungen und Mädel hielt und die Grüße der japanischen Jugend überbrachte, deren Organisation damals etwa zweieinhalb Millionen 17- bis 25jährige und etwa vier Millionen jüngere Mitglieder erfaßte. Aus der Antwort des Reichsjugendführers möchte ich einige Sätze zitieren, weil sie klar die grundsätzliche Einstellung zur Auslandsarbeit umreißen:
„Wir sehen fast jede Woche die Vertreter der Jugendorganisationen der anderen Länder bei uns zu Gast. Wir führen von Jugend auf planmäßig Jugendführer der anderen in unsere Einheiten hinein und schicken auch planmäßig unsere Führerschaft hinaus in die großen nationalen Jugendorganisationen der anderen, damit sie dort das Wesen und die Eigenarten der anderen Völker sowie ihre erzieherischen Ideen kennenlernen. Es geschieht dies von unserer Seite alles nicht mit dem Wunsche, Propaganda zu treiben. Wir wollen nicht anderen Völkern und ihren Jugendbewegungen die nationalsozialistische Form als die allein richtige predigen. Ich glaube, daß die Art, wie wir unsere Jugend erziehen, eben die deutsche Art der Jugenderziehung ist. Andere Länder und andere Völker mögen die für ihre Nation allein richtige Form der Jugenderziehung entdeckt haben. Wir wol-

len das, was die anderen in ihren Ländern gestalten, ehrlich anerkennen, genau so wie wir erwarten, daß das, was wir geschafft haben, von ihnen anerkannt wird."

Im Sommer 1938 weilte eine Abordnung japanischer Jugendführer für drei Monate in Deutschland. Es war der erste Jugendaustausch, der von japanischer Seite durchgeführt wurde. Im Gegenzug bereiste eine Abordnung von HJ-Führern zur gleichen Zeit unter Führung von Jungbannführer Rolf Redeker das Land der aufgehenden Sonne. Sie traf am 17. August 1938 in Tokio ein. Auf der sechswöchigen Überfahrt - damals gab es noch keinen Luftverkehr nach Fernost - nutzte sie die Zeit, ihre Kenntnis über Kultur und Geschichte des Gastgeberlandes zu vertiefen. Bei ihrer Ankunft wurden sie begeistert von der Bevölkerung und der Jugend begrüßt, vom japanischen Ministerpräsidenten Fürst Konoye, dem Außenminister General Ogaki und dem Kultusminister General Agaki empfangen. Mit 500 Angehörigen der japanischen Jugend lebten sie in einem Zeltlager bei Yamanaka zusammen und unternahmen von dort Reisen, die sie auf der 2.000 km langen Insel vom subpolaren Norden bis in den subtropischen Süden führte.

Ich hatte Berichte gelesen, daß die 30 HJ-Führer durch ihr Auftreten einen nachhaltigen Eindruck in der japanischen Bevölkerung hinterlassen und eine sehr positive Einstellung zu unserem Land bewirkt hatten. Doch die Einzelheiten der überwältigenden Begebenheiten waren mir nicht bekannt. Von ihnen erfuhr ich erst im Sommer 1993, als ich meinen alten Kameraden Reinhold Schulze besuchte. Der Reichsjugendführer hatte ihn, den Ingenieur, 1935 mit der Leitung des Auslandsamtes beauftragt, dem die weltweite Betreuung der im Ausland lebenden Jugend deutscher Staatsangehörigkeit sowie die Durchführung der Zusammenarbeit mit der ausländischen Jugend oblag. Nach verdienstvoller Tätigkeit bat ihn Baldur von Schirach 1937, als Beauftragter der Reichsjugendführung nach Japan zu gehen. In Verbindung mit prominenten japanischen Persönlichkeiten, wie dem Kultusminister Agaki, dem japanischen Jugendführer Graf Fhutaara, dem ältesten Bruder des Kaisers Chichibu, dem Prinzen Kanin, einem Onkel des Tennos, dem kaiserlichen Prinzen Takeda, leitete er in kurzer Frist den deutsch-japanischen Jugendaustausch ein. Reinhold Schulze erzählte mir, engagiert wie früher, von seinen unvergessenen Eindrücken beim Besuch unserer Jugendführer im fernöstlichen Land. Für deren Empfang war eigens ein Lied komponiert worden, das von der japanischen Jugend bei der Begegnung mit unserer Abordnung gesungen wurde oder das auf Schallplatten über Lautsprecher in den Orten ertönte, wo sie erschienen.

Als die Delegation zum Kaiserpalast marschierte, war sie auf der breiten für den Verkehr gesperrten Avenue von unübersehbaren Menschenmengen

eingerahmt. Fahnen schmückten die Häuser, deren Fenster dicht mit winkenden und jubelnden Zuschauern besetzt waren. Sogar auf nächtlichen Bahnfahrten mußte ein Teil der Gruppe wach bleiben, um auf den Stationen von den Bürgern, Bauern und Fischern Geschenke entgegenzunehmen. Stark war das Verlangen der japanischen Bürger, deutsche Lieder zu hören. Die HJ-Führer sangen im Rundfunk und auf Konzertveranstaltungen. Die Lieder spielten auch bei offiziellen Empfängen eine auflockernde Rolle, die jedes Protokoll durchbrach. Es kam sogar vor, daß sich der Ministerpräsident Fürst Konoye zur Freude der Zuschauer und Presse in einen Tanzkreis mit einhakte, was bisher unvorstellbar gewesen war. Das sorgte natürlich für neue Schlagzeilen. Auf dem Weg zu den Schreinen-Tempeln und kulturgeschichtlichen Zentren der Städte und Regionen bildete stets die Bevölkerung Spalier. Selbst in der Werbung wirkte sich der Besuch der HJ-Führer aus. In den Schaufenstern waren Figuren in HJ-Uniform ausgestellt. Ein Werbespruch besagte: „Wenn Ihr so stark wie die HJ werden wollt, müßt Ihr Morinaga-Schokolade essen."
Reinhold Schulze schilderte mir den Höhepunkt des Aufenthalts in Japan. Das war die Besteigung des Fuji-Yama. Nur sechs Sommerwochen eignen sich für den Aufstieg. Dann streben Abertausende von Pilgern in einem endlosen Zug bei Tag und Nacht zum 4.000 m hohen Gipfel empor. Mitten unter ihnen und begleitet von japanischen Jugendgruppen erreichten die 30 HJ-Führer ohne jeden Ausfall den einsam stehenden Vulkangipfel kurz vor Sonnenaufgang, der im Mythos als Sitz der Götter lebendig ist. Als die Sonnenscheibe den Meereshorizont durchbrach und die Sonnengöttin ihr Licht über Japan scheinen ließ, rissen die gläubig-erregten Pilger die Arme hoch und begrüßten sie mit insbrünstigen „bansai"-Rufen. Da die aufsteigende Sonne mit ihren Strahlen bergwärts auf immer neue Pilgerscharen traf, klangen dort oben deren „bansai"-Rufe langsam wie ein Orgelton am Ende eines Gottesdienstes aus. Ein bewegendes Erlebnis für die deutschen Jugendführer, deren Wallfahrt zu den Göttern der Einheimischen von den Japanern gewürdigt wurde! Neben dem Auftreten und Erscheinungsbild der Abordnung war dieser Erfolg vor allem auf die innere Einstellung von Reinhold Schulze zu seiner großen Aufgabe zurückzuführen. Von Anfang an hatte er sich auf einer längeren Reise unter dem Protektorat des japanischen Kultusministeriums bemüht, Land und Leute kennenzulernen, sich in die geistige, kulturelle und geschichtliche Tradition hineinzufühlen sowie deren Bekenntnis und Sitten zu ehren und zu achten. Als ich mich mit ihm unterhielt, stand er im 88. Lebensjahr. Sein Körper war angeschlagen, aber sein Geist so wach wie eh und je. Er starb am 29. Dezember 1993. Bei ihm erlebte ich, wie bei anderen Kameraden im hohen Alter, daß sie innerlich jung geblieben waren. Als ich meinen Weggefährten und früheren

Obergebietsführer Gotthart Ammerlahn kurz vor seinem Hinscheiden aufsuchte, litt er zwar unter physischen Gebrechen, nahm aber immer noch mit nach vorn gerichtetem Blick lebhaft und rege an dem Geschehen der Gegenwart teil. Das Feuer, das einst in den Jugendführern brannte, war an der Schwelle des Todes noch nicht erloschen.

Ein anderer Höhepunkt in der Arbeit des Auslandsamtes der Reichsjugendführung war das Deutschlandlager der auslandsdeutschen Hitlerjugend in Kuhlmühle bei Rheinsberg, das in der Zeit vom 14. bis 31. Juli 1936 stattfand. 1.050 Teilnehmer aus aller Welt erlebten dort zusammen mit ihren innerdeutschen Kameraden aus den verschiedenen Gauen des Reiches drei ereignisreiche Wochen. Nicht nur aus Europa, sondern auch von Übersee, aus Nord-, Mittel- und Südamerika, aus Asien und Afrika waren sie gekommen. Da erschienen Jungen aus den früheren afrikanischen Kolonialgebieten mit dem „Südwester" als Kopfbedeckung und Jungen mit dem Tropenhelm aus Palästina, Batavia und Shanghai. Neben anderen Persönlichkeiten sprach der Stellvertreter des Führers Rudolf Heß zu ihnen, der als Auslandsdeutscher in Alexandria geboren worden war. In der Mitte des Lagers erhob sich der „Hügel der Nationen" mit den Fahnen des Reiches und der 51 Länder, aus denen die Teilnehmer kamen. Ein Thingplatz befand sich in einer Mulde, der den kulturellen Veranstaltungen und Feierstunden diente. Das Lager verfügte über eigene Wasser- und Stromversorgung, eine Poststelle und Telefonleitung sowie einen eigenen Bahnhof. Die deutsche Reichspost hatte für das Deutschlandlager Sonderbriefmarken herausgegeben. Die Verpflegung erfolgte durch den bewährten Hilfszug Bayern. Nach Abschluß des Lagers fuhren die auslandsdeutschen Jungen mit 35 Omnibussen durch Deutschland. Die Reise begann und endete in der Reichshauptstadt, so daß ich als Berliner Gebietsführer mit dabei sein konnte. Die Fahrt ging über Halle, Weimar, Erfurt, die Wartburg über Würzburg nach Nürnberg, wo sie auf dem Reichsparteitag, stürmisch begrüßt, an Adolf Hitler vorbeimarschierten. Von dort begaben sie sich nach München und ins oberbayerische Hochlandlager der HJ, wo ihnen Baldur von Schirach begegnete. Weitere Stationen waren Friedrichshafen, Heidelberg, Saarbrücken, Wiesbaden, Köln, Düsseldorf, Duisburg, Münster, Osnabrück, Bremen, Kiel und Hamburg. Im Sachsenwald weilten sie am Grabe Bismarcks. Sie nahmen ein bleibendes Erlebnis ihrer deutschen Heimat mit hinaus in die Welt. Die Reichsjugendführung hatte in der Vorbereitung des Deutschland-Aufenthalts der auslandsdeutschen Jugend mit den Schiffahrtslinien und der Bahn sowie mit vielen beteiligten Dienststellen eine minutiöse Kleinarbeit geleistet. Der Lohn waren die Freude der jungen Gäste und der Erfolg.

Zur Anbahnung und Vertiefung der Beziehungen zu den ausländischen Jugendorganisationen unternahm Baldur von Schirach im November/Dezember 1937 eine Informationsreise in die Länder des Balkans, nach Griechenland, der Türkei, dem Irak und Libanon sowie dem Iran. Zu seinen Begleitern gehörten Heinz-Hugo John, der Leiter des Personalamtes, Hans Lauterbacher vom Auslandsamt, Günter Kaufmann, der Chefredakteur unserer Führerzeitschrift „Wille und Macht", und ich. Meine Teilnahme ergab sich wohl aus dem Interesse, das man im Ausland den allgemeinen sozialen Verbesserungen in Deutschland und den speziellen Vorteilen für seine Jugend entgegenbrachte. Wir reisten mit dem Flugzeug vom Typ „Ju 52", das mit einer besonderen Funkausrüstung ausgestattet worden war. Nur einmal gerieten wir auf unseren Flügen von Bagdad nach Teheran in ein heftiges Unwetter, so daß wir mächtig durchgeschüttelt wurden.

In den besuchten Ländern lernten wir die Jugendbewegung in ihrer verschiedenen Ausprägung kennen. Mit den Erziehungs- und Kultusministerien sowie der Jugendführung wurden eingehende Gespräche über die Möglichkeiten der Zusammenarbeit und des Jugendaustausches geführt. Dabei betonte der Reichsjugendführer stets die Eigenart und Unabhängigkeit der Nationalerziehung sowie die Selbständigkeit der Organisationen im Rahmen der internationalen Zusammenarbeit. Auch von den Regierungschefs wurden wir empfangen, wobei ich mich insbesondere an das lebhafte Gespräch mit dem griechischen Ministerpräsidenten und Außenminister Metaxas erinnere. Der Reichsjugendführer machte den Staatsoberhäuptern seine Aufwartung, so beim Reichsverweser Horthy in Ungarn, König Carol von Rumänien, König Boris von Bulgarien, dem Prinzregenten Paul von Jugoslawien, dem König Ghazi vom Irak und Schah Reza Pahlevi vom Iran. Außerhalb von Teheran wohnten wir in der deutschen Gesandtschaft, die einst von Preußens König Friedrich II. gegründet worden war. Von dort hatten wir eine herrliche Aussicht auf den vulkanischen Hügel des schneebedeckten, 5.604 m hohen Demavend.

Wir waren überrascht, daß wir bei unserer Ankunft in Syrien und im Libanon, die damals französisches Mandatsgebiet waren, sehr freundlich von französischen Offizieren empfangen wurden. Die Einleitung der Zusammenarbeit mit den Franzosen, in deren Rahmen der Reichsjugendführer auch tausend Kinder französischer Frontsoldaten des Ersten Weltkriegs nach Deutschland eingeladen hatte, drückte sich offensichtlich in diesem kameradschaftlichen Empfang aus. Das überragende Erlebnis auf unserer Reise war unser Aufenthalt in der Türkei. Bereits 1934 weilte der Stabsführer und damalige Chef des Auslandsamtes der Reichsjugendführung, Carl Nabersberg, in der Türkei, um bei der Regierung wegen einer Zusammenarbeit mit der türkischen Jugend vorzusprechen. Wir waren gespannt auf dieses Land, das unter der Führung des Mustafa Kemal Pascha, den

man ehrend seit 1934 „Atatürk - Vater der Türken" nannte, zu einer aufstrebenden modernen Republik gestaltet worden war. Im Ersten Weltkrieg führte er an der Seite Deutschlands und Österreichs eine Armee, obwohl er persönlich der Auffassung war, daß das Bündnis mit dem deutschen Kaiser nicht im Interesse seines Landes lag. Durch den Vertrag von Sèvres vom 8. August 1920 verlor die Türkei ihre arabischen Besitzungen. Die Gebiete in Syrien, Palästina und Mesopotamien fielen an Frankreich und England. Die Türkei mußte die griechische Herrschaft in Smyrna anerkennen.
1919 war Mustafa Kemal Pascha von Sultan Mohammed VI. als Generalinspekteur der 9. Armee nach Ostanatolien entsandt worden. Während sich der Sultan dem Diktat der alliierten Siegermächte in Sèvres beugte, bäumte sich Mustafa Kemal Pascha mit seinen Offizieren dagegen auf. Er erhob sich gegen die autokratisch-theologische Herrschaft des Sultans, marschierte gegen Konstantinopel und nahm es ein, während sich der Sultan auf ein britisches Kriegsschiff ins Exil nach San Remo rettete. Er besiegte die Griechen und vertrieb sie aus Kleinasien. Gegenüber den alliierten Mächten behauptete er sich ebenfalls erfolgreich, die im Frieden von Lausanne am 24. Juli 1923 die Souveränität der Türkei anerkannten. So trug er mit Recht den ihm vom Volk verliehenen Beinamen „Ghazi" - der Sieger.
1922 war die Herrschaftsform des Sultanats aufgehoben und zwei Jahre später das Kalifat abgeschafft worden. Damit war die Zusammenfassung der höchsten weltlichen und geistlichen Macht in einer Hand beseitigt worden. Seit 1923 stand Mustafa Kemal Pascha als Präsident an der Spitze der Republik. Er führte Reformen im Bildungswesen ein, verkündete die Gleichberechtigung der Frau, führte das Wahlrecht für sie ein und schaffte das Tragen des Schleiers ab. Das Leben wurde durch ihn nach europäischen Vorstellungen geprägt. Er war nicht nur ein Revolutionär im Sinne der Anwendung von Gewalt, sondern er schuf zugleich neue geistige Grundlagen und Inhalte. Damit war er ein revolutionärer Staatsmann von säkularem Ausmaß. So verwundert es nicht, daß wir erwartungsvoll einer möglichen Begegnung mit dieser geschichtlichen Persönlichkeit entgegensahen. Als wir in die Türkei einflogen, beobachteten wir türkische Jagdflugzeuge, die uns begleiteten. Am Flughafen von Ankara wurden wir vom deutschen Botschafter Dr. von Keller empfangen, der uns jedoch keine Aussicht auf einen Empfang durch den Ghazi machen konnte. Eine Einladung des Erziehungsministers stand am Anfang unseres Programms, durch den wir die Akademie für Leibeserziehung besichtigen konnten. Dort erwartete uns eine Sensation. Junge Studentinnen der Akademie übten ihre Gymnastik in kurzen Sporthosen aus. Was das in einem islamischen Land bedeutete, in dem erst vor kurzer Zeit der Schleier für die Frauen abgeschafft worden war, wird sich jeder denken können. Wir erhielten eine überzeugende Vor-

stellung vom Umbruch, der in diesem Land stattgefunden hatte.
Am folgenden Morgen erhielten wir die überraschende Mitteilung, daß uns Kemal Atatürk sehen möchte. Er empfing den Reichsjugendführer am 8. Dezember 1937. Über dieses Gespräch berichtete Baldur von Schirach in seinem Buch „Ich glaubte an Hitler" wie folgt:
„Kemal Atatürk war das ausländische Staatsoberhaupt, das auf mich den tiefsten Eindruck gemacht hat. Er war auch der einzige, der sofort auf das Wesentliche meiner Arbeit zu sprechen kam. 'Mich interessiert die soziale Arbeit Ihrer Jugendbewegung', sagte er. 'Erzählen Sie mir, was in dem Industriestaat Deutschland für die Jungarbeiter getan wird.' Er wollte jede Einzelheit über den Reichsberufswettkampf wissen und stimmte mir lebhaft zu, als ich ihm von unseren Bemühungen erzählte, für die arbeitende Jugend einen Mindesturlaub von 14 Tagen durchzusetzen. In den anderen Ländern, die ich zuvor bereist hatte, wimmelte es von Uniformen. In der Türkei war alles ziviler. Kemal Atatürk selbst hatte an dem Nachmittag, als ich bei ihm Kaffee trank, einen dunklen Zweireiher an. Er sprach leise und fließend französisch. Er war der umgänglichste und höflichste Diktator, dem ich begegnet bin. Er war auch der klügste."
Eine Bemerkung Atatürks ist in Schirachs Erinnerungen nicht erwähnt worden, die der Ghazi machte und von der uns der Reichsjugendführer nach dem Gespräch unterrichtete: „Ich stehe zum Westen." Diese Äußerung des Wächters an den Meerengen von Bosporus und Dardanellen, für die der Türkei alle Hoheitsrechte am 20. Juli 1936 im Vertrag von Montreux übertragen worden waren, hatte politische Bedeutung. Sie wurde sogleich an den deutschen Reichsaußenminister gemeldet.
Auch wir Mitarbeiter wurden dem türkischen Staatspräsidenten vorgestellt. Das war in seinem Haus oberhalb von Ankara. Atatürk hatte die Hauptstadt vom gefährdeten Konstantinopel (Istanbul) auch aus strategischen Sicherheitsgründen in das bergige Innere des Landes verlegt. Man führte uns im Haus an einem Swimmingpool vorbei in einen Raum, in dem sich eine Staffelei mit einer aufgelegten Tafel befand. Davor stand der Ghazi mit ergrautem Haar und blauen Augen, die etwas von stählerner Härte besaßen. Er begrüßte uns mit Handschlag, wies auf die Tafel und erklärte, daß er mit ihr über Land und Dörfer gezogen sei, um die lateinische Schrift zu lehren. Er sagte uns, daß wir glücklich sein könnten, in Hitler einen großen Führer zu haben.
Für mich war dieser Empfang eine der eindrucksvollsten Begegnungen, die ich mit Persönlichkeiten, die Geschichte gemacht haben, erlebt habe. Der deutsche Botschafter in der Türkei berichtete am 14. Dezember 1937 an das Auswärtige Amt:
„Der Besuch des Reichsjugendführers Baldur von Schirach ist recht er-

freulich und in jeder Hinsicht zufriedenstellend verlaufen. Ein so betont freundlicher und ehrenvoller Empfang des Reichsjugendführers dürfte nicht von vornherein beabsichtigt gewesen sein."
Kemal Atatürk starb ein Jahr später am 10. November 1938.
Das Jahr 1936 war für uns durch das Gesetz über die Hitlerjugend gekrönt worden. Aber es gab noch ein Ereignis, das für mich von besonderer Bedeutung war: die XI. Olympischen Spiele. Bereits vor der Machtübernahme waren sie vom Internationalen Olympischen Komitee an Berlin vergeben worden, und es hatte keinen Grund gegeben, diesen Entschluß nach Hitlers Regierungsantritt zu ändern. Ohne Zweifel boten die Olympischen Spiele eine günstige Gelegenheit, das Gesicht des neuen Reiches gegenüber der ganzen Welt zu zeigen. Natürlich von seiner besten Seite. Das war durchaus verständlich. Man braucht sich nur daran zu erinnern, wie verschiedene Länder und Städte kürzlich bemüht waren, bei der Bewerbung um die Austragung der Spiele ihre Schokoladenseite zu präsentieren. Insofern hatten die Spiele durchaus eine politische Bedeutung. Da ich in meiner Jugend mit Turnen und Sport aufgewachsen war, standen für mich nicht minder der sportliche Charakter und die sportlichen Leistungen im Vordergrund. Ich habe die Olympischen Spiele auch später immer mit großem Interesse verfolgt.
Froh war ich, daß ich in die Vorbereitungen der Spiele mit einbezogen war. Das betraf z.B. die Gestaltung einer Morgenfeier im Olympischen Dorf in Döberitz, wo die Wettkämpfer während der Spiele wohnten. Der BDM erhielt die Aufgabe, Führerinnen und Mädel für die Betreuung der ausländischen Wettkämpfer und Besucher bereit zu stellen und darauf vorzubereiten. Dazu gehörte auch die Vorbereitung fremdsprachlicher Kurse. Mit dem Dolmetscherverband hatten wir eine Vereinbarung getroffen, daß interessierte und geeignete Jungen und Mädel eine fremdsprachliche Ausbildung erhalten sollten. Die Ausländer haben sich sehr anerkennend über die Betreuung geäußert.
Am 1. August 1936 fand im Berliner Lustgarten eine Jugendkundgebung statt, die ich mit dem Beauftragten von Dr. Goebbels und dem Reichssportführer von Tschammer und Osten vorbereitet hatte. Im Hinblick auf das Forum des Auslandes geschah das mit besonderer Sorgfalt. Denn die Mitglieder des Internationalen Olympischen Komitees, die Mannschaften des Internationalen Sportstudentenlagers und des Internationalen Jugendlagers hatten ihr Erscheinen angekündigt. Von unserer Seite nahmen die Gebietsführer aus dem Reich sowie die Amtschefs der Reichsjugendführung teil. Der Kundgebung waren ein großes Wecken der Wehrmacht, der Aufstieg von Tausenden Brieftauben, Festgottesdienste im Dom und der Hedwigskirche, eine Kranzniederlegung am Ehrenmal und ein Empfang

des Komitees durch den Ministerpräsidenten Hermann Göring im Alten Museum vorausgegangen. Im Mittelpunkt der Kundgebung stand die Ankunft des Läufers mit dem Olympischen Feuer, das von den griechischen Stätten des Altertums nach Deutschland gekommen war. Neben den Reichsministern Dr. Goebbels und Rust ergriffen Baldur von Schirach und der Reichssportführer von Tschammer und Osten das Wort. Bei dieser Gelegenheit wurde von ihnen die Bedeutung des Abkommens zwischen dem Reichsbund für Leibesübungen und der Hitlerjugend hervorgehoben, das an diesem Tage in Kraft trat und die harmonische Zusammenarbeit beider Bewegungen im Dienste des Sports und der Leibeserziehung gewährleisten sollte. Baldur von Schirach endete mit den Worten:
„Die Hitlerjugend, die hier mit der Jugend der Welt vereint ist, dient mit ihrer jungen Kraft nicht kriegerischen Zielen, sondern der Erhaltung des Friedens. Meine Kameraden sehen in den Olympischen Spielen ein Sinnbild dieses Friedens, dem wir alle aus tiefster Überzeugung verschworen sind."
Nach den Reden der Minister erschien der Läufer mit der Fackel und entzündete unter dem Gesang der Nationalhymnen das Olympische Feuer in der Schale vor dem Schloß und dem Alten Museum. Im Anschluß an die Kundgebung wurden die Mitglieder des Internationalen Olympischen Komitees und des Deutschen Organisationskomitees für die XI. Olympiade 1936 unter Führung von Graf de Baillet-Latour und dem Staatssekretär a.D. Dr. Lewald in der Reichskanzlei von Adolf Hitler empfangen. Er kündigte in seiner Begrüßung an, daß die Ausgrabungen der Olympischen Stätten des Altertums, die in den Jahren 1875 bis 1881 von deutschen Gelehrten durchgeführt worden waren, in Abstimmung mit der griechischen Regierung fortgeführt werden sollen. Der Präsident des Internationalen Olympischen Komitees Graf de Baillet-Latour dankte dem Führer, daß er nichts unterlassen habe, um die Anstrengungen des Organisationskomitees zu unterstützen. Er wies auf die baulichen und sportlichen Vorbereitungen hin, die hierfür in den letzten Jahren notwendig waren und erkannte an, daß heute in Deutschland nicht nur die Sportsleute, sondern das ganze Volk von der olympischen Idee durchdrungen sei. Die Anstrengungen Deutschlands zur Organisation der Olympischen Spiele werden ein unvergängliches Zeugnis des Beitrags sein, den Deutschland für die Kultur der Menschheit geleistet hat.
Durch meine Teilnahme an den Vorbereitungen besaß ich den Vorteil, viele Wettkämpfe miterleben und auch Einladungen zu gesellschaftlichen Veranstaltungen folgen zu können. So wurde ich Zeuge, wie die Franzosen bei der Eröffnungsfeier unter stürmischem Beifall mit zum Gruß erhobenem Arm an Adolf Hitler und den führenden Persönlichkeiten auf der Ehrentri-

büne vorbeizogen und die Mannschaft Österreichs mit gleicher Begeisterung von den Zuschauern gefeiert wurde. Ich erlebte auch die triumphalen Siege des schwarzen Amerikaners Jesse Owens auf den Sprintstrecken und im Weitsprung. Owens erfreute sich großer Beliebtheit bei der Berliner Bevölkerung. Es wurde immer wieder verbreitet, daß Hitler Jesse Owens den Handschlag verweigert hätte. Ich habe Jesse Owens nach seinen Siegen nicht auf der Ehrentribüne gesehen; aber es entsprach auch nicht den Gepflogenheiten der Olympischen Spiele, daß die Sieger nach Absolvierung ihres Wettbewerbs vom Staatsoberhaupt auf der Ehrentribüne beglückwünscht wurden. Mag sein, daß Hitler gelegentlich bemerkt hatte, er lasse sich nicht in der Öffentlichkeit mit Negern fotografieren, was dann zum Aufkommen dieses Gerüchts von der Verweigerung des Handschlags geführt hat. Es ist unzutreffend! Im übrigen hat Jesse Owens selber mündlich und schriftlich bekundet, wie herzlich er bei der Bevölkerung und führenden Persönlichkeiten in Deutschland aufgenommen worden war.
Während der Olympischen Spiele weilten der König der Bulgaren, Boris III., der Kronprinz Umberto von Italien, der italienische Minister Alfieri, zwei Söhne Mussolinis, Prinz Paul von Griechenland und Erbprinz Gustav Adolf von Schweden, der selber aktiv an den Wettkämpfen teilnahm, in Berlin. Für die fürstlichen Gäste und hohen Persönlichkeiten gab die Reichsregierung am 6. August in der Staatsoper einen Empfang, auf dem Hermann Göring und Dr. Goebbels Worte der Begrüßung sprachen. Graf de Baillet-Latour entgegnete in seiner Danksagung unter anderem:
„In dieser herzlichen Feststimmung konnten die Olympischen Spiele 1936 in einem grandiosen Rahmen und in einer allgemeinen Atmosphäre der Sympathie, die durch keine politischen Schwierigkeiten getrübt wurde, stattfinden."
Er würdigte besonders die monumentalen Bauten und Einrichtungen und erklärte, daß die Reichsregierung damit der deutschen Jugend einen außerordentlichen Dienst erwiesen habe, denn die junge deutsche Generation könne nun in Zukunft alle diese Einrichtungen für ihre sportliche Betätigung und körperliche Ausbildung benutzen. Für dieses Werk wolle er den beteiligten deutschen Stellen und vor allem auch dem deutschen Reichssportführer die Anerkennung des Internationalen Olympischen Komitees aussprechen. Wenn er dies tue, werde man ihn sicherlich nicht irgendwelcher „Propagandaabsichten" verdächtigen, sondern ihm glauben, daß es aus tiefstem Herzen ehrlich gemeinte Glückwünsche seien.
Von den gesellschaftlichen Veranstaltungen erinnere ich mich vor allem an das nächtliche Sommerfest auf der Pfaueninsel. Unter Bäumen konnte man sich im Freien völlig zwanglos bewegen, tanzen oder Gespräche mit Persönlichkeiten von Rang und Namen aus den Bereichen Sport, Theater, Film,

Wirtschaft und Politik führen. Da traf ich an der Bar, die man im Freien errichtet hatte, mit Paul Lincke, dem Komponisten, oder Dr. Otto Meißner, dem Chef der Präsidialkanzlei, zusammen und konnte unbehelligt mit ihnen sprechen. Über allen lag eine gelöste Stimmung, die quirlig perlte wie Sekt. Es war selten, daß ich ein solches Fest erleben durfte. Auch privat hatte ich eine sehr interessante Begegnung. Durch eine gebürtige Amerikanerin, mit der ich befreundet war, lernte ich deren Onkel, einen Mr. Davis, kennen. Es handelte sich bei ihm um einen früher tennisbegeisterten Studenten, der den später weltweit berühmt gewordenen Davis-Cup begründete. Das schönste Ergebnis der Olympischen Spiele 1936 von Berlin war der ritterliche Geist, in dem die Wettkämpfe ausgetragen wurden. Wir freuten uns über die vielen Siege und Medaillen, die unsere deutsche Mannschaft errungen hatte. Sie lag damals - noch ohne Österreich - an erster Stelle in der Mannschaftswertung, sogar vor den USA. Ein einmaliges Ergebnis, das sich nicht mehr wiederholen sollte. Die ersten drei Jahre nach 1933 brachten den Elan des Aufschwungs auch im Sport zum Ausdruck. Der Reichsjugendführer erklärte das Jahr 1938 zum „Jahr der Verständigung". Diese Jahresparole bewirkte, daß die Arbeit der gesamten Hitlerjugend schwerpunktmäßig auf diese Aufgabe konzentriert wurde. So erfuhr der Austausch mit der Jugend anderer Nationen in diesem Zeitraum eine wesentliche Verstärkung. Das begann bereits um die Jahreswende mit den Winterlagern der Hitlerjugend, an denen Abordnungen der französischen, englischen und belgischen Jugend teilnahmen. Das deutsch-französischen Jugendlager wurde auch mit den Söhnen französischer Frontsoldaten beschickt, die Baldur von Schirach 1937 nach Deutschland eingeladen hatte. Das deutsch-belgische Winterlager fand in Bodenscheidhaus am Schliersee statt. Zwei deutsch-englische Lager wurden in der Roßfeldhütte in Oberbayern und in der Nähe von Immenstadt im Allgäu durchgeführt. Einen besonderen Akzent zum „Jahr der Verständigung" setzte Baldur von Schirach durch seine Einladung an den Ministerpräsidenten des Königreiches Großbritannien Neville Chamberlain, den britischen Lordpräsidenten und Minister des Auswärtigen Lord Halifax sowie an den deutschen Reichsaußenminister von Ribbentrop, im Führerorgan der Hitlerjugend vom 15. März 1938 ein Geleitwort zu schreiben. Der deutsche Außenminister äußerte sich u.a. wie folgt:

„So begrüße ich das Erscheinen einer Sondernummer der Zeitschrift ‚Wille und Macht', die den deutsch-englischen Problemen gewidmet ist, in der aufrichtigen Hoffnung, daß die Arbeit der Jugend der Annäherung zwischen den beiden großen Kulturvölkern und der Schaffung einer besseren Ordnung Europas dienen möge."

Die Botschaft des englischen Ministerpräsidenten an die deutsche Jugend

lautete: „Ich begrüße die Absicht der deutschen Jugendbewegung, dem Thema 'England' eine Sondernummer ihrer Zeitschrift zu widmen, und ich folge freudig der Einladung, zu einem Vorhaben beizutragen, welches ich als ein Zeichen des wachsenden Wunsches nach Verständigung zwischen unseren beiden Ländern betrachte. Indem ich an Euch, die junge Mannschaft und die jungen Mädel von Deutschland, schreibe, brauche ich Euch nicht daran zu erinnern, daß Ihr mit den Worten des Dichters Shakespeare 'die Hoffnung und Blüte des schönen Landes' seid. Eine große Verantwortung liegt auf Euch - die Verantwortung für die Zukunft Eures Landes. Alle Hoffnungen von Deutschland sind auf Euch gesetzt. Eure Sorgfalt ist Euer nationales Erbe und das Wohlergehen des Landes. All dies ist Euch zu treuer Obhut anvertraut, und ich bin sicher, daß Ihr Euch dieser Treuhänderschaft würdig erweisen werdet. Aber Eure Verantwortung hört damit nicht auf. Ihr habt die Verantwortung für die Zukunft Eures Landes, aber Ihr habt ebenfalls zusammen mit der Jugend anderer Nationen eine gemeinsame Verantwortung für die Zukunft der Welt. Es ist schon jetzt - und wird in Zukunft noch mehr - die glückliche Aufgabe der Jugendorganisationen, die jetzt in vielen Ländern am Werke sind, durch Austausch von gegenseitigen Besuchen und auch anderweitig die Verständigung zwischen den Nationen zu fördern. Eine Verständigung, die notwendig ist, für eine Beilegung von Differenzen und für die Beruhigung der Welt. Die ausgezeichnete Parole 'Jahr der Verständigung', die Euch für das Jahr 1938 gegeben worden ist, zeigt den Anteil, den Ihr daran in der Welt bereits tragt."
Lord Halifax richtete folgende Worte an uns:
„Alles, was dazu verhilft, daß die Völker unserer beiden Länder sich besser kennenlernen, ist nur zum Guten. Sei es durch Erkennen der Punkte, in denen wir übereinstimmen oder vielleicht noch wichtiger, alle Dinge, die unsere Wege und Gedanken auseinandergehen lassen. Nicht das geringste der Wunder und Schönheiten der Natur liegt in ihrer unendlichen Mannigfaltigkeit, und gerade aus diesen Verschiedenheiten, sofern sie in harmonische Beziehungen gebracht sind, entspringt Stärke. Ebenso ist es in der Welt der Menschen. Ich sehe keinen Grund, weshalb zwei Nationen nicht miteinander auskommen sollten, wenn sie sich nur Mühe geben und die Einfühlungsgabe besitzen, um sich gegenseitig zu verstehen. Die Welt wird nie frei von Unruhe sein, wenn sie das nicht tut. In der Tat, das deutsche und englische Volk haben allen Grund, jetzt Freunde zu sein. Laßt uns nicht vergessen, daß Deutsche und Engländer Freunde waren, bevor sie Feinde wurden im großen Weltkrieg. Die neue Generation, die seit jener Katastrophe aufgewachsen ist, sollte imstande sein, voll und ganz die älteren und glücklicheren Beziehungen zwischen unseren beiden Völkern wiederherzustellen."

Der Reichsjugendführer kommentierte diese Botschaften mit den Worten: „Ich weiß, daß die deutsche Jugend den Darlegungen der verantwortlichen Führer der Politik des britischen Weltreiches mit erhöhtem Interesse folgen wird, weil ihr die in vielen Lagern vollzogene Annäherung deutscher und englischer Jugend als eine Verheißung für die Zukunft erscheint."
Im Jahr der Verständigung besuchten mehrere Persönlichkeiten aus europäischen Staaten die Reichsjugendführerschule in Potsdam, um dort vor den Lehrgängen zu sprechen und ihre Wertschätzung für die Bemühungen der Hitlerjugend in dieser Richtung zu bekunden. So äußerte der Franzose de Brinon u.a.:
„Ich bin glücklich, in der von Ihrem Reichsjugendführer Baldur von Schirach angeführten deutschen Jugend den Garanten für eine deutsch-französische Verständigung zu sehen. Damit erfüllt sich eine tiefe Freude großer Kreise in Ihrem wie in meinem Vaterland."
Der Präsident der ungarischen Landwirtschaftskammer Mercier bekannte in seiner Rede:
„Sie haben in diesen 4 1/2 Jahren etwas Wundervolles geleistet. Ich nenne es ein Weltwunder! Bisher waren mir nur sieben Weltwunder bekannt, das heutige Deutschland ist aber das achte Weltwunder. Dieses achte Weltwunder ist dieser rasche Aufstieg Deutschlands aus seelischer Not, die ich sehr gut gekannt habe, denn ich war nach dem Krieg sehr oft in Deutschland."
Der Botschaftsrat Forbes von der britischen Botschaft in Berlin stattete der Reichsjugendführerschule einen längeren Besuch ab und betonte in seinem Vortrag:
„Sie haben mich nicht mit den gewohnten diplomatischen Worten willkommen geheißen, sondern vom Herzen zu mir gesprochen. Wir Briten und Deutschen sollten immer zusammenarbeiten und zusammenwirken, besonders in dieser sehr schwierigen Welt ... Ihre Jugendbewegung hat einen sehr großen Eindruck auf mich gemacht, besonders interessiert mich die Sozialarbeit Ihrer Jugendbewegung ... Ich bin überzeugt, daß der Einfluß der deutschen Jugendbewegung für uns sehr gut und ein schönes Vorbild sein wird ... Wenn ich zu meinem Land zurückkehre, kann ich Ihnen versichern, daß die Jugend Deutschlands in mir einen treuen Freund findet."
Im Laufe des Jahres 1938 wurden noch viele Maßnahmen im Austausch mit der Jugend anderer Nationen durchgeführt. So vereinte sich eine Abordnung der schwedischen Jugend mit unseren jungen Kameraden in einem Sommerlager bei Stralsund, schipperte eine Einheit der Marine-HJ auf dem Wasserweg zu der herrlich an der Donau gelegenen ungarischen Hauptstadt Budapest, und es begab sich eine HJ-Formation auf eine Radfernfahrt nach Rom. Das Jahr der Verständigung hatte europaweit Zustimmung und Anerkennung gefunden.

Die vielen Besuche von Jugendführern und -führerinnen in Deutschland und der Reichshauptstadt ließen es als notwendig erscheinen, in Berlin dafür eine Begegnungsstätte zu schaffen. So wurde auf Initiative des Reichsjugendfühers das „Auslandshaus der Hitlerjugend" in Berlin-Gatow gebaut. Als Architekt fungierte der Diplomingenieur Fritz Winter. Einstmals Anhänger des Kommunismus, hatte er sich in die Reihe der jungen Architekten der Hitlerjugend eingegliedert, die sich um die vorbildliche Gestaltung vieler Heime, Jugendherbergen, Führerschulen und Gemeinschaftseinrichtungen verdient machten. Hoch über der Havel lag das Auslandshaus natürlich in die märkische Kieferlandschaft eingebettet. Aus einem Material, das man früher in preußischen Landen benutzte, wurde das Auslandshaus gebaut, nämlich aus rötlich-gelbem Backstein und das Dach mit roten Dachfalzpfannen. Zum Wasser hin schloß der Bau mit einem Säulengang ab, vor dem sich eine weite Terrasse aus Gneisplatten öffnete, an deren Seite sich ein Teehaus am abfallenden Hang befand. Die Räume gingen ineinander über, so daß die Wirkung des gesamten Innenraumes dadurch erhöht wurde. Jedes Zimmer erfüllte seinen besonderen Zweck, dem auch seine Innengestaltung entsprach. Der Speisesaal mit der hellen Kassettendecke aus Holz, der durch drei ebenerdige Türen mit der Terrasse verbunden war, der große Empfangsraum, das Musik-, das Kamin-, das Spielzimmer und eine intime holzgetäfelte Bibliothek. Das obere Stockwerk enthielt einfache Schlafräume, einen Vortrags- und Filmvorführungsraum sowie eine kleine Wohnung für den Reichsjugendführer. Alle Räume waren in ihrer Einfachheit und Gediegenheit Ausdruck echter Handwerkskultur. Das Haus sprach für die Baugesinnung der jungen Generation jener Zeit. Wie bei allen Bauten der Hitlerjugend gab es keine Pracht oder Prunk und keine Gigantomanie. Das Auslandshaus überdauerte den Krieg unzerstört. Kürzlich wurde es vom Land Berlin aus bauhistorischen Gründen unter Denkmalschutz gestellt.
1938 war ein Jahr hochpolitischer Ereignisse. Österreich kam wieder zum Deutschen Reich. Am 13. März unterzeichnete Adolf Hitler in seiner Heimatstadt Linz das Reichsgesetz über den Anschluß Österreichs an das Deutsche Reich. Zwei Tage später beschloß er unter den Begeisterungsstürmen der Wiener seine Rede auf dem Heldenplatz mit den Worten:
„Ich kann somit in dieser Stunde dem deutschen Volke die größte Vollzugsmeldung meines Lebens abstatten. Als Führer und Kanzler der deutschen Nation und des Reiches melde ich nunmehr vor der Geschichte den Eintritt meiner Heimat in das Deutsche Reich."
Ich habe das überwältigende Geschehen vor Ort nicht in Österreich miterlebt. Aber die Wirkung der Rundfunkübertragung von der Heimkehr, die folgenden Wochenschauen und Filmberichte waren so bewegend, daß mir

die Tränen kamen. In meiner frühen Jugend fand ich zur nationalsozialistischen Bewegung, weil sie die Überwindung des Klassenkampfes, die soziale Gerechtigkeit für die Schaffenden und die Förderung begabter Kinder ohne Rücksicht auf Protektion und den Geldbeutel der Eltern verwirklichen wollte. Dann gab es noch jenen Programmpunkt, der mich anzog: „Wir fordern den Zusammenschluß aller Deutschen aufgrund des Selbstbestimmungsrechtes aller Völker zu einem Groß-Deutschland." Das galt für Österreich und das Sudetenland. Diese Ziele sprachen mich an. Nicht nur, weil der Ursprung der Axmann-Großfamilie im böhmisch-mährischen Raum lag und viele Nachfahren in Österreich beheimatet waren, sondern auch, weil mir die Kenntnis der Geschichte sagte, daß Deutschland und Österreich durch ihren historischen Werdegang, ihre Sprache, Tradition und Kultur im gleichen Lebensraum schicksalhaft zusammengehörten. Das bekundeten auch die Großen der österreichischen Geschichte und Kultur, wofür es eine Fülle von Zeugnissen gibt, von denen ich nur einige wenige erwähnen möchte.
Die Kaiserin Maria-Theresia schrieb an die Erzherzogin Marie-Karoline, die Königin von Neapel-Sizilien wurde, im April 1768:
„Meine liebe Tochter! ... sollst Du nie vergessen, daß Du eine geborene Deutsche bist und Dir die Eigenschaften bewahren, die unsere Nation charakterisieren ..."
Und im Dezember 1770 an ihre Tochter Marie-Antoinette:
„Glaube mir: der Franzose wird Dich weit höher schätzen und mehr von Dir halten, wenn er bei Dir die deutsche Gediegenheit und Freimütigkeit findet."
Kaiser Josef II. äußerte sich in einem Schreiben vom 13. Juli 1787 an den Mainzer Koadjutor Karl-Theodor von Dalberg:
„Deutschland, unser gemeinsames Vaterland, welches ich gern so nenne, denn ich bin stolz, ein Deutscher zu sein."
Erzherzog Johann verkündete in einer Proklamation an die Wiener vom 8. Juli 1848:
„Die deutsche Nationalversammlung in Frankfurt hat mich zum Reichsverweser erwählt und durch ihre Abgeordneten aufgefordert, diesem ehrenvollen Rufe unversäumt zu folgen. Österreicher! Ihr kennt meine unveränderte Gesinnung für unser gemeinsames deutsches Vaterland. Ihr kennt meine heißen Wünsche für sein Wohl, seine Macht und Ehre! ... Ich habe es daher als eine heilige Pflicht erkannt, das Amt zu übernehmen, welches mir Eure Vertreter in Frankfurt und mit ihnen alle Eure deutschen Brüder anvertrauten. Dasselbe wird, gestützt von der Nationalversammlung und befestigt durch das gesamte deutsche Volk, den Gedanken zur Tat der Einheit gestalten ..."

Der österreichische Staatskanzler Fürst von Metternich sagte 1847 zum preußischen Gesandten in Wien, Graf von Arnim:
„Österreich ist ein Reich, das unter seiner Herrschaft Völker von verschiedener Nationalität umfaßt, aber als Reich hat es nur eine Nationalität: Österreich ist deutsch. Deutsch durch die Geschichte, durch den Kern seiner Provinzen, durch seine Zivilisation."
Der österreichische Feldmarschall Josef Graf Radetzky von Radetz antwortete auf eine Huldigungsadresse der königlich-preußischen Garde nach der Schlacht von Novara 1849:
„Auch in unserer Brust schlägt ein deutsches Herz, und niemandem räumen wir das Vorrecht ein, deutscher zu empfinden als wir ..."
Wolfgang Amadeus Mozart sprach in einem Brief an seinen Vater vom 17. August 1782 von „Teuschland, mein geliebtes Vaterland", und Franz Grillparzer bekannte in seiner Rede zur Beisetzung Ludwig van Beethovens am 29. März 1827:
„Indem wir hier am Grabe dieses Verblichenen stehen, sind wir gleichsam die Repräsentanten einer ganzen Nation des deutschen gesamten Volkes."
Aus der jüngeren Vergangenheit gibt es Willenskundgebungen von Persönlichkeiten, die für die Aussagen vieler Politiker der großen Parteien sowohl auf deutscher wie auf österreichischer Seite stehen. Auf der ersten Sitzung der deutschen Nationalversammlung in Weimar am 6. Februar 1919 erklärte der Volksbeauftragte Friedrich Ebert, der sozialdemokratische Präsident der ersten deutschen Republik:
„Wir können auch nicht darauf verzichten, die ganze deutsche Nation im Rahmen eines Reiches zu einigen. Unsere deutsch-österreichischen Brüder haben auf ihrer Nationalversammlung bereits am 12. November vorigen Jahres sich als Teile der großdeutschen Republik erklärt. Jetzt hat die deutsch-österreichische Nationalversammlung erneut, unter stürmischer Begeisterung, uns ihren Gruß entboten und die Hoffnung ausgesprochen, daß es unserer und ihrer Nationalversammlung gelingen wird, das Band, das die Gewalt 1866 zerrissen hat, wieder neu zu knüpfen. Deutsch-Österreich müsse mit dem Mutterland wieder für alle Zeiten vereint werden. Meine Damen und Herren! Ich bin sicher, im Sinne der gesamten Nationalversammlung zu sprechen, wenn ich diese historische Kundgebung aufrichtig und voll Freude begrüße und sie mit gleicher herzlicher Brüderlichkeit erwidere. Unsere Stammes- und Schicksalsgenossen dürfen versichert sein, daß wir sie im neuen Reich der deutschen Nation mit offenen Armen und Herzen willkommen heißen. Sie gehören zu uns und wir gehören zu ihnen."
Nach der Vereinigung von Deutschland und Österreich erklärte der Sozialist Karl Renner am 3. April 1938:

„Ich habe als erster Kanzler Deutsch-Österreichs am 12. November 1918 in der Nationalversammlung den Antrag gestellt und zur nahezu einstimmigen Annahme gebracht: 'Deutsch-Österreich ist ein Bestandteil der Deutschen Republik.' Ich habe als Präsident der Friedensdelegation zu St. Germain durch viele Monate um den Anschluß gerungen. - Die Not im Lande, die feindliche Besatzung der Grenzen haben die Nationalversammlung und so auch mich genötigt, der Demütigung des Friedensvertrages und dem bedingungslosen Anschlußverbot uns zu unterwerfen. Trotzdem habe ich seit 1919 in zahllosen Schriften und ungezählten Versammlungen im Lande und im Reiche den Kampf um den Anschluß weitergeführt. Obschon nicht mit jenen Methoden, zu denen ich mich bekenne, errungen, ist der Anschluß nunmehr doch vollzogen, ist geschichtlich eine Tatsache, und diese betrachte ich als wahrhafte Genugtuung für die Demütigungen von 1918 und 1919 für St. Germain und Versailles. Ich müßte meine ganze Vergangenheit als theoretischer Vorkämpfer des Selbstbestimmungsrechtes der Nationen wie als deutsch-österreichischer Staatsmann verleugnen, wenn ich die große geschichtliche Tat des Wiederzusammenschlusses der deutschen Nation nicht mit freudigem Herzen begrüßte."
Dem Buch von Werner Georg Haverbeck über „Rudolf Steiner, Anwalt für Deutschland" habe ich einen Brief entnommen, in dem der politische Gegenspieler Adolf Hitlers, der letzte österreichische Bundeskanzler vor dem Anschluß, Kurt von Schuschnigg, am 11. Juni 1938 u.a. schrieb:
„Ich bin überzeugt, daß die vom Führer entschiedene Lösung der vollkommenen Eingliederung Österreichs ins Reich der halben Lösung eines verschleierten Anschlusses oder einer loseren staatsrechtlichen Bindung, wie sie mir vorschwebte, vorzuziehen und auf die Dauer richtiger ist."
Der österreichische Klerus mit dem Kardinal Innitzer und den Bischöfen an seiner Spitze äußerten sich am 18. März 1938 in einer feierlichen Erklärung zum Anschluß:
„Aus innerster Überzeugung und mit freiem Willen erklären wir unterzeichneten Bischöfe der österreichischen Kirchenprovinz anläßlich der großen geschichtlichen Geschehnisse in Deutsch-Österreich: Wir erkennen freudig an, daß die nationalsozialistische Bewegung auf dem Gebiet des völkischen und wirtschaftlichen Aufbaues sowie der Sozial-Politik für das Deutsche Reich und Volk und namentlich für die ärmsten Schichten des Volkes Hervorragendes geleistet hat und leistet. Wir sind auch der Überzeugung, daß durch das Wirken der nationalsozialistischen Bewegung die Gefahr des alles zerstörenden gottlosen Bolschewismus abgewehrt wurde. Die Bischöfe begleiten dieses Wirken für die Zukunft mit ihren besten Segenswünschen und werden auch die Gläubigen in diesem Sinne ermahnen. Am Tage der Volksabstimmung ist es für uns Bischöfe selbstverständliche

nationale Pflicht, uns als Deutsche zum Deutschen Reich zu bekennen, und wir erwarten auch von allen gläubigen Christen, daß sie wissen, was sie ihrem Volke schuldig sind."
Die erwähnten Persönlichkeiten haben die Einheit des Deutschen Reiches gewollt. Hitler hat in diesem Sinn gehandelt. Angesichts dieser Willenskundgebungen ist es nicht zu begreifen, daß nach dem Zweiten Weltkrieg in den Medien viel Gegenteiliges zum Vorgang des Anschlusses behauptet wurde. Hier hörte und las man nur, daß der Anschluß durch die deutsche Militärmacht erzwungen wurde, und in Österreich beklagten die Medien die Vergewaltigung ihres Landes durch Deutschland. Tatsache ist und bleibt, daß die deutschen Soldaten bei ihrem Einmarsch nicht geschossen haben und ihnen die österreichische Bevölkerung zu ihrem Empfang einen Blumenteppich bereitet hat. Das wurde durch die für den 10. April 1938 angesetzten freien Wahlen bestätigt. Im Altreich stimmten 99,08 Prozent und in den neuen Ländern Österreichs 99,73 Prozent für den Anschluß.
Als Hitler aus Österreich nach Berlin zurückkehrte, stand auch ich unter den Menschen, die ihn auf der Höhe seines Lebens dankbar empfingen. Nach der Beseitigung der millionenhaften Arbeitslosigkeit trug dieses historische Ereignis dazu bei, das Vertrauen des Volkes und seiner Jugend zur Führung weiterhin zu vertiefen. Für uns in der Hitlerjugend war es ein gutes Gefühl zu wissen, daß unsere österreichischen Kameraden nun frei von Verfolgung und Unterdrückung waren. Sie hatten eine sehr lange und sehr schwere Kampfzeit hinter sich. Schon 1922 fanden sich dort Jungen zu nationalsozialistischen Jugendgruppen zusammen. Sie gaben sich den Namen NSD-Nordpol-Südpol-Arbeiterjugend und 1924 ein Abzeichen mit der aufgehenden Sonne. Eine Abordnung nahm im Juli 1926 an der Gründung und Namensgebung der Hitlerjugend auf dem zweiten Parteitag der NSDAP in Weimar teil, darunter Roman Hädlmayer, der Verfasser des Wiener Jungarbeiterliedes. Am 27. März 1931 wurde das Deutsche Jungvolk „Bund der Tatjugend Groß-Deutschlands" unter ihrem Führer Curt Brieger in die HJ übernommen. Er war damit der erste Bundesführer des Deutschen Jungvolks in der Hitlerjugend. Seine Nachfolge trat 1932 Bun Geissler an, den ich im gleichen Jahr bei meiner Berufung in die Reichsjugendführung in München kennenlernte.
Vertreter der österreichischen HJ nahmen am 1. Oktober 1932 am Reichsjugendtag in Potsdam teil. Zu ihnen gehörte Dr. Anton Hadwiger, der in der Illegalität zeitweilig Stabsleiter des Gebietes Österreich war und über ein Jahr im Gefängnis verbrachte. In seinem jüngst erschienenen Buch „Was von der Liebe bleibt" schildert er die Empfindungen auf dieser Fahrt mit seinen Kameraden im Bus:
„Beim Grenzübertritt nächst Passau sprangen wir - ohne Absprache, ohne

Befehl - von unseren Sitzen auf und stimmten das Deutschlandlied an, den rechten Arm zum Hitlergruß erhoben. Die meisten von uns waren zum ersten Mal in Deutschland, dem Reich. Mir kam dies - heute fast unvorstellbar - wie ein Augenblick der Erhebung, der Heimkehr vor. Wofür wir marschiert waren und demonstriert hatten, wovon wir soviel gelesen, gesungen, gehört und wofür wir auch schon Opfer gebracht hatten - nun schien es Gestalt anzunehmen, zum Greifen nahe."

Am 26. Oktober 1932 wurde der Hitlerjunge Josef Grün aus Wien während der politischen Kämpfe ermordet. Wir glaubten, daß die Machtübernahme in Deutschland die Arbeit der Nationalsozialisten in Österreich erleichtern würde. Das Gegenteil war der Fall. Die Regierung Dollfuß sprach am 19. Juni 1933 das Verbot der NSDAP mit allen ihren Gliederungen aus. Diensträume, Heime und Sportplätze wurden geschlossen, jedes Auftreten in der Öffentlichkeit untersagt, Verhaftungen vorgenommen und die Verdächtigen in die Festhaltelager Wöllersdorf und Messendorf verbracht. Es begann die gefährliche und entbehrungsreiche Zeit in der Illegalität. Im Juli des darauf folgenden Jahres inszenierten die Verbotenen einen Putsch gegen die Regierung, in dessen Verlauf der Bundeskanzler Dr. Dollfuß erschossen wurde. Auf der Seite der Putschisten gab es mehrere Tote, unter ihnen fünf Hitlerjungen. Im Untergrund wurde die Arbeit in der Jugend unter Tarnung, Annahme von Decknamen, Orts- und Wohnungswechsel fortgesetzt. Wer erwischt wurde, wanderte ins Gefängnis. Viele der Gefährdeten flohen unter kundiger Führung auf geheimen Grenzpfaden übers Gebirge nach Deutschland. Ein HJ-Führer, der den Weg über den Untersberg ohne einen Kundigen wagte, ist dabei ums Leben gekommen.

Die Reichsjugendführung hatte eine Befehlsstelle Süd-Ost unter Leitung des österreichischen Kameraden Otto Weber geschaffen, die in München eine Meldestelle für die Flüchtlinge unterhielt. Ihnen wurde nach besten Kräften durch Unterkunft und Versorgung, durch Vermittlung von Arbeits- und Lehrstellen, Schul- und Hochschulbesuchen, sowie durch medizinische und seelische Betreuung geholfen. Auch Fahrten wurden organisiert, damit sie im Reich Land und Leute kennenlernen konnten. Einige besuchten unsere Führerschulen, andere wurden hauptamtlich in die Hitlerjugend übernommen. Durch den Anschluß waren nun alle drohenden Gefahren von unseren österreichischen Kameraden genommen. Insbesondere hatte sich der BDM in der Betreuung der Verfolgten und Gefangenen bewährt. Schon in früher Zeit waren junge Österreicher in der Deutschen Hitlerjugend tätig. Da war z.B. Hartmann Lauterbacher, der 1924 in Kufstein eine Jugendgruppe bildete, 1928/29 eine Ortsgruppe der Hitlerjugend in Braunschweig leitete und 1933 zum Obergebietsführer West aufstieg. 1935 wurde er zum Stabsführer und Stellvertreter des Reichsjugendführers berufen. Sein jüngerer Bruder, Hans Lauterbacher, gehörte dem Auslandsamt der Reichsjugendführung an. Im Krieg ernannte ich ihn zum Chef des Auslandsamtes und in der letzten Phase des Krieges zum Gebietsführer von Wien. Theo Stadler aus Österreich war bei mir im Gebiet Berlin Chef des Grenz- und Auslandsamtes und zeitweise darauf auch Chef des gleichen Amtes in der Reichsjugendführung. Albert Wojirsch und Rudolf Proksch, beide in Baden bei Wien gebürtig, gründeten den Bund Artam e.V. und leiteten ihn 1934 in die Hitlerjugend über, in der seine Tradition im Landdienst fortgeführt wurde. Im Personalamt war der Österreicher Franz Znidar tätig. Meinem Kriegskameraden Gottfried Griesmayr, der aus Österreich stammte, übertrug ich das Amt für weltanschauliche Schulung in der Reichsjugendführung, und schließlich leitete die Obergauführerin von Wien, Annemarie Kaspar, bis zu ihrer Verheiratung das „BDM-Werk Glaube und Schönheit" im Reich.

Nach dem Anschluß wurden in den österreichischen Gebieten, die den Gauen Niederdonau, Oberdonau, Wien, Kärnten, Steiermark und Tirol entsprachen, auch HJ-Führer aus dem Altreich eingesetzt, um dadurch die gegenseitige Durchdringung und die innere Einheit zu bewirken. Die Angleichung der Verhältnisse in Deutschland und in der Ostmark, wie nun Österreich fortan genannt wurde, verlief nicht immer in jeder Beziehung harmonisch, wenngleich die Probleme in der Jugend noch am geringsten waren. Hier und da kam es schon vor, daß sich Vertreter aus dem Altreich als ständige Besserwisser aufführten und von den Ostmärkern deshalb „Piefkes" genannt wurden. Deutsche wiederum sprachen hinter vorgehaltener Hand von „Schnürschuhkameraden", wenn Aufträge nicht schnell genug und mit Präzision ausgeführt wurden. Wir kennen ja aus der Gegenwart die viel größeren Schwierigkeiten im Angleichungsprozeß und in der Herstellung der inneren Einheit zwischen den „Ossis" und „Wessis". Im ganzen aber sind die Probleme zwischen Deutschland und dem alten Österreich in sehr kurzer Zeit gelöst worden. Insbesondere wenn man bedenkt, daß eineinhalb Jahre nach der Vereinigung der Krieg ausbrach, in dem die Ostmärker sechs Jahre lang tapfer ihre Pflicht erfüllt haben.

Ich erlebte, daß Österreicher im Denken und Handeln oft preußischer waren als manche, die in Preußen geboren worden waren und ihr preußisches Bekenntnis vor sich hertrugen. Die geschichtliche Entwicklung war fortgeschritten. Der anzustrebende Typus war für mich nicht der preußische, sondern der großdeutsche Mensch. Bei Respektierung der heute gegebenen österreichischen staatlichen Eigenständigkeit meine ich, daß die innere Verbundenheit zwischen den Menschen in Deutschland und Österreich von einer besondern Qualität ist. Und sollte es einmal ein allmählich zusammenwachsendes Europa mit innerem Gleichklang geben, so dürfte es zwi-

schen diesen beiden Staaten keinen Mißklang geben.
1938 machte ich meine militärische Übung bei der Infanterie des Heeres. Die Wehrpflicht war 1935 eingeführt worden. Am 25. November 1935 erließen der Reichskriegsminister und der Reichsinnenminister eine Anordnung über die Erfassung und Musterung für den aktiven Wehrdienst und Reichsarbeitsdienst. Danach waren die wehrpflichtigen Deutschen der Geburtsjahrgänge 1913 und 1916 von den polizeilichen Meldebehörden zu erfassen und im Frühjahr 1936 zu mustern. Der Jahrgang 1913 sollte vom Sommer 1936 an im Verlaufe der nächsten drei Jahre militärisch ausgebildet werden. Ich gehörte zum Jahrgang 1913. Von September bis Anfang Dezember diente ich im Infanterieregiment 8 in Frankfurt an der Oder, dem Geburtsort Heinrich von Kleists und der zeitweiligen Wirkungsstätte Carl Philip Emanuel Bachs. Ich war durch meine öffentlichen Reden hinreichend bekannt, so daß man bei der Truppe wußte, daß man einen Obergebietsführer der Hitlerjugend in die „Mangel" bekam. Um allen unliebsamen Fällen vorzubeugen, hatte ich gleich meinen Unteroffizier alter Schule gebeten, mich zu allen denkbaren Diensten heranzuziehen. Er hat es auch getan. Bei Übungen hatte ich öfter als andere den schweren Schlitten des alten Maschinengewehrs 08 auf dem Rücken zu schleppen hatte, was mir den Schweiß aus allen Poren trieb, zumal wenn ich noch die Gasmaske aufsetzen mußte. Körperlich war ich auf solche Strapazen gut vorbereitet. Ich wußte, daß man etwas Humor mitbringen mußte, wenn man zur Truppe ging und sich nicht durch ungewohnte Anforderungen oder kleinliche Schikanen unterkriegen lassen wollte.
So zog ich stets frohgemut mit unserer Kompanie die Müllroser Landstraße nach Markendorf, um im Gelände vor allem Ausdauer zu erproben. Es war schon etwas dran an der Behauptung, daß manche Ausbilder alter Schule versuchten, dem Eingezogenen erst einmal die gewohnten Verhaltensmuster radikal auszutreiben, um aus ihm einen neuen Menschen zu machen. Das lag nicht im Sinne der Reichsjugendführung, und das wollte ich auch den Unteroffizieren nahe bringen. Je mehr ich zu ihnen ein gutes Verhältnis bekam, konnte ich ihnen in der Kantine bei einem Glas Bier meine Auffassung darlegen, daß sie es jetzt bei den Rekruten mit jungen Menschen zu tun hätten, die eine positive innere Einstellung zur Wehrmacht besitzen, Vertrauen mitbringen, dienstbereit sind und sich und ihre Leistung einbringen wollen. Dieser Rekrut sei ein Volksgenosse in Uniform, und man solle ihn auch so behandeln. Die Ausbilder zeigten Verständnis, und ich hoffte, daß sie danach handeln würden. In meiner kurzen Dienstzeit war ich mit dem Verhältnis zwischen Unteroffizieren und Mannschaften durchaus zufrieden.
Im September wurden wir in Alarmbereitschaft gesetzt und hatten unsere

Waffen gefechtsbereit zu machen. Es war die Zeit der Sudetenkrise. Später erfuhr ich, daß der Staatspräsident Benesch am 23. September 1938 die Generalmobilmachung der tschechischen Armee angeordnet hatte. Damit hing wohl auch unsere Alarmbereitschaft zusammen. Der Ernst der Lage war uns bewußt. Gerade wir als Soldaten bangten um den Frieden. Denn es sind immer die Soldaten, die zuerst ihren Kopf hinhalten müssen. Wir waren daher erleichtert, daß es am 29. September 1938 durch das Münchener Abkommen mit den Engländern, Franzosen und Italienern zu einer Entspannung der Situation gekommen war.

Während meiner militärischen Übung blieb ich mit meiner Arbeit in Verbindung. Meine Vertreter von der Führungsstelle des Reichsberufswettkampfes, vom Sozialen Amt der Reichsjugendführung und vom Gebiet Berlin kamen am dienstfreien Sonntag zu mir nach Frankfurt heraus, das nur etwa 90 Kilometer von Berlin entfernt war. Oder mein Fahrer holte mich nach Berlin ab, so daß ich dort mit meinen Mitarbeitern die wichtigsten Dinge besprechen konnte. Ich nahm dann immer Berliner aus meiner Gruppe mit. Abends trafen wir uns in meiner Wohnung und brachen so rechtzeitig auf, um vor dem Zapfenstreich in der Kaserne zu sein. Einmal hatte sich ein Kumpel verspätet, so daß wir trotz Höchstgeschwindigkeit nicht pünktlich in der Kaserne sein konnten. Ich saß vorn neben dem Fahrer und meine Kameraden hinten im schicken Wagen vom Typ Horch, den mir Dr. Ley für meine Dienststelle zur Verfügung gestellt hatte. Als der Wachhabende am Tor den großen Wagen und mich als Uniformierten neben dem Fahrer sah, muß er wohl angenommen haben, daß hinten ein General saß. Er salutierte stramm und ließ uns passieren. So kamen wir trotz Übertretung des Zapfenstreiches ohne Denkzettel davon. Die Lausbubenstreiche, die ich in der Schule mitgemacht hatte, setzten sich hier in der Kaserne in anderer Art fort. Lustig waren die Stunden, die ich mit den Berliner Ulknudeln aus meiner Kompanie an manchem Sonntagabend im Frankfurter Ratskeller mit seinen schönen Gewölben verbrachte. Die Blicke der höheren Offiziere richteten sich auf unsere ausgelassene Gesellschaft und verrieten uns, daß sie die Anwesenheit der einfachen Landser etwas verwunderte. Aber das hielt einen Kumpel von mir nicht davon ab, seine Zahnprothese in sein schräg gehaltenes Bierglas gleiten zu lassen.

Die Zeit verging schnell wie im Fluge. Zu meiner Überraschung wurde die Dienstzeit mit einem Abschlußball beendet. Meine langjährige Freundin Ilse war aus Berlin in die Oderstadt gekommen. Sie wurde im Juli 1940 meine erste Ehefrau und schenkte mir einen Sohn. In der Nacht des Abschlußfestes erfuhr ich, daß ich die Ausbildungszeit mit einem sehr guten Ergebnis abgeleistet hatte. Von nun an durfte ich mich Unterführeranwärter nennen.

Als ich meine Arbeit wieder aufnahm, neigte sich das Jahr 1938 dem Ende zu. Inzwischen war im Sudetenland viel geschehen. Am 1. Oktober 1938 hatte Hitler den unermüdlichen Vorkämpfer für den Anschluß seiner Heimat an das Reich zum Reichskommissar für das Sudetenland ernannt. Die deutsche Wehrmacht hatte seinen Schutz übernommen. Das Gebiet war von tschechischen Soldaten geräumt und die Sudetendeutschen aus dem tschechischen Militär und der Polizei entlassen worden. Ein internationales Gremium hatte die Grenzen zwischen der Tschechoslowakei und dem Sudetenland festgelegt. Die Wahl am 4. Dezember ergab ein eindeutiges Vertrauensvotum mit 98,9 Prozent Ja-Stimmen zum Reich. Ein Sieg der Selbstbestimmung, die im Diktat von Versailles gegen alle Regeln der Demokratie vergewaltigt worden war. Im Deutschen Reichstag gab es nun 41 Abgeordnete des Sudetenlandes. Der Aufbau begann, und auch ich bereitete mich in meinem Bereich darauf vor.

So erhebend die geschichtliche Entwicklung mit Österreich und dem Sudetenland war, so niederdrückend wirkten die Ereignisse vom 9. November 1938 auf uns.

Zwei Tage zuvor hatte der Jude Herschel Grynzspan den deutschen Diplomaten vom Rath in unserer Pariser Botschaft erschossen. Das rief mir die Ermordung des Landesgruppenleiters der NSDAP in der Schweiz, Wilhelm Gustloff, vom 4. Februar 1936 durch den Juden David Frankfurter in Erinnerung. Ich hatte Gustloff gut gekannt.

Das neue Attentat löste Empörung aus. Am 9. November wurden jüdische Geschäfte zerstört, Synagogen in Brand gesteckt und Juden inhaftiert. Einige sind ums Leben gekommen. Ich habe den Pogrom nicht selbst erlebt, da ich zu dieser Zeit meine militärische Übung machte, aber ich habe hinterher die verheerenden Wirkungen auch in der Meinung der Bevölkerung feststellen können.

Das Ausmaß des Schadens geht aus einem Brief hervor, den der Chef der Geheimen Staatspolizei, Reinhard Heydrich, am 11. November 1938 an den Ministerpräsidenten Göring richtete, der im Prozeß vor dem Internationalen Militärtribunal als Dokument eingeführt wurde. Göring bestätigte, daß er von diesem Brief Kenntnis genommen hatte. Darin stand: „Der Umfang der Zerstörungen jüdischer Geschäfte und Wohnungen läßt sich bisher ziffernmäßig noch nicht belegen. Die in den Berichten angeführten Ziffern: 815 zerstörte Geschäfte, 29 in Brand gesteckte oder sonst zerstörte Warenhäuser, 171 in Brand gesteckte oder zerstörte Wohnhäuser, geben, soweit es sich nicht um Brandlegungen handelt, nur einen Teil der wirklich vorliegenden Zerstörungen wieder. Wegen der Dringlichkeit der Berichterstattung mußten sich die bisher eingegangenen Meldungen lediglich auf allgemeine Angaben wie: zahlreiche oder die meisten Geschäf-

te zerstört - beschränken. Die angegebenen Ziffern dürften daher um ein Vielfaches überstiegen werden. An Synagogen wurden 191 in Brand gesteckt, weitere 76 vollständig demoliert. Ferner wurden elf Gemeindehäuser, Friedhofskappellen usw. in Brand gesetzt und weitere drei völlig zerstört. Festgenommen wurden rund 20.000 Juden, ferner sieben Arier und drei Ausländer. Letztere wurden zur eigenen Sicherheit in Haft genommen. An Todesfällen wurden 36, an Schwerverletzten ebenfalls 36 gemeldet. Die Getöteten bzw. Verletzten sind Juden. Ein Jude wird noch vermißt. Unter den getöteten Juden befindet sich ein, unter den verletzten Juden zwei polnische Staatsangehörige."
Nach meinem gegenwärtigen Kenntnisstand handelt es sich bei diesem Dokument um keine Fälschung.
Die Hitlerjugend hatte an diesen Ausschreitungen nicht teilgenommen. Lediglich ein Einzelfall ist bekannt geworden. Bei diesem handelte es sich um HJ-Führer, die unter anderem das Kunsthaus Bernheimer in München angegriffen und den Inhaber mit einem demütigenden Plakat vor der Brust durch die Straßen geführt hatten. Sie mußten sich vor dem Obersten Parteigericht der NSDAP dafür verantworten, sind jedoch freigesprochen worden. Sofort nach Bekanntwerden dieser Gewalttaten erließ der Reichsjugendführer, der entsetzt auf diese Aktion reagierte, ein Verbot, in dem allen HJ-Einheiten untersagt wurde, sich an derartigen Ausschreitungen zu beteiligen. Auch ich bin einige Zeit vor dem 9. November beim Berliner SA-Führer und Polizeipräsidenten, Graf Helldorf, vorstellig geworden, nachdem ich von Judenbelästigungen durch einige SA-Männer erfahren hatte, daß daran auch Jugendliche beteiligt waren. Ich bat ihn, dagegen etwas zu unternehmen.
Hatte es sich bei der Reichskristallnacht um eine spontane Aktion der Bevölkerung gehandelt oder war sie inszeniert worden? Diese Frage bewegt die Gemüter bis heute. Tatsache ist, daß keine ausdrücklichen Weisungen erteilt worden sind, gegen diese „spontanen Handlungen" einzuschreiten. Über die Urheberschaft dieser Krawalle ist viel spekuliert worden. Einige führten sie auf die Rede von Dr. Goebbels zurück, die er am Abend des 8. November vor den Gauleitern und alten Kämpfern in München hielt, nachdem Hitler die Zusammenkunft verlassen hatte. Ich war bei dieser Rede nicht zugegen und kann darüber nichts aussagen. Die personelle Urheberschaft für die Reichskristallnacht bleibt bis heute ungeklärt. Am 10. November 1938 gab Reichsminister Dr. Goebbels jedoch bekannt:
„Die berechtigte und verständliche Empörung des deutschen Volkes über den feigen jüdischen Meuchelmord an einem deutschen Diplomaten in Paris hat sich in der vergangenen Nacht in umfangreichem Maße Luft verschafft. In zahlreichen Städten und Orten des Reiches wurden Vergeltungsaktionen

gegen jüdische Gebäude und Geschäfte vorgenommen. Es ergeht nunmehr an die gesamte Bevölkerung die strenge Aufforderung, von allen weiteren Demonstrationen und Aktionen gegen das Judentum gleich welcher Art sofort abzusehen."
Aus der Umgebung Hitlers und Görings hörte ich, daß sie über die Gewaltakte empört waren. Die Reichskristallnacht hatte uns nicht nur im Ausland, sondern auch im eigenen Land geschadet. So mancher Parteigenosse war enttäuscht und verunsichert, zumal die Gewaltaktionen allen vorausgegangenen Weisungen widersprachen. Eine dieser Weisungen kam z.b. vom Reichs- und Preußischen Minister des Innern vom 20. August 1935 an die Landesregierungen und Regierungspräsidenten. In ihr hieß es:
„Der Führer und Reichskanzler hat angeordnet, daß Einzelaktionen gegen Juden von Mitgliedern der NSDAP, ihren Gliederungen und der angeschlossenen Verbände unbedingt zu unterbleiben haben. Wer hiernach noch an Einzelaktionen gegen Juden teilnimmt oder dazu anstiftet, muß in Zukunft als Provokateur, Rebell und Staatsfeind betrachtet werden. Ich ersuche daher, von nun an rücksichtslos gegen alle derartigen Aktionen vorzugehen und mit allen Mitteln für unbedingte Ruhe, Sicherheit und Ordnung zu sorgen. Ungesetzlichkeiten sind erforderlichenfalls mit den schärfsten polizeilichen Mitteln zu verhindern. Insbesondere dürfen strafbare Handlungen der Sachbeschädigung, der Körperverletzung, der Nötigung, des Haus- und Landfriedensbruchs und der Zusammenrottung unter keinen Umständen geduldet werden, gleichviel gegen wen diese Straftaten sich richten. Wenn trotzdem noch Ausschreitungen vorkommen, ersuche ich, mir sofort telefonisch oder telegrafisch zu berichten. Ich werde jede Lässigkeit verantwortlicher Beamten bei der Durchführung dieses Erlasses aufs schärfste dienststrafrechtlich ahnden."
Unbehagen über die Ereignisse des 8./9. November 1938 war bei uns zurückgeblieben. Die positiven Leistungen des Aufbaues haben uns davon jedoch abgehalten, nachträglich etwas zu unternehmen. Damit haben wir die Negativerscheinungen zugedeckt.
Wie kam es nun dazu, daß ich mich in früher Jugend der nationalsozialistischen Bewegung anschloß, deren Einstellung gegen die Juden allgemein bekannt war? Das Hakenkreuz in der Fahne der Nationalsozialisten war unübersehbar. Im Programm hatte ich gelesen:
„Staatsbürger kann nur sein, wer Volksgenosse ist. Volksgenosse kann nur sein, wer deutschen Blutes ist, ohne Rücksicht auf Konfession."
Für mich als 15jährigen klang das damals einleuchtend. Erfolgte mein Eintritt in die Hitlerjugend nur unter der Wirkung von Propaganda und Versammlungsreden, oder gab es in der Judenfrage auch eigene Erlebnisse und Beweggründe, die mich zum Eintritt in die Hitlerjugend veranlaßten?

Als ich acht oder neun Jahre alt war, war ich das erste Mal auf Juden getroffen. Wir Kinder hatten auf der Straße gespielt, und vorbeikommende Passanten waren uns durch ihr Aussehen und durch ihre Kleidung aufgefallen. Neugierig liefen wir ihnen nach, um sie aus der Nähe zu betrachten. Sie waren ganz in schwarz gekleidet, von der Hose bis zum Hut. Sie trugen lange schwarze Kinnbärte und Ringellocken. Sie kamen uns fremdartig vor. Wir fragten einen Erwachsenen: „Was sind denn das für Leute?" und bekamen zur Antwort: „Das sind Juden."
Die Weimarer Republik hatte zu Beginn der 20er Jahre die Grenzen für die Einwanderung von Juden aus dem Osten weit geöffnet. In unserer und einer Nachbarstraße wurden zwei Läden, ein Textil- und ein Schreibwarengeschäft, geöffnet. Die Inhaber glichen in ihrem Aussehen den ersten Juden, denen ich begegnet war. Als 16jähriger Gefolgschaftsführer verstärkte sich in mir der Eindruck von der Fremdartigkeit der eingewanderten Ostjuden. Wenn ich meine Schar „Mitte" besuchte, ging ich zu Fuß vom Wedding zum Alexanderplatz. Auf meinem Weg kam ich durch dicht besiedeltes Wohngebiet, zu dem die Linien-, Grenadier-, Dragoner- und Mulack-Straße gehörten. Das war das Scheunenviertel. Arbeitslose lungerten herum, Prostituierte boten sich an, Unterweltringe und Zuhälter waren dort zu Hause. In diesem Viertel hatten nach der Jahrhundertwende auch die Ostjuden, die vor den Pogromen in Rußland geflohen waren, eine Bleibe gefunden. In den 20er Jahren verstärkten neue Einwanderer aus dem Osten deren Präsenz. Sie besaßen kleine Läden und Handwerksbetriebe, handelten und feilschten lebhaft gestikulierend auf der Straße. Es gab Imbißstätten mit koscheren Speisen und daneben Gebetsstuben. In dieser Umgebung fühlte ich mich nicht wohl und wie ein Fremder.
Heute werden Kritiker meine damaligen Empfindungen als unverständlich, abstoßend und intolerant verurteilen. Ihnen möchte ich die Worte ins Gedächtnis rufen, mit denen die jüdische Schriftstellerin Salcia Landmann den deutschen Außenminister Walter Rathenau zitierte, der beim Anblick jüdischer Spaziergänger in der Umgebung von Berlin von „asiatischen Horden auf märkischem Boden" sprach. Warum sollte ein Junge nicht instinktiv Ähnliches empfinden können?
Ich erlebte nicht nur neu zugewanderte Ostjuden, sondern auch Juden, deren Vorfahren schon länger in unserem Land lebten. An unserer Schule unterrichteten mehrere jüdische Lehrkräfte. In der Mittelstufe gab uns ein Jude Deutschunterricht, den er sehr interessant gestaltete. Er zitierte Verse von Walther von der Vogelweide oder Wolfram von Eschenbach in der Sprache ihrer Zeit. Er liebte die deutsche Dichtung. Daraus konnte man schließen, daß er ganz dem deutschen Kulturkreis verhaftet war. Er empfand sich als Deutscher. An diesen Lehrer mußte ich denken, wenn davon ge-

sprochen wurde, daß es nicht nur eine Blutsgemeinschaft, sondern auch eine Geistesgemeinschaft gibt. An unserer Lehranstalt gab es nur wenige jüdische Schüler. Wir Mitglieder des Nationalsozialistischen Schülerbundes haben sie weder gehänselt noch benachteiligt oder gar bedroht. Nur außerhalb der Schule pflegten wir keinen Kontakt mit ihnen.
Mein ältester Bruder Kurt war in den 20er Jahren im jüdischen Bankhaus Caro & Co. und danach bei einem jüdischen Geschäftsmann als Sekretär tätig und begleitete ihn auch auf Reisen. Über dessen praktizierten Geschäftssinn erzählte er mir lustige Geschichten. Als mein Bruder krank war, besuchte ihn sein Chef bei uns auf dem Hinterhof und brachte ihm gute Sachen zu essen mit. Er kümmerte sich sehr um ihn. Aus diesen unterschiedlichen Erfahrungen zog ich für mich den Schluß, daß man zwischen den alteingesessenen jüdischen Bürgern und den frisch eingewanderten Ostjuden differenzieren mußte. Ich habe auch erlebt, daß ein Jude einem Jungen empfohlen hat, in die Hitlerjugend einzutreten. Von einem anderen wußte ich, daß er sagte: „Ich würde ja gern bei Euch mitmachen, wenn Ihr nicht prinzipiell gegen die Juden wäret."
Kameraden haben mir solche Vorfälle ebenfalls bestätigt. In der Nachkriegszeit gab es viele Korruptionsskandale, in die Juden verwickelt waren. Ich erwähne nur die Fälle Sklarek sowie Barmat und Kutisker. Das hinterließ bei mir Spuren. Vor allem fiel mir auf, daß Juden außergewöhnlich stark in der Presse, im Film und Theater vertreten waren und damit an den Schalthebeln der Meinungsbildung und öffentlichen Beeinflussung saßen. Ich denke an das „Berliner Tageblatt" und den „Vorwärts", die sehr weit verbreitet waren.
In Deutschland lebten damals annähernd 600.000 Juden. Ihr Anteil an der Bevölkerung betrug damit ca. 1 Prozent. In der Berliner Bevölkerung belief sich dieser Anteil auf 3,8 Prozent, denen über 50 Prozent des Berliner Grundbesitzes gehörten. In den Arzt- und Anwaltsberufen dominierten sie: von 3.500 Rechtsanwälten waren z.B 2.400 Juden. Außerdem kontrollierten sie das Bankwesen. Ablehnung in mir erzeugten ihre öffentlichen Bekundungen, die nicht meinen Empfindungen und Idealen entsprachen. Diese Verhältnisse bestätigte u.a. der Staatssekretär im Auswärtigen Amt, Ernst von Weizsäcker, der Vater des späteren Bundespräsidenten. In seinen Notizen von 1945 hieß es:
„Anfang der 20er Jahre hatten wir im Osten die Grenzen zu weit aufgemacht. Die Inflation hatte viele Juden angezogen. Als später die Währung in Frankreich einem ähnlichen Schicksal zuneigte, sagte man: Die Juden stehen 10 km vor Paris. Bei uns aber blieben sie tatsächlich hängen und entwickelten sich zu einer Großmacht. In den 20er Jahren waren Banken, Presse, Theater, Kunsthandel, Musik, Anwaltsberuf, größtenteils auch Uni-

versitäten, Ärzteschaft und Krankenhäuser so sehr unter jüdischer Kontrolle, daß es nachdenklichen Juden selbst unheimlich wurde."
Über die Entwicklung in Deutschland und Berlin berichtete einer der berufensten Vertreter der Judenheit, der langjährige Präsident des „Jüdischen Weltkongresses", Nahum Goldman. Er hatte viele Jahre in Frankfurt am Main und Berlin gelebt und nach dem Ende des Zweiten Weltkrieges mit dem Bundeskanzler Dr. Adenauer die Wiedergutmachung ausgehandelt. In seinem Buch „Mein Leben in Deutschland" schrieb er:
„Das deutsche Judentum, das in der Nazizeit sein jedenfalls vorläufiges Ende fand, war eines der interessantesten und für die moderne jüdische Geschichte einflußreichsten Zentren der europäischen Judenheit. Es hatte im Zeitalter der Emanzipation, d.h. in der zweiten Hälfte des 19. und Anfang des 20. Jahrhunderts einen meteorhaften Aufstieg genommen. Es vereinigte die Begabungen, die der jahrhundertealte schwere Existenzkampf bei einem großen Teil des jüdischen Volkes entwickelt hatte, mit vielen spezifischen Eigenschaften - guten und bösen - des deutschen Volkes. Es hatte an dem rapiden wirtschaftlichen Aufstieg des kaiserlichen Deutschland vollen Anteil genommen, viel zu demselben beigetragen, für sich selbst eine angesehene Stellung in der deutschen Wirtschaft erobert. Von der wirtschaftlichen Position her gesehen, konnte sich keine jüdische Minderheit in anderen Ländern, ja nicht einmal die amerikanische, mit den deutschen Juden messen. Sie waren mitführend in den Großbanken, wofür es nirgends eine Parallele gab, und durch die Hochfinanz waren sie auch in die Industrie eingedrungen. Ein erheblicher Teil des Großhandels lag in ihren Händen, und selbst in Wirtschaftszweigen, die sich sonst kaum in jüdischem Besitz befanden, wie Schiffahrt oder Elektroindustrie, waren sie in Deutschland führend. Namen wie Ballin oder Rathenau bezeugen das. Ich kenne kaum ein emanzipiertes Judentum, weder in Europa noch auf dem amerikanischen Kontinent, das so tief in der allgemeinen Ökonomie des Landes verwurzelt wäre, wie das deutsche. Die heutigen amerikanischen Juden sind zwar sowohl absolut wie relativ reicher, als es die deutschen Juden waren, aber selbst in Amerika mit seinen unbegrenzten Möglichkeiten ist es ihnen nicht gelungen, in dem gleichen Maße in die zentralen Sphären der Wirtschaft (Stahl, Eisen, Schwerindustrie, Hochfinanz, Schiffahrt) einzudringen, wie dies in Deutschland der Fall gewesen war."
Und zur Reichshauptstadt erklärte Nahum Goldmann in seinem Buch:
„Das Berlin der Weimarer Republik war der größte Anziehungspunkt für die osteuropäische jüdische Intelligenz geworden, und eine ganze Reihe bedeutender hebräischer und jiddischer Schriftsteller hatten sich dort niedergelassen."
Als ich die ersten Versammlungen der NSDAP besuchte, hörte ich häufig

die Redner vom jüdischen Bolschewismus sprechen. Mit meinen 15 Jahren hatte ich das nicht ganz verstanden. Ich fragte mich durch und erhielt Broschüren, die Aufschluß darüber gaben, daß die bolschewistische Oktoberrevolution von 1917 im wesentlichen ein Werk der Juden war und daß sich die Delegierten der ersten Parteitage zu etwa 50 Prozent aus Juden zusammensetzten. Das traf auch für die führenden Persönlichkeiten des Bolschewismus zu. In diesem Zusammenhang erfuhr ich, daß die Wegbereiter der Räterepublik in Bayern, Kurt Eisner und Eugen Leviné, sowie Karl Liebknecht und Rosa Luxemburg Juden waren. Die geschilderten Tatsachen ließen mich nicht unbeeinflußt. So kam es, daß ich mich ohne Bedenken der NSDAP und der Hitlerjugend anschloß. Wenn ich heute an diese Zeit zurückdenke, in der ich durch meine Mutter in einer christlichen Umgebung aufwuchs, so erkenne ich, daß die christliche Kirche durch die Verkündung des Gottesmordes durch Judas über nahezu 2.000 Jahre erheblich dazu beigetragen hat, den Nährboden für den latent vorhandenen Antisemitismus zu bereiten. Mein wichtigster Beweggrund dafür war jedoch die Zielsetzung für die Verwirklichung eines nationalen Sozialismus. Nie hatte ich damit gerechnet, daß die antijüdische Einstellung zu Vorkommnissen wie in der Reichskristallnacht führen könnte. Mir schwebte vor, daß der überproportionale Einfluß der Juden, wie er sich ganz besonders in Berlin auswirkte, auf ein Maß zurückgeführt werden sollte, der etwa ihrem Anteil an der deutschen Bevölkerung entsprach. Die Reichskristallnacht warf einen Schatten auf die großen Werke des Aufbaus.
Das Jahr 1939 brachte uns starke außenpolitische Spannungen. Sie entstanden zunächst durch die tschechische Frage. Deutsche Zeitungen berichteten in den ersten Märztagen, daß sich die Rechtsstellung der deutschen Minderheit in der Tschechoslowakei seit dem Abkommen von München keinesfalls gebessert habe. Es folgten Berichte über tschechische Terrorakte gegen Deutsche, Slowaken und Karpatho-Ukrainer. Am 14. und 15. März empfing Adolf Hitler in Berlin den tschechischen Präsidenten Dr. Emil Hacha und seinen Außenminister Chvalkovsky. Das Ergebnis dieser Begegnung hielt der Archivdirektor und Historiker Max Domarus mit folgenden Worten fest:
„Bei der Zusammenkunft sei die durch die Vorgänge der letzten Wochen auf dem bisherigen tschechischen Staatsgebiet entstandene ernste Lage in voller Offenheit einer Prüfung unterzogen worden. Auf beiden Seiten ist übereinstimmend die Überzeugung zum Ausdruck gebracht worden, daß das Ziel aller Bemühungen, die Sicherung von Ruhe, Ordnung und Frieden in diesem Teil Mitteleuropas sein müsse. Der tschechoslowakische Staatspräsident hat erklärt, daß er, um diesem Ziele zu dienen und um eine endgültige Befriedigung zu erreichen, das Schicksal des tschechischen

Volkes und Landes vertrauensvoll in die Hände des Deutschen Reiches legt. Der Führer hat diese Erklärung angenommen und seinem Entschluß Ausdruck gegeben, daß er das tschechische Volk unter den Schutz des Deutschen Reiches nehmen und ihm seine eigenartgemäße autonome Entwicklung seines völkischen Lebens gewährleisten wird."
Später äußerten Historiker, daß Dr. Hacha damals unter psychologischem und politischem Druck gestanden habe. Am Tag bevor Hacha und Chvalkovsky von Hitler empfangen wurden, hatte Msgre. Dr. Tiso die Unabhängigkeit der Slowakei erklärt, und die Karpatho-Ukraine war von den Ungarn besetzt worden. Deutsche Truppen marschierten am 15. März in tschechisches Gebiet ein. Der Empfang war nicht mit den überwältigenden Begeisterungsstürmen zu vergleichen, wie es sie beim Anschluß von Österreich und dem Sudetenland an das Reich gab. Am 16. März 1939 wurde durch Erlaß das „Protektorat Böhmen und Mähren" geschaffen. Der Artikel III besagte:
„Das Protektorat Böhmen und Mähren ist autonom und verwaltet sich selbst. Es übt seine ihm im Rahmen des Protokolls zustehenden Hoheitsrechte in Einklang mit den politischen, militärischen und wirtschaftlichen Belangen des Reiches aus. Die Hoheitsrechte werden durch eigene Organe und eigene Behörden, mit eigenen Beamten wahrgenommen."
Zum Reichsprotektor in Böhmen und Mähren ernannte Hitler den früheren Reichsaußenminister und Präsidenten des Geheimen Kabinettsrats, Konstantin Freiherr von Neurath. Der 1919 im Vertrag von Versailles und St. Germain von den Siegermächten künstlich konstruierte Staat der Tschechoslowakei mit seinen starken deutschen, slowakischen, ungarischen und polnischen Minderheiten bestand nicht mehr. Mehrere Historiker vertreten die Auffassung, daß Hitler mit dem Einmarsch in die Tschechei den Rubikon überschritten hatte.
In Berlin legte der britische Botschafter den Protest seiner Regierung gegen die Schaffung dieser vollendeten Tatsache ein, dem sich die Franzosen anschlossen. Die Botschafter wurden von ihrer Regierung aus der Reichshauptstadt nach London und Paris zurückgerufen. Im Gegenzug wurden unsere Botschafter nach Berlin zurückbeordert. Nach der Sudetenkrise war ich einmal Gast des Botschafters Henderson und traf dort auch auf andere ausländische Diplomaten. Da hörte ich allerdings nicht gerade freundliche Worte über das Verhalten der tschechischen Führung, was mich annehmen ließ, daß ein gewisses Verständnis für den deutschen Standpunkt vorhanden war. Hitler sah sich noch einmal veranlaßt, auf einer Kundgebung anläßlich eines Stapellaufes in Wilhelmshaven am 1. April 1939 sein Handeln gegenüber der Tschechei zu begründen. Seine Worte waren zugleich eine Antwort auf die Rede des englischen Ministerpräsidenten Chamberlain in

Birmingham vom 17. März 1939, der Hitler an dessen Worte erinnerte, „keine weiteren territorialen Bestrebungen" zu verfolgen und „wir wollen keine Tschechen im Reich haben". Hitler sagte in seiner Rede u.a.:
„Wir haben wirklich keinen Haß gegen das tschechische Volk. Wir haben jahrelang miteinander gelebt. Das wissen die englischen Staatsmänner nicht. Sie haben keine Ahnung davon, daß der Hradschin nicht von einem Engländer, sondern von Deutschen erbaut wurde und daß der St. Veits-Dom gleichfalls nicht von Engländern, sondern von deutscher Hand errichtet wurde. Auch Franzosen waren dort nicht tätig. Sie wissen nicht, daß schon zu einer Zeit, in der England noch sehr klein war, einem deutschen Kaiser auf diesem Berg gehuldigt wurde, daß dort tausend Jahre vor mir der erste deutsche König stand und die Huldigungen dieses Volkes entgegennahm. Das wissen die Engländer nicht, das können sie auch nicht und das brauchen sie auch nicht zu wissen. Es genügt, daß wir es wissen und daß es so ist, daß seit einem Jahrtausend dieses Gebiet im Lebensraum des deutschen Volkes liegt. Wir hätten aber trotzdem nichts gegen einen unabhängigen tschechischen Staat gehabt, wenn er 1. nicht Deutsche unterdrückt und wenn er 2. nicht das Instrument eines kommenden Angriffs gegen Deutschland hätte sein sollen. Wenn aber ein französischer früherer Luftfahrtminister in einer Zeitung schreibt, daß es die Aufgabe dieser Tschechei aufgrund ihrer hervorragenden Lage sei, im Kriege Deutschlands Industrie ins Herz zu treffen, dann wird man verstehen, daß das für uns nicht ohne Interesse ist und daß wir daraus bestimmte Konsequenzen ziehen."
Der Schaffung des Protektorats Böhmen und Mähren folgte in einer Woche die Lösung der Memellandfrage. Am 22. März 1939 stimmte der Ministerrat Litauens dem Ersuchen Hitlers zu, das Memelland mit seiner deutschen Bevölkerung dem deutschen Reich zurückzugeben. Im Vertrag zwischen beiden Ländern vom gleichen Tage hieß es im Artikel 1:
„Das durch den Vertrag von Versailles von Deutschland abgetrennte Memelgebiet wird mit Wirkung vom heutigen Tage wieder mit dem Deutschen Reich vereinigt."
Der Artikel 3 bestimmte die Errichtung einer Freihandelszone für Litauen in Memel, und in Artikel 4 verpflichteten sich beide Staaten, „weder zur Anwendung von Gewalt gegeneinander zu schreiten, noch eine gegen einen der beiden Teile von dritter Seite gerichtete Gewaltanwendung zu unterstützen". Diese Lösung wurde von der memelländischen Bevölkerung mit Begeisterung aufgenommen.
Als ich am 20. April 1939 in der fertiggestellten Neuen Reichskanzlei mit den Gauleitern und Verbändeführern vor Adolf Hitler stand, der seinen 50. Geburtstag beging, befand er sich auf dem Höhepunkt seiner Tatkraft, seines Erfolges und seines Lebens. In nur sechs Jahren hatte er die demüti-

genden Bestimmungen des Siegerdiktats von Versailles entkräftet, im Inneren des Landes durch den wirtschaftlichen Aufstieg die soziale Not beseitigt und dem Volk den Glauben an sich selbst und das Vertrauen in die Zukunft zurückgegeben. Rudolf Heß gelobte dem Führer treue Gefolgschaft seiner Mitarbeiter und alten Kämpfer auf seinem weiteren Weg, was auch ich als Jugendführer innerlich uneingeschränkt bejahte. Aus den Worten, die Hitler danach an uns richtete, ist mir vor allem folgendes im Gedächtnis geblieben: Der 50. Geburtstag erinnere ihn daran, wie wenig Zeit ihm noch verbleibe, um die großen Schicksalsfragen seines Volkes zu lösen. Er glaube nun einmal daran, daß er dazu berufen sei. Er müsse von jetzt an mit der Zeit geizen. Diese Worte ließen darauf schließen, warum er die Ereignisse mit Energie und Eile vorantrieb und die Probleme Österreichs, des Sudeten- und Memellandes in Angriff nahm. Später äußerte er dazu, daß er seine Maßnahmen vor dem Abschluß der starken Aufrüstung der benachbarten Staaten verwirklichen wollte.

Es war gewiß kein Zufall, daß am 50. Geburtstag Hitlers der erste Lehrgang des Führernachwuchses an der Akademie für Jugendführung in Potsdam-Braunschweig begann. In der zurückliegenden Zeit waren auf vielen Führer- und Fachschulen laufend Nachwuchskräfte herangebildet worden. In der Akademie aber sollten die Kräfte ihre Ausbildung erhalten, die sich für den hauptamtlichen Beruf des Jugendführers entschieden hatten. Das gleiche galt auch entsprechend für die Führerinnen des Bundes Deutscher Mädel. Während bisher die Schulung an den Wochenenden und in dreiwöchigen Lehrgängen auf der Reichsführerschule und den Führerschulen der Gebiete stattfand, sollte die Ausbildungszeit an der Akademie ein Jahr betragen. Danach wurde eine dreiwöchige Arbeit in einem Betrieb des Inlands sowie ein halbes Jahr der Tätigkeit im Ausland zur Pflicht gemacht. Erst danach sollte das Patent als Jugendführer erteilt werden. Damit gehörte man dem Führercorps der Hitlerjugend an. Voraussetzung für die ausgelesenen Akademiebewerber war die längere Bewährung in der Jugendarbeit, die Teilnahme an einem achtwöchigen Lehrgang auf der Reichsführerschule in Potsdam sowie eine viermonatige Tätigkeit im Stab eines Gebietes.

Der Akademiebewerber hatte sich für eine hauptamtliche Tätigkeit in der Hitlerjugend für zwölf Jahre zu verpflichten. In der Regel erstreckte sich diese Zeit vom 23. bis zum 35. Lebensjahr. Die Ausbildung an der Akademie war so geplant, daß dadurch nach zwölf Jahren der Übergang in andere berufliche Tätigkeiten erleichtert wurde. Dafür kam z.B. die Übernahme von Aufgaben in der NSDAP und ihren Verbänden, in der Wirtschaft oder in den Jugendressorts der öffentlichen Verwaltungen in Betracht. Insbesondere kam dafür auch der Sportlehrerberuf in Frage. Jeder Akademie-

bewerber mußte ja das Führersportabzeichen erworben haben. Die Leibeserziehung spielte an der Akademie ohnehin eine bedeutende Rolle, so daß auch während des Ausbildungsganges den Akademisten die Möglichkeit gegeben wurde, das Patent des Diplomsportlehrers zu erwerben. Auf der Akademie wurden neben den vielseitigen Aufgaben der Hitlerjugend, die von dem Amtschefs der Reichsjugendführung nach neuestem Stand dargestellt wurden, folgende Fächer behandelt und gelehrt.
1. Politik und Weltanschauung (Politik mit sogenannter Führungslehre, Kultur und Gesellschaftskunde sowie jugendkundlich, pädagogisch-juristischen Teilbereichen; Weltanschauung mit Volkstum, Völker, Menschen, Rassenkunde, Philosophie und Religionskunde; Geschichte mit Schwergewichten in Vor- und Weltgeschichte; Wirtschaftslehre und Geographie);
2. Sport;
3. Sprachen, vornehmlich deutsch und englisch - zusätzlich Wahlfremdsprachen;
4. musische Fächer mit Kunst und Musikerziehung;
5. Arbeitsgemeinschaften.

Für diese Bereiche waren an der Akademie ständig Dozenten tätig. Außerdem wurden Gastdozenten für die Fakultäten herangezogen, wobei es sich um namhafte Wissenschaftler und Hochschullehrer handelte. Den Lehrgangsteilnehmern stand eine umfangreiche Bibliothek zur Verfügung, zu der auch Bücher gehörten, die auf dem Index vermerkt waren. So konnten sie an die Themen von allen Seiten herangehen. Von dieser vom Reichsjugendführer initiierten Akademieausbildung versprachen wir uns auf längere Sicht, Schritt für Schritt unserem Erziehungsideal und dem idealen Typus des Jugendführers und der Jugendführerin näher zu kommen. Es war auch eine Akademie für Mädelführung vorgesehen, die ihren Standort im Lechlumer Holz zwischen Braunschweig und Wolfenbüttel haben sollte. Die Pläne und Modelle lagen bereits vor und wurden auf einer Bauausstellung in München gezeigt. Wegen der Kriegsverhältnisse konnte der Bau nicht mehr ausgeführt werden. So fanden zwischen 1940 und 1942 an der Akademie in Braunschweig auch Lehrgänge für BDM-Führerinnen statt. Die Akademieausbildung konnte in Friedenszeiten nur noch wenige Monate erfolgen. Danach rückten immer mehr und mehr verwundete und versehrte Jugendführer in die Ausbildungsstätte ein.

Am 1. Mai 1939, dem nationalen Feiertag der Arbeit, fand im Berliner Olympiastadion die letzte Großkundgebung der Jugend mit Adolf Hitler im Frieden statt. Als Gebietsführer von Berlin oblag mir gemeinsam mit den Dienststellen des Reichspropagandaministeriums wieder die Vorbereitung dieser Kundgebung. Da das Olympiastadion über 100.000 junge

Menschen erfaßte, wurden die Vorbereitungen minutiös geplant, von den Verkehrsbehörden die zeitliche Folge der Züge festgelegt und durch uns die sanitäre Versorgung sichergestellt. Das geschah zur völligen Zufriedenheit der führenden Persönlichkeiten. Nach Baldur von Schirach und Reichsminister Dr. Goebbels sprach Adolf Hitler zu der Jugend. Mir fiel der Ernst seiner Worte auf, die er an uns richtete, wenn er z.b. sagte: „Es gibt Völker um uns, die unsere Einigkeit nicht wünschen. Sie wollen unserem Volk diejenigen notwendigen Lebensrechte nicht gewähren, die allen Völkern selbstverständlich gegeben sind. Wir und andere junge Völker müssen uns diese Lebensrechte, die von unseren Vorfahren einst preisgegeben wurden, mühselig wieder erwerben und vielleicht einmal für sie eintreten. Und da baue ich nun zuerst auf Euch, meine deutschen Jungen. Vor allem erwarte ich, daß, wenn einmal die Stunde kommen sollte, in der eine andere Welt glaubt, nach der deutschen Freiheit greifen zu können, aus dieser Jugend als Antwort ein millionenfacher Schrei ertönen wird, ein Schrei, so einmütig und deshalb so gewaltig, daß sie alle erkennen müssen, daß die Zeit der Hoffnungen auf eine innere deutsche Zersplitterung endgültig vorbei ist, daß die harte Schule nationalsozialistischer Erziehung es fertiggebracht hat, endlich das deutsche Volk zu formen."
Ich dachte dabei auch an die Worte Hitlers, die er zu seinem 50. Geburtstag äußerte, daß er nun mit der Zeit geizen müsse, und bezog seine jetzigen Ausführungen auf die beginnende Polenkrise, die schon seit einiger Zeit schwelte und schließlich zum Kriegsausbruch führte.
In der Nachkriegszeit wurde oft behauptet, die Hitlerjugend sei für den Krieg erzogen und insbesondere im Hinblick auf Polen von vornherein negativ beeinflußt worden. Das Gegenteil ist richtig. Ich habe bereits erwähnt, daß die Reichsjugendführung das internationale Singen über die Grenzen im Rundfunk durch eine Gemeinschaftssendung mit der polnischen Jugend eröffnet hatte, daß mein Kamerad Obergebietsführer Karl Cerff sich nach Warschau begab, um mit den polnischen Jugendorganisationen Bande der Zusammenarbeit zu knüpfen und daß danach auch polnische Jugendführer mit gleichem Ziel zu uns nach Deutschland kamen. Das geschah, obwohl uns bekannt war, daß in Polen immer mehr deutsche Schulen geschlossen und deutsche Lehrlinge kaum noch eingestellt wurden, während die kleine Minderheit der polnischen Jugend in Deutschland über eine ausreichende Anzahl von Schulen, Büchereien und Kindergärten verfügte und hier dem polnischen Pfadfinderbund sowie dem Sokolverband keine Hindernisse für ihre Arbeit in den Weg gelegt wurden. Unser Verhalten entsprach den Bemühungen der Reichsregierung, mit Polen ein gutes Nachbarschaftsverhältnis herzustellen, was auch in dem Verständigungs- und Nichtangriffspakt mit Polen im Jahr 1934 zum Ausdruck kam.

Im Hinblick auf Polen wird eine andere wichtige Tatsache oft übersehen. Auch vor Hitler hatte es starke Spannungen zwischen den verschiedenen Regierungen der Weimarer Republik und Polen gegeben. So kann man nicht einfach unterschlagen, daß in der Zeit von 1918 bis 1939 eine Million Deutsche auf kaltem Wege durch Rechtsbrüche, Arbeitsplatzboykott und Gewalt aus Polen herausgezwungen wurden. Die Vertreibung der Deutschen aus Polen hat also nicht erst nach dem Zweiten Weltkrieg begonnen, wenngleich sie da in einem vielfachen Ausmaß erfolgte. Der Reichsaußenminister der Weimarer Republik, Gustav Stresemann, dachte nicht im entferntesten daran, auf das deutsche Danzig oder den exterritorialen Korridor durch Polen als Verbindungsweg zu Ostpreußen zu verzichten, wenn er sich dazu wie folgt äußerte:
„Eine meiner wesentlichsten Aufgaben ist die Korrektur der Ostgrenzen: die Wiedergewinnung Danzigs, des polnischen Korridors und eine Korrektur der Grenze in Oberschlesien ... Daß wir die Grenze im Osten nicht anerkennen, habe ich ... zum Ausdruck gebracht, als ich erklärte, daß keine deutsche Regierung jemals diese Grenze des Versailler Vertrages anerkennen würde."
Nichts anderes hat Hitler gewollt. Er war bereit, den Polen den Zugang zur Ostsee zu garantieren, so wie er Litauen in Memel eine Freihandelszone eingeräumt hatte. Es ist bekannt, daß mehrere ausländische Diplomaten das Ansinnen von Gustav Stresemann und Adolf Hitler als maßvoll erachtet hatten.
Über die Verschlechterung der deutsch-polnischen Beziehungen äußerte sich der Vorsitzende des Rates der Deutschen in Polen, Haslacher, der zugleich Sprecher der deutschen Volksgruppe im polnischen Senat war. Am 11. März 1939 bezeichnete er das polnische Grenzzonengesetz als Aussiedlungsgesetz für die deutsche Grenzbevölkerung. Er geißelte die verantwortungslose Pressehetze gegen Deutschland, die das Ziel habe, deutsche Veranstaltungen zu stören und deutsche Geschäfte zu boykottieren. Zwei Tage später wies er den erschreckenden Abbau des deutschen Schulwesens seit Bestehen des polnischen Staates nach. Unter der Auswirkung dieser Hetze wurden Deutsche verhaftet, ein Deutscher von einem polnischen Grenzsoldaten erschossen, und in der Nacht zum 26. August 1939 fielen in Danzig ein Landespolizist und ein SA-Mann einem polnischen Feuerüberfall zum Opfer. Daß es sich bei diesen Berichten nicht um erfundene oder übertriebene Pressemeldungen handeln konnte, dessen war ich mir aus meinen Gesprächen mit Verwandten gewiß, die in Westpreußen in der Nähe der polnischen Grenze lebten und mir von dem schlimmen Los der Grenzdeutschen auf polnischer Seite erzählten.
Das wurde mir auch im nachhinein am 20. August 1940 in Kutno im dama-

ligen Reichsgau Wartheland durch ein erschütterndes Erlebnis bestätigt. Dorthin hatten sich 17 Marschgruppen der Hitlerjugend von je 60 Jungen aus allen Richtungen begeben, um von mir ihre Fahnen zu empfangen. Nach der Feierstunde sprach ich mit den Waisen, die ihre Eltern am Bromberger Blutsonntag des 3. September 1939 verloren hatten, und mit Jungen, deren Angehörige schon vor Ausbruch des Krieges unter polnischen Gewalttaten, teilweise mit tödlichem Ausgang, schwer gelitten hatten.

In den letzten Tagen des August erlebten wir eine politische Sensation. Hitler und Stalin, die weltanschaulich-politischen Antipoden, hatten sich auf einen Nichtangriffspakt geeinigt, der am 23. August 1939 vom deutschen Reichsaußenminister von Ribbentrop in Moskau in Gegenwart von Stalin unterzeichnet worden war. Wer hatte das je für möglich gehalten? Auf viele Kommunisten, aber auch auf einige Nationalsozialisten wirkte diese Nachricht wie ein Schock. Ich war kein Politiker, sondern Jugendführer. Ich besaß ein tief verwurzeltes Vertrauen zu Adolf Hitler, das in den Jahren der Kampfzeit und des Aufbaues gewachsen war. Wie manch ein Deutscher sagte ich mir: Als erwiesener Realpolitiker hat er den größten Überblick und die Weitsicht. Er wird es schon richten. Und dann schwang in meiner Vorstellung noch die historisch bewährte Rußlandpolitik Bismarcks mit. Stets hatte ich mit großem Interesse in den Nachrichten und Zeitungsmeldungen das außenpolitische Geschehen verfolgt, mich jedoch auf diese Fragen nie spezialisiert.

Ich war mit meiner Arbeit auf sozialem Gebiet völlig ausgelastet. Noch im Juli 1939 war mir unter der Schirmherrschaft von Hermann Göring, Baldur von Schirach, Dr. Robert Ley und Reichswirtschaftsminister Walter Funk neben meinen anderen Tätigkeiten die Geschäftsführung für das „Begabtenförderungswerk des Deutschen Volkes" übertragen worden, in dem ich eine der produktivsten Aufgaben für die Zukunft sah. Am 30. August 1939 ordnete die polnische Regierung die Generalmobilmachung an, nachdem das Garantieversprechen Englands an Polen vom 6. April 1939 ratifiziert worden war.

Die Kriegszeit

Am 1. September 1939 verkündete Adolf Hitler vor dem Deutschen Reichstag den Einmarsch deutscher Truppen in Polen. Am 3. September erklärten Großbritannien und Frankreich Deutschland den Krieg.
Die Stimmung in der deutschen Bevölkerung war gedrückt. Auch unter uns Jugendführern gab es keine Begeisterung, wie es vom Ausbruch des Ersten Weltkrieges überliefert worden war. Alle Kameraden, mit denen ich in diesen Tagen sprach, waren sehr ernst. Wir kannten die Berichte von den grauenvollen Materialschlachten der Jahre 1914 bis 1918. Die Waffentechnik war in ihrer Wirkung und Zerstörungskraft weiterentwickelt worden, und der Luftkrieg würde sicher neue große Gefahren und Vernichtung mit sich bringen. Wir wußten, was auf uns zukam.
Ich erinnere mich an den tiefen Ernst der Worte, die der Reichsjugendführer sprach: „Und wenn Amerika in den Krieg eintritt, dann gnade uns Gott." Mir fiel es schwer, mich von den Plänen und der Aufbauarbeit, in der ich ganz aufgegangen war, zu trennen. Es hieß Abschied zu nehmen von den Menschen, die einem lieb und nahe waren. Es träfe nicht zu, wenn ich da noch von Begeisterung sprechen würde. An ihre Stelle trat aber feste Entschlossenheit. Ich war überzeugt, für die Herstellung eines Rechtes eintreten zu müssen, das im Siegerdiktat von Versailles sträflich mißachtet worden war und von dem der französische Historiker Jaques Bainville meinte: „In Versailles hat man den ewigen Krieg organisiert."
Im September 1939 wurde ich Soldat. Meine neue Anschrift war nun eine Feldpostnummer. Ich ging zur Infanterie des Heeres. Das Infanterieregiment 272, in dem ich nun diente, wurde in Jüterbog aufgestellt. Dort traf ich zu meiner Freude einen meiner Mitarbeiter, Amtsgerichtsrat Walter Bergemann, der sich in der Rechtsdienststelle meines Amtes und im Jugendrechtsausschuß der Akademie für Deutsches Recht durch seine guten Vorschläge und Stellungnahmen sehr bewährt hatte. Nach geraumer Zeit wurden wir auf den Truppenübungsplatz Münsingen in Württemberg verlegt, wo im größeren Verband Übungen abgehalten wurden. Als Quartiermacher wurde ich mit einigen Kameraden nach Bischmisheim vorausgeschickt, wo unsere Einheit eine kurze Zwischenstation machte. Dann ging es nach Saarbrücken. Wir waren in einem Verwaltungsgebäude des Bergbaues untergebracht und fuhren jeden Morgen im Lastwagen auf die

Spicherer Höhen, die schon im Krieg von 1870/71 umkämpft worden waren. Die Franzosen mußten vorgeschobene Beobachter postiert haben, die unser Gelände einsehen konnten; denn wenn wir zur Höhe hinauffuhren, wurden wir stets von der französischen Artillerie beharkt. Blitzschnell sprangen wir vom Lastwagen herunter und gingen in Deckung.

Auf den Spicherer Höhen erhielt ich meine Feuertaufe. Eine Granate schlug unmittelbar neben mir ein. Im letzten Augenblick rettete ich mich durch einen Sprung in einen Trichter. Der liebe Gott hatte seinen Daumen dazwischen gehalten. Allmählich entwickelte man einen Instinkt dafür, wann und wo ein herannahendes Artilleriegeschoß einschlagen würde. Unsere Kompanie hatte auf den Spicherer Höhen den ersten Verwundeten, um den sich sofort alle Kameraden fürsorglich bemühten. Bald sollten Verwundete zum täglichen Geschehen gehören.

Unsere Dauerstellung bezogen wir auf dem Oberfelsberg, einige Kilometer südwestlich von Saarlautern. Durch das Niemandsland getrennt, lag vor uns der französische Ort Berveiller. Weihnachten verlebten wir im westlichen Vorfeld. Zu uns drang die Nachricht, daß Adolf Hitler ganz in unserer Nähe Heiligabend bei seinen Soldaten von der Leibstandarte und dem Regiment „Großdeutschland" verbracht hatte. In der Nacht zum Neuen Jahr stand ich auf Posten und lauschte angespannt über das Niemandsland in die Dunkelheit hinein, ob ich nicht Geräusche vernehmen konnte, die auf einen französischen Stoßtrupp schließen ließen. Mangelnde Wachsamkeit konnte viele Kameraden das Leben kosten. Daher wurden Wachvergehen mit Recht streng bestraft. Der Winter 1939/40 war ungewöhnlich hart. Es war bitterkalt in dieser Silvesternacht, und meine Glieder erstarrten. Ich versuchte stets, meine Finger zu bewegen, um notfalls den Abzug an meinem Gewehr bedienen zu können. Die Gefahr bestand darin, daß man auch moralisch zu frieren begann, wenn der Körper von dieser extremen Kälte befallen wurde. So haben wir es bei hohen Kältegraden sehr begrüßt, wenn wir einen kräftigen Schluck aus der mit Rum gefüllten Feldflasche nehmen konnten, um das Blut in Wallung zu halten. Ich habe später unsere Soldaten bewundert, die sehr schwere Winter in den Weiten Rußlands gegen eine Übermacht kämpfend durchgestanden haben.

Zu den Spähtrupps nach Frankreich hinein habe ich mich freiwillig mit meinem ostmärkischen Kameraden Friedl Griesmayer gemeldet. Wir wurden beide als vordere Sicherer eingeteilt. Das ist insofern erwähnenswert, als das Gelände im Niemandsland vermint war. Da eine höhere Schneedecke das Erdreich bedeckte, mußten wir den Weg mit größter Vorsicht bahnen. Einmal sind wir der drohenden Gefahr noch gerade entwischt. Als wir einen Drahtverhau durchschneiden wollten, entdeckten wir eine unförmig verschneite Tellermine, die im Stacheldraht hing. Nicht nur einmal

hatten wir Glück. Wir waren in ein französisches Dorf eingedrungen, in dem uns ein von den Franzosen hinterlassener Hund verbellte. Er wurde zum Schweigen gebracht. Kurz darauf erschien im Dorf ein Aufgebot von Franzosen, das wesentlich stärker als unsere Einheit war. Wir hatten uns in das Pfarrhaus des Ortes zurückgezogen. Die Franzosen kamen bis an die Haustür, traten aber nicht ein. Hätten sie einige Handgranaten durch die Fenster geworfen, wären wir alle erledigt gewesen. Nun wußten wir wenigstens, wie stark die Franzosen im Abschnitt uns gegenüber waren.
Nach meinen ersten Spähtrupps wurde ich nicht zum Gefreiten befördert, sondern zum Obersoldaten ernannt. Ich hatte also nicht nur in der Hitlerjugend, sondern auch in der Truppe von der Pike auf gedient. Dafür wurde ich dann aber schneller zum Unteroffizier befördert. So verlief unsere Dienstzeit auf dem Oberfelsberg mit Wachen und Erkundungen in Feindesland.
Im April 1940 kehrten wir in unsere Ruhestellung nach Saarwellingen zurück. Der Hauptmann ließ die Kompanie noch einmal antreten. Er verlas eine Order des Oberkommandos der Wehrmacht, die besagte, daß ich sofort nach Berlin in Marsch zu setzen sei. Ich sollte die Vertretung des Reichsjugendführers übernehmen. Dieser hatte sich freiwillig zum Einsatz bei der Truppe gemeldet, und der Führer hatte seine Zustimmung gegeben. Diese Wendung kam für mich völlig unerwartet und überraschend. Mit keinem Wort hatte mir Baldur von Schirach etwas davon angedeutet. Als ich mich einigermaßen auf die neue Lage eingestellt hatte, regten sich in mir zwiespältige Empfindungen. Ich dachte zuerst an meine Kameraden, die weiterkämpfen mußten. Mancher von ihnen wird gedacht haben: Der hat es gut, der haut jetzt ab, und wir bleiben hier. Es war etwas Ungutes in diesem Gefühl, als würde ich meine Kameraden im Stich lassen. Diese Empfindungen ließen mich geloben, meinen Soldatenkameraden, die täglich ihr Leben einsetzten, in der Heimat den Rücken freizuhalten.
Auf meiner Fahrt nach Berlin dachte ich über meine zukünftige Arbeit nach. Dabei wurde mir klar, daß ich sie ziemlich voraussetzungslos übernehmen würde. Ich ging davon aus, daß sich alle wehrtauglichen Jugendführer zur Truppe melden würden, und hatte mich darin auch nicht getäuscht. Wie sollte ich aber die Aufgaben ohne sie, die eingespielt waren und zum Teil eine gute Ausbildung erhalten hatten, überhaupt bewältigen? Ich war mir auch eines anderen großen Mankos bewußt. Schirach kannte Adolf Hitler persönlich seit vielen Jahren und hatte sich in seinen Augen als Studenten- und Reichsjugendführer bestens bewährt. Hitler war sein Trauzeuge und seiner Frau Henriette seit ihren Kinderjahren zugetan und sah sie auch später gern in seiner engeren Umgebung. Das Ehepaar von Schirach hatte einen fast familiären Zugang zu ihm. Diesen Zugang besaß

ich nicht. Gewiß war ich Hitler von den Tagungen des Führerkorps, von den Vorstellungen der Sieger des Reichsberufwettkampfes und als Organisator der Großkundgebungen der Jugend in Berlin bekannt. Aber bisher hatte ich nie Gelegenheit gehabt, ein längeres Gespräch mit ihm zu führen, und nie war ich sein Gast gewesen. Wie sollte das jetzt mit der persönlichen Verbindung zu ihm werden, da Hitler durch die Kriegführung stärker beansprucht wurde als zuvor?

Ich machte mir Gedanken über meinen künftigen Stellvertreter und die Auswahl der engsten Mitarbeiter. Schirach und sein Stabsführer Hartmann Lauterbacher, der seit früher Kampfzeit ein erfahrener Formationsführer war, ergänzten sich in ihrem Naturell sehr gut und waren daher ein erfolgreiches Gespann. Diesem einmal gleichzukommen, dürfte schwer werden. Jahrelang hatte ich für die sozialen Belange der Jugend gearbeitet und stand jetzt vor der Aufgabe, die Arbeit der Hitlerjugend auf die Erfordernisse des Krieges auszurichten. Welch eine Umstellung! Sie würde mir allerdings dadurch erleichtert werden, daß ich als aktiver Gebietsführer auch mit der Leibeserziehung und der Wehrertüchtigung befaßt worden war. Doch nach meinen Anlagen zu urteilen, war ich nicht zuerst als Soldat geboren worden. Bei allen diesen Überlegungen war ich doch sehr erfreut über das Vertrauen, das bei der Erfüllung meines Auftrages im Krieg in mich gesetzt wurde. Das waren meine Gedanken, als ich in Berlin eintraf, um mich im Personalamt des Oberkommandos des Heeres am Tirpitzufer - heute Reichspietschufer - zu melden. Dort wurde ich vom Bruder des späteren Generalfeldmarschalls Keitel begrüßt. Da ich in der Uniform eines Unteroffiziers erschien, hatte ich die vielen hohen Offiziere zu grüßen, denen ich in der Vorhalle, auf dem Treppenaufgang und in den Gängen begegnete. Meine Hand bekam ich kaum von meiner Kopfbedeckung.

Am 3. Mai 1940 wurde ich offiziell als bevollmächtigter Vertreter Baldur von Schirachs in seine Ämter eingesetzt. Drei Monate später ernannte mich der Führer und Reichskanzler auf Vorschlag Schirachs zum Reichsjugendführer der NSDAP und zum Jugendführer des Deutschen Reiches. Damit war ich neben meiner Dienststellung in der NSDAP zugleich Chef einer Obersten Reichsbehörde, die in der Reichskanzlei ressortierte. Der Chef der Reichskanzlei, Dr. Lammers, vereidigte mich und überreichte mir danach die Ernennungsurkunde. Sie trug das Ausstellungsdatum vom 2. August 1940. Die Bekanntgabe erfolgte am 8. August 1940.

Hitler hatte Baldur von Schirach, der den Frankreichfeldzug im Regiment „Großdeutschland" mitgemacht hatte, von der Truppe zurückgerufen und ihn als Gauleiter und Reichsstatthalter nach Wien entsandt. Er ernannte ihn zugleich zum Reichsleiter für Jugenderziehung und zum Inspekteur der Hitlerjugend. Er teilte ihm mit, daß er ihm gegenüber nach wie vor die

Gesamtverantwortung für die Jugendarbeit behielt. Diese Lösung habe ich begrüßt und dafür bereits die Gründe angeführt. Für mich war es beruhigend, davon ausgehen zu können, daß uns in besonders schwierigen Fällen der direkte Weg zu Hitler durch Baldur von Schirach offen blieb. Das bewährte sich auch am Anfang durchaus.
Nachdem Rudolf Heß am 10. Mai 1941 nach England geflogen war, wurde Martin Bormann Leiter der Parteikanzlei. Nun sollte sich manches ändern. Er verstand es, nicht zuletzt durch seine enorme Leistung als Kanzleichef und später als Sekretär des Führers, sich im Laufe der Zeit mehr und mehr zwischen Hitler und dessen engste Mitarbeiter zu stellen. In der letzten Phase des Krieges gelang es ihm sogar, seine Funktion zu einem Nadelöhr zu gestalten. Jeder, der ein Anliegen an Hitler hatte, mußte erst dieses Nadelöhr passieren. Ausnahmen bestätigten auch hier die Regel. So kam es, daß auch Baldur von Schirach immer seltener von Hitler empfangen wurde. Die schlechter werdende Frontlage trug sicher dazu bei. In seinem Buch „Ich glaubte an Hitler" behauptete Schirach, daß er 1943 bei Hitler in Ungnade gefallen sei. Davon wußte ich nichts. Er hatte nie mit mir darüber gesprochen. Seit dieser Zeit war die Hilfe Schirachs für die Hitlerjugend nur begrenzt. Folgt man den Äußerungen und Ausführungen des ehemaligen Stabsführers Hartmann Lauterbacher in dessen Erinnerungen „Miterlebt und mitgestaltet", so war er darüber verbittert, daß er nicht Nachfolger Baldur von Schirachs geworden war. Auch ich hatte damit fest gerechnet, da er ihn jahrelang erfolgreich vertreten hatte.
Lauterbacher, der am 24. Mai 1909 geboren wurde, ist am 8. August 1940 zunächst zum stellvertretenden Gauleiter, am 2. Dezember 1940 als Nachfolger von Dr. Bernhard Rust zum Gauleiter von Südhannover-Braunschweig und am 20. April 1941 zum Oberpräsidenten der Provinz Hannover ernannt worden. Mit Baldur von Schirach und Hartmann Lauterbacher gab es nun zwei Gauleiter in der NSDAP mit gleichzeitigen hohen Regierungsfunktionen, die aus der Jugendarbeit kamen.
Mit meiner Nachfolge konnten sich mindestens zwei Gebietsführer nicht anfreunden und gaben mir dies auch deutlich zu erkennen. Einer von ihnen war Heinz Deinert, der früher im Obergebiet West unter Lauterbacher im Gebiet Ruhr-Niederrhein und später im Gebiet Schlesien tätig war. Er kam zu mir und legte offen und unverblümt seine Meinung dar, daß sich der bisherige Stabsführer besser zum Reichsjugendführer eignen würde als ich. Ich erklärte ihm, daß ich mit dem Einrücken zur Truppe meine Tätigkeit als Jugendführer für beendet angesehen hatte und im Fall des Überlebens in die Erwachsenenarbeit gegangen wäre, in der ich ohnehin bereits mit einem Bein stand. Mir wäre eine Aufgabe in der Deutschen Arbeitsfront an der Seite von Dr. Robert Ley oder in einer anderen sozialen Körperschaft

sicher gewesen. Ich fragte ihn dann, wie er, Deinert, sich denn an meiner Stelle bei einem Auftrag des Führers im Kriege verhalten hätte. Seine bullernde Opposition erschien mir nun gedämpfter. Er verblieb noch kurzfristig im Gebiet Schlesien und wurde danach Kreisleiter im Gau Südhannover-Braunschweig.

Es war in der Jugendführung durchaus üblich, unterschiedliche Meinungen kontrovers auszutragen - entgegen allen Behauptungen von heute, daß angeblich Befehle nur in strammer Haltung und blindem Gehorsam entgegen zu nehmen waren. Natürlich blieb Enttäuschung zurück, wenn eine Entscheidung gegen die Auffassung der Betroffenen gefällt wurde. Aber dafür trug auch der Entscheidende mit allen Konsequenzen die alleinige Verantwortung. Auch durch meine Entscheidungen mag dieser und jener enttäuscht worden sein. Man kann nicht jedermanns Liebling sein.

Ich erinnere mich an einen Vorfall, der mich enttäuscht hat und meiner Vorstellung von kameradschaftlicher Zusammenarbeit nicht entsprach. Die Revisoren des Reichsschatzmeisters hatten in der Buchführung des Verwaltungsamtes der Reichsjugendführung Unregelmäßigkeiten aufgedeckt. Der Reichsschatzmeister entsandte einen neuen Reichskassenverwalter nach Berlin. Nach seinen Weisungen verlangte er sofort von den Amtschefs die Autoschlüssel für unsere kleinen Opel-Dienstfahrzeuge zurück. Als er das auch von mir verlangte, machte ich ihm klar, daß nicht ich, sondern der Verwaltungsleiter in seiner Arbeit versagt hätte. Man könne doch nicht die falschen Leute dafür verantwortlich machen. Der Stabsführer stellte sich hinter den Beauftragten des Reichsschatzmeisters. Ich mußte die Schlüssel abgeben. Der Stabsführer durfte seinen Wagen behalten. Er protestierte nicht gegen diese Behandlung der Amtschefs. Es erschien ihm für die HJ offensichtlich zweckmäßig, es sich nicht mit den Leuten zu verderben, die das Geld verteilten. Durch meine Kritik hatte ich schlechte Karten. Nach diesem Vorfall machte ich meine Erledigungen außer Haus mit dem Fahrrad. In der Uniform eines Obergebietsführers fuhr ich mit dem Rad durch ganz Berlin, und wenn ich zum Kronprinzenufer 10 zurückkehrte, bat ich die beiden Posten der Stabswache, die vor dem Haus Dienst taten, auf mein Fahrrad aufzupassen. Sie werden sich über mein Ansinnen gewundert haben.

Am 24. Januar, dem Todestag unseres ermordeten Kameraden Herbert Norkus, radelte ich mit den Berliner Bannführern zum Friedhof in Plötzensee, um seiner am Grab zu gedenken. Auch der Stabsführer war erschienen. Als es zum Aufbruch ging, lud er mich ein, in seinem Wagen mitzufahren. Ich sah die Bannführer, die aufmerksam diese Szene verfolgten. Ich dankte und stieg nicht ein. Hinterher hörte ich von den Bannführern: „Das wäre ja schlecht gewesen, wenn Du im Auto mitgefahren wärst."

Auch bei Auslandsbesuchen trennte ich mich nicht von meinem Fahrrad. Als der Comandante Bonamici, ein Stellvertreter des italienischen Jugendführers, in Berlin weilte, fuhr ich mit ihm in voller Uniform mit dem Rad zu einem Sportfest der Hitlerjugend in Neukölln. Ich hatte den Eindruck, daß die Jungens sich am meisten über die beiden Radler gefreut hatten. Aus einem Negativum war ein Positivum geworden. Schnell erhielt ich meinen Wagen zurück.

Es gab einen ärgeren Vorfall. Wieder ging es um die Verwaltung, aber dieses Mal im Gebiet Berlin, dessen Führung ich im Januar 1935 de facto übernommen hatte. Kurz darauf fand in der Verwaltung des Gebietes eine Revision statt, bei der Fehlbeträge festgestellt wurden. Der Verwaltungsleiter Götsche gab zu, diese Fehlbeträge veruntreut zu haben. Er wurde verklagt. Eines Tages rief mich Schirach zu sich und eröffnete mir, daß er mich im Zusammenhang mit der Klage von meinen Ämtern beurlauben müsse. Vor Empörung schlug ich mit meiner Faust auf seinen Schreibtisch und sprach erregt auf ihn ein, daß meine Mutter 16 Jahre lang in die Fabrik arbeiten gegangen ist, daß meine Brüder arbeitslos waren und wir in dieser Notzeit keinen Pfennig unrechtmäßig erworben hätten. Und jetzt wurde ich verdächtigt, unlauter gehandelt zu haben. Unter meiner weiteren Argumentation zog Schirach die Beurlaubung zurück. Götsche hatte Aussagen gemacht, die mich in dem Sinne belasteten, er hätte unter meinem Einfluß gehandelt. Das konnte ich nicht glauben und vermutete, daß er dazu von anderer Seite ermuntert worden war. Darin wurde ich bestätigt, als mir der Staatsanwalt im Gerichtsgebäude im Vorbeigehen sagte: „Ich habe den Eindruck, daß der Prozeß nicht gegen Götsche, sondern gegen Sie gerichtet ist."

Etwa sechs oder sieben Jahre später besuchte mich der Reichsoberrevisor Ried in meiner Dienststelle, der damals in der Sache Götsche einen langen geharnischten Aktenvermerk gegen mich verfaßt hatte. Nun erst erfuhr ich von ihm, daß Ried damals nach Absprache mit dem Stabsführer Lauterbacher in die Untersuchungszelle von Götsche gegangen war, um ihm zu erklären, daß es sein Los erleichtern würde, wenn es Hinweise auf eine Beeinflussung durch mich gäbe. Das ganze Spektakel drehte sich darum, daß ich nach getaner Arbeit im Gebiet zu sehr später Stunde mit Götsche wie auch mit anderen Mitarbeitern in ein Nachtlokal gegangen bin, um noch ein Glas Bier zu trinken. Götsche wurde verklagt und verurteilt. Der Reichsjugendführer brauchte die Rücknahme der Beurlaubung nicht zu bedauern. Nach Mitteilung des Reichsoberrevisors Ried war der Reichsschatzmeister Franz Xaver Schwarz von meiner Integrität überzeugt. Zu ihm besaß ich ein gutes Verhältnis. Ich unterrichtete ihn laufend über unsere Arbeitsvorhaben, und er bewilligte stets die erheblichen Mittel, die wir für ihre Durchführung benötigten. Nie habe ich bei ihm einen Antrag auf einen Personalkredit bestellt, wie es andere taten. Wenn der Reichsschatzmeister Geburtstag hatte, erschien ich vor seinem Haus mit einem Musikzug der Hitlerjugend zur Gratulation. Und in der Internierung wurde dieser betagte Mann, der sich so große Verdienste um die Sauberkeit der Verwaltung der NSDAP und ihrer Verbände erworben hatte, von einem meiner Mitarbeiter bis zum Schluß betreut. Meine innere Einstellung zum Stabsführer blieb durch diese Vorgänge nicht unbeeinflußt, zumal ich auch andere Fälle erlebt hatte, die meinen Widerspruch hervorriefen.

So unterrichtete mich z.B. der Reichssieger im Berufswettkampf, Arthur Hindrichs, daß er ohne mein Wissen von der Reichsjugendführung aufgefordert worden wäre, für den Empfang beim Führer und Reichskanzler am 1. Mai die HJ-Uniform anzuziehen. Das ging mir gegen den Strich. Man konnte nicht die berufliche Elite dadurch gewinnen, daß man sie in HJ-Uniform steckte. Die Erfahrung hatte gezeigt, daß sie früher oder später von selbst zu uns kamen, weil sie unsere Maßnahmen anerkannten. Ich sorgte dafür, daß Hindrichs in Zivil in der Reichskanzlei erschien.

In den sechs zurückliegenden Jahren des Aufbaus hatte ich neben dem Reichsjugendführer und meinem Gauleiter Dr. Goebbels häufig mit dem Leiter der Deutschen Arbeitsfront, Dr. Robert Ley, zu tun. Hitlerjugend und Deutsche Arbeitsfront arbeiteten als tragende Kräfte in der Durchführung des Reichsberufswettkampfes und in der Begabtenförderung eng miteinander zusammen. Sie waren auch durch Personalunionen, z.B. durch den Leiter des Jugendamtes der DAF und den Berufsreferenten im Sozialen Amt der Reichsjugendführung, miteinander verbunden. Mit meinen Ämtern stand ich im Schnittpunkt der Interessen beider Millionenorganisationen und war für den harmonischen Ablauf der Tagesarbeit verantwortlich. Nicht immer war das einfach. Wurde z.B. in den Medien das Verdienst der Hitlerjugend am Gemeinschaftswerk zu stark betont, so konnte das bei Dr. Ley auf eine empfindliche Stelle treffen. Sein Unmut äußerte sich auf verschiedene Art. Er wandte sich z.B. an meine engste Mitarbeiterin, Erna Pranz, die zugleich die Belange der werktätigen weiblichen Jugend in der Deutschen Arbeitsfront wahrnahm: „Sie können doch ganz gut mit dem Axmann. Sagen Sie ihm mal, daß es so nicht weitergeht." Lag der Fall schwieriger, so besprach er ihn mit dem Reichsjugendführer. Ernst wurde es stets, wenn er mich in seine Villa in die Herthastraße im Grunewald bestellte. Da konnte ich mich auf einiges gefaßt machen. Heftige Vorwürfe prasselten auf mich nieder, so daß ich mich mit dem Vorsatz: Bis zu Ende ausreden lassen - beruhigen mußte. Oft gelang es mir, seine Vorwürfe zu entkräften. Dann war alles wieder in Ordnung. Bis zum nächsten Gespräch. Einmal wurde ich zu ihm gerufen, weil er nicht mit den Grundsätzen des sozialen Jugendrechts einverstanden war, die mein Stellvertreter in der Akademie für Deutsches Recht, Prof. Wolfgang Siebert, vertreten hatte. Ich nahm ihn deshalb gleich zur Besprechung mit. Ich wurde jedoch allein empfangen, verteidigte die Auffassungen meines Mitarbeiters und stellte fest, daß Dr. Ley einer irrigen Information aufgesessen war. Es kam schon mal vor, daß die Chefs den Einflüsterungen aus ihrer Umgebung erlagen. Eine unangenehme Überraschung erlebte ich, als ich nach dem Besuch der Landdienstführerschule in Varchentin/Mecklenburg mit anderen Gästen auf das Gut des Landesbauernführers, Graf Grote, eingeladen war. Zur Nachrichtenzeit schaltete man das Rundfunkgerät ein. Man brachte die Meldung, daß ich von meinem Amt als Leiter des Jugendamtes der Deutschen Arbeitsfront entbunden worden sei. Ich kam mir in diesem Augenblick vor, als hätte ich Löffel gestohlen, und sah die Blicke der Gäste in fragender Verwunderung auf mich gerichtet. Ich wurde bei Dr. Ley vorstellig, der mich mit einer Vertrauenserklärung empfing, als wäre nichts vorgegangen. Dr. Ley hatte mich 1935 nach dem Wechsel von Franz Langer in die Erwachsenenarbeit gebeten, für eine gewisse Zeit die Leitung des Jugendamtes der DAF selbst zu übernehmen. Ohne vorher informiert worden zu sein, hatte man es mir nun 1937 wieder genommen. Über die Entlastung war ich keineswegs traurig, nur die Art und Weise, wie es geschah, fand ich nicht gut.

Die Stimmungen bei Dr. Ley schwankten. Seine Reaktionen konnte man vorher nicht berechnen. Er vertraute und mißtraute zugleich. Er konnte auch sehr liebenswürdig sein, und man entdeckte bei ihm sogar Humor. Als ich mit ihm von einer gemeinsamen Fahrt im Auto nach Berlin zurückkehrte, fuhren wir in Wittenau an der Heilanstalt vorüber. Im Vordergrund prangte ein damals gängiges Spruchband mit dem Text: „Dieser Betrieb steht geschlossen in der Deutschen Arbeitsfront." Lange und schallend mußte er darüber lachen. Er erzählte mir bei anderer Gelegenheit von seinen Erlebnissen im Ersten Weltkrieg. Er hatte sowohl im Westen wie im Osten gekämpft und meldete sich danach zu den noch jungen Fliegerstreitkräften, bei denen er als Artilleriebeobachter zum Einsatz gelangte. Zwei Abstürze hatte er überstanden, einen beim Übungsflug, einen anderen nach einem Luftkampf, in dem er verwundet worden war. Er sprach von einer Bruchlandung hinter den französischen Linien, wo er in Gefangenschaft geriet, und von einer Verschüttung. Davon habe er, so sagte er mir, seinen Sprachfehler zurückbehalten. Es sei ihm schwer gefallen, vor seinen ersten öffentlichen Reden seine Hemmungen zu überwinden. Da habe er zur Cognacflasche gegriffen, um ihrer Herr zu werden. So erklärte ich mir auch, daß er bei einigen Reden unter Alkohol stand. Völlig unerwartet vertraute er mir aus seinem Privatleben die Liebe zu seiner jungen

und schönen Frau an, die vor seiner Ehe unter ihrem Mädchennamen Inge Spilker als Sopranistin aufgetreten war. Nach einem Streit mit ihm nahm sie sich 1942 das Leben.
Dr. Ley begeisterte sich für seine Aufgaben und steigerte sich in seinen Reden dabei oft bis zur Euphorie. Er besaß eine weitschweifende Phantasie, von der oft gute Einfälle und Gedanken übrigblieben. Hitler nannte ihn einmal seinen größten Idealisten. Dr. Ley hat viel für die werktätigen Menschen getan, was ich auf meinem Arbeitsgebiet bezeugen kann. Mit dem „Leistungskampf der Betriebe" hatte er dazu beigetragen, das Bewußtsein in der Wirtschaft dafür zu schärfen, daß sie eine verpflichtende Funktion für das Gemeinwohl des Volkes habe. „Kraft durch Freude" war keine Propaganda-Aktion, sondern eine soziale Tat, die es den Menschen möglich machte, mit wenig Geld die Urlaubsfreuden in den Bergen, an der See oder auf den Kreuzfahrten durch die Meere zu genießen. Häufig hörte ich von den KdF-Fahrern, daß sie von dieser sozialen Tat und Institution sehr angetan waren. „Kraft durch Freude" war ein bahnbrechender Vorläufer der modernen Touristikindustrie, die ihre Reisen günstig anbieten können. Dr. Ley leistete mit der Deutschen Arbeitsfront grundlegende Vorarbeiten für die Errichtung des Volkswagenwerkes. Als Adolf Hitler am 26. Mai 1938 dafür den Grundstein legte, äußerte der Leiter der Deutschen Arbeitsfront: „Dieser Wagen ... soll den Namen der Organisation tragen, die sich am meisten bemüht, die breitesten Massen unseres Volkes mit Freude und damit mit Kraft zu erfüllen. Er soll 'KdF-Wagen' heißen."
Hitler ernannte Dr. Robert Ley am 15. November 1940 zum „Reichskommissar für den sozialen Wohnungsbau". Nach den Weisungen des Führers sollten 80 Prozent der Wohnungen eine geräumige Wohnküche, drei weitere Zimmer, Dusche und Balkon haben. Durch die Entwicklung des Kriegsgeschehens konnte dieses großzügige Wohnungsbauprogramm nicht voll verwirklicht werden. Dr. Ley mußte sich notgedrungen auf die schnelle Errichtung von Behelfsheimen zur Unterbringung der ausgebombten Bevölkerung konzentrieren. Unzählige Menschen erfuhren dadurch eine Hilfe. Am 25. Oktober 1945 erhängte sich Dr. Ley vor der Eröffnung des Hauptprozesses in seiner Gefängniszelle. In einer hinterlassenen Notiz hieß es: „Daß ich ein Verbrecher sein soll ... das kann ich nicht ertragen."
Völlig neu war für mich die Nachricht, die Baldur von Schirach in seinem Buch „Ich glaube an Hitler" über Dr. Ley veröffentlicht hat. Darin heißt es: „Ich hatte den kleinen, untersetzten Mann mehrmals im Gefängnis gesehen. Er war völlig apathisch gewesen. Er hatte sich selbst aufgegeben." Ich erinnerte mich, wie Robert Ley mir einmal gesagt hatte: „Ich habe ja eigentlich kein Recht, mich als den Vorkämpfer der Germanen hinzustellen. Ich bin auch sonst kein Vorbild im Leben." Nun war Ley tot, dessen Arier-

nachweis im Panzerschrank von Heß lag. Ley war jüdischer Abstammung und hieß eigentlich Levi. Nicht einmal gerüchteweise, wie bei Heydrich und Milch, hatte ich je davon gehört. Ich kann nur ahnen, in welchem Zwiespalt sich dieser Mann befunden hat.
Mit meiner Ernennung zum Reichsjugendführer begann im Krieg ein neuer Lebensabschnitt für mich. Blickte ich an dieser Wende auf das Geschehen der vergangenen Jahre zurück, so wurde ich mir dessen bewußt, wie klein und gering persönliche Enttäuschungen und Auseinandersetzungen dagegen erschienen. Selten führt ein gerader breiter Weg direkt zum ersehnten Ziel. Oft muß man Neben- und Umwege mit Hindernissen gehen, die letzten Endes wieder in den Hauptweg einmünden. Ich habe es selbst erfahren, daß Deutsche, die keineswegs mit allem und jedem im Dritten Reich einverstanden und mit dem Nationalsozialismus in keiner Weise verbunden waren, dennoch die großen Erfolge des Wiederaufbaues anerkannten. Wenn ich ein kurzes Fazit der Friedensjahre ziehe, so möchte ich es nicht mit eigenen Worten tun, sondern mit den Worten des einstigen Bundestagspräsidenten, Philipp Jenninger, der in der Bundesrepublik Deutschland hinter dem Bundespräsidenten an zweiter Stelle rangierte. Aus Anlaß der 50. Wiederkehr der „Reichskristallnacht" hielt er am 8. November 1988 vor dem Deutschen Bundestag eine Rede, in der er scharf mit der Rassenpolitik der Judenverfolgung und den Untaten im Dritten Reich ins Gericht ging. Er war aber auch bemüht, in differenzierter Weise nicht alles in dunkle Nacht zu hüllen, sondern den Tatsachen und den lichtvollen Erscheinungen in der Geschichte des Dritten Reiches gerecht zu werden. In dieser Hinsicht führte er u.a. folgendes aus:
„Für das Schicksal der deutschen und europäischen Juden noch verhängnisvoller als die Untaten und Verbrechen Hitlers waren vielleicht seine Erfolge. Die Jahre von 1933 bis 1938 sind selbst aus der distanzierten Rückschau und in Kenntnis des folgenden noch heute ein Faszinosum, insofern, als es in der Geschichte kaum eine Parallele zu dem politischen Triumphzug während jener ersten Jahre gibt. Wiedereingliederung der Saar, Einführung der allgemeinen Wehrpflicht, massive Aufrüstung, Abschluß des deutsch-britischen Flottenabkommens, Besetzung des Rheinlandes, Olympische Sommerspiele in Berlin, 'Anschluß Österreichs' und 'Großdeutsches Reich' und schließlich nur wenige Wochen vor den Novemberpogromen Münchener Abkommen, Zerstückelung der Tschechei - der Versailler Vertrag war wirklich nur noch ein Fetzen Papier - und das Deutsche Reich mit einem Mal die Hegemonialmacht des alten Kontinents. Für die Deutschen, die die Weimarer Republik überwiegend als eine Abfolge außenpolitischer Demütigungen empfunden hatten, mußte dies alles wie ein Wunder erscheinen. Und nicht genug damit: Aus Massenarbeitslosigkeit war Vollbeschäf-

tigung, aus Massenelend so etwas wie Wohlstand für breiteste Schichten geworden. Statt Verzweiflung und Hoffnungslosigkeit herrschte Optimismus und Selbstvertrauen. Machte Hitler nicht wahr, was Wilhelm II. versprochen hatte, nämlich die Deutschen herrlichen Zeiten entgegenzuführen? War er nicht wirklich von der Vorsehung auserwählt, ein Führer, wie er einem Volk nur einmal in tausend Jahren geschenkt wird?
Sicher, meine Damen und Herren, in freien Wahlen hatte Hitler niemals eine Mehrheit der Deutschen hinter sich gebracht. Aber wer wollte bezweifeln, daß 1938 eine große Mehrheit der Deutschen hinter ihm stand, sich mit ihm und seiner Politik identifizierte? Gewiß, einige 'querulantische Nörgler' wollten keine Ruhe geben und wurden von Sicherheitsdienst und Gestapo verfolgt, aber die meisten Deutschen - und zwar aus allen Schichten: aus Bürgertum wie aus der Arbeiterschaft - dürften 1938 überzeugt gewesen sein, in Hitler den größten Staatsmann unserer Geschichte erblicken zu sollen. Und noch eines darf nicht übersehen werden: Alle die staunenerregenden Erfolge Hitlers waren insgesamt und jeder für sich eine nachträgliche Ohrfeige für das Weimarer System. Und Weimar war ja nicht nur gleichbedeutend mit außenpolitischer Schwäche, mit Parteiengezänk und Regierungswechseln, mit wirtschaftlichem Elend, mit Chaos, Straßenschlachten und politischer Unordnung im weitesten Sinne, sondern Weimar war ja auch ein Synonym für Demokratie und Parlamentarismus, für Gewaltenteilung und Bürgerrechte, für Presse und Versammlungsfreiheit und schließlich auch für ein Höchstmaß jüdischer Emanzipation und Assimilation, d.h. Hitlers Erfolge diskreditierten nachträglich vor allem das parlamentarisch verfaßte freiheitliche System, die Demokratie von Weimar selbst. Da stellte sich für sehr viele Deutsche nicht einmal mehr die Frage, welches System vorzuziehen sei. Man genoß vielleicht in einzelnen Lebensbereichen weniger individuelle Freiheiten, aber es ging einem persönlich doch besser als zuvor, und das Reich war doch unzweifelbar wieder groß, ja größer und mächtiger als je zuvor. Hatten nicht eben erst die Führer Großbritanniens, Frankreichs und Italiens Hitler in München ihre Aufwartung gemacht und ihn zu einem weiteren, diesmal nicht für möglich gehaltenen Erfolg verholfen?"
An diesen vom Bundestagspräsidenten Jenninger erwähnten Erfolgen und Leistungen hatte auch die Hitlerjugend ihren bescheidenen Anteil. Sie war ja, wie Baldur von Schirach es einmal ausdrückte, „nicht eine Gründung des Staates für die Jugend, sondern eine Gründung der Hitlerjugend für den Staat". Es bedeutete, daß die Jugend von sich aus in den Staat etwas einbringen und nicht nur Forderungen an ihn stellen wollte. Überall, wo es um die Belange der Jugend ging, war sie durch ihre sachkundigen Führer vertreten. In den Reichsministerien, den Landesbehörden, den Gemeinden

und Gemeindeverbänden, in den Organisationen der Deutschen Arbeitsfront, des Reichsnährstandes, der Nationalsozialistischen Volkswohlfahrt, des Deutschen Roten Kreuzes, in den Jugendrechtsseminaren der Universitäten und der Akademie für Deutsches Recht, bei den größten Arbeitgebern, der Reichsbahn und der Reichspost, in den Arbeitsämtern und in den Betrieben. Ihr Reichsjugendführer arbeitete und ressortierte im Haus des Staatsoberhauptes und Regierungschefs. Wo hat es das schon in der ganzen Welt gegeben? Aus dieser Entwicklung und Tatsache ist es zu verstehen, daß sich die Jugend für ihr Land und seinen Aufbau einsetzen wollte, als Soldat an der Front und als dienendes Glied in der Heimat. Sie war nicht von einem vorübergehenden Strohfeuer der Begeisterung erfaßt. Die Beständigkeit ihres Einsatzwillens sollte sich in einem sechs Jahre dauernden Krieg bewähren. Sie wußte, daß es in jedem Krieg, ganz unabhängig von der Verantwortung und Schuldzuweisung, vor allem um ihre eigene Zukunft ging. So war es für mich bei meinem Dienstantritt oberstes Gesetz, mit allen Kräften den Krieg gewinnen zu helfen.

Am 19. April 1940, am Vorabend des Geburtstages des Führers, hatte ihm Baldur von Schirach als Soldat über den Rundfunk die Glückwünsche der Jugend übermittelt und ihm zugleich gemeldet, daß 95 Prozent der Jugendführer bei der Truppe unter den Waffen standen. Alle Organisationen hatten viele Mitarbeiter an die Wehrmacht abgegeben, jedoch keine in dem Ausmaß wie die Hitlerjugend. Die jüngeren, die 17-, 16- und 15jährigen, mußten jetzt in die Bresche springen. Hitler hatte uns das Prinzip der jungen Führung gegeben, den Leitsatz seines Reichsjugendführers anerkannt und ihn stets gegenüber Kritikern vertreten. Ich weiß z.B., daß der von mir verehrte Großadmiral Dönitz dem Führer seine wohlbegründeten Argumente gegen dieses Prinzip vorgetragen hat. Hitler blieb bei seiner Auffassung. Für uns bedeutete junge Führung nicht, daß 15- bis 17jährige Verantwortung für 10.000 oder gar 100.000 Jugendliche übernehmen sollten. Das blieb den Angehörigen des Führercorps vorbehalten, die in der Regel 20 bis 35 Jahre alt waren. Aber die Einsetzung von jüngeren Führern in den unteren und mittleren Einheiten hatte sich bewährt. Zumeist war es so, daß die Jungen aus ihren Reihen einen etwa gleichaltrigen Einheitsführer erkoren, der sich durch eine besondere Leistung oder durch vorbildliches Verhalten die Zustimmung seiner Kameraden erworben hatte. Wäre nicht über viele Jahre das Prinzip der jungen Führung verwirklicht worden, so hätten wir im Krieg ein großes Fiasko erlitten.

Noch eine andere Tatsache sollte uns im Krieg hilfreich sein. Das war die Existenz des Bundes Deutscher Mädel. In der zurückliegenden Zeit standen Jungen und Mädel kameradschaftlich Seite an Seite, um einem gemeinsamen Ziel auf ihre Weise zu dienen. Sie hatten sich darin in ihrer

Zusammenarbeit geübt. Das kam uns nun zugute. BDM-Führerinnen und -Sportwartinnen übernahmen jetzt Aufgaben der frontdienstleistenden Angehörigen des Führercorps, insbesondere auf dem Gebiet der Kultur, der Sozial- und Sportarbeit. Dadurch wurden wir in die Lage versetzt, unsere Friedensarbeit auch im Kriege fortsetzen zu können, und dabei keineswegs die durch den Krieg bedingten Sondereinsätze in der Heimat zu vernachlässigen.

Nach Absprache mit Schirach berief ich zu meinem Stellvertreter und Stabsführer meinen Kameraden Helmut Möckel. Er wurde am 21. Juni 1909 geboren und hatte als Leiter des Arbeitsausschusses für Heimbeschaffung seine unermüdliche Schaffenskraft unter Beweis gestellt. In der Gestaltung des künstlerischen Bereichs, der mit dem Heimbau zusammenhing, hatte ihn Heinrich Hartmann sehr gut ergänzt. Bei der Durchführung seiner Aufträge hatte er viel mit Behörden, Verwaltungsdienststellen, der Wirtschaft, der Beschaffung von Baumaterialien und der Finanzierung zu tun. Diese Erfahrungen brachte er mit ein. Er war auch als aktiver Jugendführer und zuletzt als Führer des Gebietes Sachsen „frontnah" tätig. Bis zu seinem Tode am 15. Februar 1945 war er in der Reichsjugendführung in nimmermüder Aktivität mit großem Erfolg tätig gewesen. Er hat mich stark entlastet.

Die meisten Mitarbeiter, die schon unter Schirach in der Reichsjugendführung gearbeitet hatten, blieben im Amt, so daß die Kontinuität in der Arbeit gewährleistet war. Zu ihnen gehörte Heinz Hugo John, der am 10. April 1904 geboren wurde und schon 1923 - mit 18 Jahren - in die NSDAP eingetreten war. In seinem Heimatgau Thüringen zählte er zu den ersten SA-Männern und war 1932 einer ihrer Sturmbannführer. Im gleichen Jahr wurde er Reichstagsabgeordneter und folgte dem Ruf Schirachs in die Reichsjugendführung. Seitdem kannte ich ihn. Nach der Machtübernahme 1933 übernahm er das Personalamt und hatte in der folgenden Zeit auch das Amt des HJ-Oberrichters inne. Nach außen hin trat er wenig in Erscheinung, war aber in seiner ausgeglichenen und umsichtigen Art ein Stabilitätsfaktor in der Reichsjugendführung. Als einmal im Kameradenkreis darüber gesprochen wurde, daß Heinz John in seinem Amt möglicherweise durch einen Personalvorschlag des Stabsführers ersetzt werden sollte, bin ich zum Reichsjugendführer gegangen und habe angekündigt, daß ich mich in diesem Fall auf meine anderen Aufgaben zurückziehen würde. Heinz John blieb im Amt. Im Zuge der organisatorischen Vereinfachung und Zusammenfassung der Ämter unter einem Hauptamt, beauftragte ich ihn 1941 mit der Leitung des Hauptamtes I. Dazu gehörten das Personal- und das Organisationsamt, die HJ-Gerichtsbarkeit, der Mob-Beauftragte und der Arbeitsausschuß Langemarck. 1937 hatte ihn der Führer zum Ministerialrat in der Behörde „Jugendführer des Deutschen Reichs" ernannt. Im Krieg reihte er sich 1944 in die Front seiner jungen, kämpfenden Kameraden in der 12. SS-Panzerdivision „Hitlerjugend" ein. Wegen Tapferkeit wurde er mit dem Eisernen Kreuz Erster und Zweiter Klasse ausgezeichnet. Er fiel am 6. Juni 1944. Mit ihm hatte ich einen Freund verloren.

Das Hauptamt II übertrug ich Dr. Ernst Schlünder, der am 23. Mai 1898 geboren wurde. Er stammte aus Westfalen. Mit 16 Jahren zog er freiwillig in den Ersten Weltkrieg, wurde zweimal verwundet und wegen Tapferkeit mit dem Eisernen Kreuz Erster und Zweiter Klasse ausgezeichnet. Nach dem Besuch des Realgymnasiums in Hagen und seinem Studium promovierte er 1922 in Freiburg in Breisgau zum Doktor rer. pol. Bis 1927 betätigte er sich als Syndikus und Bankangestellter, danach bis 1931 als Sportlehrer bei der Volkssportbewegung und bis 1933 als Reichssportwart des Kyffhäuser Bundes. Als Hauptabteilungsleiter für Leibesübungen wurde er im gleichen Jahr in das Amt für körperliche Ertüchtigung und Leibeserziehung unter Dr. Helmut Stellrecht berufen. Nach dessen Ausscheiden übernahm er diese Funktion als Amtschef. 1941 erfolgte seine Ernennung zum Ministerialrat beim „Jugendführer des Deutschen Reiches". Dr. Ernst Schlünder leistete seinen Dienst bis zum Ende des Zweiten Weltkrieges. Er führte das letzte Aufgebot der Hitlerjugend bei der Verteidigung der Pichelsdorfer Brücken in Berlin. Wir waren in Freundschaft verbunden. Zu seinem Hauptamt gehörten das Amt für Wehrertüchtigung, das Amt für Leibesübungen sowie das Amt für Führerausbildung und -schulen.

Das Hauptamt III lag in den Händen von Dr. Rainer Schlösser. Er wurde am 28. Juli 1899 geboren und stammte aus Thüringen. Er nahm als Fähnrich am Ersten Weltkrieg teil. Ab 1933 war er kulturpolitischer Schriftleiter im „Völkischen Beobachter". Nach der Machtergreifung wurde er zum Reichsdramaturgen und Ministerialdirigenten ernannt. Zwei Jahre später übernahm er auch die Theaterabteilung im Reichsministerium für Volksaufklärung und Propaganda. Seit Juli 1939 leitete er zugleich das Kulturamt der Reichsjugendführung und hat durch seine Reden, insbesondere auch vor dem Bund Deutscher Mädel, wertvolle kulturelle Impulse gegeben. Zu seinem Hauptamt gehörten das Amt für weltanschauliche Schulung, das Kulturamt, das Presse- und Propaganda-Amt, das Reichsinstitut für nationalsozialistische Jugendarbeit und die Reichsschrifttumstelle. Er war mir bis 1945 ein loyaler Mitarbeiter. Er verfaßte mehrere Schriften, wie „Das Volk und seine Bühne", „Politik und Drama" und „Grabbes Vermächtnis".

Das Hauptamt IV bestand aus dem Sozialen Amt, dem Gesundheitsamt und dem Amt Bauerntum und Landdienst. Diese Ämter wurden von meinen alten und bewährten Mitarbeitern, Gebietsführer Otto Schröder, Hauptbannführer Prof. Liebenow und Hauptbannführer Sim Winter, bis zum Kriegsende geleitet. In der letzten Phase hatte Otto Schröder die federführende Verantwortung für das Hauptamt IV. Otto Schröder war noch Teilnehmer des Ersten Weltkrieges und sehr alter Parteigenosse. Er hatte sich auch um den Reichsberufswettkampf und um das Jugendamt der Deutschen Arbeitsfront verdient gemacht. Er gehörte zu meiner Kampfgruppe, als wir in der Nacht vom 1. zum 2. Mai 1945 aus Berlin durch die sowjetischen Linien ausgebrochen sind.

Das Hauptamt V, das vom Bauamt, dem Amt für Heime und Jugendherbergen, dem Arbeitsausschuß für HJ-Heimbeschaffung und dem Reichsverband für Jugendherbergen gebildet wurde, leitete Obergebietsführer Johannes Wilhelm Rodatz, ein hanseatischer Kaufmannssohn. Er wurde am 4. Oktober 1905 geboren. Die wirtschaftliche Konsolidierung und die wesentliche Erweiterung des Jugendherbergswesens durch viele Neubauten sind ihm zu verdanken. Auch er war bis zum Ende des Krieges ohne Unterbrechung erfolgreich tätig.

Die Verantwortung für das Hauptamt VI trug Gebietsführer Ludwig Grimm. Ihm waren das Amt für Finanzverwaltung, das Amt für Rechtsverwaltung, das Amt für allgemeine Verwaltung und das Wirtschaftsamt zugeordnet. Er stammte aus Bayern und war Blutordensträger der NSDAP. Seine fachlichen Weisungen erhielt er vom Reichsschatzmeister der NSDAP. Die Zusammenarbeit zwischen ihm, dem Reichsschatzmeister und mir war sehr harmonisch. Wie Otto Schröder, so trat auch Ludwig Grimm mit mir in der Nacht vom 1. zum 2. Mai 1945 den letzten Gang ins Ungewisse an. Er ist dabei gefallen.

Direkt beigegeben war mir Hans von Tschammer und Osten in seiner Eigenschaft als Beauftragter für die Leibeserziehung der deutschen Jugend. Er war seit 1933 zugleich Reichssportführer und Staatssekretär im Reichsministerium des Innern und hatte wesentlichen Anteil an den großen sportlichen Erfolgen und dem Gelingen der Olympischen Sommerspiele 1936 in Berlin. Er wurde am 25. Oktober 1887 in Dresden geboren und starb am 25. März 1943. Ich konnte noch vor seinem Tod am Krankenbett in seiner Wohnung auf dem Reichssportfeld bei ihm sein.

Nachdem mit dem 11. Juni 1940, nach dem Antritt Churchills als Regierungschef, der englische Luftkrieg gegen Deutschland und vor allem gegen die Zivilbevölkerung begonnen wurde, rief Hitler Schirach zu sich und beauftragte ihn mit der Evakuierung der Kinder und Jugendlichen aus den luftgefährdeten Gebieten. Diese „Erweiterte Kinderlandverschickung" wurde von den Lehrern und den Führern der Hitlerjugend getragen. Mein Stabsführer Möckel vertrat Schirach zugleich in diesem Sonderauftrag. Für die HJ-seitigen Aufgaben war in der Reichsjugendführung einer der bewährtesten Bannführer des Gebietes Berlin, Eberhard Grüttner, eingesetzt worden. Die Adolf-Hitler-Schulen, die auf gemeinsamen Vorschlag von Dr. Robert Ley und Baldur von Schirach von Hitler genehmigt worden waren, blieben unter der Verantwortung von Schirach.

Unabhängig von den Hauptämtern und dem Arbeitsbereich des Stabsführers stand mir für die weibliche Erziehung die Reichsreferentin Dr. Jutta Rüdiger zur Seite. Sie gehörte dem Jahrgang 1910 an und promovierte in Würzburg mit dem Prädikat „magna cum laude". 1931 trat sie in den Nationalsozialistischen Studentenbund ein. Sie arbeitete nach dem Studium in Düsseldorf als Psychologin im Rheinischen Provinzialinstitut für Arbeits- und Berufsforschung. Bis 1937 diente sie ehrenamtlich von der untersten Einheit des BDM bis zur höchsten Verantwortung. 1937 berief sie der Reichsjugendführer in ihr Amt als Reichsreferentin des Bundes Deutscher Mädel, das sie bis zum Kriegsende innehatte. So blieb auch in der weiblichen Erziehung die Kontinuität gewahrt. Ursprünglich war als Reichsreferentin die Führerin des Obergaus Nordmark, Lisa Husfeld, vorgesehen, die aber mit den Worten ablehnte: „Jutta Rüdiger kann das besser als ich". Diese veröffentlichte 1983 das Buch „Die Hitlerjugend und ihr Selbstverständnis im Spiegel ihrer Aufgabengebiete" als Studienausgabe auf wissenschaftlicher Grundlage. 1987 gab sie die Schrift „Zum Problem von Soldatinnen" heraus. Unter Führung von Dr. Jutta Rüdiger hat der Bund Deutscher Mädel eine beachtliche Entwicklung genommen und an Profil gewonnen. Ich erinnere mich an die Kampfzeit, als die Mädel nicht nur „Schwesternschaft der Hitlerjugend" hießen, sondern auch in ihrer ganzen Art wie Hitlerjungen auftraten. 1932 erlebte ich noch in München, daß Führerinnen des BDM wie die HJ mit gepacktem Affen auf dem Rücken und schweren Stiefeln auf Fahrt gingen. Im Ringen um die Typenbildung und Ausdrucksform änderte sich das in den folgenden Jahren.

Ein deutliches Zeichen hatte die Bundesführerin des BDM, Lydia Gottschewsky, auf einer Gauführerinnentagung vom 11. bis 14. Februar 1933 in Berlin gesetzt. „Wir sehen nicht im Typ der Frauenrechtlerin das Ideal der deutschen Frau, noch im Gretchen-Ideal. Wir wollen das Haus mit offenen Fenstern, und wir wollen die Frau in allen Berufen lassen, die ihrem Wesen entsprechen." Unter der Führung der Reichsreferentin Trude Mohr konsolidierte sich der BDM und zeigte, wie ich über die Leibeserziehung der weiblichen Jugend ausgeführt habe, ein sportliches Gesicht. Dr. Jutta Rüdiger führte sich mit bedeutsamen Vorschlägen an den Reichsjugendführer in die HJ-Arbeit ein. Sie wies darauf hin, daß man nach der Gemeinschaftserziehung der jüngeren Mädel im BDM nunmehr den reiferen Jahrgängen auf individueller Grundlage Gelegenheiten bieten müsse, ihren besonderen Neigungen und Interessen nachzugehen. Das entsprach so ganz unserer großen Zielsetzung auf weite Sicht, in der Einheit die Vielfalt der Interessen und Begabungen zu pflegen.

Das Ergebnis dieser Gespräche war das BDM-Werk „Glaube und Schönheit", das Baldur von Schirach im Januar 1938 für die 17- bis 21jährigen Mädel ins Leben rief. Die Mitgliedschaft war freiwillig. So wurden Arbeitsgemeinschaften für die verschiedensten Interessengebiete gegründet. Sie befaßten sich mit der Leibeserziehung, die von der Gymnastik und dem Tanz bis zum Schwimmen und Florettfechten reichte. Sie erstreckten sich auch auf die Fragen der persönlichen Lebensgestaltung, zu denen das Nähen, geschmackvolles Kleiden, das Malen, Modellieren, die Geselligkeit und das schöne Wohnen gehörten. Auch die Arbeitsgemeinschaft für bäuerliche Lebensgestaltung wurde berücksichtigt, denn das Dorf, das in der Vergangenheit vernachlässigt worden war, bildete für uns einen Schwerpunkt in unserer Arbeit. Die Arbeitsgemeinschaften bezogen sich auf die gesunde Lebensführung, vom Gesundheitsdienst über die Kranken-, Säuglings-, Körper- und Schönheitspflege bis zum Kochen und der gesunden Ernährung. Sie behandelten den Bereich der geistigen und politischen Bildung, von der Volkstumsarbeit und Auslandskunde bis zur Kunstgeschichte und Literatur. Hier wurde der richtige Weg für die Bildung der jungen Persönlichkeit in der Gemeinschaft und für den Übergang vom Mädel zur reifenden jungen Frau beschritten.

Mit der Reichsreferentin, dem Stabsführer und den erwähnten Hauptamtschefs waren die Aufgaben, vor die uns insbesondere der Krieg stellte, zu erfüllen. Es kamen wichtige Mitarbeiter und Mitarbeiterinnen hinzu, die im Zusammenhang mit besonderen Leistungen noch Erwähnung finden werden. Voraussetzung für die Bewältigung der Arbeit waren die Straffung der Organisation, der jahrgangsweise Aufbau unseres Programms, das enge Zusammenrücken mit dem Elternhaus und der Schule sowie die intensive Ausbildung des Nachwuchses für die junge Führerschaft. Zur Vereinfachung gehörte z.B. die Aufhebung der Dienststellung des Jungbannführers, die der Bannführer mit übernahm. Dadurch wurde auch einer Entwicklung vorgebeugt, die eine Absonderung des Jungvolks von der Hitlerjugend verhinderte, für die es einige Anzeichen gab. Außerdem erschien es zweckmäßig, daß nur der Bannführer oder sein Beauftragter mit den Behörden und sonstigen Stellen über die Anliegen der gesamten Jugend verhandelte. Ich paßte den örtlichen Bereich der Banne den Kreisen der NSDAP an. Dadurch wurde die Zusammenarbeit vereinfacht, und es war auch eine stärkere Unterstützung durch die Erwachsenenorganisation zu erwarten. Durch den jahrgangsweisen Aufbau wurde erreicht, daß in der weltanschaulichen Schulung der Reifegrad berücksichtigt wurde und eine Abstimmung mit dem Stufenlehrplan der Schule erfolgte. Die Jüngeren im Jungvolk sollten sich zunächst ihre engere Heimat erwandern und erst später Deutschlandfahrten unternehmen. Nur die Älteren in der Hitlerjugend sollten Fahrten ins befreundete Ausland machen, die ohnehin durch die Kriegsverhältnisse sehr eingeschränkt wurden. Die Eltern waren häufiger zu Veranstaltungen einzuladen, und es wurde Wert auf einen gelegentlichen Hausbesuch gelegt.

Eine Erschwernis bedeutete für uns das Inkraftsetzen der Jugenddienstpflicht. Im Zusammenhang mit dem Gesetz über die Hitlerjugend vom 1. Dezember 1936 hatte ich darauf hingewiesen, daß es der Wille der obersten Führung war, auch den letzten deutschen Jungen einer körperlichen Ertüchtigung zu unterziehen, selbst wenn er sich nicht freiwillig zur Hitlerjugend bekannt hatte. Offensichtlich wurde der Turn- und Sportunterricht in den Schulen dieser Forderung nicht gerecht. So trat neben die Schulpflicht die Jugenddienstpflicht. Die Reichsjugendführung hatte ihre Anwendung drei Jahre hinausgeschoben. Durch den Beginn des Polenfeldzuges war jedoch eine neue Lage eingetreten. Vor meinem Dienstantritt war bereits durch Erlaß vom 20. April 1940 der Jahrgang 1923 erstmalig zur Dienstpflicht aufgerufen worden. Ich hatte nun dafür zu sorgen, daß diese Maßnahmen durchgeführt wurden. Die Erfassungslisten waren bis zum 31. Juli 1940 anzufertigen und die Erfassungsappelle bis zum 30. September 1940 durchzuführen. Ab Oktober 1940 sollte dann die Heranziehung der Pflichtigen zum HJ-Dienst erfolgen. Das durfte aber nur dort geschehen, wo die führungsmäßigen Voraussetzungen gegeben waren.

Hatte die Hitlerjugend für die „Erweiterte Kinderlandverschickung" bereits Führungskräfte als Lagermannschaftsführer abgegeben, so brachte die Umsetzung der Jugenddienstpflicht eine weitere arbeitsmäßige Beanspruchung der HJ-Führerschaft mit sich. Sie erfolgte nicht überall auf einem Schlag, sondern nur dort, wo es durch das Vorhandensein geeigneter HJ-Führer möglich war. Man wird sich vorstellen können, unter welchen Belastungen nun alle Aufgaben zu erfüllen waren.

Nach Kriegsausbruch berieten die Kabinettsmitglieder im Verteidigungsrat unter dem Vorsitz seines Präsidenten Hermann Göring über die Betreuung der Jugend, nachdem so viele ihrer Führer zur Wehrmacht gegangen waren. Für die Reichsjugendführung nahm an diesen Beratungen der Stabsführer Hartmann Lauterbacher teil. Es wurde beschlossen, daß sich die führenden Persönlichkeiten von Zeit zu Zeit mit ihren Reden an die Jugend wenden sollten, die dann vom Rundfunk übertragen und von den Jungen und Mädeln auf dem Heimabend angehört wurden. Reichsleiter Alfred Rosenberg erhielt den Auftrag für die geistige Betreuung der Jugend im Kriege. Beliebt waren bei den Jungen die Begegnungen mit Offizieren und Soldaten, die sich an der Front durch besondere Tapferkeit aus-

gezeichnet hatten, unter denen sich auch HJ-Führer befanden. Diese Frontkämpfer sprachen auf Kundgebungen und nahmen an den Veranstaltungen der Hitlerjugend teil. Front und Jugend waren hier miteinander verbunden. Im Sinne der Beratungen des Reichsverteidigungsrates wurde am 9. März 1940 die Polizeiverordnung zum Schutze der Jugend erlassen. Sie sah unter anderem vor, daß sich Jugendliche unter 18 Jahren auf öffentlichen Straßen oder Plätzen während der Dunkelheit nicht herumtreiben durften. Der Aufenthalt in Gaststätten aller Art war Jugendlichen unter 18 Jahren, die sich nicht in Begleitung eines Erwachsenen befanden, nach 21 Uhr verboten. Jugendliche unter 16 Jahren durften sich ohne diese Begleitung in Gaststätten überhaupt nicht aufhalten. Auch der Besuch von öffentlichen Lichtspieltheatern, Varietés oder Kabarettvorstellungen war den Jugendlichen unter 18 Jahren ohne die Begleitung von Erwachsenen nach 21 Uhr untersagt. Auch der Ausschank von Branntwein oder überwiegend branntweinhaltigen Genußmitteln an Jugendliche unter 18 Jahren sowie das Rauchen in der Öffentlichkeit war nicht erlaubt. Das Überwachen dieser Bestimmungen war Aufgabe der Polizei und, von der Seite der Hitlerjugend, des Streifendienstes der HJ. Durch eine Vereinbarung zwischen Himmler und Schirach war diese Sondereinheit nach der Machtübernahme geschaffen worden, die als Nachwuchsorganisation für die SS und Polizei gedacht war. Der Streifendienst hatte auf das Verhalten und Erscheinungsbild der Jungen und Mädel in der Öffentlichkeit zu achten, reisende Jugendliche auf Bahnhöfen und an Übernachtungsstätten im Auge zu behalten, Schwindler mit Sammelbüchsen bei öffentlichen Sammlungen aufzuspüren, die Feuerschutzordnung im Dienst der HJ, auf Fahrten und im Lager zu überwachen und Vermutungen auf gleichgeschlechtliche Verfehlungen und Verführungen von Minderjährigen nachzugehen. Die Angehörigen des Streifendienstes hatten sich auszuweisen und waren durch einen schwarzen Ärmelstreifen an der Uniform „Streifendienst der HJ" gekennzeichnet.
In den letzten Kriegsjahren wuchs dem Streifendienst die Aufgabe zu, Cliquen zu ermitteln, die die Arbeit der Hitlerjugend von außen zu stören versuchten. In der Friedenszeit hatte ich keine besondere Sympathie für diese Einheit. Ich war der Auffassung, daß sich der verstärkte erzieherische Einfluß bewähren müßte, und allzuleicht konnte mit dem Streifendienst Schnüffelei und Überwachung in der HJ verbunden werden, was wir als nicht jugendgemäß betrachteten. Hinzu kam meine Befürchtung, daß der Streifendienst durch seine herausgehobene Verantwortung Charaktere anziehen könnte, die geltungsbedürftig waren und gern ihre kleine Macht an anderen erproben wollten. Daher war die Auslese von geeigneten und reiferen Führern hier besonders wichtig. Nun muß ich zugeben,

daß der Streifendienst die im Krieg entstandenen Herausforderungen ohne seine in mehreren Jahren getroffene Auslese nicht hätte bewältigen können. Eine Jugendorganisation von 100.000 Mitgliedern braucht ein solches Organ gewiß nicht. Aber bei neun Millionen Mitgliedern ist das schon etwas anderes. Bei einem solchen Mitgliederbestand muß damit gerechnet werden, daß sich im Laufe der Zeit ein bestimmter Prozentsatz von asozialen Elementen bemerkbar macht, die sich schädlich auf die gesunde Gemeinschaft auswirken können, wenn nicht so sehr in Friedenszeiten, dann sicher im Kriege, in dem viele Umstände eine zersetzende Tätigkeit begünstigen. Mit diesen Elementen sind auf keinen Fall politisch Andersdenkende gemeint, unter denen sich viele Idealisten und ehrenwerte Menschen befanden. Trotz der in Einzelfällen zutage getretenen Schwächen hat sich der Streifendienst im Krieg vollauf bewährt, wenn ich nur an seine Mitarbeit in den Schnellkommandos der Polizei denke, die in Gefahr und bei Bombardierung durch Feindmaschinen oft Hilfe brachten. Daher habe ich meine anfängliche Auffassung über den Streifendienst korrigiert.
Bei meinen Antrittsbesuchen hatten mich die führenden Männer des Reiches durch ihre erklärte Hilfsbereitschaft für die Durchführung meines Auftrages ermutigt, auch, weil diesen Erklärungen die entsprechenden Maßnahmen folgten. Ich war mir dessen bewußt, daß ich im Krieg nur selten beim Führer zum Vortrag kommen würde. Daher stellte ich meine Zusammenarbeit mit der Partei vor allem auf den Stellvertreter des Führers, Rudolf Heß, ein. Ich unterrichtete ihn über unsere Arbeitsvorhaben oder erbat Entscheidungen von ihm. Einer der ausführlichen Aktenvermerke über diese Besprechungen vom 29. Oktober 1940 liegt im Bundesarchiv vor. In dieser Besprechung kündigte ich die Angleichung der Banne an die Kreise der NSDAP an, berichtete u.a. über die Zusammenarbeit mit der norwegischen und holländischen Jugend sowie über den Aufbau in den neuen Gebieten. Ich betonte die Notwendigkeit, den Jungen, insbesondere nach dem Kriege, noch mehr als bisher Gelegenheit zu geben, ihren Interessen und Neigungen stärker zu leben, etwa so, wie es bereits im BDM-Werk „Glaube und Schönheit" der Fall war. Ich sagte:
„Eigenständige Charaktere und kleine Rebellen sowie besondere Begabungen dürften auf keinen Fall von der HJ abgestoßen werden. In derartigen Jungen stecken manchmal die besten Kräfte. Man muß vermeiden, sie in ein Schema hineinzuzwingen."
Ich schnitt bei Rudolf Heß außerdem das Problem der Unteroffiziersvorschulen an, die ja Jahrgänge der Hitlerjugend erfaßt hatten, und informierte den Stellvertreter des Führers darüber, daß aus dem Oberkommando des Heeres an uns mit dem Hinweis auf die Sonderformationen der Flieger- und Marine-HJ der Vorschlag ergangen war, dem verbliebenen Hauptkontin-

gent den Namen Heeres-HJ zu geben. Ich bat darum, uns beim Rückruf von HJ-Führern bei der Truppe, die ihren Frontdienst geleistet hatten oder verwundet worden waren, behilflich zu sein. Zur Nachwuchsfrage für die Parteiführerschaft erklärte ich, daß wir nach dem Krieg 50 unserer bewährtesten Bannführer für die Nachfolge von Kreisleitern bereithalten wollten.
Ich nahm an, daß Rudolf Heß über diese Frage mit dem Führer gesprochen hatte, da der Stellvertreter des Führers am 30. Dezember 1940 ein Rundschreiben an die Reichsleiter, Gauleiter und Verbändeführer herausgegeben hatte, das von Martin Bormann unterzeichnet war und in dem es hieß: „Der Führer legt, wie ich im Auftrag mitteile, größten Wert darauf, daß alle Reichsleiter, Gauleiter und Verbändeführer der Partei laufend junge Kräfte heranziehen. Gerade in der Partei müsse, so betonte der Führer, als Grundsatz berücksichtigt werden: 'Wer jung bleiben will, muß stets junge Mitarbeiter um sich haben.' Für das Leben des einzelnen gelte das genauso, wie für das Leben der Partei. Gerade die Partei müsse ständig die besten und fähigsten jungen Kräfte der Nation auslesen und wie ein Magnet zur Mitarbeit an sich ziehen. Ich ersuche im Auftrage, dringend diese Grundsätze zu beachten."
Jahre später, als ich mit Bormann in der Nachwuchsfrage heftig aneinander geriet, hatte ich Veranlassung, auf dieses von ihm abgezeichnete Rundschreiben hinzuweisen. Zu den Besprechungen suchte ich Rudolf Heß in seinem Berliner Büro in der Wilhelmstraße auf oder er empfing mich in seinem Haus in München/Harlaching.
Einmal traf ich ihn, in Decken eingehüllt, in einem Sessel sitzend an. Er kränkelte und klagte über seinen Magen. Mir war aufgefallen, daß er in den Besprechungen nie sofort eine Entscheidung traf. Des öfteren hörte ich ihn in seiner loyalen Gesinnung sagen: „Das muß ich dem Führer vortragen" oder „das muß der Führer entscheiden." Da es sich hier keineswegs um hochpolitische Fragen handelte, kam in mir der Gedanke auf, daß dieses Nichtentscheiden kaum zur Entlastung des Führers beigetragen haben konnte. Rudolf Heß besaß ein großes Verständnis für die Arbeit der Jugend. Er war ein sportlicher Mensch, von fairer Gesinnung. Er lief Ski und hatte als Pilot unter anderem Namen den Zugspitzflug gewonnen. In seinem persönlichen Leben war er sauber, und es gab keine Affären um ihn. Niemand traute ihm die Verfolgung eigensüchtiger Ziele zu. Er stand selbstlos zur Sache und war Inbegriff der Treue zu seinem Führer. Ohne Zweifel bestand der Wert seiner Persönlichkeit in seinen hohen menschlichen Qualitäten und seiner Charakterfestigkeit. Konnte man das von allen sagen?
Eine der ersten großen Veranstaltungen, die ich nach dem Rückruf von der Truppe besuchte, waren die Weimar-Festspiele der deutschen Jugend. Sie

begannen am 14. Juni 1940. An ihnen nahmen etwa 4.000 Jungarbeiter, Jungbauern und Schüler aus allen Gebieten Deutschlands teil. Zugleich fand eine Kulturtagung der Reichsjugendführung statt, auf der der Obergebietsführer und Reichsdramaturg Dr. Rainer Schlösser eine wegweisende Rede hielt. Er betonte die „Einheit des Soldatischen und Musischen" und die „Verflechtung der kulturpolitischen Arbeit mit der Idee der Wehrpflicht". Jede kulturelle Betätigung und Äußerung fassen wir als ein Kraftreservoir auf, auf dem vorzüglich die Seele der Heimat nicht unbeträchtlich, aber auch die Seele der Front nicht nur gespeist werden kann, sondern muß. So berichtete der Vertreter der Wehrmacht beim Jugendführer des Deutschen Reiches, Hauptmann Kaether, am 4. Juli 1940 an den Chef des Allgemeinen Wehrmachtsamtes, Generalmajor Reinecke. Über mein Schlußwort meldete er:
„Er (Axmann) warnte vor einem sich schon gelegentlich abzeichnenden 'falschen Herrenstandpunkt', der sich als Folge des siegreichen Krieges entwickeln könnte. Er stellte ihm die sich auf höhere Leistungen jeder Art gründende 'Führung' gegenüber."
Anlaß zu dieser Äußerung gab mir meine Feststellung, daß nach den ersten Siegen im Frankreich-Feldzug arrogant-übermütige Sprüche laut geworden waren. Diese Warnung vor einem völlig falsch interpretierten Herrenstandpunkt war später in meinen Reden enthalten, die ich vor allem in den Ostgebieten hielt. Ich war erst eine Woche als bevollmächtigter Vertreter von Schirach im Amt, als am 10. Mai 1940 der Feldzug gegen Frankreich begann. Ich saß zu Hause in der Heimat, mit meinen Gedanken bei meinen Soldaten-Kameraden. Nicht gerade ein gutes Gefühl. Seit diesen Tagen verfolgte ich mein Ziel, wieder zur Truppe zu gelangen. Ich versuchte, meinen Wunsch über den Stellvertreter des Führers, den Reichsführer SS, den Chef des Oberkommandos der Wehrmacht und andere Persönlichkeiten an den Führer heranzutragen. Dieser lehnte mein Begehren ab. Ich mußte auf dem Posten bleiben, auf den ich hingestellt war. Auf der ersten Arbeitstagung der Führerschaft der Hitlerjugend seit meiner Ernennung, die am 1. Oktober 1940 in der Reichszeugmeisterei in München stattfand, machte der Reichsschatzmeister der NSDAP, Franz Xaver Schwarz, der Hitlerjugend ein Geschenk. Er verkündete den Fortfall des Mitgliedsbeitrages mit Wirkung vom gleichen Tage. Auch die Zahlung der Beitragsrückstände entfiel ab sofort, und die Beiträge für die Unfall- und Haftpflichtversicherung würden künftig vom Reichsschatzmeister getragen. Bei ihm blieben die Formationen der Hitlerjugend uneingeschränkt weiter versichert. Durch den Fortfall des Beitrages wurden etwa 70.000 Verwaltungsstellen eingespart. Das war eine fühlbare Vereinfachung im Krieg. Der Fortfall des Beitrages regte das Sparen in der Hitlerjugend an,

das während des Krieges in einer gemeinsamen Aktion mit den Sparkassen und dem Raiffeisenverband zur Durchführung gelangte. Nicht allein die Höhe der gesparten Beträge war dabei wichtig, sondern vor allem die erzieherische Wirkung zum Sparen.
Nach dem 1. September 1939 brauchte die Reichsjugendführung ihre Gefolgschaft nicht aufzurufen, für die ausgefallenen Väter und Brüder, die Front- oder Truppendienst leisteten, Aufgaben zu übernehmen, die die Heimat entlasteten. Sie drängte freiwillig von sich aus dazu. Das Organisationsamt, das im Krieg noch größere Bedeutung gewann, meldete, daß sich bereits im ersten Kriegsmonat 1.091.000 Jugendliche für einen Einsatz gemeldet hatten. Dieser fand nur in solchen Bereichen statt, für die keine Arbeitskräfte vorhanden waren. Es wurde darauf geachtet, daß die Beanspruchung die körperliche Leistungsfähigkeit der verschiedenen Altersklassen nicht überstieg. Es begann mit den Kurierdiensten für Dienststellen der Partei, Behörden, Verwaltung und der Wirtschaft. So wurde beispielsweise in den Ausgabe- und Verteilungsstellen für Lebensmittelkarten und Bezugsscheine mitgeholfen. Die Melder fuhren die Einberufungsbefehle für die Wehrersatzämter aus. Jungen und Mädel leisteten auf den Bahnhöfen Betreuungsdienste, trugen Koffer, versorgten Durchreisende mit Getränken und teilten Essen aus. Sie boten sich als ortskundige Lotsen an. Feldschere der HJ und Gesundheitsdienstmädel des BDM standen dem Roten Kreuz und der Nationalsozialistischen Volkswohlfahrt bei ihren Einsätzen zur Verfügung. Mädel halfen den Müttern, versorgten die Kleinkinder und nahmen sich insbesondere der volksdeutschen Rückwanderer an. Jungen machten sich bei der Durchführung von Kleintransporten, bei der Verladung von Lebensmitteln, von Geräten und Munition nützlich. Wie schon zur Friedenszeit zogen nun verstärkt Pimpfe und Jungmädel mit ihrem Handwagen durch die Orte, um Altmaterial aller Art, wie Flaschen, Staniol, Eisen, Spinnstoffe und Leder zu sammeln. Auch Papier, denn Papier sparte Holz. So trugen sie dazu bei, die Wiederverwertung und Einsparung von Rohstoffen zu sichern.
In gleicher Weise erprobte sich die Jugend in jedem Jahr in der Tee- und Heilkräutersammlung, die sich u.a. auf Lindenblüten, Löwenzahn und Brennessel, Spitzwegerich, Zinnkraut usw. erstreckte. Hier ging eine gründliche Information über die Kräuter, ihre Behandlung, ihren Transport, ihre Lagerung und Trocknung sowie über die Zeiten voraus, in denen sie gepflückt werden konnten. So wurde vermittelt, daß das Sammeln von Tee- und Arzneipflanzen von Mitte März bis Ende September, das Sammeln von Bucheckern, Kastanien und Eicheln im Oktober und November möglich war. Für die Tee- und Heilkräutersammlung in jedem Jahr wurden etwa 400.000 Kilo als Ziel vorgegeben. Der monatliche Bedarf der Wehr-

macht betrug allein 350.000 Kilogramm.
In Deutschland schätzte man den jährlichen Gesamtverbrauch auf etwa 40.000 Tonnen. Daraus ist ersichtlich, daß nur Millionen Jugendliche einen wesentlichen Beitrag dazu leisten konnten. Mit der Tee- und Heilkräutersammlung wurde der pharmazeutischen Industrie und der medizinischen Heilkunst ein wertvoller Dienst erwiesen. Auf Anforderung der Technischen Nothilfe leisteten die Jungen dort Dienst, strichen zur Vorbeugung von Unfällen während der Dunkelheit die Bordsteinkanten mit weißer Farbe an oder schippten in den Winterzeiten Schnee, um die Straßen freizuräumen. Führer und Führerinnen wurden bei den Straßenbahnen und anderen öffentlichen Verkehrsmitteln nach entsprechender Einweisung als Schaffner und Schaffnerinnen eingesetzt. So konnte in vollem Umfang der Verkehr aufrechterhalten werden. Schon 1939/40 forderte der Reichspostminister für den gesteigerten Weihnachts- und Neujahrsdienst geeignete Jungen und Mädel an. Das wurde später auch auf andere Feiertage und Stoßzeiten ausgedehnt. Die Freiwilligen wurden durch Handschlag zur Wahrung des Postgeheimnisses verpflichtet. Sie erhielten für ihre Tätigkeit ein festgelegtes Taschengeld. Der Reichspostminister Dr. Ohnesorge, der der Hitlerjugend sehr verbunden war, äußerte sich in einem Schreiben vom 3. Februar 1940 wie folgt:
„Nach den jetzt vorliegenden Berichten der Reichspostdirektionen über die Abwicklung des Weihnachts- und Neujahrsdienstes der Deutschen Reichspost haben sich die dabei als Aushilfen eingesetzten Angehörigen der HJ durchweg einsatzbereit, willig und fleißig gezeigt. Sie haben sich für die Bewältigung des außerordentlich starken Verkehrs als wertvolle Hilfe erwiesen. Es ist mir Bedürfnis, ihnen für die mir gewährte Unterstützung meinen besten Dank zu übermitteln."
Mit dem Chef des Oberkommandos der Wehrmacht vereinbarte die Reichsjugendführung durch ein Schreiben vom 5. Februar 1940 folgendes:
„Der bei den Dienststellen der Wehrmacht tätigen Hitlerjugend, die sich für kurzfristige Tätigkeit freiwillig zur Verfügung stellt, kann als Abfindung ein Betrag in Höhe von 2,00 RM täglich gewährt werden, der als Aufwandsentschädigung anzusehen ist. Der Einsatz der HJ wird ohne Vermittlung der Arbeitsämter, aber im Einvernehmen mit den zuständigen Banndienststellen der Hitlerjugend durchgeführt. Von der Ausstellung von Arbeitsbüchern ist daher abzusehen. Gegen Unfall sind die Angehörigen der HJ generell versichert."
Bei Überschwemmungskatastrophen war die Jugend zur Stelle und befestigte die Dämme durch Bepflanzung von Strandhafer oder Steckwurzeln. Die Mädel des BDM bewährten sich besonders in der Nachbarschaftshilfe,

entlasteten die Mütter mit mehreren Kindern oder ersetzten die Mutter für mehrere Stunden, wenn diese tagsüber in der Rüstungsindustrie oder in anderen Berufen tätig war. Die Mädel wurden gern im Telefondienst, als Helferin in den Kindergärten und als Schwestern in den Krankenhäusern eingesetzt.

Eine der großen reichseinheitlichen Maßnahmen im Kriegseinsatz der Heimat war die Hilfe der Jugend bei der Einbringung der Ernte. Schon nach 1933 waren wir in der Landhilfe und mit den Landarbeits-Umschulungslagern des Bundes Deutscher Mädel sowie durch den Aufbau des Landdienstes in der Förderung der Landwirtschaft tätig geworden. Auch in den folgenden Jahren wurde die Jugend bei der Sicherung der Ernte zur Bewältigung von Arbeitsspitzen eingesetzt. Nun aber zog der Krieg immer mehr Bauern und helfende Kräfte vom Lande ab, so daß die doppelte Last der Arbeit auf den Schultern der Bäuerinnen lag. Hier machte sich die Jugend nun bei der Ernährungssicherung dienstbar. Sie beteiligte sich nicht nur an der Einbringung der Getreideernte. Sie wirkte auch bei der Heu-, Rüben- und Kartoffelernte sowie bei der Traubenlese mit. Auch hier richtete sich der Einsatz der Jahrgänge nach der körperlichen Belastungsfähigkeit. So betreuten Pimpfe und Jungmädel Kinder, brachten Essen auf das Feld, kauften ein, machten Handreichungen im Haushalt und erledigten andere Wege. Die älteren Hitlerjungen wurden bei allen Hof-, Stall-, Garten- und Feldarbeiten eingesetzt, während die Mädel überwiegend zur Entlastung der Bäuerinnen im Haushalt halfen.

Im Laufe der Kriegsjahre konnte der Umfang des Ernteeinsatzes in dem Maße zurückgeschraubt werden, wie Kriegsgefangene und Ostarbeiter zur Arbeit in der Landwirtschaft herangezogen wurden. Es verblieben jedoch noch Sondereinsätze der Jugend, die fast ausschließlich von ihr wahrgenommen wurden. Ich denke dabei an ihre Hilfsdienste in der Hochseefischerei, an die Anpflanzung von Maulbeerbäumen für die Seidenraupenzucht sowie an die Hopfenernte. Sie wurde etwa zu 90 Prozent von der Hitlerjugend eingebracht. Das Hauptanbaugebiet befand sich im Gebiet Bayreuth. Waren 1940 erst 1.000 Mädel im Einsatz, so steigerte sich diese Zahl im Jahr 1943 auf etwa 14.000 Jungen und Mädel. Ähnlich sah es auch in anderen Hopfenanbaugebieten aus. Das Ausmaß des Kriegseinsatzes der Mädel in der Heimat vermag man richtig zu würdigen, wenn man sich die statistische Aufstellung des Organisationsamtes der Reichsjugendführung vor Augen führt. Danach haben die Mädel allein im ersten Kriegsjahr 111.149.850 Arbeitsstunden abgeleistet. Das ist eine Zahl, die später noch eine bedeutende Steigerung erfahren sollte. Eine solche Aufstellung konnte vom Organisationsamt der Reichsjugendführung für die männliche Jugend nicht erbracht werden, da sie laufend unter Führerwechsel zu leiden

hatte. Selbst die jüngeren Nachwuchsführer wurden in relativ kurzer Zeit zum Reichsarbeitsdienst herangezogen oder sie gingen zur Wehrmacht.
Im ersten Jahr meiner Tätigkeit als Reichsjugendführer bin ich viel draußen im Lande gewesen und suchte die lebendige Verbindung zu den Einheiten. Ich nahm an ihren Veranstaltungen teil, sprach vor dem jungen Führernachwuchs und erörterte unsere Vorhaben. Bei ihnen erfuhr ich am besten die Grenzen ihrer Machbarkeit. In Bromberg, in Danzig-Westpreußen, in Kutno, im Wartheland und in Prag übergab ich der Hitlerjugend ihre Fahnen, besuchte die evakuierte Jugend in einem Lager der Kinderlandverschickung und weihte HJ-Heime ein. So auch im westfälischen Gelsenkirchen-Horst, dem Standort eines großen Hydrierwerkes der Gelsenberg Benzin AG, sowie der Zeche Nordstern. Das einzuweihende Heim befand sich in der Nähe des Fürstenbergstadions. Ich hatte die Gebietsführer gebeten, mir aus dem Anlaß meiner Besuche die Begegnung mit Jungen und Mädeln aus dem betreffenden Ort oder der unmittelbaren Umgebung zu ermöglichen, die auf irgendeinem Gebiet etwas Besonderes geleistet hatten. So traf ich hier und da einen deutschen Jugendmeister oder eine Jugendmeisterin, einen Sieger oder eine Siegerin des Reichsberufswettkampfes sowie begabte Kräfte aus dem künstlerischen Nachwuchs. Später waren es Jungen und Mädel, die sich im Bombenkrieg ausgezeichnet hatten. Bei der Einweihung des Jugendheims in Gelsenkirchen-Horst stand in der kulturellen Darbietung der Vortrag der 16jährigen Geigerin Erna Vieckariesmann im Mittelpunkt. Ihr ausdrucks- und hingebungsvolles Spiel bewegte mich sehr. Der Schönheit ihres Spiels entsprach auch ihre Erscheinung. Sie beeindruckte mich durch ihre Bescheidenheit. Ich unterhielt mich mit ihr über ihren Ausbildungsweg und erfuhr, daß die Stadt Gelsenkirchen ihr eine Geige geschenkt und ein Stipendium gewährt hatte. Ich nahm sie in unserem Begabtenförderungswerk auf. Als ich mit meinem Mitarbeiter Weltzin wieder nach Berlin fuhr, meinte ich zu ihm: „Da haben wir doch tatsächlich im tiefsten Kohlenpott eine ganz edle Perle gefunden." Dabei ahnte ich noch nicht, daß mir dieses junge Mädchen einmal über 50 Jahre Glück und Liebe schenken würde.
Mit den ausländischen Jugendorganisationen kam ich schnell in Verbindung. Im November 1940 besuchte uns eine Delegation von Jugendführern und -führerinnen der norwegischen „Nasjonal Samling", die sich über unsere Arbeit und Einrichtungen informieren wollte. Mit der norwegischen Jugendführung war vereinbart worden, daß im Februar 1941 eine Ausstellung in Oslo über die Hitlerjugend gezeigt werden sollte. Zu unserer Freude erklärte sich Hitler sofort bereit, die norwegische Delegation in Berlin zu empfangen. Aus seinen Äußerungen konnte ich entnehmen, daß er sich sehr über diese Zusammenarbeit gefreut hat.

Nach meiner Rückkehr von den Vorfeldkämpfen konnte ich in mein neues Heim einziehen. Bevor ich im September 1939 zur Wehrmacht gegangen war, hatte ich aus dem Erlös meiner beiden Bücher ein Haus erworben. Für den Fall, daß ich nicht wiedergekommen wäre, wollte ich der Familie eine wertbeständige Immobilie hinterlassen. Ich bat meinen Kameraden Waldemar Bombe, mir bei der Suche eines geeigneten Objekts behilflich zu sein. Er brachte mir viele sehr gute und vor allem sehr preiswerte Angebote. Auf meine Fragen nach den Vorbesitzern erfuhr ich, daß die Häuser Juden gehörten. „Da kann ich nicht einziehen", sagte ich, „da es heißen wird: früher wohnten die Juden drin und heute die Nazis." So ging die Suche lange weiter, bis wir endlich ein Haus fanden, daß eine Deutsche zum Verkauf gestellt hatte. An einem Sommertag fuhr ich mit meiner Mutter nach Berlin-Kladow hinaus und blieb mit ihr in der Imchen-Allee an der Havel vor einem einfachen Haus mit Vorgarten stehen, das in einem zeitlosen Stil erbaut war. „Ein schönes Haus", sagte sie. Zu ihrer großen Überraschung konnte ich ihr sagen: „Mutter, das gehört jetzt mir."

Das Jahr 1940 beschloß ich am Heiligabend mit einem Aufruf, der vor allem an die Eltern gerichtet war:

„Die Arbeit der Jugend wäre nicht möglich gewesen ohne die vielen treuen Helfer ihres Erziehungswerkes. An sie denkt die Jugend am Vorabend des Weihnachtsfestes. Sie gedenkt durch mich der tapferen Soldaten und Kameraden, die von Narvik bis zur spanischen Grenze Wache für das Reich halten. Sie gedenkt mit den besten Wünschen der Verwundeten in den Lazaretten. Am Heiligabend ist es der Jugend nicht nur eine Pflicht, sondern eine Sache des Herzens, den deutschen Eltern aufrichtig zu danken. Sie dankt den Eltern, deren Söhne für die Zukunft fielen und verspricht, so zu leben, daß diese Eltern in ihr den eigenen Sohn erkennen. Die Jugend dankt den Vätern im grauen Rock, den Müttern im Beruf und denen, die freiwillig Hilfsdienste auf sich nahmen. Sie ist aber auch in Gedanken bei den Eltern, die ihre Jungen und Mädel hinausziehen ließen auf die Bauernhöfe des deutschen Ostens und die das Weihnachtsfest ohne ihre Kindern feiern. Die Jugend empfindet, daß das selbstlose Sorgen der Eltern um den einen Gedanken kreist: Unsere Kinder sollen es einmal noch besser haben! Und gerade zu Weihnachten nehme jeder aufs Neue das Glück in sich auf, noch eine Mutter und einen Vater zu haben. Die Führer der Jugend aber danken den Eltern für das große Vertrauen, mit dem sie ihr Wirken für das große Ziel der Gemeinschaftserziehung auch über die kleinen Schwächen des Alltags hinaus begleitet haben."

In der Morgenfrühe des Neujahrstages gab ich der Jugend über den Rundfunk die Arbeitsparole für das Jahr 1941. Sie lautete: Aufbau in den neuen Gebieten. Damit setzte ich die von meinem Vorgänger eingeführte Tradi-

tion fort, am ersten Tag des Jahres den Schwerpunkt der Arbeitsrichtlinien zu verkünden. 1934 stand unter dem Zeichen der Schulung, 1935 unter dem Zeichen der Ertüchtigung, 1936 war das Jahr des Deutschen Jungvolks, 1937 das Jahr der Heimbeschaffung, 1938 das Jahr der Verständigung, 1939 das Jahr der Gesundheit und 1940 das Jahr der Bewährung. Die Jahresparole besagte nicht etwa, daß sie als Richtlinie nur auf ein Jahr beschränkt war. Sie blieb ständig Bestandteil der gesamten Zielsetzung. Aber sie hatte den Sinn, in diesem einen Jahr die Kräfte vorwiegend auf die verkündete Aufgabe zu konzentrieren und ihre Verwirklichung zum ersten großen Durchbruch zu verhelfen. Das traf nun auch für den Aufbau in den neuen Gebieten zu. Ich sagte in meiner Rede:
„Gewiß ist in diesen wieder zum Reich gekommenen Gebieten bereits ein allgemeiner Aufbau vollzogen worden, der seinesgleichen nicht findet. Unsere Zielsetzung ist es aber, durch besondere Bemühungen in diesem Jahr in kürzester Frist den Gleichstand der Entwicklung gegenüber dem Altreich herbeizuführen. Die ganze deutsche Jugend betrachtet es als ihre Pflicht, von sich aus alle Voraussetzungen für die Förderung dieses Wachstums zu schaffen."
Zu den neuen Gebieten gehörten Danzig-Westpreußen, Teile vom südlichen Ostpreußen, das Wartheland, Ost-Oberschlesien, die südliche Steiermark, das Elsaß, Lothringen, Luxemburg, die Bereiche Olpen, Malmedy und St. Vith. Im Protektorat Böhmen und Mähren wie im Generalgouvernement galt es, die Organisation für die deutsche und volksdeutsche Jugend zu errichten. Aus den zu uns gekommenen Ostgebieten wurde gemeldet, daß Jungen und Mädel am Anfang schwer zugänglich waren. Viele, zu viele hatten unter den Polen Väter, Mütter und Geschwister als Blutzeugen für ihr Volkstum verloren, waren still und zurückhaltend geworden. Außerdem war die Verständigung schwierig, da sie ihre Muttersprache nicht sprechen konnten. Sie mußten sie erst wieder lernen. So gehörte am Anfang die Unterweisung in Lesen und Schreiben zum Dienst in der Hitlerjugend. Es gab aber auch vereinzelte Flecken, in denen noch reines Plattdeutsch gesprochen wurde. Kaum hatten sie je ein deutsches Lied gehört oder gesungen. Als sie schließlich mitsingen und sich verständigen konnten, öffneten sie sich mit innerer Bereitschaft zur Mitarbeit. Fast alle kamen zur Hitlerjugend. Die Spielscharen aus dem Reich und die entstehenden Spieleinheiten in den neuen Gebieten hatten hier eine große kulturelle Aufgabe zu erfüllen. Sie bildeten stets den Mittelpunkt auf den Dorfabenden, nicht nur für die Jugend, sondern auch für die Erwachsenen. Ortsgebundene Volksdeutsche, Umsiedler aus dem Banat, aus Bessarabien und Wolhynien sowie Deutsche aus dem Altreich wuchsen mit der Zeit allmählich zu einer Dorfgemeinschaft zusammen. Mir wurde berichtet, daß der

Gesundheitszustand sehr zu wünschen übrig ließ und daß die Zahnsanierung ein Gebot der Stunde war. Die Reihenuntersuchungen und die Erholungspflege wurden geradezu als ein revolutionäres Ereignis empfunden. Ärztinnen und Ärzte hatten da ein großes Stück Arbeit zu leisten. Nach übereinstimmender Einschätzung war die körperliche Beschaffenheit der Jugend in den Ostgebieten gegenüber dem Altreich um zwei Jahre zurück. Im Rahmen der Jugenderholungsmaßnahmen war auch hier die Teilnahme an Gemeinschaftslagern der Hitlerjugend am stärksten gefragt.

Ohne die Unterstützung der Führer und Führerinnen aus dem Altreich wären diese Erholungslager in größerem Ausmaß nicht möglich gewesen. Ein kaum in kurzer Zeit zu lösendes Problem bestand darin, Jugendliche in bäuerliche Ausbildungsstellen zu bringen. Es gab leider zu wenig Höfe, die man dafür als geeignet betrachten konnte. So drängten viele Jugendliche in die Stadt und hofften, dort einen Arbeits- oder Ausbildungsplatz zu finden. Es war oft vergeblich. Der Drang in die Stadt erweiterte sich zu einem Drang in den Westen. Und das wollten wir ja gerade vermeiden und umgekehrt junge Menschen aus dem Westen in den Osten bringen. Diese Entwicklung unterstreicht die hohe Bedeutung, die der Landdienst für den deutschen Osten gewinnen sollte. Die zusätzliche bäuerliche Berufsertüchtigung, die in Zusammenarbeit mit den Bauernführern erfolgte, wurde zum Dienst in der Hitlerjugend erklärt. In Posen wurde der Neubau einer Jugendherberge mit 350 Betten in Angriff genommen. In Wollstein, der Wirkungsstätte des Landarztes und großen medizinischen Forschers und Bakteriologen Robert Koch, war ebenfalls eine Jugendherberge, die seinen Namen tragen sollte, vorgesehen. Trotz der Baubeschränkungen im Altreich wurden im Wartheland 1941 13 Jugendherbergen und 21 Heime für den Neubau geplant.

In Ost-Oberschlesien lagen die Verhältnisse anders. Mit diesem Gebiet waren Betriebe der Schwereisen-, der Textil- und der Holzindustrie sowie des Bergbaus zu uns gekommen. In den Ballungsgebieten der großen Städte herrschten sehr schlechte soziale und hygienische Verhältnisse. Daher standen die Gesundheits- und Erholungspflege sowie die Schaffung von beruflichen Ausbildungsstätten im Vordergrund. Die Beskiden und ihre Vorberge boten für die Erholungspflege im Sommer wie im Winter gute Möglichkeiten. Mit Hütten und Jugendherbergen sollte diese schöne Bergwelt erschlossen werden. In Ost-Oberschlesien schlossen sich 1941 etwa 70.000 Jungen und Mädel der Hitlerjugend an. Auch hier mußten, wie in allen Ostgebieten, zuerst die bestehenden Sprachschwierigkeiten behoben werden.

Für das Generalgouvernement galt das ebenfalls. Die Volksdeutschen lebten dort unter sehr schlechten sozialen Verhältnissen. So wurden Jugend-

erholungslager zuerst in Angriff genommen. Etwa 18.000 volksdeutsche Jugendliche bekannten sich zu unserer Jugendbewegung.
Im Protektorat Böhmen und Mähren entsprach die Jugendarbeit unter Siegfried Zoglmann weitgehend der Entwicklung im Altreich. Bereits 1939 wurden dort Fahrten und Lager durchgeführt und die Verhältnisse 1940 durch fortschreitende Führerausbildung konsolidiert. Bei der großen geographischen Ausdehnung des Protektorats gab es für den Dienst in den weit auseinanderliegenden Einheiten der HJ Probleme. Aus diesem Grunde wurden Jugendführer aus den verstreut liegenden Orten in einem Sonderlehrgang in Brünn geschult. Eine enge Zusammenarbeit erfolgte mit den verstreut liegenden deutschen Schulen. Schülerheime entstanden in diesen Gegenden, die von HJ-Führern und BDM-Führerinnen geleitet wurden. Mehrere Landdienstlager wurden geschaffen, die über gut eingerichtete Unterkünfte verfügten. Nach einer halbjährigen Arbeitszeit hatten sich etwa 50 Prozent der Landdienstler für die Ergreifung eines landwirtschaftlichen Berufes entschlossen. In den industriellen Gebieten wurden für die Facharbeiterausbildung Lehrwerkstätten und Lehrlingsheime errichtet. Spielscharen einiger Banne belebten die kulturelle Arbeit in den verstreut liegenden Einheiten. In sechs Städten verfügte man sogar über einen Veranstaltungs- und Theaterring, dem etwa 5.000 Besucher angeschlossen waren.
In Eupen, Malmedy und St. Vith wandte sich die Hitlerjugend zuerst an die Mitglieder der Jugendorganisation der späteren „Heimattreuen Front", deren Führer sich zum größten Teil als Führer in der Hitlerjugend betätigten. Die Aufnahme der Jugendlichen erfolgte auf freiwilliger Grundlage. In beiden Kreisen konnten etwa 100 Räume nach unseren Vorstellungen als Unterkünfte der HJ gestaltet werden. Die Ausbildung von Führern und Führerinnen sowie von Sportwarten und Sportwartinnen wurde intensiv verfolgt. Eine auffällige Erscheinung war in beiden Kreisen, daß Jugendliche schon im Alter von 10 bis 14 Jahren sich das Rauchen und das Trinken von Alkohol angewöhnt hatten. Die Gesundheitsführung baute dem nun vor, und die eingeführte Polizeiverordnung zum Schutze der Jugend tat das Übrige dazu.
In Luxemburg hatte sich nach Mitteilung des Gebietsführers Rolf Karbach am 3. Oktober 1936 eine kleine Minderheit gegen den Strom der Zeit und teilweise auch gegen den Willen der Eltern zur „Luxemburgischen Volksjugend" zusammengefunden, die sich zu Deutschland und zur nationalsozialistischen Bewegung bekannten. Das war insofern beachtlich, als erst vier Jahre später die „Volksdeutsche Bewegung" ins Leben gerufen wurde, deren Gliederung dann die „Luxemburgische Volksjugend" wurde. Im Oktober 1940 hatte ich eine Abordnung der „Luxemburgischen Volksjugend" zu einer Deutschlandreise eingeladen, damit sie sich eingehend über

die Arbeit und die Einrichtungen der HJ informieren konnte. 1941 wurde die „Luxemburgische Volksjugend" in die HJ übernommen. Es gab nun die HJ-Banne Luxemburg, Rote Erde, Mosel und Ösling.
Lothringen war nach dem Frankreich-Feldzug ein Teil des Gaues Westmark geworden. Der Gebietsführer Walter Kröcher schrieb mir: „Kaum ein Stück deutschen Kulturbodens birgt so schwerwiegende Probleme und Aufgaben wie das schöne Land zwischen Mosel, Maas und Saar mit seiner fleißigen, oft aber hart an seinem Grenzschicksal tragenden Bevölkerung. Mungenast hat dieses Schicksal des Lothringers meisterhaft in seinem 'Zauberer' dargestellt, die Verworrenheit des geschichtlichen Ablaufs und der widerstreitenden Kräfte im Lande, die nur ganz starke Naturen zu ertragen vermochten. Wie oft wurden die Lothringer wie die Elsäßer vom Schicksal und der Geschichte in das Wechselbad der Auseinandersetzungen zwischen Deutschland und Frankreich hineingeworfen!" Wenn es die Menschen entsprechend geprägt hat, durfte man ihnen daraus keinen Vorwurf machen. Deswegen war meine Richtlinie für die Arbeit in diesen Gebieten, mit besonderer Behutsamkeit ans Werk zu gehen. Jugendorganisationen, auf denen man in Lothringen hätte aufbauen können, waren nicht vorhanden. Es gab nur wenige unpolitische Pfadfindergruppen und konfessionelle Zusammenschlüsse, die über einen kleinen Mitgliederbestand verfügten. Hier halfen die Führer aus dem Altreich aus. Auch die Leibstandarte „Adolf Hitler" beurlaubte nach den Kämpfen im Westen einige bei ihr unter Waffen stehende HJ-Führer für diese Aufbauarbeit. Im Zusammenwirken mit der Schule wurde großer Wert auf die Pflege der deutschen Sprache gelegt. 20 Jugendherbergen wurden geplant, so daß die Jugend aus dem Altreich dort für kurze Zeit mit der lothringischen Jugend zusammenleben konnte und umgekehrt junge Lothringer das Altreich erleben konnten. Acht HJ-Banne wurden zur Erfassung der Jugend in Lothringen geschaffen. Ich empfand eine besondere Freude darüber, daß ein lothringischer Junge im Kriegsberufswettkampf in einer Sparte des Bergbaus Reichssieger wurde. Im Elsaß herrschte nach dem ersten Weltkrieg ein harter Volkstumskampf. Die Führer der deutschen Volkstumsbewegung wurden ins Gefängnis geworfen und Dr. Roos mit dem 21jährigen Lobstein zum Tode verurteilt. Obergebietsführer Friedhelm Kemper berichtete, daß es daher kein Wunder gewesen sei, daß die deutschgesinnte Jugend nach dem Sieg über Frankreich mit fliegenden Fahnen zu uns gekommen wäre. Die Bereitstellung von Jugendführern aus Baden und die Schulung von elsässischen Nachwuchsführern trug dazu bei, daß nicht nur in verhältnismäßig kurzer Zeit 13 Banne errichtet, sondern auch die Aufgaben nach den Maßstäben der HJ im Altreich aufgenommen werden konnten. Sogar 34 Arbeitsgemeinschaften für die verschiedensten Interessenbereiche wurden ins Leben gerufen, Spiel-

scharen und Fanfarenzüge aufgestellt, eine berufskundliche Ausstellung eröffnet, mit den Arbeitsämtern und der Deutschen Arbeitsfront die zusätzliche Berufsschulung aufgenommen und das Fahrten- und Lagerleben für die Jugend ermöglicht. Ohne Zweifel hatten die zu uns gekommenen Kräfte der deutschgesinnten elsässischen Jugendbünde den Aufbau mit vorangetrieben. Ich habe nicht vergessen, daß bei meinem Besuch im Elsaß die Jugend auf den Trümmern eines zerschossenen Städtchens und den Schutthaufen ihrer eigenen Häuser angetreten war. Das Bild der Umgebung bot sich traurig und trostlos dar. Und dennoch hatten Jungen und Mädel blanke Augen, aus denen die ganze Hoffnung auf den Führer und das Großdeutsche Reich strahlten. Ich sah die Hitlerjugend diszipliniert durch Straßburg marschieren und erlebte einen Heimabend bei einem Hitlerjugendführer, der 22 Monate mit dem erschossenen Karl Roos im Gefängnis gesessen hatte. Aus dieser Jugend sprach wie einst bei uns in der Kampfzeit ein neuer Geist.

In der Untersteiermark wurde der Aufbau der Jugendarbeit vom Steierischen Heimatbund getragen. Die Befehlstelle der Jugend in Marburg an der Drau befaßte sich zuerst mit der Auslese der Führerschaft aus der volksdeutschen Bevölkerung. Zusätzlich kamen 1941 120 deutsche Lehrer als Führer von Gefolgschaften, Stämmen oder als Mitarbeiter im Bannstab zum Einsatz. Wieder stand in- und außerhalb der Schule die Sprachausbildung im Vordergrund. In der sangesfreudigen untersteirischen Jugend bildeten sich Einheiten für die kulturelle Arbeit, wie Singscharen, Fanfarenzüge, Bläserkameradschaften, Bannorchester sowie viele Volkstanz- und Mädchenspielgruppen. Sehr wenig war im jugoslawischen Staat für die Verbesserung der sozialen Verhältnisse der Jugend getan worden. Hier eröffnete sich nach dem Beispiel im Altreich ein weites Feld. Von etwa 10.000 Jugendlichen wurden etwa 2.000 in die Land- und Hausarbeit genommen sowie Einrichtungen für die bäuerliche Berufserziehung und Landdienstlager geschaffen.

In der Oberkrain führten gegnerische Banden ihren Kleinkrieg, in dem auch neun Jugendliche getötet wurden. Unsere Jugendführer und -führerinnen leisteten im südöstlichen Grenzgebiet ihren Dienst in ständiger Gefahr. Davon konnte ich mich selber überzeugen, als ich bei einer Inspektionsfahrt mit dem Gebietsführer durch die Oberkrain am Straßenrand zwei Leichen fand. Kurz vorher waren hier zwei Deutsche ermordet worden.

Am Ende des Jahres 1941 konnte die Bilanz gezogen werden, daß der Aufbau in den neuen Gebieten gute Fortschritte gemacht hatte. Diese Tatsache war um so beachtenswerter, als er unter den beschwerenden Bedingungen des Krieges und unter sehr eingeschränkten Führungsvoraussetzungen erfolgte. Die Gauleiter dieser Gebiete haben des öfteren betont, daß es die

Jugend war, die in dieser Pionierarbeit mit bestem Beispiel vorangegangen ist. Die Errungenschaften für die Jugend im Altreich haben das mitbewirkt. Für mich war auch wesentlich, daß durch die gegenseitige Durchdringung von Nord und Süd, von Ost und West das Reichsbewußtsein in der Jugend geweckt und vertieft wurde. In den Grenzgebieten war es am stärksten ausgeprägt.

Auf die Auslandsarbeit für 1941 bin ich in meinen Richtlinien kurz mit den Worten eingegangen:

„Wir sind sehr zufrieden, auch mit der Jugend der uns umgebenden Staaten, die eine Neuordnung Europas bejahen, in guter Zusammenarbeit und guter Freundschaft zu stehen. Zwischen der Jugend dieser Nationen erheben sich nicht die Schranken des Protokolls, ihr Weg geht direkt von Herz zu Herz. Wenn Europa neugestaltet ist, dann wird diese Jugend die Fahnenträgerin Europas sein."

Nachdem Hitler im November 1940 die Delegation der norwegischen Jugendführer und -führerinnen empfangen hatte, begab ich mich Ende Januar 1941 in die norwegische Hauptstadt Oslo, um dort eine Ausstellung über die Arbeit der Hitlerjugend zu eröffnen und in einer gemeinsamen Kundgebung der Jugend der „Nasjonal Samling" und der HJ zu sprechen. Eine deutsche Expeditionsarmee unter der Führung des Generaloberst von Falkenhorst hatte am 9. April 1940 Norwegen besetzt. Sie war der Invasion Norwegens durch England, dessen Kriegskabinett die Besetzung bereits im März des Jahres beschlossen hatte, im Endspurt um eine Nasenlänge zuvor gekommen. Aufschlußreich sind in diesem Zusammenhang und im Hinblick auf den Nürnberger Prozeß die Ausführungen des britischen Militärhistorikers Liddell Hart:

„Einer der fragwürdigsten Punkte des Nürnberger Prozesses war es, daß man die Vorbereitung und Durchführung des Überfalls auf Norwegen unter die Hauptanklagepunkte gegen die Deutschen aufnahm. Es ist schwer zu verstehen, wie die britische und die französische Regierung die Stirn haben konnten, diese Anklage zuzulassen, und wie der öffentliche Ankläger für eine Verurteilung in dieser Hinsicht plädieren konnte. Das war einer der augenfälligsten Fälle von Heuchelei in der Geschichte."

Besonders heftig waren die Kämpfe der deutschen Truppen unter General Dietl gegen die Engländer und Norweger um Narvik entbrannt. Narvik war die Endstation der Erzbahn und Ausfuhrhafen der schwedischen Eisenerzgruben bei Kiruna und Gelivare. Auf diese hochwertigen schwedischen Eisenerze war Deutschland dringend angewiesen, und so mußte unbedingt der Transportweg nach Deutschland als wichtige Lebensader gesichert werden. Der frühere norwegische Befehlshaber in Narvik, Oberst Sundlo, äußerte sich dazu in einem Interview aus Anlaß der ersten

Wiederkehr des 9. April 1940 unter anderen wie folgt:
„Alles war im ersten Augenblick unfaßlich. Man denke sich eine kleine Truppe, die viele hundert Kilometer Seeweg von den Grenzen des eigenen Landes entfernt eine Landung unternimmt, ohne Nachschub, ohne Verstärkung, ohne Kenntnis des zu erwartenden feindlichen Widerstands, um zu ermessen, wie groß die Leistung der deutschen Soldaten in Narvik gewesen ist. Und, das möchte ich noch besonders sagen, dabei waren sie alles andere als rücksichtslose und barbarische Krieger, wie sie immer geschildert wurden, sondern freundliche und kameradschaftliche Menschen."
Heute streitet man sich um den Namen für eine Dietl-Kaserne, den Namen eines Generals, unter dessen Führung die tapferen Soldaten von Narvik gekämpft haben.
Das britische Kabinett brach das norwegische Invasionsunternehmen am 24. Mai 1940 ab. Der norwegische König Hakon VII. befahl die Einstellung der Feindseligkeiten am 9. Juni 1940. Vieles davon erfuhr ich im Laufe meines Aufenthalts in Oslo vom Oberbefehlshaber in Norwegen, der mich am Flughafen mit deutschen und norwegischen Persönlichkeiten erwartete. Von seinen Schilderungen ist mir auch im Gedächtnis geblieben, daß Adolf Hitler alle Einzelheiten der norwegischen Befestigungsanlagen genau kannte und entsprechende detaillierte Weisungen erteilte. In Norwegen sind 1.317 deutsche Soldaten gefallen. Registriert wurden 2.375 Vermißte und 1.604 Verwundete.
Der Oberbefehlshaber und ich besuchten die mit Kreuzen versehenen Gräber der Gefallenen auf dem schneebedeckten Friedhof Ekeberg unweit der Hauptstadt. Generaloberst von Falkenhorst hatte aus Anlaß meines Besuches die bei der Truppe in Norwegen dienenden und abkömmlichen HJ-Führer für kurze Zeit beurlaubt. Bei der Zusammenkunft und den Gesprächen mit diesen Kameraden beehrte er uns durch seine Anwesenheit. Er war auch zugegen, als der damalige Beauftragte der Reichsjugendführung, der verdienstvolle Gebietsführer Kurt Petter, in der Uniform der Wehrmacht die Gäste zur Eröffnung der HJ-Ausstellung begrüßte, mit denen ebenfalls Vidkun Quisling und der Chef der Dienststelle „Admiral Norwegen" erschienen waren. Die Ausstellung hatte großen Zulauf zu verzeichnen. Am Abend des folgenden Tages zogen die Jugendlichen singend und mit lodernden Fackeln dem Kolosseum zur Gemeinschaftskundgebung der norwegischen und deutschen Jugend entgegen, die im Kuppelsaal stattfand. Die einleitenden Worte sprach der zuständige norwegische Jugendführer Bjorn Ostring, der unter anderem sagte:
„Daß wir hier stehen, ist keine Feigheit und Heuchelei. Es geht uns einzig und allein darum, alles einzusetzen, um die Freundschaft mit der deutschen Jugend zu erhalten und Seite an Seite mit ihr zu marschieren in fe-

stem Glauben an unser Land."

Bjorn Ostring kämpfte später als Freiwilliger an der Ostfront. Mit ihm bin ich noch heute in Freundschaft verbunden. Mit starkem Beifall wurde Quisling empfangen, als er die Rednerbühne betrat und die Verbundenheit mit dem deutschen Volk bekundete:

„Ich bin sicher, daß es nicht einen jungen Norweger gibt, nachdem er einmal die grundlegende Erkenntnis gewonnen hat, daß wir Norweger nicht allein in der Welt stehen, sondern Glied einer großen Völkergruppe sind, dem nicht das Herz genauso brannte wie mir, wenn er die Gedanken unserer großen Dichter und Seher, Björnsterne, Björnson und Henrik Ibsen über die germanische Zusammenarbeit las."

Ich übermittelte den Norwegern die Grüße der Jugend aus Deutschland und sprach an die Jugendorganisation der „Nasjonal Samling" die Einladung zur Teilnahme an den Winterkampfspielen der Hitlerjugend in Garmisch-Partenkirchen aus. Ich betonte, daß sich die Neuordnung Europas aus der Jugend heraus vollziehen werde, die gerade als Verfechterin der nationalen Revolution die erste Vorkämpferin für diese Neuordnung sein wird. In den Tagen von Oslo wurde die vorher eingeleitete Zusammenarbeit gefestigt, die im Kriege in vielen gemeinsamen Maßnahmen zum Ausdruck kommen sollte.

In Oslo begegnete ich Vidkun Quisling zum ersten Mal. In seiner ruhigen und zurückhaltenden Art empfand ich sofort Sympathie für ihn. Von ihm gingen Zuverlässigkeit, Umsicht und Besonnenheit aus. Er flößte Vertrauen ein. Auf mich machte er mehr den Eindruck eines Denkers als den eines militärischen Führers oder Politikers. Er war groß, breitschultrig, blond und hatte blaue Augen. Er war das Bild eines nordischen Menschen. Seine Persönlichkeit erweckte in mir großes Interesse und veranlaßte mich, näheres über seinen Lebensweg zu erfahren. Sein Schicksal und seine Tragik in der Geschichte werden mich noch beschäftigen.

Von Oslo ging es über Berlin nach Wien, wo die Gebietsführer am 8. Februar 1941 zu einer Arbeitsbesprechung zusammengekommen waren. Ich hatte den Stellvertreter des Führers Rudolf Heß gebeten, zu ihnen zu sprechen. Er erfüllte nicht nur diese Bitte, sondern auch meinen Wunsch, zu den Winterkampfspielen der Hitlerjugend nach Garmisch-Partenkirchen zu kommen, die dort Ende Februar durchgeführt wurden. Dazu hatte ich nicht nur die Norweger, sondern auch 12 weitere europäische Jugendorganisationen eingeladen, deren nationale Jugendführer mir ihre Zusage gaben. So entwickelten sich die Winterkampfspiele der HJ zu einem Wintersportfest der europäischen Jugend. Für mich war es für die nachfolgende Arbeit stets beschwingend, eine sportgestählte Jugend beim Abfahrtslauf, beim draufgängerischen Eishockeyspiel oder beim Eiskunstlauf zu erleben. Als ich einmal in die Zuschauermenge blickte, glaubte ich nicht richtig gesehen zu haben, als ich den Reichsminister Dr. Todt entdeckte, der sich in Zivil unter das Publikum gemischt hatte. Offensichtlich wollte er den Abfahrtslauf nicht von der Tribüne aus erleben. Sein Sohn nahm daran teil und wurde deutscher Jugendmeister.

Das war Dr. Todt, der stets unauffällig auftrat, kein Aufsehen um seine Person wünschte und völlig frei von der Neigung oder Sucht, sich nach außen publikumswirksam darzustellen. Er hatte sich mit Professor Albert Speer als Schirmherr für das vom Reichsjugendführer gegründete Hitlerjugend-Ausbildungswerk für Architektur und Technik zur Verfügung gestellt. Als Ausdruck der inneren Verbundenheit konnte ich ihm im Namen des Reichsleiters von Schirach im Juni 1940 das Goldene Ehrenzeichen der Hitlerjugend überreichen. Bei seiner übermäßigen Beanspruchung durch seine vielen kriegswichtigen Aufgaben gab es nur selten einen arbeitsmäßigen Kontakt zu ihm. Bei seinem dienstlichen Auftreten beobachtete ich, daß er nie einen größeren Stab oder ein Begleitkommando um sich hatte und seine Termine selber in sein Notizbuch eintrug. Mit wenigen Mitarbeitern bewältigte er sein umfangreiches Arbeitsprogramm. Es war bekannt, daß er es ablehnte, in den teuersten Hotels zu wohnen. Dieser große Baumeister und Ingenieur ist immer er selber, solide und einfach geblieben. Um ihn rankten sich keine Gerüchte oder Affären. Bei großen gesellschaftlichen Veranstaltungen war er kaum vertreten. Offenbar zog er es vor, am Wochenende bei seiner Familie in München zu sein oder mit seinen Kindern Ski zu laufen.

Er war ganz dem Gemeinwohl und seiner Aufgabe verpflichtet, nicht nur hilfsbereit für Angehörige unserer Fakultät, sondern ebenso für anders denkende Menschen. Sicher hat er Adolf Hitler gegenüber offen seine Meinung gesagt und die Entwicklung im Kriege mit seinem nüchternen und kritischen Blick verfolgt. Mit dem Flugzeugabsturz von Dr. Fritz Todt hatte das Dritte Reich am 8. Februar 1942 den Erbauer der Reichsautobahnen und des Westwalls, den Reichsminister für Bewaffnung und Munition, den Chef der Organisation Todt, den Generalbevollmächtigten für die Regelung der Bauwirtschaft, den Generalinspekteur für Wasser und Energie, den Vorsitzenden des Vereins Deutscher Ingenieure und den Träger des Deutschen Nationalpreises für Kunst und Wissenschaft verloren. Vor allem war ein großer Mensch und Charakter von uns gegangen, der schwerwiegendste Verlust einer Persönlichkeit in unserer Zeit, die für mich ein Leitbild war, das über seine Erdentage hinaus als Vorbild weiterlebte.

Rudolf Heß besuchte uns am 28. Februar 1941 in Garmisch-Partenkirchen und sprach in der Olympia-Kampfstätte zu den 2.100 Wettkämpfern der Jugendauswahl aus 14 Nationen. Er unterstrich die Bedeutung der Tatsache, daß sich mitten im Kriege die jugendliche sportliche Elite des In- und Auslandes zusammenfinden kann und sich zu neuen Ideen bekennt. Die Jugend habe von jeher ein feines Gefühl für das Neue gehabt. In ihr hätten die Kräfte der Gestaltung über die Kräfte der Beharrung gesiegt. Ideen, die von der Jugend getragen werden, hätten den Sieg für sich. Im Anschluß an seine Rede fuhr er zu Hitler auf den Obersalzberg und fragte mich, ob ich mitkommen wolle. Natürlich bejahte ich das, denn es war das erste Mal, daß mich einer der engsten Mitarbeiter des Führers dazu einlud, mit auf den Berghof zu kommen.

Den Berghof kannte ich schon von einem gemeinsamen Empfang der SA- und HJ-Führer bei Adolf Hitler. Bei solchen Empfängen konnte man aber Hitler nicht im persönlichen Gespräch und im kleinen Kreis erleben. Darauf war ich jetzt sehr gespannt. Die gemeinsame längere Autofahrt von Garmisch nach Berchtesgaden bot mir auch die günstige Gelegenheit, mit Heß über unsere Arbeitsvorhaben der nächsten Monate zu sprechen. Ich fragte Heß, ob ich mein Wiedereinrücken zur Truppe beim Führer anschneiden könnte. Er riet mir davon ab. Wenn er einmal ablehnend entschieden habe, dann würde es auch dabei bleiben. Unterwegs bereitete mich Heß darauf vor, daß ich auf dem Berg der Hausdame Eva Braun begegnen würde. Er verband das nicht mit einem Hinweis auf Diskretion. Er hat das wohl als selbstverständlich vorausgesetzt. Sehr angenehm empfand ich, daß ich von Hitler und Eva Braun so angenommen wurde, als ginge ich dort täglich ein und aus. Das nahm von vornherein die ehrerbietige Distanz. Der erste Eindruck von Männern bei der Begegnung mit einer Frau ist sicher sehr verschieden. Auf mich wirkte Eva Braun natürlich und in ihrem Wesen freundlich und liebenswürdig. Für mich war sie eine schöne, attraktive Frau. Weitere führende Persönlichkeiten waren nicht anwesend. Ich kann mich nur an Ordonnanzen erinnern, die wohl zur täglichen Umgebung gehörten. Für den kleinen Kreis gab es ein einfaches Essen. Alkohol wurde nicht getrunken und auch nicht geraucht. Hitler erkundigte sich nach dem Gesundheitszustand von Rudolf Heß, worüber sich ein Zwiegespräch entspann, das überwiegend von Hitler geführt wurde. Er mahnte Heß deutlich, daß er mit zu vielen Ratgebern an seiner Gesundheit herumdoktern würde. Er resümierte am Ende: „Heß, so lange Sie nicht an *einen* Arzt glauben, wird es nichts mit Ihnen." Dann brachte er die Sprache auf das Fliegen. Auch hier machte er seinem Stellvertreter nachdrücklich Vorhaltungen: „Ich habe ihnen schon oft gesagt: Lassen Sie das Fliegen!" Er ließ sich über den Schaden aus, den das Volk und er durch den Absturz eines seiner engsten Mitarbeiter erleiden würde. Zehn Wochen danach flog Rudolf Heß nach England. Bei meiner Verabschiedung äußerte sich Hitler anerkennend über den Einsatz der Jugend in der Heimat.

Ich fuhr nach Garmisch-Partenkirchen zurück und nahm am 2. März die Ehrung der Sieger in den Winterkampfspielen vor. Die deutsche Jugend führte in der Gesamtwertung vor Italien, der Slowakei, Ungarn, Norwegen, Bulgarien, Rumänen und Spanien. Die nationalen Jugendführer lud ich ein, auch an den Sommerkampfspielen der Hitlerjugend teilzunehmen, die in der Zeit vom 25. bis 31. August 1941 in Breslau stattfinden sollten. So geschah es auch unter der Gesamtverantwortung meines Stabsführers Helmut Mökel. Seitdem wurden die Sommerkampfspiele stets in Breslau ausgetragen.

Am 11. Mai 1941 suchte ich Dr. Goebbels in seiner Wohnung am Brandenburger Tor auf. Er empfing mich mit der Nachricht, der Führer habe ihn angerufen und das Telefonat mit den Worten eröffnet: „Haben Sie einen Stuhl in der Nähe? Dann setzen Sie sich erst einmal hin! Heß ist nach England geflogen." Dr. Goebbels interpretierte wie Hitler den Flug als Tat eines verworrenen Geistes. Ich dachte an das Zwiegespräch vor zehn Wochen auf dem Berghof und an das längere Zusammensein mit Rudolf Heß, bei dem ich nicht die geringste Spur einer geistigen Verwirrung feststellen konnte. Er war bei völliger Vernunft. Das sagte ich auch Dr. Goebbels. Am 12. Mai wurde über Rundfunk und Presse parteiamtlich bekannt gegeben, Rudolf Heß sei von Augsburg zu einem Flug gestartet, „von dem er bis zum heutigen Tage nicht zurückgekehrt" sei. Er habe „Spuren einer geistigen Zerrüttung gezeigt" und sei „Opfer von Wahnvorstellungen" geworden. Es wurde die Vermutung geäußert, daß Heß „auf seinem Flug irgendwo abgestürzt sei bzw. verunglückt ist". Die Führerschaft der NSDAP und ihrer Verbände wurde auf den Obersalzberg gerufen. Ich hoffte auf Informationen, die über die geäußerten Vermutungen hinausgingen. Von Hitler hörten wir aber nichts darüber, was den Zustand von Rudolf Heß betraf. Viele Jahre nach dem Kriege unterhielt ich mich des öfteren mit dem amerikanischen der vier alliierten Kommandanten des Spandauer Gefängnisses, Eugene Bird, über das Schicksal von Rudolf Heß. Er schrieb ein weit verbreitetes Buch über ihn und ließ sich jede Seite seines Manuskripts von ihm abzeichnen. Dieses Buch dürfte außer den Veröffentlichungen des Sohnes, Rüdiger Heß, der authentischste Bericht aus mehreren Jahren der Spandauer Gefängniszeit sein. Oberst Bird war fast jeden Tag seines Dienstes im Gefängnis mit Rudolf Heß in dessen Zelle zusammen und befragte ihn nach seinen Motiven für den Flug und seinen Erlebnissen in England. Natürlich insbesondere darüber, ob er im Auftrag Hitlers seinen Flug unternommen habe und ob sein Flug mit dessen Wissen erfolgt sei. Darüber schwieg sich Rudolf Heß aus und blieb immer wieder stumm, wenn diese Frage angeschnitten wurde. Oberst Bird ist, wie er mir mitteilte, nach unendlich vielen Gesprächen zu dem Schluß gekommen, daß Heß die Einstellung Hitlers zu England ganz genau kannte und von seiner Absicht wußte, mit der britischen Führung Frieden zu schließen. Mit diesem Wissen und aus eigener Überzeugung habe er seine Friedensmission übernommen. Aber den Entschluß zum Flug habe er allein gefaßt. Diese Folgerung kommt nach meiner Auffassung der Wirklichkeit am nächsten. Wie dem auch sei: Heute steht nach mehr als einem halben Jahrhundert eindeutig fest, daß Heß mit seiner umgebauten Messerschmitt 109 und dem Gewicht der zusätzlichen Reservetanks wagemutig mit dem Durchfliegen der deutschen und der gegnerischen Luftsperren eine fliegerische Glanzleistung vollbracht hat. Er hat sein Leben für eine Friedensmission eingesetzt. Er hätte eine Auszeichnung für seine Friedensbemühungen verdient und nicht eine lebenslange Kerkerhaft.

In der ersten Junihälfte 1941 begab ich mich nach Rom. Als Chef des Sozialen Amtes hatte ich dort früher an internationalen Arbeitstagungen teilgenommen, so daß mir die Hauptstadt Italiens nicht unbekannt war. Italienische Jugendabordnungen hatten mit ihren Führern Deutschland und Berlin häufiger besucht. Der Beauftragte der Reichsjugendführung in Rom, Heinz Wilke, riet mir, doch bald meinen Antrittsbesuch als Reichsjugendführer bei unserem Achsenpartner zu machen. Auf meiner Reise begleitete mich Heinrich Hartmann, der Leiter der Hauptabteilung „Bildende Kunst" der Reichsjugendführung.

Mit großem Interesse sah ich den Aufbauleistungen der italienischen Jugend entgegen und hoffte sehr, auch den Schöpfer des neuen Italiens, Benito Mussolini, treffen zu können. Ich hatte mich mit seinem Lebensweg vorher eingehend befaßt. Er führte ihn vom Journalisten zum Sozialisten, vom Marsch auf Rom bis zum Regierungschef. Wir besuchten verschiedene Einrichtungen der Jugendorganisation und wurden in das Forum Mussolini geführt, ein Gelände mit Bauten, auf dem alle Möglichkeiten für die Ausübung sportlicher Disziplinen gegeben waren und wo auch Lehrgänge für die Ausbildung italienischer Jugendführer stattfinden konnten. Wir wohnten einer Vorführung der Jugend bei, in der Exerzierübungen gezeigt wurden, die auf mich exakt, kantig und etwas dressurhaft wirkten. Für die italienische Mentalität schien man diese Art der Ausbildung als notwendig angesehen zu haben.

Auf einer Jugendkundgebung sprachen der Duce und ich zur Jugend. Ich erwartete Mussolini am Eingang der Kundgebungsstätte, als ein Kleinstauto, der Topolino, das „Mäuschen", vorfuhr. Ihm entstieg zu meinem Erstaunen der Duce, der selber am Steuer saß. Mit einer einladenden Geste ließ er mir den Vortritt. Er wurde von frenetischem Jubel begrüßt. Diese Begeisterung war verständlich, denn der Duce sprach die Jugend nicht nur durch seine politischen Taten an, sondern auch durch seine Sportlichkeit. Er wid-

mete sich dem Schwimmen, Reiten, Fechten und steuerte sein Flugzeug als Pilot.
Der deutsche Botschafter von Mackensen lud mich zu einer Abendtafel ein. Dabei lernte ich Fürst von Bismarck, den Enkel unseres großen Kanzlers, kennen. Er war vorher als Attaché in Stockholm akkreditiert, wo er seine Frau kennenlernte. Sie saß an diesem Abend an meiner Seite. Ihr Vater war der bedeutende schwedische Architekt Tenbom. Sie war eine schöne und großartige Erscheinung und würdevolle Persönlichkeit. Sie machte dem Namen der Bismarck-Familie alle Ehre. Mit den Tischdamen schien ich in Rom begünstigt gewesen zu sein, denn bei einem späteren Besuch saß ich neben einer Nachfahrin von Dante Alighieri, wie man mir ausdrücklich versichert hatte. Damit wurde mir eine große Freude bereitet.
Von den romanischen Sprachen konnte ich mich einigermaßen auf Französisch und Spanisch verständigen, aber die italienische Sprache beherrschte ich leider nicht. Das habe ich gerade bei dieser Gelegenheit sehr bedauert. Heinrich Hartmann und ich erbaten uns die Zeit für die Besichtigung einiger Sehenswürdigkeiten des antiken Rom. Die Fahrt über die sieben Hügel, das Forum Romanum, die Sixtinische Kapelle und die Ausgrabungen im nahen Ostia bleiben unvergeßlich. Wir fuhren nach Tivoli unweit von Rom hinaus, sahen die alten Anlagen des Kaiserpalastes von Hadrian und die schönen Gärten mit den Brunnen der Villa d'Este. Unsere italienischen Kameraden luden wir zu einem geselligen Abend ein. Als er sich dem Ende zuneigte, verabredeten Heinrich Hartmann und ich, einmal ohne italienische Begleitung die Nacht unter dem südlichen Himmel Roms zu verbringen. Unbemerkt verließen wir durch einen Nebenausgang über die Küche die Runde und landeten im Verlaufe der Nacht im Kollosseum, wo wir in einem Restaurant des Souterrains diesen Abend beschlossen. In den ersten Morgenstunden spürten uns dort die italienischen Kameraden auf und meldeten, daß Hitler versucht habe, mich im Hotel telefonisch zu erreichen. Als ich vor einigen Jahren Hartmann in Südwestdeutschland besuchte, rief er mir diese Szene, die ich schon vergessen hatte, ins Gedächtnis zurück: „Du schautest auf die Uhr und sagtest: Es ist zu spät. Jetzt kann ich den Führer nicht mehr anrufen."
Für den nächsten Vormittag war mein Empfang bei Mussolini angesetzt. Als ich das Hotel durch die Drehtür verlassen wollte, eilte ein Bediensteter der Rezeption hinter mir her und rief: „Für Sie ein Anruf, das Oberkommando der Wehrmacht." Tatsächlich, ich erfuhr, daß der Führer mir die Erlaubnis erteilt hatte, wieder zur Wehrmacht einzurücken, und daß ich mich beim Ersatzbataillon des Infanterieregiments 9 in Potsdam melden sollte. So war nun doch mein Anliegen erfüllt worden, das vorzutragen mir Heß abgeraten hatte. Ich begab mich zur Piazza Venezia, wo der Duce vom

Balkon seines Arbeitszimmers zur römischen Bevölkerung zu sprechen pflegte. Im Arbeitszimmer durchschritt ich eine ziemlich große Entfernung auf Mussolini zu, der mich neben seinem Schreibtisch stehend empfing. Da er Deutsch sprach, gab es keine Verständigungsschwierigkeiten. Als erstes teilte ich ihm mit, daß ich gerade die Nachricht vom Führer erhalten hätte, wieder Truppendienst leisten zu können. Er wünschte mir dafür alles Gute. Ich brachte zum Ausdruck, daß ich nach meinen Besichtigungen die Überzeugung gewonnen hätte, daß unter seiner Regierung für die italienische Jugend viel getan worden sei. Von ihm hörte ich, daß wir dankbar sein könnten, einen Führer wie Hitler zu haben. Das erinnerte mich an ähnliche Worte des verstorbenen türkischen Staatschefs Kemal Atatürk.

Nach meiner Rückkehr ins Hotel packte ich schnell meine Sachen und trat die Heimreise an. Unterwegs überlegte ich, wo es zu einer militärischen Auseinandersetzung kommen könnte, nachdem ich nun wieder als Soldat dienen durfte. An einen Einmarsch in die Sowjetunion dachte ich nicht.

In Potsdam faßte ich beim IR 9 meine Sachen, beauftragte meinen Stabsführer Möckel mit meiner Vertretung in der Zeit meiner Abwesenheit und fuhr in der gleichen Nacht nach Krakau, wo ich mich bei der Frontleitstelle meldete. Dort wurde ich über den Marschweg des Infanterieregiments Nr. 50 informiert. Es hatte seinen friedensmäßigen Standort in Küstrin und Landsberg. Nachdem ich schon kurzfristig bei dem preußischen IR 8 in Frankfurt/Oder gedient hatte, ging es nun wieder zu einem preußischen Regiment, das ich bald eingeholt hatte. Als Leutnant wurde ich als Zugführer der 6. Kompanie zugeteilt. Auf dem Marsch gen Osten lernte ich meine Unteroffiziere und Soldaten kennen. Als ich vor meiner Einheit marschierte, kam es vor, daß mir hier und da ein Soldat vom Straßenrand zurief: „Hallo, Artur." Unter ihnen war auch der frühere Stabsleiter des Gebiets Mark Brandenburg, Oskar Bartsch, der auf einem Feldflughafen stationiert war. So gab es im Vorüberziehen eine kurze und freudige Begegnung mit ehemaligen HJ-Führern.

Um den 20. Juni erreichten wir unser Marschziel Bug. Jenseits des Flusses begann die Sowjetunion. Uns gegenüber stieg eine Höhe hinan, auf deren Scheitelpunkt ein landwirtschaftliches Anwesen lag, das nun ständig von uns beobachtet wurde. Es herrschte dort ein betriebsames Hin und Her von Soldaten. Spätabends herrschte Ruhe und der Gesang schwermütiger russischer Weisen wehte zu uns herüber. Ich vermutete, daß dieses Anwesen stark befestigt war. Am 21. Juni wußten wir, daß in der nächsten Morgenfrühe der Einmarsch in die Sowjetunion beginnen würde. Ich prüfte noch einmal, ob Waffen und die Floßsäcke klar gemacht waren. Im Gelände traf ich auf den Regimentskommandeur Oberst Röpke hoch zu Pferd. Ich meldete ihm das Ergebnis unserer Aufklärung, daß das gegenüberliegende Anwesen von Soldaten besetzt und sehr wahrscheinlich auch befestigt war. Ich erlaubte mir den Vorschlag, mit meinem Zug daran vorbeistoßen zu dürfen. „Das machen schon die anderen Einheiten" sagte der Oberst, „ihr Zug und ihre Kompanie greifen die Höhe frontal an." Er mußte es besser wissen. Er kannte den Gesamtplan und hatte die bessere Übersicht.

Am nächsten Morgen, am 22. Juni 1941, begann um 3.15 Uhr der Rußlandfeldzug. In aller Stille setzten wir mit unseren Floßsäcken über den Bug und gingen ohne Zwischenfall an Land. Als wir die halbe Höhe erreicht hatten, wurde aus allen Richtungen des Gutshofs ein mörderisches Feuer auf uns eröffnet. Im Gefecht verspürte ich plötzlich einen heftigen Schlag im rechten Unterarm und sah ihn danach herunterhängen. Kurz darauf empfand ich auch einen Schmerz im linken Oberarm, unmittelbar über dem Ellenbogen. Ich war kampfunfähig geschossen. Mein Unteroffizier Wiswel robbte von hinten zu mir heran. Ich rief ihm zu: „Bleiben sie zurück! Es erwischt sie auch noch." Da sagte der brave Mann zu mir: „Auf mich kommt es nicht an, Herr Leutnant. Aber um sie wäre es schade." Hätte mir das jemand in der Etappe gesagt, so würde ich darüber in Gedanken mit „na ja" hinweggegangen sein. Aber hier, im Feuer, war das unfaßbar. Er schiente mir im Liegen den Arm mit Zweigen, daß er wieder Halt bekam. Ich übertrug ihm das Kommando über den Zug. Ich weiß nicht mehr, wie ich die Höhe hinuntergekommen bin. Meine Erinnerung setzte erst wieder ein, wie ich von zwei Soldaten gestützt über den provisorischen Pioniersteg über den Bug nach hinten gebracht wurde. Die stets ausweichende Fahrt am äußersten Rand eines holprigen Knüppeldamms wurde zur Qual. Die Fahrzeugkolonnen zogen endlos an uns vorüber. Die Bewegung nach vorn an die Front hatte Vorrang. Unterwegs warf mir ein Landser eine Flasche Rotwein vom Lastwagen ins offene Auto herunter. Ich sollte daraus trinken, sagte meine Begleitung, und es tat gut.

Auf dem Hauptverbandsplatz wurde ich in einem roten Backsteingebäude abgeliefert und auf zusammengeschobene Tische gelegt. Drum herum standen Ärzte mit roten Gummischürzen. Sofort wurde amputiert. Meine nächste Station war das Lazarett in Zamosz, das bereits so überfüllt war, daß wir zunächst auf Gängen liegen mußten. Später bekam ich ein Bett. Eine sympathische Schwester aus der Ostmark pflegte uns. Die Euphorie des Lebens kam über mich. Hier der Bericht aus der Geschichte der 111. Infanteriedivision:

„Am 22.6. um 3.15 Uhr begann an der gesamten Ostfront zwischen Schwarzem und Weißem Meer der Rußlandfeldzug. Die fünf in Front stehenden Bataillone der 111. ID überwanden bei schwachem Feindwiderstand den Bug auf Floßsäcken und Pioniersstegen. Auf einen Feuerschlag der Artillerie wurde verzichtet. Die Überraschung gelang. Die 2. Kp IR 50 konnte im Handstreich die Eisenbahnbrücke bei Horodlowice ohne Verluste nehmen, dagegen leistete der Feind beim Gut Zdary Wielkie zähen Widerstand. Fanatisch kämpften hier 250 Stalin-Schüler (Militärkadetten) in betonierten, untereinander verbundenen Bunkern. Die 6./IR 50 erlitt beim Angriff Verluste. Die Leutnante Seltenheim und Langner fielen, Lt. Axmann, damals Reichsjugendführer, der erst kurz vorher seinen Zug übernommen hatte, wurde durch Armschuß schwer verwundet, weitere Unteroffiziere und Männer gaben ihr Leben oder wurden verletzt. Erst Stoßtrupps des PiBtl. 111 räucherten die Bunker aus. Oblt. Fritz Naujoks, Kommandant des Div.-Stabsquartiers, knackte die letzten mit Handgranaten. Gegen Mittag erst konnten die Pioniere die 16-Tonnen-Brücke fertigstellen."

Nach einigen Tagen wurde ich nach Berlin geflogen. Das Oskar-Helene-Heim, nunmehr Lazarett 113, dessen Chefarzt Prof. Lothar Kreuz war, nahm mich auf. Ich kannte ihn schon als Rektor der Friedrich-Wilhelm-Universität in Berlin. Im Lazarett beeindruckten mich am stärksten die Kameraden, die schwerer als ich verwundet worden waren und, nachdem sie das Schlimmste überstanden hatten, ihren Humor behielten. Wie ich erfuhr, heiratete eine Schwester einen Verwundeten, der beide Beine verloren hatte. Ja, diese Schwestern! Sie waren mit ihrer aufopferungsvollen Pflege der gute Geist im Lazarett.

Ich erhielt Besuch, unter anderem von der spanischen Frauen- und Mädelführerin Pilar Primo de Rivera, deren Bruder als Führer der Falange ermordet worden war, vom späteren Generalfeldmarschall Milch, dem Organisator der Lufthansa und Staatssekretär im Reichsluftfahrtministerium, oder dem Prinzen August Wilhelm, mit dem ich ein längeres Gespräch über seinen Vater, den Kaiser, führen konnte. Mich bewegte schon lange die Frage, warum sich im November 1918 nicht die Prinzen- und Kaisersöhne, jeder an der Spitze einer Kompanie, der Revolte entgegengetreten waren. Diese Frage stellte ich ihm nun, und er gab mir zur Antwort, daß der Kronprinz dafür hätte ein Zeichen geben müssen. Sie seien so erzogen worden, daß der älteste Sohn, der Kronprinz, nicht nur immer den Vortritt, sondern auch in den Entscheidungen den Vorrang hatte. Für mich war interessant, aus seinem Munde etwas über das Verhältnis seines Vaters zu Bismarck zu erfahren. Prinz August Wilhelm hatte mir Rotwein eines uralten Jahrganges mitgebracht, den ich mir mit Professor Kreuz und meinem Mitarbeiter Dr. Liebenow zu Gemüte führte. Aus Italien reiste der Vizekommandant der italienischen Jugend Sellanie an. Er überbrachte mir die Grüße und ein Geschenk von Mussolini, eine phönizische Amphore, die Museumswert besaß. Ich erfuhr, daß sie nach Kriegsende aus meinem Haus von einem Kommunisten entwendet worden ist. Von den Diplomaten erschien auch

der italienische Botschafter Dino Alfieri, der mir für den angeratenen Genesungsurlaub auf der Insel Capri sein Landhaus anbot. Ich mietete es von ihm und trat mit meiner Frau Ilse die Reise auf die „Sireneninsel" an. Da die Wunden noch der Behandlung bedurften, begleitete mich mein Freund und ärztlicher Berater Dr. Liebenow.
Als wir uns in Neapel im Hafen voller schaukelnder Boote auf das Fährschiff begaben, den Golf durchkreuzten und an der Marina Grande an Land gingen, öffnete sich mir eine Welt, die in einem krassen, aber wohltuenden Gegensatz zu den Tagen in Rußland stand. Das Landhaus des Botschafters lag an einem Hang. Wenn wir uns des Morgens bei schönem Wetter auf der großen einladenden Terrasse zum Frühstück trafen, dann schauten wir über Weinreben und Gärten mit Pflanzen, Früchten und farbig-heiteren Blumen des Südens auf das weite, nicht enden wollende Meer. Liefen wir einige Schritte, so kamen die drei schroff-bizarren Faraglioni-Felsen, das Wahrzeichen von Capri, in unsern Blick. Bei fortschreitender Genesung erkundeten wir auf der Insel die kleinen Felsennischen, wo unentwegte Individualisten so baden konnten, wie sie der Herrgott geschaffen hatte, wanderten die Via Krupp hinauf, die ein Ahnherr von Krupp hatte erbauen lassen, begegneten dort dem Schauspieler Hans Albers, schritten den Weg hinauf zum höher gelegenen Anacapri und bewunderten die reich mit Kunstwerken und Gegenständen ausgestattete Villa, die der schwedische Arzt und Dichter Axel Munthe dort oben in Erfüllung seiner Sehnsucht nach dem Süden errichtet hatte, und genossen den Ausblick von den umgebenden Terrassen auf den Golf von Neapel. Den schwedischen Landsmann von Axel Munthe, den Dichter August Strindberg, hatte es ebenfalls auf die Nachbarinsel Ischia gezogen. Dort empfing uns sein Denkmal, als wir an Land gingen. Wir ließen uns auf Capri von einem Bootsmann in die berühmte „Blaue Grotte" rudern, die uns mit ihren changierenden Farben in den Bann zog. Am Abend schauten wir in die Ferne von Sorrent und entdeckten im Dunst die Silhouette des Vesuv. Wir weilten an den Stätten, von denen man berichtete, daß dort bereits vor 2.000 Jahren die römischen Kaiser Tiberius und Augustus Erholung und Entspannung suchten, hörten von Lenin und den russischen Dichtern Turgenjew und Maxim Gorki, die sich dem Zauber dieser Insel hingaben, sowie von den Aufenthalten unserer Dichter Gerhart Hauptmann und Rainer Maria Rilke. Aufmerksame italienische Freunde besuchten uns. Wie oft mußte ich daran denken, daß andere Verwundete nicht die Möglichkeit hatten, einen solchen Genesungsurlaub zu erleben. Die schöne Zeit geht immer am schnellsten zu Ende. Beim Abschied übergab uns Maria, die Seele des Hauses, die das Anwesen pflegte und uns betreute, korrekt die Rechnung, auf der sie weder das zerbrochene Glas noch das Klopapier vergessen hatte.

In Berlin empfing uns schon der kühle Herbst. Ich fuhr zu Reichsleiter von Schirach nach Wien, um mit ihm die Zielsetzung und die Jahresparole für 1942 abzustimmen. Ich suchte ihn in seinem Büro am Ballhausplatz auf, wo er sich am Schreibtisch des Fürsten Metternich seiner Arbeit widmete. Zu dieser Zeit fanden in Wien gerade die Mozartfestspiele statt, so daß ich Gelegenheit hatte, der Aufführung von Idomeneo beizuwohnen, die Richard Strauss selber dirigierte. Schirach lud Richard Strauss, den Reichsminister Dr. Hans Frank und mich zum Essen in den „Husaren" ein. Dem liebenswürdigen Meister und Komponisten Franz Lehar war ich schon auf dem Urheberkongreß in der Akademie für deutsches Recht begegnet, aber hier war es für mich ein Erlebnis, Richard Strauss im kleinsten Kreise zu erleben. Er stand damals im 78. Lebensjahr und hielt sich in der Unterhaltung zurück, während der Minister Dr. Frank mit seinen geistreichen Bemerkungen und Scherzen brillierte, über die er selber am ergiebigsten lachen konnte. Die Besuche in Wien brachten das Gute mit sich, daß man eine Karte für das Burgtheater erhielt, wo man die Großen dieser Bühne wie Paula Wessely, Attila Hörbiger, Ewald Balser und Raoul Aslan erleben oder einigen schaffenden Künstlern im Hause Schirachs an der Hohen Warte begegnen konnte. Schirach hatte es verstanden, Wien zu einem kulturellen Mittelpunkt zu machen und führende Kräfte aus dem Kulturleben des Reiches nach dort zu holen, wie Richard Strauss, die Dirigenten Böhm und Knappertsbusch sowie die Müthels. Er beging auch in Wien mit dem Dichter Gerhard Hauptmann dessen 80. Geburtstag.

Diese Entwicklung hat der Reichsminister Dr. Goebbels in Berlin nicht immer mit Sympathie begleitet, da er darauf bedacht war, den Fortgang von Spitzenkräften nach Wien zu verhindern. Ich muß an die Rolle denken, die mein Kamerad und Obergebietsführer Dr. Rainer Schlösser dabei spielte. Einerseits fühlte er sich dem Reichsleiter von Schirach persönlich sowie seiner kulturellen Linie in Wien verbunden, andererseits war er Reichsdramaturg und Leiter der Theaterabteilung im Hause von Dr. Goebbels, und leitete außerdem als Hauptamtchef die Kulturarbeit in der Reichsjugendführung. Er blieb bis zum Ende des Krieges in seinen Ämtern und versuchte, Interessen und Spannungen möglichst auszugleichen. Ich bewunderte diesen Drahtseilakt. Diese Leistung vermochte ich richtig einzuschätzen, da auch ich als Chef des Sozialen Amtes der Reichsjugendführung gleichzeitig in verschiedenen großen Organisationen, wie der Deutschen Arbeitsfront, der Nationalsozialistischen Volkswohlfahrt und der Akademie für Deutsches Recht, tätig war und wußte, welche Schwierigkeiten es manchmal bereitete, zwischen den Chefs ausgleichend zu wirken. Die letzten Tage meines Genesungsurlaubs waren für mich das tiefe Atemholen vor den folgenden harten Kriegsjahren. Mit der Arbeits-

besprechung der Gebietsführer und Gebietsmädelführerinnen am 5. Dezember 1941 in München nahm ich meinen Dienst wieder auf. Ich dankte meinem Vertreter Helmut Möckel und allen Mitarbeiterinnen und Mitarbeitern für die in meiner Abwesenheit vorbildlich geleistete Arbeit und erläuterte die Richtlinien für den Kriegseinsatz in der Heimat und die Jahresparole 1942. Sie lautete: Osteinsatz und Landdienst.
Wenn ich auf das Jahr 1941 zurückblickte, so erfüllten mich die tapfer erkämpften Siege unserer Soldaten mit Vertrauen in die Zukunft. Aber man konnte auch nicht daran vorbeisehen, daß die täglichen Gefallenenmeldungen zunahmen, an zwei Fronten gekämpft werden mußte, der Luftkrieg über Deutschland stärker wurde, und daß uns nun wie zu Napoleons Zeiten in dem vorzeitig eingebrochenen überaus strengen russischen Winter noch ein zusätzlicher Feind schwer zu schaffen machte. Die Truppe war dafür nicht hinreichend mit warmer Kleidung ausgerüstet worden, so daß viele Ausfälle durch erfrorene Gliedmaßen zu verzeichnen waren. Diese Fehlleistung hat wohl mit dazu beigetragen, daß Hitler den Oberbefehlshaber des Heeres von Brauchitsch abgelöst und selber den Oberbefehl übernommen hat. Er rief die Bevölkerung dazu auf, für die unter eisiger Kälte leidenden Soldaten warme Winterbekleidung zu spenden. Auch die Hitlerjugend stellte sich in den Dienst dieser Hilfe für die Front. Die ausländischen Militärhistoriker dürften sich wohl darin einig sein, daß die Krise im Winter 1941/42 nicht ohne den unbeugsamen Willen, die Energie und Entschlußkraft Adolf Hitlers gemeistert worden wäre. Zwar konnte die Strategie des Blitzkrieges bis zum Einbruch des Winters nicht verwirklicht werden, zwar ging der Bewegungskrieg in den Stellungskrieg über, aber der Gegner konnte keine entscheidenden Einbrüche in die deutsche Front erzielen. Die deutsche Führung behielt die Lage im Griff.
Erst zu dieser Zeit, nach der Stabilisierung der Verhältnisse an der Front, erhielt ich für meine Zurückmeldung einen Termin bei Hitler. Das war am 13. März 1942. Ich fuhr ins Hauptquartier der Wolfsschanze bei Rastenburg in Ostpreußen, das gut getarnt im Wald lag. Im weiteren Umkreis befanden sich auch Wiesen und Moore. Dort herrschte ein nicht gerade günstiges Klima für einen ständigen Aufenthalt, wie die Ärzte später feststellen sollten. Ich passierte die Kontrollstellen der Sperrkreise, denen mein Kommen avisiert worden war. Hitler empfing mich herzlich in einer einfachen Baracke. Er war allein. Der Leiter der Parteikanzlei, Martin Bormann, war nicht anwesend. Hitler erkundigte sich nach den Umständen meiner Verwundung und meiner Einschätzung des Kampfgeistes der sowjetischen Soldaten. Ich betonte, daß ich noch nicht von ausreichenden Erfahrungen sprechen könne, da ich schon zu Beginn des Feldzuges verwundet wurde, und berichtete, daß mir als Hitlerjugendführer in einer Bunkerfestung eine

Elite von sowjetischen Militärkadetten, die Stalin-Schüler, gegenübergelegen und tapfer bis zu ihrem Ende gekämpft hätten. Ich wüßte aber von meinen Kameraden, die länger als ich in Rußland eingesetzt waren, daß wir mit einer sehr starken Gegenwehr rechnen müßten.

Hitler ging nun auf und ab und äußerte seine Meinung dazu. Er sei davon ausgegangen, daß die Sowjets stark sind, daß hinter ihnen nicht nur große Massen an Menschen und Waffen stehen, sondern auch eine Idee. Daß sie aber *so* stark sind, habe er nicht vermutet. Ihm seien Informationen zugegangen, daß auf sowjetischer Seite ein starker Aufmarsch gegen unsere Grenze im Gange wäre. Er habe daraus schließen müssen, daß in absehbarer Zeit ein sowjetischer Angriff auf uns erfolgen könne. Dem habe er zuvorkommen müssen. Es wäre äußerst lebensbedrohend geworden, diesen Ansturm aus der Verteidigung auf engem Heimatboden abzuwehren. Er habe in Rußland auch Raum für seine Operationen gewinnen müssen. Der Rußland-Feldzug sei der schwerste Entschluß seines Lebens gewesen. Er habe geglaubt, diesen Kampf zu seinen Lebzeiten führen zu müssen. Man könne das sowjetische nicht mit dem zaristischen Rußland vergleichen. Mit dem Bolschewismus sei unter russischer Führung ein neues politisches Phänomen in die Geschichte eingetreten. Der Bolschewismus erhebe einen Universalanspruch, verfolge als Ziel eine Weltrevolution und strebe damit die Herrschaft über diesen Erdball an. Dieses Ziel suche er mit allen Mitteln, durch Infiltration und Unterwanderung, durch Aufstand und Rebellion und durch Gewalt zu erreichen. Er, Adolf Hitler, habe das seit 1919 gepredigt. Die Bolschewisten hatten viel mehr Zeit gehabt als wir, von 1917 bis heute, ein Vierteljahrhundert.

„Stellen Sie sich vor, Axmann" - bei diesen Worten blieb Hitler vor mir stehen und faßte mich mit seinen Augen - „wir hätten 25 Jahre Zeit für den Aufbau und die Erziehung der Jugend gehabt! Stalin hat in dieser Zeit nicht nur eine politische, sondern auch eine militärische Führungselite geschaffen. Viele haben es als einen Fehler angesehen, daß er die bürgerlichen Generale und Offiziere aus der Verantwortung entlassen hat. Aber was man ihm als Schwäche vorhielt, ist heute gerade seine Stärke. An die Stelle von schwankenden bürgerlichen Intelligenzlern hat er starke Willensnaturen gesetzt, die konsequent die erteilten Befehle ausführen. Wir müssen uns klar darüber sein, daß wir in unserer Armee noch kein homogenes Führerkorps besitzen. Solange wir siegen, mag uns das nicht allzu sehr schaden. Die Opportunisten sind immer auf der Seite des Sieges. Es könnte jedoch gefährlich werden, wenn wir nicht immer siegen sollten. Daher müssen wir dafür sorgen, daß aus der Jugend geeignete und befähigte Kräfte nachwachsen. Ihre Aufgabe, Axmann, ist es, der Truppe und ihren Offizieren einen einsatzbereiten Nachwuchs zu sichern und in der Jugend eine

Auslese heranzubilden. Sie wird die Elite von morgen sein. Tun Sie alles, was der Front dient und der Heimat eine Hilfe ist!"
Ich berichtete dem Führer über die bisher in diesem Sinn von der Jugend geleistete Arbeit, informierte ihn über unsere künftigen Vorhaben und den unbedingten Einsatzwillen der Jugend. Er äußerte sich zustimmend und anerkennend. Nach diesem Gespräch nahm ich im Hauptquartier an einem Eintopfessen teil. Als ich das Hauptquartier verließ, sah ich auf einige Distanz Hitler im grauen Mantel, wie er seine Schäferhündin apportieren und über die Eskaladierwand springen ließ. Die Besprechung bei Hitler und das Erleben seiner ungewöhnlichen Willensnatur bestärkten mich darin, auf dem eingeschlagenen Weg fortzuschreiten.
Hilfe für die Heimat waren alle die Dienstleistungen, die die Jugend in der Landwirtschaft, für die Reichspost, für die Bahn und den Verkehr, in der Nachbarschaftshilfe und in vielen anderen Bereichen erbrachte, von denen hier schon die Rede war. Hilfe für die Front bedeutete die Erziehung zur Einsatzbereitschaft, die Pflege der Kräfte des Gemüts durch die Kulturarbeit, das Mitwirken an allen Maßnahmen zur Förderung der beruflichen Leistungsfähigkeit, insbesondere in der Rüstungsindustrie, die verstärkte Leibeserziehung und die Wehrertüchtigung. Es waren zum großen Teil Aufgabengebiete des Friedens, die nun ihre Ausrichtung auf die Erfordernisse des Krieges erfuhren. Das galt insbesondere für die Wehrertüchtigung. Nachdem uns seit dem 1. Dezember 1936 die Führung der gesamten deutschen Jugend anvertraut worden war, erwarteten das Heer, die Waffen-SS, die Luftwaffe und die Kriegsmarine von uns, daß wir ihren Bedarf an geeignetem Nachwuchs vollauf decken sollten. An den Grundsätzen der Ausbildung hatten wir gegenüber der Friedenszeit auch im Kriege nichts geändert. Sie erfolgte nach wie vor in jugendgemäßer Weise, ohne Ausbildung an der scharfen Waffe. Wir lehnten die Soldatenspielerei ab und wollten keine kleinen Rekruten. Erst im letzten halben Jahr des Krieges erfolgte die Ausbildung der 16- und 17jährigen an der Waffe im Rahmen des Deutschen Volkssturms, der durch einen Erlaß Hitlers ins Leben gerufen worden war.
Zwischen einigen Kreisen im Oberkommando des Heeres und der Reichsjugendführung herrschten unterschiedliche Auffassungen über die Wehrertüchtigung. Wiederholt versuchte das Oberkommando des Heeres, die Wehrertüchtigung der Jugend in eigene Verantwortung zu übernehmen. Viele Jahre wachte insbesondere unser Obergebietsführer Dr. Schlünder darüber, daß diese Bestrebungen nicht verwirklicht wurden! Daraus ergaben sich natürlich so manche Unstimmigkeiten, die man aber keineswegs dahingehend verallgemeinern kann, daß die Zusammenarbeit zwischen den Streitkräften und der Reichsjugendführung schlecht oder unproduktiv gewesen

war. Im Gegenteil: Ich hatte in meiner Dienstzeit als Reichjugendführer ein sehr gutes, ja kameradschaftliches Verhältnis zu den Inspekteuren des Erziehungs- und Bildungswesens im Oberkommando des Heeres. In hoher Wertschätzung denke ich dabei vor allem an den Generalleutnant Ludwig Wolff, den Eroberer der Festung Sewastopol, sowie an den Generalleutnant Karl-Wilhelm Specht, Kommandeur der Infanterieschule Döberitz und Generalinspekteur für den Führernachwuchs.

Ohne Zweifel hatte die Wehrmacht im Kriege an Bedeutung und gewichtigem Einfluß gewonnen. So fehlte es auch zu meiner Zeit nicht an energischen Bestrebungen, die Wehrertüchtigung der Jugend in den Kasernen des Heeres durchzuführen. Um ein Gegeneinander zu verhindern, setzte ich mich mit dem derzeitigen Inspekteur des Erziehungs- und Bildungswesen im Oberkommando des Heeres, General Hans Frießner, dem späteren Generaloberst und Armee- und Heeresgruppenführer, in Verbindung. Wir kamen im Willen zur guten Zusammenarbeit sofort überein, in der strittigen Frage eine Entscheidung des Führers anzurufen und beantragten gemeinsam einen Besprechungstermin bei ihm, den wir sehr schnell erhielten. Hitler empfing uns Ende April 1942 auf dem Obersalzberg. Wir standen in der Halle vor dem großen Panoramafenster, das den Blick auf die herrliche Bergwelt freigab. General Frießner trug zuerst seine Konzeption vor, und dann kam ich mit meinen Vorstellungen zu Wort. Nach einer kurzen Diskussion traf Hitler seine Entscheidung im Sinne meines Vorschlags. Damit waren klare Verhältnisse geschaffen. In Zukunft sollte die Wehrertüchtigung in dreiwöchigen Lagern der Hitlerjugend stattfinden.

Diese Entscheidung ist von der Wehrmacht stets respektiert worden. Der Reichsminister und Chef der Reichskanzlei Dr. Lammers faßte das Ergebnis der Besprechung beim Führer in einem Brief vom 12.5.1942 an den Reichsmarschall des Großdeutschen Reiches und Beauftragten für den Vierjahresplan, das Oberkommando der Wehrmacht sowie an alle Reichsminister wie folgt zusammen:

„Der Führer hat angeordnet, daß der älteste Jahrgang der Hitlerjugend laufend vormilitärisch ausgebildet werden soll. Die Ausbildung soll in dreiwöchigen Kursen vorgenommen werden, die in Lagern der Hitlerjugend, nicht in Kasernen stattfinden und von der Reichsjugendführung organisiert werden sollen. Die Heranziehung der Jugendlichen soll zunächst nur so weit erfolgen, als die von der Wehrmacht zur Verfügung zu stellenden Ausbilder ohne Schwierigkeiten freigegeben werden können.

Eine Störung der Produktion durch die Heranziehung der Jugendlichen zur vormilitärischen Ausbildung soll keineswegs erfolgen. Die Ausbildung soll daher möglichst während des Arbeitsurlaubs der Jugendlichen stattfinden.

Ferner sollen Jugendliche nur in dem Umfange zur Wehrertüchtigung herangezogen werden, als Ausrüstungsgegenstände, besonders Stiefel, zur Verfügung gestellt werden können.
Ich habe den Jugendführer des Deutschen Reiches gebeten, sich wegen der Durchführung der Weisung des Führers, soweit Sie Ihren Geschäftsbereich betrifft, mit Ihnen in Verbindung zu setzen, und bitte Sie, insoweit das Erforderliche zu veranlassen."

Die Wehrertüchtigungslager standen unter der Leitung eines HJ-Führers. Er sollte nach Möglichkeit Offizier sein und Frontdienst geleistet haben. Bei den Unteroffizieren kamen in erster Linie Ausbilder in Frage, die bereits in der HJ tätig gewesen waren. Es versteht sich, daß vor allem verwundete und nicht mehr kriegsverwendungsfähige Unteroffiziere abkommandiert wurden. Es spricht für den idealistischen Einsatzwillen der Jugendlichen, daß viele von ihnen ihre Ausbildung in der Urlaubszeit absolvierten. So mußte unbedingt darauf geachtet werden, daß neben der Ausbildung auch der Zweck der Erholung erfüllt wurde. Aus diesem Grund war eine Nachtruhe von 8,5 Stunden im Sommer und von 9 Stunden im Winter vorgesehen. Die Freizeit betrug am Tag in der Regel 3 Stunden. Für die sportliche Betätigung standen etwa 1,5 Stunden zur Verfügung. Die Mittagspause erstreckte sich ebenfalls auf etwa 1,5 Stunden. Die übrige Zeit verteilte sich auf den Geländedienst, die Unterweisung in der Waffenkunde, die Schießübungen mit dem Kleinkalibergewehr, den Unterricht im Kartenlesen und -zeichnen sowie die Ordnungsübungen und den Innendienst. Zapfenstreich war um 22 Uhr.

Auch im Lager bildete die Ausbildung im Gelände einen Schwerpunkt in der Wehrertüchtigung. Die richtige Bewegung im Gelände sollte jedem Jungen in Fleisch und Blut übergehen. Er lernte das Gelände zu beurteilen und auszunutzen, sich zu tarnen, Ziele zu erkennen und richtig anzusprechen sowie zuverlässig Meldungen zu überbringen. Diese Art der Ausbildung machte vielen Jungen auch Spaß. Wöchentlich wurden in der Regel zwei Schulungsvorträge gehalten und ein Heimabend gestaltet. Täglich erfolgte ein kurzer Pressebericht. Am Sonntag fand eine Morgenfeier statt. Das Ergebnis der Ausbildung wurde in einer Laufkarte festgehalten, die der einrückende Soldat bei der Musterung der Wehrmachtsdienststelle übergab. Vor Lagerantritt wurden die Jugendlichen auf ihren Tauglichkeitsgrad untersucht. In regelmäßigen Abständen erfolgte die ärztliche Überwachung der Lager auch auf dem Gebiet der Hygiene. Sie verfügten über ein Krankenrevier, das von einer Schwester, einem Gesundheitsdienstmädel oder Feldscher, betreut wurde. Leichte Krankheitsfälle konnten so im Lager versorgt werden. Schwerere Fälle wurden ins Krankenhaus überwiesen. Die Jugendlichen waren gegen Unfälle und Krankheiten versichert.

Wichtig für die Erholung war eine gute Ernährung. Ich setzte mich mit dem Staatssekretär im Reichsministerium für Ernährung und Landwirtschaft, Herbert Backe, in Verbindung und bat ihn, für die Wehrertüchtigungslager eine günstige Verpflegungskategorie festzulegen. Sie wurden daraufhin in die Kategorie 1 im Rahmen der Verpflegung für Gemeinschaftslager der Jugend eingestuft. Das entsprach der Verpflegung des Ersatzheeres in der Heimat. Nach einer Lagerzeit von drei Wochen konnte bei den Teilnehmern eine durchschnittliche Gewichtszunahme von 1,5 - 2,5 kg festgestellt werden.

Die Ausbildung in den Wehrertüchtigungslagern erfolgte im Rahmen der Jugenddienstpflicht. Jedes Lager erfaßte etwa 200 Jugendliche im Alter ab 16,5 Jahren. Für sie standen cirka 15 Ausbilder des Heeres und der Waffen-SS zur Verfügung. Unterkünfte stellten der Reichsarbeitsdienst, die Wehrmacht und die Hitlerjugend zur Verfügung. Im April 1942 hatte Hitler die Entscheidung über die Wehrertüchtigungslager getroffen. Anfang Mai waren alle Vorbereitungen dafür abgeschlossen, und Ende Mai liefen die ersten Wehrertüchtigungslager an. Als unbedingt notwendig erwiesen sich die Einweisungslehrgänge für die Unteroffiziere, in denen vor allem die jugendgemäße Ausbildung erörtert und an Beispielen erläutert wurde. Dadurch war eine einheitliche Ausbildung im gesamten Reich gewährleistet. Von Zeit zu Zeit kamen die Lagerführer zu Arbeitstagungen zusammen, an denen ich zum Beispiel in Berlin, in Prag und in Luxemburg teilnahm. Hier wurden die gemachten Erfahrungen ausgetauscht. Vereinzelt kam es vor, daß Jungen über den Kommiß-Ton und das „Schleifen" von Ausbildern Beschwerde führten. Solche Fälle wurden im Einvernehmen mit der Wehrmacht geregelt, und es erfolgte nach Überprüfung einer berechtigten Beschwerde die Abberufung des betreffenden Unteroffiziers, der offensichtlich für eine jugendgemäße Ausbildung nicht geeignet war. Das konnte auch einen Lagerführer der HJ treffen, der zwar kein disziplinärer Vorgesetzter der Unteroffiziere war, aber in solchen gemeldeten Fällen seine Aufsichts- und Sorgfaltspflicht verletzt hatte.

Ritterkreuzträger, Soldaten und Offiziere bestätigten mir, daß die Wehrertüchtigungslager der HJ eine gute Vorbereitung für den Truppendienst waren. Der General der Infanterie Kienitz erklärte im „Stettiner General-Anzeiger" vom 5.9.1943, „daß die in Wehrertüchtigungslagern vorgebildeten Rekruten sich vor ihren Kameraden auszeichnen", und der Oberstleutnant Neinhaus äußerte sich gegenüber der „Rheinisch-Westfälischen Zeitung" am 4.9.1943: „Seit Mai vergangenen Jahres sind die Jungen in den ersten WE-Lagern, die laufend eine Vermehrung gefunden haben, erprobt worden, und dankbar erkennt bereits heute die Truppe die Vorteile dieser Wehrertüchtigung an." Eine gegenteilige Kritik war selten.

Der Befehlshaber des Ersatzheeres, Generaloberst Friedrich Fromm, der einigen WE-Lagern einen Besuch abgestattet hatte, brachte mir gegenüber seine vollste Zufriedenheit zum Ausdruck. Bis zum 31. Dezember 1943 bestanden nach Angaben der Reichsjugendführung 226 WE-Lager, in denen 514.972 Jungen ausgebildet worden waren. Von ihnen erwarben 361.477 den Kriegsausbildungs-Schein, 141.322 erfüllten die Bedingungen des HJ-Leistungsabzeichens und 59.937 die des Kriegsausbildungs-Übungsleiterscheins. Ohne diesen Leistungsnachweis schlossen die Ausbildung 54.818 Jungen ab. Die Arbeit der Hitlerjugend profitierte von der Ausbildung in den Wehrertüchtigungslagern, denn die Teilnehmer konnten ihre erworbenen Kenntnisse an ihre Einheiten weitergeben.

Vor der Einberufung in die WE-Lager erhielten die Jugendlichen eine Bereithaltungs-Nachricht, die sie dem Betriebsführer, der Behörde oder dem Schulleiter zur Regelung des Zeitpunktes für den Urlaub vorzulegen hatten. Für die Angehörigen der Höheren Schulen wurde unter Berücksichtigung der Schulausbildung und der Ferien eine Sonderregelung mit dem Reichsminister für Wissenschaft, Erziehung und Volksbildung getroffen. Die Betriebe und Behörden konnten die Verlegung des Zeitpunktes der Einberufung beantragen, wenn es in dringenden Fällen die innerbetrieblichen Notwendigkeiten erforderten. Der Urlaub für Jugendliche war durch das Jugendschutzgesetz bzw. durch Erlasse der zuständigen Reichsminister geregelt. Danach sollte den Teilnehmern über 18 Jahren der gleiche Urlaub wie den Jüngeren gegeben werden. Für die Lehrgänge der Wehrertüchtigung galt darüberhinaus das Gesetz über die Beurlaubung von Angestellten und Arbeitern für die Leibeserziehung vom 15.2.1935, nach dem die Fahrtkosten zum und vom Wehrertüchtigungslager ersetzt wurden. Hatte der Jugendliche ganz oder teilweise Angehörige zu unterhalten, so konnte Familienunterhalt gewährt werden, wenn er vom Betrieb keine Bezahlung für den Urlaub erhielt. Für die Teilnehmer an den WE-Lagern galten ebenfalls die Bestimmungen des Wehrmachtfürsorge- und -versorgungsgesetzes.

Die Sonderformationen der Flieger-, der Marine-, und der Nachrichten-HJ sowie des Streifendienstes verfügten über keine eigenen Wehrertüchtigungslager. Für sie wurden in einigen Lagern besondere Scharen von etwa 60 Jungen geschaffen, um ihrer spezifischen Ausbildung zu entsprechen. Nur die Marine-HJ führte eigene Lehrgänge durch, die in 12 am Wasser gelegenen Lagern stattfanden. Ende des Jahres 1943 errichtete auch die Flieger-HJ eigene Lager.

Ich hatte schon dargelegt, daß die Sondereinheiten aus dem Drang der Jugend nach spezieller sportlicher Betätigung entstanden waren. So kam es durchaus vor, daß ein Angehöriger der Marine-HJ in der Friedenszeit später aber zur Luftwaffe ging. Wenn ich mich recht erinnere, traf das auch für den so erfolgreichen Jagdflieger Hans-Joachim Marseille, den „Stern von Afrika", zu. Das änderte sich im Kriege insofern, als die Sonderformationen auf die Sicherung des Nachwuchses für die Luftwaffe, die Kriegsmarine, die Nachrichtentruppen und die Waffen-SS ausgerichtet wurden. Entsprechende Vereinbarungen hatten wir mit den Wehrmachtteilen getroffen. Nach Abstimmung mit ihnen und der Waffen-SS setzte ich die Stärke aller Sondereinheiten auf insgesamt 35 Prozent des Mitgliederbestandes der Hitlerjugend fest.

Die Entwicklung weiterer Wehrertüchtigungslager erhöhte auch den Bedarf an Ausbildern und von der Truppe abzukommandierenden Unteroffizieren. Von ihnen war nur ein Teil Jugendführer. So blieb es nicht aus, daß sich in den WE-Lagern zwei Richtungen gegenüberstanden: der Unteroffizier der alten Schule und der HJ-Führer, der in dem Jungen in erster Linie den dienstwilligen jungen Volksgenossen sah, dem eine achtungsvolle Behandlung gebührte. Als sich nach einem guten halben Jahr die Beschwerden von Jungen über das „Schleifen" unter zotigen Worten vermehrten, sah ich mich veranlaßt, im Reichsbefehl 29/42 K vom 23.11.1942 in scharfer Form meine Weisungen an die Lagerführer noch einmal zusammenzufassen. Darin hieß es:

„Die Erziehung und Ausbildung in den WE-Lagern ist darauf ausgerichtet, die Wehrfreudigkeit und Einsatzbereitschaft der zum Wehrdienst heranstehenden Hitlerjungen für den Existenzkampf des deutschen Volkes zu gewährleisten und darüber hinaus die körperliche Leistungsfähigkeit und die technische Vorausbildung für den späteren Wehrdienst sicherzustellen. Dieser Zielsetzung dient die Erziehungsmethode und der Ausbildungsstoff. Die Hitlerjungen, die zu den WE-Lagern einberufen werden, sind somit keine Rekruten, sondern Jugendliche im Alter von 16 - 18 Jahren, die jugendgemäß zu erziehen sind und deren Ausbildung waffenlos, d.h. eine Vorstufe für die Rekrutenausbildung ist.

Diese grundsätzliche Ausrichtung und Zielsetzung der WE-Lager ist allen Hitlerjugend-Lagerführern und Ausbildern der Wehrmachtteile in den Einweisungslehrgängen der Hitlerjugend zur Pflicht gemacht. Darüber hinaus sind in der Hitlerjugend-Dienstanweisung der Reichsjugendführung für die Wehrertüchtigungs-Lagerführung die Erziehungsmethode und die Erziehungsmittel festgelegt. U.a. ist darauf hingewiesen, daß Strafexerzieren, Strafwachen usw. strengstens verboten sind.

Die Reichsjugendführung erhält nun verschiedentlich von Lehrgangsteilnehmern oder deren Eltern Mitteilung, daß in einigen Lagern das 'Schleifen' der Jungen und die Anwendung der gemeinsten und zotigsten Ausdrücke seitens der Ausbilder trotz aller Hinweise üblich ist. Was durch eine solche Ausbildungsmethode an den Jugendlichen verbrochen wird, kann im Leben selten wieder gut gemacht werden ... Wenn weiterhin die Hitlerjungen während des Dienstes mit den gemeinsten und zotigsten Ausdrücken behandelt werden, so werden diese in ihrer idealistischen Auffassung und in ihrer verehrungswürdigen Einstellung für das andere Geschlecht auf das tiefste getroffen. Lebensauffassung, Moral und Haltung dieser Jungen werden in kurzer Zeit zum Negativen herabgezogen. Das ist ein Verbrechen an diesen Jungen. Hitlerjugend-Lagerführer, die um solche Vorkommnisse in ihrem Lager wissen und sie nicht abstellen, sind als Hitlerjugend-Führer und damit als Erzieher der Jugend untragbar. Hitlerjugend-Lagerführer, bei denen eine solche unwürdige Behandlung der Lehrgangsteilnehmer vorkommt, selbst aber nichts davon wissen, sind als Lagerführer ungeeignet. Ausbilder, die sich derartige Dinge in einem WE-Lager der Hitlerjugend zuschulden kommen lassen, gehören nicht hinein. Ungeachtet dessen, daß im Einzelfall der betreffende Lagerführer, in dessen Lager sich Ähnliches ereignet, sich persönlich bei mir zu verantworten hat, haben alle Lagerführer in einer Dienstbesprechung mit den Ausbildern den Inhalt dieser Feststellung über die Grundsätze einer Hitlerjugend-mäßigen Erziehung der Jugend unverzüglich bekanntzugeben."

Um die negativen Auswüchse in den Lagern abzustellen, war es notwendig, einen besonderen Reichsinspekteur für die Wehrertüchtigungslager zu berufen, der vorwiegend draußen im Lande weilen und sich in den Lagern umsehen sollte. Dafür kam nur jemand in Betracht, der einerseits mit Leib und Seele Jugendführer war und andererseits die infanteristischen Fronterfahrungen aus dem Rußlandfeldzug besaß. Gerhard Hein, der diese Voraussetzungen in seiner Person vereinte, wurde von Obergebietsführer Dr. Schlünder zum Reichsinspekteur der Wehrertüchtigungslager ernannt. Er gehörte dem Jahrgang 1916 an und stammte aus Oberschlesien. Sein Vater war Bergmann, und auch er hatte eine Zeitlang als Jungbergmann gearbeitet. Im Jungvolk und der Hitlerjugend hatte er sich als Standortführer betätigt und ging danach zum Landjahr, in dem er mit Begeisterung diente. Im Frankreich-Feldzug erhielt er als Unteroffizier das Ritterkreuz und in Rußland 1942 das Eichenlaub zum Ritterkreuz des Eisernen Kreuzes. Mehrfach wurde er verwundet. Im Rußlandfeldzug zeichnete er sich auch durch seine Vorschläge aus. So schlug er für den Winter das auf Schlitten montierte Maschinengewehr und die aufblasbaren Ballonsoldaten vor, die das feindliche Feuer auf sich ziehen sollten. Ende 1944 übernahm er ein Regiment in der 12. SS-Panzerdivision „Hitlerjugend", das er in den schweren Kämpfen in Ungarn führte. Bei Kriegsende gehörte er als Oberstleutnant dem Stab des Generalfeldmarschalls Busch bei der Regierung

Dönitz an. Sein Offizierspatent erhielt er wegen seiner Leistung und Tapferkeit ohne den Berechtigungsnachweis des Abiturs. Auch darin kam die neue Gesellschaftsordnung zum Ausdruck.

Trotz der Ausfälle ungeeigneter Ausbilder war die Zusammenarbeit mit der großen Mehrheit der Unteroffiziere erfreulich und führte zu einem sehr positiven Ergebnis in der Vorbereitung des Nachwuchses für die Wehrmacht, was auch von den Truppenführern bestätigt wurde. Waren diese Vorbereitungslager seit 1942 zu einem Kernstück der Wehrertüchtigung geworden, so erschöpfte sie sich keineswegs darin. Sie wurde im Rahmen des üblichen Dienstes der allgemeinen HJ nach den gegebenen Führungsvoraussetzungen nach wie vor durchgeführt. Dafür standen uns ältere Kräfte zur Verfügung. So wurden die Angehörigen der Flieger- und der Motor-Hitlerjugend auch im Kriege vom Nationalsozialistischen Fliegerkorps bzw. vom Nationalsozialistischen Kraftfahrkorps ausgebildet, wenngleich auch bei diesen Organisationen der Krieg nicht ohne Auswirkungen auf das Ausbildungspersonal blieb und dort erhebliche Lücken verursachte. Ohne diese Organisationen und unsere Gemeinschaftsarbeit wäre jedoch ein Erfolg der Sonderformationen nicht denkbar gewesen.

Das gilt auch für die Reit- und Fahrausbildung der Jungen durch die SA bzw. das Nationalsozialistische Reiterkorps und die Ausbildung der Mitglieder des Streifendienstes durch die SS. Die Nachrichten-HJ wurde durch den Reichspostminister Dr. Wilhelm Ohnesorge gefördert, der seine Dienststellen angewiesen hatte, der HJ Geräte und Material zur Verfügung zu stellen, wie es im Kriege auch durch die entsprechenden Truppenteile der Wehrmacht geschah. Dr. Ohnesorge hatte ein großes Interesse an der Tätigkeit der Nachrichten-HJ, war er doch im ersten Weltkrieg Direktor des Telegraphenwesens im Großen Hauptquartier, Erfinder der 4-Draht-Schaltung im Fernsprechwesen und Förderer unserer Forschung, auch im atomaren Bereich. Admiral Adolf von Trotha, Ehrenführer der Marine-HJ, war offen für jede Unterstützung, und auch die Kriegsmarine stand den maritimen HJ-Einheiten während der Jahre von 1940 bis 1945 helfend zur Seite. Nach den im Kriege im Laufe der Zeit gemachten Erfahrungen übernahm die Hitlerjugend zusätzliche Aufgaben in der Wehrertüchtigung. So trat das Oberkommando der Luftwaffe Anfang 1940 mit dem Ersuchen an die Reichsjugendführung heran, den vorgemeldeten Nachwuchs für die Bordfunker-Laufbahn der Luftwaffe sicherzustellen. Dafür warben wir nun. Die interessierten Jungen der Flieger-HJ erhielten die entsprechende Ausbildung durch die Funklehrer des NS-Fliegerkorps. In wenigen Monaten erreichten sie mit Diensteifer und Fleiß das Ausbildungsziel und konnten ihre Schlußprüfung ablegen. Im Dezember 1940 rief ich dann den ältesten Jahrgang auf, sich freiwillig für die Bordfunker-Laufbahn der Luftwaffe zu melden.

Der Winterfeldzug in Rußland erforderte eine gute Skiausbildung des soldatischen Nachwuchses, die bisher ein Teil der Leibeserziehung und Wehrertüchtigung war. Nun sollte sie nach Abstimmung mit dem Oberkommando des Heeres und der Waffen-SS weiter verstärkt werden. War die Skiausbildung bisher vornehmlich in den Gebirgsgebieten betrieben worden, so erfolgte sie jetzt generell auch in den Flachlandgebieten. Ähnlich machte der ausreichend vorgebildete Nachwuchs für die Gebirgstruppen des Heeres der Waffen-SS eine intensivere bergsteigerische Ausbildung in den Einheiten der HJ notwendig. Dafür wurden Bergfahrten-Gruppen ins Leben gerufen. Im Unterschied zur Flieger- oder Marine-HJ stellten sie jedoch keine Sonderformation dar. Ihr Dienst wurde im Rahmen des Gesamtprogramms der allgemeinen HJ durchgeführt. In der Regel fand er an zwei Sonntagen im Monat statt. Mehrtägige Berg- und Gebirgsfahrten erfreuten sich großer Beliebtheit. Vier Wehrertüchtigungslager sowie ein Reichsausbildungslager, das der Reichsjugendführung unterstand, wurden eigens für die Bergfahrtengruppen ins Leben gerufen. Der Deutsche Alpenverein, dessen Präsident der Minister Dr. Arthur Seyß-Inquart war, stellte die Ausbilder. Die Ausbildung erfolgte nicht nur im Hochgebirge, sondern auch in den mittelgebirgs- und alpennahen Flachlandgebieten.
Eine zusätzliche Aufgabe bedeutete die Sturmbootausbildung von Angehörigen der Motor-HJ für die Sicherstellung des Nachwuchses der motorisierten Wasserpioniere des Heeres. Diese Ausbildung wurde von den Fachkräften des NS-Kraftfahrkorps wahrgenommen. Die interessierten Jungen mußten folgende Voraussetzungen erfüllen: Kraftfahrzeugschein Klasse 4, Freischwimmerzeugnis und ärztliche Untersuchung auf vermutlich spätere Pioniertauglichkeit mit positivem Ergebnis. Zur Ausbildung gehörten die Vermittlung von eingehenden Kenntnissen des Bootsmotors, Verkehrsunterricht unter besonderer Berücksichtigung der Wasserstraßenverkehrsordnung und Erlangung von Wassergewandtheit und Beherrschung der Fahrtechnik von Sturmbooten mit und ohne Motor. Die Ausbildungszeit betrug ein Jahr und endete mit einem Abschlußzeugnis. Die Unterweisung begann im Jahr 1943. Eine Ausbildung konnte nur dort stattfinden, wo Pionier-Motorbootstürme bestanden. Es sollte nicht die letzte zusätzliche Aufgabe für die Wehrertüchtigung sein.
Trotz aller Beanspruchung der HJ durch den Kriegseinsatz in der Heimat war die Zusammenarbeit mit der Jugend des Auslands und der befreundeten Nationen im vierten Kriegsjahr keineswegs verringert worden. Im Gegenteil. Ich hatte den Eindruck, daß alle im Ausland noch enger als bisher mit uns zusammenrücken wollten. Das zeigte sich auch in den häufigen Besuchen ausländischer Jugendführer und Delegationen in Deutschland. Sie kamen aus Norwegen, den Niederlanden, aus Portugal und Spanien

sowie mehreren anderen Ländern. Wir entsandten unsere Abordnungen ins Ausland, obwohl Großfahrten eingeschränkt und Auslandsreisen an die Genehmigung der Reichsjugendführung bzw. des Auswärtigen Amtes gebunden waren. Bei diesen Begegnungen wurde darüber gesprochen, die Zusammenarbeit durch einen engeren - auch organisatorischen - Zusammenschluß zu bekräftigen. Schon früher hatte Baldur von Schirach diesen Gedanken mit seinem Freund Renato Ricci, dem früheren italienischen Jugendführer und derzeitigen Korporationsminister, und mir besprochen. In den ersten Monaten des Jahres 1942 lud ich die Jugendführer aus 13 Nationen zu Besprechungen nach Berlin ein, um diese Frage mit ihnen zu beraten. Gegenstand unserer Gespräche waren die jeweiligen Besonderheiten in der bilateralen Zusammenarbeit und vor allem Aussprachen über die Grundsätze, nach denen ein solcher Bund arbeiten sollte. Von den Besprechungsteilnehmern wurde um einen langfristigen Führeraustausch gebeten, da sich die Ausbildung ihrer Kameraden an unseren Führerschulen sehr bewährt hatte. Für die Betreuung ausländischer jugendlicher Arbeiter, die in Deutschland tätig waren, wurde vereinbart, daß die jeweilige Jugendorganisation Vertreter nach Deutschland entsenden sollte, um sich dieser Frage mit uns gemeinsam anzunehmen. Mit dem slowakischen Jugendführer Macek wurde zum Beispiel die Möglichkeit erörtert, weitere Aufnahmeplätze für die aus unseren luftbedrohten Gebieten evakuierten Kinder und Jugendlichen bereitzustellen. Die gleiche Frage war Gegenstand der Unterhaltung mit dem ungarischen Jugendführer Feldmarschall-Leutnant Beldy. Die Jugendführer der nordischen Länder baten darum, ihnen einige Plätze auf den Adolf-Hitler-Schulen für ihre junge Auslese zur Verfügung zu stellen. Sie erklärten sich bereit, Freiwillige für unseren Landdienst im Osten einzusetzen.

Hauptgegenstand unserer Beratungen war jedoch die Aussprache über die von mir dargelegten Grundsätze, nach denen ein europäischer Jugendverband nach unserer Auffassung arbeiten könnte. Sie bestanden in folgendem: Die Nationalerziehung unterliegt allein der Selbstbestimmung des jeweiligen Landes. Dafür gibt es keine Richtlinie oder Weisungen von einer zentralen Führungsstelle. Das religiöse Bekenntnis bleibt unantastbar. Jedes Land hat einen Sitz und eine Stimme, ganz gleich, ob es sich um ein großes oder kleines Land handelt. In der Zentrale werden Arbeitsgemeinschaften für einzelne Sachgebiete wie Jugend und Kulturarbeit, Jugend und Leibeserziehung, Jugend und Beruf usw. eingerichtet, die dem Erfahrungsaustausch dienen sollen. Als Mitträger der Gesamtverantwortung käme die Leitung einer dieser Arbeitsgemeinschaften durch den Jugendführer des jeweiligen Landes in Betracht. Alle Jugendorganisationen der Mitgliedsländer sind sich einig im Kampf gegen Materialismus und Bolschewismus.

Meine Gesprächspartner besaßen genügend Zeit, diese Grundsätze zu überdenken. Ich hatte aber den Eindruck gewonnen, daß sie von ihnen akzeptiert wurden. Sicher waren noch in Einzelfragen Vorschläge und Einwendungen zu erwarten.
Anfang Mai hatte ich Gelegenheit, unsere Vorstellungen über die Zusammenarbeit der europäischen Jugend in Den Haag dem Leiter der niederländischen NSB, Anton Mussert, vorzutragen. Nachdem Hitler Mussert empfangen hatte, avancierte die NSB zur anerkannten Partnerorganisation der NSDAP. Das Gespräch mit Mussert fand in Gegenwart von dessen Stellvertreter van Geelkerken statt, der gleichzeitig Führer der Jugendorganisation, des „Jeugdstorm", war. Mir wurde bestätigt, daß in Zukunft niederländische Jungen und Mädel im Landdienst der HJ in den Ostgebieten auf der Grundlage der Freiwilligkeit arbeiten würden. Mit van Geelkerken arbeitete ich im Krieg kameradschaftlich zusammen. Er beeindruckte mich durch seine Persönlichkeit. Mit den Führern der nordischen Jugendorganisationen sprach ich insbesondere über die Frage, ob wir einen germanischen Jugendbund oder einen europäischen Jugendverband anstreben sollten. Für uns war es selbstverständlich, daß unsere Zusammenarbeit wegen der ethnischen Verwandtschaft besonders eng sein muß. Aber die Geschichte unseres Kontinents bestand und besteht einmal nicht allein aus dem Wirken der Germanen, sondern ebenso aus dem Wirken der Romanen und Slawen. Ein germanischer Jugendbund hätte zur Folge gehabt, daß sich die Romanen und Slawen zu einem eigenen Jugendbund zusammenschließen würden. Diese Trennung wollten wir nicht. Unser Ziel war Europa. Es ist bemerkenswert und interessant, daß sich die nordischen Jugendführer sofort ohne Wenn und Aber für einen europäischen Jugendverband entschieden haben. So selbstverständlich war das nicht, wenn man bedenkt, daß im nationalsozialistischen Deutschland stets vom anzustrebenden Großgermanischen Reich die Rede war. Und wir selber sprachen ja auch von der germanischen Zusammenarbeit, den germanischen Wehrertüchtigungslagern und dem germanischen Landdienst als Ausdruck unserer besonderen Verbundenheit.
Stärkster Verfechter des Großgermanischen Reiches und Gedankens war der Reichsführer SS, Heinrich Himmler, der von Hitler mit der Koordinierung der Arbeit in den nordischen Ländern beauftragt worden war und in dessen Verantwortungsbereich die Germanische Leitstelle lag. Das konnte zu ernsten Schwierigkeiten führen. Im Drang des Handelns war ich mir dessen damals nicht so deutlich bewußt wie aus zeitlichem Abstand. Baldur von Schirach und ich hatten uns für einen europäischen Jugendverband entschieden. Inzwischen konnte er seine Gedanken über die Gründung eines europäischen Jugendverbandes Benito Mussolini vortragen und des-

sen Zustimmung erhalten. Ich traf mich im Juni 1942 in Venedig mit Aldo Vidussoni, dem Führer der italienischen Jugendorganisation GIL, der zugleich Generalsekretär der Faschistischen Partei war. Ich informierte ihn über das Ergebnis meiner Gespräche mit den anderen Jugendführern. Vidussoni teilte unsere Auffassung in den Grundsatzfragen, so daß wir uns schnell einig wurden. Er hatte im Kampf gegen die Internationalen Brigaden in Spanien ein Auge und einen Arm verloren. Wir fanden uns als Kameraden. Wir verständigten uns über die Festspiele in Weimar und Florenz. Zu diesen Festspielen hatten wir die Jugendführer der uns befreundeten Nationen eingeladen.

Mit den Weimar-Festspielen wurde auch im vierten Kriegsjahr eine bewährte und beliebte Tradition fortgeführt. Dieses Mal wurden sie zu europäischen Festspielen Weimar-Florenz erweitert. 14 nationale Jugendorganisationen entsandten aktive Teilnehmer an der kulturellen Gestaltung und an den Wettbewerben. Allein die italienische Abordnung der Aktiven war mit 126 Teilnehmern und Teilnehmerinnen vertreten, so daß man sich eine Vorstellung vom Ausmaß dieser Spiele machen kann. Gekennzeichnet waren sie aber in erster Linie durch die Spitzenqualität ihrer Darbietungen. Am 18. Juni erfolgte auf dem Platz vor dem deutschen National-Theater in Weimar die Begrüßung der Besucher, unter denen sich traditionsgemäß Jungarbeiter und Jungarbeiterinnen, sowie Sieger und Siegerinnen des Reichsberufswettkampfes befanden. Im Anschluß empfing ich die Gäste im Hotel „Elephant".

Zu den Festspielen in Weimar waren auch Diplomaten erschienen, unter ihnen der spanische Botschafter Graf von Mayalde, der ungarische Gesandte Sztójay, der finnische Gesandte Kivimäki und der slowakische Gesandte Cernak. Am Nachmittag begannen die Tagungen der Arbeitsgemeinschaften für Musik, Jugendbuch, Jugendpresse, Rundfunk und Theater. Mit einer Kulturkundgebung der europäischen Jugend in der Weimar-Halle wurden am Abend die Spiele eröffnet. Am nächsten Tag öffneten sich die Tore im Donndorf-Museum für die Ausstellung „Junge Bildende Kunst", informierte ein Lichtbildervortrag über die Bauten der Hitlerjugend, und im Festsaal des Schlosses wurde die europäische Ausstellung „Jugendbuch und Presse" gezeigt. Am Abend erlebten wir die hervorragende Aufführung „Die Räuber" von Friedrich Schiller. Die schauspielerische Glanzleistung von Heinrich George als Franz Moor begeisterte mich ganz besonders. Er setzte für diese Rolle einen so hohen Maßstab, daß bisher für mich alle Darstellungen der „Kanaille" darunter geblieben sind. Nach dieser Aufführung fand sich ein kleiner Kreis mit Heinrich George im „Künstlerkeller" zusammen. Im Laufe der Unterhaltung erlaubte sich ein Akademiker mit dem Unterton der Kritik eine Bemerkung, daß man die Rolle des

Franz Moor auch anders spielen könne. Und das nach dieser großartigen Darbietung! Mir blieb für einen Augenblick die Spucke weg. George sagte kein Wort, stand auf, zog seinen Rock aus und spielte in Hemdsärmeln in kurzer Andeutung verschiedene Versionen der Rolle des Franz Moor. Das war die beste Antwort und für mich ein Erlebnis der Urnatur eines großen Vollblutschauspielers, das stets in meiner Erinnerung bleibt.
Der folgende Tag bescherte uns eine deutsche Jugendfilmstunde im Lichtspielhaus „Zentralpalast", einen geselligen Nachmittag im Schloß und Park von Belvedere und am Abend die Aufführung „Maximilian von Mexiko" unseres Kameraden und Mitarbeiters der Reichsjugendführung Fritz Helke.
In den zurückliegenden Tagen hatte der Musikwettbewerb laufend stattgefunden. Am Nachmittag wurde - im Rahmen des Konzerts der Preisträger „Junger Nachwuchs stellt sich vor" - der Musikpreis von Weimar verliehen.
Auf dem Festakt im Deutschen Nationaltheater hielt ich am 21. Juni einen Vortrag über Friedrich Schiller. Baldur von Schirach hatte 1937 in Weimar in seiner Rede das Thema „Goethe an uns" gewählt. Beide Dichter standen und stehen heute Hand in Hand - vom Künstler im Denkmal verewigt - auf dem Platz vor dem Deutschen Nationaltheater. Diesmal wollte ich dem jüngeren der beiden meine Ausführungen widmen, den für einen großen Dichter zu halten sich Goethe gegenüber den Diktatoren der zeitgenössischen Literatur die Freiheit genommen hatte und dessen Schaffen das Anliegen einer großen und edlen Seele war. Insbesondere fühlte ich mich dazu angeregt, da Schillers Gedanken und Dichtung in schwerer Zeit treue Begleiter meiner Jugend waren.
Wie packten uns damals „Die Räuber", die der Zwanzigjährige, kaum der Jugend entwachsen, schuf, als er mit Karl Moor gegen die verzwergte Menschheit, gegen das „schlappe Kastraten-Jahrhundert" und das „tintenkleksende Säkulum" kämpfte. Früh bewegte ihn die Idee der Freiheit, und er erkannte, daß sie - falsch verstanden und gedeutet - in Zügellosigkeit und Bindungslosigkeit entarten muß. Deshalb ließ er Karl Moor, der ebenfalls Unrecht mit Unrecht bekämpfte, sprechen: „Da stehe ich nun am Rande eines entsetzlichen Lebens und erfahre nun, daß zwei Menschen wie ich den ganzen Bau der sittlichen Welt zugrunde richten würden." Für ihn war die Idee der Freiheit an eine höhere sittliche Ordnung und Pflicht gebunden. Die Freundschaft, für die er im Urteil seiner Gefährten von Natur aus in hohem Maß begabt war, erschien ihm lobenswert. Dies brachte er in der „Bürgschaft" zum Ausdruck, als im letzten Augenblick der rettende Freund erschien, für den die Treue kein lehrer Wahn war. In seinem Gedicht „Die Ideale" pries er die Freundschaft: „Freundlos war der große Weltenmeister, fühlte Mangel, darum schuf er Geister, seel'ge Spiegel sei-

ner Seeligkeit." Der göttliche Funke der Begeisterung lebte in ihm, wenn er mit Marquis Posa jeden mahnte, „daß er für die Träume der Jugend soll Achtung tragen, wenn er Mann sein wird, daß er nicht soll irre werden, wenn des Staubes Weisheit Begeisterung, die Himmelstochter, lästert." Das Ideal war für ihn keine Schwärmerei, es muß immer im Bunde mit dem Möglichen und Notwendigen sein. Er lobte die „schöne ätherische Kraft, sich in einer großen Entschließung zu entzünden."

Schiller war Dichter und Philosoph. In einem Brief an Goethe schrieb er: „Gewöhnlich übereilte mich der Poet, wenn ich philosophieren sollte, und der philosophische Geist, wo ich dichten sollte." Für den Philosophen galten seine eigenen Worte: „Sein unermeßlich Reich ist der Gedanke und sein geflügelt Werkzeug ist das Wort." Das Wesen des Dichters erfaßte er mit den Worten: „Ihm gaben die Götter das reinste Gemüt, drin die Welt sich, die ewige, spiegelt. Er hat alles gesehen, was auf Erden geschieht und was noch die Zukunft versiegelt. Er saß in der Götter urältestem Rat und behorchte der Dinge geheimste Saat." Die Kunst ist das Mittel für die Erziehung zur menschlichen Vollkommenheit, und so beschwor er alle Künstler: „Der Menschheit Würde ist in eure Hand gegeben, bewahret sie. Sie sinkt mit euch, mit euch wird sie sich heben." Die heitere Kunst bringt die Freude in das ernste Leben. „Freude, schöner Götterfunken, Tochter aus Elysium. Wir betreten feuertrunken, Himmlische, dein Heiligtum." So beginnt seine Hymne, die Beethoven in seiner lichtumflossenen Einsamkeit in unsterbliche Musik gesetzt hat.

Am Nachmittag des gleichen Tages war die Schau „Junges Theater und Laienspiel" zu sehen, und am Abend gab es ein Konzert unter dem Motto „Die europäischen Völker in ihrer Musik". Am folgenden Tag wurde uns durch einen Festvortrag das Werk Dante Alighieris, des Schöpfers der „Göttlichen Komödie", nahegebracht. Mit der Aufführung von Goethes „Faust" ging dieser Tag zu Ende.

Am letzten Tag, dem 23. Juni, erfolgte die Verleihung des Jugendbuchpreises von Weimar und die Bekanntgabe der Ergebnisse der verschiedenen Arbeitsgemeinschaften. Am frühen Nachmittag begann die Aufführung der „Meistersinger von Nürnberg" von Richard Wagner, in der auch Chöre der Hitlerjugend mitwirkten. Die Europäischen Jugendfestspiele fanden ihren Abschluß mit einer Kundgebung vor dem Deutschen Nationaltheater mit einem Großkonzert der Hitlerjugend, auf der Baldur von Schirach, ein Ehrenbürger dieser Stadt, das Wort zu einer groß angelegten Rede ergriff.

Zehn Tage später wurden die Europäischen Kulturtage in Florenz fortgesetzt. Von der Stadt Goethes und Schillers ging es in die Stadt von Dante und Michelangelo. Dort standen neben den kulturellen Darbietungen die

Reden des italienischen Kultusministers Bottai und unseres Obergebietsführers Dr. Rainer Schlösser im Mittelpunkt.
Die Besucher von Weimar waren sich in diesen erlebnisreichen Tagen dessen bewußt geworden, daß wir die Keime zu Großem zu pflegen haben, damit sie nicht unter der Härte des Krieges und der drückenden Last des Alltags ersterben. Viele Jungen und Mädel, junge Arbeiter der Stirn und der Faust, haben uns freudig geschrieben, welchen Reichtum sie in dieser stillen Stadt empfangen haben. Mancher Junge, der in Weimar einst durch klassische Kunst erhoben wurde, kämpfte jetzt draußen an der weiten Front für Deutschland, die Heimat seiner Seele.
Am Rande der Festspiele ereignete sich eine kleine Begebenheit, die aber eine große Bedeutung für mein persönliches Leben erlangen sollte. Die Reichsreferentin des BDM, Dr. Jutta Rüdiger, führte mir die neue Dienstbekleidung für die Führerinnen des Bundes Deutscher Mädel vor. Sie hatte dafür eine Pianistin aus Salzburg und eine Nachwuchsgeigerin aus dem Ruhrgebiet ausgewählt. Als sie zu mir kamen, erkannte ich in der jungen Geigerin das Mädchen wieder, das mich vor zwei Jahren bei der Einweihung eines HJ-Heims in Gelsenkirchen durch ihr Spiel, ihr Wesen und ihre Erscheinung so stark beeindruckt hatte. An einem Abend konzertierte sie mit einigen Teilnehmern am Musikwettbewerb im Hotel „Elephant". Ich bat sie an unseren Tisch, an dem ich mit Jugendführern aus anderen Ländern saß. Sie erzählte mir, daß sie inzwischen die Ausleselager in Oberursel und Prag absolviert hätte, die im Auftrag unseres Begabtenförderungswerkes durchgeführt worden waren. Prof. Hermann Diener hatte sie in Prag für die Teilnahme am Musikwettbewerb in Weimar benannt. Sie hatte sich nach unserer ersten Begegnung mit den Geigern Otto Schärnack aus Berlin und Büchner aus Nürnberg in die Spitze der europäischen Nachwuchssolisten hineingespielt.
Gleich im Anschluß an Weimar hatte ich den Reichsorganisationsleiter und Leiter der Deutschen Arbeitsfront, Dr. Robert Ley, mit seinen engsten Mitarbeitern in unser Auslandshaus eingeladen und die Pianistin Hilde Rühl gebeten, uns diesen Abend mit ihrem Klavierspiel zu verschönern. Nun fragte ich meinen jungen Tischgast, ob er nicht Lust hätte, gemeinsam an diesem Abend mit Hilde Rühl zu musizieren. Sie war damit einverstanden. So fuhr sie mit meinem Adjutanten Weltzin und mir nach Berlin und verständigte ihre Eltern. Später konzertierte sie noch im Bachsaal und in der alten Philharmonie in der Bernburger Straße. In dieser Zeit war es, daß in mir die Liebe zu diesem Mädchen entbrannte. Sie kam wie eine Naturgewalt, der man nicht widerstehen konnte. Sie war plötzlich da. Man kann Liebe nicht erklären. Als ich nach dem Krieg aus dem Gefängnis und der Internierung entlassen wurde, heirateten wir. Sie schenkte mir einen Sohn

und zwei Töchter.

Die Tage von Weimar waren für die Entwicklung der Jugendorganisationen zu einem Zusammenschluß auf europäischer Ebene hilfreich und bedeutsam. Nachdem die Grundsätze für diese Zusammenarbeit die Zustimmung der nationalen Jugendführer gefunden hatten, besaß ich das Mandat, die demnächst stattfindende Gründung eines Europäischen Jugendverbandes anzukündigen. Bis dahin gab es noch zwei wichtige Veranstaltungen, die „Verpflichtung der Jugend" und die Sommerkampfspiele der Hitlerjugend in Breslau, auf denen auch im Kriege die deutschen Jugendmeisterschaften ausgetragen wurden. Der „Tag der Verpflichtung der Jugend" wurde aus dem Anlaß der Überweisung der Pimpfe in die Hitlerjugend und der Jungmädel in den Bund Deutscher Mädel begangen. Zugleich traten sie in das Berufsleben ein. Die Nationalsozialistische Deutsche Arbeiterpartei war sehr daran interessiert, diese Feier mit uns gemeinsam zu begehen und zu gestalten. Nach dem Kriege wurde hier und da behauptet, wir hätten mit dieser Veranstaltung die Einsegnungsfeier und die Kommunion ersetzen wollen. Andere unterstellten uns in diesem Zusammenhang atheistische Tendenzen. Die „Verpflichtung der Jugend" war weder eine religiöse noch eine antireligiöse Feier. In ihr wurde die Jugend zum gemeinnützigen Handeln und zur Ausprägung bestimmter charakterlicher Eigenschaften aufgerufen. Nach 1942 fand der Tag der Verpflichtung nur noch in den beiden darauffolgenden Jahren statt. Im Mittelpunkt einer Reichsfeier stand dabei stets meine Rede an die Jugend. Das Archiv berichtete darüber unter dem 28.3.1943 beispielsweise wie folgt:

„Er (Axmann) forderte sie auf, in dieser Stunde, da sich vor ihnen weitere und größere Aufgaben auftuen, die Herzen in tiefer Dankbarkeit für jene Menschen schlagen zu lassen, die sie sehr mit ihrer Arbeit, ihren Mühen und Sorgen begleitet haben. Die Jugend habe den Tag der Verpflichtung richtig verstanden, wenn sie ihn als einen Feiertag des Dankes für ihre Eltern empfinde und diese Dankbarkeit durch Gehorsam und tätige Mithilfe beweise. Mit Dankbarkeit umschließe die Jugend auch die Lehrer und Lehrerinnen, die ihnen in 8 Jahren die Grundlagen des Wissens vermittelt haben ... Der Reichsjugendführer wandte sich auch an die vor ihrem Berufsantritt stehenden Jugendlichen: 'Wir empfinden', so sagte Axmann, 'in der Arbeit den großen Segen. Es ist dem Wesen des Deutschen angeboren, daß er nach mühsamem und vollendetem Tagewerk zufrieden und glücklich ist, und daß er bis ins hohe Alter für die Gemeinschaft dienend tätig sein will. So bekennen wir, daß wir nicht nur arbeiten, um zu leben, sondern daß wir leben, um unsere Pflicht zu tun.' Es sei entscheidend, daß die Jugend *die* Arbeit übernehme, zu der ihr die innere Stimme rate und zu der sie durch ihre natürlichen Anlagen berufen sei. Die richtige Wahl des Be-

rufes bestimme nicht nur die Leistungskraft, sondern auch das Glück und den sozialen Frieden unseres Volkes. Alle Berufe seien für die Erhaltung des Volkes notwendig. Daher besäßen sie auch alle die gleiche Ehre. 'Das ist', so der Reichsjugendführer, 'ein wahrhaft sozialistischer Staat, der sich von unten nach oben auf immer größer werdende Leistung aufbaut. Nicht zuletzt deswegen haben unserem Volk, in dem die Arbeit regiert, jene feindliche Mächte den Krieg erklärt, in denen das Geld regiert ...'
Axmann forderte die Jungen und Mädel auf, ein gesundes Leben zu führen, ihre Freizeit vernünftig zu gestalten, Leibesübungen und Sport zu treiben, denn die Zucht des Körpers stärke den Charakter und das Selbstvertrauen. Der Reichsjugendführer schloß die Verpflichtung der 14jährigen mit den Worten: 'Seid gehorsam, nur gehorsame Menschen sind zum Befehlen berufen. Seid mutig, denn die Freiheit und das Himmelreich gewinnen keine Halben. Überwindet die Sucht des Schwatzens. In eurer Verschwiegenheit liegt das Maß eurer Selbstbeherrschung. Lobt die Beharrlichkeit, mit der ihr alle Widerstände überwindet. Bleibt bescheiden, denn die Bewährung des Lebens liegt noch vor euch. Erhaltet euch für alle Zeiten die Natürlichkeit, denn sie ist ein göttliches Geschenk. Verehrt unsere Helden und verneigt euch in Ehrfurcht vor den Gefallenen, denn ihnen danken wir das Leben. Deutschland ist die Aufgabe unseres Daseins und, wie Herder sagt, der Mittelpunkt unserer Glückseligkeit. Brennt es in eure jungen Herzen ein: Die Sendung unseres Lebens ist das Reich!'"
Man mag aus dem heutigen Zeitgeist diese Ausführungen für völlig abwegig halten, aber ich frage, wo liegt darin die antireligiöse Tendenz? Es gibt sie nicht. Wenn man sie auf einer von zahllosen Verpflichtungsfeiern zu erkennen glaubte, so entsprach das weder der Absicht noch den Richtlinien der Reichsjugendführung. Allzu leicht ist man heute geneigt, den einzelnen negativen Fall zu verallgemeinern und damit die Arbeit in unserer Vergangenheit zu verzerren und zu diskreditieren.
Im August 1942 wurden in Breslau die Sommerkampfspiele der Hitlerjugend in unverminderter Stärke ausgetragen. Sie erfuhren durch den Gauleiter Karl Hanke, den ehemaligen Staatssekretär von Reichsminister Dr. Goebbels, eine vorbildliche Unterstützung. Das veranlaßte mich, die schlesische Hauptstadt zum ständigen Austragungsort der Sommerkampfspiele zu bestimmen. Es ist bemerkenswert, daß der Jugendsport im Kriege nicht zurückgegangen war, sondern gegenüber der Friedenszeit noch eine Steigerung erfahren hatte. So stellte Obergebietsführer Dr. Schlünder fest, daß der Reichsjugendführung in der Vorkriegszeit nur 200.000 RM für Veranstaltungen auf der Reichsebene zur Verfügung standen, während sie im Kriege über 4 Millionen RM verfügen konnte. Auch die Leistungen des ältesten Jahrganges der HJ verbesserten sich. So wurden zum Beispiel im

Kriege im 100-Meter-Lauf 10,8 Sekunden erzielt, eine Zeit, die in früheren Jahren im Wettbewerb der Männer um die Deutsche Meisterschaft zur Goldmedaille gereicht hätte.

In Breslau kamen zur gleichen Zeit die Gebietsführer der Hitlerjugend mit den Gruppenführern des Nationalsozialistischen Kraftfahrerkorps zu einer Arbeitsbesprechung zusammen, nachdem der Korpsführer Adolf Hühnlein wenige Wochen zuvor gestorben war. Hühnlein hatte am 9. November 1923 am Marsch auf die Feldherrnhalle teilgenommen. Er führte den deutschen Kraftfahrsport und war Mitglied des Reichsverkehrs- und des Verwaltungsrates der Gesellschaft für die Reichsautobahnen. Außerdem war er Ehrenführer der Motor-Hitlerjugend. Zu seinem Nachfolger ernannte Adolf Hitler den Weltkriegsteilnehmer und Freikorpskämpfer Erwin Kraus, der vor 1933 als Führer der NSKK-Gruppenstaffel Südwest bekanntgeworden und als Inspekteur für die technische Ausbildung und Geräte des NSKK zuständig war. In Breslau kam ich mit ihm überein, das ehrende Gedenken an Adolf Hühnlein durch eine alljährlich durchzuführende Harzfahrt der Motor-Hitlerjugend wach zu halten.

In einem Abkommen wurde von uns die Zusammenarbeit neu geregelt. Danach waren die Erfassung, Führung und Erziehung, die weltanschauliche Schulung und die Leibeserziehung, einschließlich der Schieß- und Geländeausbildung, der Motor-HJ alleinige Aufgaben des Reichsjugendführers und Jugendführers des Deutschen Reichs. Die planmäßige kraftfahrtechnische und motorsportliche Ausbildung wurde dagegen dem NSKK verantwortlich übertragen. Im Einvernehmen mit dem Reichsjugendführer der NSDAP sollte der Korpsführer des NSKK das Ziel der kraftfahrtechnischen und motorsportlichen Ausbildung bestimmen, den Ausbildungsplan festsetzen und die Richlinien für dessen Durchführung und Überwachung durch die zuständigen NSKK-Führer erlassen. Entsprechend verteilten sich auch die Aufgaben auf der Reichführerschule der Motor-Hitlerjugend. Das Abkommen hatte sich stets bewährt.

Auf den Sommerkampfspielen waren wieder Abordnungen der ausländischen Jugendorganisationen der mit uns befreundeten Länder in Europa vertreten. Diese internationale Zusammenkunft leitete zur Gründung des Europäischen Jugendverbandes über, die im nächsten Monat erfolgte und in der Zeit vom 14. bis 19. September stattfand. Gründungsort war Wien. Selbstverständlich hatte ich überlegt, ob nicht Berlin als Reichshauptstadt der am besten geeignete Platz wäre. In Wien residierte der erste langjährige Reichsjugendführer Baldur von Schirach als Reichsstatthalter. Er besaß das große Verdienst, die intensive und vielseitige Verständigungsarbeit mit den ausländischen Jugendorganisationen eingeleitet und erfolgreich durchgeführt zu haben. Diese Auslandsarbeit der Hitlerjugend mündete organisch in die Gründung des Europäischen Jugendverbandes ein. Ohne diese Auslandsarbeit hätte es keinen Europäischen Jugendverband gegeben. So war Schirach der berufene Hausherr und Mentor dieses neuen Verbandes. Hinzu kam, daß er sein Augenmerk und Interesse auf den Südosten gerichtet hatte und nicht von ungefähr zum Präsidenten der Südost-Europa-Gesellschaft berufen wurde. Schließlich war die Gründung des Europäischen Jugendverbandes auch ein kulturpolitisches Ereignis, das sich in Wien als gut beheimatet erwies. Vielleicht war mein früherer Gauleiter, Dr. Goebbels, wegen seiner bekannten Einstellung zu Wien von dieser Entscheidung nicht sehr angetan. Aber nach meiner Auffassung sprachen die Argumente für Wien. Durch Vorlagen wurde Dr. Goebbels von unserem Verbindungsführer zum Reichsminister für Volksaufklärung und Propaganda, Günter Dietrich, der dort im Hause als Referent tätig war, über die Grundsätze des Europäischen Jugendverbandes und die laufenden Vorbereitungsarbeiten unterrichtet.

Vor allem waren wir von Anfang an darum bemüht, unsere Absichten mit dem Auswärtigen Amt abzustimmen. Dabei blieb uns nicht verborgen, daß beim Minister und in den höheren Etagen keine Sympathie für unsere Bestrebungen vorhanden waren. So wurde meine Absicht, die französische Jugend in den Europäischen Jugendverband aufzunehmen, vom Auswärtigen Amt abgelehnt. Da es uns nicht zustand, Außenpolitik zu betreiben, mußten wir uns der Reichspolitik beugen.

Schon vorher hatte ich den Eindruck gewonnen, daß die ursprüngliche Linie der konstruktiven Einstellung gegenüber Frankreich von der offiziellen Reichspolitik nicht mehr verfolgt wurde. Im letzten Quartal 1940 hatte ich den Chef des Auslandsamtes der Reichsjugendführung, Heinz Schmidt, im Einvernehmen mit dem Botschafter Otto Abetz als unseren Beaufragten und Jugendreferenten an die deutsche Botschaft in Paris entsandt und ihm persönlich den Auftrag erteilt, ein gutes Verhältnis zur französischen Jugend herzustellen, ihr in der nationalen Notlage zu helfen und die frankreichfreundliche Politik unseres Botschafters zu unterstützen. In letzter Zeit bemerkten wir jedoch, daß dieser Kurs vom Auswärtigen Amt keineswegs mit freundlicher Zustimmung begleitet wurde.

Die negative Einstellung des Auswärtigen Amts zur Gründung des Europäischen Jugendverbandes äußerte sich in der Vorbereitungszeit unter anderem darin, daß ausländische Botschafter, die ihr Kommen nach Wien fest zugesagt hatten, ihre Teilnahme wieder zurückzogen. Mich überraschte das insbesondere beim japanischen Botschafter Oshima, dem ich mich persönlich verbunden fühlte, und der sein besonderes Interesse am Europäischen Jugendverband bekundet hatte, da er in absehbarer Zeit in Ostasien mit einem ähnlichen Zusammenschluß der Jugendorganisationen rechnete.

Er ließ sich durch den Gesandten Sakuma vertreten. Auch Dino Alfieri, Botschafter der anderen Achsenmacht Italien, sagte seine vorher gegebene Zusage wieder ab. Wir ließen uns dadurch nicht entmutigen. Trotz der ablehnenden Haltung des Auswärtigen Amtes waren ausländische Beobachter und Vertreter des europäischen Geisteslebens nach Wien gekommen. Von der deutschen Führung konnten wir den Reichsorganisationsleiter Dr. Robert Ley, den Stabschef der SA Viktor Lutze, den Reichsleiter Walter Buch, die Gauleiter Karl Handke - Niederschlesien, Bracht - Oberschlesien, Dr. Jury - Niederdonau, Dr. Uiberreither - Steiermark und Ernst Wilhelm Bohle von der Auslandsorganisation begrüßen.

Dem Europäischen Jugendverband gehörten Jugendorganisationen folgender Staaten als Mitglieder an: für Belgien die flämische „Nacional-Socialistische Jeugd" in Vlaanderen und die wallonische Rex-Jugend, Bulgarien, Dänemark, Deutschland, Finnland, Italien, Kroatien, Niederlande, Norwegen, Rumänien, Slowakei, Spanien und Ungarn. Zur Teilnahme am Kongreß hatte ich Führer des tschechischen Jugendkuratoriums, für die lettische Jugend den Chef des Führungstabes Hauptmann Alexander Matheas aus Riga, für die estnische Jugend den Chef des Führungsstabes Gustav Kalkun und für die portugiesische Jugend den Nationalen Kommissar der Mocidada Portuguesa, Prof. Dr. Marcello Caetano aus Lissabon, eingeladen. Sie hatten Beobachterstatus. Inoffiziell hatte es unser Beauftragter Heinz Schmidt zuwege gebracht, daß in Wien auch Franzosen anwesend waren.

Als ich am Sonntag, dem 13. September 1942, mit der Reichsreferentin Dr. Jutta Rüdiger und dem Reichssportführer und Beauftragten für die Leibeserziehung der deutschen Jugend, Hans von Tschammer und Osten, in Wien eintraf, fanden wir die Straßen im bunten, festlichen Flaggenschmuck mit den Fahnen der befreundeten Nationen vor. Am Nachmittag empfingen mein Stabsführer Helmut Möckel und ich am Bahnhof die Führer der ausländischen Jugendorganisationen; erschienen waren auch Vertreter der NSDAP, des Staates und der Wehrmacht. Sie schritten mit uns die zu ihren Ehren angetretene Gefolgschaft der Hitlerjugend ab. Am Abend erwarteten wir an der Spitze aller anwesenden europäischen Jugendführer am Südbahnhof den Reichsleiter von Schirach mit seinen Gästen, darunter den italienischen Korporationsminister Renato Ricci und den Generalsekretär der Faschistischen Partei und Generalkommandanten der GIL, Aldo Vidussoni, denen Schirach bis an die deutsch-italienische Grenze entgegengefahren war. Am nächsten Vormittag trafen sich Ricci, Vidussoni und ich bei Schirach in der Wiener Burg. Auch die nationalen Jugendführer statteten dem Hausherrn ihren Besuch ab.

Am 14. September 1942 fand um 16.00 Uhr im großen Saal des Gauhauses

auf dem Ring, dem ehemaligen österreichischen Parlament, die Eröffnung des Europäischen Jugendkongresses und Gründung des Europäischen Jugendverbandes statt. Von der Stirnseite des Saales mit den Statuen grüßte in der Form einer riesigen Plakette das Sinnbild des Stiers mit der entführten Europa auf die Anwesenden herab. Der Hausherr von Schirach hieß die Delegationen der verschiedenen Länder zugleich im Namen der italienischen Jugendführung in der Stadt des ersten Europäischen Jugendkongresses auf das herzlichste willkommen. Seine Worte „Ich eröffne den ersten Kongreß der Jugend Europas" ernteten stürmischen Beifall. Dann überbrachte Aldo Vidussoni die Grüße und besten Wünsche des Duce für einen erfolgreichen Verlauf der Tagung und schlug unter Würdigung der großen Verdienste um die Einigung der Jugend Europas Baldur von Schirach zum Ehrenpräsidenten vor. Zum Zeichen der einhelligen Zustimmung erhoben sich die Jugendführer mit ihren Delegationen von ihren Plätzen. Die gleiche Akklamation erfolgte, als der Ehrenpräsident der Versammlung empfahl, den Generalkommandanten der GIL und mich, als zwei schwer Verwundete, zu Präsidenten des Europäischen Jugendverbandes zu wählen. In meinen anschließenden Worten ging ich auf die bedeutenden Leistungen des ersten faschistischen Jugendführers Ricci nach dem Marsch des Duce auf Rom, so auf seinen Einsatz für die Einigung der europäischen Jugend, ein und schlug Renato Ricci zum weiteren Ehrenpräsidenten des Verbandes vor. Auch dem wurde einhellig die Zustimmung gegeben.
Schirach stellte nun der Versammlung die Präsidenten der verschiedenen Arbeitsgemeinschaften für die einzelnen Sachgebiete vor, auf die ich mich mit ihnen in den Vorgesprächen geeinigt hatte. Die ausländischen Jugendführer richteten sodann ihre Begrüßungsworte an die Versammlung. Die Arbeitsgemeinschaft „Weibliche Jugend" wurde gemeinsam von der italienischen Jugendführerin Dr. Penelope Testa, der spanischen Frauen- und Mädelführerin Pilar Primo De Rivera und der deutschen Reichsreferentin des BDM, Dr. Jutta Rüdiger geleitet. Kameradschaftliche Grüße übermittelte für den japanischen Alljugendverband der Außerordentliche Gesandte und Bevollmächtigte Minister Sakuma, der seiner Freude darüber Ausdruck verlieh, daß der Europäische Jugendverband noch in der Zeit des großen Ringens in dem Geist der Ideale der Jugend errichtet worden sei, und kündigte an, daß auch die Jugend Asiens Hand in Hand mit der geeinten Jugend Europas marschieren wolle.
Es folgte die Rede des Ehrenpräsidenten Baldur von Schirach. Nachdem er auf die Entwicklung der Jugendarbeit in Deutschland und die verschiedenen Erziehungsformen eingegangen war, verkündete er die in den vorausgegangenen Diskussionen erörterten Grundsätze, nach denen der Europäische Jugendverband künftig handeln sollte:

„Die Aufgabe des Europäischen Jugendverbandes ist die Festigung und Stärkung des Bewußtseins der europäischen Zusammengehörigkeit in der jungen Generation. Als Ausdruck der neuen Ordnung ist der Europäische Jugendverband eine Arbeitsgemeinschaft von national selbständigen Organisationen. Dieser Charakter des Europäischen Jugendverbandes schließt jede Einmischung in die inneren Verhältnisse einer Jugendorganisation eines Landes aus. Der Europäische Jugendverband lehnt daher auch alle Paneuropäischen Jugendbestrebungen ab. Europa ist ein Strahlenbündel nationaler Kräfte ...
In dem Führerring hat jede nationale Jugend, die wir einladen, ob sie nun einem kleinen oder großen Land angehört, Sitz und Stimme. In den Arbeitsausschüssen präsidiert die Organisation, die auf dem Spezialgebiet des Ausschusses besondere Leistungen aufzuweisen hat. Die Mitglieder des Europäischen Jugendverbandes sind grundsätzlich gleichberechtigt. Das deutsch-italienische Präsidium, das aufgrund der Zustimmung aller Mitglieder die Leitung des Europäischen Jugendverbandes übernommen hat, fällt seine Beschlüsse gemeinsam. Sie werden den Mitgliedern schriftlich mitgeteilt, und müssen die Unterschrift des deutschen und italienischen Präsidenten tragen. Der Europäische Jugendverband trifft alljährlich zusammen. Die Präsidenten können, falls sie es für erforderlich halten, auch unabhängig vom Europäischen Jugendkongreß die Mitglieder mit Zustimmung der Präsidenten zu Arbeitstagungen zusammenrufen. Die Leiter der Arbeitsausschüsse sind dem Präsidium gegenüber zur Berichterstattung verpflichtet. Kein Mitglied eines Arbeitsausschusses darf zu einer Berichterstattung über solche Vorgänge angehalten werden, deren Geheimhaltung im nationalen Interesse liegt."
Überraschend äußerte sich Schirach auch in seiner Eigenschaft als Reichsstatthalter über die Maßnahmen zur Evakuierung der Juden aus Wien, was vier Jahre später wesentlich zu dem Urteil beitragen sollte, das die Siegermächte im Internationalen Militärtribunal von Nürnberg fällten und das ihn für 20 Jahre ins Gefängnis verbannte. Schirach hatte unter anderem gesagt:
„Dem Juden ist der Eros fremd. Die antike Welt, das, was wir unter Griechenland und Rom, unter italienischer Renaissance, deutscher Klassik und Klassizismus begreifen, ist der jüdischen Empfindungswelt so entgegengesetzt, daß wir in diesem Kreis ruhig bekennen dürfen: Jeder Jude, der in Europa wirkt, ist eine Gefahr für die europäische Kultur. Wenn man mir den Vorwurf machen wollte, daß ich aus dieser Stadt, die einst die Metropole des Judentums gewesen war, Zehntausende und Aberzehntausende von Juden ins östliche Ghetto abgeschoben habe, muß ich antworten: 'Ich sehe darin einen aktiven Beitrag zur europäischen Kultur'."

Mit dieser Rede endete die Gründungsversammlung des Europäischen Jugendverbandes. Das Präsidium begab sich zum Burgtheater, wo sich inzwischen auf der fahnenflankierten Tribüne die vielen Ehrengäste des In- und Auslandes eingefunden hatten, um mit uns dem Vorbeimarsch der Wiener Hitlerjugend beizuwohnen, an deren Spitze eine Ehrenkompanie der Waffen-SS und der Fahnenblock der Teilnehmer-Nationen marschierten.
Die folgenden vier Tage waren mit den Sitzungen der verschiedenen Arbeitsgemeinschaften unter Leitung ihrer jeweiligen Präsidenten ausgefüllt. Sie bildeten das eigentliche Kernstück des Kongresses. In der Freizeit boten sich für Teilnehmer und Gäste viele Möglichkeiten der Information und des Erlebens. Die einen besuchten die Vorträge von Repräsentanten des Geisteslebens, andere die Wiener Nationalbibliothek, um einen Blick in die Dokumente einer tausendjährigen Geschichte zu nehmen. Dazu gehörten die Urkunden der Karolingischen Kaiser, die Chroniken der oberdeutschen Konzile des Mittelalters, die Streitschriften Luthers, die Briefe spanischer Könige an ihre Verwandten in Wien, Zeugnisse über die Abwehr der Türken, die Abdankungsurkunde Kaiser Karls am Ende der Habsburger Herrschaft, das Bundesgesetz über die Schaffung des Großdeutschen Reiches, die ersten Bibeldrucke von Gutenberg sowie die handgeschriebenen Partituren Haydns, Beethovens und Bruckners.
Auf einer Veranstaltung unter Leitung des ungarischen Feldmarschall-Leutnants Beldy im Festsaal der Akademie der Wissenschaften las der dänische Schriftsteller und Dichter Sven Fleuron aus eigenen Werken, die Heimat und Volksbewußtsein spiegelten und eine Hymne an die Jugend darstellten. Er erntete herzlichen Beifall. Mit großem Interesse wurden die Ausführungen des Forschers und Weltreisenden Colin Ross aufgenommen, der sich unter anderem über das oft gebrauchte Schlagwort von der „Gelben Gefahr" ausließ und bemerkte, daß die Völker Ostasiens niemals Europa bedroht hätten, sondern daß es vielmehr die Völker der Zentralasiatischen Steppe waren, wie es heute die Nachfolger Dschingis-Khans wären. Der spanische Jugendführer Elola präsidierte bei einer Veranstaltung in der Akademie der Wissenschaften, auf der der Generaldirektor im Unterrichtsministerium Brüssel, Phillipp de Pilecyn, das Ringen der flämischen Jugend um die neuen Erziehungsideale schilderte, auf der Professor Captayn aus den Niederlanden das Thema „Die Erziehung für unsere Zeit" erörterte, der slowakische Minister Tido Gaspar ein begeistertes Bekenntnis zum Gemeinschaftsideal der europäischen Jugend ablegte und der japanische Gesandte über den Geist des Samurai, des Mutes, der Ritterlichkeit, Aufrichtigkeit und des unbedingten Gehorsams sprach.
Begehrt waren die Darbietungen der Wiener Staatsoper und des Burgtheaters, die eine nicht wegzudenkende Bereicherung der Wiener Kulturszene

darstellten. Wiens Reichsstatthalter lud die ausländischen Gäste zum Schloß Schönbrunn ein, wo sie im Festsaal durch die anmutigen Darbietungen des Ballets der Staatsoper einen Eindruck vom Wiener Charme mit nach Hause nahmen. Sie wohnten im Redoutensaal der Burg einer glanzvollen Aufführung von Mozarts „Figaros Hochzeit" bei, die ihnen unter der Stabführung des Generalmusikdirektors Dr. Karl Böhm vollendete Kunst vermittelte. Es fanden gesellige Zusammenkünfte statt, und man hatte Gelegenheit, sich am Abend in gemütlichen Lokalen und Grinzing-Stuben zum legeren Gedankenaustausch zu treffen. Einen Höhepunkt bildete eine Abendeinladung des Reichsstatthalters und seiner Gattin in der Wiener Burg. Das Präsidium des Europäischen Jugendverbandes stellte sich auf einer Konferenz der in- und ausländischen Presse. Ich gewann den Eindruck, daß das Echo im Ausland stärker war als im Inland. Ich deutete diese Tatsache so, daß die Entwicklung einer Konzeption von Europa im Ausland begrüßt wurde, und daß von deutscher Seite durch die Jugend der erste Anfang gemacht wurde, diese zu verwirklichen. Bei uns im Inland schien eine Bremse in der Öffentlichkeitsbehandlung des Europäischen Jugendverbandes gezogen worden zu sein - mit Ausnahme von Wien. Die spanische Zeitung „ABC" nannte die Wiener Tagung eine „außerordentlich geglückte Initiative". Zum ersten Mal komme in Wien eine Jugend zusammen, deren leidenschaftliche Kraft das Fundament eines neuen Europas sei. Die geschichtliche Bedeutung dieses Kongresses sei unschätzbar. Das spanische Blatt „Arriba" bezeichnete die Wiener Tagung als ein „Treffen der kämpferischen Jugend Europas". Die Bukarester „Porunca Vremil" schrieb, Baldur von Schirach habe von den friedlichen Mitteln sprechen können, mit denen die Jugend Europa aufbauen werde. Auf der Grundlage dieses innereuropäischen Friedens aber werde sich die gewaltigste Wehrmacht erheben, um endlich die Anschläge zurückzuweisen, die gegen die alte Kultur gerichtet seien. Die slowakische Presse begrüßte die Gründung des Verbandes lebhaft. Die Zeitung „Gardista" widmete ihr eine ganze Seite mit der Überschrift „Neue Jugend der Ideale". Die „Agrama Nova Hrvatska" schrieb unter der Überschrift „Bund der europäischen Jugend", daß das kroatische Volk und seine Jugend für dieselben Ideale kämpfen, für die sich die größten europäischen Völker opfern. Der italienische „Populo di Roma" schrieb: „Während wir die heldenhaften Ereignisse einer Revolution von Völkern erleben, wie sie in diesem Ausmaß die Geschichte noch nicht kannte, kann dieses Zusammengehen der europäischen Jugend die Bedeutung einer historischen Tat von unabsehbaren Folgen erlangen." Die tschechische Zeitung „Narodni Stred" meldete, die Jugend Europas habe nicht vergessen, daß die Herrschaft des Kapitals den Völkern nur einen endlosen Krisenzustand gebracht habe, der in ein bolsche-

305

wistisches Chaos der Vernichtung aller kulturellen und sozialen Werte einzumünden drohte. Auch die tschechische Jugend kenne den großen Unterschied in der sozialen Ordnung von gestern und heute. Die Tatsache, daß auch Vertreter der tschechischen Jugend im Rahmen der deutschen Abordnung teilnehmen konnten, sei ein weiteres Zeichen dafür, daß der Weg mit dem Reich dem tschechischen Volke die Tür zu Europa öffne.
Am 18. September fand im Gauhaus die öffentliche Abschlußsitzung des Kongresses statt. Die Leiter der Arbeitsgemeinschaften trugen ihre Berichte über das Ergebnis ihrer Beratungen vor, wobei der niederländische Jugendführer van Geelkerken eine Erklärung vorausschickte, in der er die ganz hervorragende Zusammenarbeit in den Arbeitsgemeinschaften unterstrich. Die Arbeitsgemeinschaft „Bauten und Fahrten" brachte den Vorschlag ein, in jedem Teilnehmerland eine Jugendherberge zu bauen, die Ausgangspunkt für die beabsichtigte Erweiterung des Jugendherbergswesens in Europa sein solle. Die Arbeitsgemeinschaft für die vormilitärische Ertüchtigung regte an, in jedem Jahr ein europäisches Wehrertüchtigungslager mit dem Zweck des Erfahrungsaustauschs stattfinden zu lassen. Die Arbeitsgemeinschaft „Jugend und Sport" beschloß, alljährlich internationale Sommer- und Winterkampfspiele durchzuführen. Die Arbeitsgemeinschaft „Ethische Erziehung" unter dem Finnen Louhivouri proklamierte das Ziel, die Tugenden der kämpfenden Soldaten gegen den Bolschewismus zur Grundlage der Erziehung zu erheben und den Glauben an Gott sowie die Werte Volk, Ehre, Arbeit und Freiheit zu unzerstörbaren Fundamenten der neuen europäischen Gemeinschaft zu machen.
In meinen Ausführungen faßte ich das Ergebnis der Beratungen zusammen und führte in den Schlußbemerkungen unter anderem folgendes aus: „Die Jugend empfindet am stärksten über alles Trennende hinweg die schicksalhafte Gemeinschaft unseres Erdteils. Auch hier müssen wir wieder feststellen, daß das große zukünftige Geschehen seine Schatten in der Jugend vorauswirft, die der Sturmtrupp einer neuen Zeit ist. Die Gründung des Europäischen Jugendverbandes bestätigt feierlich vor aller Welt einen Zustand, der durch die Zusammenarbeit der europäischen Jugendorganisationen in den vergangenen Jahren organisch gewachsen ist. Mitten im Kriege wurde von den Staatsjugendführern der Gründung des Europäischen Jugendverbandes durch die sofort begonnene Arbeit die eigentliche Weihe verliehen. Sie haben mit dem Bewußtsein ihrer gesamteuropäischen Verantwortung die gestellten Aufgaben vorbildlich gelöst. In den Arbeitsgemeinschaften hat der Grundsatz der Selbst- und Mitverantwortung für das Schicksal der europäischen Jugend seine praktische Verwirklichung gefunden. Die Mitglieder des Europäischen Jugendverbandes bekennen sich heute dazu, daß die nationale Eigenart Naturgesetz und Offenbarung

des allmächtigen Willens ist. Jedes Volk hat die Erziehung, die seinem Wesen gemäß ist. Die Erziehungsmethode, die für ein Volk richtig ist, braucht für ein anderes Volk nicht unbedingt richtig zu sein ...
Europa wird nicht durch den Vertrag, der mit kühler Tinte geschrieben ist, gestaltet, sondern allein durch das Blut unserer Besten. Wenn der Führer der Rexistischen Jugend Hagemanns, den wir in diesen Tagen hier erwarteten, draußen im Felde gefallen ist, wenn der dänische Jugendführer Schalburg und viele andere Jugendführer mit ihnen nicht mehr in die Heimat zurückgekehrt sind, so ist es für alle Jugendbewegungen eine noch größere Verpflichtung, für unser gemeinsames Ziel zu arbeiten. Unsere Gedanken wandern hinaus zu unseren Kameraden in den vordersten Gräben, und wir geloben uns, ihrer durch unsere Kameradschaft und Freundschaft, die uns auch wieder in Wien so glücklich gemacht hat, würdig zu sein."
Nach meinen Ausführungen dankte der Ehrenpräsident und italienische Korporationsminister Renato Ricci dem Reichsleiter von Schirach sowie den Jugendführern der vertretenen Nationen für die in Wien geleistete Arbeit, die bereits ihre ersten Früchte getragen haben. Mit der Einigung der europäischen Jugend seien die Brücken zur Zukunft Europas gebaut und auf die Fahnen die Bejahung eines höheren europäischen Gewissens geschrieben worden. Die öffentliche Sitzung wurde mit einer kurzen Ansprach Schirachs beschlossen, in der er unter anderem sagte:
„Wir glauben an Europa. Wir glauben an eine Neuordnung im Zeichen jener sozialen Gerechtigkeit, die in den großen Männern, die diese Ordnung gestalten, ihren Ausdruck findet. Wir glauben an die Jugend. Sie ist nicht vollkommen, aber sie ist gut. Wir glauben an den Sieg des Guten, denn wir glauben an Gott."
An Adolf Hitler und Benito Mussolini hatten wir von der Tagung ein Grußtelegramm gerichtet, das von ihnen mit ihren Erfolgswünschen beantwortet wurde. Hitler ließ uns trotz der konträren Haltung des Auswärtigen Amtes gewähren. Später im Herbst des gleichen Jahres fand unter Leitung von Reichsminister Dr. Ohnesorge ein europäischer Postkongreß statt. Jedoch wurde eine von Alfred Rosenberg geplante Europa-Kundgebung und -Ausstellung von höchster Stelle untersagt. Wegen des Europäischen Jugendverbandes habe ich von Hitler nie einen Verweis erhalten oder eine Unmutsäußerung über unsere Europa-Bemühungen zu hören bekommen. Das hätte auch seinen wiederholten Aussagen widersprochen, daß die europäischen Völker nun einmal eine Familie darstellen.
Am 19. September fand eine Großkundgebung auf dem Heldenplatz in Wien mit den Rednern Baldur von Schirach und Dr. Robert Ley statt. Etwa 100.000 Menschen bevölkerten den Platz zwischen der Alten Hofburg und dem Ehrenmal. Ehrenformationen der Wehrmacht und aller Gliederungen

der Bewegung waren aufmarschiert. Auf der Rampe zur Burg loderte aus den Pfannen auf den hohen Pylonen das Feuer und beleuchtete rötlich den Säulengang der Burg. Die Kundgebung wurde mit einem Gedenken an die Gefallenen eingeleitet. Unter den feierlichen Klängen der Nationalhymnen begaben sich die nationalen Jugendführer im Abstand nacheinander zum Ehrenmal und widmeten den Kranz der Jugend ihres Landes den Gefallenen. Als letzter legte ich einen Kranz für die deutsche Jugend nieder. Unter der engagierten Teilnahme der Wiener Jugend und Bevölkerung klang das Treffen der europäischen Jugenddelegationen aus.

Kurze Zeit nach dem Europäischen Jugendkongreß fuhr ich nach Paris. Dort hatten Botschafter Abetz und unser Beauftragter Heinz Schmidt eine Begegnung mit den Vertretern der französischen Jugendorganisationen arrangiert, bei der ich Gelegenheit erhielt, mich an die französischen Jugendführer zu wenden. Ich versicherte ihnen, daß die deutsche Jugend gewillt ist, ihnen in ihrer schwierigen Lage und den in Deutschland berufstätigen französischen Jungarbeitern zu helfen. Wegen der völligen Zersplitterung der französischen Jugendorganisationen kam es leider nicht zu einer von uns erwünschten intensiven und kontinuierlichen Zusammenarbeit.

Die Nachlese unserer Tagung in Wien war bei einigen führenden Persönlichkeiten in unserem Lande nicht erfreulich. Im Gegenteil. Die Reaktion des Reichsführers SS war noch neutral und moderat. Als ich nach dem Kongreß in Wien meinen ersten Termin bei ihm hatte, fragte mich Himmler höflich: „Sagen Sie, Parteigenosse Axmann, warum haben Sie eigentlich einen Europäischen Jugendverband und keinen Großgermanischen Jugendbund gegründet?" - „Weil sich dann die romanischen und slawischen Jugendverbände ebenfalls zusammengeschlossen hätten", antwortete ich. „Nicht nur die Germanen, sondern auch Romanen und Slawen haben europäische Geschichte geschrieben. Und Europa ist doch unser zentraler Gedanke." Himmler gab sich kommentarlos mit dieser Antwort zufrieden. Dabei muß hervorgehoben werden, daß es gerade die jungen Führer der Waffen-SS waren, die die Europa-Konzeption vertraten. Ich denke da an meinen verstorbenen Kameraden aus der Kampfzeit von Berlin, Richard Schulze-Kossens, der als letzter Kommandant der Junkerschule in Bad Tölz eifriger Verfechter dieser Konzeption war. Noch viele Jahre nach dem Krieg trafen sich in Deutschland bei ihm die ehemaligen bewährten und ungebrochenen Kämpfer für Europa. Mit der Zeit hatte auch die Ersatzlage der Waffen-SS gefordert, Soldaten nicht nur aus dem großgermanischen Raum, sondern aus ganz Europa zu rekrutieren. In der deutschen Wehrmacht dienten Italiener und in der Waffen-SS Franzosen, Belgier und Spanier ebenso wie Rumänen, Bulgaren und ehemalige Gefangene der Völkerschaften der Sowjetunion.

Von den ironischen Kommentaren meines alten Gauleiters Dr. Goebbels, den ich als Junge in der Kampfzeit sehr verehrt hatte, war ich enttäuscht. Besonders er hatte bis dahin oft die Maßnahmen der Jugendführer mit seiner Zustimmung und aktiven Hilfe solidarisch begleitet. Und nun diese Ablehnung unserer Bemühungen um die Zusammenarbeit der europäischen Jugend! Von einem seiner Beauftragten in Wien hatte er sich über den Ablauf des Geschehens unterrichten lassen. Dessen Bericht war offensichtlich unter Anpasssung an die bekannte Einstellung seines Chefs gegen Wien verfaßt worden, indem Aufwendigkeit und andere Dinge kritisiert wurden. Zugegeben, daß vor dem Wagen des Korporationsministers Ricci und des Generalsekretärs der Faschistischen Partei Italiens Vidussoni motorisierte Polizeieinheiten mit Blaulicht fuhren, was sich in der Vorstellung schwer mit einer Jugendveranstaltung vereinbaren ließ. Schließlich hatte aber der Reichstatthalter von Wien mitten im Kriege für die Sicherheit von ausländischen Führungs- und Regierungsmitgliedern Sorge zu tragen. Zugegeben, daß allein schon die großzügigen Bauten des habsburgischen Kaiserreiches mit ihren entsprechenden Räumen jeder Veranstaltung ihr besonderes Gepräge gaben, was man von den einfachen preußischen Amtsstuben nicht erwarten konnte. Zugegeben, daß sich Jugendführer bis in die Nacht zu Gesprächen in öffentlichen Lokalen zusammenfanden. Sie begingen ja nicht eine Trauerfeier, sondern eine frohe Begebenheit, eine europäische Gründungstagung. Und vor allem durfte man nicht vergessen, daß es sich bei ihnen zumeist um Frontsoldaten handelte, die nach der Tagung wieder ihren Stahlhelm aufsetzten, um an der Front dafür zu kämpfen, wozu sie sich in Wien bekannt hatten.

Ich erfuhr, daß sich der Minister spöttisch über unsere Bemühungen gegenüber andern geäußert hatte: Wien komme ihm wie die Neuauflage des Frankfurter Kongresses vor, nur daß damals Männer mit Bärten getagt, während sich dieses Mal die Pimpfe in nutzlosem Geschwätz ergangen hätten. Ihm komme die Tagung in Wien wie eine Jugendkirmes vor. In seinem Tagebuch von 25.9.1942 notierte er:

„Gebietsführer Kaufmann aus Wien hält mir Vortrag über den Europäischen Jugendkongreß in Wien. Er ist nicht so verlaufen, wie man sich das vorgestellt hatte, vor allem, wie Kaufmann meint, weil das Auswärtige Amt die eigentlichen Pläne torpediert habe. Im übrigen aber bedeute ich Kaufmann sehr energisch, daß das neue Europa nicht durch Schwätzereien von Jugendführern in Wien herbeigeführt wird, sondern durch den Kampf der deutschen Wehrmacht, der jetzt auf seinem dramatischen Höhepunkt steht."

Aber Dr. Goebbels gab bereits fünf Monate später - nach der Konferenz von Casablanca über die Forderung der bedingungslosen Kapitulation Deutschlands und nach der Tragödie von Stalingrad - am 15. Februar 1943

einen Erlaß heraus, in dem es unter anderem hieß:
„Ebenso unangebracht ist eine Darstellung der künftigen Neuordnung Europas, aus der die Angehörigen der anderen Völker den Eindruck gewinnen könnten, als ob die deutsche Führung sie in einem dauernden Unterwerfungsverhältnis zu halten beabsichtige."
Seitdem blies Dr. Goebbels bis zum Ende des Krieges kräftig ins europäische Horn, forderte das Gemeinschafts- und Zusammengehörigkeitsgefühl in Europa und dessen Kampf gegen den Bolschewismus. So schnell mußte er nachträglich den Ergebnissen von Wien recht geben, *ohne* es in sein Tagebuch einzutragen. In Wien hatten keine Pimpfe geschwatzt, sondern Frontsoldaten gehandelt und die Lage realistisch eingeschätzt.
Schwerwiegender als die Äußerungen von Dr. Goebbels wirkte sich die negative Einstellung des Reichsministers Joachim von Ribbentrop aus, obgleich es im Auswärtigen Amt auch jüngere Kräfte gab, die unsere Auffassung teilten, unser Handeln begrüßten und uns halfen, soweit es ihre Position erlaubte. Ohne diese Hilfe wäre die Zusammenarbeit mit der ausländischen Jugend im weiteren Verlauf des Krieges sehr erschwert worden.
Zwei Vorfälle wurden in der Vorbereitungszeit des Europäischen Jugendverbandes vom Auswärtigen Amt hochgespielt. So hatte das spanische Außenministerium den Vorschlag unterbreitet, daß neben dem deutschen und italienischen auch der spanische Jugendführer Präsident des Verbandes sein sollte. In einer freundschaftlichen Aussprache mit dem spanischen Jugendführer Elola und der spanischen Frauen- und Mädelführerin Pilar Primo de Rivera, die uns in dieser Frage besonders unterstützte, wurde diese Angelegenheit schnell zu den Akten gelegt. Und der ungarische Jugendführer, Feldmarschall-Leutnant Beldy, der als Vertrauensmann des Vatikans galt, hatte unserem Beauftragten in Budapest angekündigt, daß er die Versammlung in Wien verlassen würde, wenn unliebsame Propaganda-Aktionen, wie sie bei den Jugendfestspielen in Florenz vorgekommen seien, erneut aufträten. Da es solche Aktionen in Wien überhaupt nicht gab, blieb ein solcher Schritt aus. Das Auswärtige Amt dekretierte, daß eine weitere Jahrestagung unseres Verbandes nicht mehr stattfinden dürfe. Dieser Hinweis stieß ins Leere. In Wien war festgelegt worden, daß die nächste Jahrestagung in Italien stattfinden sollte.
Während noch am 9. April 1943 in Klessheim/Salzburg eine Begegnung zwischen Hitler und Mussolini stattgefunden hatte, wurde der Duce am 25. Juli nach der Sitzung des Großen Faschistischen Rates und beim Verlassen des königlichen Palastes verhaftet. Damit war ein Umsturz in Italien vollzogen worden.
Unter diesen Umständen war eine Tagung in Italien nicht mehr möglich.

Im Jahr darauf erfolgte am 6. Juli 1944 die Invasion der Alliierten Streitkräfte in der Normandie, so daß sich eine Tagung in der Art von Wien ohnehin erübrigte. Die militärischen Ereignisse hatten uns überrollt. Nach Wien ließ das Auswärtige Amt im Herbst unseren Auslandsbeauftragten die Pässe entziehen. Trotzdem lief der Gedanken- und Erfahrungsaustausch mit den befreundeten Jugendorganisationen weiter, und es fanden nach wie vor gegenseitige Besuche der nationalen Jugendführer und ihrer Mitarbeiter statt. So empfing ich zum Beispiel den niederländischen Jugendführer van Geelkerken in meinem Haus in Kladow, und ich besuchte ihn in seinem Haus in Holland. An diesem Abend gab er ein niederländisch-indisches Essen, bei dem wir auch von niederländisch-indischem Personal bedient wurden. Die nach London geflohene Exilregierung war Ende 1941 in den Krieg gegen Japan eingetreten, das 1942 Niederländisch-Indien besetzt hatte. Ich wandte mich an van Geelkerken und sagte ihm: „Ich soll wohl durch dieses Essen daran erinnert werden, was euer Land durch unsere Achse mit Japan an vielen Reichtümern verloren hat?" Er bestätigte das lachend. Das war die offene Sprache, in der wir Jugendführer miteinander reden konnten. In dieser Offenheit behandelten wir die schwierigsten Fragen.

Meine periodisch wiederkehrenden Gespräche mit unseren Beauftragten im Ausland führte ich nach wie vor durch, so daß der veranlaßte Entzug der Reisepässe keine große Wirkung zeigte. Dennoch hielt ich es für geboten, etwas gegen diese diskriminierende Maßnahme zu unternehmen. Dem Führer konnte ich mit einer Beschwerde im Kriege nicht kommen, da er durch die militärischen Geschehnisse zu sehr belastet war. Im Herbst 1942 war bereits der Kampf um Stalingrad im Gange. Außerdem waren mir in diesem Jahr schon zwei Termine gewährt worden, was zu der Zeit schon nicht mehr selbstverständlich war, da selbst Reichsminister in wichtigen Angelegenheiten lange auf eine Besprechung zu warten hatten. So mußte ich mit dem Reichsaußenminister sprechen.

Bei meinem Antrittsbesuch 1940 sowie bei meinem Besuch 1942 in seinem Feldquartier hatte ich ausführlich mit Ribbentrop sprechen können. Bei diesen Gelegenheiten bemerkte ich nichts von der ihm nachgesagten unnahbaren Distanz. In seinem Feldquartier sprach er mit mir sogar über seine minutiösen Vorbereitungsarbeiten für den Drei-Mächte-Pakt mit Italien und Japan. Es verging längere Zeit, bis ich einen Termin bekam. Den genauen Zeitpunkt der Besprechung habe ich nicht mehr im Kopf. Auf jeden Fall war es nach der Konferenz von Casablanca und dem Fall von Stalingrad. Durch die Verhaltensweise des Auswärtigen Amtes bei unseren Europa-Bestrebungen hatte ich mich auf eine kühle Begrüßung eingestellt. Aber sie verlief normal. Im Verlauf der Unterhaltung gewann ich sogar den

Eindruck, daß die unliebsamen Vorfälle vergessen waren. Nach den einschneidenden Ereignissen und der Tragödie von Stalingrad deutete ich das als Sinnesänderung in der Europafrage. Das schien sich zu bestätigen. Aber den konkreten Beweis dafür erhielt ich erst viele Jahre später, als ich darüber Dokumente einsehen konnte. Die Aufzeichnungen von Reichsaußenminister von Ribbentrop über einen Europäischen Staatenbund vom 21.3.1943 sowie der beigefügte Entwurf für die Gründung eines Europäischen Staatenbundes deckten sich mit den Grundgedanken, die wir in Wien vertreten und verwirklicht haben. Daraus zitiere ich auszugsweise wie folgt:
„Ich bin der Meinung, daß man, wie ich dem Führer in meinen vorausgegangen Notizen bereits vorschlug, möglichst bald, und zwar sobald wir einen bedeutenden militärischen Erfolg zu verzeichnen haben, in ganz konkreter Form den Europäischen Staatenbund proklamieren sollten.
Als Gründungsakt stelle ich mir die Einladung sämtlicher Staatsoberhäupter mit ihren Regierungen der infrage kommenden europäischen Staaten an einem sicheren Ort, zum Beispiel Salzburg oder Wien [!], vor, die dann in feierlicher Form die Gründungsakte dieses Bundes unterzeichnen ...
Die Gründung eines Europäischen Staatenbundes würde folgende politische Vorteile für uns haben:
1. Es würde unseren Freunden und Bundesgenossen die Sorge nehmen, daß sofort bei Friedensschluß bei allen ein deutscher Gauleiter eingesetzt wird.
2. Es würde den Neutralen die Sorge nehmen, daß sie bei Kriegsende Deutschland einverleibt werden.
3. Es würde Italien die Sorge nehmen, daß das mächtige Deutschland Italien an die Wand drücken wolle.
4 ...."
„Gründung des 'Europäischen Staatenbundes'
Die Regierungen des Deutschen Reiches, Italiens, Frankreichs, Belgiens, der Niederlande, Dänemarks, Norwegens, Finnlands, Estland, Lettlands, Litauens, der Slowakei, Ungarns, Rumäniens, Bulgariens, Serbiens, Griechenlands, Kroatiens und Spaniens haben beschlossen, einen 'Europäischen Staatenbund' zu gründen. Zu diesem Zweck sind die Staatsoberhäupter von ... sowie die Regierungschefs von ... am ... in ... zusammengetreten. Die Gründungsakte des Europäischen Staatenbundes, die durch die Bevollmächtigten der genannten Regierungen der europäischen Länder unterzeichnet worden ist, enthält folgende Bestimmungen:
1. Um der Schicksalsverbundenheit der europäischen Völker greifbaren Ausdruck zu geben und um sicherzustellen, daß Kriege der europäischen Völker untereinander niemals wieder stattfinden werden, wird von den unterzeichneten Staaten der 'Europäische Staatenbund'

für ewige Zeiten gegründet.
2. Die Glieder des Europäischen Staatenbundes sind souveräne Staaten und garantieren sich gegenseitig ihre Freiheit und politische Unabhängigkeit. Die Gestaltung ihrer innerstaatlichen Verhältnisse bleibt ihrer souveränen Entschließung überlassen.
3. Die im Europäischen Staatenbund vereinigten Nationen werden die Interessen Europas nach jeder Richtung gemeinsam wahren und den europäischen Kontinent gegen äußere Feinde verteidigen.
4. Die Staaten des Europäischen Staatenbundes werden zur Verteidigung Europas ein defensives Bündnis schließen und die Pläne hierfür noch festlegen.
5. Die europäische Wirtschaft wird von den Gliedern des Staatenbundes nach gemeinsamer und einheitlicher Planung gestaltet. Die Zollschranken zwischen ihnen sollen fortschreitend beseitigt werden.
6. Die im Europäischen Staatenbund zusammengeschlossenen Staaten werden unter Wahrung ihrer völkischen Eigenart in einen engen kulturellen Austausch treten.
7. Die an der Gründung des Staatenbundes nicht beteiligten europäischen Staaten werden feierlich eingeladen, dem Europäischen Staatenbund beizutreten.
8. Alle Einzelheiten der Organisierung des Europäischen Staatenbundes werden in einer Bundesakte festgelegt werden, zu deren Beratung Bevollmächtigte aller beteiligten Regierungen nach Beendigung des Krieges zusammentreten werden."

Wir hätten es sehr begrüßt, wenn diese Vorstellungen schon vor Ausbruch des Krieges geäußert worden wären. Aufschlußreich sind auch die Anmerkungen, in denen es unter anderem heißt:
„Von den verschiedensten Seiten sind in den letzten Wochen und Monaten dauernd Anregungen für die Gründung eines neuen Europas an uns herangetragen worden. So zum Beispiel vor allem von Mussolini während meiner Aussprache mit ihm in Rom, ferner verschiedentlich von finnischer Seite, ferner von Marschall Antonescu, ferner drängt Laval dauernd in diese Richtung. Ebenfalls sind Anfragen in dieser Beziehung gekommen von anderen Balkanstaaten, ferner von Spanien.
Von Finnland besonders wird diese Frage immer als eine der vitalsten angesehen. Großes Interesse besteht auch bei den Neutralen."
Ich erwähnte schon, daß das Echo des Gründungsaktes unseres Europäischen Jugendverbandes im Ausland ein viel stärkeres Echo gefunden hatte als bei uns, wo die Publikationen darüber mehr oder weniger zurückgehalten wurden. Auch diese Tatsache mag sich im Ausland dahingehend ausgewirkt haben, daß von befreundeter Seite die deutsche Führung häufiger

gedrängt wurde, eine Europa-Konzeption zu verkünden. Meine norwegischen Freunde Bjorn Ostring und Einar Rustad stellten mir nach dem Kriege den Entwurf einer Europa-Verfassung von Vidkun Quisling zur Verfügung. Anton Aadrian Mussert von den Niederlanden äußerte sich in seiner Denkschrift vom 17. November 1944 ausführlich zu dieser Frage. Von deutschen und ausländischen Persönlichkeiten kamen ebenfalls entsprechende Vorschläge. Da von der deutschen Führung auf sie nicht konkret eingegangen wurde, entstanden die Vermutung und der Verdacht, daß Adolf Hitler erst nach siegreicher Beendigung des Krieges die Bedingungen eines europäischen Zusammenschlusses diktieren wollte. Dadurch wurde der imperiale Gedanke mit der Zielsetzung Adolf Hitlers verbunden. Das schuf Unsicherheit unter den Verbündeten. Jeder wollte schließlich mit Recht wissen, wie sein Land nach dem Kriege aussieht. Wohl in dieser Erkenntnis hat Adolf Hitler unter dem wiederholten Drängen von Vidkun Quisling am 16. September 1943 folgende Erklärung abgegeben, die der Reichskommissar in Norwegen, Josef Terboven, am 26. September 1943 bekanntgab:

„Dabei ist es der unabänderliche Wille des Führers, nach dem siegreichen Ende dieses Schicksalskampfes ein nationales und sozialistisches Norwegen in Freiheit und Selbständigkeit erstehen zu lassen, das nur jene Funktionen in die höhere Ebene einer europäischen Gemeinschaft abgibt, die für die Sicherung Europas auf alle Zeiten unabdingbar sind, weil diese Gemeinschaft allein entscheidender Träger und Garant dieser Sicherheit sein kann und sein wird."

Vielleicht hat zu dieser Willensäußerung auch das dramatisch verlaufene Gespräch zwischen dem Führer und Reichskanzler und dem großen norwegischen Dichter und Epiker Knut Hamsun im Juni 1943 auf dem Obersalzberg beigetragen. Immer wieder kam Knut Hamsun hartnäckig auf die Eigenständigkeit und Unabhängigkeit seines Landes und die Abberufung des deutschen Reichskommissars in Norwegen, Josef Terboven, zu sprechen. In der Kampfzeit war Terboven ein verdienter Gauleiter und sicher geeignet, organisatorisch alles zu tun, um den deutschen Soldaten in Norwegen den Rücken freizuhalten. Niemand wird ihm die Eigenschaften einer gestandenen Persönlichkeit absprechen wollen. Aber das feine Gespür für die richtige Behandlung der norwegischen Bevölkerung besaß er nicht.

Ich habe das selber einmal erlebt. Der norwegische Jugendführer Axel Stang hatte im Europäischen Jugendverband die Arbeitsgemeinschaft „Bauerntum und Landdienst" übernommen. Gelegentlich fragte er mich, ob er die Mitglieder dieser Arbeitsgemeinschaft aus den anderen Ländern zu einer Tagung nach Norwegen einladen könne. Ich bejahte das sofort. Ich bat lediglich um Mitteilung des Termins. Unser Beauftragter in Oslo hat die Dienststelle des Reichskommissars gewiß davon unterrichtet. Eines Tages erhielt ich vom Reichskommissar einen geharnischten Brandbrief, in dem er mich beschuldigte, den Interessen des Reiches durch meine Zustimmung geschadet zu haben und gebrauchte in diesem Zusammenhang sogar das Wort Landesverrat. Er schloß den Brief mit dem Hinweis, daß er darüber dem Führer Meldung erstattet hätte. Den Brief beantwortete ich nicht und wartete der Dinge, die auf mich von höchster Stelle zukommen würden. Gar nichts geschah. Wieder ließ uns der Führer gewähren. Um aber den offenen Konflikt zu vermeiden, wurde von der Tagung auch im Hinblick auf die sich verschlechternden Kriegsverhältnisse Abstand genommen. Terboven hatte damit nicht nur den Norwegern, sondern auch uns geschadet.

Hier trat der grundsätzliche Unterschied in den Auffassungen zu Tage. Die Reichsjugendführung war der Auffassung, daß wir Deutsche im Hinblick auf einen europäischen Zusammenschluß auch einen Schritt nach vorn machen müßten, ohne dabei unsere Eigenart und die Ordnung unserer inneren Dinge aufzugeben, und nicht von den anderen Ländern erwarten dürften, daß sie mit einer Quasi-Eindeutschung einen Schritt rückwärts machen. Beispiele aus der Praxis werden dieses Thema noch beleuchten. Mir schien, daß sich in diesen unterschiedlichen Auffassungen die Generationenfrage spiegelte.

Wie Knut Hamsun, so hatte auch der weltweit hochgeschätzte schwedische Forscher Sven Hedin Adolf Hitler auf die Zukunft seines Landes im Falle eines deutschen Sieges angesprochen. Das geschah am 5. Dezember 1940 in der Reichskanzlei. Darüber schrieb er in seinem Buch „Ohne Auftrag in Berlin. Begegnungen mit Mächtigen des Dritten Reiches", das 1991 als Lizenzausgabe wieder herausgegeben wurde, folgendes: „In Schweden gibt es Menschen, die befürchten, Deutschland werde einen Druck und einen Zwang auf unser Land ausüben, unsere Freiheit begrenzen und die Eigenart unseres Volkes zerstören." Hitler schlug beide Handflächen gegen sein Knie, streckte sich und lachte, daß es im Zimmer wiederhallte: „Ich denke nicht daran. Ich denke nicht an so etwas. Das schwedische Volk soll für alle Zeiten seine Freiheit unangetastet und seine nationale Eigenart ungestört bewahren ... Ja, Sven Hedin, wir werden in keiner Weise an der Freiheit und der Eigenart der Schweden rühren. Sie sollen ihre alten Sitten und Gebräuche frisch und ungestört beibehalten. Mein einziger Wunsch und meine einzige Hoffnung ist es, daß Deutsche und Schweden immer vertrauensvoll und freundschaftlich nebeneinander leben mögen."

Kurze Zeit nach diesem Empfang in der Reichskanzlei suchten Baldur von Schirach und ich Sven Hedin im Hotel „Kaiserhof" auf. Schirach kannte ihn bereits von seinen Vortragsreisen durch Deutschland. Ich sah ihn zum ersten Mal. Ich wußte, daß er einige unserer HJ-Führer in seiner Wohnung in Stockholm empfangen hatte und daß er sich der deutschen Jugend und den Studenten sehr verbunden fühlte. Vor Jahren hatte ich die Berichte seiner abenteuerlichen Forschungsreisen in die Einsamkeit und unentdeckten Gebiete Asiens gelesen, die mich sehr fesselten. Nun freute ich mich auf die persönliche Begegnung mit ihm. Mit seinem mächtigen Gelehrtenschädel beeindruckte er mich stark. Sehr aufgeschlossen erzählte er von seinem Empfang durch den Führer und erwähnte aus seinen früheren Begegnungen mit ihm, wie gut er über die Verhältnisse im entferntesten Asien orientiert gewesen wäre. Ich fragte ihn, wie er sich das erklären würde, denn Hitler wäre doch nie dort gewesen. Darauf antwortete er: „Es gibt wenige geniale Menschen, die durch Antizipation besitzen, was andere Menschen erst durch Erfahrung gewinnen." Bei dem Zusammensein mit Sven Hedin erlebte ich wieder, daß das Interessanteste auf Erden die Persönlichkeit ist.

Am Abend des 8. November hatte sich in jedem Jahr das Führerkorps der NSDAP und ihrer Verbände in München versammelt. Anlaß war das Gedenken an den Marsch auf die Feldherrnhalle vom 9. November 1923 und an die Gefallenen dieses versuchten Aufstandes. Teilnehmer an diesem Marsch und Blutordensträger waren an diesem Abend stets zugegen. Seit meiner Ernennung zum Reichsjugendführer erlebte ich ebenfalls diese Zusammenkunft. Es war für mich insofern bedeutungsvoll, daß Hitler an diesem Abend unter seinen alten Kämpfern weilte. Besonders erinnere ich mich an ein solches Treffen im Jahr 1942. Hitler ging von Tisch zu Tisch und unterhielt sich zwanglos mit seinen Mitarbeitern. Er war in aufgeräumter Stimmung. So kam er auch an den Tisch, an dem ich saß. Das Gespräch der Runde betraf gerade die Vertrauensfrage gegenüber dem Hausarzt. Hitler griff dieses Thema auf und sprach in diesem Zusammenhang über seinen Hausarzt Morell, von dem, so Hitler, ihn einige Leute zu trennen versuchten. Dabei sei er aber der Arzt, der ihm wirklich geholfen habe. Er nannte dafür Beispiele und erwähnte, daß ihn Morell in kurzer Zeit von seiner gesundheitlichen Indisposition durch ein Mittel oder eine Spritze befreien könne. So wäre er in der Lage, seine Vorhaben durchzuführen oder zum Beispiel am selben Abend im Berliner Sportpalast in guter Verfassung zu sprechen. Wie auf allen Gebieten sei der Erfolg beim Arzt entscheidend. Und daher stünde er unbedingt zu Morell.

Über diese Äußerungen unterhielt ich mich mit den beratenden Ärzten der Reichsjugendführung. Von ihnen, die ich frei von Neidgefühlen gegenüber dem Leibarzt des Führers hielt, erfuhr ich, daß bedeutende Ärzte gegenüber Morell sehr kritisch eingestellt seien und in ihm den Modearzt vom

Kurfürstendamm sahen. Er habe nicht einmal klinisch oder im Krankenhaus gearbeitet und dürfte sich eigentlich nach der Facharztordnung gar nicht als Facharzt bezeichnen. Sie unterstellten, daß es in einem besonderen Fall vertretbar sei, ein sofort wirkendes Dopingmittel zu verabreichen. Bedenklich aber sei die Daueranwendung eines solchen Mittels und seine Langzeitwirkung, die zersetzend auf die Gesundheit des Patienten wirken könne. Daran mußte ich denken, als ich in den letzten Wochen den gesundheitlichen und körperlichen Abbau des Führers beobachten konnte.
Während dieses Tischgespräches war Hitler auf die Ereignisse des Krieges und besonders auf die geschichtliche Rolle Großbritanniens eingegangen. Uns war von seinen Reden und Verlautbarungen bekannt, wie er sich um die Freundschaft mit England bemüht und um sie geworben hatte. Es war nun aufschlußreich, im kleinen Kreis aus seinem Munde diese Einstellung bestätigt zu hören. England habe sich stets auf dem Kontinent mit schwächeren Nationen verbündet, um die Vormachtstellung einer aufstrebenden starken Nation zu verhindern. So verbündete es sich im Laufe der Geschichte gegen Spanien und Frankreich und im Ersten Weltkrieg gegen uns. Dieser Festlandsdegen hieß 1939 Polen, der allein gegen das Deutsche Reich gerichtet war. Man habe nicht erkannt, daß mit dem Bolschewismus in Verbindung mit Rußland ein neues Phänomen in die Weltgeschichte eingetreten sei, das nicht nur eine Bedrohung für Europa, sondern für die Welt darstelle. Man war dem Irrtum erlegen, dieser Gefahr mit der politischen Strategie der Vergangenheit begegnen zu können. Dabei sei er bereit gewesen, das Bestehen des Empire mit deutschen Soldaten zu garantieren. England sei durch Jahrhunderte die Macht gewesen, die die Führung des weißen Mannes verkörperte. Wir könnten nicht daran interessiert sein, daß England zusammenbricht. Früher oder später würde unser eigener Zusammenbruch folgen. Aber man wollte ja nicht, daß 80 Millionen Deutsche ihren gemäßen Lebensraum auf dem Kontinent erhalten. Er sei überzeugt, daß ein englischer Staatsmann wie Pitt nicht so gehandelt hätte wie der halbamerikanische Churchill. Sollte England an der Seite von Amerika und Rußland gegen uns siegen, so würde es dennoch der Verlierer sein und den weiteren Verlust von Ansehen und Macht zu beklagen haben.
Diese Ausführungen wurden durch die Mitteilung einer Ordonnanz unterbrochen, daß der Führer dringend am Telefon verlangt wurde. Uns wurde danach bekannt gegeben, daß die Alliierten in Marokko und Algerien gelandet seien. Diese Nachricht kam offensichtlich unerwartet. Einen Hinweis zu diesem Geschehen erhielt ich 1947 im Internierungslager Staumühle von einem Mitarbeiter der militärischen Abwehr, der lange Zeit in Afrika und unter Arabern gelebt hatte. Er erklärte mir, daß ihnen diese beabsichtigte Landung vorher bekannt gewesen sei und sie darüber der Abwehrzen-

trale in Berlin Meldung erstattet hätten. Anscheinend war der Führer darüber nicht unterrichtet worden.

Die Bemerkung Hitlers, er sei bereit gewesen, das Bestehen des britischen Empire mit deutschen Soldaten zu garantieren, ließ vermuten, daß sein Anhaltebefehl für die deutschen Panzerverbände vor Dünkirchen aus politischen Beweggründen erfolgte und er sich davon die Bereitschaft der englischen Führung versprach, auf seine Friedensvorschläge nach einem siegreich beendeten Frankreich-Feldzug einzugehen. Ich glaube, daß dieses Argument schwerer wiegt als die Unterstellung, er habe die Verfolgung der fliehenden Engländer der deutschen Luftwaffe überlassen wollen. Auf einer Reichs- und Gauleitertagung, bei der ich zugegen war, hatte er die Absage des Unternehmens „Seelöwe", die Landung auf der britischen Insel, damit begründet, daß dabei Tausende von braven deutschen Soldaten ertrunken wären. Seine Kritiker dagegen meinten später, daß das Leben Hunderttausender Soldaten erhalten geblieben wäre, wenn die Landung auf der britischen Insel stattgefunden hätte.

Für das Jahr 1942 hatte ich der Hitlerjugend die Arbeitsparole „Osteinsatz und Landdienst" gegeben. Die Gründe für die Notwendigkeit des Landdienstes sind von mir bereits dargelegt worden. Die Rückführung der Jugend auf das Land und zum einfachen Leben war wohl die schwierigste und unpopulärste Aufgabe, die wir uns gestellt hatten, da auch im Dritten Reich die Flucht vom Lande in die Stadt durch den Aufstieg in der Wirtschaft und die Beseitigung der 6 Millionen Arbeitslosen anhielt. Die Bereitschaft junger Menschen, auf das Land zurückzugehen, konnte man nicht befehlen. Nur durch die überzeugende Darlegung der Gründe war sie in ihnen zu wecken. Und diese Überzeugungsarbeit stellte hohe Anforderungen an die Führer und Führerinnen. Auch die Eltern mußten überzeugt werden, da die Meldung zum Landdienst von ihrer Zustimmung abhängig war. Nicht alle Eltern stimmten zu. Das wichtigste war selbstverständlich, dafür zu sorgen, daß die Jugend auch auf dem Lande blieb. Das war die Aufgabe der allgemeinen Erziehungsarbeit der HJ. Das galt nicht für die Ausnahmefälle, bei denen der Schwerpunkt der ausgeprägten Begabung auf einem völlig anderen Gebiet lag. Oberster Grundsatz für den Landdienst blieb stets die absolute Freiwilligkeit. Sie versprach auch eine gewisse Auslese.

Im Jahre 1934 hatten wir angestrebt, daß die Arbeit im Landdienst als geordnete Berufsausbildung, als Landarbeits- und Landwirtschaftslehre anerkannt wurde. Diese Anerkennung erfolgte durch den Reichsnährstand 1937. Der Reichsnährstand war durch ein Gesetz vom 13.9.1933 über die Landwirtschaft zur öffentlich-rechtlichen Körperschaft erklärt worden. Mit ihm und der Reichsanstalt für Arbeitsvermittlung und Arbeitslosenversicherung pflegten wir eine enge Zusammenarbeit. Der Reichsnährstand war

keine Standesvertretung für die Bauern allein. In ihm waren auf pflichtmäßiger Grundlage alle Wirtschaftsgruppen erfaßt, die mit der Ernährung unseres Volkes zu tun hatten. Dazu gehörte das Landvolk als Erzeuger, die Bearbeiter und Weiterverarbeiter der landwirtschaftlichen Produkte sowie die einschlägigen Kaufleute als Verteiler. So waren zum Beispiel in der Hauptvereinigung der Deutschen Getreide- und Futtermittelwirtschaft nicht nur die Bauern und Landwirte zusammengeschlossen, sondern auch die Mühlen- und Teigwarenbetriebe, die Lagerhäuser für Getreide, die Bäcker, die Getreide- und Mehlhändler sowie die Brot-, Back- und Teigwarenhändler. Das galt entsprechend für die anderen Hauptvereinigungen der Deutschen Kartoffel-, Vieh-, Zucker-, Milch und Fett-, Eier-, Gartenbau-, Weinbau- und Fischwirtschaft. Regional gliederte sich der Reichsnährstand in Landes-, Kreis- und Ortsbauernschaften. Vor allem mit diesen Dienststellen hatten die Landdienstgruppen zu tun. Die Dienststellen des Reichsnährstandes benannten geeignete Höfe und Betriebe für die Ausbildung und führten außerdem die zusätzliche Berufsschulung durch. Mit der Gründung des Reichsnährstandes wurde zugleich die Marktordnung eingeführt. Sie schützte die Bauern durch die Absatzgarantie und einen festen Erlös für ihre Erzeugnisse, die Verteiler durch angemessenen Verdienst, die Verbraucher durch einen Festpreis. Mit dieser Regelung ging man von dem Prinzip des Angebots und der Nachfrage, die den Preis bestimmen, ab. Jeder sollte durch diese Regelung der Notwendigkeit zu spekulieren enthoben werden. Zur Marktordnung gehörte auch die staatliche Vorratswirtschaft sowie auf ihrer Grundlage ein steter Außenhandel.
Die Artamanen hatten ihren Einsatz überwiegend auf Gütern und Großbetrieben durchgeführt. Im Landdienst der Hitlerjugend wurde der Einsatz fortschreitend von den landwirtschaftlichen Großbetrieben auf die Bauernhöfe verlagert. Neben den Betriebsgruppen auf Gütern entstanden immer mehr Dorfgruppen, die in einem Heim untergebracht waren. Von dort gingen sie zu den einzelnen Bauern und Siedlerstellen zur Arbeit. Sie wurden dort auch verpflegt. Nach der Arbeit kehrten sie in das gemeinsame Heim der Dorfgruppe zurück. 1938 besaßen wir 1.050 Dorfgruppen und 300 Betriebsgruppen. Dieses Verhältnis entwickelte sich in der folgenden Zeit immer stärker zugunsten der Dorfgruppen. 1941 bestand der Landdienst zu 90 Prozent aus Dorfgruppen, die in der Regel zwölf Mann erfaßten. Der Arbeitsvertrag mit den Bauern wurde vom Landdienstreferenten des Gebietes abgeschlossen, der von der Reichsjugendführung in Zusammenarbeit mit dem Reichsnährstand und der Reichsanstalt für Arbeitsvermittlung und Arbeitslosenversicherung herausgegeben wurde. Diese Dienststellen überwachten auch die Einhaltung des Arbeitsvertrages. Er regelte die Arbeitszeit, die Entlohnung und den Urlaub. Die Ar-

beitszeit betrug täglich neun Stunden, in den ersten Monaten zehn Stunden. Die Entlohnung erfolgte nach den Tarifen oder ortsüblichen Bestimmungen. Nach Inkrafttreten des Jugendschutzgesetzes galten als Richtlinien die günstigeren Bestimmungen dieses Gesetzes insbesondere für den Urlaub, der im Winter verbracht wurde. Ein halber Werktag war in der Woche frei. In Sonderfällen konnten vom Bauern flexible Regelungen nur mit dem Dorfgruppenführer vereinbart werden. Uniform und Arbeitskleidung wurden den Angehörigen des Landdienstes von der Reichsjugendführung gestellt. Übrigens erhielt die Firma Josef Neckermann ihren ersten Auftrag von der Reichsjugendführung für die Landdienstbekleidung. Saubere und einfache Unterkünfte wurden im Zusammenwirken mit den Gemeinden geschaffen. Im Zuge der Heimbeschaffungsaktion im Jahre 1937 wurden auch neue Heime für den Landdienst errichtet. Eine Ausbildung für Landdienstführer und -führerinnen war dringend erforderlich geworden. Die erste Ausbildung von Landdienstführern erfolgte 1935 auf dem Gut des Landesbauernführers in Varchentin/Mecklenburg. Später verfügte jedes Gebiet über eine Landdienstführerschule und ab 1940 über einen Lehrhof.

Ab 1936 wurden auch Mädel in den Landdienst aufgenommen. Es fing mit 900 Mädeln an. Diese Maßnahme sollte sich sehr bewähren. 1941 zählten wir bereits 14.000 Landdienstlerinnen und am Ende waren mehr Mädel als Jungen im Landdienst tätig. 1938 kam die Jugend aus der Ostmark hinzu, danach die Jugend aus dem Sudetenland sowie dem Protektorat Böhmen und Mähren und dem Generalgouvernement, und nach dem Frankreich-Feldzug die Jugend aus Lothringen und dem Elsaß. Die zahlenmäßige Entwicklung gestaltete sich wie folgt: Im Oktober 1934 begannen wir mit dem Stamm von 500 Mann, die aus dem Bund Artam e.V. zu uns gekommen waren. 1935 gab es 3.500, 1936 6.608, 1937/38 14.888, 1938/39 18.000 und 1939/40 26.016 Landdienstfreiwillige.

Im Polen- und Frankreich-Feldzug traten 95 Prozent der Landdienstführer unter Waffen. Dieser große Aderlaß bewirkte, daß wir uns auf jüngere Führer umstellen mußten und sich dadurch die zahlenmäßige Entwicklung im folgenden Jahr verringerte. Das Kontingent ging 1940/41 von 26.016 auf 16.475 Landdienstfreiwillige zurück. 1941/42 stieg dann die Zahl erneut auf 19.595 an. Die Verkündung der Arbeitsparole „Osteinsatz und Landdienst" hatte zur Folge, daß für das Jahr 1942/43 die bis dahin größte Zahl von 29.604 Landdienstfreiwilligen zu verzeichnen war. Trotz der erschwerenden Kriegsverhältnisse und der Umstellung auf eine jüngere Führerschaft erreichte der Landdienst im Jahr 1943/44 eine Stärke von 38.522 Landdienstfreiwilligen. Sie verteilte sich auf 16.630 Jungen und 21.892 Mädel. Diese Entwicklung war auch besonders den BDM-Führerinnen zu

verdanken, die sich zunehmend im Landdienst engagierten. Dabei war bemerkenswert, daß mit dem zahlenmäßigen Wachstum zugleich die Qualität des Einsatzes eine Verbesserung erfuhr. Das war darauf zurückzuführen, daß die Führer- und Führerinnenausbildung intensiviert und eine strengere Auslese der Mannschaft durchgeführt wurde. Ab 1942 hatten für die Landdienstanwärter mehrtägige Ausleselager stattgefunden, in denen sie in vielfacher Hinsicht auf ihre Eignung getestet wurden. Selbstverständlich wurden die Anwärter auf ihre gesundheitliche Tauglichkeit untersucht. Von Zeit zu Zeit fanden auch ärztliche Kontrollen auf Hygiene statt. Alle Landdienstler waren gegen Krankheit und Unfall versichert. Sie erhielten realistischen Aufschluß darüber, welche harten Anforderungen sie in der Landarbeit erwarteten und welche berufliche Entwicklungsmöglichkeit sie auf dem Land besaßen. Das galt auch besonders für diejenigen, die nicht Bauer werden konnten. Mit dem Wissen um die zukünftige Wirklichkeit konnte dann jeder seine Entscheidung treffen und nicht sagen, er habe seinen Entschluß unter falschen Vorstellungen oder Voraussetzungen gefaßt. Die Verpflichtung galt zunächst nur für ein Jahr. Danach konnte man immer noch ausscheiden. Wie ernst dieses Ausleseverfahren genommen wurde, geht aus nachstehender Feststellung hervor: Von 12.882 Jungen wurden 10.396 angenommen und 2.486 abgelehnt. Von 20.297 Mädeln kamen 15.799 in Betracht, während 4.498 die Ausleseprüfung nicht bestanden. Die Anlegung dieser strengen Maßstäbe hat dazu beigetragen, das anfängliche Mißtrauen der Bauern gegenüber dem Experiment der Ansiedlung städtischer Jugend auf dem Land zu überwinden. Das vorgeschaltete Ausleseverfahren beeinflußte auch die Quote der Jungen und Mädel günstig, die für immer auf dem Lande bleiben wollten. Die steigende Qualität ergab sich auch daraus, daß die Ausbildung durch die Einrichtung von Lehrhöfen in den Gebieten verbessert werden konnte.
Der erste Landdienst-Lehrhof begann seine Arbeit im April 1940 in Krottendorf in Sachsen. Wir verfügten insgesamt über 24 Lehrhöfe. Ein Lehrhof wurde beispielsweise der Hitlerjugend von einem großherzigen Ehepaar aus Wien für diesen Zweck geschenkt. Dieses Gut „Kuchelbach" war für die Ausbildung ostmärkischer Landdienstführer bestimmt.
Während die Führerschulen der HJ und die Führerinnenschulen des BDM getrennt betrieben wurden, erfolgte auf den Lehrhöfen die Ausbildung und Erziehung des männlichen und weiblichen Nachwuchses gemeinschaftlich. Das war ein Novum. Dafür sprachen verschiedene Gründe. Auf dem Bauernhof arbeiteten Kräfte beiderlei Geschlechts. Dieser Realität sollte frühzeitig entsprochen werden, da auf dem Hof jeder auf den anderen angewiesen war. Es kam auch häufig vor, daß Führerinnen des BDM und HJ-Führer zusammen Gemeinschaftsabende auf dem Dorf durch Wort, Spiel

Artur Axmann (Mitte) mit seinen Eltern und Brüdern, 1916

Artur Axmann als Junge im Hinterhofmilieu des Wedding.

II

Reichsführertagung der HJ, Weihnachten 1928, Plauen i. Vogtland: Reichsführer HJ Kurt Gruber spricht.

Hitler mit dem Gauführer der HJ Berlin Robert Gadewoltz (rechts von Hitler) in der Kampfzeit.

III

Veranstaltung der NSDAP zum Reichsjugendtag in Potsdam 1932: Hitler mit Baldur von Schirach (rechts) und der Führerin des Bundes Deutscher Mädel Elisabeth Greif-Walden.

Admiral von Trotha,
Ehrenführer der Marine-HJ

Eduard Ritter von Schleich,
Ehrenführer der Flieger-HJ

Artur Axmann mit dem englischen Botschafter Sir Neville Henderson beim Reichskampf des Berufswettkampfes in Hamburg, 1938.

HJ-Delegation auf dem Fuji, dem heiligen Berg der Japaner, 1938.

Der japanische Botschafter Oshima als Gast bei der Reichsjugendführung
(M = Stabsführer Helmut Möckel; Schl. = Obergebietsführer Dr. Schlünder)

VI

Artur Axmann mit einer italienischen Radfahr-Delegation unter Führung des stellvertretenden italienischen Jugendführers Bonamici quer durch Berlin.

Reichsführerinnen-Schule
in Potsdam

Baldur von Schirach mit der Reichsreferentin des BDM Trude Mohr-Bürkner (rechts mit Brille)

Gründung des Europäischen Jugendverbandes in Wien, September 1942

VIII

HJ-Heim im Goethe-Park in Berlin-Wedding, Architekt Prof. Hans Dustmann

Mädellanddienst-Lehrhof Wünschendorf und Reichslanddienst-Führerinnenschule

Reichsführerschule der HJ

X

Hartmann Lauterbacher, Stellvertreter und Stabsführer von Baldur von Schirach

Helmut Möckel, Stellvertreter und Stabsführer von Artur Axmann

Dr. Jutta Rüdiger, BDM-Reichsreferentin

Dr. Gertrud Huhn, Reichsärztin des BDM, gefallen am 2. Mai 1945 an der Weidendammer Brücke, Berlin

Artur Axmann mit Mussolini in Rom 1941

Reichsreferentin Dr. Jutta Rüdiger (Mitte) mit der spanischen Jugend- und Frauenführerin Pilar Primo

XII

Artur Axmann beim Abtransport zum Hauptverbandsplatz, 1941

Artur Axmann als Unteroffizier

Axmann als Reichsjugendführer bei Soldaten an der Front

Reichsappell der Freiwilligen vom 7. Okt. 1944 im Stadtschloß zu Potsdam; v.l.n.r.: Oberbannführer Bärenfänger, Hauptbannführer Dickfeld, Obergebietsführer Dr. Schlünder, Oberbannführer Werner Tönniges, Bannführer Hohenhausen, Standortführer von Potsdam.

Artur Axmann mit dem ersten Kommandeur der 12. SS-Panzerdivision „Hitlerjugend" Fritz Witt

Weißruthenische Freiwillige in Troppau beim Appell, Juli 1944

XIV

Die Selbstopferer, Auslandshaus der HJ in Gatow

Auf einer Sportpalastkundgebung: (v.l.n.r.) Regimentskommandeur Wünsche, Divisionskommandeur Witt, Regimentskommandeur Mohnke von der Division „Hitlerjugend".

XV

Im Kriegseinsatz bewährte Hitlerjungen bei Reichsminister Dr. Goebbels

Artur Axmann mit Adolf Hitler am 20. März 1945

XVI

Artur Axmann bei einer Vernehmung durch Mr. Musmanno, Vorsitzender des Einsatzgruppenprozesses beim Internationalen Militärtribunal in Nürnberg

Angeklagter des Militärtribunals von Nürnberg

Artur Axmann mit Frau und Enkelin, 1993

und Gesang zu gestalten hatten und damit einen kulturellen Mittelpunkt im Dorf schufen. Auch für diese Aufgabe konnten Jungen und Mädel auf dem Lehrhof Hinweise und Anregungen empfangen, voneinander lernen und Erfahrungen austauschen. Da die späteren Einsatzorte zumeist in abgelegenen Dörfern und in einsamen, verlassenen Gegenden lagen, war es gut, daß Jungen und Mädchen sich auf dem Lehrhof in der Zeit des Reifens in gegenseitiger Achtung näherkamen.

Auf dem Lehrhof wurden die Berufsausbildung sowie die Ausbildung für Führungsaufgaben im Landdienst miteinander verbunden. Den Lehrhof leitete ein HJ-Führer. Die berufliche Ausbildung lag in den Händen des Betriebsleiters und für die Mädel bei der Wirtschaftsleiterin. Als Lehrkräfte dienten erfahrene Fachkräfte wie Melkermeister, Gespannführer, Maschinenmeister sowie die Wirtschaftsleiterin mit einer Hilfskraft. Im Lehrhof war ständig eine Lehrschar des Landdienstes tätig, um die laufenden Arbeiten zu verrichten. Mit ihr konnten auch die Auszubildenden in der Gestaltung eines Heimabends oder der Durchführung des Ausgleichssportes angelernt werden. Alle Arbeitsvorkommen sollten auf dem Hof durchgeführt werden können. Deshalb mußte er auch mit den entsprechenden landwirtschaftlichen Maschinen und Geräten ausgerüstet sein. Neben der praktischen Arbeit erfolgte die theoretische Unterweisung in den verschiedenen Berufssparten wie der Weltwirtschaft, der Tierhaltung usw. Dazu gehörte auch die Buchführung. Während die Lehrgänge auf den Landdienst-Führerschulen nur kurzfristig waren, betrug die Ausbildungszeit auf dem Lehrhof ein Jahr. Das war notwendig, weil dieses Jahr auf die Zeit der Berufsausbildung angerechnet wurde. Die oberste Grenze der Betriebsfläche eines Lehrhofs lag in der Regel bei 150 Hektar.

Der Ausbildungsweg für die Angehörigen des Landdienstes gestaltete sich wie folgt: Nach zwei Jahren der Tätigkeit legten die Jungen die Landarbeits-, die Mädel die Hausarbeitsprüfung ab. Die nächsten zwei Jahre wurden für die Jungen mit der Landwirtschafts- und für die Mädel mit der Hauswirtschaftsprüfung abgeschlossen. Während der Landarbeitslehre besuchten sie die ländliche Berufsschule, während der Landwirtschaftslehre im Winter die Landwirtschaftsschule. Bei guten Leistungen bestand nach dreijähriger Praxis die Möglichkeit, in die höhere Landbauschule aufgenommen zu werden. Diese schloß nach einem Jahr mit dem Diplom „Staatlich geprüfter Landwirt" ab. Die Landdienstfreiwilligen leisteten ihren Wehrdienst bei der Waffen-SS. Wer sich danach um die spätere Übernahme eines Bauernhofes bewarb, wurde in einem Siedlungsring erfaßt, um nach mehreren Jahren Praxis einen Wehrbauernhof übernehmen zu können. Wer nicht Bauer werden konnte, besaß die Möglichkeit, nach der Landarbeitslehre für weitere zwei Jahre die Lehre als Melker, Schäfer,

Imker, Brenner usw. zu absolvieren, die nach mehrjähriger Praxis als Gehilfe mit der Meisterprüfung beendet werden konnte. Für die Mädel bestand in gleicher Weise die Möglichkeit, den Berufsweg der Wirtschafterin, der Kleintierzüchterin, der ländlichen Hauspflegerin, der landwirtschaftlichen Berufsschullehrerin oder der Lehrerin der ländlichen Haushaltungskunde einzuschlagen. Als Bäuerin tätig zu werden, hing von der späteren Heirat ab.

Von den 38.522 Landdienstfreiwilligen hatten sich 1943/44 nach dem ersten Einsatzjahr 9.076 Jugendliche für den ständigen Verbleib auf dem Lande entschieden. Das waren also etwa 27 Prozent. Für diejenigen, die nach einem Jahr wieder zurückgingen, war diese Zeit dennoch ein Gewinn. Sie hatten das einfache Leben und die Landarbeit kennengelernt und nahmen die richtige Einstellung dazu mit in die Stadt. Die in der Nachkriegszeit viel geschmähte Romantik von Blut und Boden traf für den Landdienst nicht zu. Er forderte wie auf dem Hof knochenharte und oft entsagungsvolle Arbeit.

Wir arbeiteten im Landdienst nicht nur mit dem Reichsnährstand, sondern auch mit dem Reichsführer SS zusammen. Heinrich Himmler war in den zwanziger Jahren kurzfristig Gauführer der Artamanen in Bayern gewesen. Im Oktober 1939 wurde er von Hitler zum Reichskommissar für die Festigung deutschen Volkstums ernannt und auch mit dem Amt des Reichskommissars für das Siedlungswesen beauftragt. Damit besaß er die Zuständigkeit für die Neuansiedlung und Vergabe von Bauernhöfen, deren Besitznahme für die ausgedienten Angehörigen des Landdienstes angestrebt wurde. Hitler hatte dem Reichsführer SS außerdem die Verantwortung für die Richtliniengebung und Koordinierung der Zusammenarbeit mit den uns verbundenen Organisationen in den nordischen Ländern übertragen, in deren Rahmen auch die „Germanische Leitstelle" tätig wurde. Die Verbindung der HJ zur SS war also nicht nur durch die Nachwuchssicherung für die Waffen-SS bedingt, sondern ebenso durch die für uns bedeutungsvolle Aufgabe des Landdienstes und der Zusammenarbeit mit der germanischen Jugend. Ihre Jugendführer und -führerinnen studierten unsere Maßnahmen und besichtigten des öfteren unsere Einrichtungen, darunter auch die Landdienstlager. So kam es zu ihrer Entscheidung, ebenfalls Landdienstlager in Deutschland zu errichten, um dann später im eigenen Land solche Lager durchzuführen.

Am 12. Juli 1942 konnte ich zum ersten Mal in Posen 800 Landdienstfreiwillige aus den nordischen Ländern begrüßen, zu denen Holländer, Norweger, Flamen und Dänen gehörten. Von ihnen blieben nach dem ersten Jahr 206 Jungen und 68 Mädel ein zweites Jahr im Landdienst. 1943 kamen Wallonen, Esten und Letten hinzu, so daß sich das Kontingent in der folgenden Zeit um 50 Prozent erhöhte. Beauftragte der betreffenden Länder übernahmen in Deutschland die Dienstaufsicht über ihre Lager. Am 2. Juli 1943 fand wieder ein Appell der germanischen Jugend statt, auf dem zu ihr der Präsident der Arbeitsgemeinschaft „Bauerntum und Landdienst" im Europäischen Jugendverband, der norwegische Jugendführer und Minister Axel Stang, sprach. Er wies auf das Bekenntnis seines Landsmannes und Dichters Knut Hamsun hin, das dieser auf dem Europäischen Journalistenkongreß in Wien zum neuen Europa abgelegt hatte. Eines der bedeutendsten Werke Knut Hamsuns, der selber ein Bauernsohn war, trug den Titel „Segen der Erde". Diese Worte stünden auch über dem Landdienst, denn gerade die Jugend müsse diesen Segen der Erde erkennen, der das Hauptelement unserer Völker sei. Wir vergessen nie, so Stang, „daß der Schicksalsraum im Osten auch uns ruft. Unser Volk war im wesentlichen immer ein Bauernvolk." Diese Tradition gelte es zu bewahren.

Für die Reichsjugendführung war es selbstverständlich, daß die Landdienstlager der nordischen Jugend unter ihrer eigenen Führung standen. Die Eigenständigkeit der nationalen Jugendorganisationen hatten wir ja als unveränderlichen Grundsatz bei der Gründung des Europäischen Jugendverbandes festgeschrieben. In dieser Auffassung unterschieden wir uns von einigen Führungskräften der SS, die mit Nachdruck auf uns einzuwirken suchten, gemischt germanisch-deutsche Landdienstlager unter deutscher Führung aufzubauen. Um einem Konflikt in dieser Frage zu entgehen, regte Simon Winter, der Amtschef der Reichsjugendführung für Bauerntum und Landdienst, an, ein solches Lager durchzuführen, es aber unter norwegische Führung zu stellen. So wurde es auch von uns gemeinsam entschieden. Es handelte sich hier um das Lager Horlen Haulandin in der Nähe von Krotochin, südlich von Posen, das von dem norwegischen Lagerleiter Martin Aarre geführt wurde. Diese Begebenheit brachte mir mein norwegischer Freund Einar Rustad in Erinnerung, der früher die Auslandsarbeit der Jugend der „Nasjonal Samling" leitete und mich vor Jahren an die letzten Leidensstationen des verurteilten über 90jährigen Dichters Knut Hamsun im südlichen Norwegen führte. Bei dieser Gelegenheit wies er mich noch auf einen anderen Vorfall hin.

Norwegische Jugendliche hatten im Kriege in Deutschland an einem Wehrertüchtigungslager der Hitlerjugend teilgenommen. Nach Beendigung der Ausbildung wollte sie die SS zur Truppe schicken. Wir haben das abgelehnt. Die Jungen sind, wie versprochen, in ihre Heimat zurückgekehrt. Dort konnten sie sich frei entscheiden, ob sie sich als Freiwillige zur Waffen-SS melden wollten oder nicht. Diese unterschiedlichen Auffassungen bestanden auch im Hinblick auf die Zusammenarbeit mit den Jugendorganisationen in den nordischen Ländern. So beanstandete zum Beispiel der

SS-Gruppenführer Rauter in den Niederlanden den Kurs der Hitlerjugend gegenüber dem „Jeugdstorm" und erstattete eine Meldung darüber an den Reichsführer SS Heinrich Himmler, der ja für die Direktiven der germanischen Zusammenarbeit zuständig war. Himmler hat mich auf diese Differenzen nie angesprochen. Daß er mit unserer Einstellung nicht konform ging, habe ich aus der Mitteilung meines Freundes Wilhelm Hobusch-Voss, unserem letzten Beauftragten in den Niederlanden, entnommen.

Beim Frühsport war ihm einmal der Reichsführer SS begegnet. Er stoppte und sprach auf ihn mit einigen vorwurfsvollen Worten ein, die in dem Satz mündeten: „Und das will ich Ihnen sagen, die Richtlinien für die germanische Arbeit bestimme noch immer ich." So einfach war es also nicht für uns, unsere Konzeption durchzusetzen, denn der Reichsführer SS besaß die größere Macht. Wir stimmten mit der Auffassung in den nordischen und europäischen Jugendorganisationen überein, die Einar Rustad in einer norwegischen Zeitung geäußert hatte:

„Jeder Politiker, der nicht von Wunschträumen geblendet ist oder chauvinistische Ziele unter der einen oder anderen Parole verfolgt, ist sich im klaren darüber, daß ein germanischer und europäischer Zusammenschluß nur dann durchführbar ist, wenn man die nationalen Eigenarten der Völker aufrecht erhält und ihnen ein Selbstbestimmungsrecht gibt, ohne den gemeinsamen Interessen zu schaden."

Die Parole „Osteinsatz und Landdienst" für 1942 war nicht erst aus dem Kriegsgeschehen geboren worden. Bis dahin hatten wir bereits acht Jahre Landdienstarbeit hinter uns. Das Ergebnis unserer Arbeit war zwar fortlaufend von Jahr zu Jahr trotz der großen Schwierigkeiten gesteigert worden, erfüllte jedoch in meiner Sicht nicht alle Erwartungen. Die Arbeitsparole „Osteinsatz und Landdienst" sollte bewirken, daß die Anstrengungen auf diesem Gebiet wesentlich verstärkt werden sollten. Auch der Osteinsatz der Hitlerjugend begann nicht erst mit dem Jahre 1942. Das zivilisatorische Gefälle von West nach Ost war ebenso offensichtlich wie die dünne Besiedlung unserer Ostgebiete im Verhältnis zu der des Westens. Dem Osten galten von Anbeginn unsere Bemühungen, die ein Bestandteil der gesamten Erziehungs- und Aufbauarbeit waren. Als Chef des Sozialen Amtes der Reichsjugendführung habe ich feststellen müssen, daß gerade auf sozialem und beruflichem Gebiet von uns im Osten noch viel mehr zu leisten war als anderswo. Davon hatten mich auch insbesondere die Auswertungsergebnisse der Leistungen im Reichsberufswettkampf und die damit verbundenen Angaben über die sozialen Verhältnisse im Vergleich mit den westlichen Gebieten überzeugt. Die folgenden Angaben beziehen sich auf 1,8 Millionen Jungen und Mädel im Alter von 14 bis 18 Jahren, die im Jahre 1937 am Berufswettkampf teilgenommen haben. In diese

Zahlen ist die Landjugend nicht eingeschlossen. Ich verglich beispielsweise die Daten von Berlin mit denen der Ostgebiete, die sich im Durchschnitt aus denen von Ostpreußen, Danzig, Pommern und Schlesien zusammensetzen. In Berlin erhielten von den Jungen fünf Prozent keinen Urlaub, in den Ostgebieten dagegen 15 Prozent. Einen Urlaub von 12 bis 18 Tagen erhielten 45 Prozent der Berliner Jungen, dagegen nur 18 Prozent der Jungen aus den Ostgebieten. Bei der weiblichen Jugend sahen die Zahlen für den tatsächlich gewährten Urlaub viel schlechter aus. In Berlin bekamen 25 Prozent keinen Urlaub, dagegen in den Ostgebieten 33 Prozent. In Berlin erfreuten sich eines Urlaubs von 12 bis 18 Tagen 38 Prozent, dagegen in den Ostgebieten nur 27 Prozent. Bei diesen Zahlen muß man bedenken, daß sie gegenüber dem Jahr 1932 schon eine wesentliche Verbesserung enthielten. Nicht ausreichende Leistungen in der berufspraktischen Arbeit erbrachten neun Prozent der Berliner Jungen, dagegen in den Ostgebieten 16 Prozent. Die nichtausreichenden berufstheoretischen Leistungen beliefen sich bei den Berliner Jungen auf 19 Prozent, dagegen bei den Jungen aus den Ostgebieten auf 26 Prozent. Bei der weiblichen Jugend zeigte sich in der berufspraktischen Arbeit folgendes Bild: in Berlin nicht ausreichend 13 Prozent, in den Ostgebieten dagegen 19 Prozent. Bei den berufstheoretischen Arbeiten in Berlin nicht ausreichend 26,2 Prozent, dagegen in den Ostgebieten 28 Prozent. Diese Feststellungen veranlaßten uns, in Gemeinschaft mit der Deutschen Arbeitsfront und der Wirtschaft die Sozialarbeit und die Berufserziehung in den Ostgebieten zu verstärken.
Die Rücksiedlung der Deutschen aus dem europäischen Ausland in die Ostgebiete des Reiches begann im Oktober 1939. Aus Galizien, Wolhynien, dem Narew-Gebiet, aus Bessarabien, dem Süd-Buchenland, den baltischen Ländern und der Dobrudscha traten die Umsiedler den großen Treck nach Deutschland an. Durch die Entwicklung des Krieges im Osten erfolgte in den Jahren 1942 bis 1944 unter den schwierigsten Bedingungen die Umsiedlung der Volksdeutschen aus den Gebieten der Sowjetunion ins Reich. Etwa 350.000 Umsiedler kehrten in ihre alte, aber nun neue Heimat zurück. In der Hilfe und Betreuung für die Umsiedler entstand vor allem für den Bund Deutscher Mädel im Osteinsatz eine große, oft entbehrungsvolle, letztlich aber dankenswerte Aufgabe. Und mit den Umsiedlern kamen etwa 180.000 bis 200.000 Jugendliche ins Reich, denen es auch in der Gemeinschaft der Hitlerjugend eine Heimat zu geben galt.
Seit dem Herbst 1940 sind viele ausgebildete BDM-Führerinnen aus dem Altreich freiwillig in den Osten gegangen. Im Rahmen des Aufbaus der neuen Gebiete ist ihre Tätigkeit von mir bereits behandelt worden. Sie hatten aber nicht nur die Aufgabe, neue Einheiten des BDM und der HJ auf dem Land ins Leben zu rufen und den Dienst zu gestalten. Einen Schwer-

punkt ihrer Arbeit bildete ihr Einsatz für die Umsiedlerfamilien. Diesem Ziel dienten im letzten Quartal des Jahres 1940 allein im Wartheland 1.400 BDM-Führerinnen. Sie errichteten Lager, von denen sie in die etwa acht oder neun weit auseinanderliegenden Siedlungen und Dörfer gingen. War die Entfernung von Ort zu Ort zu groß, so ließen sich zwei BDM-Führerinnen zusammen in einem Dorf nieder. Es gab einen kurzfristigen Einsatz von vier bis sechs Wochen, für den der Urlaub verwandt wurde und den langfristigen, von einem halben bis zu einem Jahr. Für Mädel wurde diese Zeit auf das Pflichtjahr angerechnet.

1941 erfuhr dieser Einsatz eine bedeutende Erweiterung. Im Warthegau bestanden Einsatzlager mit 2.695 Führerinnen und im Gebiet Danzig-Westpreußen 468 Führerinnen. Im Generalgouvernement wurden insgesamt 201 Führerinnen tätig. Die Arbeit erstreckte sich nicht nur auf die Haus- und Landwirtschaft der Umsiedlerfamilien, sondern auch auf die Schulen und die Kindergärten. Den Siedlern wurde in allem geholfen. Bei der Ausbesserung der Unterkunft, beim Kochen, Putzen, Waschen, Stopfen und auch teilweise bei der Säuglings- und Krankenpflege. Hier wirkte sich auch aus, daß viele BDM-Führerinnen und -Mädel eine Ausbildung im Gesundheitsdienst erhalten hatten. Hilfe war im Stall beim Füttern und Melken, auf dem Feld, in der Heu- und Getreide- sowie Kartoffelernte und beim Dreschen zu leisten. Da es auf dem Land kaum Lehrer und Lehrerinnen gab, sind die BDM-Führerinnen auch als Schulhelferinnen eingesprungen. Sie konnten insbesondere in der Werkarbeit, im Sport und in der Musikarbeit hilfreich sein, Bereiche, in denen sie aus ihrer BDM-Arbeit Erfahrungen mitbrachten. Aber auch andere Fächer wie Deutsch und Geschichte konnten von ihnen ausgefüllt werden. Für Mädel des Dorfes wurden auch Kurse im Nähen und Kochen abgehalten. Notwendige Haushaltsgeräte wurden beschafft. Einheiten des BDM im Altreich übernahmen Patenschaften für bestimmte Kreise im Osten. In dieses Patenschaftsgebiet sandten sie Kisten mit Bekleidung, Wäsche, Spielzeug und Lesestoff. Sie fühlten sich durch die Patenschaft mitverantwortlich für die Entwicklung in diesem Gebiet. Es wurden gemeinschaftsfördernde Maßnahmen durchgeführt, wie Morgenfeiern, Dorf- und Kindernachmittage und offenes Singen. Die Verbindung zu den Siedlern wurde durch die Gestaltung von Familienfesten vertieft. Diese Maßnahmen wurden dankbar und mit großer Anerkennung aufgenommen. So manche Verbindung zwischen den Führerinnen und den Siedlerfamilien ist nach dem verlorenen Krieg weit über das Jahr 1945 hinaus erhalten geblieben.

Ich habe Landdienstlager und Mädel bei ihren Siedlerfamilien in verlassenen und entlegenen Dörfern besucht. Kaum etwas hat mich - selbst bei der Voraussetzung einer idealistischen Gesinnung - so beeindruckt und bewegt, wie der unermüdliche, selbstlose Einsatz dieser Führerinnen und Mädel, die auch im Winter bei Wind und Wetter und bei eisiger Kälte weite Strecken zurücklegen mußten, um in ihr Lager zu gelangen. Das war dem Fronteinsatz ihrer Kameraden gleichzusetzen. Sie handelten auch im Sinn und in der Tradition des Reichsfreiherrn vom Stein, der in der Erhaltung der Bauernhöfe die Grundlage der Existenz eines Volkes sah, und durch das Edikt vom 9. Oktober 1807 die bäuerliche Erbuntertänigkeit in ganz Preußen aufhob, das gegen viele Widerstände am Martinitag 1810 Wirklichkeit wurde.

Die Konzentration auf den Osteinsatz und Landdienst hat nicht die gleichgerichtete Tätigkeit in der Hilfe für den Bauern im Altreich aufgehoben oder vermindert. Sie blieb nach wie vor aufrecht erhalten. Das beweist allein die Tatsache, daß im Jahr 1942 eine Million Mädel und 400.000 Jungen bei der Einbringung der Ernte mitgeholfen haben. Hinzu kamen die Leistungen der Jugend zur Entlastung der Heimat, die durch den Ausfall der Männer, die an der Front standen, zu erbringen waren. Ich habe sie bereits für die Jahre 1940/41 erwähnt.

1942 erfuhr der Kriegseinsatz der Hitlerjugend durch die vermehrten Luftangriffe der Alliierten auf unser Heimatgebiet eine Erweiterung. Die Amerikaner griffen an der Seite der Engländer mit ihren Bombern und fliegenden Festungen in den Luftkampf über Deutschland ein. Die Angriffe erfolgten jetzt am Tage und in der Nacht. Die deutschen Jäger wurden für die Nachtjagd eingesetzt. Die Strategie des Luftkampfes hatte sich bei den Gegnern geändert. Es wurden nicht in erster Linie Punktziele der Rüstungsindustrie heimgesucht, sondern Flächenangriffe gegen Städte und ihre Zentren, gegen dicht besiedelte Arbeiterviertel, d.h. gegen die Zivilbevölkerung geführt. Dadurch wurden auch Frauen, Mädchen und Kinder Opfer des Luftkrieges. Militärische und Ziele der Rüstungsindustrie wurden zu Nebenprodukten der Flächenangriffe und nicht umgekehrt. Die Widerstandsmoral der Bevölkerung sollte gebrochen werden. In der Regel fanden kombinierte Luftangriffe mit Brand- und Sprengbomben statt. Erst fielen die Brandbomben, dann folgten die Sprengbomben, später wiederum Brandbomben sowie Phosphorkanister. So entstanden die ausgedehnten Flächenbrände, die sich zu den bis dahin nicht gekannten Feuerstürmen entwickelten, die alles erreichbare Leben vernichteten. Diese neue Vernichtungsstrategie war auf den Vorschlag des Professors Frederick A. Lindemann zurückzuführen, der in Deutschland geboren worden war und auch dort studiert hatte. Sein Plan wurde vom englischen Kriegskabinett gebilligt. Dessen Exekutor war der Luftmarschall Harris, später Bomber-Harris genannt, dem zu Ehren in London ein Denkmal errichtet wurde.

Die neue Vernichtungsstrategie bekamen zuerst die Städte Lübeck und

Rostock zu spüren. In Lübeck wurde am 29. März 1942 in der Innenstadt die hochgotische Marienkirche St. Peter, das Schabbel- und Buddenbrook-Haus zerstört. Die Innenstadt von Rostock wurde vom 24. bis zum 27. April 1942 vollkommen in Trümmer gelegt. Mehr als tausend Bomber griffen am 31. Mai 1942 die Stadt Köln an, die sich in ein Flammenmeer verwandelte. 5.000 Einzelbrände mußten gelöscht werden, 3.311 Häuser mit 20.000 Wohnungen fielen der Zerstörung anheim, darunter Krankenhäuser und Kirchen. 5.000 Menschen wurden verwundet und 467 Zivilpersonen fanden den Tod. Ähnliche Angriffe folgten auf Essen, Frankfurt am Main und andere Städte. Das Höchstgewicht der abgeworfenen Bomben war in wenigen Monaten von 900 auf 3.600 Kilogramm angestiegen, und die neuerdings von den Alliierten eingesetzten Luftminen steigerten durch ihre erhöhte Druckkraft die Wirkung der Zerstörung. Der totale Vernichtungskrieg hatte begonnen.

In dieser Phase des Krieges kamen auf die Jugend neue Herausforderungen und Aufgaben zu. Sie war für die Auswirkungen des Luftkrieges insofern gerüstet, als sie einige Voraussetzungen mitbrachte. So hatten seit längerer Zeit Jungen wie Mädel durch den Reichsluftschutzbund eine Ausbildung erfahren und waren in vielen Fragen, von den Maßnahmen zur Verdunklung, über die Verhaltensweise während eines Luftangriffs, bis zum Bau von Luftschutzeinrichtungen unterwiesen worden. Sie konnten also den Luftschutzwarten als Helfer und Helferinnen zur Seite stehen. Einheiten der Jugend räumten nach Luftangriffen die Straße frei und packten wie die Älteren und Frauen bei der Enttrümmerung mit zu, retteten aus den Wohnungen den verbliebenen Hausrat und vor allem Menschen. Sie halfen nach den Luftangriffen bei der Bergung von Verletzten. Unvermeidlich blieb es ihnen nicht erspart, letzte Dienste für die Toten zu leisten. Sie erlebten die Schrecken eines mörderischen Krieges.

Bei der Bekämpfung der Brände kamen unsere Feuerwehreinheiten zum Einsatz, die in den Friedensjahren zur Sicherung des Nachwuchses für die Feuerwehren aufgebaut und ausgebildet worden waren. Sie hatten gelernt, mit Feuer und feuergefährlichen Gegenständen, insbesondere in der Nähe von Wäldern und Mooren, Scheunen und landwirtschaftlichen Gebäuden, Stroh- und Heuschobern, Tankstellen usw. vorsichtig umzugehen, das Rauchen an solchen Plätzen zu unterbinden, leicht brennbare Stoffe in besonders abgesicherten Räumen unter Aufsicht zu lagern, auf die vorgeschriebenen Sicherungsbestimmungen für elektrische und Gasanlagen sowie der entsprechenden Geräte zu achten, offene Feuerstellen im Freien in ausreichender Entfernung von brandgefährdeten Stellen in der Erde anzulegen, kein Benzin oder verwandte Stoffe zu verwenden, bis zum Eintreffen der Feuerwehr kleinere Brände mit Sand oder Wasser zuzuschütten, bei Zeltlagern Schutzgräben zu ziehen und Brandwachen aufzustellen. Sie waren in der Handhabung von Feuerlöschgeräten versiert und lernten im Krieg, nach den Richtlinien des Luftfahrtministeriums wirksam die Brandbomben zu bekämpfen. An gutem Willen fehlte es ihnen wahrlich nicht. Man mußte ihren Eifer mehr bremsen als anstacheln. Nach dem Urteil der Feuerwehrführer hatten sich die Jungen im Kriege durch ihre bewährte Hilfe unentbehrlich gemacht.

Auch auf anderen Gebieten konnte die Hitlerjugend mit vorgebildeten Kräften dienen. Nach erfolgten Luftangriffen waren häufig die Kommunikationsverbindungen unterbrochen und zerstört worden. Hier ergab sich eine wichtige Aufgabe für die Nachrichten-HJ. Diese war einmal aus dem Wunsch der Jungen entstanden, sich im Amateurfunk oder schlechthin im Nachrichtenwesen zu betätigen. Mit Hilfe der Reichspost wurden dafür die notwendigen Voraussetzungen durch Ausbildung und Bereitstellung von Materialien und Gerätschaften geschaffen. Nachdem die gesamte Jugend in der HJ vereint war, hatte sie den Auftrag übernommen, einen geignetten Nachwuchs für Heer, Marine, Luftwaffe und Waffen-SS zu stellen, somit auch für deren Nachrichteneinheiten. Seitdem erfuhr die Nachrichten-HJ die Förderung durch die Wehrmacht, die an ihren Veranstaltungen und an ihrem Reichskampf um die beste Nachrichteneinheit in jedem Jahr mit großen Interesse Anteil nahm.

Die Ausbildungsrichtlinien wurden in Abstimmung mit der Wehrmacht erlassen. Die Ausbildung gliederte sich in eine Vorausbildung, eine Grundausbildung und eine Endausbildung. Die Vorausbildung bezog sich auf die Jungen, die sich mit dem 14. Lebensjahr beim Ausscheiden aus dem Jungvolk für die Nachrichten-HJ entschieden hatten. Sie erstreckte sich auf die allgemeine Einführung und Prüfung auf Eignung. Zum Abschluß wurde die Prüfung auf dem HJ-Nachrichtenschein A abgelegt. Damit war die Entscheidung über den Verbleib in der Nachrichten-HJ getroffen. Daran schloß sich die Grundausbildung von etwa 2,5 Jahren an. Sie endete mit dem HJ-Nachrichtenschein B. Darauf folgte die Endausbildung von einem Jahr mit der Abschlußprüfung für den HJ-Nachrichtenschein C. Daraus war zu ersehen, daß der Inhaber dieses Scheins für den Dienst in der Luftwaffe oder im Heer geeignet und ausgebildet worden war und daß er eine besondere Ausbildung als Fernsprecher, Funker, Gerätewart usw. erhalten hatte.

Der Inhaber des Nachrichtenscheins C verfügte über zahlreiche Kenntnisse und konnte sie in der Praxis anwenden. Er kannte feldmäßige und feste Nachrichtenmittel, ihre Vor- und Nachteile, ihre Leistungsfähigkeit und besonderen Einsatzmöglichkeiten. Das Hören und Geben von Morsezeichen, die Handhabung des wichtigsten feldmäßigen Fernsprech- und Fernsprechbaugeräts, verschiedene Einzelverrichtungen im Feldkabelbau und Tätigkeit im Fernsprechbautrupp, Übungen in der Durchführung des Fernsprechbetriebsdienstes und Führen von Betriebsunterlagen mußten ebenso beherrscht werden wie das Installieren und Handhaben eines feldmäßigen Funkgerätes und der Aufbau von Funkstellen im Gelände. Bekannt waren Begriffe und Bestimmungen des Funkbetriebsdienstes, Fakten aus der Elektrizitätslehre wie Strom, Spannung, Ohmsches Gesetz, Stromarten, Stromkreis, Wirkungen des elektrischen Stroms, Verhalten von Kondensator und Spule im Wechselstromkreis, Aufbau und Arbeitsweise der Elektronenröhre, Strafbestimmungen bei Verstößen gegen das Schwarzsendergesetz und Sicherheit in der Benutzung von Karte und Kompaß. Mit dieser Ausbildung standen die Jungen der Nachrichten-HJ zur Verfügung, wenn es darum ging, nach Luftangriffen die unterbrochenen oder zerstörten Nachrichtenverbindungen gleich welcher Art wiederherzustellen und neu zu errichten. Insgesamt war dies ein sehr wertvoller Beitrag im Rahmen des Kriegseinsatzes der HJ, daß Dienststellen der Wirtschaft, der Verwaltung und der Bewegung in denkbar kurzer Frist wieder die Verbindung zu ihren Gesprächspartnern aufnehmen konnten.

Bei der Ersten Hilfe für Verletzte und Verwundete wurden vorgebildete Jungen und Mädel eingesetzt. Seit vielen Jahren hatten sie eine Ausbildung als Feldschere und Gesundheitsdienstmädel erhalten. Allein im Jahr 1941 waren über 73.000 GD-Mädel ausgebildet worden, so daß 1942 insgesamt 175.000 GD-Mädel für den Einsatz bereit waren. In Bedarfsfällen standen sie für Dienstleistungen bei der Nationalsozialistischen Volkswohlfahrt, beim Luftschutz, bei den Feuerwehren, in Krankenhäusern und Lazaretten, in Transportzügen, im Bahnhofsdienst und später in Flüchtlingslagern als Helferinnen zur Verfügung. Mit dem Deutschen Roten Kreuz bestand eine enge Zusammenarbeit, für die gemeinsam Richtlinien erlassen worden waren. Das Deutsche Rote Kreuz erkannte die in der Hitlerjugend durchgeführte Ausbildung der Feldschere und Gesundheitsdienstmädel als gleichwertig mit der Grundausbildung des DRK an.

Das Deutsche Rote Kreuz stellte der Hitlerjugend und dem BDM auf Anforderung Ausbildungspersonal, Material und Einrichtungen kostenlos zur Verfügung. Hitlerjugend und Bund Deutscher Mädel überwiesen die ausscheidenden Feldschere und Gesundheitsdienstmädel mit deren Einverständnis dem Deutschen Roten Kreuz. Diejenigen Gesundheitsdienstmädel, die Angehörige des „BDM-Werkes Glaube und Schönheit" waren, wurden zwischen ihrem 17. und 21. Lebensjahr für die Dauer von drei Monaten zur Ausbildung als Schwesternhelferinnen zum DRK delegiert. Nach Abschluß dieser Ausbildung nahmen sie einmal im Monat an den Fortbildungslehrgängen teil und standen dem DRK für dringende Einsätze zur Verfügung. So konnte die Jugendbewegung dazu beitragen, den Ärzten und

Schwestern bei der medizinischen Versorgung der Verletzten des Bombenkrieges zur Hand zu gehen.
Die Zahl der Verwundeten an der Front und in der Heimat nahm mit dem Fortschreiten des Krieges erheblich zu. So wurde die Verwundetenbetreuung im heimatlichen Kriegseinsatz zu einer wichtigen Aufgabe der Jugend. Die Mädel gingen in die Lazarette und nahmen den Verwundeten Gänge und Erledigungen ab oder schrieben Briefe für sie. Unsere Spielscharen und Chöre erfreuten die Kriegsgeschädigten mit ihren Liedern. Der Oberrottenführer Diebow berichtete über einen solchen Betreuungsbesuch: „Am Donnerstag fahren wir zum Lazarett im Luitpold-Haus. Wir werden unseren verwundeten Kameraden einige Stunden Heiterkeit und Frohsinn bringen. Und so geschah es denn auch. Mit Instrumenten auf den Gepäckständern ging es los. Als wir unser Ziel erreicht hatten, wurden wir von den völlig überraschten Verwundeten nicht wenig bestaunt, denn unsere Ankunft war bis jetzt unbekannt. Umso größer war die Freude, als wir 'unsere guten Sachen' auspackten. Eine kurze militärische Begrüßung gab die Einleitung, und als die Kameraden einen alten preußischen Armeemarsch hörten, da schlugen 'ihre ollen Soldatenherzen' den Takt dazu. Ganz Feuer und Flamme für uns, wollte der Beifall kein Ende nehmen. Auch eine tolle friesische Geschichte und ein nettes Lied aus der Steiermark verfehlten ihre Wirkung nicht. Darauf folgte ein heiteres Lustspiel: der Marsmensch. Das Lachen und Johlen über diesen Scherz wollte nicht verstummen. So sahen wir uns gezwungen, einen weiteren Marsch zu spielen. Die Freude und Begeisterung der Soldaten waren nicht zu beschreiben. Doch allzu schnell war unsere Zeit vorbei. Einige Worte, die der Lazarettinspektor zu uns zum Schluß des frohen Nachmittags sagte, machten auf uns einen tiefen Eindruck. Nachdem die Soldaten mit Zigaretten, Keksen und anderen schönen Dingen beschenkt worden waren, mußten wir Abschied nehmen. Nur schwer konnten wir uns von den Kameraden trennen, aber mit dem freudigen Gefühl, den Soldaten ein Stück Heimat gebracht zu haben, fuhren wir nach Hause. Der eine Einsatz war vorbei, der andere wartete auf uns."
Durch den Bombenkrieg wurden ganze Stadtviertel in Trümmer und Asche gelegt, und Hunderttausende von Menschen verloren ihre Wohnungen und Häuser. In dieser Zeit faßten wir geeignete und vorgebildete Jungen in besonderen Handwerker-Einheiten zusammen, die nach den Luftangriffen unter fachkundiger Anleitung sofort mit der Reparatur von Dächern und Wohnungen begannen. Zu einer Einsatzkameradschaft gehörten zwei Maurer und zwei Zimmerer, zwei Maler oder Anstreicher und ein Installateur. Die sonstigen Arbeiten übernahm ein Arbeits- und Transporttrupp, zu dem Kräfte herangezogen wurden, die nicht in der Rüstungsindustrie beschäf-

tigt waren. Dr. Robert Ley war von Adolf Hitler mit dem Bau von Behelfsheimen für die ausgebombte Bevölkerung beauftragt worden, der im Rahmen des „Deutschen Wohnungshilfswerks" stattfand. Da ich mit Dr. Ley auf dem Gebiet des Reichsberufswettkampfes und der Begabtenförderung eng zusammengearbeitet hatte, waren auch in diesem neuen Bereich beste Voraussetzungen für das Zusammenwirken mit ihm und seinen Beauftragten gegeben. Durch unseren Führermangel und die Erfüllung von anderen vielseitigen Aufgaben konnte hierbei die Hilfe durch die Jugend zwar nur in beschränktem Umfang erfolgen. Immerhin hatten wir uns zum Ziel gesetzt, mit der HJ insgesamt 2.000 Behelfsheime im gesamten Reich zu errichten. Dieser Auftrag wurde auf die 42 Gebiete der Hitlerjugend kontingentmäßig verteilt. Auch hier konnte sich die Jugend, die zum Teil selber unter der durch den Bombenkrieg entstandenen Wohnungsnot zu leiden hatte, in den Handwerker-Einheiten der Hitlerjugend nützlich machen. Am Ende des Jahres 1942 war klar zu erkennen, daß sich die Tätigkeit der Jugend in der Heimat auf die Dienste zu konzentrieren hatte, die sich unter den Auswirkungen und Folgen des Luftkrieges als notwendig erwiesen. So gab ich für die Arbeit des Jahres 1943 die Losung „Kriegseinsatz der Hitlerjugend" heraus. In dieser Zeit kündigte der Oberbefehlshaber der Luftwaffe, Reichsmarschall Hermann Göring, der zugleich Vorsitzender des Ministerrats für die Reichsverteidigung war, seine Absicht an, die älteren Schüler der höheren Lehranstalten zum Dienst bei der Heimatflak heranzuziehen. In den Stellungnahmen und Vorgesprächen äußerten das Heer, die Waffen-SS und Kriegsmarine Bedenken dagegen. Sie begründeten ihre Vorbehalte damit, daß durch diese Maßnahme der Offiziersnachwuchs vor allem zur Luftwaffe gelenkt werden würde. Die Reichsjugendführung teilte diese Bedenken. Darüber hinaus vertraten wir die Auffassung, daß wir es lieber sähen, wenn auch die werktätige Jugend, sofern sie nicht in der Rüstungsindustrie beschäftigt war, auf freiwilliger Grundlage zum Dienst bei der Heimatflak herangezogen werden sollte. Mit unserer Auffassung konnten wir uns nicht durchsetzen. Der Reichsmarschall hatte sich vorher der Zustimmung des Führers vergewissert. Wir befanden uns in einer schwierigen Lage. Göring hatte selber erlebt, daß der Schutz der Heimat vor feindlichen Luftangriffen durch die Flakartillerie und unsere Jäger trotz höchster Tapferkeitsleistungen nicht ausreichte und abzusehen war, daß dieser unzureichende Schutz den Ausgang des Krieges entscheidend beeinflussen könnte. Es mußte also unbedingt etwas für die Verstärkung der Abwehr gegen die massierten Angriffe der fliegenden Festungen auf unsere Heimat geschehen. In dieser Zwangslage habe ich meine Unterschrift unter die Verordnung über die Heranziehung der höheren Schüler zur Flakartillerie nicht versagen können. Sie wurde am 26. Januar 1943 verkündet.

Die wichtigsten Bestimmungen besagten folgendes:

„1. Zur Wahrnehmung von Hilfdiensten bei Einheiten der Luftwaffe am Schulort und in dessen unmittelbarer Umgebung stehen dem Reichsminister der Luftfahrt und Oberbefehlshaber der Luftwaffe alle Schüler der höheren und mittleren Schule, die das 15. Lebensjahr vollendet haben, bis zur Einberufung zum Reichsarbeitsdienst oder zum Wehrdienst als Luftwaffenhelfer für den Kriegshilfseinsatz zur Verfügung.

2. Schüler, die in Internaten wohnen, können geschlossen im Reichsgebiet auch außerhalb des Schulortes eingesetzt werden. Die Einsatzorte bestimmt in diesen Fällen im Auftrage des Reichsministers der Luftfahrt und Oberbefehlshabers der Luftwaffe der Luftwaffenbefehlshaber Mitte in Benehmen mit dem Reichsminister für Wissenschaft, Erziehung und Volksbildung, bei den Schulen der Parteien und dem Großen Militärwaisenhaus in Potsdam in Benehmen mit den hierfür zuständigen Dienststellen.

3. Der Umfang der Heranziehungen zum Kriegshilfseinsatz richtet sich nach dem jeweiligen Bedarf. Den Bedarf stellt der Reichsminister der Luftfahrt und Oberbefehlshaber der Luftwaffe laufend fest."

Im zwölften und letzten Absatz dieser Verordnung wurde bestimmt, daß durch den Kriegshilfseinsatz der männlichen Jugend in der Luftwaffe keine Zugehörigkeit zur fliegerischen Bevölkerung begründet wird.

Die Bestimmung, daß die Luftwaffenhelfer an den Schulorten oder deren Umgebung zum Einsatz gelangen sollten, konnte im Verlauf des verstärkten Luftkrieges über Deutschland nicht lückenlos eingehalten werden. In dringenden Fällen erfolgte ihr Einsatz auch an anderen Orten des Reiches, was viele Eltern beunruhigte. In 18 Wochenstunden erhielten die Luftwaffenhelfer Schulunterricht. Der Sonnabend blieb unterrichtsfrei. Wegen der ständigen Alarmbereitschaft erfolgte der Unterricht häufig in der Batteriestellung. So kam es vor, daß die Jungen durch den Gefechtsalarm mitten aus dem Unterricht an die Geschütze gerufen wurden.

Durch eine Anordnung der Kriegsmarine wurden Jugendliche auch bei ihr zum Kriegshilfseinsatz als Marinehelfer herangezogen. Dafür kamen vor allem die Schüler der mittleren und höheren Schulen in den Orten an der Nord- und Ostseeküste in Betracht. Für sie galten sinngemäß die Bestimmungen der Anordnung über den Kriegshilfseinsatz der deutschen Jugend vom 26. Januar 1943. Das bedeutete auch, daß durch den Kriegshilfseinsatz der männlichen Jugend bei der Kriegsmarine eine Zugehörigkeit zur seemännischen Bevölkerung nicht begründet wurde. Die Marinehelfer trugen die Uniform der Marine-HJ und die Luftwaffenhelfer die Uniform der Flieger-HJ. Der Reichsminister der Luftfahrt und Oberbefehlshaber der Luftwaffe teilte mit dem Schreiben vom 8. September 1943 mit, daß sich der Führer damit einverstanden erklärt hat, „daß die Luftwaffenhelfer im Hinblick auf ihre weitere Zugehörigkeit zur Hitlerjugend künftig als Luftwaffenhelfer der HJ zu bezeichnen sind. Es wird daher hiermit angeordnet, daß für die Lw.-Helfer in Zukunft ausschließlich die Bezeichnung 'Lw.-Helfer (HJ)' angewendet wird." Diese Regelung ergab sich auch aus der Tatsache, daß nach dem Gesetz vom 1. Dezember 1936 die Erziehung der Jugend außerhalb von Elternhaus und Schule bis zum 18. Lebensjahr in der HJ zu erfolgen hatte.

Die Reichsjugendführung gab Richtlinien über die Gestaltung des HJ-Dienstes in der Freizeit heraus. Insbesondere wurde freigestellt, über unseren Veranstaltungsring an Konzerten, Theater- und Filmvorführungen teilzunehmen. Aber durch die starke Beanspruchung der Luftwaffenhelfer kam das in der Praxis nur selten vor. Die Luftwaffenhelfer fühlten sich außerdem als Soldaten und waren damit dem Bereich der Hitlerjugend weitgehend entwachsen. Das war in psychologischer und anderer Hinsicht durchaus verständlich. Sie hatten die gleichen Aufgaben wie die Soldaten zu erfüllen und waren auch den gleichen Gefahren ausgesetzt. Sie bedienten die Scheinwerferbatterien, waren an Funkmeß- und Kommandogeräten tätig und dienten als Richtschützen und Ladekanoniere. Sie wurden in den leichten, mittleren und schweren Flak-Batterien eingesetzt. Sie schleppten die schweren Granaten an die Geschütze und wuchteten sie in die Rohre. Sie standen in der Abwehr an der 2cm-Vierlingsflak, an den 3,7cm- und 8,8cm-Geschützen sowie an den schweren 10,5cm- und 12,8cm-Kanonen. Sie holten Hunderte von „Fliegenden Festungen" vom Himmel herunter und schossen Tausende von feindlichen Bombern durch Treffer für weitere Einsätze kampfunfähig. Luftwaffenoffiziere haben mir bestätigt, daß die Luftwaffenhelfer den älteren Soldaten absolut ebenbürtig und manchmal sogar überlegen waren. Vom Inspekteur der Flakartillerie, General Axthelm, hörte ich hohes Lob über die Einsatzbereitschaft dieser Jungen, denen es nicht erspart blieb, grauenvolle Situationen zu erleben. Manche Flakbatterie, die mit Luftwaffenhelfern besetzt war, ist durch Volltreffer vernichtet worden. Man konnte nur noch den Toten die Tapferkeitsauszeichnungen verleihen. In der Reichshauptstadt erlebten wir die erschütternde Szene, daß die Eisernen Kreuze für die Luftwaffenhelfer an ihren Särgen befestigt wurden. Gegen Ende des Krieges bewährten sich die jungen Kämpfer noch im Erdkampf gegen sowjetische Panzer. In den letzten Apriltagen schossen sie vom Zoobunker am Tiergarten mit schweren Geschützen auf die russischen Panzer und vernichteten viele. Die Reichsjugendführung hatte sich dafür stark gemacht, Luftwaffenhelfer im Laufe der Zeit durch verwundete und nach Lazarettaufenthalt wiederhergestellte Soldaten abzulösen. Diese Maßnahme wirkte sich jedoch erst Ende des Jahres 1944 aus. Auf meinen

Dienstfahrten besuchte ich zuweilen die Luftwaffen- und Marinehelfer an ihren Einsatzorten und nahm von der inneren Einstellung zu ihrer Aufgabe stets einen bewegenden Eindruck mit nach Hause. Sie erzählten von ihrem Dienst und sparten dabei ihre furchtbaren Erlebnisse nicht aus. Viele erschütternde Berichte sind von ihnen überliefert worden. Die Worte eines Luftwaffenhelfers standen für unzählige Kameraden: „Wir hatten Angst - aber wir waren nicht feige."

In der Reichsverteidigung waren etwa 200.000 Luftwaffen- und Marinehelfer tätig, darunter auch Flakhelferinnen vom 17. Lebensjahr an aufwärts, die Scheinwerfer bedienten und sich im Funkmeßdienst bewährten. Bei den Luftangriffen war für alle die Sorge belastend, ob ihre Eltern, Geschwister und Angehörigen die Hölle unversehrt und lebend überstanden hatten. Sie waren in der Abwehr stark motiviert. Jeder Bomber, der getroffen oder abgeschossen wurde, konnte keine anderen Menschen mehr töten. In diesem Zusammenhang möchte ich feststellen, daß mehr wehrlose Kinder - Jungen und Mädel - durch den Bombenkrieg den Tod gefunden hatten, als Luftwaffen- und Marinehelfer gefallen sind, die sich wenigstens mit ihren Geschützen wehren konnten.

In den ersten Wochen des Jahres 1943 geschahen Ereignisse, die die Kampfentschlossenheit unserer Soldaten und den moralischen Widerstand der Bevölkerung verstärkten. Das waren die Forderung der Alliierten nach bedingungsloser Kapitulation Deutschlands, Japans und Italiens sowie die Niederlage in der erbitterten Schlacht von Stalingrad. Vom 14. bis 25. Januar 1943 weilten der amerikanische Präsident Roosevelt und der britische Premierminister Churchill zu Konferenzen in Casablanca, auf denen über die Strategie der künftigen Kriegsführung gegen Deutschland beraten wurde. Auch der sowjetische Diktator Stalin war dazu eingeladen worden, der sich aber wegen der Kämpfe in Rußland für nicht abkömmlich erklären ließ. Die Erklärung zur bedingungslosen Kapitulation wurde am 24. Januar 1943 von Roosevelt mit Zustimmung Churchills vor der internationalen Presse erhoben. Als diese Erklärung in Deutschland bekannt wurde, war uns klar, daß jeder Weg zu einem Verhandlungsfrieden endgültig versperrt ist. Uns blieb gar nichts anderes übrig, als nun ehrenvoll bis zum Ende zu kämpfen. So gesehen, trug die Verkündung der bedingungslosen Kapitulation zur Verlängerung dieses opfervollen Krieges bei. Man rief sich sofort in Erinnerung, was unter der Auswirkung des Diktats von Versailles im Jahre 1919 geschehen war. Damals hatten keine Friedensverhandlungen mit dem unterlegenen Gegner stattgefunden. Es war ein Diktat. Die deutsche Delegation wurde de facto interniert, die Anerkennung der alleinigen Kriegsschuld von ihnen erpreßt, das Selbstbestimmungsrecht vergewaltigt und mit Füßen getreten, der deutsche Volkskörper amputiert

und das Land durch hohe Reparationen aufs schwerste belastet. Dabei handelte es sich damals um eine junge deutsche Demokratie, die die Monarchie abgeschafft hatte und trotzdem nicht auf das geringste Entgegenkommen durch die westlichen Demokratien hoffen konnte. Wie es da erst mit uns ausgehen würde, konnte man sich an zehn Fingern ausrechnen. Die erwähnten Tatsachen waren uns schon als Jugendführer in der Kampfzeit vor 1933 gegenwärtig. Nur aus dieser Situation ist erklärbar, daß ich später in meinen Reden äußerte: „Wir kapitulieren nie!"
Der englische Historiker I. F. C. Fuller kommentierte die Forderung nach bedingungsloser Kapitulation in seinem Buch „Der Zweite Weltkrieg" wie folgt:
„Da keine Großmacht, die etwas auf ihre Ehre und ihr Ansehen, auf ihr Volk und die Nachwelt hält, diese Forderung erfüllen konnte, mußte der Krieg bis zur völligen Vernichtung einer Seite geführt werden. Dadurch bekam er ein religiöses Gepräge und ließ noch einmal alle Schrecken der Religionskriege aufleben. Sobald der Sieg errungen war, mußte das Kräftegleichgewicht innerhalb Europas unwiderruflich in Scherben zerbrechen. Rußland mußte als größte Militärmacht Europas übrig bleiben und daher Europa beherrschen."
In diesen Tagen, als die Forderung nach bedingungsloser Kapitulation bekannt wurde, kam noch die Hiobsbotschaft von Stalingrad hinzu. Das Oberkommando der Wehrmacht gab am 3. Februar 1943 bekannt:
„Der Kampf um Stalingrad ist zu Ende. Ihren Fahneneid bis zum letzten getreu ist die 6. Armee unter der vorbildlichen Führung des Generalfeldmarschalls Paulus der Übermacht des Feindes und der Ungunst der Verhältnisse erlegen. Ihr Schicksal wird von einer Flakdivision der Luftwaffe, zwei rumänischen Divisionen und einem kroatischen Regiment geteilt, die in treuer Waffenbrüderschaft mit den Kameraden des deutschen Heeres ihre Pflicht bis zum äußersten erfüllt haben."
Nach der bedingungslosen Kapitulationsforderung der westlichen Alliierten rief die Nachricht von Stalingrad tiefe Niedergeschlagenheit hervor. Mehrere Tage herrschte Staatstrauer im Reich. Nach Casablanca und Stalingrad herrschte im Volk eine Stimmung der Resignation. Wir befanden uns an einem Wendepunkt des Kriegsgeschehens. Es war wie eine Zäsur. Zum ersten Mal nach vielen Kriegsjahren fragten wir uns, ob der Krieg noch zu gewinnen sei. Wir wollten ihn nicht verlieren. Wir mußten nach vorn blicken, da die Brücken hinter uns abgebrochen erschienen. Wir durften nicht in Stillstand und Lethargie verharren. Wir mußten handeln. Gerade die junge Generation, die ihre Zukunft gefährdet sah, mußte ein positives und ermunterndes Zeichen setzen. Darüber unterhielt ich mich mit meinem Freund und Amtschef der Reichsjugendführung Gustav Memmin-

ger. In diesem Gespräch wurde der Gedanke geboren, aus Freiwilligen der älteren Jahrgänge der Hitlerjugend die Aufstellung einer Division vorzuschlagen. Das sollte die Antwort auf die Hiobsbotschaften sein.
Viele HJ-Führer, wie auch mein Vorgänger Baldur von Schirach, hatten in der Elitedivision des Heeres „Großdeutschland" an der Front gedient. Uns war bekannt, daß Hitler im Rahmen der SS auch weiterhin Eliteverbände aufstellen wollte. Ich beauftragte meinen Stabsführer, deswegen mit der Reichsführung SS Kontakt aufzunehmen. Am 9. Februar 1943 fand zwischen ihm und dem Chef des SS-Hauptamtes, SS-Gruppenführer Gottlob Berger, die erste Besprechung statt. Sie wurde bei mir am 16. Februar mit Berger, SS-Brigadeführer Jüttner, SS-Obersturmbannführer Brill, meinem Vertreter Möckel und Obergebietsführer Dr. Schlünder, der für die Leibeserziehung und Wehrertüchtigung der Jugend zuständig war, fortgesetzt. Der Führer hatte vorher am 10. Februar seine grundsätzliche Zustimmung für unser gemeinsames Vorhaben gegeben. Er befahl die Aufstellung der Division zum 1. Juni 1943. Sie sollte sich aus Freiwilligen der HJ des Jahrgangs 1926 rekrutieren, die also 17 Jahre alt waren. Von der Ableistung des Reichsarbeitsdienstes wurden sie befreit. Dafür erhielten sie eine Ausbildung von sechs Wochen in einem Wehrertüchtigungslager der HJ. Wir stellten für die Division 400 HJ-Führer, die in der Heimat unabkömmlich (u.k.) gestellt waren. Dabei war es belanglos, ob sie bei der Waffen-SS, dem Heer oder dem Bodenpersonal der Luftwaffe dienten. Dasselbe galt für die 2.500 u.k.-gestellten HJ-Führer, die von der Reichsjugendführung für die HJ-Division bereitgestellt wurden. Die Besetzung der Fehlstellen an Führern erfolgte mit Offizieren, die das Personalamt des Oberkommandos des Heeres dafür abkommandiert hatte. Der Führer verlieh der Division den Namen „Hitlerjugend". In der Aufstellung trug sie die Bezeichnung „Panzergrenadier-Division Hitlerjugend". Im Oktober 1943 hatte Hitler die Umbenennung und Umgliederung in „12. SS-Panzerdivision Hitlerjugend" befohlen.
Unter diesem Namen gelangte sie im Juni 1944 bei der Invasion der Westalliierten in der Normandie zum Einsatz. Ihr Divisionskommandeur war der SS-Oberführer und spätere Brigadeführer und Generalmajor der Waffen-SS, Fritz Witt. Er war gebürtiger Westfale und stammte aus meiner Geburtsstadt Hagen. Er diente in der SS-Leibstandarte „Adolf Hitler", kämpfte im Frankreich- und im Rußlandfeldzug und wurde am 1. März 1943 als Kommandeur des SS-Panzergrenadierregiments I in der SS-Panzerdivision Leibstandarte „Adolf Hitler" wegen Tapferkeit mit dem Eichenlaub zum Ritterkreuz des Eisernen Kreuzes ausgezeichnet. Auch nach dem Urteil höchster Heeresoffiziere gehörte er zu den vielversprechenden militärischen Führern der Waffen-SS. Wir waren in Freundschaft verbunden.

Ich lernte in ihm eine Persönlichkeit kennen, von der Umsicht und Ruhe ausging. Wir besaßen das Vertrauen zu ihm, daß er die jungen Freiwilligen verantwortungsvoll und fürsorglich in den Kampf führen würde. Die Wirklichkeit bestätigte dieses Vertrauen. Seine jungen Soldaten verehrten ihn. Am 14. Juni 1944, nur wenige Tage nach der Invasion, fiel er auf seinem Gefechtsstand in Venoix bei Caen unter einem Feuerüberfall der feindlichen Schiffsartillerie.

Sein Nachfolger wurde der Führer des Panzerregiments 25, der spätere Brigadeführer und Generalmajor der Waffen-SS, Kurt Meyer, genannt „Panzermeyer". Sein Regiment übergab er dem Obersturmbannführer Karl-Heinz Milius. Kurt Meyer trat 1934 in die SS-Leibstandarte „Adolf Hitler" ein. Er kämpfte in Polen, Frankreich, auf dem Balkan, in Griechenland und in Rußland. Unter seiner Führung leistete die 12. SS-Panzerdivision „Hitlerjugend" dem Gegner, der über eine völlig überlegene Luftwaffe verfügte, in den Kämpfen bei Caen und Falaise über zweieinhalb Monate den längsten und erbittertsten Widerstand. Die Division war ein Bollwerk an der Invasionsfront. Am 23. Februar 1943 erhielt er das Eichenlaub zum Ritterkreuz des Eisernen Kreuzes und am 26. August 1944 die Schwerter zu dieser Auszeichnung. Verwundet geriet er am 6. September 1944 in kanadische Gefangenschaft. In Kanada wurde er in einem Prozeß zum Tode verurteilt. Hochstehende Persönlichkeiten setzten sich für diesen draufgängerischen, aber fürsorglichen Kämpfer ein. Das Urteil wurde in lebenslange Haft umgewandelt. Er kam in ein kanadisches Zuchthaus. 1951 wurde er in ein britisches Lager für deutsche Soldaten in Werl überstellt. Seine Entlassung erfolgte 1954. Danach schrieb er das Buch „Grenadiere". Er starb an einem Herzschlag 1961 in Hagen-Westfalen. Welch ein Schicksal! Er war nicht nur ein hervorragender Fronttruppenführer, sondern auch ein politischer Revolutionär. Die Gespräche, die ich mit ihm geführt hatte, überzeugten mich davon.

Nachdem er in Gefangenschaft geraten war, übernahm der erste Generalstabsoffizier, der SS-Obersturmbannführer Hubert Meyer, die Führung der Division. Seine bisherige Funktion behielt er bei. Er war ein stabilisierender Faktor, da er von der Aufstellung der Division bis zu ihrem letzten Kampftag im Mai 1945 Erster Generalstabsoffizier blieb. Nach dem Krieg schrieb er eine umfassende „Kriegsgeschichte der 12. SS-Panzerdivision 'Hitlerjugend'", aus der ich viele Angaben zur Divisionsgeschichte entnommen habe.

Die Division verfügte über sehr gute Regimentkommandeure. Der Kommandeur des Panzerregiments 12, SS-Obersturmbannführer Max Wünsche, wurde von den vorgesetzten Offizieren des Heeres und der Waffen-SS hervorragend beurteilt. In wenigen Wochen vernichtete sein Regiment an der Invasionsfront 219 feindliche Panzer. Für die Truppenführung sowie für persönliche Tapferkeit, die sich auch im Nahkampf von Mann zu Mann bewährte, wurde ihm das Eichenlaub zum Ritterkreuz des Eisernen Kreuzes verliehen. Er zeichnete sich auch durch Einfallsreichtum aus. Verwundet geriet er im August 1944 in britische Gefangenschaft. Er wurde in das Feldquartier des späteren Feldmarschalls Montgomery geführt. Von ihm vernahm er die Worte, die ihm der Dolmetscher übersetzte: „Wir werden die deutschen Gefangenen gemäß der Genfer Konvention behandeln, nicht aber die SS. Die werden wir als das behandeln, was sie ist: politisches Ungeziefer, politischer Dreck." Dennoch hat er die Tapferkeit der jungen Soldaten der Division anerkannt und geäußert: „Dagegen sind wir noch Amateure."

Das Panzerregiment 26 wurde vom SS-Obersturmbannführer und Ritterkreuzträger Wilhelm Mohnke geführt. Nach seinen erfolgreichen Kampfeinsätzen in der Division wurde er von Adolf Hitler in den letzten Tagen des Endkampfes von Berlin zum Kampfkommandanten der Zitadelle und zum Verteidiger des Regierungsviertels ernannt. Fast täglich erlebte ich ihn in dieser Zeit als vorbildlichen Kameraden in der Durchführung seines schwierigsten und wohl auch undankbarsten Auftrags, den er vom Obersten Befehlshaber der Wehrmacht erhalten hatte. Nach dem Ausbruch aus dem Führerbunker geriet er in sowjetische Gefangenschaft und verbrachte in Rußland viele Jahre im Zuchthaus.

Einer der außergewöhnlichsten Kämpfer in der Division war der SS-Hauptsturmführer Michel Wittmann. Er führte eine Abteilung von Tiger-Panzern und vernichtete mit ihr 138 feindliche Panzer, bis zu dem Tage, als er am 8. August 1944 selber fiel.

Der letzte Kommandeur der Division war der SS-Standartenführer und spätere SS-Brigadeführer Hugo Kraas, der sich in den Kämpfen der SS-Panzerdivision Leibstandarte „Adolf Hitler" bewährt hatte und mit dem Eichenlaub zum Ritterkreuz des Eisernen Kreuzes ausgezeichnet worden war. Er führte die Division in der Ardennenoffensive im Dezember 1944/ Januar 1945, den Kämpfen in der Slowakei, Ungarn und in den Rückzugsgefechten in Österreich. Am 8. Mai 1945 marschierten 9.870 Mann der 12. SS-Panzerdivision „Hitlerjugend" an der Enns in Österreich in amerikanische Gefangenschaft. Zuvor dankte SS-Brigadeführer Kraas auf dem letzten Appell den jungen Soldaten für ihre Tapferkeit, Treue und Kameradschaft. Seine letzten Worte waren:

„Den bittersten Gang unseres Soldatenlebens treten wir erhobenen Hauptes an. Wir marschieren in ruhiger Gelassenheit unserem Schicksal entgegen. Auf allen Kriegsschauplätzen haben wir tapfer und anständig gekämpft, dennoch ist der Krieg verloren. Es lebe Deutschland."

An den Kämpfen der Division konnte ich wegen des Führerauftrags und meiner schweren Verwundung nicht teilnehmen. Ich besaß im militärischen Bereich auch keine Befehlsgewalt. Mir wurde lediglich das Besichtigungsrecht der Truppe eingeräumt. Davon machte ich Gebrauch und besuchte die Einheiten im Aufstellungsraum von Beverloo/Belgien und das Ersatzbataillon in Nienburg an der Weser. Ich verlieh den Soldaten den Ärmelstreifen mit der Aufschrift „Hitlerjugend". Ich kümmerte mich um die den jungen Soldaten entsprechende Ernährung. Die Reichsjugendführung übernahm die Betreuung der Truppe.

Die Hauptaufgabe für meine Mitarbeiter und mich bestand darin, Freiwillige zu werben, sie für den Kampfeinsatz zu motivieren und in jugendgemäßer Weise in den Wehrertüchtigungslagern auf ihren zukünftigen Dienst vorzubereiten. Das war gar nicht so einfach. Mit gleichem Engagement galt es, für das Heer, die Luftwaffe und Kriegsmarine den Nachwuchs und Ersatz zu sichern. So kam es vor, daß hier und da nicht auf Anhieb das Kontingent an Freiwilligen erfüllt werden konnte. Ich befand mich häufig mit meinen Kameraden aus der Reichsjugendführung und den Gebieten in den Wehrertüchtigungslagern, um diesen Anforderungen gerecht zu werden. Gerade für die Division „Hitlerjugend" war die Freiwilligkeit oberster Grundsatz. Nach dem Kriege ist diese Freiwilligkeit angezweifelt worden. Ich habe bei den Appellen in den Wehrertüchtigungslagern jeden Jungen nach Hause geschickt, der bekannte, daß er eigentlich zu einem anderen Truppenteil gehen wollte. So habe ich bei dem Appell im stark belegten WE-Lager Wildflecken jeden Teilnehmer beschworen, vorzutreten, wenn er sich inzwischen anders besonnen hätte. Damit verband ich mein Versprechen, daß dadurch niemand einen Vorwurf oder Nachteil zu befürchten hätte. Einige traten vor die Front. Sie wurden noch verpflegt und durften das Lager verlassen. So geschah es auch in den anderen Lagern. Wenn sich mir Gelegenheit bot, unterhielt ich mich mit den Offizieren und Unterführern der Division über die Besonderheiten in der Behandlung und Erziehung der jungen Soldaten. Ich hatte den Eindruck, daß meine Hinweise beachtet wurden.

Die Freiwilligkeit fand ihren höchsten Ausdruck in der Kampfmoral. Fritz Witt berichtete mir, daß er vor diesen jungen Soldaten die größte Hochachtung besäße. Er scheute sich nicht zu sagen, daß sie ihn gelehrt hätten, was wirklicher Angriffsgeist ist. Sorge bereitete ihm nur, daß die Jungen zu waghalsig und draufgängerisch waren. So entdeckte er zwei junge Soldaten, die darüber stritten, wer zuerst den Panzer gesehen hatte und das Vorrecht besaß, ihn abzuschießen. Witt befahl beiden, gleichzeitig das Feuer zu eröffnen. Dasselbe hörte ich von Panzermeyer. Er schämte sich nicht zu bekennen, daß ihm die Tränen übers Gesicht liefen, wenn er die jungen

Burschen kämpfend erlebte und sterben sah. Ihm war es wie ein Wunder, woher sie die Kraft nahmen, die furchtbaren Schläge der Schiffsartillerie und Bombenangriffe ohne Verlust an Einsatzbereitschaft und Kampfkraft zu überstehen.
So urteilte auch der Generalstabschef des Heeres, Generaloberst Guderian, über die Division. Als ich im September 1944 bei Einheiten der Hitlerjugend in Ostpreußen weilte, die an der Grenze Schützen- und Panzergräben vor den nahenden Russen aushoben, besuchte er uns dort. Die Jungen mit ihren braungebrannten Oberkörpern und den Spaten in ihren Fäusten scharten sich um den bewährten Truppen- und Panzerführer und nahmen seine Worte in sich auf:
„Was freiwillige Truppen zu leisten vermögen, zeigte das Beispiel der 12. SS-Panzerdivision 'Hitlerjugend', die ein Vorbild an Mannszucht, Mut, Einsatzbereitschaft, an Glauben und froher Kameradschaft abgegeben hat. Diese Division hat die höchste Anerkennung des Führers gefunden. Ihre Freiwilligen aus der Hitlerjugend haben sich überboten im Ansturm gegen die feindlichen Panzer, sie haben sich die Faustpatronen gegenseitig aus der Hand gerissen, um als erste den schweren Kampfauftrag zu erfüllen. Weder durch Bombenteppiche, noch durch schwere Schiffsartillerie sind sie zu erschüttern gewesen."
Diese Bewertung teilten auch der Oberbefehlshaber West, Feldmarschall von Kluge, der General der Panzertruppen West, Geyr von Schweppenburg, sowie sein Nachfolger, der General der Panzertruppen Eberbach.
Am 17. Juli 1944 nahm Feldmarschall Rommel auf dem Gefechtsstand des 1. SS-Panzerkorps den Lagebericht von unserem „Panzermeyer" entgegen und sprach ihm aus diesem Anlaß seine Anerkennung über die Leistungen der HJ-Division aus. Bei dieser Gelegenheit bat „Panzermeyer" den Feldmarschall: „Herr Feldmarschall, geben Sie uns einen Luftschirm, geben Sie uns eigene Jagdverbände. Die feindlichen Landstreitkräfte fürchten wir nicht, aber gegen den Masseneinsatz der Air Force sind wir machtlos." In diesen Worten kam die ganze Tragik der letzten Jahre des Krieges zum Ausdruck. Der Feldmarschall antwortete erregt: „Ich habe Berichte über Berichte geschrieben. Schon von Afrika habe ich auf die lähmende Wirkung der Jabos hingewiesen - aber die Herren wissen ja alles besser - meine Berichte werden einfach nicht mehr geglaubt. Es muß etwas geschehen!" Auf seinem Rückweg vom Gefechtsstand wurde Rommel durch angreifende Jagdbomber schwer verwundet und fiel für längere Zeit aus.
Hören wir nun, wie der einstige Gegner sich über die „Baby-Division", die man vor dem Einsatz nicht ganz ernst genommen hatte, nach den Kämpfen äußerte:
Ein kanadischer Sergeant aus Quebec meinte: „Anfangs hatten wir gelacht

über sie, jetzt müssen wir staunen, wo ihr Deutsche nach fünf Jahren Krieg noch eine solche Jugend herhabt."

Ein englischer Leutnant, der nach seiner Gefangennahme nur immer wieder kopfschüttelnd seine und seiner Leute Überwinder ansah, bemerkte: „Ich habe acht Jahre Kolonialkrieg in Indien, im Sudan und im Vorderen Orient hinter mir, ich focht in Dünkirchen und in Afrika. Nie aber kämpfte ich gegen einen so zähen und fanatischen Gegner, wie diese Blitzmänner mit den jungen Gesichtern."

Der britische Militärschriftsteller Chester Wilmot schrieb in seinem Buch „The Struggle for Europe" („Kampf um Europa"): „Die zwölfte SS-Panzerdivision 'Hitlerjugend', die diesen Abschnitt verteidigte, kämpfte mit einer Zähigkeit und mit einem Ingrimm, wie sie während des ganzen Feldzuges nicht wieder angetroffen wurde."

Auf einem Kameradschaftstreffen von Veteranen der 2. US Infantry Division (Indian Head) und unserer Division erklärten die Amerikaner nach dem Krieg, daß die Division „Hitlerjugend" ihr erster Gegner gewesen sei, vor dem sie sich hätten zurückziehen müssen. Das bezog sich auf die Kämpfe in der Ardennen-Offensive im Dezember 1944 und Januar 1945, in der unsere Truppe, obwohl sie durch starke Verluste im Brennpunkt der Schlachten an der Invasionsfront geschwächt worden war, in gewohnter Kampfentschlossenheit zum Angriff überging.

Diesen positiven Urteilen der früheren Gegner standen die negativen Stimmen gegenüber, die in unserem eigenen Land in der Nachkriegszeit über die Division „Hitlerjugend" laut wurden, deren junge Soldaten in gutem Glauben für ihre Heimat gekämpft hatten. Insbesondere führte man hier die schweren Verluste auf eine unzureichende Ausbildung und Bewaffnung zurück. Das entsprach keineswegs den Tatsachen. Man hatte vergessen, daß diese Division ein Bollwerk in den Schlachten in der Normandie war und daß diese erbitterten Kämpfe erhebliche Breschen in unsere Reihen geschlagen hatten.

Im Urteil der Heeresführung galt die HJ-Division als die bestausgebildete an der Invasionsfront. Ihre Ausbildungszeit betrug mit den vorbereitenden WE-Lagern 14 bis 16 Monate. Welche Truppe konnte das im fünften Kriegsjahr von sich sagen? Auch die Bewaffnung erfüllte alle Anforderungen. Fritz Witt, der erste Divisionskommandeur, hatte sich nachhaltig für eine komplette Ausrüstung mit schweren Waffen eingesetzt und auch mich gebeten, bei Hitler die zusätzliche Lieferung von schweren Waffen anzusprechen. Mein Termin beim Führer im Herbst 1943 gab mir Gelegenheit dazu. Als ich mich für die HJ-Division verwandte, erklärte Hitler, daß er eine weitere Zuteilung von schweren Waffen bereits veranlaßt hätte. In diesem Gespräch trug ich ihm auch die Bedenken des Heeres vor, daß, um es auf

einen einfachen Nenner zu bringen, mit jedem Freiwilligen für die Eliteeinheiten der Waffen-SS dem Heer ein Unterführer entzogen würde. Ich selber hatte bei der Infanterie des Heeres gedient und hielt es für meine Pflicht, ihm diese Sorge des Heeres mitzuteilen. Sie war ihm bekannt. Ich erfuhr, daß ihn sein Wehrmachts-Chefadjutant und Leiter des Heerespersonalamtes General Schmundt gebeten hatte, eine Division des Heeres aus Freiwilligen der Hitlerjugend mit der entsprechenden Namensgebung aufzustellen. Selbst diesem General gegenüber, dem er persönlich sehr zugetan und verbunden war, hatte Hitler diese Bitte abgelehnt. Ich wußte nun, daß er auch in Zukunft nur Eliteeinheiten für die Waffen-SS aufzustellen gedachte. Über die Notwendigkeit von Eliteeinheiten im Kriege ließ er sich sehr eingehend aus. Er begann bei den Janitscharen und schloß seine Ausführungen mit Beispielen der Gegenwart. In diesem Gespräch nutzte ich auch die Gelegenheit, ihn zu bitten, die Luftwaffenhelfer durch frontuntaugliche Soldaten zu ersetzen. Er wollte das mit den zuständigen Stellen besprechen. Gegen Ende 1944 wurde mit diesem Austausch begonnen.
Nach dem Krieg luden die Kanadier, die an der Invasionsfront gegen die Division „Hitlerjugend" gekämpft hatten, deren ersten Generalstabsoffizier Hubert Meyer zu einer gemeinsamen Gefechtsfeldbegehung ein. Im Laufe der folgenden Jahre nahmen weitere Führer unserer Divsion an diesem Treffen teil. Darüber unterrichtete mich Hans Siegel, ein bewährter, schwer verwundeter Truppenführer und Ritterkreuzträger, der zu den alten ehemaligen HJ-Führern aus der Zeit vor 1933 gehörte.
1990 fand zum Beispiel die gemeinsame Gefechtsfeldbegehung auf Einladung des Canadian Land Forces Command and Staff College Ontario, Fort Frontenac, statt. Das Staff College bildet angehende Generalstabsoffiziere aus. Es wurde von dem Schulkommandeur T.F. de Faye im Range eines Brigade-Generals sowie von weiteren Lehroffizieren vertreten. Von den kanadischen Veteranen war unter anderem Brigade-General Radley-Walters anwesend, der im Krieg als Kommandant der Sherbrook Fusiliers von Feldmarschall Montgomery persönlich mit dem Service Order und dem Military Cross ausgezeichnet worden war. Im Anschluß an einen einjährigen Lehrgang wurden die angehenden Generalstabsoffiziere vor Ort über den Ablauf der Kämpfe der kanadischen Landungstruppen 1944 informiert. Bei dieser Gelegenheit berichteten dann die kanadischen und deutschen Veteranen über ihre Erfahrungen, Einsichten und Erlebnisse. Diese gemeinsamen Gefechtsfeldbegehungen wurden im Geiste der Kameradschaft und gegenseitiger Achtung durchgeführt. Sie trugen und tragen so zur Verständigung in dem Willen und der Hoffnung bei, daß sich eine solche Begegnung im Kampf nie mehr wiederholen möge.
1943 nahmen die feindlichen Luftangriffe auf unser Heimatgebiet erheb-

lich zu. In Tages- und Nachtangriffen wurden viele Städte im Ruhrgebiet, in Nord- und Süddeutschland bombardiert. Die britische Luftwaffe hatte inzwischen durch das Eingreifen der amerikanischen „fliegenden Festungen" eine potentielle Unterstützung erfahren. Die verstärkten Bombenangriffe wirkten sich auch auf den Einsatz der Jugend aus. Außer den bisherigen Hilfeleistungen der Jugend, die ich bereits geschildert habe, wurde sie mehr und mehr durch die Bekämpfung der Auswirkungen des Luftkrieges und die Beseitigung der entstandenen Schäden in Anspruch genommen. So zog es auch mich immer häufiger in die Städte, die durch Angriffe aus der Luft heimgesucht worden waren. Unvergessen bleiben mir die tiefgehenden Eindrücke, die ich von den tapferen Jungen und Mädeln gewann, die sich unter der furchtbaren Wirkung des Bombenterrors bewährt hatten und die ich dafür auszeichnen durfte. Wenn ich unterwegs des öfteren bei Fliegeralarm die Luftschutzräume aufsuchen mußte, erlebte ich eine Bevölkerung, die geduldig und in teilweise vorbildlicher Haltung die bange Zeit der Angst überstanden hatte, besonders bei Bombeneinschlägen in nächster Nähe.

Den Höhepunkt des Grauens erfuhren die Menschen in Hamburg. Am 24. Juli 1943 griffen etwa 800 Bomber die Hansestadt an. Diese Angriffe setzten sich in der Nacht und am Tage mit insgesamt ca. 3.000 Maschinen bis zum 3. August 1943 fort. Dabei gelang es den feindlichen Luftstreitkräften zum ersten Mal, durch den Abwurf von Millionen Staniolfolien unsere Radarabwehr erfolgreich zu stören und auch das deutsche Würzburg-Gerät, das für die Abwehr bei der Nachtjagd eingesetzt wurde, weitgehend auszuschalten. So konnten die Angreifer bei verminderter deutscher Abwehr und geringen eigenen Verlusten in zehn Tagen ihre todbringende Fracht von etwa 300.000 Stabbrandbomben, 80.000 Phosphor- und Flüssigkeitsbrandbomben und 25.000 Sprengbomben über Hamburg entladen. Die Folgen waren verheerend. Ganze Stadtviertel wurden in Trümmer gelegt. Die unzähligen Einzelbrände entwickelten sich zu ausgedehnten Flächenbränden. In den Straßen und auf den Plätzen wüteten Feuerstürme, die orkanartige Wirkung besaßen und die Menschen in die Flammen rissen. Selbst in den Luftschutzkellern gab es für sie keinen Schutz. Das draußen tobende Flammenmeer entzog ihnen den Sauerstoff, und in der übergroßen Hitze entzündeten sich die in den Keller gelagerten Brennstoffvorräte. Dadurch entwickelte sich Kohlendioxyd, an dem sie hilflos erstickten. Trotz einer intakten Luftschutzorganisation brannte es nach zehn Tagen noch hier und da. Rauch und Qualm über der Stadt kündeten von ihrem traurigen Schicksal.

Als die Hamburger Führung die Vernichtungsabsichten des Gegners erkannte, wurden Sofortmaßnahmen zur Evakuierung der Bevölkerung getroffen, unter der sich vor allem Frauen und Kinder befanden. Trotzdem gab es nach den Schätzungen etwa 50.000 Tote und über 100.000 Verletzte. Mit Opfermut bemühte sich die noch verbliebene gesunde Bevölkerung mit ihren Organisationen, der eingetretenen Katastrophe Herr zu werden. Dabei fehlte auch die Jugend nicht. Aus ganz Hamburg gelangte sie zum Einsatz. Sie half bei der Beseitigung der Trümmer, der Sicherung noch vorhandenen Hausrats, bei den Instandsetzungsarbeiten und der Bergung von Verletzten und Toten. Die Feuerwehr-HJ half Brände zu löschen, die Nachrichten-HJ Telefonverbindungen wiederherzustellen, die Motor-HJ über weitere Entfernungen Meldungen und Nachrichten zu überbringen. Unermüdlich betätigten sich die Mädel in den Großküchen für die Ausgebombten, bei der Versorgung der Bevölkerung, der Nachbarschaftshilfe, in den Verkehrsbetrieben und bei der Betreuung der Verwundeten. Aus der Umgebung Hamburgs rückten die Insassen der Wehrertüchtigungslager an, um sich dienstbar zu machen und zu retten, was noch zu retten war.

Ich fuhr nach Hamburg und war mit den Führern und Führerinnen, den Jungen und Mädeln in den toten Straßenzügen zusammen, in denen allmählich das Leben wieder erwachte. In ihren vom Brand beschädigten Uniformen standen sie vor mir und erzählten zurückhaltend und schüchtern von ihren grauenvollen Erlebnissen, die noch in ihren Gesichtern geschrieben standen. So berichtete Dr. Ruth Tangemann über Beispiele ihres Einsatzes: „Nicht die HJ-Führer, die alle schon das Infanterie-Sturmabzeichen, das Eiserne Kreuz, das Verwundeten-Abzeichen oder den Krim-Schild tragen und zu diesen sichtbaren Beweisen höchster Tapferkeit vor dem Feind nun das Kriegsverdienstkreuz für eine gleiche Bewährung in der Heimat erhielten, fragen wir nach ihren Leistungen, sondern jene 14- bis 15jährigen Jungen und Mädel, deren Kindergesichter das Leben in wenigen Stunden reifte und zeichnete.

Da war ein kaufmännischer Lehrling, 14 Jahre alt. Sein Bruder fuhr auf einem U-Boot im Atlantik. Beide Hände trug er noch dick verbunden, wegen der bei den Rettungsarbeiten erhaltenen Phosphorverbrennungen. Ohne jede Aufforderung hat er freiwillig mit einem anderen Hitlerjungen und einem 81jährigen SA-Mann aus einer Arzneimittelfabrik Glyzerin und Benzin durch das brennende Vorderhaus getragen, um die lebensnotwendigen Medikamentenbestände bei einem Übergreifen des Feuers auf diese leicht brennbaren Stoffe vor der sicheren Vernichtung zu bewahren. Ein paar Personenkraftwagen hat er dann noch aus der brennenden Garage herausgeschoben. Für diesen freiwilligen Einsatz unter höchster Lebensgefahr trug er nun das Eiserne Kreuz. Soweit es seine verbrannten Hände gestatten, beteiligte er sich an den Bergungs- und Aufräumungsarbeiten, zu denen die ganze Hitlerjugend Hamburgs eingesetzt worden war, sonst betätigte er sich als Melder, wie viele andere Hitlerjungen, die in den Brandnächten nie geahnte Leistungen vollbrachten.

Da mußte einer aus dem sicheren Bunker in die brennende Hölle, in das Bersten von Zeitzündern, das Krachen von Explosionen und stürzendem Mauerwerk, in das Rattern von Maschinengewehren hinaus, um Wehrmachtshilfe anzufordern, denn die Hitze in dem Bunker, der Hunderte von Frauen und Kindern barg, wurde durch die ringsum lodernden Feuerherde allmählich so groß, daß diese durch die brennenden Straßen ins Freie getragen werden sollten. 30 Minuten benötigte er für einen Kilometer! 30 Minuten auf Händen und Füßen kriechend, vorsichtig Zeitzünder umtastend und den leckenden Flammen ausweichend.

Daneben stand ein 14jähriger schmaler, blonder Bursche, unscheinbar, blaß und schmächtig. Auch dieser trug das Eiserne Kreuz. Verlegen, knapp, mühsam berichtete er, daß er, als er als Melder unterwegs war, eine Mutter, die in der vorhergehenden Nacht entbunden hatte, mit ihrem Säugling und ihrem 6jährigen Kind aus den Trümmern eines Kellers herausgezerrt und in Sicherheit gebracht hätte.

'Diese vier Jungen dort haben zweieinhalb Stunden lang im Bomben- und Flakgranatenhagel und unter MG-Beschuß einen ganzen Häuserblock gehalten und das Übergreifen des Feuers auf andere Bauten verhindert', berichtete uns ein Bannführer, der sich an der Ostfront das Panzersturmabzeichen erworben hatte."

An solchen Taten der Jugend konnte man sich selber ein Beispiel nehmen. Sie trugen auch zur Steigerung der eigenen Arbeitsleistung bei. Gemeinsam mit dem Hamburger Gauleiter und Reichsverteidigungskommissar Karl Kaufmann, mit dem mich eine enge Freundschaft verband, überreichten wir den Jungen und Mädeln das Eiserne Kreuz bzw. das Kriegsverdienstkreuz.

Bombenhagel und Feuerstürme haben in Hamburg sogar die Frontsoldaten das Fürchten gelehrt. Wie es ihnen erging, geht auch aus einem Bericht des Polizeipräsidenten in Hamburg über die großen Luftangriffe auf die Hansestadt vom Juli/August 1943 hervor. Darin heißt es unter anderem:
„Wir gingen durch die Reihen der wahllos verstreut liegenden Leichen und suchten unsere Kameradinnen. Wir sahen in jedes Gesicht wie in einen Spiegel; einen Spiegel des Unfaßbaren, des Unbegreiflichen, der Ewigkeit. Was lag auf den Stirnen, was in den Augen, was hielten die verkrampften Hände, was riefen die geöffneten Lippen, was warf die Sonne noch ein letztes Glanzlicht auf aufgelöstes Haar?

Dort lag eine alte Frau. Ihr Gesicht war friedlich, weich und müde. Weißes Haar leuchtete. Ihr nackter ausgemergelter Körper lag in der Sonne, die er nicht mehr spürte. Und dort - eine Mutter, an jeder Hand ein Kind. Sie

lagen alle drei auf dem Gesicht, in einer fast anmutig gelösten Bewegung. So hatte die Ohnmacht sie sinken lassen. Ihr Tod war unmerklich gekommen. Und dort - der Soldat mit den verkohlten Stümpfen seiner Beine. Dort die Frau mit dem zerissenen Leib, auf dessen herausgequollenen Eingeweiden in blauen Trauben Fliegen saßen. Und dort - das Kind, mit dem krampfhaft festgehaltenen Vogelbauer. Und dort - losgelöst vom Körper - ein Knabenfuß in einem schwarzen Stiefel, eine kleine, braune Mädchenhand mit einem blauen Ring."
Im Dobbelersweg, eine dieser kleinen, engen Straßen, stand vor einem der zusammengestürzten Häuser in den verschütteten Kellern ein Soldat und rief; immer wieder rief er mit einer selten fernen und hohen Stimme: „Mutti! - Ursula! - Mutti! - Ursula!" Mein Begleiter ging auf ihn zu und sprach ihn an. Hier konnte kein Leben mehr sein! Hier war nur noch der Tod. Warum das Rufen? Der Soldat sah uns an, als seien wir Luft. Er war auf Urlaub gekommen, heute. Er suchte seine junge Frau und sein Kind. Aber er hörte uns gar nicht. Er wandte sich ab, und als wir weitergingen, weitergehen mußten, hörten wir ihn noch lange hinter uns rufen: „Mutti! - Ursula!"
Gerade unter den Schrecken des Luftkrieges waren wir uns der Bedeutung der lebenserhaltenden Erweiterten Kinderlandverschickung bewußt. Sie war von Hitler für die Evakuierung von Kindern und Jugendlichen aus den Luftnotgebieten am 27. September 1940 angeordnet worden. Dabei handelte es sich nicht um eine Zwangsmaßnahme. Sie erfolgte auf der Grundlage der Freiwilligkeit. Bereits im Oktober 1940 verließen die ersten Transporter mit 3.000 Kindern Hamburg und Berlin. Träger dieser Maßnahme waren die Schule, die Hitlerjugend und die Nationalsozialistische Volkswohlfahrt. Diese gemeinnützige Organisation übernahm die Verschikung der Kinder bis zum zehnten Lebensjahr und die Hitlerjugend die Verschikkung der Kinder über zehn Jahre. Die Lehrer und Lehrerinnen gingen mit in das Aufnahmegebiet und erteilten dort Unterricht. Der Schulbetrieb lief also weiter. Lehrer und Lehrerinnen waren auch die Lagerleiter. Ihnen unterstanden die Führer und Führerinnen der Jugendbewegung als Lagermannschaftsführer und -führerinnen. Diese waren für die Gestaltung der Freizeit und des Dienstes verantwortlich.
Die Gesamtverantwortung gegenüber Hitler trug der Reichsleiter von Schirach. Das Jugendherbergswerk stellte für die Unterbringung 500 Jugendherbergen zur Verfügung. Außerdem wurden für die Aufnahme Hotels, Pensionen und Sanatorien requiriert. Der Unterricht verlief planmäßig. Die gesundheitliche Versorgung erfolgte durch ortsansässige Ärzte. Das Deutsche Rote Kreuz, Medizinstudentinnen, Feldschere der HJ und Gesundheitsdienstmädel des BDM stellten sich für diese Aufgabe zur Verfügung. Für die ausreichende Ernährung während des Krieges war gesorgt.

Die Kosten für die Erweiterte Kinderlandverschickung wurden aus dem Haushalt des Reiches bestritten. Staatssekretär Reinhardt vom Reichsfinanzministerium gab die Kosten bis zum 26. November 1942 mit 630 Millionen Reichsmark an. Man kann also davon ausgehen, daß sie bis zum Kriegsende insgesamt über eine Milliarde Reichsmark betrugen. Bei Annäherung der Front wurden die Kinder in ihre Heimatorte zurückgeführt. Da diese Rückführung in sehr kurzer Zeit zu erfolgen hatte, ist die organisatorische Leistung aller Beteiligten besonders zu würdigen. Immerhin handelte es sich dabei um ca. sechs Millionen evakuierte Kinder.

Sicher war es für die Eltern schwer, getrennt von ihren Kindern zu leben. Natürlich litt so manches Kind unter Heimweh. Gewiß bedeutete es für die Lehrer und Lehrerinnen eine seelische Belastung, wenn sie ihren Zöglingen den Tod ihrer Eltern nahebringen mußten. Und gewiß gab es am Anfang bei der schnellen Improvisation der Maßnahme Mängel und Reibereien im Alltag. Aber was bedeutete das alles gegenüber der Tatsache, daß viele junge Menschenleben vor den tödlichen Bomben gerettet worden sind? Erfreulich war die Feststellung, daß Schule und Hitlerjugend gemeinsam im Dienst eines guten Werkes standen. Es gab ja manchen Kritiker, der diesen beiden Institutionen einen unüberwindlichen Dauergegensatz zugesprochen hatte. Richtig ist, daß dieser Gegensatz in der ersten Zeit nach der Machtübernahme bestanden hatte. Das war durchaus verständlich. Auf der einen Seite standen viele ältere Lehrer, die sich den Grundsätzen der Weimarer Republik verpflichtet fühlten. Auf der anderen Seite stürmten junge Führer der Hitlerjugend nach vorn, die neue und bessere Verhältnisse schaffen wollten. Zwischen diesen beiden Welten mußte es Zusammenstöße geben. Die Reichsjugendführung hatte bald erkannt, daß die Schule nur neu geformt werden kann, wenn man für die Sicherung eines geeigneten Lehrer-Nachwuchses Sorge trägt. Dafür hatte sie sich dann auch eingesetzt. Ich kann mich erinnern, daß ich auf diese Problematik in einer meiner ersten Reden als Reichsjugendführer eingegangen bin und auf die Notwendigkeit hingewiesen habe, den Lehrerbildungsanstalten geeignete Kräfte zuzuführen.

Im Luftkrieg waren uns die Briten mit ihren elektromagnetischen Aktivitäten im Äther voraus. Sie hatten ihre Flugzeugbesatzungen durch zivile Hochfrequenz-Fachleute verstärkt, die mit den einschlägigen Geräten vertraut und in der Lage waren, auf mögliche Störmanöver des deutschen Gegners schnell zu reagieren. Auch die Luftangriffe auf Hamburg haben in diesem Bereich den britischen Vorsprung wirksam bewiesen. Hier bestand für uns ein echter Nachholbedarf. In dieser Erkenntnis haben der Generalnachrichtenführer der Luftwaffe, Wolfgang Martini, und der Bevollmächtigte für die Hochfrequenzforschung, Staatsrat Professor Hans Plendl, die Aus-

bildung auf diesem Gebiet aktiviert. Da die Wehrertüchtigung und die Reichsausbildungslager für spezielle Waffengattungen in der Verantwortung der Reichsjugendführung lagen, kam es auch in diesem Bereich zu einer Zusammenarbeit mit der Luftwaffe. 1943 wurde das erste Lager für Hochfrequenz-Ausbildung „Prinz Eugen" auf dem Stegskopf im Westerwald durchgeführt. Daran nahmen Jungen teil, die in Physik und Mathematik sehr begabt waren. Es fanden drei Lehrgänge mit einer Laufzeit von ca. sechs Monaten statt. Für Marinehelfer wurden 1944 zwei Lehrgänge auf Schloß Gmunden am Traunsee veranstaltet.
Am 17. April 1944 erließ der Reichsminister für Luftfahrt und Oberbefehlshaber der Luftwaffe eine Anordnung über den Einsatz von Hitlerjungen im Funkmeßdienst, in der es unter anderem hieß:
„1. Auf Wunsch des Chefs des Nachrichten-Verbindungs-Wesens der Luftwaffe stellt der Reichsjugendführer der NSDAP und Jugendführer des Deutschen Reichs Hitlerjungen der Luftnachrichtentruppe für den Einsatz im Funkmeßdienst zur Verfügung.
2. Der Einsatz dieser Hitlerjungen bei der Luftwaffe erfolgt im Rahmen des Kriegseinsatzes der HJ. Die Hitlerjungen werden auf Antrag der Reichsjugendführung aufgrund der Notdienstverordnung ohne Begründung eines einem Arbeitsvertrag entsprechenden Beschäftigungsverhältnisses herangezogen. Die im Hochfrequenzeinsatz stehenden Hitlerjungen werden keine Luftwaffenhelfer im Sinne der Anordnung über den Kriegshilfseinsatz der Deutschen Jugend in der Luftwaffe vom 26.1.1943.
Auf Anordnung sind die im Hochfrequenzeinsatz stehenden Hitlerjungen von der Ableistung des Reichsarbeitsdienstes befreit."
1944 wurden auch begabte Oberprimanerinnen in einem Lager des Bundes Deutscher Mädel zum Zwecke der Hochfrequenzausbildung erfaßt. Es wäre wünschenswert gewesen, wenn mit der Hochfrequenzausbildung der Jugend schon zwei bis drei Jahre früher begonnen worden wäre.
Die Entwicklung des Krieges hatte uns bis 1943 sehr deutlich - auch durch die geforderten Opfer und Zerstörungen - bewiesen, daß die Luftwaffe auf seinen Ausgang einen entscheidenden Einfluß haben würde. Das galt auch für die Abwehr feindlicher Luftangriffe. So mußte die Reichsführung schon auf die älteren Jahrgänge der Schüler zurückgreifen, um unsere Verteidigung durch die Flakbatterien zu verstärken. Nachdem im elektronischen Bereich die Hochfrequenzausbildung begonnen hatte, war es auch notwendig, den fliegertechnischen Nachwuchs schwerpunktmäßig zu fördern und sicherzustellen. Hier war ein enges Zusammengehen zwischen der Luftwaffe und der Jugendführung gefragt. Insbesondere kam es darauf an, qualitativ Geeignete sowie eine ausreichende Anzahl von Lehrlingen in den Berufen der Metallflugzeugbauer, der Flugmotorenschlosser, der Flugzeugelektriker

und Waffenmechaniker in Ausbildung zu bringen. Sie sollten später zum Einsatz in der Wartung und Instandsetzung von Luftfahrgeräten gelangen. Um die fachliche Ausbildung und die Erziehung des fliegertechnischen Nachwuchses miteinander in Einklang zu bringen, wurde am 14. Mai 1943 zwischen dem Reichsminister der Luftfahrt (RML) und Oberbefehlshaber der Luftwaffe (ObdL) und dem Reichsjugendführer (RJF) der NSDAP und Jugendführer des Deutschen Reichs (JFdDtR) eine Vereinbarung getroffen, die unter anderem folgendes festlegte:

„1. Die für den fliegertechnischen Nachwuchs geeigneten Jungen werden vom RLM in Verbindung mit den Berufsberatungsstellen und der Hitlerjugend ausgelesen. Eine Verpflichtung zu längerer Dienstzeit bei der Luftwaffe gehen sie nicht ein.
2. Sie erhalten eine nach Fachrichtungen aufgeteilte technische Berufsausbildung, die mit der Facharbeiterprüfung abgeschlossen wird.
3. Die in den Heimen der Flieger-Hitlerjugend erfaßten Jungen bilden eine Flieger-Hitlerjugend-Gefolgschaft bzw. einen Flieger-Hitlerjugend-Stamm. Die Heimerziehung der Jungen außerhalb der Berufsausbildung und die Führung der Einheiten erfolgt durch Führer der Flieger-Hitlerjugend, die von der RJF im Benehmen mit dem RLM angestellt, versetzt und abgelöst werden. Sie werden durch die RJF besoldet.
4. Die für die Flieger-Hitlerjugend allgemein geltende Aufgabe der Ausrichtung ihrer Angehörigen auf den Dienst in der Luftwaffe ist in den Heimen verstärkt durchzuführen.
5. Im Rahmen der engen Zusammenarbeit zwischen RLM und RJF haben Beauftragte des RdL und ObdL das Recht, die Heime zu besuchen und Einblick in deren Dienstbetrieb zu nehmen.
6. Die Heime der Fliegerhitlerjugend und die zugehörigen Anlagen sind Liegenschaften des Reichsfiskus (Luftfahrt), sie sind der RJF zur Verfügung gestellt. Die RJF übernimmt die Wirtschaftsträgerschaft, d.h. laufende Unterhaltung, Verwaltung und Bewirtschaftung der Heime der Fliegerhitlerjugend im Sinne des Erlasses über Jugendwohnheime (Lehrlingsheime). Die Kosten hierfür werden von der RJF getragen."

In den Kriegsjahren war natürlich die Sicherung des fliegerischen Nachwuchses für die Luftwaffe eine Hauptaufgabe der Flieger-HJ. Dabei spielte die Ausbildung im Segelfliegen, die durch das Nationalsozialistische Fliegerkorps erfolgte, eine wesentliche Rolle und unterstrich auch seinen sportlichen Ursprung und seine sportliche Bedeutung. Das Segelfliegen war eine Einstimmung und Vorbereitung auf den möglichen Dienst in der Luftwaffe. Wie in den anderen Sonderformationen bewährte sich auch hier der Wettkampf als ein Element der Aktivierung. In jedem Jahr traten die besten Mannschaften und Jungen aus den Gebieten zum Reichswettkampf an, um Zeugnis von ihrem Ausbildungsstand abzulegen. 1943 fand er am 17. August in Quedlinburg statt. Zur Schlußkundgebung und Siegerverkündung hatte ich den Reichsmarschall Hermann Göring eingeladen und seine Zusage erhalten. Doch kurz zuvor hatte er wieder abgesagt. Ich bedauerte es um so mehr, als der Reichsmarschall in den Kriegsjahren auf Veranstaltungen der Jugend nicht mehr in Erscheinung getreten war. Lag es etwa daran, daß nicht er, sondern der Jagdflieger des Ersten Weltkrieges und Pour le merite-Träger Eduard von Schleich, den die Engländer respektvoll den „Schwarzen Ritter" nannten, von Schirach zum Ehrenführer der Flieger-HJ ernannt worden war?

Göring entsandte in seiner Vertretung den Generalmajor der Luftwaffe Galland, einen Träger der höchsten Tapferkeitsauszeichnung. Galland würdigte in seiner Rede die gezeigten fliegerischen Leistungen und stellte fest, daß die Jugend im Kriege härter geworden sei, während der Korpsführer des Nationalsozialistischen Fliegerkorps, Generaloberst Keller, seine Freude über die frische und soldatische Haltung des fliegerischen Nachwuchses zum Ausdruck brachte. Ich hob in meinen Worten hervor, daß sich die Jugend nicht nur ein Beispiel an den Vorbildern der Vergangenheit zu nehmen brauche, da die Vorbilder in der Gegenwart mitten unter uns lebten.

Am 1. August 1943 hatte auch in Stralsund der Reichswettkampf der Marine-Hitlerjugend stattgefunden. Auf den Gewässern der Ostsee maßen die Besten ihre Kräfte und bewiesen in Anwesenheit des Oberbefehlshabers der Kriegsmarine ihr Können, über das er sich sehr zufrieden äußerte. In einer Rede wandte er sich an die seemännische Jugend und führte an den Beispielen seiner Soldaten auf den Unterseebooten und Schnellbooten den Beweis, daß Glück und Erfolg der Gesamtheit abhängig ist von der Pflichterfüllung des Einzelnen. Dönitz sagte unter anderem:

„Auf einem Unterseeboot kann man keinen Mann gebrauchen, der nur mitzufahren beabsichtigt. Hier ist nur Raum für den ganzen Kerl vorhanden. So ergibt sich eine Gemeinschaft verschworener Krieger, eine Besatzung, mit der man dem Teufel den Bart abschneiden kann, die in allen Stunden wie Pech und Schwefel zusammenhält. Man muß eine solche Besatzung erleben, die aus der Weite des Atlantiks zurückkommt, die bei Kapstadt oder im Indischen Ozean, an der afrikanischen oder amerikanischen Küste gekämpft hat, die den weiten Raum der Weltmeere noch im Blick hat und von einer strahlenden Freude, von einem Glücksgefühl der Leistung, von der Treue zur Führung, von der Treue zur Gemeinschaft erfüllt ist."

Großadmiral Dönitz erzählte der Jugend, daß er bei seinen Besatzungen nur dann traurige Gesichter gesehen habe, wenn er einem Unterseebootkommandanten hätte mitteilen müssen, daß er für die Zwecke der Ausbildung

in der Heimat sein Unterseeboot zu verlassen hätte. Er schloß seine Ausführungen mit den Worten: „Ich glaube an die Jugend, an ihre Einsatzbereitschaft. Ich weiß, daß sie eines Tages in der Wehrmacht, in der Kriegsmarine es den alten Kriegern gleichtun wird." In meinen Worten betonte ich, daß es auf den Willen und den Geist ankomme, der hinter den Waffen und in den Festungen lebt:
„Deswegen wollen wir in unserer Gemeinschaft alle jene Eigenschaften pflegen und leben, durch die das Große in der Geschichte geworden ist; deswegen wollen wir treu und gehorsam sein; deswegen wollen wir bereit sein, als Idealisten unser Opfer zu bringen. Es ist sehr leicht, in der Zeit des Friedens vom starken und tapferen Herzen zu sprechen; es ist schwerer, in einer harten Zeit mit tapferem Herzen zu leben. Es ist leicht, zu gehorchen, wenn der Befehl der eigenen Neigung entspricht; das Wesen der Disziplin fängt aber erst dort an, wo die persönliche Neigung aufhört. Es ist leicht, in der Zeit des strahlenden Glücks von Beständigkeit zu sprechen; die Beharrlichkeit muß sich erst erweisen, wenn wir Schläge zu ertragen haben."
Mit dem Großadmiral war ich schon vorher auf mehreren Veranstaltungen zusammengetroffen, so zum Beispiel in Heidenheim in Württemberg oder auf der fünften Seeschiffahrtstagung in Stettin am 19. Januar 1944. Auf dieser Tagung würdigte er besonders die Kriegsleistungen der deutschen Handelsschiffahrt sowie den unermüdlichen Einsatz der Schiffsbesatzungen und brachte zum Ausdruck, daß die Kriegsmarine es als ihre vornehmste Aufgabe ansähe, den deutschen Handel auf See zu schützen. Auch der Reichskommissar für die Seeschiffahrt, Gauleiter Kaufmann, betonte die großen Leistungen der Seeleute im Kriege und sah es als seine Pflicht an, dafür zu sorgen, daß der Seemann auch die äußere Anerkennung finde, die er verdiene. Ich betonte unsere Pflicht, durch die Berufslenkung für den Nachwuchs der Handelsschiffahrt zu sorgen. Es käme auch darauf an, die besten Erzieher unter den Kapitänen und Offizieren für die seefahrende Jugend einzusetzen. Zum Großadmiral Dönitz hatte ich ein herzliches Verhältnis gewonnen. Ich verehrte ihn, nicht zuletzt wegen seiner persönlichen Anspruchslosigkeit. Nachdem er am 30. Januar 1943 von Hitler zum Oberbefehlshaber der Kriegsmarine ernannt worden war, rief er mich in den folgenden Tagen in meiner Dienststelle an, um mir seinen Antrittsbesuch bei mir anzukündigen. Ich entgegnete, daß ich selbstverständlich zu ihm kommen würde. Aber er lehnte das entschieden ab und erschien dann in der Reichsjugendführung. Das war der Großadmiral.
Die Nachrichten-Hitlerjugend, deren praktische Bedeutung nach den Luftangriffen auf deutsche Städte wir schon kennengelernt haben, führte am 26. September 1943 ihren Reichswettkampf in Wien durch. Die Wehrmachtsteile hatten ihre zuständigen hohen Offiziere entsandt, um Ein-

blick in die Ausbildung an den hochwertigen Geräten und Einrichtungen zu nehmen. Es konnte festgestellt werden, daß die Leistungen gegenüber dem Vorjahr eine deutliche Steigerung erfahren hatten. An den Veranstaltungen nahm als Gast der rumänische Staatsjugendführer Iliescu teil, der sich auf einer Besichtigungsfahrt durch Deutschland befand und mit dem Kommandeur einer rumänischen Division an der Ostfront, General Aliescu, erschienen war.

Auch in der zweiten Hälfte des Krieges wurden nach der Gründung des Europäischen Jugendverbandes die Beziehungen zu ausländischen Jugendorganisationen gepflegt. Im Juni 1943 hatte ich den Besuch bulgarischer Jugendführer in Berlin in Sofia erwidert. Dort übergab ich der bulgarischen Jugendorganisation 'Brannik' als Geschenk acht Segelflugzeuge. Mein Besuch im Tal der reißenden Maritza und im traditionsreichen Rila-Kloster sind mir eine schöne Erinnerung geblieben. In Sofia machte ich dem bulgarischen Ministerpräsidenten Filoff meine Aufwartung und wurde von König Boris III. empfangen, der wenige Wochen später unter ungeklärten Umständen verstarb.

1943 fand der Tag der Wehrertüchtigung auf einer Reichsveranstaltung in Halle statt, der im ganzen Reich als Tag des Bekenntnisses zur kämpfenden Front und unserer tapferen Soldaten begangen wurde. Aus diesem Anlaß sandte mir der Führer ein Telegramm, in dem er unter anderem folgendes zum Ausdruck brachte:

„Die bisher durch die Hitlerjugend ausgerichteten Jungen bewähren sich bereits in den Reihen der Wehrmacht. Hierfür spreche ich der Reichsjugendführung meinen Dank aus. Wie die Leistungswettkämpfe der Marine-Hitlerjugend bzw. Flieger-Hitlerjugend in Stralsund und Quedlinburg dem Gedenken der tapferen Männer zur See und in der Luft galten, so sei in allen deutschen Gauen der Tag der Wehrertüchtigung insbesondere dem stillen Heldentum der selbstlos in den Divisionen des Heeres und der Waffen-SS kämpfenden Frontsoldaten geweiht.

Die Front erwartet, daß die Hitlerjugend im schwersten Schicksalskampf auch fernerhin ihre höchste Aufgabe darin sieht, der kämpfenden Truppe den besten soldatischen Nachwuchs zuzuführen."

Im Sinne dieses Aufrufs sind wir tätig gewesen. Front und Jugend gehörten zusammen. Die Banne der HJ pflegten die Verbindung zu den Traditionsregimentern ihres Bereiches. Ritterkreuzträger sprachen zur Jugend, und Frontabordnungen waren bei uns zu Gast. Ich nutzte die Gelegenheit, wiederholt auf den Lehrgängen in Döberitz vor den angehenden Offizieren die Aufgaben der HJ im Kriegseinsatz der Heimat darzulegen. Ebenso unterrichtete ich auf Einladung des Befehlshabers des Ersatzheeres, Generaloberst Fromm, die Generale und Admirale über unsere Arbeit, die im Ok-

tober 1943 in Bad Schachen am Bodensee ihre Tagung abhielten.
Die HJ-Führer selber waren zumeist Frontoffiziere und Soldaten gewesen. Insbesondere wurden die leitenden Stellungen auf dem Gebiet der Wehrertüchtigung von Frontoffizieren und Jugendführern wahrgenommen, die über Erfahrungen aus den Feldzügen verfügten und sich ausgezeichnet hatten, wie der Reichsinspekteur der Wehrertüchtigung, Gerd Hein, der diesen Auftrag von September 1942 bis zum frühen Herbst 1944 ausführte. Als er ein Kommando in unserer Befehlsstelle „Adria Küstenland" übernahm, wurde sein Nachfolger als Reichsinspekteur der Wehrertüchtigung der Oberstleutnant Erich Bärenfänger, ein Träger der Schwerter zum Ritterkreuz des Eisernen Kreuzes. Der Chef des Heerespersonalamtes, General Schmundt, hatte ihn für diese Aufgabe in der Reichsjugendführung freigestellt. Er erfüllte sie als Oberbannführer bis Anfang 1945. Wir werden ihm im Endkampf von Berlin wieder begegnen.
Inspekteur der Flieger-HJ war Hauptbannführer Alf Dickfeld, ein alter HJ-Führer. Als erfolgreicher Jagdflieger wurde er mit dem Eichenlaub zum Ritterkreuz des Eisernen Kreuzes ausgezeichnet. Er war zugleich mein Verbindungsmann zum Reichsmarschall Hermann Göring.
Die Inspektion der Marine-HJ lag in den Händen von Oberbannführer Werner Töniges. Er war Schnellbootkommandant und Träger des Eichenlaubs zum Ritterkreuz. Großadmiral Dönitz hatte ihn selber für diese Aufgabe vorgeschlagen und abkommandiert. Diese vier Inspekteure unterstanden dem Hauptamtschef in der Reichsjugendführung Obergebietsführer Dr. Ernst Schlünder, dem Freiwilligen des Ersten Weltkrieges. Sie haben sich, wie wir alle, bemüht, den Aufforderungen der Front an die Jugend gerecht zu werden.
Ebenso wichtig wie die Wehrertüchtigung war die Förderung der beruflichen Ertüchtigung zur Erhaltung der Facharbeiterschaft und der Qualitätsarbeit. Die auf diesem Gebiet im Frieden geleistete Arbeit wurde von uns unter schwierigeren Verhältnissen im Kriege fortgesetzt. Dabei fanden die besonderen Kriegserfordernisse ihre Berücksichtigung. Welche Bedeutung Hitler dieser Aufgabe beimaß, geht daraus hervor, daß er im vierten Kriegsjahr die Durchführung des Reichsberufswettkampfes für die Jugend wünschte. Dieser Wunsch wurde mir von Dr. Ley übermittelt. Als der Krieg ausbrach, hatten wir von der Durchführung dieser Aktion Abstand genommen, weil ihre Durchführung etwa 300.000 Mitarbeiter aus den Betrieben, Berufsschulen, der Deutschen Arbeitsfront und der Hitlerjugend in Anspruch genommen hätte. Die in Frage kommenden Mitarbeiter gehörten zum großen Teil den Jahrgängen an, die wehrpflichtig und kriegsverwendungsfähig waren. Wir glaubten, das nicht vertreten zu können. Der Entschluß Hitlers war eine echte Überraschung für mich. An die schaffende

Jugend erließ er einen Aufruf, in dem es unter anderem hieß:
„Heute rufe ich Euch erneut zum Reichsberufswettkampf auf. Erhärtet durch Eure Tat am Arbeitsplatz das Treuebekenntnis zu unseren Soldaten. Den Kampf an der Front führen die Tapfersten, den Kampf im Beruf sollen uns die Tüchtigsten sichtbar machen und sie durch Ausbildung und Begabtenförderung zur Führung bringen. Euer Einsatz im Reichsberufswettkampf sei ein Beweis für Euren unerschütterlichen Glauben an den Sieg."
Der Wettkampf wurde dann 1943/44 in etwa 50.000 Betrieben durchgeführt. Die Erwachsenen nahmen nicht wie 1938/39 daran teil. Wir verzichteten auf alle größeren Veranstaltungen, Sondermaßnahmen und auf den Reichswettkampf. Da hätten einige tausend Jungen und Mädel anreisen müssen. Das wäre im Kriege allein aus verkehrsmäßigen Gründen nicht ratsam gewesen. So wurden die reichsbesten Arbeiten aus den besten Arbeiten der Gausieger durch Bewertung ermittelt. Die Verkündung der Reichssieger und Reichssiegerinnen erfolgte dezentralisiert in ihren Gauen. Ohne Zweifel hatte der Berufswettkampf auch im Kriege eine Belebung der beruflichen Aktivitäten der Jugend bewirkt.
Diesem Ziel diente auch die Woche der schaffenden Jugend. In Aussprachen, Veranstaltungen und in den Medien wurden die Probleme des Arbeits- und Berufslebens der Jugend im Kriege in den Mittelpunkt gestellt. Außerdem fanden von Zeit zu Zeit Reichsappelle der werktätigen Jugend statt, die vom Jugendamt der Deutschen Arbeitsfront und der Hitlerjugend gemeinsam durchgeführt wurden und auf denen führende Persönlichkeiten das Wort ergriffen. Die Hitlerjugend gestaltete mit ihren Chören und Musikeinheiten die kulturelle Umrahmung dieser Veranstaltung. Für einen dieser Reichsappelle, der im Oktober 1943 in der Werkhalle eines Berliner Großbetriebes stattfand, konnte ich Rüstungsminister Albert Speer gewinnen. In seiner Rede setzte er begrüßenswerte Akzente, indem er sagte:
„Gerade dieser Krieg zeigt wieder eindeutig, daß nur die Qualität der Erzeugung, die technische Überlegenheit und der wissenschaftliche Fortschritt unseren tapferen Soldaten das Rüstzeug geben können, um siegreich zu bestehen. Nach dem siegreichen Ende dieses Krieges werden diese Forderungen vermehrt vor dem deutschen Volk stehen. Von ihrer Erfüllung hängt es entscheidend ab, ob uns in späteren Generationen unser Lebensraum und damit unsere Existenz bleiben wird. Zur heroischen, seit je überlieferten Haltung unseres Volkes muß die technische Überlegenheit treten. Dann nur wird der immer währende Kampf gegen die uns Volk bedrängende überlegene Masse nicht zu verlieren sein. Die Größe unseres Volkes, die Struktur unserer Wirtschaft, sie verlangen daher von uns, daß wir unser Volk auf einer höchsten geistigen Stufe erhalten. Je weiter die Technik fortschreitet, um so mehr wird in der kommenden Generation Schicksals-

frage des deutschen Volkes sein, ob wir dieser Forderung nachgekommen sind. In der Leidenschaft unseres Bekenntnisses zum technischen Fortschritt und zur geistigen Leistung aber liegt die Voraussetzung und damit die Garantie zum entscheidenden Erfolg. Auch ich habe entscheidende Jahre meiner Jugend in ernster Kriegszeit verbracht. Auch ich weiß, wie wenig uns der Sinn damals nach der täglichen, so leidigen unheroischen Arbeit des Lernens und Fortbildens stand. Und trotzdem ist es eiserne Pflicht, gerade in diesen Kriegszeiten, sich nicht durch die gewaltigen Ereignisse ablenken zu lassen, sondern - jeder auf dem Gebiet seiner besonderen Befähigung - sich mit der Leidenschaft der Jugend auf die Bewährung des Mannes vorzubereiten ...
Dieser Krieg bringt technische Fortschritte von ungeahnten Ausmaßen. Wenn schon der Erste Weltkrieg das Bild unserer Technik auch in der folgenden Friedenszeit wesentlich veränderte und uns lehrte, das Fliegen zu beherrschen, auf weite Entfernungen drahtlos zu hören, und uns neue Stoffe, wie Leichtmetall, Zellwolle und Kunstseide, brachte, so werden die technischen Ergebnisse dieses Krieges euch Tore in neue Welten aufstoßen, die jeden technisch begeisterungsfähigen Menschen hinreißen werden. Der Fortschritt in der Beherrschung der Naturgewalten ist in diesem Kriege beispiellos. Unsere Wissenschaft und unsere Technik haben ungeahnte Erfolge erzielt. Die Auswertung dieser Erfolge aber wird euch und damit dem ganzen Volk nur Nutzen bringen, wenn die politische und geistige Erkenntnis des nationalen und sozialen Staates auch weiter das Denken und Fühlen unserer Rasse beherrscht. Aus dieser Haltung heraus werden wir niemals Sklaven der Technik, sondern stets ihr Herr sein und sie nicht zum Schaden und Schrecken der Nation, sondern zu deren fortdauerndem Nutzen verwenden. Diese Haltung wird dafür sorgen, daß Technik und Kultur eine Einheit werden können. Nur unter dieser Voraussetzung wird die Lenkung der Wirtschaft Arbeitslosigkeit und Elend vermeiden und einem blühenden Leben den Weg bahnen."
Eine für die berufliche Entwicklung und zum Nutzen der Wirtschaft wertvolle Maßnahme war die Schaffung von Jugendwohnheimen. Die wirtschaftliche Entwicklung hatte es mit sich gebracht, daß einige Betriebe an ihrem Standort oder aus der näheren Umgebung ihren Nachwuchsbedarf für bestimmte Fachberufe nicht decken konnten. Umgekehrt kam es vor, daß es Jugendlichen versagt blieb, ihren Berufswunsch am Heimatort in der Praxis zu erfüllen, weil es dort oder in unmittelbarer Umgebung dafür keine einschlägigen Betriebe gab. Es war unrealistisch anzunehmen, daß man Betriebe dorthin verlagerte, wo man Nachwuchs für seine Fachberufe finden würde. Also mußten die Jugendlichen dort hingehen, wo sie die gewünschte Ausbildung fanden, und damit eine Trennung vom Elternhaus in

Kauf nehmen. Da es erfahrungsgemäß am neuen Standort nur selten möglich war, in einer Familie aufgenommen zu werden, gingen größere Industriebetriebe dazu über, Lehrlingsheime zu errichten. In der Regel waren mittlere und kleinere Betriebe dazu nicht in der Lage. In einigen Fällen taten sich mehrere Betriebe zusammen, um gemeinsam ein Jugendwohnheim zu schaffen. Aber das reichte für die auftretenden Fälle der Umschichtung nicht aus. So ergab sich schon in Friedenszeiten die Notwendigkeit, Jugendwohnheime mit überbetrieblicher Trägerschaft ins Leben zu rufen. Im Kriege wurde das noch viel dringender. Aus den durch Bombardierung gefährdeten Ballungszentren verlagerten Rüstungsbetriebe ihre Produktionsstätten oder Betriebsabteilungen in weniger gefährdete Gebiete und nahmen zum Teil ihre Belegschaft und Lehrlinge mit. Für die evakuierten mittleren und kleineren Schlüsselbetriebe wurde das Jugendwohnheim mit überbetrieblicher Trägerschaft zu einer unbedingten Erfordernis. Welche Bedeutung dem Jugendwohnheim beigemessen wurde, ging nicht nur aus den amtlichen Verlautbarungen der zuständigen Fachministerien, sondern auch aus einem Erlaß hervor, den das Oberkommando der Wehrmacht am 14. Dezember 1942 herausgegeben und darin ausdrücklich die Jugendwohnheime als kriegswichtig anerkannt hatte.
Die Verwaltungsträgerschaft, die die laufende Unterhaltung, Verwaltung und Bewirtschaftung der Heime einschloß, lag bei den Betrieben, bei Zweckverbänden oder bei der Hitlerjugend. Der Reichsminister des Inneren hatte am 2. Dezember 1941 verfügt, daß die von den Gemeinden bzw. Landkreisen geschaffenen Jugendwohnheime in der Verwaltungs- und Wirtschaftsträgerschaft der Hitlerjugend liegen sollten. Das galt auch für die Jugendwohnheime, die gemeinschaftlich von mehreren Betrieben errichtet wurden. Das von einem Betrieb erstellte Heim wurde wirtschaftlich und verwaltungsmäßig von ihm selbst getragen. Er übernahm die Kosten unter angemessener Beteiligung der Eltern und der Jugendlichen aus ihrem Lohn oder Gehalt bzw. der Erziehungsbeihilfe. Der Elternbeitrag war insofern vertretbar, da ja nun die Verpflegungskosten in der Familie entfielen.
Bei den Zweckverbänden, die Heime unterhielten, handelte es sich um Vereine, Genossenschaften und Gesellschaften mit beschränkter Haftung. Der allgemeine Trend ging dahin, der Hitlerjugend die Bewirtschaftung der Heime einheitlich zu übertragen. Die Richtlinien für die von der HJ getragenen Heime erfolgten durch das Verwaltungsamt der Reichsjugendführung, die Revision durch Beauftragte des Reichsschatzmeisters. Die Zuschüsse der Eltern und aus dem Entgelt der Jugendlichen reichten für die Gesamtfinanzierung nicht aus. Daher stellte das Verwaltungsamt der Reichsjugendführung aus eigenem Haushalt Gelder für Personal, Verpfle-

gungs- und Heimerziehungskosten zur Verfügung. Dazu gehörten zum Beispiel die Ausgaben für Theater, Konzert und Filmbesuche, für Bücher, Sportgeräte sowie für Medikamente und sanitäres Material. Die Jugendwohnheime der HJ verfügten so über einen festen Monatsetat. Jugendliche aus minderbemittelten Familien erhielten Freistellen, die aus zusätzlichen Beiträgen der Wirtschaft, der Gemeinde und der Arbeitsämter ermöglicht wurden.

Die Jugendwohnheime dienten nicht nur der Unterbringung, sondern auch der Erziehung. Die Erziehungsträgerschaft lag für alle Jugendwohnheime bei der Hitlerjugend. Natürlich wäre die Erziehung durch das Elternhaus wünschenswerter gewesen. Sie steht immer an erster Stelle. Aber die Kriegsverhältnisse und die strukturelle Situation der Wirtschaft ließen das hier nicht zu. Viele Väter standen auch an der Front, und viele Mütter gingen arbeiten. Da war das Jugendwohnheim allemal besser als die Schlafstelle, die manche Gefahren mit sich brachte. Für die gesundheitliche Betreuung der uns Anvertrauten wurde gesorgt. Die Jugendlichen waren kranken- und unfallversichert. Die Verpflegung nach den vom Reichsernährungsministerium festgesetzten Sätzen für gewerbliche Arbeit bzw. für Gemeinschaftsverpflegung war ausreichend. Und die Besuche der Angehörigen hielten die Verbindung mit dem Zuhause aufrecht. Es gab nicht nur Wohnheime für die männliche, sondern auch für die weibliche Jugend. Diese wurden vom Bund Deutscher Mädel geführt.

Im Krieg konnten viele Heime nicht neu gebaut werden, da die Zuteilung von Bau- und Rohstoffen sehr beschränkt war. So wurden vorhandene Gemeinschaftseinrichtungen für die speziellen Erfordernisse eines Wohnheims umgebaut. Die Richtlinien dafür erließ das Bauamt der Reichsjugendführung, die dem Geist und den Grundsätzen des Heimbaus der Hitlerjugend entsprachen. Der zahlenmäßige Ausbau der Jugendwohnheime (JWH) entwickelte sich im Kriege wie folgt:

Jahr	JWH	Jungen und Mädel
1939	142	6.679
1940	154	8.000
1941	271	12.857
1942	535	34.077
1943	950	66.000

Gegen Ende des Krieges waren etwa 1.100 Jugendwohnheime mit ca. 75.000 Jungen und Mädeln vorhanden. Die Belegschaftsstärke pro Heim lag in der Regel zwischen 50 bis 200. Durch die Gemeinschaftsarbeit von HJ und dem Jugendamt der Deutschen Arbeitsfront war es mit der Errichtung der

Jugendwohnheime möglich, den Berufswunsch von Jugendlichen zu erfüllen und den Nachwuchsbedarf von Betrieben decken zu helfen. Bei der Lösung dieser Aufgabe bewährten sich Flexibilität und Mobilität.
Bei unseren äußerst angespannten Führungsverhältnissen war es nicht einfach, das Personal für die Heimleitungen zu stellen, die eine vorbereitende Schulung für ihre spezielle Aufgabe benötigten. Wir wählten dafür selbstverständlich auch kriegsversehrte Jugendführer aus. Außerdem wurden ältere Mitarbeiter eingesetzt, die nicht mehr zur Truppe einberufen werden konnten, wie es ebenso für andere Sachgebiete geschah. Für diese Mitarbeiter führten wir den Begriff des Fachführers ein, der also kein aktiver Jugendführer zu sein brauchte. Das hatte sich durchaus bewährt.
Die Ersatzlage für die kämpfende Front wurde mit der Zeit immer schlechter. Das veranlaßte Hitler, General von Unruh 1942 damit zu beauftragen, die Dienststellen in der Heimat mit dem Ziel auszukämmen, daß weitere Kräfte für die Truppe freigestellt wurden. Dieser Auftrag trug General von Unruh den Namen „Heldenklau" ein. Eines Tages erschien er auch in der Reichsjugendführung, um unsere Planbesetzungen zu überprüfen. Ich schilderte ihm unsere Aufgaben und stellte ihm meine Mitarbeiter vor. Als er uns das letzte Mal aufsuchte, erklärte er mir: „Sie brauchen keinen einzigen Mann abzugeben. Sie verdienen noch Mitarbeiter dazu." Dieses Prüfungsergebnis mögen einmal die Kritiker bedenken, die vom aufgeblähten Verwaltungsapparat der Hitlerjugend sprechen und dabei vergessen, diesen Apparat in Beziehung zu den damit gelösten Aufgaben zu bringen.
Im Juni 1943 verpflichtete ich in der Akademie für Jugendführung in Braunschweig 200 bewährte Nachwuchsführer der Hitlerjugend für den hauptamtlichen Dienst. Bei dieser Zusammenkunft wurde mir bewußt, daß ich mich im Krieg viel zu selten den Lehrgangsteilnehmern gewidmet hatte. Die Akademie war eine geeignete Stätte, in der man den notwendigen Abstand von der Alltagsarbeit, der Jagd von Termin zu Termin, von Veranstaltung zu Veranstaltung und von Aktion zu Aktion gewinnen konnte. Das empfand ich jetzt besonders stark. Ich zog mich in die Bibliothek zurück und bat meine Umgebung, mich allein zu lassen. Dort umgab mich wohltuende Stille. Da kam ich zur Selbstbesinnung. Im Anblick der vielen Folianten und Bücher dachte ich, wie viel mir noch an Wissen fehlte. Fast erschrak ich darüber, welchen Nachholbedarf ich hatte. Im Frieden gab es sehr viel aufzuholen. Man kann nicht immer nur geben, man muß auch für den inneren Menschen etwas empfangen und sich am Brunnen der Erkenntnis stärken. Das nahm ich mir nun vor. Lange saß ich in der Bibliothek allein. Wie gerne wäre ich hier einige Tage geblieben! Es gab ja eine kleine Wohnung für mich in der Akademie. Aber ich konnte sie kaum nutzen. Ich mußte wieder weiter.

Die Anforderungen des Kriegsalltags warteten auf mich. Und er brachte manche Sorgen. Sie sprachen auch aus den Berichten, die immer häufiger von Kameraden bei mir eingingen, die an der russischen Front kämpften und insbesondere in der Ukraine standen. Zusammenfassend lautete ihr Tenor: Beim Einmarsch in die Ukraine sind wir von der Bevölkerung als willkommene Befreier von der Gewaltherrschaft Stalins mit Salz und Brot sowie mit Blumen empfangen worden. Heute betrachtet man uns überwiegend als Feinde. Sie erwähnten, daß der Partisanenkampf zugenommen hatte, Sabotageakte verübt und Anschläge auf Angestellte der Zivilverwaltung durchgeführt und Morde begangen wurden. Man führte diese feindlichen Aktionen auf die deutsche Besatzungspolitik zurück, die der Reichskommissar für die Ukraine, Erich Koch, zu verantworten hatte. Etwa anderthalb Jahre waren vergangen, seitdem er im November 1941 von Hitler seinen Auftrag erhalten hatte. Und das war nun das Ergebnis! Unschwer war aus den Berichten zu erkennen, daß sich bei unseren Kameraden eine Einstellung gegen die in die Zivilverwaltung entsandten Amtsleiter der Partei entwickelt hatte, die durch ihr Verhalten im Sinne eines falsch verstandenen Herrenstandpunktes und durch unangemessene Lebensweise kein gutes Beispiel gaben. Man nannte sie abfällig „Goldfasane".

Auch im Reich war festzustellen, daß sich das Verhältnis zur Partei zu verschlechtern begann. Das traf zwar nicht für die Mehrzahl der Gaue, jedoch für diesen und jenen Gau zu. Dort versuchte man, die Selbständigkeit der Jugendbewegung einzuschränken oder gar aufzuheben und die Gebietsführung als ein Amt in die Gauleitung einzugliedern. Dagegen wehrten sich die Gebietsführer und wurden von mir in ihrer Abwehr bestärkt. Da ich in Martin Bormann, den Leiter der Parteikanzlei, den Urheber dieser Bestrebungen vermutete, erklärte ich zur Beruhigung in einer öffentlichen Rede, daß die Partei unsere Heimat sei. Das stimmte auch im Hinblick auf die Vergangenheit und auf die Kampfzeit, in der wir wie Pech und Schwefel zueinander hielten. Das schien sich nun zu ändern. Das war kein günstiges Zeichen für die Zukunft.

Die Berichte meiner Kameraden veranlaßten mich, den Reichsminister für die besetzten Ostgebiete, Alfred Rosenberg, aufzusuchen und ihm unsere schweren Bedenken darzulegen. Er teilte sie. Bei ihm lief ich in dieser Frage offene Türen ein. Er äußerte sich freimütig über die Verhältnisse in der Ukraine, in denen er die Auswirkungen der eigenmächtigen Besatzungspolitik des Reichskommissars Erich Koch erkannte. Ich bekam nun einiges zu hören, was ich bis dahin nicht wußte und was mich in Erstaunen setzte. Die Ernennung der Reichskommissare in den besetzten Ostgebieten erfolgte nicht durch den zuständigen Reichsminister. Das hatte sich der Führer selber vorbehalten. Was die Besetzung der Ukraine betraf, hatte sich Alfred Rosenberg gegen Erich Koch ausgesprochen, was diesem nicht unbekannt blieb und bei ihm negative Reaktionen auslöste. Reichsmarschall Göring hatte sich für ihn nachhaltig eingesetzt, ebenso Martin Bormann, mit dem er unter Umgehung des Reichsministers alles absprach und damit auch das Ohr des Regierungschefs hatte. Rosenberg wurde von Hitler kaum empfangen. Nach dem, was er mir darüber sagte, wurde ich 1942 häufiger vom Führer angehört als er. Das war für mich schwer verständlich, zumal es sich doch um eine der wichtigsten Aufgaben im Kriege handelte. Rosenberg strebte mit seiner Konzeption die Verwirklichung des Selbstbestimmungsrechts der Völker in der Sowjetunion und ihre Eingliederung ins Europäische Ordnungsgefüge an. Erich Koch herrschte mit Unterdrückung und Macht, mißachtete Politik und Psychologie. Rosenberg war Baltendeutscher, in Reval, Estlands Hauptstadt, geboren und aufgewachsen. Riga im Nachbarland Lettland erlebte er als Student und nahm danach in Petersburg und Moskau sein weiteres Studium auf. Er kannte die russische Seele aus Erfahrung und aus den Werken der russischen Kultur. Die Geschichte der Völkerschaften war ihm geläufig, und er hatte das Gespür für den weiten Raum des Ostens. Das prädestinierte ihn für seine Aufgabe und für sein Amt. Bei Erich Koch fielen dessen rücksichtsloses Durchsetzungsvermögen und seine wirtschaftlichen Erfolge ins Gewicht. Er konnte als erster Gauleiter nach 1933 seinen Gau Ostpreußen frei von Arbeitslosen melden.

Ich war Anhänger der Rosenberg'schen Konzeption und glaubte, in seinem Sinn bei Erich Koch etwas unternehmen zu müssen. Ich besaß ein ganz gutes Verhältnis zu Koch, da er zum sozialistischen Flügel der Partei gehörte. Während des Reichsentscheids im Reichsberufswettkampf in Königsberg hatte sich mein Verhältnis zu ihm gefestigt. So machte ich Alfred Rosenberg den Vorschlag, daß ich zu ihm fahre, um aus der Sicht der Jugendführer und Frontsoldaten deren Auffassung über das Vorgehen und die Methoden in der Ukraine zu unterbreiten. „Sie werden damit keinen Erfolg haben", prophezeite mir der Reichsminister. Erich Koch traf ich auf einem Stiftungsgut in Ostpreußen. Das Gespräch leitete ich mit einer kurzen Darlegung des Kriegseinsatzes der Jugend in der Heimat und der Bewährung unserer jungen Soldaten an den Fronten ein. Ich glaubte, damit das Gewicht unserer Stimme unterstreichen zu können. Dann kam ich auf das eigentliche Thema und auf die Berichte meiner Kameraden aus der Ukraine sowie auf meine persönliche Meinung, die dem Inhalt dieser Berichte gleichkam, zu sprechen. Ich fragte ihn, ob er glaubte, daß morgen oder übermorgen der Krieg beendet werden könnte. In diesem Falle wäre noch zu verstehen, daß er alles daran setzen würde, um mit allen Mitteln Ressourcen der Ukraine mit Nachdruck für unser Land nutzbar zu machen.

Wenn er aber wie wir davon ausginge, daß der Krieg länger dauere, müßte man doch unbedingt die Bevölkerung für uns zu gewinnen trachten. Und man könnte doch nicht, wenn man es mit Slawen zu tun hat, ständig deren Unterlegenheit betonen. Ich würde verstehen, daß man der Ukraine nicht vor einer siegreichen Beendigung des Krieges die politische Autonomie zu geben vermag. Aber sollte man ihnen nicht wenigstens die kulturelle Autonomie zusagen?
In diesem Zusammenhang erwähnte ich die Absicht des Reichsministers, in Kiew, der Hauptstadt der Ukraine, eine Universität zu errichten. Damit hatte ich ins Wespennest gestochen. Er schrie mich an und bezichtigte mich und meine Kameraden als dumme Toren, die sich an ihrer Brust die Schlange züchten würden, und lehnte radikal die von mir vorgetragenen Auffassungen ab. Mit diesem Mann war nicht zu reden. Aber er hatte die volle Unterstützung von Martin Bormann. Und Hitler ließ ihn gewähren. Ich war sehr enttäuscht. Aber wenigstens hatte ich etwas versucht und unternommen. Alfred Rosenberg hatte mit seiner Vorhersage über den Ausgang des Gesprächs recht behalten. Unverrichteter Dinge fuhr ich wieder nach Hause. Die Ereignisse nahmen in der Ukraine weiterhin für unser Volk einen verheerenden Verlauf.
In Rosenbergs letzten Aufzeichnungen vor der Hinrichtung durch den Strang, die er in seiner Zelle niedergeschrieben hatte und die später als Buch „Großdeutschland - Traum und Tragödie" veröffentlicht wurden, erwähnte er eine bezeichnende Begebenheit. Der einstige Gebietskommissar in der Ukraine, Schmerbeck, hatte nach seiner Tätigkeit in der Ukraine einen großen Bauauftrag in Holland erfolgreich durchgeführt. Bei einem Empfang sprach ihm der Führer seinen Dank aus und fügte mit dem Hinweis auf dessen Ritterkreuz zum Kriegsverdienstkreuz hinzu, er sei ja schon ausgezeichnet worden. Darauf entgegnete Schmerbeck, er habe diese Auszeichnung von seinem Reichsleiter Rosenberg erhalten. Nur weil er dessen Weisungen befolgt habe, hätte er in der Ukraine Erfolg haben können. Hätte er auf Koch gehört, so wäre er vom Volk erschlagen worden.
Es gab auch Kommissare in den besetzten Ostgebieten, die nicht das traurige Ergebnis der Politik von Erich Koch zu verzeichnen hatten. Dazu gehörte zum Beispiel der Generalkommissar Alfred E. Frauenfeld, der von 1930 bis 1932 als Gauleiter in Wien amtiert hatte und dem nun die Verantwortung für die nördlichen Gebiete der Krim übertragen worden war.
In diesem Gebiet betrieb er seine Politik nicht im Sinne von Erich Koch, sondern nach den Richtlinien von Alfred Rosenberg, die seiner eigenen Auffassung und Erfahrung eher entsprachen. Während in Rowno, dem Sitz des Reichskommissars Ukraine, Zivilangestellte der deutschen Verwaltung überfallen und ermordet wurden, gab es solche Terrorakte in Melitopol,

dem Sitz des Generalkommissars Krim, nicht, obwohl die Sowjets auch hier ihre Fallschirmpartisanen abgesetzt hatten. Die Bevölkerung bestellte fleißig ihre Felder und lieferte nicht nur die erwarteten Erträge ab, sondern erwirtschaftete einen Überschuß. Die gute Arbeit wurde mit guter Behandlung vergolten. Beides bedingte sich gegenseitig. Frauenfeld begann mit der Reprivatisierung des Bodens durch die Landbaugenossenschaften. Die Krim erbrachte das beste Ablieferungsergebnis an landwirtschaftlichen Produkten. Er bemühte sich um ein gutes Verhältnis zur Bevölkerung, während Erich Koch den Verkehr mit der einheimischen Bevölkerung untersagte und unter Strafe stellte. Er ließ sogar Flugblätter verbreiten, in denen er den Slawen ihre Unterlegenheit vor Augen hielt.

In seinen Aufzeichnungen „Und trage keine Reu" berichtete Frauenfeld eine Äußerung von Koch, die er selber von ihm auf einer Informationsreise vernahm: „Wenn ich einen Ukrainer finde, der wert ist, mit mir an einem Tisch zu sitzen, muß ich ihn erschießen lassen." Diese Äußerung wäre für mich unglaubwürdig erschienen, hätte ich nicht selber in einem Gespräch die überhebliche und unheilvolle Gesinnung des Reichskommissars Ukraine erlebt. Frauenfeld hielt ihn für einen Totengräber des Dritten Reiches. Das sagte immerhin ein alter Gauleiter über einen anderen alten Gauleiter. Man sieht, daß damals nicht nur mit einer Zunge gesprochen wurde. Frauenfeld hatte im Februar 1944 der Reichsführung eine Denkschrift über die Probleme der Verwaltung der Ostgebiete eingereicht, in der er sich unmißverständlich von der Politik des Reichskommissars Ukraine distanzierte. Es mutet wie eine Ironie des Schicksals an, daß gegen Ende des Krieges ein Delegierter der Parteikanzlei bei Frauenfeld im Lazarett in Baden bei Wien erschien, um zu erklären, daß die besetzten Ostgebiete in Zukunft von ihm, Frauenfeld, nach seinen Ideen und mit Männern seiner Wahl verwaltet werden sollten. Und das zu einer Zeit, als sich diese Gebiete bereits wieder in den Händen der Sowjets befanden und das Kind schon längst in den Brunnen gefallen war.

An Vorschlägen von Kundigen für eine erfolgversprechende Ostpolitik hatte es nicht gefehlt. Dazu zählte auch unter anderem die Denkschrift von Vidkun Quisling über die russische Frage vom 2. Februar 1943, die mir nach dem Krieg von meinen norwegischen Freunden zur Kenntnis gebracht wurde. In dieses Memorandum sind die reichen Erfahrungen eingeflossen, die Quisling in seiner langjährigen Tätigkeit in Rußland gewonnen hatte. Eine seiner wichtigsten Erkenntnisse kam in folgenden Worten zum Ausdruck: „Um den Sieg im Osten zu erkämpfen, muß man den Krieg in Rußland gleichzeitig mit politischen und militärischen Waffen führen. Man muß auf die schwachen politischen Stellen der Bolschewistenherrschaft stoßen, den Krieg zu einem Befreiungskrieg vom bolschewistischen Joch gestalten und Moskau jede Möglichkeit nehmen, den Krieg als einen nationalen Verzweiflungskampf für Boden, Freiheit und Vaterland herauszustellen." Und gerade diese Möglichkeit wurde Moskau beispielsweise durch die von Erich Koch in der Ukraine praktizierte Besatzungspolitik gegeben, in der die Einheimischen eine Kopie der Stalinschen Gewaltherrschaft erkannten. Stalin nutzte diese Chance und verkündete unter Ansprache der Interessen der nationalen Völkerschaften den „Großen Vaterländischen Krieg", in den nun sogar die bis dahin verfemte Kirche einbezogen wurde. Offenbar hatte der rote Diktator damit gerechnet, daß Hitler versuchen würde, von innen heraus einen Aufstand gegen seine Herrschaft zu entfachen. Das ist nicht geschehen. Das war auch nicht denkbar bei der negativen Auswirkung eines falsch verstandenen Herrenstandpunktes, einer öffentlichen Minderbewertung der Slawen sowie der Behandlung der Kriegsgefangenen und Ostarbeiter in den ersten Jahren. Das alles hatte sich auf verborgenen Wegen schnell herumgesprochen und zur Verstärkung des Partisanenkrieges und des Widerstandswillens beigetragen. Bei diesen Gegebenheiten war es erstaunlich, daß sich etwa eine Million Kriegsgefangene der nationalen Völkerschaften der Sowjetunion und Russen bereit erklärt hatten, auf deutscher Seite zu kämpfen. Auf dem Hintergrund ihrer erlebten Vergangenheit mußten sie von den Deutschen kein schlechteres Los erwartet haben. Aus der postkatastrophalen Sicht vermag man die Zusammenhänge noch viel deutlicher zu erkennen als im gegenwärtigen Geschehen, in dem man in der eigenen Arbeit und den sorgenbereitenden Problemen fast zu versinken drohte.

Die Berichte der HJ-Führer und Soldaten aus den besetzten Ostgebieten ließen erkennen, daß ihr Kritikbewußtsein durch die dortigen Erlebnisse geweckt und geschärft worden war. Ihre Vorstellung von der Ordnungsmacht des Reiches in diesem Raum war zerstört worden.

Im besonderen Hinblick auf das Weihnachtsfest 1943 rief ich die Jugend dazu auf, sich tatkräftig für das Spielzeugwerk einzusetzen, das eine durch den fortschreitenden Ausfall der Spielzeugindustrie entstandene Lücke ausfüllen sollte. Jungen und Mädel hatten in den vergangenen Jahren Gelegenheit erhalten, in den Werkstunden ihre handwerkliche Begabung auszubilden und dabei Freude zu empfinden, unter ihren Händen eine saubere Holzarbeit, ein Spielzeug oder ein Bekleidungsstück entstehen zu sehen. Allein im Wettrüsten zum Kriegs-Winterhilfswerk 1942/43 gelang es der Hitlerjugend, der NSV 8,5 Millionen Spielzeuge zu übergeben, die auf 15.000 Ausstellungen und 7.000 Weihnachtsmärkten verkauft wurden. Dieses Mal galt es, Zahl und Güte der Arbeiten noch zu steigern, damit jedem Kind ein Spielzeug geschenkt und den Eltern eine Freude gemacht werden konnte. Dazu war es notwendig, daß jeder Junge und jedes Mädel sich vornahm, mindestens drei sorgfältig gearbeitete Geschenke herzustellen. Wieder halfen dabei die NS-Volkswohlfahrt, die Deutsche Arbeitsfront, die Innungsverbände, die Wirtschafts- und Fachgruppen, die Betriebe und Schulen durch die Bereitstellung von Abfallmaterialien, Werkzeugen, Räumen und Fachkräften.

So konnte ich im Dezember 1943 im Berliner Lustgarten die Weihnachtsmärkte der Hitlerjugend eröffnen und hervorheben, daß durch die geleistete Arbeit der Jungen und Mädel der Ausfall eines Industriezweiges ausgeglichen werden konnte, die schönste Belohnung dafür das Leuchten der Kinderaugen sei und das Spielzeugwerk zugleich eine Abstattung des Dankes an die Eltern bedeute, die unsere Tätigkeit im vergangenen Kriegsjahr mit ihrem Verständnis und Vertrauen begleitet hatten.

Im Laufe der Kriegsjahre hatten die Anforderungen an die Jugend im Hilfsdienst der Heimat einen beachtlichen Anstieg erfahren. Das war besonders auf die Auswirkungen des Luftkrieges zurückzuführen. Väter und Brüder wurden in immer stärkerem Maße zur Wehrmacht herangezogen oder durch die Rüstungsindustrie in Anspruch genommen. Das letztere traf auch für die Mütter und Schwestern zu. Für Hilfsdienste verblieben jüngere Mädel und die Jungen, die noch nicht arbeitsdienst- oder wehrpflichtig waren. Sie standen nicht nur zur Verfügung, sondern waren in ihrer großen Mehrheit auch einsatzfreudig. Auf sie griffen bei Bedarf alle möglichen Dienststellen oft gleichzeitig zurück. Es bestand die Gefahr, daß die Jugend zu Lasten ihrer Gesundheit überbeansprucht wurde. So sah ich mich dringend veranlaßt, mit allen Beteiligten zu erreichen, daß der Einsatz der Jugend nur bei einer zentralen Stelle angefordert und von dieser zur Verhinderung von mehrfachen Belastungen koordiniert und gelenkt wurde. Das führte leider zu sehr langwierigen Verhandlungen, die sich über viele Monate erstreckten, in denen es die Einsprüche und Widerstände der mitbefaßten Ressorts zu überwinden galt. Schließlich kam es zu einer einvernehmlichen Lösung, die in der Verordnung des Ministerrats für die Reichsverteidigung vom 2. Dezember 1943 mit Gesetzeskraft Gestalt annahm. Darin wurde bestimmt:

„Der Reichsjugendführer der NSDAP und Jugendführer des Deutschen Reiches lenkt im Einvernehmen mit den zuständigen Reichsdienststellen die Verwendung der jugenddienstpflichtigen Jugend für zusätzliche Kriegsaufgaben neben Schule und Beruf.

Alle Anforderungen zur Heranziehung der Jugendlichen für die Erfüllung dieser Kriegsaufgaben sind an den Reichsjugendführer der NSDAP und Jugendführer des Deutschen Reiches oder die von ihm beauftragten Stellen zu richten.

Die Heranziehung der jugenddienstpflichtigen Jugend in den Gauen zur

Durchführung der zusätzlichen Kriegsaufgaben neben Beruf und Schule bedarf der Zustimmung der Gauleiter und Reichsverteidigungskommissare. Die reichseinheitlichen Richtlinien sind dabei zu beachten.

Diese Verordnung findet bei Einberufungen zum aktiven Wehrmachtsdienst und zum Reichsarbeitsdienst sowie bei Heranziehung auf Grund der Notdienstverordnung und des Luftschutzgesetzes keine Anwendung. Die Zuständigkeiten des Generalbevollmächtigten für den Arbeitseinsatz bleiben unberührt.

Der Reichsjugendführer der NSDAP und Jugendführer des Deutschen Reiches wird ermächtigt, die zur Durchführung dieser Verordnung erforderlichen Rechts- und Verwaltungsvorschriften im Einvernehmen mit den zuständigen Obersten Reichsbehörden zu erlassen.

Diese Verordnung gilt nicht in den eingegliederten Ostgebieten sowie im Protektorat Böhmen und Mähren."

Die Verordnung des Ministerrats für die Reichsverteidigung stellte keine totale Vollmacht dar, da sie an das Einvernehmen mehrerer Dienststellen gebunden und damit Einschränkungen unterworfen war. Dennoch bedeutete sie die Anerkennung des Primats der Jugendführung in der Lenkung des Kriegseinsatzes der Jugend neben Schule und Beruf durch die Reichsregierung. Vor allem aber trug sie zur Vermeidung von Überforderungen der Jungen und Mädel bei. Insofern konnte die Verordnung als ein Schritt zur Verbesserung der Einsatzvoraussetzungen bewertet werden. Zum Jahresende war damit ein kleiner Erfolg zu verbuchen.

Weihnachten 1943 verbrachte ich einige Zeit bei der U-Boot-Waffe an der Kanalküste. Vorher weilte ich bei unserem Beauftragten in Brüssel, Gebietsführer Gerhard Bennewitz, der zugleich Jugendreferent in der Militärverwaltung Belgien-Nordfrankreich war. Nach dem Krieg bestätigten sowohl die belgischen wie die französischen Behörden, daß gegen sein Verhalten in der deutschen Besatzungszeit nichts Negatives vorlag. Auch der Militärverwaltungsrat Carlo Schmid, später Staatsrat und Mitglied des Vorstandes der Sozialdemokratischen Partei Deutschlands, bescheinigte Bennewitz in einer zeugenschaftlichen Stellungnahme, daß er den französischen Jugendorganisationen Erleichterungen verschafft und dafür gesorgt hatte, daß ihnen Jugendheime, die von deutschen Soldaten belegt waren, wieder zur Verfügung gestellt wurden.

An der Kanalküste erwarteten mich die U-Boot-Männer, die mich mit auf Fahrt nahmen. Dabei handelte es sich jedoch nicht um eine ausgedehnte Feindfahrt. Das wäre ein Verstoß gegen die Weisung von höchster Stelle gewesen, daß sich die Verbändeführer nicht heimlich auf Feindkurs begeben durften. So fuhr das Boot nur einige Meilen aufs Meer hinaus, wäre aber bei überraschender Feindberührung jederzeit gefechtsbereit gewesen.

Das eindrucksvolle Erlebnis mit den disziplinierten U-Boot-Männern auf engstem Raum, deren Einsatz ich meinen höchsten Respekt zollte, beschloß die Reihe der Ereignisse des abgelaufenen Jahres. In den verbleibenden Tagen bis zu seinem Ende bereitete ich mich auf das Jahr 1944 vor, für das ich der Hitlerjugend die Parole „Jahr der Kriegsfreiwilligen" ausgab.
Als die Hitlerjugend in Erscheinung trat, stand am Anfang das freiwillige Dienen, das Gesetz der ersten Aufbaujahre war und sogar in der Zeit der späteren Anwendung der Jugenddienstpflicht blieb. Es gab nach wie vor wichtige Aufgabenbereiche, die der freiwilligen Teilnahme unterlagen, wenn ich nur an die Arbeitsgemeinschaften, den Reichsberufswettkampf oder den Landdienst denke. Im Krieg war die Freiwilligenmeldung Ausdruck der Gesinnung und Moral. Wir wußten, daß uns der Gegner vor allem im Osten an Truppenmassen und Waffenmengen überlegen war. Wir mußten versuchen, dieses Manko durch erhöhte Einsatzbereitschaft, Tapferkeit und gute Ausbildung auszugleichen. Wenn wir davon sprachen, daß diese Eigenschaften am Ende siegen werden, so geschah das in der Annahme hinreichender Bewaffnung. Idealismus und Einsatzwille allein können gegen die Übermacht von Luftgeschwadern und Geschützen nicht bestehen. Die Moral der Jugend verdiente in ihrer großen Mehrheit im fünften Kriegsjahr wahrlich Anerkennung. Der kriegsfreiwillige Jüngling, der dafür die einfache rote Kordel auf der Schulterklappe trug, gab in der Gemeinschaft ein Beispiel. Die Hitlerjugend war zu einer Bewegung der Kriegsfreiwilligen geworden. Während aus dem Ersten Weltkrieg bekannt war, daß die Kriegsfreiwilligen-Meldungen im Lauf der Jahre abgenommen hatten, konnte im Zweiten Weltkrieg deren Zunahme verzeichnet werden.
Oft bot sich mir Veranlassung, Belobigungen für besondere Taten, die aus eigenem Entschluß erfolgten, auszusprechen. Da wurden abgeworfene feindliche Flugblätter eingesammelt und zum nächsten Polizei- oder Gendarmerieposten gebracht, in unzähligen Fällen retteten Jungen und Mädel Menschenleben vor dem Tod des Ertrinkens, in einem Fall wurde gemeldet, daß ein Junge sieben auf dem Eis eingebrochene Kameraden vor dem Untergehen bewahrt hat, daß entflohene Gefangene, abgesprungene Piloten und Spione dingfest gemacht worden waren, daß Angehörige der Musikschule Stettin während eines Terrorangriffs 15 Menschenleben retten konnten. Viele solcher Beispiele ließen sich noch nennen.
Bei der Einsatzfreude der Jugend hatten wir darauf zu achten, daß ein Übermaß und dadurch schädliche Auswirkungen auf den Organismus in der Wachstumsperiode vermieden wurde. Die Gesundheitsführung und Erholungspflege gehörten ja seit 1933 zu unseren grundlegenden Aufgaben, die wir auch unter erschwerten Bedingungen fortzusetzen trachteten. Viele

Ärzte versahen nun ihren Dienst an der Front, aber für sie sprangen insbesondere BDM-Ärztinnen ein. Die angemessene Zuteilung von Lebensmitteln für Jugendliche und die Gemeinschaftseinrichtungen der Erweiterten Kinderlandverschickung, der Wehrertüchtigung, des Landdienstes und der Schanzvorhaben trugen dazu bei, daß sich der Gesundheitszustand nicht verschlechterte. Der Reichsgesundheitsführer, Staatssekretär Dr. Conti, stellte fest, daß die Säuglingssterblichkeit und Kinderkrankheiten zurückgegangen und die Jugendlichen von Seuchen und Grippewellen verschont geblieben waren. Unser Appell zur Zahnsanierung des Jahrgangs 1927 hatte positive Ergebnisse. Das wurde auch in den Musterungsergebnissen der Wehrmacht bestätigt. Bewährt hatte sich auch die Einrichtung von Mittagstischen und Freizeitheimen für berufstätige Jugendliche und Schüler. Eine bestehende Lücke wurde im Hinblick auf die Mittagstische dort ausgefüllt, wo kleine und mittlere Betriebe nicht die Möglichkeit besaßen, den Jugendlichen ein warmes Mittag anzubieten. Und für die kurze Mittagspause war oft die Entfernung vom Betrieb zur Wohnung zu groß.

Im Musterungsbericht der Wehrmacht für den Jahrgang 1927 wurde vermerkt, daß in der Regel die Feststellungen über den moralischen und gesundheitlichen Zustand parallel verlaufen. Im Ersten Weltkrieg sei bei der Musterung über schlaffe Haltung, Lustlosigkeit beim Sport und mangelnde Begeisterungsfähigkeit geklagt worden. Damit einher gingen Tuberkulose, Blutarmut, Würmerplage, Hautkrankheiten und Unterernährung als chronische Übel des Krieges. Der Musterungsbericht von 1944 sagte aus, daß die Wehrtauglichkeit des untersuchten Jahrgangs nicht nur moralisch, sondern auch körperlich einwandfrei war und daß die Kriegsernährung keinen hemmenden oder schädigenden Einfluß auf die Entwicklung des Jahrgangs 1927 ausgeübt hätte. Der Ernährungszustand, so hieß es weiter, übertraf die Erwartungen, die man im fünften Kriegsjahr haben konnte. Kein Fall sei bekannt geworden, in dem Krankheit oder zurückgebliebene Entwicklung auf Nahrungsmangel oder ärmliche Verhältnisse zurückzuführen gewesen wäre. Der schon günstige Zahnbefund des Jahrgangs 1926 wurde vom Jahrgang 1927 noch übertroffen. Der Musterungsbericht bezeichnete das „als klaren Erfolg der Hitlerjugend". Schwere Zahnschäden kamen nur noch in entlegenen Gebieten und vor allem im Gebirge vor. Nach diesen Aussagen der Wehrmacht waren Gesundheit und Moral im fünften Kriegsjahr gut.

In meiner Neujahrsansprache hatte ich für 1944 die Durchführung eines musischen und technischen Wettbewerbs angekündigt und zum Ausdruck gebracht, daß es im Sinne unserer Nationalerziehung liege, nicht nur die soldatischen, sportlichen und beruflichen, sondern auch die schöpferischen Kräfte in unserer kulturellen Arbeit anzusprechen und damit die Kraft des

Glaubens und des Gemüts zu pflegen. Der musische Wettbewerb sollte deutlich machen, daß die kulturelle Arbeit auch im fünften Kriegsjahr genau so wichtig war wie die Wehrertüchtigung, da sie zu den Quellen führt, die dem inneren Menschen Erbauung spenden. Und gerade das war in einer Zeit der ungeheuren Belastung so notwendig! Diese Maßnahme bezweckte, auf kulturellem Gebiet eine Elite zu ermitteln und sie der Begabtenförderung zuzuführen. Dadurch wurde auch ein Dienst für die Sicherung des Nachwuchses der künstlerischen Berufe geleistet. Die Teilnehmer des Wettbewerbs schlossen sich danach den entsprechenden Arbeitsgemeinschaften an, was zur Belebung des HJ-Dienstes beitrug. Die Teilnahme für Jungen und Mädel vom zwölften Lebensjahr an war freiwillig. Es fanden Gruppenwettbewerbe und Wettbewerbe in Einzelleistungen statt. Die Gruppenwettbewerbe erstreckten sich auf die Musik-, Spielmanns- und Fanfarenzüge, Chöre und Singscharen, Orchester, Instrumental- und Volksmusikgruppen, Laien-, Puppenspiel- und Volkstanzgruppen sowie auf die Führung eines Kriegstagebuchs. Die Wettbewerbe in den Einzelleistungen bezogen sich auf Instrumentalspiel, Gesang und Komposition, auf Dichtung, darstellende und Sprechkunst, auf Zeichnen und Malen, Werkarbeit und Kunsthandwerk, Plastik, Bauten und Landschaft, Spiele und Spielzeug, Lichtbild und Schmalfilm.
Der Wettbewerb wurde auf Gebiets- und Reichsebene durchgeführt. Die Bewertung der Arbeiten erfolgte durch drei fachkundige Prüfer, die sich aus Kreisen der ansässigen Kunst- und Musikerzieher an Schulen, aus freien Berufen und Führungskräften des Kulturlebens ehrenamtlich zur Verfügung stellten. Die Besten traten in Kulturveranstaltungen auf oder ihre Arbeiten wurden auf Ausstellungen gezeigt. Sie wurden durch Studienfahrten, Übergabe von Literatur, Instrumenten und Arbeitsmaterial oder durch Finanzierung des weiteren Ausbildungsganges gefördert. Der musische Wettbewerb bereicherte die Kulturarbeit der Hitlerjugend. Im Zusammenhang mit ihr fanden nach wie vor die Jugendfilmstunden statt, die bereits wie der Veranstaltungsring auf eine jahrelange Tradition zurückblicken konnten. Für ihre Durchführung erhielten wir die Unterstützung von Reichsminister Dr. Goebbels, der die Filmtheater zur Verfügung stellte und in jedem Jahr die Jugendfilmstunden mit einer Rede eröffnete. Er verfolgte auch interessiert das Filmschaffen der jungen Generation. Seit 1942 hatten wir in periodischen Abständen die Filmschau „Junges Europa" herausgebracht, die lebendige Beiträge aus der In- und Auslandsarbeit der Hitlerjugend zeigte. Die filmische Gestaltung lag in den Händen des Regisseurs Alfred Weidemann. Vor ihrem Erscheinen in den Lichtspieltheatern führte ich sie Dr. Goebbels vor, der sie stets kritisch, zumeist sehr positiv, begutachtete. Einmal monierte er die Szene, in der Landdienstmädel in

ihrer einfachen Kleidung einen Volkstanz aufführten, so daß ich mich zu der Bemerkung veranlaßt sah, die Mädel würden ja nicht auf dem Kurfürstendamm, sondern in einer Scheune tanzen. Bei seinen treffenden und schlagfertigen Argumenten mußte man immer für eine entsprechende Antwort gewappnet sein. Ich habe dabei so manches gelernt und Anregungen empfangen. Auch die Spielfilme der Hitlerjugend hat er sich stets angesehen. Von ihnen gefiel ihm der Film „Junge Adler" mit Abstand am besten. Filmautor war Herbert Reinecker, Regisseur Alfred Weidemann. Als Hauptdarsteller wirkte Hardy Krüger mit. Dr. Goebbels notierte darüber in seinen Tagebuchaufzeichnungen vom 9. Mai 1944:
„Abends macht Axmann mir einen Besuch. Er führt mir den neuen Film der Ufa 'Junger Adler' vor, ein Jugendfilm so recht nach dem Herzen eines jeden Jugendführers, der erste Jugendfilm, der sich sehen lassen kann. Er ist von dem Regisseur Weidemann gemacht, der ja schon durch eine Reihe sehr origineller Jugend-Kulturfilme hervortrat. Man kann die Ufa und Axmann zu dieser Arbeit nur beglückwünschen. Axmann ist sehr glücklich, daß der Wurf eines Jugendfilms zum ersten Mal gelungen ist.
Wir können abends noch ein kleines Plauderstündchen ansetzen. Axmann ist immer noch der alte Berliner HJ-Führer, der aus den Arbeitergegenden Berlins kommt und seine Herkunft niemals vergessen hat. Ich bin glücklich, ihn an der Spitze der deutschen Jugend zu sehen."
Hin und wieder lud mich Dr. Goebbels in seine Wohnung in unmittelbarer Nähe des Brandenburger Tors ein, um mit mehreren Gästen an der erstmaligen Vorführung eines Spielfilms teilzunehmen. Ich sah dort den Film „Der große König". Der Hausherr pflegte nach der Vorführung die Anwesenden auf ihr Urteil über den Film anzusprechen. So kam auch die Reihe an mich. Von dem Film und seiner künstlerischen Gestaltung war ich tief beeindruckt und brachte das zum Ausdruck. Im Hinblick auf eine kleine Szene fügte ich hinzu, daß sie aus einer kleindeutschen Auffassung entstanden sei. In einem Milieu der großen Gesellschaft waren die österreichischen Feldmarschälle Daun und Laudon nach meinem Empfinden etwas abwertend unter dem Bildnis der Kaiserin Maria Theresia dargestellt worden, was ja auch die Taten des großen Königs beeinträchtigte. Immerhin hatte Daun die Schlacht bei Kolin und Laudon die Schlacht von Kunersdorf gegen Friedrich den Großen gewonnen. Dr. Goebbels war überrascht. Hinterher kam Otto Gebühr, der König im Film, auf mich zu und freute sich, daß ich diesen Einwand geäußert hatte. Irritierend wirkten in der Ostmark die Worte im Film „Gift aus Wien" (für den König).
Auch nach Lanke, dem Landsitz von Dr. Goebbels in Nähe der Schorfheide, fuhr ich gelegentlich zu solchen Vorführungen hinaus. Da Benzin knapp und bewirtschaftet war, bat er mich, Schauspielerinnen abzuholen

und mitzubringen. Ich erlebte ihn in quirlenden, hochinteressanten Gesprächen und konnte beobachten, welch faszinierende Wirkung er auf Frauen ausübte.

Dem Musischen Wettbewerb folgte der Technische Wettbewerb. Dazu wandte ich mich in einem Aufruf unter anderem mit den Worten an die Jugend: „Die Größe und Dringlichkeit dieser Aufgabe verlangt von allen Führern der Jugend, daß sie die heranwachsende Generation zum Verständnis und Erlebnis technischer und wissenschaftlicher Leistungen erziehen und schon frühzeitig ihre handwerkliche und technische Begabung entwickeln.

Ich rufe daher Euch, Jungen und Mädel der Hitlerjugend, auf, eisern zu lernen und Euch unermüdlich fortzubilden, weil die geistige Höhe unseres Volkes für den technischen Fortschritt und damit für seinen Sieg unerläßlich ist."

Außerdem verfügte ich die Erweiterung der allgemeinen Werkarbeit auf die Anfertigung technischer Werkarbeiten durch alle Jungen und Mädel nach Abschluß des Spielzeugwerkes der Hitlerjugend 1943, den sofortigen Aufbau von freiwilligen technischen und wissenschaftlichen Arbeitsgemeinschaften in Zusammenarbeit mit dem NS-Bund Deutscher Technik und den Betrieben der Rüstungswirtschaft, die jährliche Durchführung eines technischen Wettbewerbs, an dem sich alle Jungen und Mädel der Hitlerjugend mit praktischen oder theoretischen Arbeiten beteiligen sollen, sowie die Erweerun
g des technischen Jugendschrifttums mit dem Ziel, jedem interessierten Jugendlichen den Bezug einer technischen Monatszeitschrift zu ermöglichen und unsere Büchereien mit technischen Jugendbüchern aufzufüllen; hinzu kamen Anordnungen über die Durchführung von Vortragsreihen, Filmveranstaltungen und Besichtigungen.

Mein Mitarbeiter Heinrich Hartmann war mein Verbindungsmann zu Albert Speer in dessen verschiedenen Aufgabengebieten und hat sich in dieser Funktion um die Zusammenarbeit zwischen Albert Speer und der Reichsjugendführung sehr verdient gemacht. So wandte sich der Rüstungsminister und Leiter des NS-Bundes Deutscher Technik zu unserer Unterstützung in einem Aufruf an die Mitglieder, in dem es unter anderem hieß: „Um die Überlegenheit unserer Bewaffnung auch auf weite Sicht sicherzustellen, ist es nicht allein notwendig, die Massenfertigung laufend zu steigern, sondern auch den technischen Fortschritt und die geistige Leistung zu fördern. Dies wird nur möglich sein, wenn die Gesamtheit der deutschen Jugend an den Arbeiten unserer Ingenieure und Erfinder leidenschaftlich und begeistert Anteil nimmt, sich der täglichen, oft als leidig und unheroisch empfundenen Arbeit des Lernens in eiserner Pflichterfüllung unterzieht und schon in frühesten Jahren die Ausbildung ihrer technischen und wissenschaftlichen Begabung auch in ihrer Freizeit mit zähem Willen betreibt. Nachdem die Hitlerjugend schon mit dem Kriegseinsatz ihrer Werkarbeit die handwerklichen, technischen und künstlerischen Begabungen auf breiter Front angesprochen und alle Jungen und Mädel zu einem schöpferischen Arbeiten mit der Hand geführt hat, ist vom Reichsjugendführer nunmehr die Erweiterung der Werkarbeit der Hitlerjugend zum praktischen Experimentieren auf technischen Gebieten durch den sofortigen Ausbau von freiwilligen technischen und wissenschaftlichen Arbeitsgemeinschaften, durch einen jährlichen technischen Wettbewerb, durch Erweiterung des technischen Jugendschrifttums, Vortragsreihen, Filmveranstaltungen, Besichtigungen usw. befohlen worden.

Zur Unterstützung dieser neben der Wehrertüchtigung kriegswichtigen Arbeit der Hitlerjugend ordne ich für den Bereich des NSBDT an: ‚Diese Arbeit der Hitlerjugend ist vom NS.-Bund Deutscher Technik kameradschaftlich, großzügig und vordringlich mit allen zur Verfügung stehenden Kräften und Einrichtungen zu unterstützen. Insbesondere erwarte ich, daß sich alle Mitglieder zur fachlichen Leitung der geplanten freiwilligen Arbeitsgemeinschaften in ihrer Freizeit zur Verfügung stellen. Von ihrem Einsatz wird die geistige Höhe und der Umfang dieser einzigartigen Vorbereitungsarbeit der Hitlerjugend abhängen. Sie leisten damit einen entscheidend wichtigen Kriegsdienst im Rahmen der nationalsozialistischen Bewegung. Im gleichen Maße erwarte ich die Mitarbeit bei der Beratung und Führung derjenigen Jungen und Mädel, die sich am technischen Wettbewerb beteiligen, und die Mitwirkung bei der Beurteilung der eingereichten Arbeiten sowie den Vortragsveranstaltungen und Besichtigungen.

Die Einzelanweisungen ergehen durch den Stabsleiter des NS.-Bundes Deutscher Technik im Einvernehmen mit dem Kulturamt der Reichsjugendführung. Jede Förderungsmaßnahme, die wir heute ergreifen, wird - gleich, in welchem Zeitraum - durch die Leistungen unseres technischen Nachwuchses, durch neue Forschungsergebnisse und Erfindungen belohnt werden!'"

Schon 1934/35 hatten die Fachschulstudenten im Rahmen des Reichsberufswettkampfes der deutschen Jugend ihren eigenen Leistungswettbewerb durchgeführt, der sich 1935/36 auf alle Hochschüler erstreckte. Zu ihnen gehörten auch die Absolventen der technischen Universitäten. Ihnen wurden bereits Aufgaben im Bereich der Technik gestellt. Dabei war bemerkenswert, daß auf dem Gebiet der Technik, des Maschinenbaus, der Elektrotechnik, des Bau- und Ingenieurwesens, der Architektur, des Kultur- und Gartenbaus sowie des Werkbaus viele schöpferische Arbeiten in die Praxis umgesetzt werden konnten. Nun sollten im technischen Wettbewerb auch die Jüngeren angesprochen werden, die sich insbesondere seit ihrer Jungvolkzeit in der Werkarbeit betätigt hatten. Jugendliche im Alter von

14 bis 18 Jahren sowie die Angehörigen des BDM-Werkes „Glaube und Schönheit" bis zum 21. Lebensjahr konnten am Wettbewerb teilnehmen. Die Teilnahme war freiwillig.
Während im Berufswettkampf die Aufgaben reichseinheitlich für alle gestellt wurden, konnte sich jeder im technischen Wettbewerb sein Thema und seine Aufgabe selbst wählen. Es war auch möglich, daß sich mehrere Jugendliche zu einem Arbeitskreis zusammenschlossen, um gemeinsam ein bestimmtes Problem zu lösen. Dabei kam es in erster Linie darauf an, naturwissenschaftliche Grundgesetze mit Hilfe selbstgebauter Experimentiergeräte, Versuchsanordnungen usw. darzustellen. Die Arbeiten wurden von je drei Fachkräften bewertet. Dafür stellten sich Lehrer an technischen Hochschulen und Universitäten, Mitarbeiter der wissenschaftlichen und technischen Institute, freie Wissenschaftler, naturwissenschaftliche Lehrer der höheren Schulen, wissenschaftliche Fachkräfte aus den Betrieben, Entwicklungs- und Forschungslaboratorien und Mitglieder des NS.-Bundes Deutscher Technik zur Verfügung. Bei der Beurteilung der Arbeiten waren der wissenschaftliche und technische Wert der Aufgaben, der Grad der Selbständigkeit der Bearbeitung, der Schwierigkeitsgrad des gewählten Themas sowie das Alter und die Vorbildung zu berücksichtigen. Die Mitglieder des Wertungsstabes bewerteten einzeln, stellten aber gemeinsam ein Endergebnis fest. Wie im Reichsberufswettkampf wurden auch im technischen Wettbewerb die besten Leistungsträger je nach dem Schwerpunkt ihrer Begabung gefördert.
Die Teilnehmer waren aufgerufen, sich weiterhin in freiwilligen technischen Arbeitsgemeinschaften zu betätigen. In meinen Richtlinien für das Jahr 1943 hatte ich betont, daß wir bemüht sein müßten, in unserer Gemeinschaft die schöpferische Begabung zu fördern. Diese zu pflegen und zu entwickeln, sei eine unserer schönsten und verantwortungsvollsten Pflichten. Der Erfolg dieser Zielsetzung hing auch von der Tätigkeit der zur Verfügung stehenden Fachkräfte ab, die sich selbstlos zur Verfügung stellten und so in die Jugendarbeit einbezogen wurden. In den Arbeitsgemeinschaften konnten auch die Jungen und Mädel gemeinschaftlich tätig sein. Das hatte sich auch in den Spieleinheiten sehr bewährt und in der Zusammenarbeit ein freies, natürliches und kameradschaftliches Verhältnis zwischen Jungen und Mädeln geschaffen. Gegenstand dieser technischen Arbeitsgemeinschaft waren zum Beispiel physikalisches Experimentieren auf dem Gebiet der Mechanik, Optik und Akkustik, elektrotechnisches Experimentieren, der Modellmaschinenbau, Aufgabengebiete der Biologie, chemisches Experimentieren und das Bauen vom Hoch- und Tiefbau bis zum Wasserbau.
Durch die Verhältnisse im fünften Kriegsjahr und das Ausfallen von

Führungs- und Fachkräften war der Erfolg des technischen Wettbewerbes begrenzt. Aber immerhin konnten wir der Jugend nahebringen, daß es im Krieg nicht allein auf den soldatischen Einsatz ankam, sondern ebenso auf die Pflege der Begabung und des Verständnisses für die Technik. In diesem Zusammenhang gewann die Nachwuchssicherung für den Wissenschaftsbereich der theoretischen Grundlagenforschung eine besondere Bedeutung, die nicht über die praktische Arbeit vernachlässigt werden durfte. Darauf wiesen uns namhafte deutsche Physiker hin, zu denen mein Mitarbeiter Heinrich Hartmann die Verbindung herstellte und mit denen auch ich in der Folgezeit das Gespräch suchte.

Meine Gesprächspartner waren der erste Vorsitzende der Deutschen Physikalischen Gesellschaft und Direktor des AEG-Forschungs-Instituts, Prof. Dr. Carl Ramsauer, sowie der Leiter dessen physikalischen Laboratoriums, Prof. Dr. E. Brüche. Sie hatten mich zur Besichtigung des Elektronenmikroskops des Robert-Koch-Instituts nach Berlin-Tegel eingeladen, das in diesem Laboratorium gebaut worden war. Hier konnte ich mich von der enorm vergrößerten Darstellung kleinster Objekte mit Hilfe dieses Geräts überzeugen. In unseren Gesprächen ging es um die Sicherung des Nachwuchses für die Naturwissenschaften und insbesondere für die Physik. Universitätsprofessoren vertraten die Auffassung, daß das Reichsministerium für Wissenschaft, Erziehung und Volksbildung den mathematischen und naturwissenschaftlichen Fächern zu wenig Bedeutung beimaß, was sich bereits in der neuen Lehrplangestaltung vor dem Kriege ausdrückte. Die Stunden für Mathematik und Physik erfuhren eine starke Kürzung, so daß für Physik nur ein bis zwei und für Mathematik zwei bis drei Wochenstunden zur Verfügung standen. Die Verkürzung der Schulzeit auf der höheren Schule von neun auf acht Jahre wirkte sich gerade auf diesem Gebiet nachteilig aus.

So kamen wir mit den maßgebenden Herren der Deutschen Physikalischen Gesellschaft überein, dafür zum Ausgleich unter dem Dach der Hitlerjugend Kurse in Form von Ausleselagern durchzuführen, in denen die Zielsetzung von Begabtenschulen verwirklicht wurde. Sie bewährten sich sehr. Die Teilnehmer bestanden ihre Reifeprüfungen, und ihre Beurteilung und Zeugnisse entsprachen vollkommen den Erwartungen. Die Mehrzahl der Teilnehmer erhielt in Mathematik und Physik die Note „sehr gut". Vielen konnte durch die Vermittlung der Vortragenden an den Universitäten und Hochschulen ein Studium ermöglicht werden. Ich hatte mich dafür eingesetzt, daß diese Auslese der besonders Begabten von der Ableistung des Reichsarbeitsdienstes befreit und sogar vom Dienst in der Wehrmacht zurückgestellt wurde. Für die Dozenten in diesen Lagern war es eine große Freude, die Begeisterung der Jungen für die Physik zu erleben. Sie äußerten sich,

daß sie selten einen so interessierten Hörerkreis gehabt haben, wie ihn diese Jungen darstellten. Dem entsprach auch der bereitwillige Einsatz der Lehrkräfte von den Universitäten, den Forschungsinstituten und den höheren Schulen. Die Zeitschrift „Physikalische Blätter", Heft 7 von 1947, veröffentlichte eine Stellungnahme eines ehemaligen Angehörigen einer Breslauer Schule: „Ich habe dieser Anstalt doch so viel zu verdanken, wahrscheinlich mein Leben, denn alle ehemaligen Mitschüler sind bei der Flak vermißt." Er und seine Mitschüler erinnerten sich in Dankbarkeit an die gute Ausbildung und das kameradschaftliche Leben unter den Gleichgesinnten. Prof. Dr. E. Brüche stellte in seinem Aufsatz der gleichen Ausgabe fest, daß denjenigen Nationalsozialisten in Partei und Hitlerjugend, die trotz ihrer politischen Bindung zur Parteihierarchie diese Schule aufbauen halfen und die Schüler schützten, der Dank gebühre. In der Nachkriegszeit wurde das Gegenteil behauptet, nämlich, daß die Reichsjugendführung wissenschaftsfeindlich sei.
Am 18. Januar 1945 beging die „Deutsche Physikalische Gesellschaft" ihr 100jähriges Bestehen im alten physikalischen Institut am Reichstagsufer zu Berlin. Den glanzvollen Festvortrag hielt damals Prof. Eberhard Buchwald. Im ungeheizten Hörsaal saßen als einzige Vertreter der nationalsozialistischen Bewegung mein Mitarbeiter Heinrich Hartmann und ich.
Die naturwissenschaftlichen Begabtenschulen gehörten zu den positiven und erfreulichen Ergebnissen im fünften Kriegsjahr, die sich von den negativen Erscheinungen, die der Weltenbrand mit sich brachte, abhoben. Zu diesen negativen Erscheinungen zählten im Bereich der Jugend ihre wachsende Gefährdung durch die Kriegsverhältnisse und eine aus unserer Sicht zunehmende Opposition gegen die dominierende HJ und ihren Kriegseinsatz in der Heimat. Schon in Friedenszeiten gab es eine Opposition. Da war sie jedoch mehr passiver Natur. Sie ging auf ehemalige Führer der bündischen und der marxistischen Jugend zurück, die das Gros ihrer früheren Mitglieder auf dem Weg zur organisatorischen Einheit der deutschen Jugend verloren hatten.
In unserer Organisation waren nach dem Gesetz über die Hitlerjugend von 1936 und die kontinuierliche Verwirklichung der Jugenddienstpflicht im Kriege etwa neun Millionen Jungen und Mädel erfaßt. Man mußte davon ausgehen, daß nicht alle neun Millionen gleichen Geistes und gleicher Gesinnung waren. Unter ihnen befanden sich gewiß viele Idealisten. Hinzu kam noch ein gewisser Prozentsatz von asozialen Elementen, die es in jeder Gesellschaft gibt. Wenn wir beispielsweise für die Jahre des Aufbaus die Oppositionellen mit 10 Prozent zugrunde legen, so kommen wir auf 900.000. Wenn wir für die Kriegszeit die Prozentzahl auf 20 Prozent verdoppeln, so ergeben sich 1.800.000 Jugendliche, die in ihrer Einstellung

gegen die Führung standen. Wer sich nun nach dem verlorenen Krieg mit dieser Opposition befaßte und darüber schrieb, konnte damit Bücher füllen. So ist es geschehen. Wie wir wissen, durfte in den ersten Jahren nach dem Zusammenbruch laut Dekret der Besatzungsmächte nichts Positives über das Dritte Reich und nichts Negatives über die Besatzungsmächte veröffentlicht werden. Dabei ist es in der Folgezeit der Lizenzierung mehr oder weniger geblieben. Das Entscheidende aber ist, daß die richtige Relation hergestellt wird, das heißt in diesem Fall der Jugend, daß 90 Prozent und im Krieg 80 Prozent, also in überwältigender Mehrheit, sich im Gleichklang mit der Zielsetzung ihrer Führung befand. Diese Relation ist in der öffentlichen Darstellung der Hitlerjugend völlig untergegangen. So entstand ein schiefes und unzutreffendes Bild über sie.

Als ich im August 1940 mein Amt als Reichsjugendführer antrat, war ich mir unter den enorm eingeschränkten Führungsvoraussetzungen darüber klar, welche Gefährdung im Krieg auf die Jugend zukommen würde. Immer mehr Väter strömten an die Front, und immer mehr Mütter gingen in die Rüstungsfabriken. Die elterliche Erziehungsgewalt nahm laufend ab. Immer mehr Lehrkräfte an den Schulen und Erzieher in anderen Gemeinschaftseinrichtungen fielen aus. Die wehrtauglichen Jugendführer rückten in die Kasernen ein oder dienten in der kämpfenden Truppe.

Auf der ganzen Linie erfuhr die erzieherische Einwirkung auf die Jugend eine entscheidende Schwächung. Außerdem verschlechterten sich im Krieg zusehends die Umweltverhältnisse. Dazu trug zum Beispiel die ständige Verdunklung in den Großstädten und Ballungszentren im Hinblick auf drohende Luftangriffe bei. Nach Bombardierungen und Zerstörungen der Häuser wuchs die Versuchung, sich fremdes Gut, übrig gebliebenen Hausrat oder Lebensmittel anzueignen. So stieg die Diebstahlgefahr. Sie erhöhte sich auch durch die Verknappung des Warenangebots. Der Schwarzhandel begann sich zu entwickeln und verlockte die jungen Menschen. Wenn Betriebe zerstört wurden, verloren die Jungen und Mädel vorübergehend ihre Lehrstelle oder ihren Arbeitsplatz, wobei es nicht einfach war, sie in kürzester Zeit neu zu vermitteln. Die Kontakte an der Arbeitsstelle zu ausländischen Zivilarbeitern, die nicht deutschfreundlich gesinnt waren oder in diesem oder jenen Fall keinen guten moralischen Einfluß ausübten, zeigten eine negative Wirkung. In sittlicher Beziehung war besonders die weibliche Jugend gefährdet. Nicht immer ließen sich unerfreuliche Beziehungen zu zweifelhaften Personen verhindern. Sogar die rückwärtig kasernierten Soldaten spielten hier in einigen Fällen keine erfreuliche Rolle. Um diesen kriegsbedingten Gefährdungen entgegenzutreten, war es notwendig, daß sich alle mit der Erziehung junger Menschen befaßten Dienststellen und Personen an einem Tisch zusammenfanden.

Diese Überlegungen veranlaßten die Reichsjugendführung, die Reichsarbeitsgemeinschaft für Jugendbetreuung ins Leben zu rufen. Die erste Sitzung fand am 27. Oktober 1941 statt, die während meiner Genesungszeit von meinem Stellvertreter und Stabsführer Helmut Möckel geleitet wurde. Die ständige Leitung hatte danach mein Nachfolger im Sozialen Amt, Gebietsführer Otto Schröder, dessen Geschäftsführer in dieser Funktion der Mitarbeiter in unserer Rechtsdienststelle, Bannführer und Amtsgerichtsrat Walter Bergemann, war. Die letzte Sitzung wurde zum 25. April 1944 einberufen, auf der der Reichsjustizminister der Justiz, Dr. Georg Thierack, und ich das Wort ergriffen. Auf diesen Sitzungen waren die Repräsentanten aller Reichsministerien, des Oberkommandos der Wehrmacht, des Reichsarbeitsdienstes, der Parteikanzlei, der Polizei, des Reichsgesundheitsamtes, der NS-Volkswohlfahrt, des Deutschen Gemeindetages, der Generalstaatsanwalt beim Landgericht Berlin, des Deutschen Instituts für Jugendhilfe, der Deutschen Arbeitsfront und des Reichsamtes für das Landvolk vertreten.

Der Erfahrungsaustausch dieser Dienststellen ermöglichte es, die kriegsbedingte Gefährdung der Jugend von allen Seiten aus anzugehen. Auf diese letzten Sitzung der Reichsarbeitsgemeinschaft für Jugendbetreuung im Jahre 1944 äußerte sich der Reichsjustizminister über die Entwicklung der Jugendkriminalität im Zweiten Weltkrieg, die von 1932 bis zu seinem Ausbruch ganz erheblich zurückgegangen war. Eine längere Kriegsdauer müsse notgedrungen zu einer Zunahme der Jugendkriminalität führen. Der Krieg habe zahlreiche neue Straftatbestände geschaffen. Die Zahl der Verurteilungen sei auch durch die Umgestaltung des Jugendstrafrechts beeinflußt worden. Durch die Einführung des nicht als Vorstrafe geltenden Jugendarrestes habe sich die Zahl der Verurteilungen sehr erhöht. Statistische Zahlen über die Jugendkriminalität seien mit Vorsicht zu bewerten. Es ergebe sich aber einwandfrei das Ansteigen der Jugendkriminalität von 1940 bis 1942. In den folgenden Jahren habe aber die Entwicklung nicht im gleichen Tempo angehalten. In den einzelnen Bezirken sei die Entwicklung sehr unterschiedlich gewesen. Das sei teilweise auf die Vernichtung von Akten in den Luftkriegsgebieten zurückzuführen. Betrachte man das Ansteigen der Jugendkriminalität nach Alter und Geschlecht, so ergebe sich eine Verschiebung in Richtung der Altersstufen von 14 bis 15 Jahren und eine immer stärker werdende Beteiligung der Mädchen. Der Anteil der Jugendlichen an der Gesamtkriminalität sei stark gestiegen, nämlich auf 17,6 Prozent im ersten Halbjahr 1943. Daraus erkläre sich auch die Bedeutung und die Wichtigkeit der Jugendstrafrechtspflege. Betrachte man die verschiedenen Erscheinungsformen der Jugendkriminalität, so stehe an erster Stelle der Diebstahl. Hier zeige sich ein Ansteigen der schweren

Diebstähle, eine Erscheinung, die auch im Ersten Weltkrieg beobachtet wurde. Eine gleichzeitige Zunahme der Hehlerei sei nicht zu verzeichnen. Angestiegen sei auch die Urkundenfälschung. Eine große Versuchung für die bei der Reichspost oder Reichsbahn beschäftigten Jugendlichen seien die Feldpostpäckchen, die mehr aus Naschsucht oder Rauchleidenschaft und weniger aus kriminellen Neigungen gestohlen werden.
Etwa zehn Prozent der gesamten Jugendkriminalität würden sich auf Arbeitsvertragsbrüche beziehen. Dabei waren die Zahlen in industriellen oder ländlichen Gegenden unterschiedlich. Die Arbeitsbummelanten, die eine Krankheit vortäuschten, überwogen. Die Ursachen könnten außerdem in Wachstumsschwierigkeiten, unerkannten Krankheiten, mangelnder Begabung, Abneigung gegen den Beruf oder allgemeiner Verwarlosung liegen. Dabei spielten Umwelteinflüsse eine große Rolle. Häufig entwickle sich die Arbeitsbummelei aus dem Schulschwänzen. Mitunter lägen auch die Ursachen im Betrieb, da zum Beispiel die Nichteinhaltung des Jugendschutzgesetzes oder der Tarifordnung die Arbeitslust zerstörten. Häufiger kämen Arbeitsvertragsbrüche unter ungelernten Hilfsarbeitern oder Hausgehilfinnen vor. Die beste Vorbeugung gegen Arbeitsvertragsbruch sei die Zuweisung in einen gemäßen Beruf. Ein neuer Weg zur Bekämpfung der Arbeitsbummelei, der den Arbeitsgemeinschaften für Jugendbetreuung seine Entstehung verdankt, liege in der Verhängung von Arbeitserziehung in Form der vorläufigen Fürsorgeerziehung. Besonders wichtig sei dabei die Beschleunigung des Verfahrens.
Erfreulich sei das Bild in der Entwicklung der Sittlichkeitsdelikte. Den Anstieg der Rohheitsdelikte Jugendlicher könne man nur als geringfügig bezeichnen. Beträchtlich sei die Zunahme der fahrlässigen Tötung, da Jugendliche in größerem Umfange als früher waffenzugängig seien. Außerdem komme das Spielen und Experimentieren mit Sprengkörpern nach Bombenangriffen hinzu. Vergehen gegen das Heimtückegesetz seien ziemlich selten und meistens auf die Beeinflussung durch Erwachsene zurückzuführen. Die Anzahl jugendlicher Schwerverbrecher sei zu klein, um stichhaltige Schlüsse vorauszuziehen. Eine unbeträchtliche Zunahme der fahrlässigen Brandstiftung sei durch verminderte Beaufsichtigung und die Evakuierung der Stadtkinder aufs Land zu erklären.
Eine neuere Erscheinung sei die Bildung jugendlicher Cliquen. Dieser Tatbestand sei in der Kriminalistik schwer erfaßbar, da die Aburteilung unter verschiedenen Straftatbeständen geschehe. Man könne dabei die politisch-oppositionelle, die liberalistisch-individualistische Gruppe und kriminell-asoziale Banden unterscheiden. Thierack stellte fest, daß in letzter Zeit die Bildung von Jugendcliquen und Jugendbanden zugenommen habe, eine Tatsache, die durch die Verdunklung, Terrorangriffe und Arbeitsbummelei

begünstigt würde. Am Anfang hätten diese Gruppen häufig harmlosen Charakter gehabt, gefährdeten aber im Laufe der Zeit durch ihre HJ-Feindlichkeit die Arbeit der Jugend und die innere Ordnung. Daher sei vor allem die Überwachung der Anfänge und die Ermittlung der Anführer geboten. Er erwähnte unter anderem die „Edelweiß-Piraten", die hauptsächlich von Köln und Düsseldorf ausgingen, sowie die „Swing-Jugend" in Hamburg. Diese trage deutlich ihre Vorliebe für englisches Wesen, englische Mode, Musik und Haltung zur Schau und drücke darin ihre Resistenz gegenüber der HJ und dem Staat aus. In diesen Gruppen käme es oft mit den weiblichen Angehörigen zum sexuellen Verkehr.

Der Reichsjustizminister betonte, daß trotz dieser negativen Erscheinungen die Haltung der deutschen Jugend im fünften Kriegsjahr in ihrer Gesamtheit, ihrer Einsatzbereitschaft und Opferfreudigkeit vorbildlich sei. Bei aller Verschärfung der Strafbestimmungen und dem Vorhandensein neuer Straftatbestände liege die Jugendkriminalität weit unter dem Ausmaß des Ersten Weltkrieges.

Der Reichsarbeitsgemeinschaft für Jugendbetreuung entsprachen die in den Gauen und Kreisen konstituierten Arbeitsgemeinschaften in Ziel und Zusammensetzung. Sie bildeten Arbeitsgruppen für die besonderen Probleme wie Elternhaus, Schule und Hitlerjugend, Jugend im Beruf und Betrieb, weibliche Jugend und andere. Sie berichteten der Reichsarbeitsgemeinschaft über ihre Erkenntnisse und Erfahrungen, die dann in reichseinheitlichen Richtlinien und Merkblättern ihren Niederschlag fanden. Die Gau- und Kreisarbeitsgemeinschaften waren insofern sehr wichtig, als sie stets die regionalen Verhältnisse im Blick hatten und darauf ihre unmittelbaren Maßnahmen ausrichten konnten. Die Arbeitsgemeinschaften wurden in der Regel vom Gebietsführer bzw. Bannführer der HJ geleitet. Geschäftsführer waren Persönlichkeiten, die im Umgang mit staatlichen und kommunalen Behörden Erfahrung besaßen und mit den in Frage stehenden Problemen vertraut waren. So bewährte sich zum Beispiel besonders Prof. Dr. Sieverts, der Strafrecht an der Universität Hamburg lehrte und in der Akademie für deutsches Recht im Jugendrechtsausschuß mitwirkte, als Geschäftsführer der Gauarbeitsgemeinschaft Hamburg. Seine Aufzeichnungen über die Sitzungen habe ich gelesen, in denen es hoch herging und kontrovers diskutiert wurde, aber stets praktische Ergebnisse erzielt wurden.

Aus diesen Berichten erfuhr ich Einzelheiten über die Aktivitäten der Swing-Jugend. Angehörigen unseres Streifendienstes, denen die Überwachung der Cliquen und Jugendbanden oblag, war es gelungen, Eingang bei ihr und ihren exzessiven Veranstaltungen zu finden. Ihre Meldungen über diese oppositionellen und ausschweifenden Zusammenkünfte erreichten mich

Anfang Januar 1942, als ich nach meiner Genesung wieder mein Amt übernommen hatte. Die Meldungen bezogen sich auch auf die Überfälle von HJ-Führern in Hamburg und auf Wehrkraftzersetzung. Das konnten wir nicht hinnehmen. Ich dachte daran, daß ich mir gelobt hatte, meinen Kameraden den Rücken in der Heimat freizuhalten, als ich mich von ihnen vor der angetretenen Kompanie im westlichen Vorfeld aus dem Anlaß meiner Berufung nach Berlin verabschiedete. Vor mir sah ich auch die beiden anderen Zugführer meiner Kompanie im Osten, die mit vielen Kameraden gefallen waren. Da sagte ich mir: Es kann nicht sein, daß die Soldaten an der Front jeden Tag ihr Leben einsetzen, während zu Hause Cliquen durch ihr Verhalten sich zu den Gegnern bekennen. Dann sollten sie wenigstens arbeiten, meinte ich.

Mit diesen Gefühlen und Überlegungen setzte ich mich hin und schrieb am 8. Januar 1942 an den Reichsführer SS und Chef der Polizei:

„In Hamburg hat sich in den Oberschulen bzw. in der Jugend der Kaufmannschaft eine sogenannte ‚Swing-Jugend' gebildet, die zum Teil eine anglophile Haltung zeigt. Dieser Kreis umfaßt einige hundert Jugendliche, zum Teil auch Personen über 18 Jahren. Da die Tätigkeit dieser ‚Swing-Jugend' in der Heimat eine Schädigung der deutschen Volkskraft bedeutet, halte ich die sofortige Unterbringung dieser Menschen in ein Arbeitslager für angebracht. Die beteiligten Dienststellen haben bereits in Hamburg die entsprechenden Maßnahmen in Betracht gezogen."

Entgegen meiner sonstigen Gewohnheit, bei wichtigen Entscheidungen darüber eine Nacht zu schlafen, hatte ich in diesem Fall aus meiner ersten Reaktion heraus sofort gehandelt und mich dadurch von meiner grundsätzlich vertretenen Auffassung entfernt, daß solche Fälle vor das Jugendgericht gehörten. Später habe ich das zutiefst bedauert.

Die wirksamsten Maßnahmen zur Bekämpfung negativer Erscheinungen bestanden für mich darin, für die Ausbildung unserer jüngeren Führer Sorge zu tragen, damit sie die Arbeit in der HJ überzeugend und positiv gestalten konnten, sofern es noch die hohen Anforderungen des Krieges zuließen. Es fehlte nicht an eigenen Initiativen aus dem Kreis der Führerschaft. So ging zum Beispiel der Gebietsführer von München-Oberbayern auf die Anführer oppositioneller Gruppen direkt zu und forderte sie auf, Verantwortung zu übernehmen und es besser zu machen. Seine Erfahrungen mit diesem Versuch waren durchaus nicht schlecht. Die oppositionellen Jugendgruppen waren keineswegs durchgehend politisch bedingt. Das haben zum Beispiel die Forschungsarbeiten nach dem Krieg über die „Edelweiß-Piraten" aufgezeigt.

Am 25. Juli 1944 wurde der „Erlaß des Führers über den totalen Kriegseinsatz" bekanntgegeben. Darin wurde unter anderem bestimmt:

„Der Vorsitzende des Ministerrats für die Reichsverteidigung, Reichsmarschall Hermann Göring, hat das gesamte öffentliche Leben den Erfordernissen der totalen Kriegführung in jeder Beziehung anzupassen. Zur Durchführung dieser Aufgabe schlägt er mir einen ‚Reichsbevollmächtigten für den totalen Kriegseinsatz' vor. Dieser hat im besonderen dafür Sorge zu tragen, daß alle öffentlichen Veranstaltungen der Zielsetzung des totalen Krieges angemessen sind und Wehrmacht und Rüstung keine Kräfte entziehen. Er hat den gesamten Staatsapparat einschließlich Reichsbahn, Reichspost und aller öffentlichen Anstalten, Einrichtungen und Betriebe mit dem Ziel zu überprüfen, durch einen restlosen rationellen Einsatz von Menschen und Mitteln, durch Stillegung oder Einschränkung minderkriegswichtiger Aufgaben und durch Vereinfachung der Organisation und des Verfahrens das Höchstmaß von Kräften für Wehrmacht und Rüstung freizumachen."

Aufgrund dieses Erlasses hatte Hitler auf Vorschlag des Vorsitzenden des Ministerrats für die Reichsverteidigung, Reichsmarschall Hermann Göring, Reichsminister Dr. Goebbels zum „Reichsbevollmächtigten für den totalen Kriegseinsatz" bestellt. Im Zuge dieser Entwicklung wurde zum Beispiel bis auf den Film und Rundfunk das Kulturleben in der zweiten Hälfte des fünften Kriegsjahres eingeschränkt, was in den anderen kriegführenden Ländern schon längst geschehen war. Die Tagespresse wurde wesentlich reduziert. Die Arbeitszeit in den öffentlichen Verwaltungen und Büros der Wirtschaft wurde einheitlich auf mindestens 60 Stunden in der Woche festgesetzt. Es wurde mit sofortiger Wirkung eine allgemeine vorläufige Urlaubssperre angeordnet. In dringenden Fällen wurde zur Vermeidung schwerer gesundheitlicher Schädigungen für Schwerbeschädigte, Frauen und Jugendliche ausnahmsweise Urlaub gewährt. Auch die Reichsjugendführung führte weitere Vereinfachungen und Einschränkungen in der Arbeit der Hitlerjugend durch. So ordnete ich zur Freistellung von Kräften für die Front und die Rüstungsproduktion folgendes an:

„1. Alle Zeitschriften der Hitlerjugend werden eingestellt.
2. Alle Fachschulen, auch die Schulen der KLV, werden eingestellt. Die einzelnen Sachgebiete sind von den Führer- und Führerinnenschulen der Gebiete zu behandeln. Unter die Schließung der Fachschulen fallen die Haushaltungsschulen und ländlichen Haushaltungsschulen des BDM, die Werkschulen, die Musikschulen und Sportschulen.
3. In der Akademie für Jugendführung in Braunschweig werden die Lehrgänge für Hitlerjugendführer und BDM-Führerinnen zusammengelegt.
4. Kriegswichtige Lehrgänge für Volksdeutsche und germanische Jugendliche werden gemeinsam mit den reichsdeutschen Teilnehmern durchgeführt.

5. Jedes Gebiet darf höchstens drei Führerschulen und drei Führerinnenschulen unterhalten.
6.Ausleselager werden nicht mehr durchgeführt.
7. Der Reichsberufswettkampf und der musische Wettbewerb finden nicht mehr statt.
8. Die Sportauswertung und die Verleihung der Leistungsabzeichen wird nicht mehr bearbeitet.
9. Die Bearbeitung von Auslandsreisen für Jugendliche entfällt.
10. Beförderungen werden nicht mehr bearbeitet.
11. Die Karteien der Hitlerjugend werden eingestellt, soweit die Reichsjugendführung nicht Ausnahmen im Hinblick auf ihre Kriegswichtigkeit zuläßt."

Bestehen blieben lediglich eine amtliche Zeitschrift, die kurzfristigen Lehrgänge für Kriegssportwarte, die Feldscher- und Gesundheitsdienstschulen, sechs Versehrten-Schulen, die Schule des Sozialen Amtes für die schaffende Jugend, je eine Schule für Jugendwohnheimführer sowie Ausleselager für Versehrte und den Führernachwuchs.

Für die Dienststellen der Reichsjugendführung und der Gebiete wurden Höchstbeschäftigtenzahlen festgelegt. Eine Beschäftigung über diese Zahlen hinaus wurde untersagt. Alle Halbtagskräfte waren entweder ganztägig einzusetzen oder zu entlassen. Die Dienstzeit konnte verlängert werden. In den Gebieten wurden 20 Prozent der hauptberuflich Beschäftigten abgegeben, davon zehn Prozent an die Wehrmacht und Rüstungsindustrie und zehn Prozent an die nachgeordneten Einheiten und zur Führung der Standorte. Wo Gemeinschaftseinrichtungen bestanden, hatten deren Führer den Standort mitzuführen. Aus den Wehrertüchtigungslagern wurden 1.000 Ausbilder dem Heer wieder zur Verfügung gestellt. Die durch diese Maßnahmen freiwerdenden Liegenschaften und Gebäude mußten für besonders kriegswichtige Aufgaben der Hitlerjugend zur Verfügung gestellt werden. Diese einschränkenden Maßnahmen beeinträchtigten natürlich die normale innere Dienstgestaltung in der Hitlerjugend. Dafür waren jetzt alle Kräfte auf die Bewährung im Kriegseinsatz konzentriert.

Die Ausrufung des totalen Kriegseinsatzes erfolgte fünf Tage nach dem Attentat auf Adolf Hitler am 20. Juli 1944. An diesem Tag befand ich mich in Berlin. Von den anrollenden Truppen zur Besetzung des Regierungsviertels und Verhaftung der in Berlin weilenden Mitglieder der Reichsregierung hatte ich nichts wahrgenommen. Erst gegen Abend erfuhr ich vom Attentat. Da hieß es schon, daß Hitler lebe. Gewißheit darüber erhielt ich, als sich der Führer in der Nacht zum 21. Juli mit einer Rundfunkansprache an das Volk wandte. Erst da konnten wir aufatmen. So erfuhr ich weitere Einzelheiten. Der Kommandeur des Wachregiments Berlin, Major

Remer, sollte im Auftrag der Verschwörer den Reichsminister Dr. Goebbels inhaftieren. Diesem gelang es aber, in kurzer Frist ein Telefongespräch zwischen Hitler und dem Major Remer herzustellen. Dadurch wußte nun Remer definitiv, daß es Putschisten waren, für die er handeln sollte. Remer handelte nun für Hitler. Dadurch war der Aufstand der Putschisten in der Reichshauptstadt gescheitert.

War das Attentat auf das Staatsoberhaupt und den Obersten Befehlshaber der Wehrmacht durch einen eidbrüchigen deutschen Offizier ein für mich bis dahin für unmöglich gehaltenes Ereignis, für das ich in unserer Geschichte kein Beispiel fand, so war es für mich ein Schock, daß der Täter der Oberst Graf Schenk von Stauffenberg war. Denn ich kannte ihn persönlich. In Nachwuchsfragen hatte ich mit dem Befehlshaber des Ersatzheeres, Generaloberst Fromm, zu tun. Auch mein Stabsführer Helmut Möckel und Obergebietsführer Dr. Ernst Schlünder standen mit dessen Stellvertreter, General Olbricht, dienstlich in laufender Verbindung. Mitarbeiter von General Olbricht war in erster Zeit Oberst von Stauffenberg, der zur Zeit des Attentats den Stab von Generaloberst Fromm leitete. Wir sahen in ihm den Frontsoldaten, der bei einem Luftangriff auf Tunis schwer verwundet worden war und eine Hand, ein Auge und zwei Finger an der verbliebenen Hand verloren hatte. Außerdem galt er als ein Offizier, der eine positive Einstellung zum Dritten Reich besaß, was sich in letzter Zeit offensichtlich geändert haben mußte.

Einmal wurde ich von Stauffenberg gebeten, mich für einen Schwerverwundeten zu verwenden, der dem Infanterieregiment 9 in Potsdam angehörte, dessen Ersatzbataillon ich bei meinem Wiedereinrücken zur Truppe 1941 zugeteilt worden war. Es handelte sich um den Major Freiherr von dem Bussche, wegen dessen Aufnahme ins Lazarett Hohenlychen, das auf Beinamputationen spezialisiert war, mich Stauffenberg angesprochen hatte. Seinem Wunsch wurde von mir entsprochen. Erst Jahre nach dem Krieg habe ich im Zuge der Aufarbeitung des 20. Juli erfahren, daß sich auch der Hauptmann von dem Bussche bereit erklärt hatte, ein Attentat auf Adolf Hitler auszuführen. Im November 1943 sollten dem Obersten Befehlshaber der Wehrmacht neue Uniformen vorgeführt werden. Von dem Bussche war ausersehen, dazu die notwendigen Erklärungen abzugeben. Der Plan sah vor, daß sich der 1,96 m große Offizier mit einer am Körper befestigten und gezündeten Sprengladung auf Adolf Hitler stürzen und ihn bis zur Explosion festhalten sollte. Dieser Plan konnte nicht ausgeführt werden, da die neuen Uniformen auf dem Weg ins Führerhauptquartier Opfer britischer Bomben wurden.

Bei seiner Einweisung ins Lazarett hatte von dem Bussche noch einen Sprengsatz bei sich, der erst von einem eingeweihten Besucher in

Hohenlychen beseitigt und in einen See geworfen wurde. Durch meine Fürsprache für den schwer verwundeten Frontsoldaten hätte die Möglichkeit bestehen können, daß ich, ohne es zu ahnen, noch zum indirekten Helfer eines Attentäters geworden wäre. So spielt manchmal das Leben. Mein kameradschaftlich gemeinter Dienst für Stauffenberg und von dem Bussche bot keinen Anlaß, mich von der Verhaftungsliste, die die Verschwörer vom 20. Juli aufgestellt hatten, abzusetzen.

Nach den überlieferten Berichten war von dem Bussche bei dem Attentatsversuch bereit, sich selbst zu opfern. Bei von Stauffenberg verhielt es sich anders. Er plazierte die Bombe in geringer Entfernung neben Adolf Hitler und verließ dann den Lageraum. Obwohl nach menschlichem Ermessen angenommen werden mußte, daß der Führer durch die Explosion getötet wurde, überlebte er wider Erwarten den Anschlag. Viele Menschen sahen damals darin ein Zeichen der Vorsehung und hielten im Vertrauen in der schweren Zeit weiter durch. So dachte auch ich, zumal Hitler bereits eine Vielzahl von Attentaten unversehrt überstanden hatte. Wenn er auch nicht schwer verletzt wurde, so war doch sein festes Vertrauen zum deutschen Offizier, das er sich seit dem Ersten Weltkrieg bewahrt hatte, erschüttert. Keineswegs will ich dem Frontsoldaten Stauffenberg, der sein Leben an der Front gewagt und in die Schanze geworfen hatte, die Tapferkeit absprechen. Ich glaube vielmehr, daß er sich als Herz und Hirn, als Triebkraft und Organisator des Aufstandes empfand. So glaubte er vermutlich, im Hinblick auf die unentschlossene und heterogene Gruppe der Verschwörer selbst handeln zu müssen und auch nach dem Attentat die Zügel der weiteren Entwicklung in der Hand zu behalten. Dieser Plan ist gescheitert. Dazu äußerte sich zum Beispiel der General der Infanterie Otto Maximilian Hitzfeld, der kein Anhänger Hitlers war, in seinen 1983 erschienenen Erinnerungen „Ein Infanterist in zwei Weltkriegen" wie folgt:

„Die Durchführung des Attentats durch Graf Stauffenberg war ein jämmerliches Beispiel solcher gewagten Unternehmungen. Jeden Fähnrich auf einer Kriegsschule hätte man nach Hause geschickt, wenn er eine solche unmögliche Arbeit geleistet hätte. Stauffenberg hatte zwei Aufgaben, und das war schon falsch. Er sollte das Attentat persönlich ausführen und gleichzeitig eine Neuorganisation an oberster Stelle durchführen ...???

Auf die Einwendung von Mitverschworenen in Berlin, Hitler lebe, wollte Stauffenberg dies nicht wahrhaben. In der Zwischenzeit hatten sich Gruppen von Offizieren innerhalb des OKW-Gebäudes in der Bendlerstraße gebildet, die Pro und Kontra Hitler waren. Sie hatten sich dabei gegenseitig beschossen. Ein unmöglicher Vorgang! Generaloberst Fromm, der sich bereit erklärt hatte, mit den Leuten des 20. Juli gemeinsame Sache zu machen, wenn sie erfolgreich wären, läßt daraufhin Stauffenberg, Olbricht

und andere im Hofe der Bendlerstraße erschießen. Nun schickt er sogar ein ‚Ergebenheitstelegramm' an Hitler. Was sind das für Charaktere! Fromm wurde nach einigen Monaten der Untersuchung als Mitangeklagter im März 1945 erschossen ...
Wir an der Front hätten so nicht führen dürfen. Wir Frontsoldaten hätten bei derartiger Handlungsweise den Krieg schon längst verloren gehabt! Ein 20. Juli war notwendig, aber nicht in einer solchen leichtsinnigen Weise. Weil 1944 Sabotageakte vorgenommen wurden, wobei Waffen, Munition und andere Mittel zurückgehalten wurden, und weil Geheimverhandlungen mit dem Ausland gepflegt wurden, ist der 20.7. nicht nur ein Hochverrat, sondern ein Landesverrat gewesen. Ein Hochverrat kann notwendig sein. Ein Landesverrat ist schimpflich, ehrlos und nicht zu ertragen. Es wäre viel einfacher gewesen, wenn ein beherzter Mann mit der Pistole in der Hand Hitler erschossen hätte. Gelegenheit hierzu gab es genug. Vielleicht wäre er als Held in die deutsche Geschichte eingegangen."
Soweit die Stellungnahme eines Generals, der seit dem 1. November 1943 die Infanterieschule Döberitz leitete. Hinter den Offiziersverschwörern des 20. Juli standen keine Mannschaften. Das bestätigte auch der General a.D. der Bundeswehr, Graf Kielmannsegg, in der Wiedergabe eines Gesprächs mit einem der Hauptakteure der Verschwörung, dem General Henning von Treskow. Er schrieb darüber:
„Als ich im Herbst 1943 den General Henning von Treskow ... meine wegen der damit verbundenen Unsicherheitsfaktoren skeptische Einstellung zu einem Attentat wissen ließ und vorschlug, das Führerhauptquartier samt Hitler durch Truppen ausheben zu lassen, lehnte er dies mir gegenüber mit den Worten ab: ‚Ich finde wohl einen Divisionskommandeur, der das macht, aber keine Division, und zwar eben, weil die meisten sich noch als Soldaten des Führers fühlen.'"
Das Oberkommando des Heeres bildete einen Ehrenhof, der über den Ausschluß der Verschwörer aus der Gemeinschaft des Heeres entschied. Dem Ehrenhof gehörten die Feldmarschälle Keitel und von Rundstedt, Generaloberst Guderian, General der Infanterie Schroth, Generalleutnant Specht und andere Offiziere an. General Specht suchte mich nach dem Attentat auf, um sich im Namen des Heeres wegen der Vorkommnisse des 20. Juli zu entschuldigen. Er war Inspekteur des Erziehungs- und Bildungswesens des Heeres, und mich verband mit ihm eine sehr erfreuliche Zusammenarbeit. Da stand nun der Offizier des Ersten und Zweiten Weltkrieges mit seinen schweren Kopf- und Gesichtsverletzungen vor mir, der in harten Fronteinsätzen mit dem Eichenlaub zum Ritterkreuz des Eisernen Kreuzes ausgezeichnet worden war. Diese Begegnung hat mich sehr bewegt, und ich stand ihm gerade in dieser Stunde in Verehrung innerlich noch näher

als zuvor. Einige Tage später trafen sich die Reichs- und Gauleiter sowie die Verbändeführer im Hauptquartier in Rastenburg. Wieder war ich vom Führer durch seine Vitalität und Zuversicht nachhaltig beeindruckt, nachdem er dem Tode entronnen war. Er begrüßte jeden Teilnehmer dieser Zusammenkunft und unterhielt sich mit ihm. Zu mir sagte er, daß sich der General Schmundt über meinen Besuch sehr freuen würde. Der General war beim Attentat schwer verwundet worden. Er hatte stets ein hilfreiches Verhältnis zur Hitlerjugend unterhalten. An seinem Krankenbett konnte ich mit ihm einige Worte sprechen. Immer wieder hob er hervor, wie dankbar und zufrieden er sei, daß der Führer am Leben geblieben ist. Im Oktober starb General Schmundt an den Folgen seiner Verletzungen wie auch der Oberst Brandt und der Mitarbeiter Berger. Umgekommen ist beim Attentat der Generalstabschef der Luftwaffe, General Korten.
Vieles wurde mir nach dem 20. Juli klar. Ich konnte mir jetzt einen Reim auf die Meldungen machen, die ich telefonisch von meinen Kameraden von der Front oder in Gesprächen während ihres Heimaturlaubs erhielt. Sie hatten unter anderem berichtet, daß sie die falsche Munition erhielten, daß kein Benzin geliefert wurde und flankierende Truppen ohne Information ihrer Einheit abgezogen wurden. Das war der beabsichtigte Sand im Getriebe. Das Traurige war, daß mancher Soldat dafür ins Gras beißen mußte. Aus meiner inneren Einstellung zum Eid, den ich unter Anrufung des Allmächtigen für die Zeit des Unglücks geleistet hatte, war ich ein entschiedener Gegner der Verschwörung und des Attentats vom 20. Juli 1944. Dazu trug auch die nach der Aufklärung der personellen und sachlichen Zusammenhänge gewonnene Erkenntnis bei, daß die Sabotage des deutschen Fronteinsatzes viele Soldaten das Leben kostete. Bewirkt hatte das auch der Verrat von militärischen Geheimnissen an die Feindmächte. Er wurde begangen von Offizieren der Abwehr in der Dienststelle des Admirals Canaris im Oberkommando der Wehrmacht, von Diplomaten des Auswärtigen Dienstes, von Angehörigen der sogenannten „Schwarzen Kapelle", die geheime Nachrichten über den Vatikan an den Gegner mitteilten, und von Angehörigen der „Roten Kapelle", die Spionage für die Sowjetunion betrieben. Hier war nicht nur Hochverrat, sondern auch Landesverrat verübt worden. Die Bestimmungen des Strafgesetzbuches in der Bundesrepublik Deutschland sehen in Paragraph 100 (1) vor: „Wer ein Staatsgeheimnis verrät, wird wegen Landesverrat mit Zuchthaus bestraft." Damals war Krieg. Und so wurde der Landesverrat mit dem Tod bestraft.
Der ehemalige Generalstabschef des deutschen Heeres, Generaloberst Franz Halder, wird von Peter Bor in seinem Werk „Gespräche mit Halder" unter anderem wie folgt zitiert:
„... Hochverrat, der Kampf gegen ein bestehendes Regime, in den Reihen

und mit den Mitteln des eigenen Volkes, um diesem Volke, um dem Vaterlande zu helfen, galt in Zeiten, die noch der Legitimität verhaftet waren, nicht als unehrenhaft. Er wurde demgemäß nicht mit Zuchthaus oder Gefängnis, sondern mit Festung geahndet.
Anders der Landesverrat, der das bestehende Regime bekämpft, indem er den Feind mit heranzieht - er muß sich wesensmäßig gegen das Legitimste wenden, das der Mensch hat, gegen sein Volk selbst. Welch betrüblicher Zustand geistiger Verwirrung muß da herrschen, daß sich deutsche Männer, in ihrem Haß gegen den Tyrannen, einreden konnten, durch eine Verbindung mit dem Feinde, durch Verrat militärischer Geheimnisse dem Vaterlande zu dienen! Sie übersahen in ihrem Eifer und in ihrer Verblendung, daß der Feind sich den Verrat zunutze macht, den Verräter aber immer noch verachtet hat. Wie sollte die Verachtung nicht ungleich größer sein bei denen, die verraten wurden, bei den eigenen Landsleuten?..."
Das äußerte ein Mann, der selbst von den Konspirationen des 20. Juli Kenntnis besaß.
Um die Tragweite und Auswirkungen der Verschwörung zu ermessen und richtig einzuschätzen, erwähne ich nur wenige Namen von beteiligten Personen, die eine Schlüsselstellung innehatten: General Wagner, der als Quartiermeister für den Nachschub der Front zu sorgen hatte; General Fellgiebel, der für das Nachrichtenwesen im Führerhauptquartier verantwortlich war und damit über alle Möglichkeiten der Kommunikation verfügte, die der Konspiration nützlich waren; Admiral Canaris, der Chef der Abwehr im Oberkommando der Wehrmacht, der alle Voraussetzungen für die Abschirmung der Eingeweihten nutzen und durch Übermittlung falscher Nachrichten an die Führung zum Nachteil seines eigenen Landes handeln konnte; Staatssekretär und erster Mann des deutschen Reichsaußenministers, Ernst Freiherr von Weizsäcker, dessen Mitarbeiter mit seinem Wissen konspirative Verbindungen zur englischen Regierung unterhielten; General Henning von Tresckow, der Chef des Stabes bei der Heeresgruppe Mitte unter Generalfeldmarschall von Kluge war und im Heer des Ostens ein Widerstandsnetz aufzubauen versuchte.
General Oster hatte dem ehemaligen holländischen Militärattaché in Deutschland, Generalmajor J. G. Sas, die Invasion in Dänemark und Norwegen sowie die Termine des Einmarsches in Holland und Belgien verraten. Gerade als Soldaten konnten wir dafür nicht das geringste Verständnis aufbringen. Ebensowenig für die Äußerungen des Widerstandskämpfers Fabian von Schlabrendorff, die er in seinem Buch „Offiziere gegen Hitler" von sich gab:
„Diesen Erfolg Hitlers unter allen Umständen und mit allen Mitteln zu verhindern, auch auf Kosten einer schweren Niederlage des Dritten Rei-

ches, war unsere vordringlichste Aufgabe."

Mit diesen Hinweisen bin ich keineswegs ein Anhänger der These, daß dieser Verrat die alleinige Ursache für unsere Niederlage gewesen ist. Ich glaube nicht, im Hinblick auf die Absichten des ehemaligen Feindes und die eigenen Fehler, die auf unserer Seite begangen wurden, blind zu sein. Unter den jüngeren Offizieren gab es gewiß auch Patrioten, die im guten Glauben handelten, als sie die Weisungen ihrer Vorgesetzten, die der Verschwörung angehörten, befolgten. Vergessen seien auch nicht das Unglück und die Leiden der Hinterbliebenen, die den Tod ihrer Männer und Väter in der tragischen Situation unserer Geschichte zu beklagen hatten. Im Rahmen meines Themas kann ich nicht alle Aspekte des 20. Juli so erschöpfend behandeln, wie sie zum Beispiel im Buch von Karl Balzer „Der 20. Juli und der Landesverrat" dargestellt worden sind.

Wie wirkten sich nun die Verschwörung und das Attentat auf die Jugend aus? Man kann es in einem Satz zum Ausdruck bringen: Immer mehr Freiwillige meldeten sich nun an die Front. Trotz des 20. Juli und mancher Hiobsbotschaften gab das Verhalten der Jugend in dieser schweren Zeit noch Grund zur Hoffnung und Zuversicht.

Einige Ereignisse in unserer Tätigkeit und Zusammenarbeit mit den ausländischen Jugendorganisationen erwiesen sich für uns als sehr erfreulich. Dazu rechnete ich zum Beispiel die Aktivitäten des Tschechischen Jugendkuratoriums. Zur Gründung des Europäischen Jugendverbandes im September 1942 und zur Teilnahme an unseren Bestrebungen hatte ich die Vertreter und Führer der tschechischen Jugend eingeladen. Das wirkte sich in der folgenden Zeit positiv in unserer Zusammenarbeit aus. Unter dem Dach des Tschechischen Jugendkuratoriums wurden etwa 500.000 Jugendliche erfaßt. Den Vorsitz führte der tschechische Erziehungsminister Moravec. Dynamische und belebende Kraft im Kuratorium war der aktive tschechische Jugendführer und Arzt Dr. Theuner. Das Kuratorium war unabhängig und in jeder Hinsicht selbständig. Die Jugendlichen trugen ihre eigenen Uniformen und Trachten, besaßen ihre eigenen Fahnen und Embleme. Bei Bedarf standen ihnen Führer und Führerinnen der deutschen Jugendbewegung zur Beratung zur Seite.

Einen Höhepunkt erreichten die Aktivitäten des Jugendkuratoriums in der „Woche der tschechischen Jugend", die vom 1. bis 9. Juli 1944 in Prag stattfand. Sie wurde auf der historischen Burg Karlstein eröffnet, in der einst Karl IV, der bömische König und Kaiser des Heiligen Römischen Reiches deutscher Nation, im 14. Jahrhundert zeitweise residiert hatte, und dessen sterbliche Überreste auf dem Hradschin zu Prag bestattet worden sind. Am Abend wurde im Burghof das historische Spiel „Eine Nacht in Karlstein" von Jaroslav Vrchlizky aufgeführt, in dem bekannte tschechische Schauspieler mitwirkten. Unter den nicht sprachkundigen deutschen Gästen waren Dolmetscher so plaziert, daß sie der Aufführung mit vollem Verständnis folgen konnten.

Im Laufe der Woche fanden Leichtathletik- und Schwimmwettkämpfe sowie Mannschaftsspiele statt, deren Finale zur Meisterschaft am 9. Juli zur Austragung kam. Kulturelle Darbietungen, die etwa dem „Musischen Wettbewerb" der HJ entsprachen, erfreuten Teilnehmer und Gäste. Auf einer Ausstellung wurden Arbeiten angehender junger Künstler und Künstlerinnen gezeigt. Der Kulturring beschloß seine Saison 1943/44 mit der Aufführung von Richard Wagners „Der Fliegende Holländer" im Nationaltheater. Eine Großkundgebung im Zirkus Apollo auf dem Sommerberg, ein Feldlager der tschechischen Jugend auf der Schützeninsel, ein Volkslieder- und Trachtenfest sowie ein Mädchenabend im Waldgarten auf der Kleinseite bereicherten den Ablauf der Woche. Etwa 10.000 Jungen und Mädel marschierten neben zahlreichen tanzenden und singenden Gruppen mit Fanfaren und Musik durch die Hauptstraßen Prags. Zweifellos war das eine nationale tschechische Kundgebung, aber zugleich auch ein Bekenntnis zum Verbund und zur höheren Einheit des Reiches. Das kam in den Reden zum Ausdruck, die der tschechische Jugendführer Dr. Theuner und der Erziehungsminister Moravec hielten. Dieser bekundete als Vorsitzende des Kuratoriums die Verbundenheit mit der deutschen Jugend in einer freundlichen Grußadresse an mich. Die Ansprache des Ministers an die tschechische Jugend endete mit den folgenden Worten:
„Das Reich will in seinen Grenzen kein Volk haben, welches seine heiligsten Kulturgüter nicht liebt. Von dieser Stelle frage ich Euch alle, erwachsenen Tschechen und Tschechinnen, die Ihr schon eine Reihe von Tagen den Leistungen unserer Jugend zuschaut und mit Freude auch die nächsten Augenblicke erwartet: Habt Ihr je erwartet, daß wir hier so einträchtig zum Schluß des fünften Kriegsjahres zusammentreffen, um uns unserer Kinder zu erfreuen? Welches kleine Volk Europas kann sich mit dem Glücke brüsten, das uns in einer stillen Ecke des Kriegsgeschehens vergönnt ist? ... Eine gute Politik, Tschechen und Tschechinnen, wird nicht durch Worte ausgedrückt. Sie wird durch Taten, durch geleistete Arbeit quittiert. Diese Politik eines kleinen Volkes wäre jedoch nicht möglich, wenn nicht an den Mauern Europas der tapfere deutsche Soldat auf der Wacht stünde, unser Beschützer und Verteidiger. Das böhmische Land bildet eine vom Reiche beschützte Zitadelle Europas. Wir kennen unsere Pflichten, und wir werden ihnen nachkommen, auch wenn sich gegen die gemeinsame deutschtschechische und europäische Sache die Hölle selbst verschworen hätte. Jawohl, wir brauchen heute nationale Einheit, aber eine Einheit in ehrlichem Reichsdienst, und nicht eine Einheit im Abwarten und in Hinterlist.

Dessen sei, tschechische Jugend, eingedenk, gerade am heutigen bedeutsamen Tag und am nationalen Fest, welches Dir zu Ehren gefeiert wird." Die Zusammenarbeit zwischen der deutschen und tschechischen Jugend wäre nicht ohne die konstruktive Politik des stellvertretenden Reichsprotektors von Böhmen und Mähren, Reinhard Heydrich, möglich gewesen, die er in dem kurzen Zeitraum von September 1941 bis zum 27. Mai 1942 gegenüber dem tschechischen Volk betrieben hat. Sie drückte sich vor allem in dem Bestreben und in den Maßnahmen aus, die eine gesellschaftliche und soziale Gleichstellung der werktätigen Tschechen mit den Deutschen zum Ziele hatten. Sogar die Kritiker seiner Tätigkeit als Chef des Reichssicherheitshauptamtes, dem die Geheime Staatspolizei, die Kriminalpolizei und der SD unterstanden, haben in diesem Bereich die positiven Leistungen des stellvertretenden Reichsprotektors anerkennen müssen. Nach meiner persönlichen Ansicht wurde der staatliche Hoheitsträger des Reiches nicht von tschechischen Agenten, die von englischen Flugzeugen mit Fallschirmen abgesetzt wurden, ermordet, weil er das tschechische Volk unterdrückte, sondern weil er auf dem Wege war, das Verhältnis zwischen den Tschechen und Deutschen durch nützliche Taten zu befrieden. Das aber wurde vom Gegner befürchtet. Deswegen mußte er sterben.
Im letzten Kriegsjahr konnte ich in Berlin noch die Jugendführer der mit uns befreundeten ausländischen Jugendorganisationen begrüßen. Meine letzte Auslandsreise absolvierte ich in der Zeit vom 19. bis zum 24. August 1944. Sie führte mich in die Slowakei. In Preßburg fand eine Dienstbesprechung der Landesjugendführer und Landesmädelführerinnen der deutschen Volksgruppen statt. Sie diente der Berichterstattung über die von der deutschen Volksjugend geleistete Arbeit sowie der Richtliniengebung für den verstärkten Kriegseinsatz der in den deutschen Volksgruppen erfaßten etwa 220.000 Jugendlichen. Ich empfand die starke innere Bereitschaft und die Entschlossenheit gerade der volksdeutschen Jugendführer und -führerinnen, sich dafür mit allen Kräften zu aktivieren. Sie wußten genau, daß ihr Schicksal und die Behandlung durch die gastgebenden Länder vom Ausgang des Krieges bestimmt werden würde. So waren sie in jeder Hinsicht für ihre Aufgaben motiviert und stellten viele Kriegsfreiwillige für den Einsatz an der Front.
In der Slowakei besuchte ich die Lager der aus Deutschland evakuierten Jugend im Rahmen unserer Erweiterten Kinderlandverschickung. Die slowakische Regierung hatte alles getan, um uns durch Bereitstellung von Unterkünften behilflich zu sein. Ich konnte mich von der Gesundheit, der Ernährung und Freizeitgestaltung in den Lagern überzeugen und gewann den Eindruck, daß die Kinder und Jugendlichen hier noch ohne Luftangriffe in Ruhe leben konnten und nicht Nacht für Nacht gezwungen waren,

bei Luftalarm in die Keller und Bunker zu eilen. Gewiß fehlte ihnen das Elternhaus. Aber nach den Kriegsverhältnissen hatten wir zumindest eine bestmögliche Ersatzlösung geschaffen.
Die slowakische Jugend in ihren bunten und heiteren Trachten begrüßte mich mit ihren frohen und lebensbejahenden Liedern. Es war eine Freude, das Verstehen zwischen der Jugend beider Nationen zu erleben. Das kam auch in meinen Gesprächen mit dem slowakischen Jugendführer Macek zum Ausdruck. Während meines Aufenthaltes in der Slowakei wurde ich vom slowakischen Innenminister Mach sowie vom slowakischen Verteidigungsminister und Oberbefehlshaber der slowakischen Armee, General Catlos, empfangen. Diesem war ich bereits 1942 auf der Burg in Krakau in einer Runde beim Generalgouverneur und Reichsminister Dr. Hans Frank begegnet. Bei diesem Treffen war er uns Deutschen gegenüber offen und zugänglich, während ich bei unserer erneuten Begegnung im August 1944 glaubte, eine gewisse Zurückhaltung empfunden zu haben. In der vorausgegangenen Unterhaltung mit unserem Gesandten Ludin trat auch zutage, daß sein Vertrauen zum General Catlos nicht ohne Einschränkung war. Zu jener Zeit hatten sich schon Partisanengruppen gebildet, die sich aufgrund des für uns nachteiligen Kriegsgeschehens in ihrem Vorgehen gegen die Deutschen ermutigt fühlten.
Am 22. August 1944 machte ich dem Staatspräsidenten Dr. Tiso in Gegenwart unseres Gesandten Ludin meine Aufwartung. Er machte auf mich den Eindruck eines humanen Landesvaters. So wie er sich als Pfarrer und Seelenhirte um seine Gemeinde kümmerte, so kümmerte er sich auch um sein Volk. Das schloß nicht aus, daß er als Sohn eines überwiegenden Bauernvolkes auch eine bäuerliche Schläue besaß. Die Führung im Lande war weitgehend durch Glaubensbrüder bestimmt. So war es auch in der Hlinka-Jugend der Slowakei. Viele junge Pfarrer betätigten sich volks- und jugendnah in der Führung von Jungen und Mädeln. Nie hatten wir mit dieser Führung Schwierigkeiten gehabt. Eine Woche nach meinem Aufenthalt in Preßburg brach in der Slowakei der Aufstand einer neu geformten Nationalarmee gegen die Deutschen aus, mit der der General Catlos insgeheim konspirierte. Der Aufstand wurde von deutschen Truppen Ende Oktober niedergeschlagen und mit der Einnahme von Banska Bystrica, dem Zentrum des Widerstandes, beendet. Staatspräsident Dr. Tiso wurde 1946 in Preßburg der Prozeß gemacht, in dem er zum Tode verurteilt wurde. 1947 erfolgte seine Hinrichtung. Die Amerikaner hatten ihn im Kloster Altötting, wo er Zuflucht gefunden hatte, aufgespürt und ausgeliefert.
Das Jahr 1944 stand auch im Zeichen der Aktivitäten der Jugendorganisationen in den besetzten Ostgebieten. Schwerpunkte dieser Aufbauarbeit hatten sich in den baltischen Ländern Estland, Lettland, Litauen und in

Weißruthenien (Weißrußland) gebildet. Auf diese Gebiete besaß ich keinen direkten Einfluß, geschweige denn eine Zuständigkeit oder Weisungsbefugnis. Sie endete an der deutschen Reichsgrenze. Diese Territorien gehörten zum Veranwortungsbereich des Reichsministeriums für die besetzten Ostgebiete. 1942 bat mich der Minister Alfred Rosenberg, ihm dafür einen geeigneten Jugendführer zu benennen. Ich schug ihm den späteren Hauptbannführer Siegfried Nickel vor, der sich in der Hitlerjugend des Gebietes Niedersachsen als Führer sehr bewährt hatte. Er erarbeitete für das Ministerium ein Konzept für seine Tätigkeit, über das er auch mich informierte. Daher wußte ich von Anfang an genau, nach welchen Prinzipien er zu handeln gedachte. Sie begründeten sich nicht auf Zwang und Unterdrückung, sondern auf Freiwilligkeit. So entstanden in den baltischen Ländern und in Weißruthenien Jugendorganisationen auf der Grundlage der Selbstbestimmung, Unabhängigkeit und Eigenständigkeit. Sie trugen wie die tschechische Jugend eigene Uniformen und hatten ihre eigenen Symbole und Embleme. Auch die Führer der baltischen Jugendorganisationen lud ich als Gäste zur Teilnahme am Gründungskongreß des Europäischen Jugendverbandes ein, was von unserer Seite aus ein deutliches Zeichen für die Bereitschaft zur engen Zusammenarbeit war.

Und dieser Wille zur kameradschaftlichen Zusammenarbeit war unbeschadet der Schwierigkeiten, die auch deutsche Dienststellen bereiteten, bis zum Ende des Krieges lebendig. So wurde zum Beispiel berichtet, daß am Anfang sogar von seiten der SS, für die später Freiwillige in den osteuropäischen Jugendorganisationen geworben wurden, an die Jugendbeauftragten des Reichsministeriums für die besetzten Ostgebiete das Ansinnen gestellt wurde, das „Weißruthenische Jugendwerk" zu verbieten. Allerdings ohne Erfolg. Man suchte auch zu verhindern, daß von den autonomen Jugendorganisationen der osteuropäischen Völker anstelle des diskriminierenden Ostarbeiterabzeichens die Armbinde mit ihren nationalen Emblemen getragen wurde. Auch das stieß auf Ablehnung der deutschen Jugendbeauftragten. Sie waren laufend bemüht, Jugendliche aus den Lagern des Generalbevollmächtigten für den Arbeitseinsatz herauszuholen und sie in Lager der Luftwaffenhelfer zu überführen, in denen sie eine fürsorgliche Betreuung durch deutsche Jugendführer erfuhren. Natürlich wurde im fünften Kriegsjahr das Ziel verfolgt, alle Kräfte in den osteuropäischen Jugendorganisationen für die deutschen Kriegsanstrengungen zu mobilisieren. Aber nicht durch Zwang, sondern auf der Grundlage der Freiwilligkeit. Es fanden Werbemaßnahmen für unsere Luftwaffe und Waffen-SS statt. Die ersten 10.000 Jugendlichen wurden am 8. Juli 1944 in Troppau/Oberschlesien vereidigt. Sie kamen aus Lettland, Estland, Litauen, Weißruthenien und der Ukraine. Von dieser Kundgebung befinden sich noch

Fotos in meinem Besitz, aus denen ersichtlich ist, daß die osteuropäische Jugend diese Veranstaltung gemeinschaftlich mit der deutschen Jugend unter ihren und unseren Symbolen gestaltet hat. Leider erhielt ich diese beweiskräftigen Aufnahmen erst nach meinen Vernehmungen im Gefängnis des Internationalen Militärtribunals von Nürnberg. Dort hatte man nämlich meinen Vorgänger und mich unzutreffend beschuldigt, die osteuropäische Jugend versklavt und nach Deutschland verschleppt zu haben. Auch vor der deutschen Spruchkammer in Nürnberg mußte ich mich deswegen verteidigen. Im Zusammenhang mit diesem Verfahren komme ich noch auf diese Beschuldigung zurück. Hervorheben möchte ich, daß unter den osteuropäischen Jugendlichen auch Angehörige von einigen Gymnasien und höheren Lehranstalten waren, die sich freiwillig und geschlossen für einen Einsatz als Luftwaffenhelfer gemeldet hatten. Die Lehrer dieser Anstalten begleiteten die Jugendlichen nach Deutschland, unterrichteten sie in der dafür zur Verfügung stehenden Zeit und wurden von den deutschen Dienststellen besoldet. Zu diesen Anstalten zählten die Gymnasien in Lemberg und Novogrodeck.

Von der landeseigenen lettischen Verwaltung wurden 12.000 Jugendliche eingezogen und leisteten in Lettland als Luftwaffenhelfer ihren Dienst. Sie unterstanden der lettischen Division unter Führung des lettischen Generals Dankers. Erst als die Sowjets in Lettland eindrangen, wurden sie nach Deutschland überführt bzw. gingen mit den sich absetzenden deutschen Truppen zurück. Ebenso verhielt es sich bei den Jugendlichen aus Estland und Litauen. Mitglieder der osteuropäischen Jugendorganisationen, die sich in Deutschland im Arbeitseinsatz befanden, genossen den gleichen Schutz und wurden unter den gleichen Bedingungen ausgebildet wie die deutschen Lehrlinge. Im Rahmen der sogenannten „Heuaktion" hatte die Wehrmacht im Mittelabschnitt einen 5 km-Streifen hinter der Front von der Zivilbevölkerung räumen lassen, weil Jugendliche immer wieder von der Feindspionage zu Kuriergängen durch die Front mißbraucht worden waren. In Verhandlungen mit den Junkerswerken in Dessau und Crimmitschau wurde erreicht, daß diese Kinder und Jugendlichen in Baracken untergebracht und einer Ausbildung zugeführt wurden. Die Junkerswerke übernahmen die Kosten unter der Voraussetzung, daß die Kinder kleine Arbeiten wie Kartoffelschälen in den Werksküchen, nebenher verrichteten. Das Reichsministerium für die besetzten Ostgebiete zahlte einen Zuschuß von 54.000 RM zum Unterhalt der Kinder, die auch die gleiche Lebensmittelzuteilung wie den deutschen Jugendlichen erhielten. Mir ist nicht bekannt geworden, daß ein einziges Kind in dieser Zeit ums Leben gekommen ist. Diese Jugend wurde nicht versklavt, sondern nach besten Möglichkeiten betreut.

Im späten Sommer 1944 bewährten sich Jungen und Mädel in einer neuen Maßnahme des heimatlichen Kriegseinsatzes. Die Rote Armee war mit ihren uns zahlenmäßig weit überlegenen Menschenmassen und Kriegsmaterialien immer weiter nach Westen vorgedrungen. Man konnte sich ausrechnen, wann sie bei Fortdauer dieser Entwicklung die deutsche Grenze erreicht haben würde. Daher erging an die von der Rüstungsindustrie abkömmlichen Kräfte der Aufruf, an den Grenzen im Osten, im Südosten, aber auch im Westen, für die Abwehr unserer Soldaten Unterstände und Stellungen zu bauen sowie Panzer- und Schützengräben in einem gestaffelten System auszuheben. Daran beteiligte sich nun ebenfalls die Hitlerjugend, deren „Schanzeinsatz" als Ableistung der Jugenddienstpflicht galt.

Die Jungen erfüllten diesen Auftrag, während etwa 125.000 Mädel in den Küchen, Wasch- und Nähstuben, in den Krankenrevieren und in der Nachrichtenvermittlung wertvolle Hilfe leisteten. Insbesondere wurde darauf geachtet, daß Luftschutzgräben ausgehoben wurden, um den Jugendlichen vor überraschenden Fliegerangriffen Schutz zu bieten. Dieser Tatsache war es zu verdanken, daß wir nur etwa 0,05 Prozent an Ausfällen zu beklagen hatten. Ich bin viel zu Inspektionen dieses Schanzeinsatzes unterwegs gewesen, um mich von der Ausgabe und Güte der erhöhten Verpflegung, der gesundheitlichen und sanitären Versorgung sowie der körperlichen Eignung der Jugendlichen zu überzeugen. Für die Schanzarbeit ungeeignete Jugendliche wurden von mir nach Hause geschickt. Diese Inspektion an unseren Grenzen verband ich mit Besuchen bei Fronteinheiten der Wehrmacht. So weilte ich zum Beispiel am 27. August 1944 bei der niedersächsischen Infanteriedivision 131 unter der Führung des Generalleutnants Friedrich Weber, die zur 4. Armee des Generals der Infanterie Friedrich Hossbach gehörte und die Ostpreußen-Schutzstellung I bei Wizany in Litauen innehatte. Ich sprach zu den Abordnungen der Divisionen und begab mich danach zu den Soldaten in den vordersten Gräben, oder ich nahm an der Verabschiedung neu aufgestellter Grenadiereinheiten teil, die zur Front einrückten, wie zum Beispiel an der Verabschiedung des Grenadierregiments 164 in Schlesien, wo Generalfeldmarschall Busch den Vorbeimarsch der Truppe abnahm. Diese Besuche waren auch als Antwort auf die Besuche gedacht, die Vertreter der Front bei uns in der Heimat gemacht hatten.

Am 25. September 1944 verkündete der Führer den Erlaß zur Bildung des Deutschen Volkssturms. Darin wurde unter anderem folgendes bestimmt: „Zur Verstärkung der aktiven Kräfte unserer Wehrmacht und insbesondere zur Führung eines unerbittlichen Kampfes überall dort, wo der Feind den deutschen Boden betreten will, rufe ich daher alle waffenfähigen deutschen Männer zum Kampfeinsatz auf. Ich befehle:

1. Es ist in den Gauen des Großdeutschen Reichs aus allen waffenfähigen Männern im Alter von 16 bis 60 Jahren der Deutsche Volkssturm zu bilden. Er wird den Heimatboden mit allen Waffen und Mitteln verteidigen, soweit sie dafür geeignet erscheinen.
2. Die Aufstellung und Führung des Deutschen Volkssturms übernehmen in ihren Gauen die Gauleiter. Sie bedienen sich dabei vor allem der fähigsten Organisatoren und Führer der bewährten Einrichtungen der Partei, SA, SS, des NSKK und der HJ.
3. Ich ernenne den Stabschef der SA, Schepmann, zum Inspekteur für die Schießausbildung und den Korpsführer des NSKK, Kraus, zum Inspekteur für die motortechnische Ausbildung des Volkssturms.
4. Die Angehörigen des Deutschen Volkssturms sind während ihres Einsatzes Soldaten im Sinne des Wehrgesetzes.
5. Die Zugehörigkeit der Angehörigen des Volkssturms zu außerberuflichen Organisationen bleibt unberührt. Der Dienst im Deutschen Volkssturm geht aber jedem Dienst in anderen Organisationen vor.
6. Der Reichsführer SS ist als Befehlshaber des Ersatzheeres verantwortlich für die militärischen Organisationen, die Ausbildung, Bewaffnung und Ausrüstung des Deutschen Volkssturms.
7. Der Kampfeinsatz des Deutschen Volkssturms erfolgt nach meinen Weisungen durch den Reichsführer SS als Befehlshaber des Ersatzheeres.
8. Die militärischen Ausführungsbestimmungen erläßt als Befehlshaber des Ersatzheeres Reichsführer SS Himmler, die politischen und organisatorischen in seinem Auftrage Reichsleiter Bormann.
9. Die nationalsozialistische Partei erfüllt vor dem deutschen Volk ihre höchste Ehrenpflicht, indem sie in erster Linie ihre Organisationen als Hauptträger dieses Kampfes einsetzt."

Zur Ausführung dieses Führererlasses traf der Reichsführer SS als Befehlshaber des Ersatzheeres für die Jahrgänge der Hitlerjugend am 1. Oktober 1944 folgende Anordnung:

„Die Wehrhaftmachung des dritten Aufgebots des Deutschen Volkssturmes erfolgt:
1. Durch die Ausbildung der Jugendlichen im Alter von 15 Jahren in vierwöchigen Wehrertüchtigungslagern,
2. durch die Ausbildung der 16jährigen in sechswöchigen Wehrertüchtigungslagern,
3. durch monatliche (zweimonatliche) Überholung des Ausbildungsstandes der 16jährigen in viertägigen Bann-Ausbildungslagern,
4. durch Erfassung und Ausbildung von Unterführer-Bewerbern im Rahmen der dreimonatlichen Ausbildungszeit.

Umfang und Stärke dieser Ausbildungszeit wird nach dem jeweiligen Be-

darf festgelegt. Der Dienst im Rahmen der erweiterten Wehrhaftmachung der deutschen Jugend wird dem Dienst im Volkssturm gleichgestellt. Die Erfassung und Heranziehung sowie Durchführung obliegt dem Jugendführer des deutschen Reichs im Einvernehmen mit mir."
Weitere Bestimmungen zum Dritten Aufgebot des Deutschen Volkssturms erfolgten durch den Reichsminister für Rüstung und Kriegsproduktion, den Generalbevollmächtigten für den Arbeitseinsatz und den Reichsminister für Wissenschaft, Erziehung und Volksbildung. Diese sahen vor, daß Jugendlichen, die im Rahmen der erweiterten Wehrhaftmachung zur Ausbildung in den bezeichneten Lagern herangezogen wurden, der erforderliche Urlaub zu erteilen sei.
Dieser Urlaub wurde den berufstätigen Jugendlichen auf den ihnen nach Paragraph 21 des Jugendschutzgesetzes zustehenden Urlaub angerechnet. Die berufstätigen Jugendlichen erhielten von ihren Betrieben die Erziehungsbeihilfen, Gehälter oder Löhne weitergezahlt. Die Verpflegung der Jugendlichen richtete sich nach dem Erlaß des Reichsministers für Ernährung und Landwirtschaft vom 9.2.1943, nach dem Gesetze der Verpflegungsgruppe 1 gewährt wurden. Für die gesundheitliche Betreuung der Jugendlichen war der zuständige Gebietsarzt der Hitlerjugend verantwortlich. Für die Sozialversicherung der Jugendlichen, die Heilfürsorge und die Fürsorge und Versorgung galten die für die Ausbildung in den WE-Lagern ergangenen Bestimmungen, soweit nicht die Vorschriften für den Deutschen Volkssturm eine andere Regelung vorsahen. Es mußte sichergestellt werden, daß der zur Einziehung in der Wehrmacht heranstehende, in Berufsausbildung befindliche Jahrgang der Jugendlichen seine Lehrzeit beenden konnte. Der Reichsminister für Erziehung, Wissenschaft und Volksbildung verfügte, daß Jugendliche des Jahrgangs 1928 den erforderlichen Urlaub von der Schule erhielten.
Nachdem im Dezember 1944 alle Ausführungsbestimmungen zum Volkssturm-Erlaß herausgegangen waren, trat de facto die Einberufung des Jahrgangs 1928 zum Dritten Aufgebot des Volkssturms erst mit dem Beginn des Jahres 1945 und damit für die letzten vier Monate des Krieges in Kraft. Erst in dieser Zeit erfolgte zum ersten Mal die Ausbildung des Jahrgangs 1928 an der scharfen Waffe. In den vergangen zwölf Jahren war das Jungvolk lediglich am Luftgewehr und die Hitlerjugend am Kleinkalibergewehr ausgebildet worden.
Die Medien behaupteten in den vergangen Jahrzehnten und insbesondere aus dem Anlaß des 50. Jahrestages des Kriegsendes beständig, daß die HJ-Führer und vor allem ich die Jugend sinnlos im Krieg verheizt haben. Daher weise ich noch einmal auf die Tatsache hin, daß die Heranziehung der Jugend zum Deutschen Volkssturm nicht durch uns, sondern durch Geset-

zeskraft erfolgte, und daß für den militärischen Einsatz des Dritten Aufgebotes laut Punkt 4 des Erlasses nicht die HJ, sondern der Befehlshaber des Ersatzheeres, und damit die Führer des Deutschen Volkssturms, der der Wehrmacht angehörte, verantwortlich war. Wir haben die Jugend in der HJ zur Wehrbereitschaft erzogen und sie in jugendgemäßer Weise auf den Dienst in der Wehrmacht vorbereitet. Darin sahen wir eine ehrenvolle Aufgabe und haben auch dafür zu jeder Zeit die Verantwortung übernommen. Um das Dritte Aufgebot der Jugend im Volkssturm hatte es Auseinandersetzungen gegeben. Der Leiter der Parteikanzlei, Bormann, wollte unbedingt den Jahrgang 1928 nicht gesondert als Drittes Aufgebot erfaßt wissen, sondern machte sich stark für gemischte Einheiten, die sich aus Älteren und Jüngeren zusammensetzen sollten. Die Reichsjugendführung hingegen trat dafür ein, daß der Jahrgang 1928 geschlossen als Drittes Aufgebot unter ihren frontbewährten HJ-Führern, die ihre Jungen bereits genau kannten, aus den Wehrertüchtigungslagern in den Volkssturm eingegliedert wurden. Diese Einstellung ergab sich aus der Sorge, daß in gemischten Einheiten die Jungen für die Alten die Kastanien aus dem Feuer holen müßten und vermutet wurde, daß deren Einsatzmoral keinen positiven Einfluß auf die Jüngeren ausüben würde. Diese gegensätzliche Position der Parteikanzlei und der Reichsjugendführung wurde letztlich durch die Stellungnahme des Befehlshabers des Ersatzheeres, Himmler, zu unseren Gunsten entschieden. Wir glaubten, mit dieser Regelung für die Jugend des Dritten Aufgebots eine bessere Lösung erreicht zu haben.

Mit der Einberufung der 16- bis 60jährigen läuteten für uns die Alarmglocken die letzte Phase der äußersten Kriegsanstrengungen ein. In einer Amtschefssitzung berieten wir über unser Verhalten bei weiteren Anforderungen der Jugend für den Kriegseinsatz. Ein tiefer Ernst beherrschte diese Stunde. Eindringlicher als je zuvor beschäftigte uns nun die Frage nach dem Ausgang des Krieges und die Notwendigkeit, die Meinung von führenden Persönlichkeiten des Reiches und bedeutenden militärischen Führern einzuholen. Dabei dachte ich an den Rüstungsminister Speer und den Generalstabschef des Heeres, Generaloberst Guderian, mit denen in der folgenden Zeit auch Gespräche stattfanden.

Wir selbst hatten ja den Jahrgang 1928 aufgerufen, sich als Kriegsfreiwillige zu melden. Wir waren ursprünglich davon ausgegangen, daß die 16jährigen noch vor der Einberufung zur Truppe ihre Pflicht im Reichsarbeitsdienst erfüllen und so frühestens mit dem 17. Lebensjahr zur Wehrmacht einrücken würden. Aber nach dem Volkssturmerlaß konnten nun alle 16jährigen direkt auf pflichtmäßiger Grundlage zum Deutschen Volkssturm herangezogen werden. Die Freiwilligenwerbung erbrachte im angehenden sechsten Kriegsjahr ein überwältigendes Ergebnis. 70 Prozent des

Jahrgangs 1928 meldeten sich als Kriegsfreiwillige. Diese Meldungen wurden mir von Abordnungen aus allen Gebieten auf dem Reichsappell überbracht, der im Hof des Stadtschlosses zu Potsdam durchgeführt wurde, das sechs Monate später durch feindlichen Luftangriff zerstört wurde. Kriegsfreiwillige aus den Gebieten Brandenburg und Berlin waren in dieser historischen Stätte angetreten, umgeben von den Ehrenkompanien der frontbewährten Divisionen „Großdeutschland" und der 12. SS-Panzerdivision „Hitlerjugend". Telegrafisch meldete ich dem Führer das Ergebnis, und er antwortete am 7. Oktober 1944 aus dem Hauptquartier:
„Meine Hitlerjugend! Mit Stolz und Freude habe ich Eure Meldungen als Kriegsfreiwillige des Jahrganges 1928 entgegengenommen. In der Stunde der Bedrohung des Reiches durch unsere haßerfüllten Feinde habt Ihr ein leuchtendes Beispiel kämpferischer Gesinnung und fanatischer Einsatz- und Opferbereitschaft gegeben. Die Jugend unserer nationalsozialistischen Bewegung hat an der Front und in der Heimat erfüllt, was die Nation von ihr erwartet. Vorbildlich haben Eure Kriegsfreiwilligen in den Divisionen ‚Hitlerjugend', ‚Großdeutschland', in den Volksgrenadierdivisionen und als Einzelkämpfer in allen Wehrmachtteilen ihre Treue, ihre Härte und ihren unerschütterlichen Siegeswillen durch die Tat bewiesen."
Nach dem Kriege wurden diese Meldungen über die Kriegsfreiwilligen mit großer Skepsis aufgenommen und ihr Wahrheitsgehalt bezweifelt. Es gab dafür aber eine Gegenkontrolle. Das Oberkommando der Wehrmacht veröffentlichte in seinem Kriegstagebuch 1944/45, daß sich von den 550.000 Angehörigen des kriegsstarken Jahrganges 1928 374.000 als Kriegsfreiwillige auf den Annahmestellen der Wehrmacht vorgestellt hatten. 70 Prozent von 550.000 sind 385.000. Demnach ergab sich daraus, daß von der Meldung bei der HJ bis zur Annahmestelle der Wehrmacht 11.000 Meldungen untergegangen sind. Das ist in der Relation betrachtet nur eine geringfügige Differenz. Diese Freiwilligenmeldungen nach fünf Jahren Krieg dürften ein seltenes Ereignis in der Kriegsgeschichte sein.
Auffällig war 1944, daß sich verhältnismäßig viele Jugendliche freiwillig zu den Kleinkampfverbänden der Kriegsmarine gemeldet hatten, so daß das Oberkommando der Kriegsmarine den größten Teil der Freiwilligen zurückweisen mußte. Bei den Kleinkampfverbänden handelte es sich vor allem um die Ein-Mann-Torpedo-Waffe sowie um Kleinst-U-Boote mit Ein- oder Zwei-Mann-Besatzung. Bei dem Ein-Mann-Torpedo wurden zwei Torpedos miteinander gekoppelt, wobei der Pilot vom oberen Torpedo über ein Kimme-Korn-Visier den unteren Torpedo abschießen konnte. Der ehemalige westfälische Marine-HJ-Gefolgschaftsführer Gerhold war der erste Freiwillige der Ein-Mann-Torpedo-Waffe, der für seinen wagemutigen und erfolgreichen Einsatz mit dem Ritterkreuz ausgezeichnet wurde. Der 17jäh-

rige Matrosengefreite Horst Berger, der noch vor wenigen Monaten Hitlerjunge in Berlin-Neukölln war, erhielt nach seinem zweiten Einsatz gegen die Invasionsflotte das Deutsche Kreuz in Gold und wurde zum Bootsmaaten befördert. Hitler selbst nahm am 14. Oktober 1944 mit folgendem Befehl eine Auszeichnung der jungen Männer von den Kleinkampfverbänden der Kriegsmarine vor:
„In Anerkennung der vorbildlichen Leistungen der jungen Einzelkämpfer der Kriegsmarine verleihe ich der ersten Sturmboot-Flottille des Kommandos der Kleinkampfverbände, die sich durch besonderen Schneid und jugendliches Draufgängertum hervorragend bewährt hat, den Namen ‚Hitlerjugend' mit der Berechtigung, ein entsprechendes Ärmelband zu tragen. In gleicher Weise gilt meine Anerkennung der Hitlerjugend, die durch ihre Freiwilligenmeldung zum Wehrdienst höchste Einsatzbereitschaft und Wehrfreudigkeit beweist."
Im späten Herbst des Jahres 1944 erhielt ich in unserer Bibliothek in der Kurfürstenstraße einen seltenen Besuch. Der SS-Obergruppenführer Berger erschien bei mir mit dem russischen Generalleutnant Andrej Julius Andrejewitsch Wlassow, der 1942 in Wolchow-Kessel in deutsche Gefangenschaft geraten war. Im September 1942 hatte er in einem Flugblatt seine kämpfenden russischen Landsleute aufgerufen, sich mit allen Kräften und Mitteln für die Niederringung des allen verhaßten Stalin-Regimes einzusetzen. Er sah im Bolschewismus den Feind des russischen Volkes. Wlassow war kurz zuvor zum ersten Mal vom Reichsführer SS und Oberbefehlshaber des Ersatzheeres empfangen worden. Das deutete darauf hin, daß endlich eine umfassende Regelung über den Einsatz von russischen Freiwilligen an der Front auf unserer Seite beabsichtigt war. Auch Hitler empfing Wlassow zum ersten Mal. Aber erst am 30. Januar 1945 beauftragte er den Generalleutnant mit der Aufstellung der russischen Freiheitsarmee. Das war ein Vierteljahr vor Beendigung des Krieges.
Ich hatte mich über Herkunft und Vergangenheit meines Besuchers informiert. Er war der Sohn eines russischen Bauern. Ursprünglich wollte er eigentlich Priester werden und besuchte ein geistliches Seminar. Mit revolutionären Studenten erlebte er 1917 die Oktoberrevolution und meldete sich zur „Roten Garde". In der Armee stieg er bis zum Divisionskommandeur auf. 1938/39 wurde er nach China entsandt, um als Berater im Stab von Tschiang-Kai-shek tätig zu werden. Er verteidigte 1941 Kiew und Moskau und führte 1942 als Befehlshaber die 2. Stoßarmee an der Wolchow-Front, wo er im Juli 1942 in deutsche Gefangenschaft geriet. Im September des gleichen Jahres richtete er in einem Flugblatt an die Soldaten der Roten Armee einen Aufruf und forderte sie auf, an der Seite Deutschlands gegen die Gewaltherrschaft Stalins zu kämpfen. Sicher sind diesem Ruf

manche Rotarmisten gefolgt und übergelaufen. Über die Gespräche, die Wlassow seit dieser Zeit mit den deutschen Führungsstellen bzw. der Wehrmacht geführt hat, war ich nicht informiert. Nur soviel wurde mir doch bekannt, daß die Einstellung zu Wlassow und die ihm gegenüber einzuschlagende Linie sehr unterschiedlich waren. Sie bewegten sich zwischen der Ablehnung des Reichsführer SS Himmler, mit den Russen die Sowjets besiegen zu wollen, und dem Verhalten Baldur von Schirachs, der Wlassow im Juli 1943 offiziell in seiner Statthalterresidenz am Ballhausplatz in Wien empfing, vor der eine Kompanie der Division „Großdeutschland" aufmarschiert war. Wochen zuvor konnten wir in der Führerzeitschrift der Hitlerjugend „Wille und Macht" einen Offenen Brief des Generals Wlassow lesen, dessen Weiterverbreitung durch das Reichspropagandaministerium untersagt wurde. Aus dem Reichsministerium für die besetzten Ostgebiete und vom Hauptbannführer Nickel wußte ich auch, daß Gegensätze in der Frage bestanden, ob man auf die großrussische Karte oder die Karte der nichtrussischen Völkerschaften setzen sollte.

Als SS-Obergruppenführer Berger mich mit Wlassow aufsuchte, waren bereits zwei Jahre vergangen, ohne daß diese Frage definitiv entschieden worden war. Daß Berger, der am Anfang die Meinung seines Chefs geteilt hatte, mit Wlassow bei mir erschien, war ein Zeichen für die Veränderung der Situation. Die Unterhaltung konnte also aufschlußreich werden. Wlassow war damals etwa 44 Jahre alt, seine schlanke Erscheinung mit dem Gardemaß der „langen Kerls" imponierend. Auf mich machte er den Eindruck eines sehr intelligenten Offiziers. Ich sah in ihm keinen Abenteurer, keine Söldner- oder Landsknechtsnatur. Er war Großrusse und Patriot. In unserer Unterhaltung blieb er auf Distanz und hielt sich zurück. Er zeigte kein besonderes Engagement. So lag es bei mir, das Gespräch zu führen und ihn über den Kriegseinsatz der deutschen Jugend zu unterrichten. Das war wohl auch die Absicht des Obergruppenführers Berger, daß ich Wlassow von den Kriegsanstrengungen der deutschen Jugend und ihrer sozialen Arbeit überzeugen sollte. Von Wlassow erfuhr ich eigentlich nur, daß er ein freies Rußland ohne Kommunismus und Kapitalismus wollte, das aber nach seiner Auffassung sozialistisch sein sollte. Ich hatte das Empfinden, daß sich dieser Offizier in seiner Haut nicht ganz wohl fühlte.

Nach seinem Besuch dachte ich darüber nach, daß er gerade als Patriot versucht haben wird, von seinen deutschen Partnern zu erfahren, wie sein Land nach einem von Deutschland gewonnenen Krieg aussehen würde. Darauf hat er nie eine klare Antwort bekommen, wie man dann später erfuhr. Das mußte ihn verunsichert, ja enttäuscht haben. Das Gespräch hatte mir in Einzelheiten keinen Aufschluß gebracht. Nachdem Hitler am 30. Januar 1945 Wlassow die Genehmigung erteilt hatte, die russische Freiheitsarmee aufzubauen, stellte er zwei Divisionen auf, die im April 1945 an der Oderfront zum Einsatz gelangten. Bei dem weiteren Vormarsch der Sowjets zogen sich die Wlassow-Soldaten in die Tschechoslowakei zurück und verbündeten sich dort unter ihrem Befehlshaber mit den aufständischen Tschechen, die gegen die Deutschen kämpften - sei es in der Absicht, dadurch die Verhandlungen mit den Amerikanern zu erleichtern, oder sei es aus Enttäuschung über die Deutschen. Auf dem Weg zu den Amerikanern wurde Wlassow auf der Landstraße von einem sowjetischen Jeep blockiert. Ein Hauptmann der Wlassow-Armee hatte ihn an die Sowjets verraten. Er wurde nach Moskau gebracht und erlitt nach einem Prozeß am 1. August 1946 den Tod durch den Strang. Die Mehrzahl seiner Soldaten wurde von den Amerikanern an die Sowjets ausgeliefert, wie es auch mit den Kosaken durch die Engländer geschah.

Erst im März 1945 wurden die nicht-russischen Nationalkomitees als alleinige Vertretung ihrer nationalen Interessen anerkannt. Sie hatten am Ende des verlorenen Krieges gegenüber den Deutschen keinen Verrat begangen. Das erfuhr ich aus dem Manuskript für einen Vortrag, den der Abteilungsleiter „Fremde Völker" im Reichsministerium für die besetzten Ostgebiete, von Mende, am 29. Oktober 1960 in Bad Aussee über die deutsche Ost-Politik 1941 - 1945 gehalten hat.

Im letzten Monat des Jahres 1944, ich glaube, es war der 10. Dezember, fand in Rechlin eine Vorführung neuer Waffen statt. Dazu waren Persönlichkeiten des Reiches und hohe Diplomaten, an der Spitze der japanische Botschafter Oshima, eingeladen worden. Rüstungsminister Speer hatte auch mich gebeten, an dieser Veranstaltung teilzunehmen. So bot sich mir die Gelegenheit, mit ihm über die Sorgen zu sprechen, die uns auf der Amtschefsitzung der Reichsjugendführung kürzlich beschäftigt und bewegt hatten. In Rechlin wurden unter anderem neue Flakmunition, ein Nachtsichtgerät, eine Infrarot-Maschinenpistole, ein Gewehr mit Krummlauf und spezieller Visiereinrichtung, mit dem man um die Ecke schießen konnte, gezeigt. Besonderes Interesse erregten das Turbinenjagdflugzeug Me 262 sowie der jüngst konzipierte sogenannte „Volksjäger" He 162. Für diesen „Volksjäger" sollte ein geschlossener Jahrgang der Flieger-HJ vom Nationalsozialistischen Fliegerkorps in mehrwöchiger Segelflugausbildung zu Piloten geschult werden. Über diese Absicht beriet ich mich mit meinem Kameraden und Oberstleutnant der Luftwaffe, Werner Baumbach. Da die Ausbildung ohne die Praxis auf einem Motorflugzeug geplant war, lehnte Baumbach diese unzureichende Ausbildung ab. Ich schloß mich dieser Ablehnung an. Der Volksjäger He 162 kam im Krieg nicht mehr zum Einsatz.

Am nachhaltigsten hatte mich in Rechlin der Film über die V2-Waffe be-

wegt. Zum erstenmal in meinem Leben sah ich eine riesenhafte Rakete in den Himmel steigen. Ich ahnte nicht, daß diese Rakete nicht nur eine Kriegswaffe, sondern zugleich den Beginn und Einstieg in die Weltraumfahrt verkörperte. Wenn ich das auch nicht wußte, so hatte ich im Anblick der himmelwärts strebenden Rakete das erhebende Gefühl, an der Schwelle zu einem neuen technischen Zeitalter zu stehen. Von dem Einsatz dieser V2-Waffe versprach ich mir auch eine mögliche Wende im Kriegsgeschehen. Damals wußte ich nicht, daß die V2-Rakete nicht über eine solche Geschwindigkeit verfügte, die sie unverwundbar machen konnte. Sie konnte noch von den schnellen englischen Jägern abgeschossen werden. Außerdem bedurfte ihre Zielgenauigkeit einer Verbesserung. Diese Einschränkungen waren mir in Rechlin nicht gegenwärtig, so daß meine Zuversicht unbeeinträchtigt blieb. Sie wurde auch durch den Erfolg der Kleinkampfverbände der Kriegsmarine gefestigt, in deren Rahmen unsere Nachwuchskräfte mit dem Ein-Mann-Torpedo, dem Ein-Mann-U-Boot „Biber" und dem Zwei-Mann-U-Boot „Seehund", das einen größeren Bewegungsradius und die technische Einrichtung größerer U-Boote besaß, zum Einsatz kamen. Bemerkenswert war auch, daß Raketen von untergetauchten großen U-Booten abgeschossen werden konnten.
Die Würdigung und Wertung der deutschen Waffenentwicklung und Konstruktionspläne, die weit in die Zukunft wiesen, durch ausländische Fachautoren der Siegermächte der Nachkriegszeit haben mir bestätigt, daß meine Zuversicht nicht illusorisch, sondern durchaus begründet war. Nach der Vorführung sprach ich den Rüstungsminister Speer an, der mich in einem kleinen Birkenwäldchenein in ein Gespräch zog. In diesem Wäldchen standen gut verborgen unsere Strahljäger. Meine entscheidende Frage an ihn lautete: „Glauben Sie, Herr Minister, daß der Einsatz dieser neuen Waffen das Kriegsgeschehen wenden kann?" Diese Frage beantwortete er mit einem klaren „Ja". Zu Albert Speer besaßen wir Jugendführer großes Vertrauen. Er förderte unsere „Arbeitsgemeinschaft Junges Schaffen", die jungen Architekten und die Heimbeschaffung der HJ, er trat als Redner in der „Woche der Schaffenden Jugend" auf und unterstützte den Technischen Wettbewerb der Hitlerjugend. Ohne Zweifel gehörte er zu den produktivsten und intelligentesten Persönlichkeiten des Dritten Reiches. Ich staunte über die seltene Kombination der Eigenschaften eines bedeutenden Künstlers und Architekten und eines kühlen Organisators der Rüstungswirtschaft in seiner Persönlichkeit. Zudem war er noch sehr jung. Sein Wort wog schwer für uns.
Mit aufgefrischter Hoffnung fuhr ich nach Berlin zurück und berichtete meinen Amtschefs über die Vorführung von Rechlin und die ermutigenden Worte Speers. Das setzte sich in der Weiterführung des Kriegseinsatzes der Jugend um.

Unsere Sorge blieben die wirkungsvollen Bombenangriffe des Gegners. Viele Städte lagen bereits in Trümmern. Die Reichshauptstadt war seit November 1943 wiederholtes Angriffsziel der feindlichen Bomberflotten geworden. Ich bewunderte die Bevölkerung. Obwohl so viele Häuser in Trümmern lagen, regte sich nach wie vor kräftiges Leben. Jeden Morgen gingen die Menschen diszipliniert zur Arbeit, buken die Bäcker ihr Brot, wurde der Verkehr nach Möglichkeit aufrecht erhalten. Bei allen schmerzlichen Verlusten wuchs der Trotz des Widerstandes. Selbst hier und da war der Humor nicht totzuschlagen. Die Moral blieb ungebrochen.

Wenn sich Werner Baumbach in Berlin oder in der Luftkriegsschule draußen in Gatow aufhielt, wo sich auch unser Gäste- und Auslandshaus befand, vertrauten wir einander in privatem Zusammensein die Sorgen an, die uns in unserem Aufgabenbereich plagten. So beratschlagten wir über den Vorschlag der tapferen Testpilotin Hanna Reitsch, im Hinblick auf die desolate Kriegslage Freiwillige für den Totaleinsatz in der Luftwaffe nach dem japanischen Kamikaze-Vorbild zu werben. Mit diesem Vorschlag konnten wir uns beide nicht einverstanden erklären und sprachen uns entschieden dagegen aus. Man mußte den Piloten die Chance geben, selbst bei gewagtestem Einsatz mit dem Leben davonzukommen. Diese Chance bot den Piloten das „Huckepack"-Flugzeug, das auch „Mispel" genannt wurde. Auf einem Bomber war ein Jagdflugzeug montiert, von dem aus der Pilot den mit Sprengstoff gefüllten Bomber im Sturzflug auf das anvisierte Ziel steuern konnte, um sich dann mit dem Jagdflugzeug im richtigen Augenblick ausklinken und dadurch entkommen zu können. Diese „Huckepack"-Flugzeuge gehörten dem legendären Kampfgeschwader 200 an, dessen Kommodore der Oberstleutnant und ab Januar 1945 der Oberst Werner Baumbach war. Er hatte zugleich die Dienststelle des Generals der Kampfflieger inne. Das Mispel-Prinzip war dem Kamikaze-Prinzip unbedingt vorzuziehen. Baumbach erhielt durch den Rüstungsminister Speer die Möglichkeit, dem Führer seine Einstellung gegenüber den Selbstopferern vorzutragen. Auch Hitler lehnte den Totaleinsatz ab. Ebenso konnte Heinrich Himmler, der von Hanna Reitsch für das Projekt gewonnen worden war, durch Werner Baumbach wieder davon abgebracht werden. Mittlerweile hatten sich bereits Freiwillige als Selbstopferer gemeldet, die ich in unserem Auslandshaus empfangen und kennengelernt habe. Bei ihnen handelte es sich keineswegs um lebensmüde Krieger oder Abenteurer, sondern um normale Soldaten. Da die für sie vorgesehene steuerbare Gleitbombe nicht fertiggestellt wurde, entfiel auch aus diesem Grund ihr Einsatz.

Mit den Ritterkreuzträgern des Heeres und der Kriegsmarine waren die erfolgreichen Asse der Luftwaffe bei uns in Gatow des öfteren zu Gast. Was waren das für hervorragende Männer und Persönlichkeiten, wenn ich nur an den schleswig-holsteinischen Bauernsohn Walter Oesau, den sensiblen und feinnervigen Nachtjäger von Lützow oder den intelligenten Draufgänger Hajo Herrmann denke, der die Taktik der „Wilden Sau" und das Rammen der feindlichen Flugzeuge eingeführt hatte! Diese Tapfersten stiegen noch auf, um ihre Heimat zu verteidigen, als der Kampf gegen eine vielfache Übermacht am Himmel schier aussichtslos erschien. Wie könnte man je solche Männer verleugnen!

In Werner Baumbach hatte ich einen Kameraden gewonnen, der sich neben seiner Tapferkeit durch seine Zivilcourage und Mut zur unbequemen Wahrheit gegenüber seinen höchsten Vorgesetzten auszeichnete. Vor seinem Eintritt als Fahnenjunker in die Luftwaffe führte er eine Einheit der Flieger-Hitlerjugend in seinem Heimatort Cloppenburg/Oldenburg, der er sich auch später stets verbunden fühlte. Er flog erfolgreiche Einsätze gegen die britischen Seestreitkräfte in der nördlichen Nordsee, gegen die britische Home Fleet in Scapa Flow Firth of Forth, gegen Geleitzüge und versenkte einen Kreuzer. Damit wurde er zum erfolgreichsten deutschen Kampfflieger gegen Schiffsziele und wurde mit den Schwertern zum Ritterkreuz des Eisernen Kreuzes ausgezeichnet. Vor allem empfand er sich als Vertreter und Sprecher seiner Frontfliegerkameraden im Kampf gegen Mißstände und Fehlplanungen. Nach mehreren Gesprächen mit Reichsmarschall Göring, die im Sinne der Frontflieger mit keineswegs zufriedenstellenden Ergebnissen verliefen, richtete Werner Baumbach an seinen Oberbefehlshaber einen Brief, der die Tragik in unserer Luftwaffe zum Ausdruck brachte und in dem es unter anderem hieß:

„Herr Reichsmarschall! Ich habe keine Angst, weder vor dem Feind noch vor irgendeinem Akteur im Krieg oder Frieden. Wir haben an der Front nach der Parole gelebt: Krieg bedeutet Gleichheit der Lasten. Ein Führer, der sich der Gefahr entzieht, bricht die Übereinkunft ... Ich habe daher den Fernschreibbefehl des Luftwaffenpersonalamtes, auf einer politischen Kundgebung in Berchtesgaden als Ritterkreuzträger zu sprechen, nicht ausgeführt. Ich bin mir der möglichen Folgen bewußt. Ich wäre ein verdammt feiger Mensch, wenn ich nicht das bißchen Zivilcourage aufbrächte, mit dem Munde das zu tun, was Tausende meiner Kameraden mit ihrem Herzblut getan haben. Da ich nicht als eine Marionettenfigur herumlaufen kann, muß ich hiermit meinen Dienstgrad und meine Orden, die ich vor dem Feind erworben habe, zur Verfügung stellen."

In ähnlicher Lage wie Werner Baumbach gegenüber dem Reichsmarschall befand ich mich 1944 gegenüber dem Leiter der Parteikanzlei und Sekretär des Führers, Martin Bormann. Nach dem Englandflug von Rudolf Heß hatte ich mich bemüht, zu seinem Nachfolger ein gutes Verhältnis herzustellen. Dieser Versuch war mißlungen. Neben manchen anderen Gründen lag

die Ursache dafür vor allem in dem Bestreben Bormanns, die Hitlerjugend zu einem unmittelbaren Parteiamt zu machen, was das Ende der Eigenständigkeit und Selbstführung der Jugendbewegung bedeutet hätte. Dagegen wehrten sich unsere Gebietsführer und ich erfolgreich. Baldur von Schirach und ich kamen dahinter, daß einige uns betreffende Angelegenheiten dem Führer von Bormann nicht korrekt übermittelt worden waren, was in uns die Absicht auslöste, unsere Ämter zur Verfügung zu stellen.
In der wichtigen Frage des Dritten Aufgebots der Hitlerjugend im Volkssturm gingen unsere Meinungen mit der Martin Bormanns auseinander. Unser Ansinnen, Meldungen über negative Erscheinungen an den Führer weiterzuleiten, wurde von Bormann mit dem üblichen, jedoch plausibel erscheinenden Grund abgetan, damit könne er den Führer im Krieg nicht belasten. Daher wählte ich den Weg über den SS-Adjutanten Hitlers, Schulze-Kossens, den ich als alten HJ-Führer aus der Kampfzeit in Berlin kannte. Er legte Hitler dann und wann eine Meldung von uns auf den Nachttisch. Diese Praxis wurde von seinem Nachfolger, SS-Adjutant Otto Günsche, der ebenfalls in der Kampfzeit der Hitlerjugend angehörte, übernommen. Als Bormann hinter diesen Schleichweg kam, gab es einen Riesenkrach. Unser Nachrichtenweg zu Hitler war abgeschnitten. Erbetene Termine beim Chef wurden immer wieder hinausgeschoben und nach eigenen Interessen Bormanns vermittelt oder nicht vermittelt. Strittig waren zwischen Bormann und mir die Bedingungen, unter denen HJ-Führer als Hoheitsträger in die Partei übernommen werden sollten. Ich lehnte es ab, daß die Jugendführer, die vielseitige Aufgaben zu bearbeiten gelernt und Jahre an der Front gekämpft hatten, mehr oder weniger noch einmal von unten in der Partei anfangen sollten.
Im Dezember erhielt ich Kenntnis von einer Verfügung des Führers vom 9.12.1944, nach der ich in meiner staatlichen Funktion als Jugendführer des Deutschen Reiches meine Anträge und Stellungnahmen gegenüber staatlichen Dienststellen an den Leiter der Parteikanzlei zu richten hatte, dem es in Zukunft oblag, über ihre Notwendigkeit zu entscheiden. Da ich nach dem Gesetz über die Hitlerjugend als Leiter einer Obersten Reichsbehörde dem Führer und Reichskanzler direkt unterstand, bedeutete dieser Ukas die Aufhebung meiner direkten Unterstellung. Im Hinblick auf die vorausgegangen Dissonanzen mit Bormann und die Tatsache, daß die Jugend im Krieg viele Opfer brachte, löste diese Verfügung meine Entscheidung aus, Hitler mein Amt zur Verfügung zu stellen.
So einfach und ungefährlich war diese Entscheidung nicht. Es gab von höchster Stelle eine Willenserklärung, daß die Rückgabe eines Auftrages im Kriege mit Desertion gleichzusetzen sei. Meinen Mitarbeitern trug ich in einer Amtschefsitzung meinen Entschluß mit, der von allen gebilligt

wurde. Ich schrieb einen kurzen Brief an den Führer, in dem ich mein Rücktrittsgesuch damit begründete, seine Verfügung lasse darauf schließen, daß er mit meiner Arbeit nicht mehr zufrieden sei. Wenige Tage darauf rief mich Bormann an, um mir zu sagen, der Führer sei mit meiner Arbeit sehr einverstanden, und daß ich demnächst einen Termin erhalten würde. Dieser wurde bis zum 20. April 1945 hinausgezögert. Im Januar, Februar und März hatte ich Besprechungen mit Bormann, in denen es hoch herging und einmal von beiden Seiten die Faust auf den Tisch knallte. Später erklärten mir im Internierungslager Langwasser die Mitarbeiter des Leiters der Parteikanzlei, Dr. Klopfer und Krüger, die an einigen Gesprächen teilgenommen hatten, daß kein führender Parteigenosse mit Bormann so gesprochen hätte, wie ich es zu tun gewagt habe. Das war gewiß auf die Unbefangenheit und Naivität eines Jugendführers zurückzuführen, dem es nicht um Macht oder Karriere, sondern um die Sache der Jugend ging.

Am 12. Januar 1945 lud mich zu meiner Überraschung Reichsmarschall Göring zu seinem Geburtstag ein. An diesem Tage waren die Sowjets an der Weichsel bei Baranow zur Offensive angetreten. Zum erstenmal besuchte ich den Landsitz in Karinhall in der Schorfheide, den Göring nach seiner ersten schwedischen Frau Karin benannt hatte. Nach der Geburtstagslaudatio des Reichswirtschaftsministers Walter Funk bat mich Göring in sein Arbeitszimmer. Unvermittelt und direkt kam er auf den Leiter der Parteikanzlei zu sprechen. Offensichtlich hatte sich meine Auseinandersetzung mit ihm bis zu Göring herumgesprochen. Er sagte zu mir: „Sie könnten sich mit der Hitlerjugend ein großes Verdienst erwerben, wenn sie Bormann beseitigen würden." Das war ein Schock für mich. Mir fehlten zunächst die Worte. Dann erwiderte ich: „Herr Reichsmarschall, dafür haben sie doch eine viel größere Macht als ich." - „Nein, lieber Axmann", meinte Göring, „Ihr Wort gilt heute beim Führer mehr als meines." Ich war erschüttert über diese unglaublichen Worte und über die fehlende Geschlossenheit der Führung unter Hitler, was an den gegenseitigen Kampf der Diadochen der Vergangenheit erinnerte. So stimmte mich dieser Geburtstag des Reichsmarschalls, der sein letzter in Freiheit sein sollte, im Grunde sehr traurig.

Wenige Wochen später stand die Rote Armee in Oberschlesien und Ostpreußen an unserer Grenze. Vom Einsatz des Dritten Aufgebotes der Hitlerjugend im Volkssturm trafen erste Berichte ein. Ein Bataillonskommandeur meldete aus Königsberg in Ostpreußen, daß die Jungen angriffen, wie er es nur von besten Truppen gewohnt sei. 88 Jungen schlug dieser Kommandeur zur Auszeichnung mit dem EK 2 vor. Ein 16jähriger Hitlerjunge vernichtete eine sowjetische Panzerabwehrkanone. Aus Görlitz wurde berichtet, daß 16 Führeranwärter des Landdienstlehrhofes Abtsdorf aus dem Gebiet Mittelland, die die zurückgefürte Zivilbevölkerung im Raum Görlitz/ Lauban betreuten, sich einer Kampfgruppe angeschlossen hatten und an den Kämpfen um Queisz teilnahmen. Dabei schoß der Führeranwärter Hans-Jürgen Fleischer einen sowjetischen Panzer ab. Sämtliche 16 Führeranwärter wurden nach den Kämpfen mit dem EK 2 ausgezeichnet. Der 16jährige Hitlerjunge Bernstdorf aus Hindenburg vernichtete in der Flakstellung bei Ruda zwei Sowjetpanzer. Helmut Tmetzek, ebenfalls aus Hindenburg, Kaufmannslehrling und 15 Jahre alt, wurde als Melder in der Flak durch Granatsplitter am Kopf, Rücken und Oberschenkel verwundet. Als er im Beiwagen eines Krades zur Verbandsstelle gefahren wurde, sah er einen einzelnen Sowjetpanzer auf sich zurollen. Er ließ sich in den Straßengraben fahren und schoß den T 34 aus gefährlicher Nähe mit seiner Panzerfaust ab.

Der Führer des Gebietes Schlesien, Herbert Hirsch, meldete mir, daß das Festungsregiment Breslau der Hitlerjugend im Volkssturm zum 30. Januar 1945 einsatzbereit sei. Es hatte sich abgezeichnet, daß die Sowjets einen Großangriff auf die schlesische Hauptstadt führen wollten. Im Kübelwagen fuhr ich mit meinem Adjutanten Weltzin nach Breslau, dem großen Strom von Flüchtlingen entgegen, die ihre bedrohten Heimatorte noch rechtzeitig verlassen konnten. Ich war am 9. Februar 1945 in Breslau und weilte bei den kräftigen Jungen des Festungsregiments, die mir in ihrer körperlichen Beschaffenheit und ihrem Geist einen hervorragenden Eindruck machten. Der Gebietsführer versicherte, daß sie eine gute Ausbildung durchlaufen hätten. Das Festungsregiment bestand aus dem Bataillon 55 (Seifert) und dem Bataillon 56 (Lindenschmidt). Ich besuchte den Gauleiter und Reichsverteidigungskommissar Karl Hanke, der voll des Lobes über die Jugend seines Gaues war und mir erklärte, daß er in der Festung bleiben würde. Er hatte im Afrika-Feldzug gekämpft. In allem sprach aus ihm der Frontsoldat. Ich kannte ihn gut vom Gau Berlin und als Staatssekretär im Goebbels-Ministerium sowie von unseren Sommerkampfspielen in Breslau. In diesen Augenblicken stand er mir besonders nahe. Ich wünschte ihm in der Stadt und nunmehrigen Festung Kriegsglück, der Stadt, in der einst der preußische König Friedrich Wilhelm III am 10. März 1813, am Geburtstag der Königin Luise, für die Tapferen das Eiserne Kreuz gestiftet und sein Volk zum Freiheitskampf aufgerufen hatte.

Von Breslau fuhr ich mit meinem Mitarbeiter Weltzin nach Niederschlesien weiter, um bei HJ-Einheiten des Volkssturms zu sein. Auf der Reichsautobahn bei Kostenblut hörten wir das Rasseln nahender sowjetischer Panzer, denen wir gerade noch entkommen konnten. Breslau war so gut wie eingeschlossen. Der Wehrmachtbericht vom 10.2.1945 gab bekannt: „Im Kampfraum von Breslau-Liegnitz-Logau warfen die Sowjets starke

Kräfte in die Schlacht und konnten trotz zäher Gegenwehr unserer Truppen nach Westen Raum gewinnen." Auf unserer Fahrt über die Landstraße gerieten wir in die Flüchtlingtrecks. Es war ein bitteres Erlebnis, mit den Alten, den Kranken und Schwachen und den Müttern mit ihren kleinen Kindern zu leiden, die ihr letztes Hab und Gut auf Fuhrwerken und Handwagen mit sich führten und ihre Heimat hinter sich lassen mußten. Das war ein Elend, das sich in den folgenden Monaten noch vervielfachte und in der Vertreibung der Deutschen aus dem Osten enden sollte, die Millionen Menschen das Leben kostete. Um das zu verhindern, waren wir eigentlich in den Krieg gezogen und erlebten nun auf der Landstraße diese traurige Bilanz.

In Schlesien gab es unzählige Beispiele für die Bewährung, von denen ich nur wenige erwähnen kann. Als die Sowjets Hindenburg in Oberschlesien eingenommen hatten und immer mehr Panzer nachdrangen, schoß der 16jährige Kaufmannslehrling und Kameradschaftsführer der HJ Günther Nowak in zwei Tagen neun Panzer ab und erhielt dafür das Ritterkreuz. Eine Volkssturmeinheit der Hitlerjugend von 120 Mann warf ein ganzes sowjetisches Regiment zurück, das einen Ort erobert hatte. Im Breslauer Südpark trat das Bataillon 55 (Seifert) des Festungsregiments der HJ zum Gegenangriff an und drängte den Gegner wieder aus der Stadt heraus. Das Dritte Aufgebot eroberte im Sturmangriff die Rüttgerswerke in Breslau sowie den Bahnhof Pöppelwitz zurück. „Hitlerjugend-Eck" nannten die Bewohner die Gegend um die Kaiser-Wilhelm-Straße/Augusta-Straße, die von HJ-Einheiten des Volksstrums tapfer verteidigt wurde. Einfallsreich bastelten die Jungen mehrere Handgranaten zu einer Schleuder zusammen, um den Gegner mit einem kräftigen Schleuderwurf hinter der hohen Deckung zu erreichen, sammelten in der Stadt Hunderte von Feuerlöschern, um zur Entlastung der Feuerwehr kleine Brände zu löschen.

Daß die sowjetische Truppenführung den Einsatz der HJ-Volkssturmeinheiten ernst nahm, ergab sich daraus, daß sie über Breslau Flugblätter abwerfen ließ, die sich eigens an die HJ mit der Aufforderung zur Übergabe wandten. Die einzigartige vielbändige Dokumentation „Die Apokalypse Breslau 1945" von Horst Gleiss gibt umfassenden Aufschluß über den Kampf um diese Stadt, der über zwei Monate bis zum 9. Mai 1945 entschlossen geführt wurde. Der Verfasser dieses Werkes hat auch durch den Briefwechsel mit einem Zeugen ermitteln können, daß das Festungsregiment der Hitlerjugend mit dem Gebietsführer Hirsch und dem militärischen Kommandeur an der Spitze singend unter der Ehrenbezeugung sowjetischer Offiziere in die Gefangenschaft marschiert ist. Etwa 65.000 sowjetische Soldaten sind im Kampf um Breslau gefallen, von denen allein 5.000 Offiziere auf einem Friedhof südlich von Breslau, dem heutigen Wroclaw, ru-

hen. Auch dieser Toten wollen wir nach 50 Jahren gedenken.
Die Erfahrungen des Krieges im Osten hatten gelehrt, daß es vor allem die massierten, schwerpunktbildenden sowjetischen Panzerangriffe waren, die unsere Frontlinien durchbrachen. Darauf mußte unsere Abwehr hinter der Hauptkampflinie vorbereitet sein. Diese Notwendigkeit löste die Gründung der ersten Panzervernichtungsbrigade der Hitlerjugend aus, die dem Volkssturm eingegliedert wurde. Ihre Aufstellung erfolgte Anfang Februar 1945 durch meinen Stellvertreter und Stabsführer Helmut Möckel in Radebeul in Sachsen. Sie bestand zunächst aus vier Bataillonen mit je drei bis vier Kompanien und hatte am Anfang eine Stärke von etwa 2.400 Mann. Hauptamtliche HJ-Führer stellten sich ihr freiwillig zur Verfügung. Am 14. Februar sprach Stabsführer Möckel vor den Führern über die Möglichkeit des verlorenen Krieges und die Bereitschaft, ehrenvoll bis zum Ende zu kämpfen. Wer die Brigade verlassen möchte, soll sofort nach Hause fahren. Am nächsten Tag setzte er seine Dienstreise fort und verunglückte tödlich auf der Autobahn mit unserem Mitarbeiter Riebensahm und dem Fahrer. Vor dem Antritt seiner Reise von Berlin aus, die wie üblich mit vielen Terminen gespickt war, bat ich ihn, seine Termine zeitlich nicht zu eng zu setzen. Trotz dieses sehr ernst gemeinten Hinweises verabschiedete er sich fröhlich und lachend von mir. Der Stabsführer wurde vor der Überführung nach Berlin in der Akademie für Jugendführung in Braunschweig aufgebahrt. Die Totenfeier für die Verunglückten fand im Kuppelsaal des Reichssportfeldes in der Reichshauptstadt statt. Einen neuen Stellvertreter und Stabsführer habe ich nicht mehr bestellt.
Der erste Einsatz der Panzervernichtungsbrigade erfolgte für die sofortige Hilfe nach dem Terrorangriff auf Dresden, das über keine Rüstungsindustrie oder bekämpfenswerte militärische Einrichtungen verfügte, dafür aber 600.000 Flüchtlinge beherbergte. Unser Dichter Gerhart Hauptmann, der während des Angriffs in der Stadt weilte, brach über die Zerstörung der Kunstmetropole in die Trauerklage aus:
„Wer das Weinen verlernt hat, der lernt es wieder beim Untergang Dresdens. Dieser heitere Stern der Jugend hat bisher der Welt geleuchtet. Ich weiß, daß in England und Amerika genug gute Geister vorhanden sind, denen das göttliche Licht der Sixtinischen Madonna nicht fremd war, und die vor dem Erlöschen dieses Sternes allertiefst schmerzlich betroffen weinen. Und ich habe den Untergang Dresdens unter den Sodom-und-Gomorrha-Höllen der feindlichen Flugzeuge persönlich erlebt. Wenn ich das Wort erlebt einfüge, so ist mir das jetzt noch wie ein Wunder. Ich nehme mich nicht wichtig genug, um zu glauben, das Fatum habe mir dieses Entsetzen an dieser Stelle in dem fast lieblichsten Teil meiner Welt ausdrücklich vorbehalten. Ich stehe am Ausgangstor des Lebens und beneide

alle meine toten Geisteskameraden, denen dieses Erlebnis erspart geblieben ist. Ich weine. Man stoße sich nicht an dem Wort weinen. Die größten Helden des Altertums, darunter Perikles, haben sich seiner nicht geschämt. Von Dresden aus, von seiner köstlich gleichmäßigen Kunstpflege in Musik und Wort, sind herrliche Ströme durch die Welt geflossen, und auch England und Amerika haben durstig davon getrunken. Haben sie das vergessen? Ich bin nahezu 83 Jahre alt und stehe mit meinem Vermächtnis vor Gott, das leider machtlos ist und nur aus dem Herzen kommt, es ist die Bitte, Gott möge die Menschen mehr lieben, läutern und klären zu ihrem Heil als bisher."
Dem Unglück von Dresden folgte der Terrorangriff auf Chemnitz. Dafür erging an die erste Bomberflotte folgender Befehl: „Heute nacht ist Chemnitz ihr Ziel. Wir greifen die Flüchtlinge an, die sich besonders nach dem Angriff auf Dresden in der letzten Nacht dort sammeln."
Zum 50. Jahrestag des Unheils von Dresden vernahm man in den öffentlichen Medien die herabgesetzte Zahl von 35.000 Toten. Das ist die Zahl der voll identifizierten Leichen. Sehr viele Leichen waren mumifiziert oder zu Staub verfallen. Die tatsächliche Zahl der Toten war sehr viel höher. Der damalige Polizeipräsident von Dresden meldete: „Bis zum 2.3.1945 abends wurden 202.040 Tote, überwiegend Frauen und Kinder, geborgen. Es ist damit zu rechnen, daß die Zahl auf 250.000 Tote ansteigen wird. Von den Toten konnten nur annähernd 30 Prozent identifiziert werden."
Nach dem Tod von Helmut Möckel übernahm ich das Kommando der ersten Panzervernichtungsbrigade. Das war nur nominell der Fall. De facto wurde die Brigade von Oberbannführer Otto Kern geführt, der bereits Helmut Möckel vertreten hatte. Meine Verantwortung galt dem Kriegseinsatz der gesamten Jugend im verbliebenen Reich, für den ich stets gegenwärtig und verfügbar bleiben mußte. Wenige Tage nach dem Angriff auf Dresden wurde die Brigade nach Zossen, südlich von Berlin, verlegt, wo sich auch das Quartier des Generalstabschefs des Heeres befand. Dort besuchte ich die Brigade, zu der noch eine Einheit, die sich im Kampf um Görlitz bewährt hatte, dazugestoßen war. Einigen Angehörigen konnte ich das Eiserne Kreuz 2. Klasse überreichen. In Zossen machte ich dem Generalstabschef des Heeres, Generaloberst Guderian, meine Aufwartung. Er führte mich an die Karte und zeigte mir ein Vakuum im Osten, das nach seiner Darstellung unbedingt mit Truppen von der Westfront gefüllt werden mußte. Er sprach von der Notwendigkeit der Rückverlegung der Kurland-Armee. Das erschien mir einleuchtend. Der Führer habe sich dagegen entschieden, meinte Guderian zu mir. Das Wort vom verlorenen Krieg war in diesem Gespräch nicht gefallen. Einen guten Monat später, am 28. März 1945, empfahl Hitler Guderian nach einer harten Auseinandersetzung, in

Gesundheitsurlaub zu gehen. Der beliebte und hochbewährte Panzerführer und Generalstabschef des Heeres ging von Bord. Auch zu meinem großen Bedauern.

Etwa um diese Zeit, gegen Ende Februar, lud mich Rüstungsminister Speer in seine Dienststelle zu einem kleinen Arbeitsimbiß ein. Mich begleitete dorthin mein Mitarbeiter Heinrich Hartmann. Die Kriegsereignisse seit der Waffenvorführung in Rechlin zwangen mich, ihn wieder zu fragen, ob der Krieg noch zu gewinnen sei. Er bejahte meine Frage. Als er mich verabschiedet hatte, wollte Heinrich Hartmann, der im Vorraum auf mich wartete, als erstes wissen, wie sich Speer zu der uns auf der Seele brennenden Frage geäußert hatte. Erleichtert konnte ich ihm sagen: „Er hat wieder ‚Ja' gesagt." Am 18. März 1945 gab Speer in einem Brief an Hitler den Krieg für verloren. Die Maßnahmen Speers gegen den Befehl „Verbrannte Erde" zum Überleben des Volkes hielt ich für richtig. Nach dem Gespräch mit Albert Speer gab ich die Weisung, aus dem verbliebenen ältesten Jahrgang der HJ in jedem Gebiet eine Panzervernichtungsbrigade aufzubauen und in die Erweiterte Wehrertüchtigung in den WE-Lagern verstärkt die Unterweisung im Panzernahkampf aufzunehmen. Der Ruf „Der Feind steht in der Heimat" gebot mir das. Als Richtlinie, die mit der Führung des Deutschen Volkssturms abgestimmt worden war, gab ich bekannt, daß der Einsatz der Panzernahkampfeinheiten in der Hauptkampflinie zu untersagen sei und die Bekämpfung von Panzern nur erfolge, wenn sie unsere Frontlinie durchbrochen hätten. Ein infanteristischer Einsatz dieser Einheiten des Dritten Aufgebots wurde abgelehnt.

In der Praxis führte diese Richtlinie zu Konflikten, wenn militärische Führer in Krisensituationen die ihnen unterstellten Panzernahkampfeinheiten infanteristisch einsetzen wollten. In diesen Situationen riefen mich die HJ-Führer an, die sich bei Verweigerung eines solchen Befehls der Androhung eines Kriegsgerichtsverfahrens ausgesetzt sahen. Ich bestärkte sie in ihrer Haltung. Solche Fälle kamen zum Beispiel in Düren und bei der Einnahme der Brücken von Remagen durch die Amerikaner vor. Dieser Fall ging sogar bis zum Führer, der in unserem Sinne entschied.

Einheiten der 1. Panzervernichtungsbrigade wurden im März im östlichen Vorfeld von Berlin, im Raum Fürstenwalde/Frankfurt an der Oder, zu beiden Seiten der Reichsautobahn stationiert und der 9. Armee des Generals der Infanterie Busse direkt unterstellt. Wir hielten Verbindung zu ihm. Die Zusammenarbeit war sehr gut. Der Oberbefehlshaber der Heeresgruppe Weichsel, Heinrich Himmler, setzte sich für die Wahrung unserer Belange ein. Am 6. März sandten wir ein Fernschreiben an den General Busse, in dem wir ihn baten, dem Pionier-Führer beim AOK 9 zu befehlen, daß die Jungen geschlossen in dem jeweiligen Sperrabschnitt eingesetzt werden.

Wenn man sie unter die alten Landser und Volkssturmmänner aufteilte, würde die Erziehung leiden und sie gewöhnten sich an den alten trägen Landsergeist und die alten Landserschliche. Am 7. März 1945 antwortete darauf General Busse in einem Fernschreiben:
„In einer Besprechung mit Reichsjugendführer Axmann ist bereits festgelegt worden, daß die Hitlerjungen in geschlossenen Gruppen unter ihren Führern in der Sperrzone der Armee zum Einsatz kommen. Ich sehe es als meine vornehmste Aufgabe an, mich dieses wertvollen Nachwuchses besonders anzunehmen und für seine Weitererziehung, zweckmäßigen Einsatz und Betreuung zu sorgen."
Mit Obergebietsführer Dr. Schlünder führte ich Inspektionen durch, in denen wir Einheiten des Dritten Aufgebots in ihren Stellungen aufsuchten. Dabei stießen wir im östlichen Vorfeld auf breite Panzergräben, in denen die Jungen vereinzelt in großer seitlicher Entfernung wie auf verlorenem Posten standen. Wir meldeten das der Armeeführung, und die Jungen wurden sofort herausgezogen. Der Gefechtsstand der Brigade befand sich in Bad Saarow, in der Villa von Dr. Robert Ley und den anliegenden Häusern. Die Besatzung konnte sich hier der Bibliothek und der vorhandenen Vorräte bedienen und sich nutzbar machen. Die Brigade wurde nie geschlossen eingesetzt. Einzelne Einheiten wurden den Truppenverbänden unterstellt, die über den militärischen Einsatz entschieden. Panzerkommandos mußten stets beweglich sein.
Kurz vor Ostern nahm ich in Straußberg an einer Vereidigung des Dritten Aufgebots teil, die von dem SS-Obergruppenführer Berger, dem Stabsleiter Himmlers für den Volkssturm, vorgenommen wurde. Gemeinsam fuhren wir im Wagen nach Berlin zurück und gerieten im Osten Berlins in die abklingende Phase eines Luftangriffs, den wir schon von draußen auf unserer Anfahrt beobachten konnten. Am Himmel entdeckten wir zwei Bomber, die abgeschossen worden waren und aus denen die Piloten mit dem Fallschirm absprangen. Sie mußten in einem Waldabschnitt gelandet sein, den wir gerade durchfuhren. Wir nahmen die Suche auf und entdeckten hinter einem dicken Baumstamm einen knienden amerikanischen Piloten. Den erschreckten Ausdruck in seinem Gesicht werde ich nicht vergessen, als er die schwarze SS-Uniform sah. Vielleicht glaubte er, daß sein letztes Stündlein geschlagen hatte. Wir nahmen ihn im offenen Wagen mit. Das östliche Stadtviertel brannte, und mehrere Häuser waren zerstört. Empörte Bürger, weinende Frauen. Da die Straßen durch Trümmerbrocken teilweise blockiert waren, mußten wir langsam im Schritt fahren. So entdeckte die aufgebrachte Bevölkerung den amerikanischen Piloten in unserem Auto. Im Vorbeifahren hörte ich die Zurufe: „Da sieht man mal wieder, daß die da oben alle unter einer Decke stecken." Dieser Vorfall machte

mir den Unterschied deutlich, wie sich der Zeuge eines Luftangriffs aus Distanz verhält, und wie der Betroffene reagiert, der soeben durch den Angriff einen Angehörigen verloren hatte und unter diesem Schock im Affekt durch Selbstjustiz handelte. Berger war in den letzten Monaten des Krieges Chef des Kriegsgefangenenwesens. Er lieferte den amerikanischen Piloten im Gefangenenlager ab. Die amerikanischen Piloten haben sein korrektes Verhalten nicht vergessen. Nach dem Kriege erhielt Gottlob Berger den Besuch des amerikanischen Luftwaffen-Generals Delmar T. Spivey, der ihm eine Dankresolution ehemaliger Kriegsteilnehmer und -gefangener überreichte. Nach dem Tode Bergers wurde den Hinterbliebenen eine Bronzeplakette mit folgender Inschrift überreicht:
„In dankbarem Gedenken an Gottlob Berger, General der Waffen-SS, der beschützt und umsorgt hat die Gefangenen der U.S. Air Force während des Zweiten Weltkrieges. Delmar T. Spivey, Major.Gen. U.S. Air Force."
In den letzten März- oder ersten Apriltagen 1945 rief mich Dr. Goebbels an und forderte mich auf, als Beisitzer an einer Untersuchung in Sachen des Reichskommissars für das Gesundheitswesen, Prof. Dr. Brandt, teilzunehmen. Ich bat darum, mich von diesem Auftrag freizustellen und begründete diese Bitte mit meiner Überlastung durch kriegswichtige Aufgaben. Daraufhin erklärte mir Dr. Goebbels, daß meine Teilnahme an der Untersuchung vom Führer persönlich angeordnet worden sei. Dieser Weisung Hitlers leistete ich Folge. In der Literatur war dann später zu lesen, daß ich Vorsitzender eines Standgerichtes gewesen sei. Das trifft nicht zu. Prof. Dr. Brandt war SS-Führer, und demzufolge wurde die Untersuchung unter dem Vorsitz von SS-Obergruppenführer Berger durchgeführt. Ein SA-Obergruppenführer, ich glaube, er hieß Kränz, und ich waren Beisitzer. In der Vernehmung wurde folgendes festgestellt: Brandt hatte seine Frau in das als Lazarettstadt erklärte, bereits im Niemandsland liegende Bad Liebenstein in Thüringen gebracht, und zwar gegen den ausdrücklichen Einspruch des örtlichen Kampfkommandanten. Frau Brandt war vereidigte Mitarbeiterin ihres Mannes in dessen Eigenschaft als Bevollmächtigter für den Gas- und Bakterienkrieg. Nach der Meldung des Kampfkommandanten soll sie entsprechende Akten, wie auch einen Vermerk über eine Besprechung bei Hitler, die sich auf die Aufbewahrung bzw. Vernichtung von Geheimpapieren und Patenten bezogen hatte, mit sich geführt haben. Zuvor hatte das Ehepaar Brandt eine Einladung Hitlers, auf dem Obersalzberg zu wohnen, angenommen. Statt dessen fuhren sie in das vom Feind unmittelbar bedrohte Liebenstein.
In diesem Verhalten erblickte der Untersuchungsausschuß eine persönliche Untreue gegenüber dem Staatsoberhaupt und Obersten Befehlshaber der Wehrmacht, zumal Brandt durch Hitler sehr stark gefördert worden

war. Nach den Gesetzen der SS stand auf persönliche Untreue der Tod. Wir brachten jedoch gegenüber Dr. Goebbels zum Ausdruck, daß es hohe politische Führer gäbe, die noch größere Vergehen begangen hätten, ohne verurteilt zu werden. Solange das nicht geschehen sei, könne man auch nicht einen Mann wie Brandt zum Tode verurteilen. Ein Urteil wurde von uns nicht ausgesprochen. Daher sah ich auch in meiner Teilnahme an dieser Untersuchung keine Funktion im Rahmen eines Standgerichts. Tatsache ist, daß Brandt nicht von Deutschen, sondern aufgrund eines Urteilsspruches des Internationalen Militärtribunals in Nürnberg zum Tode verurteilt wurde. Erst viel später erhielt ich Kenntnis von den Spannungen in der Umgebung Hitlers, die zwischen dem behandelnden Arzt Dr. Morell und Prof. Dr. Brandt bestanden haben. Dieser war mit den Behandlungsmethoden Morells nicht einverstanden und sprach es auch offen aus. Das dürfte der Grund für seine Beurlaubung gewesen sein. Hätte ich das damals vor der Untersuchung gewußt, hätte das für mich ein anderes Bild ergeben. Die Briefe, die Brandt vor seinem Tod an seine Familie geschrieben hat, haben mich sehr bewegt.

In der letzten Phase des Krieges suchte mich in meiner Dienststelle der SS-Obergruppenführer Prützmann auf. Er war der Beauftragte Himmlers für den Werwolf. Er unterbreitete mir seinen Vorschlag, die Gebietsführer der Hitlerjugend zu Beauftragten des Werwolfs zu ernennen. Ich lehnte diesen Vorschlag ab und vertrat die Auffassung, daß jeder diese Entscheidung vor seinem Gewissen treffen müßte. Prützmann war enttäuscht. Aus Potsdam und Wien wurde mir im nachhinein gemeldet, Prützmann habe auf einer Zusammenkunft verkündet, er müsse nun die Werbung in der Hitlerjugend für den Werwolf an der Reichsjugendführung vorbeiführen. So kam es, daß sich hier und da auch Angehörige der Hitlerjugend für den Werwolf betätigten. Entgegen der verbreiteten Meinung, ich habe dafür die Befehle erteilt, stelle ich fest, daß von mir eine solche Weisung nie mündlich oder schriftlich erfolgt ist. Hätte ich das getan, so wäre ich mit Sicherheit in Nürnberg angeklagt worden und hätte dafür die entsprechenden Folgen tragen müssen.

Durch das Vordringen der Roten Armee auf die deutsche Reichsgrenze ergab sich für uns die Notwendigkeit, unsere Gemeinschaftseinrichtungen und Lager in die nichtbedrohten Gebiete zurückzuführen. Da der Vormarsch des Gegners zügig vorankam, mußte für die zu evakuierende Bevölkerung aus Ostpreußen und Danzig-Westpreußen der Seeweg benutzt werden. Der zur Verfügung stehende Transportraum war begrenzt. Dennoch ist es gelungen, die vielen Flüchtlinge noch rechtzeitig in Sicherheit zu bringen. Eine große Leistung der Kriegs- und Handelsmarine! Auch die HJ-Führer bemühten sich darum, diesen Transportweg für die Rückführung der Jugend zu nutzen. So setzten sich zwei Bannführer aus Danzig-Westpreußen mit dem Marine-Kommandanten von Hela in Verbindung und erreichten, daß 1.500 Jugendliche aus dem Wehrertüchtigungslager Heisternest, die aufgrund ihrer noch nicht ausreichenden Ausbildung für einen Einsatz im Volkssturm nicht in Frage kamen, mit U-Booten zunächst auf die dänische Insel Bornholm gebracht wurden. Den Berichten zufolge waren Geist und Stimmung der Jungen trotz des Risikos auf engstem Raum im Bug und Heck der Boote ermunternd.

Große Schwierigkeiten waren vor allem bei der Rückführung von den Millionen Jungen und Mädeln zum Elternhaus zu überwinden, die seit dem Herbst 1940 aus den Luftnotgebieten in ungefährdete Gebiete evakuiert worden waren. Inzwischen hatten sich ja die Verhältnisse im Hinblick auf die Verkehrs- und Transportmöglichkeiten sowie auf die Bereitstellung von Führern und den Zeitfaktor verschlechtert. Dennoch ist es gelungen, diese Maßnahme ohne größere Ausfälle durchzuführen - ein großes Verdienst der daran beteiligten Jugendführer und -führerinnen sowie der Lehrer und Lehrerinnen.

Am 24. Februar 1945 hatte die letzte Gau- und Reichsleitertagung in Anwesenheit Adolf Hitlers stattgefunden. Seine körperliche Verfassung machte die Teilnehmer sehr besorgt. Er kam gebeugt und mit zitternden Gliedern in die Runde seiner alten Mitkämpfer. Ich hörte ihn zum ersten Mal über seinen eigenen Zustand sprechen. Mit fester, gutturaler Stimme äußerte er sich dazu:

„Meine Hand zittert, doch mein Herz zittert nicht. So wie es vor 25 Jahren nicht gezittert hat, als ich mit einem kleinen Häuflein von Getreuen aufgestanden bin, um das an Deutschland begangene Unrecht wiedergutzumachen ... Zwölf Jahre haben wir auf der Höhe der Macht gestanden ... Wenn das Schicksal es will, daß wir untergehen, dann können wir doch sagen: Wir haben das Äußerste für unser Volk gewagt ... Aber wenn wir, jeder an seiner Stelle, sehr tapfer sind und bis zum äußersten kämpfen, kann sich das Schicksal noch einmal wenden ..."

Doch seine Worte riefen nicht wie früher Elan und hoffnungsvollen Auftrieb hervor. Bedrückt und sehr ernst fuhren die Gauleiter in ihre Heimatgebiete zurück. Es war das letzte Mal, daß ich meinen Vorgänger Baldur von Schirach im Mosaiksaal der Reichskanzlei getroffen hatte. Sein Stadt-Gau Wien fiel unter dem Ansturm der Sowjets am 13. April. Auch dort hatte das Dritte Aufgebot der Hitlerjugend im Volkssturm sehr tapfer gekämpft, wie es im Osten und Westen der Fall war.

Eine Begebenheit aus dem Kampf in Pommern ist bemerkenswert. Ein Panzerjagdkommando der Hitlerjugend wurde von Stettin aus nach Pyritz in Marsch gesetzt, um dort die nahenden Rotarmisten aufzuhalten. Dar-

über berichtete der Kommandoführer Rudolf Krause:
„Bei Altdamm begegnen uns Kolonnen von Adolf-Hitler-Schülern, die diszipliniert in Richtung Stettin marschieren. Wir begrüßen uns kameradschaftlich. Als die Jungen von unserem Auftrag hören, schließen sich etwa vierzig ältere Schüler spontan dem Jagdkommando an. Diese Freiwilligen kamen überwiegend von der Adolf-Hitler-Schule Tilsit, an der Grenze zum Memelland ..."
Tatsächlich war es dem Jagdkommando gelungen, die vordringenden Russen zu stoppen. Dabei fielen 16 Hitlerjungen. Der Kommandeur der Heereseinheit, Oberst Weiß, in dessen Verband das Dritte Aufgebot eingesetzt war, verabschiedete diese jungen Soldaten mit folgenden Worten:
„Ihr, meine jungen Kameraden, habt in Pyritz auch das nur 40 Kilometer entfernte Stettin verteidigt. Dank Eures tapferen Einsatzes konnten in den letzten Tagen viele Flüchtlings- und Verwundetentransporte ungefährdet über die Oderbrücken das rettende Westufer erreichen."
Es war nicht umsonst und sinnlos gewesen, wie man so oft den Kampf der jungen Volkssturmsoldaten beurteilen hört.
In der ersten Hälfte des April suchte ich den von seinen Soldaten verehrten Feldmarschall Model in seinem Gefechtsstand in dem sich abzeichnenden Ruhrkessel auf. Wir sprachen über die Verwendung des Dritten Aufgebotes in der vorherrschenden Lage. Die HJ-Banne Köln und Düsseldorf sollten den Volksgrenadierdivisionen zugeteilt werden. Es kam jedoch nur ein kurzfristiger Einsatz von zwei Tagen in Betracht. Am 15. April wurden die Einheiten nach Hause entlassen, da Bedenken bestanden, einen längerfristigen Kampfauftrag zu verantworten. Einige Jungen hatten mehrere amerikanische Panzer abgeschossen und wurden dafür ausgezeichnet.
Am 16. April war ich wieder auf Inspektionsfahrt im Raum Fürstenwalde/Frankfurt an der Oder. Mein Weg führte mich auch zum Befehlshaber der 9. Armee, General Busse. Während meines Aufenthaltes erschien dort im Feldquartier der neue Oberbefehlshaber der Heeresgruppe Weichsel, der auf Anraten von Generaloberst Guderian im März Heinrich Himmler abgelöst hatte. Er war ohne größere Begleitung gekommen und informierte General Busse aus seiner Sicht über den Großangriff der Sowjets, der auf der ganzen Front erfolgt war. Von dort aus begab ich mich zur Kampfgruppe Gutschke des Dritten Aufgebotes der HJ, die im Raum Biegen/Jacobsdorf/Petersdorf Stellung bezogen hatte. Zunächst gelang es, den wiederholt anstürmenden Gegner zu stoppen. Gutschkes Einheit wurde dann aber durch die gegnerische Übermacht zerrieben. Dabei ist der Kampfkommandant mit vielen seiner Kameraden in Jacobsdorf gefallen. Auf meinem Rückweg nach Berlin konnte ich dem Stab der 1. Panzervernichtungsbrigade in Bad Saarow keine guten Nachrichten überbringen.

In diesen Tagen begab ich mich noch einmal in den Raum Müncheberg-Prötzel, wo sich unsere Einheiten vor der Übermacht der Russen zurückziehen mußten. Noch einmal weilte ich im Haus meines Großvaters in Freudenberg, in dem meine Mutter geboren worden war. Erst nach fast fünfzig Jahren sah ich dieses Dorf wieder.
Am 19. April 1945, dem Vorabend des 56. Geburtstages von Adolf Hitler, wurden traditionsgemäß die zehnjährigen Jungen und Mädel in das Jungvolk aufgenommen. In den vergangenen Jahren hatte die Feier zur Aufnahme im großen Remter der Marienburg im Osten des Reiches stattgefunden. Sie befand sich jetzt schon längst in Feindeshand. Die diesjährige Feier wurde deshalb im Kuppelsaal des Berliner Reichssportfeldes begangen. Wir hatten alle vorbeugenden Maßnahmen für den Fall eines Luftangriffs getroffen. Es war unsere letzte Reichsveranstaltung. Der amphitheatralische Raum des Kuppelsaals war bis auf den letzten Platz gefüllt. Nicht mehr die Uniform bestimmte das Bild. Die Jungen trugen weiße Hemden und die Mädel weiße Blusen. Mit ihren hellen Stimmen sangen sie die Lieder der Jugend. Das Kammerorchester der Berliner Hitlerjugend spielte. Hier drinnen war Frieden, während draußen schon das Grollen der nahenden Front zu hören war. Mir fiel es sehr schwer, an diesem Tag die rechten Worte zu finden. Woher sollte man die Hoffnung nehmen? Aber trotz allem pflanzt man sie immer noch am Grabe auf.
Unter uns saßen auch die 16- und 17jährigen Kämpfer unserer Panzernahkampfbrigaden, die schon verwundet und wegen Tapferkeit ausgezeichnet worden waren. Bei ihnen weilte ich zwei Tage zuvor, als die Sowjets unter massiertem, heftigstem Artilleriefeuer zum Großangriff auf Berlin aus dem Raum Frankfurt/Oder und den Seelower Höhen angetreten waren. Ich hatte sie für die Abordnung der Hitlerjugend zum Führer-Geburtstag ausgewählt. Am Nachmittag traf ich vor unserer Dienststelle Am Kaiserdamm 86 meinen Mitarbeiter Obergebietsführer Dr. Rainer Schlösser. Wir gingen vor unserem Dienstsitz auf und ab, sprachen darüber, was uns unter den uns vetrauenden Jungen und Mädeln mit ihren blanken Augen so bewegt hatte. Rainer sagte mir zum Schluß: „Ich bleibe in Berlin. Jetzt gibt es nur noch eins: ‚Junker, stirb er anständig.'" So verabschiedeten wir uns.
Nach dem Zusammenbruch hörte ich, daß er mit anderen Angehörigen des Volkssturms im Hof des Propagandaministeriums von den Sowjets durch Genickschuß liquidiert worden sein soll. Um Mitternacht fuhr ich ins Funkhaus in die Masurenallee und sprach über alle Sender die Glückwünsche der Jugend an Adolf Hitler aus.
Am Nachmittag des 20. April fand ich mich mit unserer Abordnung im Garten der Reichskanzlei ein. Dort war eine Einheit der Kurland-Armee und der SS-Division „Frundsberg" angetreten. Zwischen ihnen nahm un-

sere Abordnung Aufstellung. Hitler erschien aus dem Bunker mit Dr. Goebbels, Heinrich Himmler, Albert Speer und Martin Bormann. Hermann Göring war nicht dabei, sondern vorher bei Hitler gewesen. Ich erstattete dem Führer Meldung. Dann schritt er mit mir die Front der Abordnung entlang. Er ging leicht gebeugt und hielt seine zitternden Hände auf dem Rücken verschränkt. Er hielt eine kurze Ansprache. Sinngemäß verglich er unser Volk mit einem schwer erkrankten Patienten, für den die Wissenschaft am Ende noch ein rettendes Medikament zur Verfügung habe. Es sei aber entscheidend, daß der Patient seinen Lebenswillen behielte. Die Schlacht um Berlin müsse gewonnen werden. Seine Worte schloß er mit dem Ruf: 'Heil euch!' Es blieb still. Keine Antwort, ein Zeichen der Erschütterung. Nur wenige Kilometer entfernt stand bereits der Feind. Erstaunlich war, welche Willenskraft und Entschlossenheit von diesem Mann noch ausging. Alle standen unter seinem Bann, auch ich.

Die letzten Fotos und Filmaufnahmen von Hitler und der Abordnung der HJ werden immer wieder auf den 20. April 1945 bezogen. Das trifft nicht zu. Sie beziehen sich auf einen anderen Empfang einer Abordnung der HJ durch Hitler. Dieser war ursprünglich für den 19. März 1945 vorgesehen, fand dann aber erst am 20. März 1945 statt. Damals erhielt ich täglich Meldungen von den überaus tapferen und freiwilligen Einsätzen der Jugend. Ich dachte daran, daß man diese tapferen Jungen dadurch auszeichnen sollte, daß sie dem Führer und Obersten Befehlshaber der Wehrmacht vorgestellt werden. Aus diesem Anlaß konnte man ihm zugleich überzeugend nahebringen, daß bereits unser letztes Aufgebot im Felde stand. So kam es zu dem Empfang vom 20. März, von dem also die letzten Bilder und Filmaufnahmen vor dem Tode Hitlers stammen.

Eine andere und viel wichtigere Korrektur habe ich anzubringen: Unter den älteren und größeren Mitgliedern der Delegation des 20. März befanden sich auch zwei kleinere, die zwölf und 16 Jahre alt waren. Auf sie konzentrierte sich in der Nachkriegszeit das Interesse der Medien, die damit beweisen wollten, daß schon 12- und 13jährige in den Krieg gehetzt wurden. Da es nicht zutrifft, möchte ich die Geschichte der beiden Jungen kurz erzählen. In der Abordnung befand sich tatsächlich ein 12jähriger Jungvolkführer. Es war Alfred Szech aus Goldenau in Oberschlesien. Er berichtete selber der „Sudetendeutschen Tageszeitung" vom 17./18. März 1945:

„Als Ende Januar die Bolschewisten einen Einbruch erzielt hatten, beobachtete mein Vater mit dem Fernglas einen verwundeten Soldaten, der sich kriechend zurückarbeitete. Ich spannte sofort unsere beiden Pferde vor den Schlitten, lud mir einen Handschlitten auf und fuhr bis zur nächsten Höhe. Dort holte ich allein den Verwundeten mit dem Handschlitten zum Pferde-

schlitten. Das habe ich viermal getan und somit zwölf Verwundete zum Verbandsplatz gebracht."
Dafür verlieh ihm ein General das Eiserne Kreuz II. Klasse. Außerdem erhielt er eine goldene Uhr, weil er durch seine Wachsamkeit einen fotografierenden Obergefreiten, der den Dienstgradwinkel am falschen Arm trug und gebrochen deutsch sprach, durch die Polizei als Spion dingfest machen und entlarven ließ. Dieser Junge wurde also nicht in den Krieg gehetzt, sondern hatte sich freiwillig zum Handeln entschlossen.
Der 16jährige war Willi Hübner, Jahrgang 1928, geboren bei Lauban in Niederschlesien. Er war der dritte von vier Söhnen eines Eisenbahnschlossers, Mitglied des Jungvolks und der Hitlerjugend. Bis November 1944 hatte er mit der HJ an der deutsch-polnischen Grenze Panzer- und Schützengräben ausgehoben. Als die Kämpfe am 16. Februar 1945 um Lauban begannen, verlegte der Kampfkommandant die HJ 20 Kilometer hinter die Front. Willi Hübner aber blieb aus eigenem Entschluß. Da er in der Gegend jeden Weg und Steg kannte, bot er sich dem Kampfkommandanten als Melder an. Wenn ein Verheirateter auf Meldegang gehen sollte, übernahm Hübner freiwillig diesen Auftrag. Als deutsche Einheiten Lauban von den Sowjets zurückerobert hatten, besuchte Dr. Goebbels die Truppe. Bei dieser Gelegenheit wurde ihm auch der tapfere Melder vorgestellt. Ich nahm Hübner in die Abordnung für den Empfang bei Adolf Hitler auf. Das ist der wahre Sachverhalt, den der Stern-Reporter Jochen von Lang nach dem Krieg im einzelnen ermittelt hatte. Auch Willi Hübner wurde nicht in den Krieg gehetzt, sondern meldete sich freiwillig aus eigenem Entschluß zum Einsatz.
Wie ich erst nach Kriegsende erfuhr, hatte Rüstungsminister Speer in seinem Brief vom 18. März 1945 an Hitler den Krieg für verloren erklärt. Am 19. März erließ Hitler den Befehl „Verbrannte Erde". Danach sollten vor dem Rückzug der Truppen alle Industrie- und Versorgungsanlagen innerhalb des Reichsgebietes, die dem Feind dienen könnten, zerstört werden. Durch die Ausführungsbestimmungen des Oberkommandos der Wehrmacht vom 30. März 1945 und die folgenden Ergänzungen wurde dieser Befehl de facto wieder aufgehoben. Am Tage unseres Empfangs stand Hitler unter extremen Belastungen und zog sich danach sofort zurück. Daher scheiterte mein Versuch, ihm meine bedrückenden Sorgen vorzutragen. Die Besprechung wurde auf den 20. April vertagt.
Als die engsten Mitarbeiter dem Führer gratulierten, stand ich in der Nähe von Himmler und hörte seine Worte: „Mein Führer, herzlichen Glückwunsch zum Geburtstag, auch im Namen der SS, und alles Gute." Für meine Begriffe klang das kühl und unverbindlich. Hitler hatte am 22. März 1945 Himmler von der Führung der Heeresgruppe Weichsel abberufen und ihn

durch den Generaloberst Henrici ersetzt. Hatte sich seitdem das Verhältnis zwischen diesen beiden Männern abgekühlt?, so fragte ich mich.

Nach der Gratulation wandte sich Hitler an mich: „Sie wollten mich sprechen, kommen Sie mit hinunter." Er ging mit mir zum Bunker zurück. Dr. Goebbels, Himmler und Bormann blieben dabei. Was ich zu sagen hatte, war für einen Geburtstag, der der letzte sein sollte, denkbar schlecht geeignet. Ich mußte mich kurz fassen und begann: „Mein Führer, die Jugend protestiert dagegen, daß viele Hoheitsträger der Partei sie zum letzten Kampf aufrufen, aber sich selbst nicht an die Spitze dieses Kampfes stellen." - „Nennen Sie ein Beispiel", unterbrach er mich. Ich erwähnte den Gauleiter Wächtler von der Bayerischen Ostmark, der nach Meldungen von HJ-Führern vorzeitig bei der Annäherung des Feindes seine Gauhauptstadt verlassen und sich auch ansonsten unangemessen im Krieg verhalten hatte. „In diesem Fall habe ich bereits ein Exempel statuiert", erklärte Hitler. In diesem Augenblick wußte ich nicht, daß Wächtler inzwischen erschossen worden war. Aus einem unveröffentlichten Manuskript meines Kameraden Dr. Helmut Stellrecht entnahm ich, daß sich der Gauleiter Wächtler gegenüber dem HJ-Führer, der ihn auf seinem letzten Gang begleitete, geäußert hatte: „Wenn wir so gelebt und gehandelt hätten wie die Jugend, hätten wir dieses Ende nicht erlebt." Dann brachte ich die Differenzen zwischen Bormann und mir in der Frage der Nachwuchssicherung für die Führung in der Partei zur Sprache. Man könne es den frontbewährten Bannführern der HJ, die durch vielseitige Aufgabengebiete ihre Erfahrungen bereichert hätten, nicht zumuten, noch einmal ganz von unten in der Partei zu beginnen. Bormann verteidigte sich mit dem Hinweis, daß er diesen und jenen HJ-Führer zur Information und Ausbildung in die Partei-Kanzlei genommen hätte. Hitler beendete das Gespräch abrupt und wandte sich mit der Aufforderung an mich: „In Zukunft melden Sie sich täglich bei mir." Damit war ich entlassen. Ich hätte mir gewünscht, daß diese Aufforderung, mich täglich zu melden, viel früher ergangen wäre. Wie in anderen Fällen, so sagte auch ich mir: Alles zu spät.

Am 20. April ging der Reichsmarschall Göring mit Billigung Hitlers nach Berchtesgaden. Die Verantwortung für den Süden übertrug er jedoch dem Feldmarschall Kesselring. Mit der Verantwortung im Norden beauftragte er den Großadmiral Dönitz. In den folgenden Stunden begann der Exodus vieler Funktionäre der Partei, des Staates und der Verwaltung. Während sie auszogen, zog ich zeitweise in den Bunker ein und erlebte dort die letzten Tage des Führers, den Untergang Berlins und des Reiches.

Am 20. April war mir aufgefallen, daß über die neuen Waffen nicht mehr gesprochen wurde. Statt dessen hoffte man auf die Armee Wenck, die die Reichshauptstadt von außen entsetzen sollte. Bei meinem Besuch im Herbst

1944 hatte ich im Feldquartier des Generalstabschefs des Heeres Generaloberst Guderian und General Wenck, den Chef der Operationsabteilung kennengelernt und großes Vertrauen zu ihnen gefaßt. Nun überlegte ich, auf welchem Wege die Armee aus dem Südwesten in die Reichshauptstadt gelangen könnte. Da bot sich von Potsdam aus Teltow, Wannsee und Krampnitz an. Im letzteren Fall müßten die Havelbrücken bei Spandau-Pichelsdorf passiert werden.

Über die Pichelsdorfer Brücken fuhr ich täglich von meiner Wohnung in die Dienststelle Am Kaiserdamm 86, heute Heerstraße. Ich sah diese Brücken jetzt mit anderen Augen. Soldaten waren dort nicht stationiert. Ich entdeckte lediglich einen Volkssturm-Mann, den ich nach seinem Auftrag fragte. Er sprach von Sprengkapseln, die man in die Brücken eingebaut hatte und die er zu bewachen habe. Mir war klar, daß die Sowjets diese Brücke im Handstreich hätten nehmen können. Ich hielt sie für eine Schlüsselstellung, insbesondere für den Fall, daß die Armee Wenck Berlin erreichen sollte.

Ich fuhr sofort in den Führerbunker, um meine Beobachtung zu melden, und wurde sofort bei Hitler vorgelassen. Er befand sich gerade in einer Lagebesprechung. Ich wurde hinzugezogen und trug mein Anliegen vor. Hitler erkannte sofort die Bedeutung dieser Brücken für die Verteidigung von Berlin. Er wandte sich an General Weidling, den Kommandeur des LVI. Panzerkorps, der später von Hitler zum Kampfkommandanten von Berlin ernannt wurde. Er befahl ihm, die Pichelsdorfer Brücken militärisch zu sichern. „Mein Führer", entgegnete Weidling, „mir stehen keine Truppen mehr zur Verfügung." Der Chef des Generalstabes, General Krebs, fügte hinzu: „Alle unsere Kräfte stehen bereits im Einsatz, mein Führer." Darauf wandte sich Hitler zu mir. „Und Sie, Axmann? Haben Sie noch eine Einheit, die wir dort einsetzen können?" Ich antwortete: „Im Reichssportfeld liegt noch ein HJ-Bataillon." Es sei jedoch nur für den Panzernahkampf ausgebildet und ausgerüstet und verfüge nicht über schwere Waffen. Daraufhin beorderte er vom Adolf-Hitler-Platz, dem heutigen Theodor-Heuss-Platz, eine 8,8 Zentimeter Flak-Kanone an die Pichelsdorfer Brücken. Sie ist dort nie angekommen.

Nach dem Krieg wurde mir vorgeworfen, daß ich Hitler die Existenz dieser HJ-Einheit nicht verschwiegen und diesen Befehl ausgeführt hätte. Aber ich konnte den Führer nicht belügen. Er war mein Staatsoberhaupt und der Oberste Befehlshaber der Wehrmacht, zugleich die Leitfigur der Jugend, die seinen Namen trug. Ich war als Jugendführer, als Soldat, als Offizier und höchster Beamter auf den Führer und Reichskanzler unter Anrufung des Allmächtigen vereidigt worden. Es wurde sogar nach dem Krieg in Zweifel gezogen, daß ich diesen Befehl überhaupt erhalten hätte. Daher hatte ich einen Zeugen dieser Lagebesprechung gebeten, darüber eine Erklärung abzugeben. Dieser Zeuge war der Adjutant des Heeres beim Obersten Befehlshaber der Wehrmacht, der Major und Ritterkreuzträger Willy Johannmeyer, der die von mir gemachten Angaben bestätigte. Eine eidesstattliche Versicherung darüber gab auch der Rittmeister Gerhard Boldt ab, der beim Generalstabschef des Heeres die ausgehenden Befehle für Berlin und Potsdam bearbeitete.

Die Führung des Bataillons bei den Pichelsdorfer Brücken übertrug ich dem Hauptamtschef der Reichsjugendführung, Obergebietsführer Dr. Ernst Schlünder. Er war der eifrigste Verfechter einer jugendgemäßen Wehrertüchtigung. Mit 16 Jahren hatte er sich freiwillig für die Teilnahme am Ersten Weltkrieg gemeldet und war zuletzt Hauptmann d.R. Was die Umsicht in der Führung der jungen Kämpfer anging, konnte die Verantwortung nicht in besseren Händen liegen. Wiederholt stellte der Kampfkommandant von Berlin, General Weidling, in den Lagebesprechungen bei Hitler fest, daß die HJ die Stellung an den Pichelsdorfer Brücken gegen den sowjetischen Ansturm behauptete. Und das bis zum Ende des Krieges, obwohl feindliche Panzer vor und hinter der HJ auf der Heerstraße standen! Über diesen Kampf wurden in der Nachkriegszeit unwahre Schreckensmeldungen verbreitet, die darin gipfelten, daß auf den Brücken 5.000 Hitlerjungen gefallen wären. Wie ich erwähnte, handelte es sich um ein Bataillon. Es hatte eine Stärke von 500, im allerhöchsten Fall - unter Berücksichtigung der Zugänge - zirka 600 Mann. Wie können da 5.000 gefallen sein, und das auf den Brücken? Man stelle sich das einmal vor! Das wären ja mehr gewesen, als in ganz Berlin im Dritten Aufgebot des Deutschen Volkssturms eingesetzt waren. Das mußten ja der Reichsverteidigungskommissar Dr. Goebbels, der Gebietsführer der Berliner Hitlerjugend Otto Hamann und ich schließlich genau wissen. Vermutlich gehen diese unzutreffenden Behauptungen auf einen Druckfehlerteufel in der Broschüre des Rittmeisters Boldt zurück, die von Schriftstellern und Berichterstattern fleißig abgeschrieben wurden, und noch heute durch die jüngsten Veröffentlichungen geistern. Ich kann mir nicht vorstellen, daß der Rittmeister Boldt diese Angaben absichtlich gemacht hat, da er es ja gerade dieser Kampfgruppe an den Pichelsdorfer Brücken zu verdanken hatte, daß er aus Berlin über die Havel entkommen konnte. Es sei denn, daß er die Formulierungen seines Ghostwriters Michael Hepp, der sich den Erwartungen des Zeitgeistes anpassen wollte, gebilligt hat. Auch die zitierten angeblichen Äußerungen des Dr. Schlünder entsprechen nicht der Wahrheit.

In den sechziger Jahren bin ich mit Dr. Schlünder noch einmal die bewaldeten und hügeligen Stellungen seiner Kampfgruppe abgegangen, die sehr gute Deckung boten. Ich fragte ihn nach den Gefallenen, deren Zahl er mit etwa 70 bezifferte. Es sind beklagenswerte Verluste, die groß genug waren. Bewohner von Pichelsdorf berichteten, daß sie einige Tote und Verwundete auf den Brücken gesehen hätten.

Dr. Schlünder schilderte einige Husarenstücke von abenteuerlichen Jungen, die auf eigenes Risiko einen Spähtrupp in Richtung Staaken unternommen und vom Gefechtsstand eines höheren sowjetischen Offiziers Unterlagen und Kartenmaterial mitgebracht hatten. Unbemerkt von den Sowjets fädelte sich seine Kampfgruppe vom 1. auf den 2. Mai in Richtung Ruhleben aus.

Aus der Sicht des damaligen Geschehens war der Einsatz einer Kampfgruppe an den Pichelsdorfer Brücken notwendig. Das ergab sich allein aus der Tatsache, daß der Kampfkommandant von Berlin, General Weidling, den Ausbruch der in Berlin kämpfenden Soldaten über die Pichelsdorfer Brücken vorgesehen hatte. In seinem dokumentierten Befehl hieß es: „Kampfbesatzung Berlin bricht in drei Kampfgruppen beiderseits der Heerstraße aus. Havelbrücken südlich Spandau sind ohne Rücksicht auf Verluste zu halten, um ausbrechenden Kampfgruppen die Absetzbewegung zu ermöglichen.

Aufstellung: Kampfgruppe I: 9. Fallschirmjägerdivision mit unterstellter Kampfgruppe E. Rechts und links: 18. Panzergrenadierdivision mit der Masse der noch vorhandenen Panzer und Sturmgeschütze. Kampfgruppe II: Restverbände der Waffen-SS mit SS-Dienststellen und Polizeieinheiten. Bei dieser Kampfgruppe wird der Führer, sein Gefolge sowie hohe Beamte am Ausbruch teilnehmen ... Kampfgruppe III: Panzerdivision ‚Münchberg' und SS-Division ‚Nordland'. Die Kampfgruppe General Bärenfänger Nachhut."

Dieser Plan wurde erst aufgegeben, nachdem die Pichelsdorfer Brücken durch Granaten teilweise zerstört worden waren. Über diesen Brückenkopf wurden die letzten Nachrichten und Testamente aus dem Hauptquartier an den Nachfolger Hitlers, Großadmiral Dönitz, und den Feldmarschall Schörner überbracht. Hier war den Zivilisten, die die Reichshauptstadt verlassen wollten, der Weg nach draußen offengehalten worden. Hier haben sich die jungen Kämpfer unter Opfern ausgezeichnet, damit viele Menschen ihr Leben retten konnten.

Als ich mich am 23. April im Bunker meldete, hörte ich aus der Umgebung Hitlers, daß am Vortag seine Entscheidung gefallen sei, in Berlin zu bleiben und hier unterzugehen. Hitler zog mich in ein kurzes Gespräch, in dem ich ihm erklärte, daß auch Kampfgruppen der HJ seinen Ausbruch aus Berlin sichern würden. Er winkte ab. Er wolle in Berlin bleiben. Wenn der Russe die Hauptstadt einnehmen sollte, würde er sich erschießen. „Am liebsten würde ich draußen fallen", sagte er, „aber kämpfen kann ich nicht mehr.

Und mit dem Feind zu verhandeln, ist für mich unmöglich. Meine Person steht im Wege. Wenn ich tot bin, können das andere tun, beispielsweise Göring."

Als ich mich am folgenden Tag bei Hitler meldete, meinte er resignierend: „Göring hat mich verlassen." Mich hat das um so mehr erschüttert, als ich an seine Äußerungen von gestern denken mußte, daß Göring mit dem Feind verhandeln konnte. Mir blieb die Sprache weg. Auch Hitler ging ohne ein weiteres Wort gebeugt in seine Wohnung zurück. Mir fiel mein letztes Gespräch mit Göring an seinem Geburtstag in Karinhall ein, in dem er mich aufgefordert hatte, Martin Bormann auszuschalten. Instinktiv fiel mein Verdacht jetzt auf Bormann. Die Reichsjugendführung hatte kaum persönlichen Kontakt zu Göring. Er hatte bei der bevorstehenden Erteilung der Vollmacht, den Kriegseinsatz der Jugend zentral zu lenken, gegen mich gestimmt. Ich wußte von unseren erfolgreichen Fliegerassen, daß sie von ihrem Oberbefehlshaber enttäuscht waren, denn trotz tapferster Einzelleistungen hat die Luftwaffe keine ausreichende Abwehr gegen das Eindringen des Feindes leisten können. Sie verstanden auch nicht, daß Göring im Kriege das Leben eines Renaissancemenschen führte. Trotzdem konnte ich nicht glauben, daß Göring den Führer verlassen hatte. Was war geschehen?

Am Nachmittag des 23. April unterbreitete Bormann Hitler ein Telegramm von Göring aus Berchtesgaden:

„Mein Führer! Sind Sie einverstanden, daß ich nach Ihrem Entschluß, im Gefechtsstand in der Festung Berlin zu verbleiben, gemäß Ihrem Erlaß vom 29.6.1941 als Ihr Stellvertreter sofort die Gesamtführung des Reiches übernehme, mit voller Handlungsfreiheit nach innen und außen?

Falls bis 22 Uhr keine Antwort erfolgt, nehme ich an, daß Sie Ihrer Handlungsfreiheit beraubt sind. Ich werde dann die Voraussetzung Ihres Erlasses als gegeben ansehen und zum Wohle von Volk und Vaterland handeln.

Was ich in diesen schwersten Stunden meines Lebens für Sie empfinde, wissen Sie, und kann ich durch Worte nicht ausdrücken.

Gott schütze Sie und lasse Sie trotz allem baldmöglichst hierher kommen. Ihr getreuer Hermann Göring."

Von dem Inhalt des Telegramms habe ich erst nach 1945 Kenntnis erhalten. Ich war nicht dabei, als Bormann dieses Telegramm interpretierte. Ich vermute, daß Bormann dieses Telegramm als Ultimatum und treulosen Verrat ausgelegt hatte. Offensichtlich sah er jetzt die günstige Gelegenheit, seinen Widersacher auszuschalten. Hitler enthob Göring aller Ämter und annullierte das Nachfolge-Dekret. Bormann sandte in seinem Namen an das Kommando der SS auf dem Obersalzberg ein Telegramm mit dem Befehl, Göring zu verhaften und seinen Stab sowie die Berater unter Haus-

arrest zu stellen. Dazu gehörten auch der Chef der Reichskanzlei Dr. Lammers und der Luftwaffengeneral Koller. Dieser Befehl wurde ausgeführt.
In den Archiven gibt es eine ausführliche Darstellung von Dr. Lammers über die korrekte Handlungsweise von Göring. Dieser vergewisserte sich bei ihm, ob das Nachfolge-Dekret, das in Berchtesgaden zur Verfügung stand, noch in Kraft wäre. Dabei war auch der Senatspräsident Dr. Müller von der Partei-Kanzlei zugegen. Während wir in Berlin nur beschränkte Verbindung nach draußen besaßen, die zunehmend ausfiel, sah Göring von Süddeutschland aus, wie sich der Ring um die Reichshauptstadt immer mehr schloß. Er konnte sich an den Fingern ausrechnen, wann die Handlungsfreiheit Hitlers nicht mehr gegeben war. Es war seine Pflicht, rechtzeitig zu handeln. Als ich Dr. Lammers am 27. Mai 1959 zu seinem 80. Geburtstag in Düsseldorf aufsuchte, bestätigte er das korrekte Vorgehen Görings. Wenigen wird bekannt sein, daß es Göring gelang, noch nach seiner Verhaftung einen Funkspruch an Hitler absetzen zu lassen. Darin sprach er von einem Mißverständnis und versicherte ihn nach wie vor seiner Treue. Das erfuhr ich 1947 von Brigadeführer Keilhaus von der Nachrichtentruppe der SS im Internierungslager Staumühle. Er hatte diesen letzten Funkspruch von Göring selber in Augenschein genommen. Wo und von wem konnte dieser Funkspruch in Berlin empfangen werden? In den hinteren Räumen meines Gefechtsstandes in der Partei-Kanzlei, Wilhelmstraße 64, befand sich die Funkstation von Bormann. Sie hatte noch bis zum Ende des Krieges Funkkontakt zur eingeschlossenen Festung Breslau und einigen Kanalinseln. Dort muß Görings Funkspruch angekommen sein. Hitler bekam ihn offensichtlich nicht mehr zu Gesicht. Alles, was dort eintraf, ging an Martin Bormann. Bei dessen Einstellung zu Göring und nach dem Verhaftungsbefehl war er sicher nicht daran interessiert, diesen letzten Funkspruch weiterzuleiten. So starb Hitler in dem Glauben, daß ihm sein erster Mann im Staat untreu geworden war. Das aber entsprach nach meiner Auffassung nicht den Tatsachen. Göring hat es vor dem Siegertribunal in Nürnberg bewiesen. Es wäre für ihn leichter gewesen, sich dadurch zu entlasten, daß er das tote Staatsoberhaupt belastete. Er hat es nicht getan, sondern die Verantwortung allein auf sich genommen und mit dem Tod besiegelt.
Die Hiobsbotschaften im Bunker rissen nicht ab. Die nächste erfuhr ich am 25. April, als Hitler zu mir sagte: „Auch Speer ist von mir gegangen." Nur diesen einen Satz sprach er, ohne sich weiter darüber zu äußern. Ich ahnte, wie niederschmetternd das für ihn sein mußte, denn Speer war nicht nur sein befähigter Rüstungsminister, sondern auch der Architekt, in dem er sich selber sah, mit dem er sich in entspannenden Stunden freundschaftlich

über die Bauten der Zukunft beriet und den er stets gern mit seiner Familie im engsten Kreis um sich sah. Hier war auch ein ganz persönliches Freundschaftsband zerschnitten worden. Diese Ereignisse um Göring und Speer erschütterten auch mich. Hinzu kamen die schlechten Nachrichten von der Front im Vorfeld von Berlin und bald auch im Stadtgebiet, wo man herumtelefonieren mußte, um zu erfahren, wo der Feind stand.
Die 9. Armee des Generals Busse, die auf Berlin marschieren sollte, war westlich von Frankfurt/Oder eingeschlossen worden. Seit dem 21. April schlugen die Granaten der sowjetischen Artillerie in der Innenstadt ein. Am 25. April trafen sich in Torgau an der Elbe die sowjetischen und amerikanischen Truppen. Deutschland war in zwei Hälften geteilt. Im Bunker begann sich Untergangsstimmung zu verbreiten. Wenn Volltreffer in unmittelbarer Nähe einschlugen, drangen Rauch und Schwefelgeruch ein. Wenn dann die Ventilatoren abgestellt wurden, war die Luft verbraucht und stickig. Das künstliche Licht machte für uns die Nacht zum Tage und den Tag zur Nacht, die Zeitvorstellungen verschwammen. Ich war nur sporadisch im Bunker und stets erleichtert, wenn ich wieder ins Freie trat, zu meinen Kameraden und den sich tapfer verteidigenden HJ-Einheiten zurückkehrte. Und das, obwohl draußen überall die Gefahr lauerte, man hier und da über Trümmer in zerbombte Häuser stolperte, in die hohlen Fensteraugen stehengebliebener Fassaden blickte und die nackten, verkohlten Baumstümpfe des einst grünen Tiergartens von vernichtetem Leben kündeten.
Die Mitarbeiter unserer Dienststelle am Kaiserdamm bereiteten sich auf den Angriff der Sowjets vor, die an der Avus entlang durch den Grunewald auf die Heerstraße und den Kaiserdamm vordrangen. Mit den Verteidigungsmaßnahmen beauftragte ich den Chef des Organisationsamtes Otto Würschinger, der bald darauf mit seinen Einheiten auf der Heerstraße in den Kampf mit eingriff. In seiner Abwesenheit führte in meinem Auftrag in unserem Haus der Leiter unserer Rechtsdienststelle Heinz Boldt das Kommando, das er für nur kurze Zeit in seiner unterkühlten Hamburger Art ausübte, als schon sowjetische Panzer vorbeirasselten. Die Führerinnen des BDM wollten in Berlin bleiben. Ich beorderte sie jedoch ins Hochlandlager der oberbayrischen HJ, das wir als Treffpunkt für alle ausmachten. Nur die Reichsärztin des BDM, Dr. Gertrud Huhn, blieb in Berlin, um unsere Verwundeten zu versorgen. Und dabei bekam sie mehr als gewollt zu tun.
Einer der ersten Verwundeten, den sie behandelte, war mein Melder Armin Dieter Lehmann, der von einer Erkundungsfahrt mit einer durchschossenen Hand zurückkam. Für die Versorgung von Verwundeten standen auch vom Gebiet Berlin einige Ärztinnen und BDM-Führerinnen in unermüdlichem

Einsatz, die im Gesundheitsdienst ausgebildet worden waren. Das respektierten die Sowjets nach dem Fall von Berlin. Sie stellten die BDM-Führerinnen, die als Schwestern im Lazarett der Reichskanzlei Tag und Nacht bis zum Umfallen tätig waren, unter ihren Schutz. Als die Verwundeten in ein russisches Lazarett nach Lichterfelde gebracht wurden, nahmen sie die BDM-Schwestern mit. Später forderte man sie auf, ihre Tätigkeit in einem russischen Lazarett in Küstrin fortzusetzen. Die selbstbewußten BDM-Führerinnen gingen nach den gemachten Erfahrungen unter der Bedingung darauf ein, daß sie nach einer bestimmten Zeit nach Berlin zurückkehren konnten. Die Sowjets sagten das zu und hielten sich an ihr Wort. So sahen 24 BDM-Schwestern unbelästigt ihre Heimatstadt wieder. Das war ein seltener Ausnahmefall bei den Demütigungen und Vergewaltigungen der Frauen, unter denen diese zu leiden hatten. Aber sie gab es.
Der Führer des HJ-Gebietes Berlin, Otto Hamann, hielt enge Verbindung zu mir. Wir führten mit meinem Adjutanten, Gerd Weltzin, Erkundungen in der näheren Umgebung unserer Dienststelle durch. Als wir einen Spähtrupp zum Charlottenburger Schloß unternahmen, gerieten wir am Rande des Schloßparks unter Beschuß. Im Nu lagen wir flach am Boden. Wir kamen heil davon. Das Fahrzeug wies mehrere Treffer auf. Ich begab mich sofort zum Führerbunker und meldete in der Lagebesprechung die neue Position der Sowjets im Schloßpark. Der Park galt bis dahin als feindfrei. Otto Hamann hatte im Rahmen des Dritten Aufgebots des Volkssturms ein Regiment „Berlin" der HJ aufgestellt. Er wurde von der Gebietsmädelführerin Berlin, Gisela Hermann, vertreten. Sie war für alle Hilfsmaßnahmen des BDM in der Reichshauptstadt verantwortlich und kümmerte sich um alles, was an Hilfsleistungen für dieses Regiment notwendig war. Mit ihrer Funktion für das Regiment war keineswegs der Gedanke an einen Kampfeinsatz der Mädel bis zum 21. Lebensjahr verbunden.
In der letzten Phase des Krieges stellte der Leiter der Partei-Kanzlei, Martin Bormann, das Ansinnen an die Reichsjugendführung, Kampfeinheiten der älteren Mädel gemeinsam mit Frauen zu bilden. Die Reichsreferentin des BDM, Dr. Jutta Rüdiger, lehnte das ab. Hingegen standen bei den Sowjets etwa 800.000 Frauen und Mädel im Dienste der Roten Armee. Sie wurden auch im Kampf eingesetzt. Sie erhielten ihre Ausbildung als Scharfschützen und für Spezialaufgaben. Sie nahmen auch an Gefechtsübungen teil. Ihre Rolle im Partisanenkampf ist aus dem Rußlandfeldzug bekannt. In der westlichen Welt ist nach dem Zweiten Weltkrieg in der Einstellung zum Kampfeinsatz weiblicher Soldaten auch ein Wandel vollzogen worden. Im Golfkrieg kamen bereits vereinzelt weibliche Soldaten zum Einsatz. In Kanada werden ebenfalls weibliche Kampfpilotinnen ausgebildet. In Israel stehen junge Frauen unter Waffen. Da mutet es paradox an, daß

man in der Nachkriegszeit ausgerechnet dem BDM, der einen Kampfeinsatz für weibliche Soldaten abgelehnt hatte, wahrheitswidrig militante Zielsetzungen nachsagte. Den BDM-Führerinnen war es freigestellt, sich für die persönliche Verteidigung in drohender Gefahr im Gebrauch der Waffe unterweisen zu lassen. Aber das hatte überhaupt nichts mit der Planung eines Kampfeinsatzes für ältere Mädel zu tun.
Am 25. April 1945 standen Einheiten der Roten Armee in Zehlendorf, Schlachtensee und Nikolassee und drangen auf die westliche Innenstadt vor. Bald hatten sie auch die Heerstraße und den Kaiserdamm erreicht, wo unsere Dienststelle lag. Rechtzeitig hatte der Chef unseres Organisationsamtes, Otto Würschinger, Einheiten aus Führern und Jungen der HJ zur Abwehr des Angriffs in Stellung gebracht. Der Abschnitt von der Harbig-Brücke entlang der S-Bahn bis zur Heerstraße wurde vom Stammführer Schlichting aus Königsberg in Ostpreußen, die Panzersperre am Bahnhof Heerstraße vom Bannführer Moses vom Amt Bauerntum und Landdienst und der Abschnitt vom Bahnhof Heerstraße entlang der S-Bahn bis zum Olympia-Stadion vom Stabsleiter des Gebietes Mark Brandenburg, Oskar Bartsch, verteidigt. Der erste Ansturm der Sowjets konnte abgeschlagen werden. Auf unserer Seite gab es die ersten Toten und Verwundeten. Der Stammführer Schlichting fiel aus. Otto Würschinger übernahm selbst das Kommando. Bannführer Moses wurde schwer verwundet. Unsere Reichsärztin Dr. Huhn hatte alle Hände voll zu tun.
An der Heerstraße waren auch Einheiten des HJ-Regiments „Berlin" eingesetzt, über die der „Panzerbär", das letzte Nachrichtenblatt der Hauptstadt, am 29. April 1945 berichtete:
„Im Abschnitt Heerstraße/Olympische Brücke hat sich eine HJ-Kampftruppe vom Bann 129, die sich in den letzten Tagen durch besonderen Schneid mehrfach hervorgetan hat, erneut ausgezeichnet. Die Bolschewisten griffen nach lebhafter Feuervorbereitung aus einem Waldstück hinter dem Bahnhof Heerstraße mit überlegenen Kräften an und versuchten, über den Bahndamm hinweg die Westend-Allee zu erreichen. Sie trafen auf die erbitterte Gegenwehr unserer jungen Kameraden. Obwohl sie die Vorstöße zweimal erneuerten, scheiterten alle Angriffe an der wendigen und geschickten Kampfführung der von SS-Oberscharführer Fritsche geführten kleinen HJ-Schar."
Auch Einheiten der Panzernahkampfbrigade, die vor den übermächtigen Angriffen der Sowjets aus dem Raum Fürstenwalde/Frankfurt/O. zurückgezogen worden waren, kämpften beiderseits der Heerstraße. Unzählige sowjetische Panzer wurden in der Gegend um die Heerstraße vernichtet. Unsere Dienststelle lag unter dem Feuer der sowjetischen Infanterie. Die verputzten Einschlagstellen des Gewehrfeuers an diesem Gebäude, in dem

jetzt einige Behörden des Bezirksamtes Charlottenburg untergebracht sind, zeugen noch heute davon. An diesem Tag wurde unsere Dienststelle auch von Stabbrandbomben aus der Luft getroffen. Zuvor waren bereits rückwärtige Teile unseres Gebäudekomplexes durch Bomben zerstört worden, wobei wir einen Toten zu beklagen hatten. Es war noch glimpflich abgelaufen, wenn ich bedenke, daß in Nürnberg bei einem schweren Luftangriff der Gebietsführer Raschke mit Angehörigen seines gesamten Stabes ums Leben gekommen ist. Allzu großen Schaden richteten die Stabbrandbomben auf unserem Dachboden nicht an. Unser Gebäudekomplex war in Stahlskelettbetonbauweise errichtet worden, so daß die Brandbomben den starken Betonboden nicht durchschlugen. Unser Luftschutzkommando konnte sie schnell unschädlich machen.

Als ich mich in meinem Arbeitszimmer aufhielt, klingelte das Telefon. Die Fernsprechleitung war noch intakt. Ein Anruf aus dem Führerbunker. Am Apparat sprach Staatssekretär Dr. Naumann. „Was ist denn bei Ihnen los?", fragte er unter dem Eindruck des Lärmens und Krachens bei uns, das er durch die Muschel vernahm. Ich erklärte ihm unsere Lage. „Sie können unmöglich dort bleiben. Ich melde mich wieder." Der Rückruf kam bald. Er hatte inzwischen mit Hitler gesprochen und teilte mir mit, daß ich meinen Gefechtsstand in der Partei-Kanzlei aufschlagen sollte. Das war im Regierungsviertel, Wilhelmstraße 64, schräg gegenüber vom Führerbunker. Unsere Verwundeten und Mädel konnten wir nicht in der Dienststelle lassen. Wir nahmen sie mit. Auch Dr. Gertrud Huhn kam mit uns. Mit der Durchführung des Transports beauftragte ich meinen zuverlässigen Melder Armin Dieter Lehmann. Mit den bei mir gebliebenen Mitarbeitern - ich hatte jedem freigestellt, bei mir zu bleiben oder nicht - machte ich Zwischenstation in der Polizeidienststelle Kaiserdamm/Ecke Sophie-Charlotte-Straße. Die dortigen Polizei-Offiziere wollten sich mir unterstellen. Das war nur denkbar in der Apokalypse von Berlin. Ich mußte jedoch weiter zur Wilhelmstraße. Das geschah noch am selben Tag.

Ich bezog, soweit ich mich erinnere, meinen letzten Gefechtsstand am 26. April. Armin Dieter Lehmann schilderte seine Erlebnisse auf dem Transport in der Illustrierten „Quick" vom 16. April 1965:

„Die ersten beiden Gruppen brachte ich ohne Zwischenfälle in das Polizeigebäude. Mit der letzten kam ich in die erste Tageshelle. Kurz vor unserem Ziel hörten wir das Geräusch anrollender Panzer. Die Verwundeten und die Mädchen liefen in die nächsten Keller. Ich ging mit einigen Leichtverwundeten weiter vor. An der nächsten Querstraße sahen wir zwei russische Panzer und eine Infanteriegruppe auf uns zukommen. Wir liefen über Hinterhöfe in einen Keller direkt vor die Panzer. Sie fuhren langsam die Straße hinunter, hielten und feuerten in regelmäßigen Abständen. Der er-

ste Panzer schob sich dröhnend an meinem Kellerfenster vorbei. Ich nahm die Panzerfaust hoch, zielte, drückte ab. Der Feuerstrahl wurde in dem engen Raum von der Wand zurückgeworfen und versengte meine Uniform und mein Haar. Der Panzer brannte. Ich lief über die Höfe zurück in das Haus, in dem die Mädchen warteten. Mit einer neuen Panzerfaust rannte ich in den ersten Stock hinauf. Als ich über die Fensterbank spähte, stockte mir der Atem: Unter mir lief ein BDM-Mädchen mit einer Panzerfaust auf die Straße, blieb für den Bruchteil eines Augenblicks im Anschlag stehen und feuerte aus 15 Meter Entfernung auf den zweiten Koloß. Die Infanteristen waren so verblüfft, daß sie zu schießen vergaßen. Das Mädchen verschwand wie der Blitz, der Panzer blieb brennend liegen. Die Infanteristen zogen sich zurück. Die Straße war frei, wir erreichten das Polizeigebäude ... Axmann brach seinen neuen Gefechtsstand noch am gleichen Tag wieder ab. Die Verwundeten wurden in einige LKWs verladen, wir anderen marschierten zu Fuß in Richtung Reichskanzlei. Unter starkem Artilleriefeuer passierten wir das Brandenburger Tor und bezogen Quartier in den Kellerräumen der ehemaligen Partei-Kanzlei."
Dieser Bericht von Lehmann ist charakteristisch für den Straßen- und Häuserkampf in Berlin. Das BDM-Mädel hatte keinen Befehl zum Abschuß des Panzers erhalten. Sie handelte von sich aus. Das Mädchen ist anonym geblieben.
Zu meiner kleinen Gruppe gehörten die Reichsärztin des BDM Dr. Gertrud Huhn, mein Nachfolger im Amt Gebietsführer Otto Schröder, der Leiter meiner Rechtsdienststelle Hauptbannführer Heinz Boldt, der Verwaltungschef Gebietsführer Ludwig Grimm, mein Adjutant Gerd Weltzin, mein Melder Armin Dieter Lehmann sowie Angehörige des Personals der Reichsjugendführung. Dazu gehörte auch „Mutti Lehmann", unsere Kantinenwirtin, die unsere Besatzung bis zum Ende versorgt hatte. Einer meiner Melder war der Sohn meines Ökonomen, der unser Auslandshaus mit Liebe und äußerster Sorgfalt versah. Ich hatte ihm als Reichssieger im Berufswettkampf diese Aufgabe übertragen. Er bat mich immer wieder, seinen 16jährigen Sohn als Melder bei mir zu behalten, obwohl ich ihm erklärte, daß dort, wo ich bin, auch geschossen wird. Glücklicherweise hat der Sohn überlebt. Als die sowjetischen Soldaten das Auslandshaus angriffen, sind Vater und Tochter gefallen.
In unserem Quartier war uns ein 13jähriger Junge, Dieter Schröder, zugelaufen. Er stammte aus Ostpreußen und hatte seine Eltern auf dem Flüchtlingstreck verloren. Er kannte niemanden in Berlin, bei dem er hätte bleiben können. So fand er seine letzte Zuflucht bei uns. Das kam häufig bei Jungen vor, deren Eltern im Bombenkrieg umgekommen oder von denen sie auf der Flucht getrennt worden waren. Sie hielten sich dann an die

Hitlerjugend, bei der sie auch versorgt wurden. Ich hatte schon bei der Panzernahkampfbrigade darauf hingewiesen, daß sie sich zu einem großen Teil aus solchen Jungen zusammensetzte, die ein schweres Schicksal erlitten hatten. Dieter Schröder ließ sich nicht abweisen, Kuriergänge für uns zu unternehmen. Er wurde dabei verwundet und erhielt das Eiserne Kreuz II. Klasse. Solche Vorfälle trugen dazu bei, in der Nachkriegszeit das Gerücht zu nähren, daß schon 12- und 13jährige Jungen planmäßig im Krieg eingesetzt wurden. Das traf nicht zu. Auch unverantwortliche Einzelfälle können das Gesamtbild nicht ändern.

Der Keller in der Partei-Kanzlei bot keine ausreichende Sicherheit, da im Laufe der Tage Granatsplitter in den Eingang fegten. Heinz Boldt, Gerd Weltzin, Armin Dieter Lehmann und ich hatten in einem kleinen Raum neben dem Eingang Unterkunft gefunden. Die anderen Räume waren mit Verwundeten und Angehörigen unserer Gruppe belegt. Die Rotarmisten hatten am 26. April den Flughafen Tempelhof und bald darauf den Belle-Alliance-Platz und damit den südlichen Eingang zur Wilhelmstraße erobert. Sie schossen durch die Wilhelmstraße, die zu manchen Zeiten pausenlos unter Artilleriefeuer lag. Es war lebensgefährlich, unseren Keller zu verlassen. Wenn ich zur Meldung in den Führerbunker ging, sprang ich mit einigen Sätzen ins gegenüberliegende Auswärtige Amt. Mit einem Taschentuch mußte ich Augen, Nase und Mund gegen beißenden Qualm und Phosphorgeruch schützen. Vom Auswärtigen Amt führte ein labyrinthartiger Gang in den Vorbunker, von dem eine Treppe in den Vorraum des Lagezimmers hinunter führte. In diesem Vorraum spielten sich für mich die Ereignisse und Begegnungen ab. An jedem Tag fanden zwei Lagebesprechungen statt, manchmal auch drei. Gewöhnlich nahm ich nur an einer Lagebesprechung pro Tag teil. Hitler beklagte sich in diesen Besprechungen oft darüber, daß gegebene Befehle nicht ausgeführt und ihm trotz seiner entgegenstehenden Weisungen geschönte Meldungen erstattet würden. Er müsse mit Kräften operieren, die nicht mehr der gemeldeten Stärke entsprächen.

Die letzten Lagebesprechungen wurden durch die Tatsache überschattet, daß die Entsetzung Berlins durch die Armee Wenck immer fraglicher wurde. Der körperliche Abbau des Führers war sichtbar. Aber in diesem Körper wohnte noch ein wacher Geist, dem es nicht entging, welches Geschütz an welcher Straßenecke stand. Es war bedrückend zu sehen, wie er sich am Ende einer Besprechung mühsam vom Stuhl hochstützen mußte. Obwohl sich die Lagebesprechungen immer mehr auf den Berliner Stadtplan konzentrierten, schien sein Sendungsbewußtsein, das ihn einst von der nachtwandlerischen Sicherheit in seinen Entscheidungen sprechen ließ, nicht gebrochen. War es dieser Wahn, den viele, die ihn verdammten, als gewöhnlichen Wahnsinn bezeichneten?

Im Bunker hielt ich engen Kontakt zu Wilhelm Mohnke, dem Verteidiger der Reichskanzlei. Ich kannte ihn von der 12. SS-Panzerdivision „Hitlerjugend", in der er das Panzergrenadierregiment 26 führte. Als er sich in Lichterfelde in der Kaserne befand, schlug ihn der SS-Adjutant Hitlers, Otto Günsche, zum Kampfkommandanten der Zitadelle vor. Hitler erteilte ihm diesen Auftrag. Mohnke war in seiner Lage wirklich nicht zu beneiden, denn er mußte sich in kürzester Zeit seine Truppen zusammensuchen. Ich habe das aus der Nähe miterlebt. Es war eine außergewöhnliche Truppe, die sich aus kleinen Einheiten des Heeres, der Marine, der Luftwaffe, der Waffen-SS, des Volkssturms und seinem Dritten Aufgebot zusammensetzte. Auch ausländische Einheiten waren darunter: Franzosen, Norweger, Holländer, Flamen, Esten und Letten. Es ist erstaunlich, wie diese etwa zweitausend Mann starke Truppe mit Hingabe um jeden Fußbreit bis zum Ende kämpfte.

Als ich am 27. April Mohnke in seinem Befehlsstand in der Reichskanzlei aufsuchte, sah ich dort den SS-Gruppenführer Fegelein. Er saß auf einem Stuhl, hatte die Ellenbogen auf die Knie gestützt und starrte mit glasigen Augen vor sich hin. Er war in Uniform, trug aber keine Rangabzeichen. Fegelein war der Verbindungsführer Himmlers zu Hitler und der Schwager von Eva Braun. „Was ist denn mit Fegelein passiert?", fragte ich Mohnke. „Im Auftrag des Führers muß ich gegen Fegelein ein Kriegsgerichtsverfahren durchführen", erwiderte er. Dann erfuhr ich den Hergang der Ereignisse. Als Hitler Fegelein sprechen wollte, war er im Bunker nicht aufzufinden. Otto Günsche kannte seine Privatadresse in der Bleibtreustraße 4. Kriminalrat Högl begab sich in seine Wohnung und fand ihn dort in Gesellschaft einer Frau vor. Er war im Begriff, die Wohnung in Zivil zu verlassen. Er hatte einen Koffer mit Wertsachen und Bargeld bei sich. Diese Umstände ließen vermuten, daß die Frau Agentin eines fremden Geheimdienstes war. Man hegte den Verdacht, daß Fegelein die undichte Stelle sein könnte, von der der Gegner aus dem Hauptquartier seine Nachrichten bezog. Hitler entschied sich für ein Kriegsgerichtsverfahren. Mohnke sollte es durchführen. Eine undankbare Aufgabe gegenüber einem ehemaligen Kameraden. Er meinte zu mir, über einen Volltrunkenen kein Urteil fällen zu können und sagte es auch Hitler, der sich mit den Worten abwandte: „Man kann sich eben auf niemanden mehr verlassen." Bald erfuhr ich, daß Fegelein im Ehrenhof der Reichskanzlei erschossen worden war. Warf dieser düstere Vorgang schon Schatten auf Heinrich Himmler?

Einmal begleitete ich Wilhelm Mohnke zu unseren Männern am Potsdamer Platz, die in den umliegenden Häusern um jedes Stockwerk erbittert kämpften. Die Nachricht ging um, daß sich dabei zwei Brüder im Kampf gegenüberstanden. Der eine als Soldat des Nationalkomitees „Freies

Deutschland" auf sowjetischer, der andere auf unserer Seite. Ein vorweggenommenes Symbol der Teilung!
Im Bunker traf ich den Botschafter Walter Hewel, den Verbindungsführer des Reichsaußenministers Joachim von Ribbentrop zu Hitler. Durch sein ruhiges Wesen flößte er Vertrauen ein. Es wurde gemunkelt, daß politische Gespräche über Stockholm geführt würden. Ich fragte Hewel danach. Er verneinte das. Es bestünden keine Verbindungen zum Gegner, es würden keine Gespräche geführt. Eine politische Lösung des Konfliktes war aussichtslos und nach der bedingungslosen Kapitulationsforderung von Casablanca wohl auch undenkbar. Da gab es keine Hoffnung. Walter Hewel hatte sich, wie mir später bekannt wurde, im Keller einer Brauerei erschossen, als sowjetische Offiziere im Keller erschienen waren.
Im Bunker befanden sich seit dem Vortage zwei Besucher, der Befehlshaber der Luftflotte VI, Generaloberst Ritter von Greim, und die tapfere Testpilotin Hanna Reitsch. Auf Befehl des Führers waren sie über Rechlin in die Reichshauptstadt geflogen. Ein Geschoß hatte den Fuß von Ritter von Greim durchschlagen. Als er vorübergehend das Bewußtsein verlor, übernahm Hanna Reitsch unter schwierigsten Umständen den Steuerknüppel und brachte den Fieseler Storch auf der von Bombentrichtern übersäten Ost-West-Achse wohlbehalten zur Landung. Als ich mich im Vorraum aufhielt, trat Hitler aus seiner Wohnung und forderte mich auf, mit ihm Ritter von Greim aufzusuchen. Er hatte ihn zum Nachfolger von Hermann Göring ernannt und zum Feldmarschall befördert. Er setzte sich auf seinen Bettrand und besprach mit ihm den Einsatz der Luftwaffe, sofern es ihm gelingen sollte, Berlin zu verlassen. Ich fragte mich, ob es tatsächlich noch eine Luftwaffe gab. Bei diesem Gespräch blieb ich stummer Zeuge.
Tatsächlich gelang es einem erfahrenen und beherzten Piloten, den Feldmarschall von Greim und Hanna Reitsch mit einer Arado 96 aus der umkämpften Trümmerstadt herauszufliegen. Aber die Entwicklung überholte sie. Ehe Maßnahmen eingeleitet werden konnten, war kapituliert worden. Der Feldmarschall geriet in amerikanische Gefangenschaft. Dort nahm er sich das Leben. Hanna Reitsch landete beim amerikanischen Geheimdienst in Oberursel, wo auch ich später zu Gast war.
In meinem Gefechtsstand in der Wilhelmstraße 64 erschienen Otto Hamann, der Führer der Berliner Hitlerjugend, und die Gebietsmädelführerin Gisela Hermann. Wir tauschten unsere Erfahrungen aus. In allen Stadtteilen kämpften Einheiten der Hitlerjugend als Drittes Aufgebot im Deutschen Volkssturm tapfer. Die Verluste schmerzten und bedrückten uns sehr.
Ich freute mich immer, wenn ich die beiden sah. Sie waren in ihrem Wesen so frisch und offenherzig und behielten auch jetzt in dieser schwierigen Lage den Kopf oben. Als sie sich verabschiedet hatten, rief ich ihnen noch

nach: „Paßt bloß auf, daß es euch draußen nicht erwischt!" Sie lächelten zurück. Kurz darauf erhielt ich die Nachricht, daß sie beide auf der Wilhelmstraße schwer verwundet worden waren. Ich ging zu ihnen ins Lazarett der Reichskanzlei, das von Verwundeten überfüllt war. Sie lagen zwischen Kisten und auf den Gängen in der Apotheke, und immer neue Verwundete kamen hinzu. Wohin mit ihnen? Leichtere Fälle behandelte unsere Ärztin im Keller, wofür Verbandszeug, Medikamente und Wasser von unseren Meldern aus dem Lazarett geholt werden mußten. Wie haben die beiden Ärzte, die Professoren Haase und Schenck das nur geschafft? Sie waren erschöpft und vollkommen überfordert. Die jungen Schwestern und BDM-Führerinnen taten pausenlos und unermüdlich ihren Dienst. Gisela war von 13 Granatsplittern getroffen worden. Als ich bei Otto Hamann die Zudecke hob, sah ich den schwarzen Oberschenkel. Gasbrand. Bald darauf ist er an der Seite seiner Gebietsmädelführerin gestorben. Er wurde im Garten der Reichskanzlei begraben, der von Granateinschlägen und Bomben aufgewühlt war. Friedhof und Schlachtfeld zugleich. - Ein verwundeter Junge im Lazarett, der einen Panzer geknackt hatte, wollte unbedingt den Führer sehen. Er sah ihn und wurde von ihm ausgezeichnet.

Im Bunker begegnete mir Eva Braun. Es war eine Überraschung, in diesem Betonklotz unter der Erde plötzlich eine gepflegte, attraktive Frau zu sehen. Im ersten Augenblick kam sie mir wie eine unwirkliche Erscheinung vor. Zuletzt hatte ich sie im Februar 1941 auf dem Obersalzberg getroffen. Obwohl sie unter starker seelischer Belastung stand, schien sie mir unverändert. Sie war ein Jahr älter als ich. Sie begrüßte mich und begann: „Herr Axmann, Sie denken vielleicht, daß ich Sie nicht kenne. Der Führer und ich haben des öfteren über Sie gesprochen. Ich weiß, wer Sie sind." Das waren unerwartete Worte für mich. Sie erzählte mir dann, daß der Führer sie Anfang März nach München geschickt hatte, daß sie aber gegen seinen Willen am 15. April nach Berlin zurückgekehrt sei. „Ich hatte Sorge, daß die Russen Berlin einschließen. Ich bin gekommen, weil ich in diesen Stunden beim Führer sein will. Ich werde auch mit ihm sterben." Sie sagte das ohne Pathos. Bei Hitler war ihr Platz. Sie glaubte, daß ihre Anwesenheit notwendig sei, weil sie Hitlers Überzeugung teilte, daß ihn seine engsten Mitarbeiter verlassen hätten. Sie bekam einen Eindruck von der Opferbereitschaft der Jugend, als sie meinem Melder Armin Dieter Lehmann im Bunker begegnete. Er schrieb darüber:

„Verrußt, mit versengter Uniform, meine Hand in dem angeschwärzten und steifen Verband, fand ich nur schwer wieder klare Besinnung. In einem Raum neben dem Vorzimmer ‚Lage' kamen zwei Frauen auf mich zu. Sie schienen entsetzt über meinen Anblick. Die eine, blond, schlank und groß, reichte mir ein kleines Taschentuch, damit ich meine Augen auswi-

schen konnte. Dann holte sie mir ein Glas Wasser. Aber ich konnte es nicht halten. Es fiel auf den Boden und zerbrach. - Später erfuhr ich, daß es Eva Braun war, die mich versorgt hatte. Ihre Begleiterin war Frau Goebbels."
Vor diesen beiden Frauen habe ich mir in der Erinnerung die allergrößte Hochachtung bewahrt. Mehr als manche anderen Männer hatten sie ihren „Mann" gestanden.
Opferbereitschaft wurde täglich im Kriege gelebt. In Breslau, in Wien, im Westen, im ganzen Reich, nun auch in Berlin. Dazu konnte man niemanden zwingen. Nur der eigene Wille, das eigene Wollen konnte dafür Antrieb sein. Seitdem ich meinen Gefechtsstand in der Wilhelmstraße 64 bezogen hatte, kam ich kaum noch in andere Stadtteile von Berlin. Ich erlebte das Ende im Zentrum der Stadt, gegen die die Sowjets aus allen Richtungen mit weit überlegenen Kräften und Kriegsmaterial anstürmten. Dagegen bäumten sich unsere Soldaten mit letzter, verzweifelter Energie auf. Wir erhielten Meldungen aus anderen Abschnitten von der draufgängerischen Jagd des Dritten Aufgebots auf Panzer. Nachrichten gab es noch im Kampfblatt für die Verteidiger von Berlin, dem „Panzerbär". Darin hieß es am 27. April 1945:
„In der Panzernahbekämpfung zeichneten sich besonders 16- und 17jährige Hitlerjungen aus. So vernichtete der Hitlerjunge Frost an der Ecke Knieproder-/Goldaper Straße zwei T 34 durch Panzerfaust. Im gleichen Kampfraum schoß der Hitlerjunge Zimmer einen T 34 ab. Der 16jährige Hitlerjunge Horst Liebelt, Angehöriger des Panzerjagdkommandos Bann 21, erledigte durch Panzerfaust in der Gustav-Adolf-Straße einen überschweren sowjetischen Kampfwagen vom Typ KW 68 ... Immer wieder muß die unerschrockene Tapferkeit Berliner Hitlerjungen gegen schwere und schwerste Sowjetpanzer hervorgehoben werden."
Im „Panzerbär" vom 28. April hieß es, daß in einem südlichen Vorort Panik ausbrach, als das Gerücht umging, daß 70 sowjetische Panzer im Anmarsch wären. Eine beherzte Gruppe von Hitlerjungen stellte fest, daß es nur 14 waren. Von denen schossen sie 12 ab und bereinigten die Lage. Aus Neukölln hörten wir, daß eine stärkere Einheit der HJ gemeinsam mit den Franzosen des Bataillons „Charlemagne" aus allen Löchern schießend das Rathaus verteidigten. Die Franzosen waren voll des Lobes über diese jungen Kämpfer und ihre Disziplin, die den Befehlen der französischen Truppenführer folgten. Der Franzose Jean Mabire schrieb darüber in seinem Buch „Mourir a Berlin" (Sterben in Berlin):
„BDM-Führerinnen brachten mit Handwagen im Artilleriefeuer Munition in die vorderste Stellung. Nein, das haben wir nicht gewollt. Aber diese BDM-Führerinnen ließen sich nicht davon abbringen, ihren Kameraden in der Gefahr zu helfen."

Diese Beispiele könnte ich fortsetzen. Ohne diese Jugendführer und Jugendführerinnen, die immer vorangingen, wenn es galt, den ersten Schritt zu tun, wäre dieser Einsatz nicht möglich gewesen. Das gilt für den Kameradschaftsführer wie für den Obergebietsführer. Viele Obergebietsführer und Gebietsführer sind im Felde geblieben. Zuletzt fiel mein Kamerad und Führer des Gebietes Berlin auf der Wilhelmstraße. Bis 1943 waren schon etwa 30.000 Jugendführer gefallen. Ihre Zahl steigerte sich bis zum Kriegsende gewaltig. In der Reichsjugendführung waren alle Kräfte mobilisiert worden. Amtschefs wie Gustav Memminger und Ernst Ferdinand Overbeck führten Einsatzaufträge in Westdeutschland aus. Wolfgang Stumme, der Leiter unserer Musikarbeit, meldete sich nach seinem bereits geleisteten Frontdienst wieder zum Volkssturm in Spandau. Der Inspekteur der Wehrertüchtigungslager, Oberbannführer und Oberstleutnant Erich Bärenfänger, hatte mir bereits zu Beginn des Jahres 1945 angekündigt, daß er wieder ein Frontkommando übernehmen möchte.

Es muß Anfang Februar gewesen sein, als ich den Reichsverteidigungskommissar von Berlin, Dr. Goebbels, in seinem Befehlsstand, der sich in einem Bunker unter dem Wilhelmplatz befand, aufsuchte. Wir sprachen über Vorbereitungsmaßnahmen zur Verteidigung Berlins. Er fragte mich, ob ich ihm nicht zuverlässige Führer dafür benennen könnte. Ich erwähnte Erich Bärenfänger, den bewährten Frontoffizier und Schwerter-Träger. Dr. Goebbels ging sofort darauf ein. So kam es, daß Erich Bärenfänger den Verteidigungsabschnitt A in der Verteidigung von Berlin übertragen erhielt und später auch noch den Abschnitt B übernahm.

Als sich die Sowjets aus dem Osten den Zugang zu unserer Stadt erkämpfen wollten, besuchte ich mit Obergebietsführer Dr. Schlünder den General Bärenfänger in seinem Gefechtsstand in Lichtenberg. Von ihm erhielten wir Aufschluß über die Kampfmethoden der Angreifer: Sowjetische Soldaten in deutschen Uniformen führten an der Spitze Erkundungen durch. Infanteristen gingen hinter dem Schirm einer Reihe deutscher Frauen vor und benutzten sie als Kugelfang. Aus Gefangenenaussagen wurde bekannt, daß Sonderkommandos sogar Soldaten mit Flammenwerfern zum Angriff trieben. Wir wußten, auf was wir uns gefaßt machen mußten. Bärenfänger hat mit seinen Männern, zu denen auch HJ-Einheiten des Volkssturms zählten, mit Bravour bis zum letzten gekämpft. Aber auch er konnte das Eindringen der Übermacht in die inneren Bezirke der Stadt nicht verhindern. Seine Truppe war ungenügend ausgerüstet. Ihm fehlten die schweren Waffen. Ich traf ihn am 28. April im Bunker. Hitler hatte ihn zur Besprechung über die Lage in seinen Kampfabschnitten befohlen. Die letzten Wochen seines ununterbrochenen Einsatzes hatten ihn gezeichnet. Er war um Jahre gealtert. Nur kurz konnten wir uns im Vorraum nach seiner Besprechung unterhalten. Er wollte eiligst zurück zu seiner Truppe. Unter Überspringung des Dienstgrades Oberst war dieser Kämpfer um Sewastopol, im westlichen Kaukasus, im Kuban-Brückenkopf und in der Reichshauptstadt zum Generalmajor befördert worden. Er war erst 30 Jahre jung. Er hatte nicht einmal Zeit, die neuen Dienstgradabzeichen anzulegen. Ihn trieb es in seinen Gefechtsstand zurück. Wir verabschiedeten uns. Es war für immer. Nach Kriegsende erfuhr ich, daß er sich mit seiner Frau erschossen haben soll. Es muß zutreffen, denn in den vergangenen Jahrzehnten war keine Spur mehr von ihm zu finden. Diese Nachricht erschütterte mich. Diesem jungen strahlenden Paar hatte ich erst vor sieben Monaten bei der Schließung ihres Ehebundes die Worte zur Hochzeit gesprochen.

Auch mein Verbindungsführer zum Oberbefehlshaber des Ersatzheeres, der bewährte ostpreußische Oberbannführer, Hauptmann und Ritterkreuzträger Günther Marrek, bat um Frontverwendung. Auf eigenen Wunsch übernahm er im April 1945 das Kommando über eine Volkssturmeinheit unseres Dritten Aufgebots in Strausberg. Es setzte sich unter Wehrmachtsoffizieren aus Angehörigen der Wehrertüchtigungslager der HJ zusammen. Ein übergeordneter Wehrmachtsoffizier forderte Marrek auf, seine Einheit für einen begrenzten Angriff infanteristisch einzusetzen. Marrek lehnte das mit der Begründung ab, daß die Jungen nur für die Panzernahbekämpfung ausgebildet worden waren. Man drohte ihm mit dem Kriegsgericht. Marrek rief mich deswegen an, und ich bestärkte ihn in seiner getroffenen Entscheidung.

Danach wurde er beauftragt, einzelne Kampfgruppen im Abschnitt zwischen Heerstraße und Spandau zu einem größeren Verband zusammenzufassen. Er unterstand im Einsatz dem Kampfkommandanten von Berlin, General Weidling. In den frühen Morgenstunden des 2. Mai ist er mit dieser Division über die Charlottenbrücke in Spandau ausgebrochen. Jenseits hatten die Sowjets einen starken Riegel aufgebaut. So gab es bei diesem Ausbruch starke Verluste.

In diesen letzten Tagen erlebte ich eine Überraschung im Bunker. Wie immer hielt ich mich im Vorraum zum Lagezimmer auf. Hitler kam mit Sturmbannführer Otto Günsche und Dr. Goebbels auf mich zu. Der Führer verlieh mir das „Goldene Kreuz des Deutschen Ordens", die höchste Auszeichnung, die er für Verdienste um unser Land geschaffen hatte. Er begleitete die Verleihung mit den Worten: „Ohne Ihre Jungen wäre der Kampf überhaupt nicht durchzuführen, nicht nur hier in Berlin, sondern in ganz Deutschland." Ich erwiderte: „Es sind ihre Jungen, mein Führer." Man nannte die Auszeichnung auch den Totenorden, da sie zuerst dem tödlich verunglückten Reichsminister Dr. Todt 1942 und danach Verstorbenen posthum verliehen worden war. Die Worte Hitlers besagten, daß es eine Auszeichnung für die Tapferkeit der Jugend war, die ich stellvertretend für sie entgegennahm. Hitler legte mir nicht selber das Goldene Kreuz um. Seine Arme zitterten zu stark. Otto Günsche tat es für ihn, ein Träger des Goldenen Ehrenzeichens der Hitlerjugend aus der Kampfzeit in Thüringen. Dr. Goebbels kommentierte den Vorgang: „Auf die alten Berliner Kampfgefährten ist Verlaß." Vom Führer erhielt ich auch das EK I. Den Zeitpunkt der Verleihung kann ich nicht genau bestimmen. Die Schleswig-Holsteinische Landeszeitung veröffentlichte darüber eine Meldung am 29. April, während sie von anderen Blättern ein oder zwei Tage früher gebracht wurde.

Als ich das klein gewordene Hauptquartier durch den oberen Vorbunker verlassen wollte, kamen viele Leute mit ihren guten Wünschen auf mich zu. Ich hatte das Gefühl, daß es für manchen nur eine willkommene Gelegenheit war, ein Glas zu trinken. Ich kehrte schnell zu meinen wartenden Mitarbeitern in den Keller zurück, den ich mit einem glücklichen Sprung über die unter Feuer liegende Wilhelmstraße erreichte.

Der 28. April hatte sich mir tief eingeprägt, da sich die Ereignisse überstürzten und keine Hoffnung mehr ließen. Es begann damit, daß in den ersten Morgenstunden ein dauerndes, nicht endenwollendes Artilleriefeuer der Sowjets auf die Reichskanzlei und das Regierungsviertel niederging. Fliegerbomben detonierten. Unser Keller bot für solche Angriffe keinen ausreichenden Schutz. Wir mußten das Schlimmste befürchten. Wir wachten die ganze Nacht und noch in den Tag hinein. An Schlaf war in diesen Tagen nicht zu denken. Wir mußten damit rechnen, daß sowjetische Panzer und Infanterie in die Wilhelmstraße eindringen. Nachdem das Trommelfeuer aufgehört hatte, sprang ich rüber ins Auswärtige Amt und ging von dort in den Führerbunker. Ich erfuhr, daß der Bunker Volltreffer erhalten hatte und die obersten Betondecken von schwerstem Kaliber durchschlagen worden waren. Sender und noch vorhandene Leitungen zu den kämpfenden Einheiten gab es nicht mehr. Es fehlte an Frischluft, und die Bunkerinsassen litten erheblich darunter. Als ich an diesem Tage Hitler zum ersten Mal traf, entschuldigte ich mich wegen meines Aussehens. Ich war ungewaschen, da wir kein Wasser mehr hatten, war unrasiert und übermüdet. Hitler meinte: „Lassen Sie nur, Sie sehen jetzt so aus wie ich im Ersten Weltkrieg." Auf der Bank im Vorraum nickte ich immer wieder ein. Es kam öfter vor, daß dort Mitarbeiter vor Übermüdung einschliefen. Einmal beobachtete ich, wie Hitler die Finger an die Lippen führte und damit bedeutete, die Männer nicht zu wecken. Vorsichtig stieg er über ihre ausgestreckten Beine hinweg. In der Literatur hörte sich das später so an, daß niemand gegenüber Hitler mehr Disziplin wahrte. Das trifft nicht zu. Bis zu seinem Tod ging von diesem Mann etwas aus, das Disziplin gebot.

Im Bunker hatte es sich herumgesprochen, daß die Armee Wenck Ferch am Schwielowsee erreicht hatte, aber ihre Kräfte nicht ausreichten, das Vordringen auf Berlin fortzusetzen. Man wußte, daß die Kampfgruppe Steiner nicht zum Marsch auf Berlin angetreten war und die Kräfte des Korps Holste durch die Sowjets gebunden blieben. Das alles schlug die Stimmung im Bunker nieder. Bormann sandte an das Oberkommando der Wehrmacht einen Hilferuf: „Die Reichskanzlei liegt in Trümmern." Hinzu kam, daß Hitler den Vorschlag des Generals Weidling abgelehnt hatte, am Ausbruch der Truppen aus Berlin teilzunehmen. Sein Entschluß stand fest, in der Reichshauptstadt zu bleiben und in ihr sein Leben zu beenden.

Im Bunker erschien Heinz Lorenz, der für das Deutsche Nachrichtenbüro und das Propagandaministerium arbeitete. Er hielt auch in letzter Zeit den Pressevortrag. Er war Oberbannführer der Hitlerjugend und gehörte dem Stab der Reichsjugendführung an. Er war sehr erregt und teilte mir im Vorübergehen mit, daß Heinrich Himmler nach einer Reuter-Meldung den westlichen Alliierten die Kapitulation angeboten hatte. Er ging nun, um die Meldung dem Führer zu unterbreiten.

Ich dachte an eine Unterhaltung mit dem SS-Obergruppenführer Berger, den ich in den Apriltagen in seiner Dienststelle besucht hatte. Er kündigte mir an, daß der Reichsführer SS jeden Augenblick erscheinen könnte. Ich wollte gehen, aber Berger hielt mich zurück. „Bleiben Sie hier, ich möchte ja gerade, daß Sie mitanhören, was ich ihm zu sagen habe." Himmler erschien kurz darauf. Berger begann, beschwörend auf Himmler einzureden. Er müsse zum Führer gehen und dafür sorgen, daß endlich etwas unternommen werde. Geschehe nichts, müsse er Verbindung zu den westlichen Alliierten aufnehmen. Himmler hielt sich mit einer Stellungnahme zurück, vielleicht, weil ich zugegen war. Ich brach auf. Aus Kreisen um Dr. Goebbels hörte ich, daß ihr Chef zu einer Verbindung mit Moskau neige. In dieser Richtung bewegten sich auch einige Stimmen aus dem Auswärtigen Amt. Offensichtlich gab es in den Führungskreisen keine einheitliche Auffassung in dieser Frage.

Nach dieser Meldung erlebte ich, welche Wirkung die Reuter-Nachricht auf Hitler hatte. Er konnte nicht begreifen, daß es gerade Himmler war, der ihn seiner Auffassung nach hintergangen hatte. Mit Empörung, Wut und Verachtung sprach er mir gegenüber von dem in seinen Augen verräterischen Verhalten Himmlers. Diese Enttäuschung hatte ihn noch tiefer getroffen als das angebliche Ultimatum Görings und die Abkehr von Speer. Sie hatte seinen letzten Lebensnerv zerstört. Seiner Empörung folgte die Resignation. Sie gipfelte in dem Ausspruch: „Es gibt nur zwei Wesen in der Welt, die mir treu geblieben sind: Eva Braun und meine Hündin Blondi."

So verständlich diese Äußerung im Zustand der tiefsten Erschütterung war, so empfand ich sie als hart und ungerecht gegenüber allen Menschen, die bis zu seinem Tod bei ihm geblieben sind. Stunden danach fanden sich Dr. Goebbels, Staatssekretär Dr. Naumann, Martin Bormann und ich im Lageraum zusammen. Hitler kam hinzu. Er sprach jetzt ruhig darüber, daß Göring und Himmler als seine Nachfolger ausgefallen wären, und brachte das Gespräch auf den Großadmiral Dönitz. Er lobte die Kriegsmarine und insbesondere die Integrität und Fähigkeit des Großadmirals. Er wartete auf das Echo seiner Worte. Bei uns fand er nur Zustimmung zur Persönlichkeit des Großadmirals.

An diesem 28. April wurde Benito Mussolini von Partisanen umgebracht und an den Füßen an einem Gerüst aufgehängt. Darüber habe ich Hitler nicht mehr sprechen hören. Ich bin jedoch davon überzeugt, daß das Schicksal seines Bündnispartners noch zu seiner Kenntnis gelangte und ihm vor Augen führte, was mit ihm geschähe, wenn er in die Hände seiner Gegner fiele. Ich unterrichtete meine Mitarbeiter über die niederschmetternden Ereignisse dieses Tages. Wir begannen, uns auf das Ende vorzubereiten.

In den ersten Morgenstunden des 29. April 1945 heiratete Hitler Eva Braun. An der Zeremonie habe ich nicht teilgenommen. Auch traf ich Eva Hitler nicht mehr im Bunker. Ich hielt engen Kontakt zu Mohnke, dem Kampfkommandanten der Zitadelle. Wir beide hatten noch Verbindung nach draußen. Mohnke war oft bei der kämpfenden Truppe. Er kannte stets die neueste Lage um die Reichskanzlei. Am 29. April berichtete er Hitler, daß der Russe im Norden kurz vor der Weidendammer Brücke, im Osten im Lustgarten, im Süden am Potsdamer Platz und am Reichsluftfahrtministerium und im Westen im Tiergarten stehe. Das waren nur einige hundert Meter von der Reichskanzlei entfernt. Als Hitler ihn fragte: „Wie lange können Sie noch halten?", antwortete er: „Höchstens 20 bis 24 Stunden." Einige sowjetische Panzer waren sogar bis zum Wilhelmplatz vorgedrungen und wurden abgeschossen. Am Spittelmarkt kämpften die Männer der Kampfgruppe „Norge", um die Koch- und Friedrichstraße die Kampfgruppe „Danmark" und in der Wilhelm- und Saarlandsstraße das französische Bataillon „Charlemagne" erbittert und hielten mit ihren deutschen Kameraden die vordringenden Rotarmisten in Bann. Europäische Freiwillige verteidigten das Regierungsviertel und die Reichskanzlei.

Im Bunker verbreitete sich Aufbruchsstimmung. Hitler hatte sein politisches und privates Testament verfaßt. Sie sollten zu Großadmiral Dönitz, Feldmarschall Schörner und nach München gebracht werden. Diesen Auftrag erhielten der Heeresadjutant Major Johannmeier, der Mitarbeiter der Partei-Kanzlei Zander und Heinz Lorenz vom Propagandaministerium. Lorenz war als einziger in Zivil. Er hatte schon den Stahlhelm auf. Trotz allen Ernstes bot er einen Anblick, der mich schmunzeln ließ. Ich wünschte ihm viel Glück auf seinem gefährlichen Weg.

Im Laufe des Tages verließen drei Mitarbeiter des Generalstabschefs den Bunker, um den General Wenck aufzusuchen und ihn zu einer befreienden Aktion zu bewegen. Es waren die Offiziere von Freytag-Loringhoven, Weiss und Boldt. Sie wählten den Weg zur Kampfgruppe der Hitlerjugend an den Pichelsdorfer Brücken. Dazu äußerte sich der Heeresadjutant bei Hitler, Major Johannmeyer, in seiner eidesstattlichen Versicherung vom 18.1.1949 wie folgt:
„Dieser vom Führer persönlich an Axmann gegebene Befehl wurde von diesem befolgt, und ich selbst habe mich am 29. April 1945 von dem Einsatz der Einheit an Ort und Stelle überzeugt. Ich fand dort brauchbar ausgerüstete Hitlerjungen im Alter von 16 bis 17 Jahren vor."
Über seinen Ausbruchsweg berichtete ebenfalls der Mitarbeiter des Generalstabschefs des Heeres, Rittmeister Gerhard Boldt, in seinem Buch „Die letzten Tage der Reichskanzlei":
„Bei völliger Dunkelheit erreichten wir durch Ruinenfelder und Hinterhöfe die Joachimsthaler Straße, den Kurfürstendamm und den Adolf-Hitler-Platz. Die ersten russischen Panzer waren bereits am Nachmittag dieses 29. April hier gewesen. Auf dem Gefechtsstand des dort befehlenden Hitlerjugendführers erhielten wir einen Hitlerjungen, der sich erbot, uns in einem Personenwagen durch teilweise bereits von Russen besetztes Gebiet zum Reichssportfeld zu fahren. Dort hielt sich noch eine kleine Kampftruppe. Mit unglaublichem Geschick fuhr der Junge in rasender Fahrt durch den westlichen Teil Charlottenburgs zum Reichssportfeld. Kaum eine halbe Stunde später hallten unsere Schritte bereits durch das weite Rund des Olympia-Stadions. Keine Menschenseele war zu sehen. Das fahle Mondlicht verlieh dem unzerstörten Riesenbau einen unwirklichen Zauber. Einige Stunden dieser Nacht verbrachten wir dann bei einer Kampfgruppe der Hitlerjugend in den Räumen am Westausgang des Stadions und marschierten im ersten Morgengrauen vom Reichssportfeld aus weiter in Richtung auf die Havelbrücken bei Pichelsdorf ...
In den Gräben und Schützenlöchern vor der Pichelsdorfer Brücke, beiderseits der Heerstraße, lagen in kleineren und größeren Abständen Hitlerjungen mit Panzerfäusten, allein oder zu zweien. Die Morgendämmerung war bereits so weit fortgeschritten, daß sich die dunklen Umrisse schwerer russischer Panzer auf der Heerstraße, etwa 1 km entfernt von den Brücken, in Richtung Bahnhof Heerstraße, deutlich vom Hintergrund abhoben. Sie standen mit Schußrichtung auf die Brücke. Zu dritt rannten wir mit äußerster Kraftanstrengung über die Lange Brücke und waren unendlich froh, als wir uns auf der anderen Seite im Schutz der Straßenböschung verschnaufen konnten. Nach langem Suchen in dem kleinen Waldstück, das sich an der Straße entlangzieht, fanden wir den Führer der sich dort verteidigen-

den Kampfgruppe, Obergebietsführer Schlünder, in einem mit Holz abgestützten Erdbunker, der in den ansteigenden Hang einer kleinen Senke gebaut worden war."
In der Deutschen Demokratischen Republik und in der Bundesrepublik Deutschland wurde nach dem Krieg behauptet, im Olympiastadion seien 2.000 Hitlerjungen gefallen. Diese Zahl ist erfunden und unwahr. Wie schon erwähnt, wurde auch behauptet, daß auf der Pichelsdorfer Brücke 5.000 Hitlerjungen ihr Leben lassen mußten. Wie in diesem Fall, so wurde auch die Meldung über die 2.000 Toten im Olympiastadion ohne Prüfung abgeschrieben. 5.000 plus 2.000 sind 7.000 Tote. Demnach hätte es also mehr Tote gegeben, als im Dritten Aufgebot des Volkssturms in Berlin eingesetzt waren. Die Rechnung kann ja wohl nicht stimmen. Die Panzernahkampfbrigade war in dieser Zahl von 3.500 nicht eingeschlossen, da ihre Einheiten überwiegend im Vorfeld der Reichshauptstadt zwischen Fürstenwalde und Frankfurt/Oder bzw. in den Rückzugsgebieten zum Einsatz gelangten. Der Gebietsführer Otto Hamann und die Gebietsmädelführerin Gisela Hermann, die sich am 25. oder 26. April im Stadion befanden, haben zu dieser Zeit dort keine Kämpfe oder Gefechte erlebt. Kuriere, die im Olympiastadion waren, haben nie von Kämpfen innerhalb des Stadions gesprochen.
Rittmeister Boldt bekundete am 29. April: „Keine Seele war dort zu sehen", und „einige Stunden verbrachten wir dann bei einer kleinen Kampfgruppe der Hitlerjugend in den Räumen am Westausgang des Stadions."
Also gab es dort kein Kampfgetümmel. Es wurde sogar behauptet, der SS-General Wilhelm Mohnke hätte mich aus dem Olympia-Stadion, in dem ich eingeschlossen gewesen sein sollte, mit einer Kampfgruppe herausgehauen. Auch das stimmt nicht. Er hätte es gar nicht tun können, da sich sein Kampfauftrag lediglich auf die Verteidigung des Regierungsviertels und der Reichskanzlei bezog. Das Olympia-Stadion hat den Krieg unzerstört überstanden. Etwas anderes ist es, daß im Umfeld des Olympia-Stadions schwere Kämpfe an der Heerstraße und in den Nebenstraßen stattgefunden haben, wie auch auf dem weiten Gelände des Reichssportfeldes. Dort und beim Ausbruchsversuch aus Spandau waren beklagenswerte Verluste entstanden. Dort kämpften aber vorwiegend reguläre Truppeneinheiten und ältere Jahrgänge des Volkssturms.
Eine andere wahrheitswidrige Behauptung, die sich bis heute hält, besagt, daß Hitler die Überflutung der U-Bahn-Schächte befohlen hätte, wodurch Tausende von Verwundeten und Zivilisten ums Leben gekommen wären. Von einem solchen Befehl habe ich nie etwas gehört. Ich befragte dazu den Kampfkommandanten der Zitadelle, SS-General Mohnke, und den Adjutanten Hitlers, Sturmbannführer Otto Günsche. Beide bestätigten, daß ein

Befehl zur Überflutung der Schächte nie gegeben wurde. Es kam ja auch vor, daß einzelne Kampfgruppen von uns den in den Schächten vordringenden Sowjets entgegentraten und unsere eigenen Kampfkommandanten ihren Gefechtsstand im U-Bahn Tunnel hatten. Man wird doch nicht die eigenen Leute haben vernichten wollen! Die Feststellung von Wilhelm Mohnke und Otto Günsche wurde von fachlicher Seite durch eine Erklärung bekräftigt, die der Senatsrat i.R. Fritz Kraft nach dem Kriege dazu abgegeben hat. Er war damals für die Berliner U-Bahn sowie für deren Wiederherstellungsarbeiten nach dem Krieg verantwortlich. Er stellte fest, daß Wasser auf folgenden Wegen in die U- und S-Bahn-Schächte eingedrungen war:

„1. Ein Bombentreffer machte die Decke des U-Bahn-Stollens zwischen Märkischem Museum und Klosterstraße unter der Spree wasserdurchlässig, ohne sie zu durchschlagen.

2. Der S-Bahn-Tunnel unter dem Landwehrkanal wurde gesprengt. Nur an der Einbruchstelle kam das Wasser schwallartig, doch dann verteilte es sich gleich. Kein Mensch ist hier ertrunken.

3. Durch den Ausfall der an das Stromnetz angeschlossenen Grundwasserpumpen bildeten sich seichte Seen."

Bemerkenswert ist die Bekundung des Senatsrats, daß Journalisten bei ihren Recherchen das Interesse an der Sache verloren hätten, wenn diese Tatsachen erwähnt wurden.

Doch zurück zum Geschehen im Bunker. In unserer aussichtslos erscheinenden Lage hatte ich immer die Möglichkeit gesucht, Hitler Fragen stellen zu können, die mir auf dem Herzen brannten. Wie soll es mit unserem Volk nun weitergehen? In der Nacht vom 29. zum 30. April ergab sich diese Gelegenheit. Mit meinem Adjutanten Gerd Weltzin hielt ich mich im Lagevorraum auf. Da erschien Hitler aus seiner Wohnung und ging auf die Bank im Vorraum zu. Mit einer Handbewegung lud er mich ein, mich neben ihn zu setzen. Wir saßen eine Zeit zusammen, ohne ein Wort zu sagen. Diese Augenblicke kamen mir wie eine Ewigkeit vor. Weltzin hatte sich zurückgezogen. Wir waren allein. Mir ging durch den Kopf, was mir Hitler 1942 gesagt hatte, als ich mich bei ihm von der Front zurückmeldete: „Doch, ich glaube, daß ich diesen schweren Kampf noch zu meinen Lebzeiten führen muß." Diesen Kampf hatte er verloren. Nun saß ein geschlagener Mann neben mir, der einst über Europa gebot. Und ich wußte, daß er morgen tot sein würde. Ich konnte nicht sprechen. Die Kehle war mir wie zugeschnürt. Endlich brach Hitler das Schweigen. Er erkundigte sich nach meinem Werdegang und nach meiner Familie. Ich sprach von meiner schweren Jugendzeit und von meiner Mutter, die für uns drei Söhne 16 Jahre in die Fabrik arbeiten gegangen war. „Ja, die Not ist immer die größte Lehrmeisterin im

Leben", sagte Hitler. Jetzt, da das Gespräch in Gang gekommen war, fiel es mir leichter, meine Fragen zu stellen und ich begann: „Was wird aus unserem Volk? Wir haben doch in der Überzeugung gelebt, daß unsere Geschichte erst am Anfang steht. Bismarck hat die Nation geschaffen. In ihr wurde der Klassenkampf überwunden und die politische Einheit mit dem Inhalt der Volksgemeinschaft erfüllt. Sie brachten Ihre Heimat in das Reich zurück. Wir können doch jetzt nicht am Ende unserer Geschichte stehen, das kann doch nicht das Ende sein!" Nach Augenblicken der Stille äußerte sich Hitler dazu: „Mich packt das Grauen, wenn ich daran denke, wie unsere Feinde die Einheit zerschlagen und das Reich zerstückeln werden. Es geht jetzt um das nackte Überleben unseres Volkes, um das nackte Überleben. Das Volk hat jetzt so viel Leid erfahren müssen. Wenn es die Leiden, die jetzt noch folgen werden, als schicksalsverbundene Volksgemeinschaft erträgt, dann wird es auch wieder einen Aufstieg geben."
Nach kurzem Schweigen fügte er hinzu:„Ideen leben nach ihren eigenen Gesetzen fort. Ich glaube, es wird etwas ganz Neues kommen."
Von draußen hörten wir keine Detonationen, drinnen nur das Summen der Ventilatoren. Ich fragte weiter: „Wie denken Sie über die künftige Entwicklung zwischen den Westmächten und Rußland?" Zögernd kam seine Antwort: „Ich fürchte, daß am Ende die zusammengeballte Macht Rußlands und des Bolschewismus über die uneinigen westlichen Demokratien den Sieg davontragen könnte." Niemand war während unseres Gesprächs vorbeigekommen. Noch einmal setzte Hitler an: „Mir ist im Leben nichts erspart geblieben, vor allem nicht in meinen letzten Tagen. Meine Mitarbeiter haben mich verlassen, Göring, Speer. Aber Himmler ist die furchtbarste Enttäuschung meines Lebens. Meine Ehre heißt Treue," - er sagte es in verächtlichem Ton - „was Himmler versprochen hat, das hat die Jugend gehalten. Der Tod kann nicht schwerer sein als das, was ich ertragen habe. Er wird für mich eine Erlösung sein." Unter dem Eindruck dieser Worte sagte ich: „Ich bleibe bei Ihnen, mein Führer." Seine Stimme wurde rauh und bestimmend, als er mit den Worten ablehnte: „Was wollen Sie bei einem toten Mann? Ihr Platz ist bei den Lebenden." Wieder saßen wir längere Zeit zusammen, ohne ein Wort zu sprechen, bis er sich dann mühsam erhob. Nicht wie sonst faßte er mich mit seinen Augen. Er sah durch mich hindurch in eine weite Ferne. Das war der Abschied.
Erschüttert saß ich noch länger im Lagevorraum allein. Der letzte Funke der Hoffnung war erloschen. Eine Welt brach über mir zusammen. Der Krieg war verloren, das Reich lag in Trümmern. Trotz der unsagbaren Opfer der Jugend und des ganzen Volkes lag unsere Zukunft im dunkeln.
Bei aller Müdigkeit von den vorher durchwachten Nächten fand ich auch in diesen ersten Morgenstunden des 30. April keinen Schlaf. Wie kommen

wir aus dem eingeschlossenen Regierungsviertel heraus? Tief unter der Erde zwischen den Betonwänden wollte ich nicht sterben. Dann lieber draußen unter freiem Himmel. Ob ich überlebe oder nicht, wird das Gottes-Urteil entscheiden. Ich hatte mich nie um eine Giftkapsel bemüht, und mir wurde auch keine gegeben. Zwar wurde mir vor drei oder vier Jahren ein Agentenfeuerzeug geschenkt, das eine Blausäurekapsel enthielt. Aber das hatte ich Frau Goebbels geschenkt, als ich in ihrem Hause zu Gast war und sie Interesse dafür zeigte. Ich hatte auch nicht die Absicht, nach einem verlorenen Krieg ins Ausland zu gehen und habe die Pässe, die mir von ausländischen Freunden angeboten worden waren, abgelehnt. Ich wollte in Deutschland bleiben. Ich beriet mit meinen Kameraden alle Möglichkeiten des Ausbruchs. Einig waren wir uns darin, daß wir uns nur in kleinsten Gruppen oder einzeln durch die russischen Linien ausfädeln konnten.

Am Nachmittag ging ich zurück in den Bunker. Scharfschützen des Gegners saßen schon in den Trümmern des Hotels „Kaiserhof". Ich suchte Dr. Goebbels auf. Er teilte mit, daß sich der Führer bereits von seiner engsten Umgebung verabschiedet hatte. Ich ging zu den Privaträumen Hitlers. Vor dem Eingang stand der SS-Sturmbannführer Otto Günsche und sperrte ihn mit seiner hühnenhaften Gestalt. Er habe vom Führer den Befehl erhalten, keinen Besucher mehr einzulassen. Mit Dr. Goebbels begab ich mich in den Lageraum, wo sich bereits Martin Bormann aufhielt. Wir sahen uns wortlos an. Dann fragte Dr. Goebbels: „War da nicht ein Schuß?" Bald darauf erschien Otto Günsche und meldete: „Der Führer ist tot." Es war gegen 15.30 Uhr. Mit Goebbels und Bormann folgte ich Günsche in Hitlers Wohnraum. Wir blieben am Eingang stehen und erhoben den Arm. An der Wand uns gegenüber saß der tote Hitler in der rechten Ecke eines kleinen Sofas. Er trug Uniform, eine schwarze lange Hose und einen feldgrauen Rock mit dem goldenen Parteiabzeichen und dem EK I. Sein Oberkörper war nach rechts geneigt und sein Kopf etwas nach hinten gesunken. Gesicht und Stirn waren auffallend weiß. Von beiden Schläfen führte eine schmale Blutspur nach unten. Die Augenlider waren fast geschlossen, der Unterkiefer leicht verschoben. Der linke Arm lag am Körper, der rechte hing an der Lehne des Sofas herab. Auf dem Polster waren Blutspritzer zu sehen. Die Pistole lag auf dem Teppich. Durch den leicht verschobenen Unterkiefer vermutete ich zuerst, daß der Tod durch einen Schuß in den Mund eingetreten war. Später erfuhr ich von Otto Günsche, daß sich Hitler in die rechte Schläfe geschossen hatte. Neben ihm saß Eva Hitler in einem dunklen Kleid. Ihre Augen waren geschlossen, der Mund leicht geöffnet. Der Körper wies kein Zeichen gewaltsamer Einwirkung auf. Sie machte den Eindruck einer Schlafenden. Eva Hitler hatte sich vergiftet.

Goebbels und ich gingen in den Lageraum. Wir standen beide in der Tür, als SS-Männer Hitlers Leiche vorbeitrugen. Sie war in eine Wolldecke gehüllt, die nur den Oberkörper verdeckte. Dahinter trug Bormann Eva Hitler. Sie war nicht verhüllt. Günsche übernahm sie und trug sie die Treppe zum Aufgang hinauf. Ich wollte die Verbrennung der Leichen nicht mit ansehen und blieb im Bunker. Goebbels ging mit hinaus, kam aber sehr bald zurück. Seine Augen waren naß. Er konnte den Anblick nicht ertragen. Von Otto Günsche erhielt ich die 7,65-mm-Pistole, mit der sich Hitler erschossen hatte, und auch seine 6,35-mm-Pistole, die er in der letzten Zeit stets in seiner Tasche getragen hatte. - In keinem Augenblick meines Lebens habe ich Vergänglichkeit irdischer Macht so tief empfunden, wie beim Anblick des toten Adolf Hitler.

Am späten Nachmittag verlas Bormann im Lageraum das Testament des Führers, in dem er den Großadmiral Dönitz zu seinem Nachfolger, Dr. Goebbels zum Reichskanzler und Bormann zum Parteiminister ernannt hatte. Anwesend waren noch die Generale Krebs und Burgdorf sowie Staatssekretär Dr. Naumann. Danach übernahm Dr. Goebbels das Gesetz des Handelns und trat mit uns in Beratungen ein, was nun zu geschehen habe. Bormanns Gesicht war stark gerötet. Durch den Tod Hitlers war auch seine Macht geschwunden, die in der Nähe zum Führer bestand. Von ihm ging keine Ausstrahlung aus. Anders war es bei Dr. Goebbels. Er bezog seine Wirkung auf Menschen nicht allein aus der Nähe zum Führer, sondern zog sie durch seine Persönlichkeit in den Bann. Nie war mir der Gegensatz dieser beiden Männer deutlicher geworden als in dieser Situation.

Goebbels und Bormann wollten die zu treffenden Maßnahmen mit dem neuen Staatsoberhaupt absprechen. Um zu ihm zu gelangen, sollten die Sowjets für einige Zeit Waffenruhe eintreten lassen. Zum Parlamentär wurde der General Krebs bestimmt, der früher als stellvertretender Militärattaché an der Botschaft in Moskau tätig war und russisch sprach. Stalin hatte ihn einmal auf dem Bahnhof in Moskau umarmt, als er zur Begrüßung des japanischen Außenministers Matsuoka, der aus Berlin eintraf, erschienen war. Goebbels richtete die Frage an Bormann, ob er den General zum Befehlsstand des sowjetischen Befehlshabers Tschuikow begleiten wollte. Bormann lehnte es ab. Er hielt es nicht für richtig, daß dort ein Mann der Partei erschien. Obwohl die Sowjets nur wenige hundert Meter vor der Reichskanzlei standen, erwies sich die Herstellung einer Verbindung mit ihnen als sehr schwierig. Unsere Telefonkabel konnten nicht an die der Sowjets angeschlossen werden. So versuchte man es auf dem Funkweg. In den späten Abendstunden gab es immer noch keine Verbindung. In der Zwischenzeit wurde über die Zusammensetzung der Regierung gesprochen, doch jeder wußte, daß es nur theoretische Erwägungen bleiben mußten.

Als ich mit Goebbels allein war, lief er auf und ab. Er zündete sich eine Zigarette an. Er pfiff leise das Lied „Es stehn an meinem Wege viel schöne Blümelein, es geht hinaus, muß wandern, geschieden muß es sein", das wir in der Kampfzeit gesungen hatten, und das mit dem Refrain endete: „Jetzt geht's ins Märkerland, ins schöne Heimatland, dich will ich lieben bis in den Tod." Mich erinnerte das Lied an unsere Lastwagenfahrten in die Mark Brandenburg, und diese Zeit der Anfänge bewegte in dieser Stunde auch Dr. Goebbels. Er erklärte, daß er entgegen der Entscheidung des Führers den Zusammenbruch nicht überleben wolle. Ich sprach ihn auf das Schicksal seiner Kinder an, von denen ich die jüngeren im Bunker herumspringen gesehen hatte und gab zu bedenken, ob wir seine Kinder mit den Kampftruppen aus Berlin herausbringen sollten. Er meinte, er würde es noch mit seiner Frau beraten. Später sprach er mich darauf wieder an: „Meine Frau und ich sind uns einig, daß unsere Kinder mit uns gehen. Wir möchten nicht, daß unsere Kinder erleben, wie ihr Vater als Kriegsverbrecher durch die internationalen Gazetten gezerrt wird. Wären sie groß, so glaube ich, würden sie unseren Entschluß billigen."

Gegen Abend kamen noch zwei Besucher in den Bunker zu mir. Der eine war der Hauptbannführer Oskar Bartsch, den ich im Juni 1942 beim Vormarsch meines Zuges zur russischen Grenze getroffen und der zwischen Heerstraße und Olympia-Stadion mit einer Kampfgruppe der HJ das Umfeld unserer Dienststelle verteidigt hatte. Ich beauftragte ihn, eine Meldung zu den Pichelsdorfer Brücken an Dr. Schlünder zu überbringenn, noch 24 Stunden die Brücken zu halten. Dieser Auftrag ergab sich aus dem von mir bereits zitierten Befehl des Kampfkommandanten General Weidling, daß die Brücken unter allen Umständen zu halten seien, um den Ausbruch unserer Truppen aus Berlin zu sichern. Es war ein gefährlicher Auftrag für Oskar Bartsch, denn der Feind befand sich in allen Stadtteilen. Erleichtert erfuhr ich später, daß diese Meldung noch überbracht werden konnte. Aufgrund der Lage hatte Dr. Schlünder entschieden, daß der Ausbruch seiner Kampfgruppe in den ersten Morgenstunden des 2. Mai erfolgen sollte. Diese Entscheidung war sicher richtig.

Der zweite und letzte Besucher am 30. April 1945 war mein Bruder Richard. Er leitete die Verwaltungsabteilung des HJ-Gebietes Berlin. Er verfügte noch über Lagerbestände und wollte sich in seiner korrekten Art bei mir vergewissern, ob er diese Lagerbestände abgeben könnte. „An die Bevölkerung und die Jugend sofort verteilen, Richard", sagte ich zu ihm. Nicht nur deswegen hatte er sich zu Fuß durch Granatfeuer bis zum Bunker durchgeschlagen. Er wollte auch, daß wir uns noch einmal wiedersehen und miteinander sprechen konnten. Über den Tod des Führers war er sehr niedergeschlagen. Ich hatte meinem Bruder rechtzeitig geraten, aus Berlin herauszugehen, da er schwer zuckerkrank war und bei möglicher Gefangenschaft damit rechnen mußte, daß seine Insulinvorräte nicht mehr reichten. Dann würde ihn das Schicksal unseres Vaters treffen. Aber er wollte seine Kameraden nicht im Stich lassen und blieb in Berlin. Wir trennten uns beide mit schwerem Herzen. Er ging den gefährlichen Weg in den Gefechtsstand von Erich Bärenfänger zurück. Ihm hatte er sich mit einer HJ-Kampfgruppe angeschlossen. Ich sah ihn nie wieder.

Nach dieser letzten Begegnung ging ich in den Keller der Parteikanzlei zurück, wo ich von meinen Mitarbeitern schon dringend erwartet wurde. Zuerst sprach ich mit Dr. Gertrud Huhn und informierte sie über den Tod Hitlers. Sie weinte. Ich dankte ihr für die aufopferungsvolle Arbeit, die sie in den letzten Tagen geleistet hatte und legte ihr nahe, in Zivil zu ihren Bekannten in Berlin zurückzukehren, da wir am 1. Mai aus der eingeschlossenen Zitadelle ausbrechen würden. Noch unter Tränen bat sie darum, mit uns gehen zu dürfen. „Ihr werdet mich noch brauchen", meinte sie. Auch meine Mitarbeiter waren über die tragischen Ereignisse im Bunker aufs tiefste erschüttert.

Am 1. Mai kehrte nach etwa zwölf Stunden General Krebs mit der Nachricht zurück, daß die Russen den Vorschlag für eine Waffenruhe abgelehnt hätten. Sie sagten lediglich zu, Verwundete und Gefangene nach den Bestimmungen der Genfer Konvention zu behandeln. Sie forderten die bedingungslose Kapitulation und Übergabe aller Personen, die sich im Bunker der Reichskanzlei befanden. Auf diese Nachricht reagierte Dr. Goebbels: „Ich habe einmal Berlin gegen die Roten erobert, ich werde Berlin auch bis zum letzten Atemzug gegen die Roten verteidigen. Die wenigen Stunden, die ich noch als deutscher Reichskanzler zu leben habe, werde ich nicht dazu benutzen, meine Unterschrift unter eine Kapitulationsurkunde zu setzen."

Am Nachmittag des 1. Mai suchte ich Dr. Goebbels auf. Seine Frau empfing mich mit den Worten: „Herr Axmann, es ist vollbracht." Die Kinder waren also tot. Vergiftet. Unter der Wirkung dieser Nachricht blieb ich stumm. Auch Goebbels schwieg. Dann sprach er über die frühere Zeit. Da fand auch ich die Sprache wieder und erzählte, wie mich Goebbels als 15jähriger durch die Macht seiner Rede für die Bewegung gewonnen hatte. Goebbels sprach die Saalschlacht in den Pharussälen im Wedding an, in der er das Wort vom Unbekannten SA-Mann geprägt hatte. Er erinnerte an die Vorwürfe, die er mir 1943 wegen der Jugendkundgebung im Olympia-Stadion gemacht hatte, weil seine älteste Tochter so früh am Sonntagmorgen antreten mußte. Er gestand mir, wie sehr er sich geärgert hätte, als seine Tochter von dieser Kundgebung ganz begeistert nach Hause kam. So kam noch ein Gespräch zustande, das uns für kurze Zeit von dem furchtbaren Geschehen ablenkte und von dem, was uns bevorstand. Unsere Gespräche gingen am Ende seines Lebens an den Anfang zurück. Beim Abschied sagte Goebbels: „Wir scheiden heute abend aus dem Leben. Vielleicht kommen Sie noch einmal vorbei." Dann reichten sie mir beide die Hand, zum letzten Mal.

Am Abend war ich gegen 20.30 Uhr im Bunker, nachdem ich mit meinen Mitarbeitern unseren Ausbruchversuch besprochen hatte. Im Lagevorraum traf ich Wilhelm Mohnke. Von ihm erfuhr ich, daß Dr. Goebbels und seine Frau schon tot waren. Er selbst war gerade noch im rechten Augenblick gekommen, als das Ehepaar Goebbels zum Bunkerausgang ging, der in den Garten führte. Mohnke meldete: „Wir brechen jetzt aus, Herr Minister." Goebbels umarmte ihn. „Kommen Sie gut durch, Mohnke." Ihm standen Tränen in den Augen. Frau Goebbels war gefaßt. Ihr Mann bot ihr den Arm, sie faßte ihn unter. So stiegen sie die Bunkertreppe hinauf. Beide hielten in dem Arm die Giftampulle. Der Adjutant Schwägermann folgte ihnen mit zwei Kanistern Benzin.

Hitler und Goebbels waren tot. Es gab keinen Grund mehr, im Bunker zu bleiben. Mohnke und ich hatten uns schon vorher über den Ausbruch beraten. In seiner Kampfgruppe befanden sich Martin Bormann und Botschafter Walter Hewel. Er wählte den Weg durch die U-Bahn-Schächte bis zum Bahnhof Friedrichstraße. Meine kleine Gruppe nahm den Weg über die Straße bis zur Weidendammer Brücke, die nördlich vom Bahnhof Friedrichstraße noch heute die Spree überspannt. Der Ausbruch sollte um 23.00 Uhr erfolgen. Ich begleitete Mohnke zum oberen Vorbunker, wo die Truppenführer versammelt waren, unter ihnen auch die Franzosen. Mohnke gab letzte Weisungen für den Ausbruch. Danach ging ich noch einmal ins Lazarett, um mich von Gisela, unserer schwerverwundeten Gebietsmädelführerin, zu verabschieden. Wir konnten sie nicht mitnehmen, da sie nicht transportfähig war. Es wurde ein schwerer Abschied. Wir gingen fort, die Verwundeten blieben dort. Und die Sowjets standen vor der Haustür. Es war ein depressives und beschämendes Gefühl der Hilflosigkeit und der Ohnmacht. Ich ließ Gisela die kleine 6,45-mm-Pistole von Hitler da. Ein junger Berliner HJ-Führer sollte im Lazarett Obacht auf sie geben.

Als ich in unseren Keller zurückkam, war alles für den Ausbruch fertig. Zur festgesetzten Zeit, etwa 30 Stunden nach dem Tod Hitlers, machten wir uns auf den Weg. Mit Heinz Boldt und meinem Melder Lehmann übernahm ich die Spitze. In Abständen und auseinandergezogener Reihe gingen wir dicht an den Häuserfassaden und Ruinen die Wilhelmstraße entlang. Granaten detonierten, Maschinengewehre ratterten, Funken stoben, und in größerer Entfernung bellten Panzer. Als wir an der Ecke Unter den Linden waren, sahen wir den Reichstag. Bei dem von den Bränden erleuchteten Himmel und dem Bersten der Granaten hätte man von Götterdämmerung sprechen können. Unmittelbar neben dem Brandenburger Tor biwakierten die Russen an einem großen Feuer. Der Lärm klang schon nach Siegesfeier. Auch sie wollten zum Schluß des Krieges nicht mehr viel wagen und ihr Leben einsetzen. Nur so erkläre ich mir, daß wir ohne infanteristischen Widerstand durchkamen.

An der Friedrichstraße wurde es plötzlich lebendig. Soldaten, Zivilisten, Frauen, Sanitätswagen, hin und wieder ein Sturmgeschütz. Alle zogen nach Norden und wollten über die Spree. Nach der Brücke staute sich alles hinter der Panzersperre. Flugzeuge waren nicht zu sichten. Welche Verluste hätten wir gehabt, wenn in diesem Chaos eine Bombe gefallen wäre! Schreie und Rufe auf Deutsch und in fremden Sprachen schwirrten durcheinander. Meinen Melder schickte ich nach hinten, um den Anschluß der Letzten an unsere Gruppe zu sichern. Die Russen saßen jenseits der Spree und der Panzersperre in den Häusern und Ruinen beiderseits der Straße. Es schoß aus allen Läufen und Rohren. Ein deutsches Vierlingsgeschütz mähte pausenlos in die feindbesetzten Häuser hinein. Ein Sturmgeschütz fuhr im Slalomgang durch die Panzersperre und blieb im feindlichen Feuer liegen. Es folgte ein Tiger-Panzer. Hinter ihm befand sich eine Traube von Menschen, darunter Martin Bormann. Ich ging mit Abstand dahinter. Plötzlich eine Explosion, ein greller Blitz und ohrenbetäubender Knall. Erst unter Toten und Verwundeten kam ich zu mir. Eine starke Druckwelle hatte mich weggeschleudert. Instinktiv suchte ich Deckung und sprang in einen Bombentrichter. Da saßen Männer von uns: Martin Bormann, Dr. Stumpfegger, der letzte Begleitarzt Hitlers, Staatssekretär Dr. Naumann, Schwägermann, der Adjutant von Dr. Goebbels, und Gerd Weltzin, mein eigener Adjutant. Sie waren unverletzt.

Im Nacken und in der linken Hand spürte ich Blut. Mich durchzuckte es: Nur nicht auch die linke Hand noch verlieren! Aber ich war nur durch kleine Splitter verletzt worden. Allmählich funktionierte mein Gehör wieder. Weltzin suchte unsere kleine Gruppe. Sie war wie vom Erdboden verschwunden. Im Bombentrichter berieten wir über unseren weiteren Weg. Bormann wollte unbedingt nach Plön, um sich bei Großadmiral Dönitz zu melden. Wir schlugen die nordwestliche Richtung ein. Am Bahnhof Friedrichstraße stiegen wir auf den Bahndamm. Bormann eilte an der Spitze voran. Sein Eilmarsch konnte Verdacht erwecken. Er verhielt sich nicht wie ein müder Volkssturmmann, der nach Hause gehen will. Ich ging am Ende der Gruppe, immer noch von der Explosion benommen. Feindberührung hatten wir nicht. Nur dort, wo Häuser den Bahndamm flankierten, erhielten wir Feuer. Aber es war dunkel. Niemand wurde getroffen. Wir kamen bis kurz vor den Lehrter Bahnhof gut durch. Dann mußten wir halten. Der Bahnhof war von Russen besetzt. Wir kletterten über ein Eisengeländer, sprangen auf einen Mauerabsatz und ließen uns von dort hinunter, genau in eine russische Feldwache hinein. Von oben hatten wir sie nicht sehen können, da sie unter der Brücke stand. Sofort waren wir umringt. Einer radebrechte: „Chitler kaputt, Krieg aus." Wir hatten vorher unsere Rangabzeichen abgetrennt und unsere Waffen abgelegt. Auch Bormann trug nur einen feldgrauen Rock ohne Spiegel. Die Russen befühlten neugierig meine Armprothese. Offensichtlich hielten sie uns für Männer des Volkssturms und boten uns Zigaretten an. Bormann hatte es wieder eilig und setzte sich mit Dr. Stumpfegger von der palavernden Runde ab und lief mit schnellem Schritt auf die Invalidenstraße zu.

Das weckte den Argwohn der Russen. Sie gestikulierten und zeigten auf die beiden. Nun wurde es für uns gefährlich. Wir zuckten nur mit den Schultern und entfernten uns nach einer Weile. Dabei hatte ich das furchtbare Gefühl, daß man eine blaue Bohne in den Rücken bekommen könnte. Wir hatten Glück. Die Russen ließen uns laufen. Bis zur Invalidenstraße blieben wir als Gruppe zusammen. Dort trennten wir uns. Dr. Naumann und Schwägermann gingen auf der linken, Weltzin und ich auf der rechten Straßenseite in Richtung auf Alt-Moabit. Unsere Gefährten verschwanden hinter Bäumen und Buschwerk. Wir setzten unseren Weg in gleicher Richtung fort. Als wir Panzergeräusche vom Kriminalgericht her hörten, drehten wir um. Auf dem Rückweg wurde auf uns geschossen. Wir kamen an die Brücke, die über die Gleise am Lehrter Bahnhof führt. Sie hieß früher Invaliden-, heute Sandkrug-Brücke. Wir hatten sie schon fast passiert, als wir zwei Männer auf der Fahrbahn liegen sahen. Wir knieten bei ihnen nieder. Vielleicht konnten wir ihnen helfen. Es waren Martin Bormann und Dr. Stumpfegger. Ihre Gesichter waren klar zu erkennen. Sie lagen auf dem Rücken, die Arme und Beine etwas ausgebreitet. Ich faßte Bormann an und rüttelte ihn. Keine Reaktion. Ich beugte mich über ihn und vernahm keinen Atem. Wunden oder Blutspuren waren nicht zu entdecken. Ob sie sich vergiftet hatten? Einen Geruch von Blausäure habe ich nicht verspürt, da starker Pulverdampf in der Luft lag. Bei Bormann und Dr. Stumpfegger hatten wir kein Lebenszeichen entdecken können. Während wir uns um die beiden Männer bemühten, pfiff Gewehrfeuer an uns vorbei. Wir mußten weiter. An der Ecke Heidestraße fanden wir Deckung.

In der Heidestraße entledigte ich mich des Ledermantels von Sepp Dietrich, dem Haudegen und Kommandeur der Leibstandarte Adolf Hitler. Er hatte ihn mir einmal in Berlin geschenkt. Mit dem Ledermantel konnte man leicht als Offizier eingeschätzt werden. Auf den Gedanken sind die Männer der russischen Feldwache glücklicherweise nicht gekommen. Durch die Heidestraße gelangten wir unbehelligt bis zur Putlitzbrücke. Auf dem nahegelegenen Westhafen ließen wir uns im Gehäuse einer riesigen Schalttafel nieder. Wir waren völlig erschöpft. Als der Morgen anbrach, hörten wir russische Laute und deutsche Stimmen. Wir konnten daraus entnehmen, daß hier Lebensmittel an die Bevölkerung verteilt wurden. Im Westhafen lagerte ja die Lebensmittelreserve für die Stadt. Weltzin nahm Kontakt zu deutschen Passanten auf, um Zivilkleidung für uns zu beschaffen. Ich bekam einen grauen Kittel und eine blaue Schiffermütze. In diesem neuen Aufzug brachen wir dann auf. Die Brücke über dem Spandauer Schiffahrtskanal war gesprengt. Auf einer improvisierten Fähre setzten wir über. Wir waren im Wedding. Dort war ich aufgewachsen. Der Ring hatte sich geschlossen.

Für Schlaf und Entspannung suchte ich einen vorübergehenden Stützpunkt bei Bekannten. Ich traf sie jedoch nicht an. Ich hoffte, eine frühere Arbeitskollegin meiner Mutter anzutreffen. Weltzin sollte mit mir kommen. Er meinte aber, es sei wohl besser, wenn er unten bliebe, um die Straße zu beobachten. Er wartete auf mich im Hauseingang. Die Bekannte meiner Mutter war auch nicht zu Hause. Ich klingelte bei ihrem Nachbarn. Die Frau öffnete und erschrak. „Was, Sie hier, kommen Sie schnell rein." Die Wärme der Küche schlug mir entgegen. Ich setzte mich an den Küchentisch und schlief sofort ein. Bald wurde ich wieder geweckt. „Man weiß, daß Sie hier im Hause sind. Sie können hier nicht bleiben. Die Russen stecken uns das Haus in Brand", sagte die Nachbarin besorgt. Ich bedankte mich und ging. Auf der Treppe drangen vom Hausflur Stimmen herauf. Ich hörte deutlich: „Der Axmann ist bei uns im Haus. Wenn die Russen dahinter kommen, bringen sie uns um. Lieber liefern wir ihn aus." In diesem Augenblick hatte mein Instinkt entschieden. Ich ging auf die Leute im Hausflur zu und meinte: „Den ihr sucht, das bin ich. Unter euch bin ich groß geworden und habe meine Pflicht erfüllt." Schweigen. Sie sahen auf meinen Verband. Der Hausobmann trat auf mich zu und brachte mich durch einen Hinterausgang auf die Straße. Ich erkundigte mich nach meinem Begleiter. „Den haben eben die Russen kassiert", war seine Antwort. Ich hatte einen treuen Kameraden verloren.

Nun war ich allein auf der Straße. Ich sah mich nach allen Seiten um. Keine Spur von meinem Adjutanten. Als ich meinen Mitarbeitern freigestellt hatte, ihren eigenen Weg zu gehen, hatte er sich sofort entschieden, bei mir zu bleiben. Er war pflichtbewußt bis zum Ende. Jetzt war er in russische Gefangenschaft geraten. Werde ich ihn je wiedersehen? Wie unergründlich ist das Schicksal für jeden!

Als ich in die breite Seestraße einbog, rasselten die russischen Panzer an mir mit hoch aufgepflanzten roten Fahnen vorüber. Der Sieger an einem Besiegten. Der Sieger an der Seite der anderen Weltmacht Amerika und vieler anderer Staaten. Diese Panzer konnten mir hier nicht gefährlich werden. Dafür aber die Zivilisten mit der roten Armbinde, die als kommunistische Hilfspolizisten Streife gingen. Sie prüften mißtrauisch mit ihren Blicken die Passanten, verfolgten Verdächtige oder verhafteten sie. Vor denen mußte ich höllisch aufpassen. Ich ging auf die Mittelpromenade der Seestraße. Nach wenigen Schritten kam mir ein Zivilist ohne rote Armbinde entgegen. Als er auf meiner Höhe war, sah er mich bestürzt mit großen Augen an. Er hatte mich erkannt und rief: „Sie hier, Herr Axmann? Ein russischer Sender hat doch gemeldet, daß Sie in Berlin gefallen sind." - „Das wird mein Bruder gewesen sein", sagte ich.

Nun drang der Unbekannte weiter in mich. Soll das nun das Ende sein? Wie konnte es soweit kommen? Was sollte ich in meiner Lage dazu sagen? Es geht ums nackte Überleben, meinte ich. Kommen die Familien durch, dann überlebt auch das ganze Volk. Er schüttelte fassungslos den Kopf. Ich mußte hier fort und verabschiedete mich, in der Hoffnung, daß er mich nicht verrät. Ich ging weiter ins Ungewisse und befand mich in der Phase des Zusammenbruchs des Reiches in einem Zustand tiefster Erschütterung. Ich hatte das furchtbar erregende Erlebnis des Ausbruchs hinter mir. Ich hatte meinen Adjutanten verloren und stand noch unter dem Eindruck der Mitteilung vom Tode meines Bruders Richard. Ich war völlig erschöpft und ermüdet. Mich quälte die Frage: Wohin?

Zunächst mußte ich meine Gedanken ordnen. Dazu brauchte ich Sicherheit vor dem drohenden Zugriff der kommunistischen Hilfspolizei und einige Augenblicke der Ruhe. Ich sah von weitem die Friedhöfe der Seestraße, an denen ich als Junge oft vom Goethepark vorbeigegangen war. Darauf steuerte ich zu und ging auf einen Friedhof. Ich bewegte mich auf den Nebenwegen durch die Gräber. Das war der rechte Ort für die Besinnung. Hier konnte ich ungestört für einige Augenblicke zwischen den Hügeln der Toten verweilen. Mit 15 Jahren hatte im Wedding mein Weg in die Hitlerjugend begonnen, und mit 32 Jahren endete er hier. Dazwischen lag ein aufopferungsvoller politischer Kampf bis 1931. Es folgte ein ungewöhnlich arbeitsreicher Aufbau bis 1939 und danach ein kraftverzehrender Einsatz an der Front und in der Heimat. Der Ring hatte sich im Wedding geschlossen. Aber jetzt nicht nur zurückblicken, sondern nach vorne schauen.

Stelle ich mich den Alliierten? Ja, aber nicht sofort. Die Propagandawellen des Hasses schlagen noch so hoch, daß man unter ihnen begraben wird. Erst muß der Rauch auf dem Trümmerfeld verzogen sein. Stelle ich mich dann hier den Russen? Nein, die schweren Schicksale meiner Kameraden unter sowjetischer Herrschaft sprachen eindeutig dagegen. Ich muß zunächst versuchen, zum Großadmiral Dönitz nach Plön zu gelangen. Er ist das neue Staatsoberhaupt. Zu ihm als Oberbefehlshaber hatte ich ein sehr gutes Verhältnis. Aber wie schaffe ich das? Ich habe keinen Pfennig Geld bei mir und keinen Ausweis. Nicht einmal einen falschen. Die kleinsten Sachen fehlen mir, wie Kamm und Taschentücher, die ich schon für meine leichte Verwundung verbraucht hatte. Und welchen Weg nehme ich nach Plön? Nach Norden oder nach Nordwesten. Das hängt ganz von der Lage ab, die sich nach der Bewegung der sowjetischen Truppen richtet. Das waren so meine Gedanken, als ich langsam durch die Gräber ging. Ich hatte jetzt eine ungefähre Konzeption.

Ich blieb ziemlich lange auf dem Friedhof. Als ich mich dem Ausgang näherte, sah ich einen älteren Mann, der in Gedanken versunken an einem Grabhügel stand. Als er den Kopf hob, bemerkte er mich. Wie auf ein stummes Zeichen gingen wir ruhig aufeinander zu. „Bleiben Sie in Berlin?", fragte ich ihn. „Nein, ich will raus hier", antwortete er. „Ich auch", warf ich ein. „Wo soll's denn hingehen?" - „Nach Mecklenburg zu meiner Schwester." - „Das trifft sich gut, ich will auch in den Norden." Er guckte auf meine Armprothese, und ich fühlte förmlich, was in ihm vorging. „Kriegsinvalide?" - „Ja." - „Na, denen tun die Russen ja nichts, vielleicht können wir zusammen gehen." - „Einverstanden."

So machten wir uns gemeinsam auf den Weg. Ich nannte ihm meinen neuen Namen, den ich von meinem gefallenen Vetter Siewert angenommen hatte. Auch er stellte sich vor. Im Gespräch versuchten wir tastend, mehr vom anderen zu erfahren. Er war Werkmeister. Ich gab mich als Kaufmann aus. Politisch schien er uninteressiert. Er war weder pro noch contra. Natürlich fluchte er auf dieses bittere Ende. Mittlerweile hatten wir den Westhafen erreicht, in dem ich schon in den frühen Morgenstunden dieses 2. Mai Zuflucht gefunden hatte. Wir ließen ihn links liegen und bogen in den Saatwinklerdamm ein, der längs des Spandauer Schiffahrtskanals und des Hohenzollernkanals verläuft. Ich spähte nach Russen und Zivilisten mit der roten Armbinde aus. Es schien feindfrei zu sein, kaum Verkehr und keine Passanten. Wir kamen am Sportplatz Jungfernheide vorbei. Hierher hatte mich mein Vetter Siewert oft zu Handballspielen mitgenommen. In der Ferne kam uns eine Kolonne entgegen. Es war ein Zug von deutschen Kriegsgefangenen unter sowjetischer Bewachung. Daran konnten wir nicht vorbeigehen. Man hätte uns gleich eingegliedert. Also ging es die Böschung runter und in Deckung. Jetzt waren sie auf unserer Höhe. Bange Minuten. Der Zug war vorbei, es hatte geklappt. Aber welch ein Gefühl! Droben marschieren Kameraden in Gefangenschaft, und ich hocke hier unten in Deckung und kann ihnen nicht helfen.

Wir setzten unseren Weg auf dem Treidelpfad fort, bis wir an den Rand von Haselhorst kamen. Dort mußten wir wieder auf die Straße, wo sowje-

tische Posten die Passanten kontrollierten. Wir konnten nicht mehr ausweichen. Wir mußten dort durch. Meinem Kumpel sagte ich noch: „Ich werde dem Posten sagen, daß du meine Papiere hast. Du hast ja so viele Bescheinigungen bei dir." Gott sei Dank spielte er mit. Der Posten verlangte Propusk, Passport. Ich zeigte auf meine hölzerne Hand und zuckte mit den Schultern, zeigte auf meinen Kumpel mit den Worten: „Kamerad meine Papiere." Der holte seine Brieftasche heraus und zeigte seine Bescheinigungen. Er hatte wirklich alles bei sich. Vom Arbeitsbuch bis zur Versicherungspolice, und vor allem viele schöne Stempel. Die verfehlten ihren Eindruck nicht. Wir durften weiter. Als wir uns entfernt hatten, atmeten wir tief durch. In Spandau wurde noch vereinzelt geschossen. Das waren sicher Kameraden beim Ausbruchsversuch. Hier in Spandau war mein Mitarbeiter Günther Marrek, Führer eines großen Volkssturmverbandes, dem auch Einheiten der Hitlerjugend angehörten. Er war Ritterkreuzträger und vor seinem Kriegseinsatz ebenso bewährter Jugendführer in Ostpreußen. Hier in der Nähe mußte auch Wolfgang Stumme sein, der Chef der Musikerziehung der Jugend für das Reich. Er hatte in Spandau eine Volkssturmkompanie übernommen. Wo ist Otto Würschinger, der letzte Chef unseres Organisationsamtes, der mit jungen Kameraden den Sitz der Reichsjugendführung an der Heerstraße verteidigte? Und wo ist Dr. Schlünder, der mit dem dritten Aufgebot des Volkssturmes bis zum Schluß diese wichtigen Pichelsdorfer Brücken verteidigte? Heute, am 2. Mai, müßten sie sich aus ihrer Stellung ausfädeln, nicht mehr als ein bis zwei Kilometer Luftlinie von hier. Hoffentlich kommen sie alle gut durch. Dafür bete ich.
Wir näherten uns Falkensee. Zu spät entdeckten wir einen sowjetischen Kontrollposten. Es gab kein Zurück mehr. Langsam bewegten wir uns auf die Kontrollstelle zu, so daß wir zur gleichen Zeit mit anderen Passanten aus entgegengesetzter Richtung dort ankamen. Sie wurden gefilzt, weil sie Sachen und Fahrräder dabeihatten. Wir besaßen nichts und wurden durchgewinkt. Auch das hatten wir geschafft. Diese Erfahrung sollte auf unserem Fußmarsch von ungeheurem Wert sein. Mit dem Bündel von Papieren meines Kumpels kamen wir bis nach Mecklenburg durch. Viel Glück, unfaßbar! Aber es kostete Nerven. In Falkensee fiel mir ein, daß ich mit meiner Tante Siewert meine Mutter in einem Erholungsheim besucht hatte. Sie erschien mir noch in meiner Erinnerung abgemagert, hager, auffallend blaß und hohlwangig. Ihre Augen wirkten dadurch übergroß. Ich habe das nicht vergessen. Vereinzelt hörten wir noch Schüsse. Sie mußten aus dem Spandauer Forst kommen. Die Gefahr und Nervenanspannung hatten mich bis jetzt noch aufrechterhalten, trotz vieler Nächte ohne Schlaf. Als junger Mensch konnte man das verkraften. Mein Begleiter ahnte ja nichts von dem, was ich in den vergangenen Tagen und Nächten mitgemacht hatte. Er

schien ausgeruht, während sich bei mir die Übermüdung und Erschöpfung immer stärker bemerkbar machten. Ich spürte auch, daß mir alles gleichgültiger wurde und die Beobachtung und Vorsicht nachließen. Trotzdem war mir noch bewußt, daß darin eine Gefahr für mich lag.

Als die Dämmerung hereinbrach, hatte ich nur einen Gedanken: Wo kann ich mich hinhauen und schlafen? Wir kamen an einer Siedlung vorbei und sahen, daß in einer Laube die Tür halb offen stand. Wir gingen hinein. Alles war in Unordnung. Auf dem Fußboden lagen Sachen und Wäschestücke verstreut. Hier war geplündert worden. Wir legten uns auf die Erde und deckten uns mit den Wäschestücken zu, bis über den Kopf. Das war eine ungestörte Nacht in tiefem Schlaf. Am nächsten Morgen wußte ich nicht, wie ich buchstäblich in den Schlaf gefallen war. Dieser tiefe und erholsame Schlaf hatte mir neue Kraft und Zuversicht gegeben. Auch meine Verwundung machte mir nicht mehr zu schaffen. In der Morgenfrühe brachen wir gen Norden auf und ließen bald den Spandauer Forst hinter uns, in dem wir bei einzelnen Toten verhielten. Meine Gedanken weilten immer bei den Jungen vom letzten Aufgebot, bei der Familie und den Angehörigen. Wie wird es ihnen wohl ergangen sein? Wenn die Luft rein war und die Umstände günstig erschienen, suchten wir das Gespräch mit deutschen Zivilisten, erkundigten uns nach der Lage und erfuhren, wie die Sowjets geplündert und Frauen vergewaltigt hatten. „Es war noch viel schlimmer, als wir es vorher geglaubt hatten", meinten sie. Wir trafen auf unserem Weg so manche Frau, die nach ihrem erlittenen Schicksal nicht mehr weiterleben wollte. Vereinzelt gab es auch andere Stimmen. Zwei Frauen des reiferen Mittelalters erzählten lachend, daß „es" doch ein „ganz schönes Erlebnis" gewesen war.

Hunger und Durst begannen uns zu plagen. Als wir aufs Land hinauskamen, klopften wir hier und da an die Tür und baten um ein Glas Wasser oder um ein Stück Brot. Einige schlugen uns die Tür vor der Nase zu, andere gaben uns etwas. Auf einem Bauernhof bekamen wir sogar Milch. Damit ging es wieder ein ganzes Stück weiter. In größeren Orten lagen weggeworfene Papiere auf der Straße, darunter auch Teilnahmeurkunden vom Reichssportkampf, vom Reichsberufswettkampf, von musischen und technischen Wettbewerben und andere Dokumentationen. Unter vielen stand mein Namenszug. Ich lief sozusagen auf meinen Unterschriften. Wenn wir ein Dorf erreichten, liefen die Kinder oft vor uns weg und schlossen sich schnell ein. Wir sahen ja auch danach aus. Bartstoppeln im Gesicht, Schiffermütze, abgetragene Malerkittel. Die Zeiten sind vorbei, als mich die Jugend am Ortseingang mit Blumen begrüßte. Ich dachte bei mir: Standest einmal hoch, bist nun tief gefallen!

Wir erreichten Fehrbellin und schlichen uns am Rande der Ortschaft vor-

bei. Aus der Schulzeit war mir bekannt, daß der Große Kurfürst 1675 hier die Schweden geschlagen hatte und daß hier aus Brandenburg Preußen wuchs. Wird Preußen überleben?
Bis ins Mecklenburgische Land erlebten wir keine besonderen Zwischenfälle. Ernster wurde es auf einem landwirtschaftlichen Vorwerk. Ein Russe stellte uns. Radebrechend fragte er uns aus. Man roch den Alkohol gegen den Wind. Wir wurden in einen übelriechenden Raum eingewiesen, in dem sich bereits zwei geistesgestörte Frauen befanden. Sie boten einen furchtbaren Anblick. Wir sollten hier auf den Offizier warten, der gleich zurückkäme. Die Tür ließ er offen. Nichts wie raus hier, war unser Entschluß. Als der Russe außer Sichtweite war, türmten wir. Unsere Flucht gelang. Das Vorwerk kannte ich von früher. Es gehörte zum Gut Varchentin, dessen Eigentümer unser Landesbauernführer Graf Grothe war. Auf seinem Gut war eine Landdienstgruppe der Hitlerjugend tätig gewesen, und hier wurde auch die erste Landdienstführerschule errichtet. Er ist im Rußlandfeldzug in einem Skibataillon gefallen. Ich hatte hier die Jungens vom Landdienst besucht, wurde auch mit den Gutsleuten bekannt und freundete mich mit der Familie an. Jetzt fragte ich die Leute nach dem Schicksal der Familie, und sie erzählten, daß die Gräfin wenige Tage zuvor mit einer Viehherde gen Westen aufgebrochen sei. Wenn nur alles gut gegangen ist, hoffte ich für sie.
Mein Kumpel und ich zogen weiter nach Norden. Auf einem Hof im Dorf Lansen baten wir um Wasser und Brot. Die Bäuerin gab uns Milch. Wir kamen mit ihr ins Gespräch. Nach ihrem Dialekt kam sie unverkennbar aus Württemberg. Ich vermutete, daß hier auf ehemaligem Großgrundbesitz Schwaben angesiedelt worden waren, was auch bestätigt wurde. Trotz meines wenig vertrauenerweckenden Aufzuges bat mich die Bäuerin zu meiner großen Überraschung, auf dem Hof zu bleiben. Sie meinte, die Russen würden Kriegsinvaliden verschonen. Ihr Mann sei in der Partei gewesen und würde vielleicht abgeholt werden. Ihre drei Töchter lebten ständig in der Angst, entdeckt zu werden. Ich könnte ihr doch in der Notlage behilflich sein. Mein Gott, wenn diese gute Frau nur ahnen würde, daß ich direkt aus Berlin vom toten Hitler kam. Andererseits, so überlegte ich, hatten die Sowjets über Radio gemeldet, daß Axmann in Berlin gefallen wäre. War es da nicht ratsam, zunächst unter den Sowjets zu bleiben, da ich hier nicht gesucht wurde und der Geheimdienst vielleicht hinter meinem Namen ein Kreuz gemacht hatte? So dürften die Menschen auf dem Hof durch mich nicht gefährdet sein. Ich war später dankbar und froh, daß sie während meiner Anwesenheit keine Nachteile durch mich erlitten haben. Mein Kumpel redete mir zum Bleiben zu. Auf ihn brauche ich keine Rücksicht zu nehmen, er sei ohnehin bald am Ziel, da seine Schwester in der

Nähe wohne. Die Bäuerin sah mich bittend an. Nicht mein Verstand, sondern mein Instinkt hatte entschieden, ich blieb.
Von Mitte Mai bis zum Herbst 1945 lebte ich so unter den Sowjets in Mecklenburg. Die Töchter waren im Alter von 14 bis 20 Jahren. Da der Vater Ortsbauernführer war, sprach vieles dafür, daß sie dem „Bund Deutscher Mädel" angehört hatten. Ob sie wohl ihren Reichsjugendführer erkennen würden? Ich trug zwar einen Bart, doch könnte mich vielleicht die Stimme verraten? Meine Bedenken wurden zerstreut. Ich blieb bis zum Ende meines Aufenthaltes unerkannt. Wer sollte mich auch hier in dem Dorf, zumal unter anderem Namen, vermuten? Ich hatte darüber zu wachen, daß den Mädels nichts geschah. Ich bezog zunächst meinen Posten im Stall. Durch ein kleines Fenster konnte ich die Straße, die zur Mitte des Dorfes führte, beobachten. Wenn sich Fahrzeuge oder Verdächtige näherten, gab ich Alarm. Die Mädels versteckten sich dann im Heu. Nun hatte es sich herumgesprochen, daß die Sowjets mit dem Degen ins Heu stachen, um Verborgene aufzustöbern. Da mußte man sich etwas Neues einfallen lassen. Die Familie hatte eine Bekannte, die in einem Krankenhaus am Rande von Waren tätig war. Zu früher Morgenstunde wanderte ich mit den Töchtern querfeldein nach Waren, um sie dort im Krankenhaus unterzubringen. Die Russen hatten großen Respekt, wenn sie auf ein Krankenzimmer mit dem Schild „Ansteckende Krankheiten" stießen. Das war ein erprobtes Mittel, sie fernzuhalten. Bis zu der Zeit, als ich wieder in den Westen ging, verlief alles gut.
Ich hatte noch immer keinen Ausweis. Den brauchte ich aber unbedingt, da ich mit Kontrollen rechnen mußte. Da kam mir ein glücklicher Zufall zu Hilfe. Eines Tages erschienen auf dem Hof zwei junge Männer in Zivil, die wie mein Kumpel und ich um Essen und Trinken bitten mußten. Sie erkundigten sich bei mir über die Lage im Umfeld. In der Unterhaltung äußerte plötzlich einer von ihnen: „Sie sind doch Herr Axmann. Ich erkenne Sie an der Stimme, die ich oft im Radio gehört habe." Dann zeigte er wie zum Beweis auf meine Armprothese. Es gab kein Leugnen mehr. Beide beschworen sofort ihre strengste Verschwiegenheit. Auch sie offenbarten sich mir. Es waren estnische Freiwillige der Waffen-SS. Wir versorgten sie auf dem Hof mit allem, so daß sie gestärkt weiterziehen konnten. Sie haben mich nicht verraten. Zuvor hatten sie noch meiner Bitte entsprochen und mir auf russisch einen vorläufigen Ausweis geschrieben, der auf den Namen meines gefallenen Vetters lautete. Dieser Ausweis mußte nun einen Stempel haben. Ich begab mich am nächsten Tag in die Kreisstadt Waren. Auf dem Weg beobachtete ich von weitem, wie sich ein Mann schützend vor eine Frau stellte, die von sowjetischen Soldaten bedrängt wurde. Er wurde erschossen. Tiefer und erbitterter als in einem solchen Augenblick

kann man die eigene Ohnmacht und Hilflosigkeit in der Vereinzelung nicht empfinden. Und solche Vorfälle geschahen häufiger.
Vor der Kommandantura in Waren sah ich mir genau das Dienstsiegel an und kopierte es abseits auf Papier. Mit Hilfe eines untergetauchten Landsers wurde danach ein Linolschnitt gefertigt. So bekam mein Propusk der Esten auch einen Stempel. Es erscheint kaum glaubhaft, daß ich diesen Ausweis niemals vorzuzeigen brauchte.
Die Sowjets hatten einen Ortsvorsteher eingesetzt, von dem ich annahm, daß er kein Parteigenosse war. Er besaß den größten Hof im Dorf. Bei ihm meldete ich mich als Neuzugang. Wir verstanden uns auf Anhieb gut. Als die Sowjets dazu übergingen, das Kollektivsystem in der Landwirtschaft einzuführen, mußten die Kühe der einzelnen Bauern auf eine große Weide getrieben werden. Der Bürgermeister bat mich, die Herde zu bewachen. So wurde ich Hirte. Hier konnte ich beobachten, wie sich das neue System auszuwirken begann. Die Bauern und ihre Helfer waren nicht mehr mit ihrem früheren Interesse dabei. Die Kühe mußten auf der großen Weide gemolken werden. Jeder suchte natürlich seine eigenen Kühe, die er aber nicht so schnell oder gar nicht fand. Viele Kühe wurden nicht ausgemolken, so daß sie zu brüllen begannen. Die Milchleistung sank rapide. Mit der Zeit wurden die Tiere im Fell struppig. Ich erkannte, wie untauglich es ist, ein kollektives Bewirtschaftungssystem, das in den endlosen Weiten der Sowjetunion praktiziert wurde, auf die intensive deutsche Landwirtschaft zu übertragen. Das wird nicht gutgehen, dachte ich, und so ist es ja auch gekommen.
Wenn ich grübelnd und sinnend bei den Tieren auf der Weide saß, sah ich in der Ferne gegen den hohen mecklenburgischen Himmel sowjetische Panzer mit aufgepflanzten Fahnen fahren. Sie holten mich in die Wirklichkeit zurück und mahnten mich, daran zu denken, was ich in den nächsten Stunden auch zum eigenen Schutz zu tun hatte. Im Dorf und in der Umgebung erlebte ich Plünderungen und Vergewaltigungen von Frauen, die sich später im Müritzsee ertränkten. Auch ich stand einmal an der Wand, und ein sowjetischer Soldat gab sich unter Ziehen der Pistole den Anschein, daß er mich erschießen wollte. Ich erlebte auch freundliche Russen, die auf der Chaussee anhielten und mich im Auto mitnehmen wollten. Vorüberziehende Soldaten traten einmal in unser Haus ein, setzten sich auf den Küchenboden und begannen zu frühstücken. Dabei kam es zu einem Gespräch mit deutschen Wortfetzen. So sagte ein Sowjetsoldat: „Wir erst nach Hause, wenn bei uns das Wasser aus der Wand läuft." Das wurde später zu einem geflügelten Wort. Es muß also auch woanders häufiger vorgekommen sein. Jemand warf ein: „Jeder Deutsche ein Haus, jeder ein Kapitalist." Ich sagte darauf: „Ihr nehmt dem Menschen das Eigentum. Wir ge-

ben ihm Eigentum. Das ist der Unterschied zwischen eurem und unserem Sozialismus."

Die russische Seele ist weit. Sie reicht vom Bruderkuß bis zum Totschlag. Ich erinnere mich deutlich an meinen schwärzesten Tag im Dorf. Wieder stand ich im Stall auf Posten und sah durch das kleine Fenster einen stattlichen Wagen die Dorfstraße zu uns heraufkommen. Die Mädels verschwanden sofort in ihr Versteck. Ich ging zum Hoftor. Das Auto hielt davor. Ihm entstieg ein großer, gutaussehender Russe mit zwei Marinesoldaten. Er kam auf mich zu und fragte mich ganz direkt in fließendem Deutsch: „Wie heißen Sie?" - „Erich Siewert." - „Was sind Sie von Beruf?" - „Kaufmann." - „Was, Kaufmann? Was machen Sie denn als Kaufmann auf einem Bauernhof?" - „Ich bin evakuiert worden." - „Woher sind Sie gekommen?" - „Aus Berlin." - „Von wo dort?" Ich weiß nicht, was mich in dem Augenblick geritten hat. Ich sagte die Wahrheit: „Aus Kladow." - „Kenne ich ja. Da sind ja gar keine Bomben gefallen." - „Doch, noch ganz zum Schluß." - „Glaube ich nicht." Dann gab er dem Marinesoldaten einen Befehl, der mich in ein Zimmer im ersten Stock sperrte und sich davor postierte. Von unten drang eine mächtige Schimpfkanonade herauf, die auf meinen Bauern niederging. Pausenlos wurde er angeschrien, als ob er persönlich die Verantwortung für die Untaten im Dritten Reich trüge. Mich erregte das sehr. Ich dachte auch an meinen falschen Ausweis, den ich bei mir hatte. Die Erscheinung und das Auto des Russen sprachen dafür, daß er selbst Chef der Kommandantura von Waren sein konnte. Ich trat ans Fenster. Sollte ich hinausspringen und fliehen? Es war nicht so hoch. Augenblicke der Unentschlossenheit. Mein Instinkt sagte mir: Bleib. Und was geschah: Die Schimpfkanonade des Russen endete mit der Erklärung, daß das Vieh meines Bauern enteignet sei. Der Posten vor meinem Zimmer wurde abgezogen. Er mußte mit dem anderen Marinesoldaten das Vieh nach Waren treiben. Ich schien vergessen. Das Vieh war wichtiger als ich. So erleichtert und dankbar ich für diese unerwartete Rettung war, so sollte ich dennoch nicht den Tag vor dem Abend loben.

Am Nachmittag erschien ein Bote vom Ortsvorsteher und überbrachte mir die Aufforderung, mich zur Überprüfung bei ihm zu melden. Unvorsichtigerweise fügte der Bote hinzu: „Hier im Ort soll sich ein hoher Parteiführer verstecken." Und wieder die Frage: Haust du ab, oder gehst du hin? Ich ging hin. Unter den Versammelten waren auch zwei Männer aus dem Konzentrationslager, deren Gespräch ich mithören konnte. „Die tarnen sich alle phantastisch. Selbst Generäle schieben den Kinderwagen vor sich her. Aber wir kriegen sie alle." Der Bürgermeister begrüßte mich: „Na Sie, Herr Siewert, kenne ich schon länger. Sie können nach Hause gehen." Als es Abend wurde, kamen noch Muschiks im Panjewagen und holten sich aus dem Garten, was bis dahin noch nicht geplündert war. Solche entnervenden Erlebnisse kann man nur durchstehen, wenn man noch jung und gesund ist.

Mittlerweile lebte ich schon fast vier Monate unter den Sowjets und hatte noch kein Lebenszeichen von mir in den Westen geben können. Ich hatte zu niemandem eine Verbindung. Es gab auch keinen Postverkehr dorthin. Von den Landsern, die bei uns als Zivilisten vorbeikamen, ließen sich zwei Marinesoldaten im Nachbarort nieder. Zu ihnen behielt ich Kontakt. Als ich sie das erste Mal in ihrem Unterschlupf aufsuchte, traf ich auf dem Hof eine evakuierte junge Frau aus dem Haus, in dem ich viele Jahre mit meiner Mutter zusammen gewohnt hatte. Sie beteiligte sich an unserem Gespräch, und als wir auf die Evakuierung zu sprechen kamen, erwähnte sie: „In unserem Haus wohnte der Reichsjugendführer, der wie Sie den Arm verloren hatte. Seine Mutter war eine einfache, aber liebe gute Frau." Sie hatte mich nicht erkannt. Wie mußte ich mich äußerlich verändert haben! Ja, meine Mutter. Ich wußte nicht, wo sie abgeblieben war, aber ich werde sie wiederfinden. Die Marinesoldaten wollten sich demnächst nach Westen durchschlagen. Ihnen konnte ich eine Nachricht für mein geliebtes Mädchen, meine heutige Frau, mitgeben. Sie sollte wissen, daß ich noch lebe.

Der Bürgermeister bat mich des öfteren zu sich. Er habe keinen Menschen mehr, mit dem er vernünftig reden könnte. Mit mir könne er sich gut aussprechen. Er fragte mich wesentlich Jüngeren sogar um Rat. Immer sprach er davon, daß er sich nach seinen erwachsenen Töchtern sehnen würde. Sie waren noch unverheiratet und vor dem Nahen der Russen in den Westen gegangen. Er lebte jetzt in Einsamkeit. Ich wußte, daß das sein ganzer Kummer war. Als ich ihm andeutete, daß ich vielleicht einmal nach Berlin zurückgehen würde, kam er mit seiner inständigen Bitte heraus: „Können Sie nicht meine Töchter suchen und nach Hause holen? Ich gebe Ihnen den Hof, denn eine meiner Töchter ist auf einem anderen Hof versprochen." Mir war klar, daß dieses Angebot nur ein Ausdruck seiner augenblicklichen Verzweiflung war, und so sagte ich ihm: „Was soll ich als Kaufmann mit einer Hand auf dem Bauernhof? Wer weiß, ob Sie unter dem neuen System überhaupt Ihren Hof behalten dürfen." Dann wies ich ihn auf das Risiko und die Gefahren für seine Töchter hin, da die Vergewaltigungen immer noch an der Tagesordnung waren. Nach einer Bedenkzeit gab ich ihm meine Zusage. Meine Wirtsleute weihte ich in meine Pläne ein. Auch sie baten mich, ihre Verwandten in Württemberg aufzusuchen und das erste Lebenszeichen von ihnen zu überbringen. So hatte ich ein großes Programm vor mir. Der Bürgermeister versorgte mich reichlich mit Verpflegung und mit Geld, denn ich besaß keinen Pfennig. Meine Wirtsleute taten das Ihrige dazu.

Im September 1945 brach ich zu Fuß nach Berlin auf. Ich ging allein. Auf meinem Fußmarsch bevorzugte ich das Gelände abseits der Ortschaften und den Wald. Ich kam an gefallenen Soldaten und zerschossenen Panzern vorbei. In einem Panzerturm entdeckte ich die verkohlte Leiche des Panzerführers, die auf die Größe eines Kindes zusammengeschrumpft war. Ich erreichte Berlin, ohne kontrolliert worden zu sein. Vom Bahnhof Wannsee ging ich ans Wasser und schaute hinüber zu meinem Haus in Kladow, in dem meine Familie lebte. Ich konnte nicht rüber. Das hätte für mich die Lubjanka oder Sibirien bedeutet. Wie werden die Sowjets meine Frau behandelt haben? Später erfuhr ich, daß man sie für einige Wochen in einen Schweinestall gesperrt hatte. Ob ich dahin noch einmal zurückkehren werde? Vom Wannsee lief ich nach Spandau. Von Landsern hatte ich gehört, daß man von dort mit einigem Glück als blinder Passagier mit dem Güterzug nach Westdeutschland fahren könnte.
Ich machte mich auf den Weg nach Spandau. Von den Hinterhöfen der Häuser am Brunsbütteler Damm, die unmittelbar an das Güterbahngelände angrenzten, erkundete ich einen Zugang. Das Gelände war damals mit einem Drahtzaun abgesperrt. Ich entdeckte ein Loch im Zaun, durch das schon vor mir jemand durchgeschlüpft sein mußte. Mehrere Güterzüge standen dort. Jedoch befand sich vor keinem Zug eine Lokomotive. Zwischen den Zügen traf ich auf einen Landser, mit dem ich mich verständigte. Er hatte bereits ermittelt, welcher Zug zuerst nach Westdeutschland abfahren würde. Er meinte, beim Bahnpersonal könnten wir auf Verständnis rechnen. Wir kletterten in einen offenen Waggon. Der Zug sollte nach Braunschweig gehen. Die Wartezeit bis zur Abfahrt wurde zur Ewigkeit. Doch schließlich ruckte er an, und es ging los. Nach einigen Stunden hielt er. Das mußte an der Grenze zwischen der sowjetisch besetzten und der britischen Zone gewesen sein. Ob die Waggons wohl kontrolliert werden? Kaum gedacht, blickten auch schon zwei Sowjetsoldaten über die Waggonwand. Sollte jetzt unsere Fahrt beendet sein? Die Engländer ließen den Zug weiterfahren, und die Muschiks sprangen ab. War das schon Kalter Krieg am Bahnhof? Wir hatten großes Glück gehabt.
Von Braunschweig aus ging es im Nahverkehr, zu Fuß oder im Pferdewagen nach Gelsenkirchen. Dort wohnten die Eltern meiner heutigen Frau im Stadtteil Horst am Rande der Gelsenberg-Benzin AG, wo ihr Vater den Rangierbetrieb unter sich hatte. Ende April 1945 konnte ich sie noch mit vielen Mühen gegen ihren eigenen Willen bewegen, mit einem Transport über Potsdam-Krampnitz auf der letzten freien Straße Berlin vor dem Eindringen der Russen zu verlassen. Seitdem wußte ich nicht, wie es ihr ergangen und wo sie abgeblieben war. In Horst sprach ich einen jungen Burschen an und bat ihn, zur elterlichen Wohnung zu gehen. Bei Anwesenheit

der Tochter sollte er eine Nachricht von mir übergeben. Die Eltern kannten mich noch nicht persönlich und wußten nichts von meiner Verbindung zu ihrer Tochter. Der junge Bursche war ein Glücksbote. Er brachte mir die freudige Nachricht, daß sie zu Hause war. Vor wenigen Tagen war sie - aus Schleswig-Holstein kommend - gerade zu ihrem ersten Besuch nach Kriegsende bei ihren Eltern eingetroffen. Welch ein seltener Zufall! Wir sahen uns vor dem Krankenhaus in Gelsenkirchen-Horst wieder. Darf ich das noch einen Zufall nennen? Mein Lebenszeichen aus der sowjetischen Zone hatte sie erreicht. Meine zuverlässigen Marinekameraden hatten Wort gehalten.

Die Reise ging weiter zu den Verwandten meines Bauern. Sie war in den verschiedenen Zonen voller Schwierigkeiten. Die Verwandten waren zu Hause, als ich an ihre Tür klopfte. Wie freuten sie sich, als sie von mir die ersten Nachrichten aus Mecklenburg hörten! Sie verwöhnten mich als den Überbringer froher Kunde. Als ich mich verabschiedete, war mein Rucksack prall gefüllt, darunter viele Flaschen Schnaps für meinen Bauern. Nun ging es wieder den weiten und beschwerlichen Weg gen Norden nach Lübeck. Dort traf ich meine heutige Frau, die in Schleswig-Holstein auf Gütern und in britischen Gefangenenlagern konzertierte. Ich wußte, daß in Lübeck eine sehr tüchtige ehemalige Gebietsmädelführerin wohnte. Als die Dunkelheit hereingebrochen war, suchte ich sie auf. Sie öffnete mir selbst die Tür und war nicht wenig erstaunt, als ich im Flüchtlingsaufzug vor ihr stand. Sie bat mich sofort herein. Wir tauschten Gedanken über unsere Odyssee und Erlebnisse nach Kriegsende aus. Sie kochte für uns. Am Abend holte ich mir das Essen in einem Henkeltopf ab. Über Tag lebten wir vom Proviant aus meinem Rucksack.

Als ich eines Tages im September 1945 meine Pension verließ, erblickte ich auf der Straße einen Passanten, der mit einem meiner früheren Mitarbeiter eine verblüffende Ähnlichkeit besaß. Ich folgte ihm und beäugte ihn von der Seite. Ich traute meinen Augen kaum, es war tatsächlich Gustav Memminger, ein Amtschef der Reichsjugendführung. Ich legte meine Holzhand auf seine Schulter, so, wie es auch bei einer Verhaftung üblich war. Erschrocken drehte er sich um und starrte mich entgeistert an: „Artur, du hier? Wir dachten, du bist in Berlin gefallen." Ich berichtete ihm von den letzten Kampftagen in der Reichshauptstadt und den Ereignissen im Führerbunker, während er mir von seinem Geschick in den vergangenen Monaten erzählte. In dieser Zeit war er mein Beauftragter für die Inspektion des Schanzeinsatzes der Hitlerjugend im Westen. Diesen Auftrag hatte er in Fühlungnahme mit Feldmarschall von Rundstedt und dessen Nachfolger Feldmarschall Kesselring erfüllt. Auf meine Frage nach den erlittenen Verlusten konnte er mir mitteilen, daß die eingesetzten Jungen rechtzeitig vor Beginn der massierten Feindeinwirkung ohne Verluste zurückgeführt worden sind. Das bestätigte er mir noch einmal in unserer letzten Begegnung im November 1991 in seiner württembergischen Heimat, wo er im darauffolgenden Sommer verstarb. Ich erkundigte mich, ob er etwas von meiner Mutter gehört hätte, die irgendwo in Süddeutschland leben sollte. Zu meiner großen Erleichterung offenbarte er mir, daß sie noch lebt und sich in Oberbayern aufhält. Das war eine beglückende Nachricht. So hatte meine abenteuerliche Reise ein wunderbares Ergebnis. Wir sprachen noch darüber, daß wir uns den westlichen Alliierten stellen wollten.

Ich informierte meinen Kameraden, daß ich vorher noch mein Versprechen gegenüber meinem Bürgermeister in der sowjetischen Besatzungszone erfüllen und versuchen müßte, seine Töchter nach Hause zu bringen. Wir verabredeten, daß ich ihn in Oberstaufen im Allgäu verständigen lassen würde, wann ich ihn aufsuchen könnte. Er lebte dort auf der Ansbacher Hütte. Mit meiner heutigen Frau verabredete ich, wann und wo wir uns im November 1945 wiedertreffen wollten. Trotz aller Hindernisse waren wir voller Zuversicht, daß wir wieder den Weg zueinander finden würden. Dann brach ich nach Lauenburg auf, um die Töchter meines Bürgermeisters zu suchen, von denen ich keine genaue Adresse besaß. Ich fand sie schließlich in der malerischen Unterstadt von Lauenburg. Sie waren sofort bereit, mit mir zu ihrem Vater zurückzukehren. Sie baten nur darum, daß sich ein Vetter oder ein Bekannter unserem Unternehmen anschließen dürfe. Nach kurzen Vorbereitungen brachen wir zu unserem abenteuerlichen Unternehmen in die sowjetische Besatzungszone auf.

Von Hornburg in Niedersachsen aus näherten wir uns der sowjetischen Demarkationslinie. Die Nacht verbrachten wir in einem Waldstück. Das Gepäck wurde klapperfest gemacht, damit kein Geräusch entstehen konnte. Für den Fall, daß etwas schiefging, riet ich den Mädels, immer wieder laut zu schreien, wenn man sie vergewaltigen wollte. Gegen Mitternacht, als wir keine Laute oder Bewegung von Posten vernahmen, gingen wir los. Als wir ein Feld überquerten, stolperte ein Mädel in der Ackerfurche und fiel hin. Aus dem Dunkel huschten Gestalten auf uns zu. Es waren Mongolen. Sie nahmen uns fest und führten uns zu ihrem Kommandostand in einer Waldhütte. Sie fledderten das Gepäck und fanden Stoffe sowie Wertsachen. Als sie den Schnaps entdeckten, fingen sie an zu trinken und zu johlen. Mit Alkohol wurde es nun gefährlich. Sie sonderten die Mädels ab und zogen sie in einen anderen Raum. Die Mädels fingen an zu schreien. Wir Männer wurden von Soldaten bewacht. Wir waren ohnmächtig und hilflos. Zum Glück und wider Erwarten geschah den Mädels nichts. Gab es etwa schon im September einen entsprechenden Befehl von oben, der Vergewaltigungen untersagte? Bis zum Morgen hielt man uns in der Hütte fest

und führte uns dann zu einer Kommandantur. Auf dem Hof waren bereits Frauen und Männer versammelt, die man wie uns aufgegriffen hatte. Lange mußten wir warten, bis endlich ein russischer Major erschien.
In seiner Schnapsseligkeit war er gutartig und musterte uns jovial. Fragend rief er uns zu: „Zu Engländern oder zu Russen?". Wir antworteten wie auf Befehl: „Zu den Russen!" Offensichtlich zufrieden mit dieser Antwort, ließ er uns mit einer schwungvollen Armbewegung frei. Mir fiel ein Stein vom Herzen. Was wäre wohl auf der nächsthöheren Kommandantur geschehen, wenn man meinen falschen Propusk überprüft hätte? Erleichtert setzten wir unseren Weg nach Mecklenburg fort, der nicht mehr mit weiteren Hindernissen gepflastert war. Fröhlich zogen wir auf den Hof des Vaters ein. Er hatte seine Töchter wieder.
Ich greife in der Zeit vor. 1990 suchte ich mit meiner Frau diesen einst so schönen Bauernhof auf. Niemand wohnte mehr darin. Die Scheiben waren zerschlagen, die Gebäude ungenutzt und verfallen. Ein trauriges Bild im Vergleich zu dem, was in meiner Erinnerung lebte.
Ich blieb noch einen guten Monat in Mecklenburg. In dieser Zeit erfuhr ich von vorüberziehenden Landsern, daß deutsche Soldaten für den Eintritt in die Rote Armee geworben wurden. Kriegsgefangene, die auf dem Gut Schönau bei Lansen arbeiteten, hatten sich für diesen Dienst gemeldet. Kriegsgefangene deutsche Offiziere wurden mit der Begründung zur Roten Armee herangezogen, daß man sie für den Verwaltungsdienst benötigte. In meiner Umgebung mußten sich Bewerber für die deutsche Polizei oder für den Eintritt in die Kommunistische oder Sozialdemokratische Partei entschließen. Ein Wachtmeister aus Waren berichtete, daß die sowjetischen Offiziere in der deutschen Polizei ein Rekrutierungsdepot ihrer Armee für einen neuen Ernstfall sahen. Aus diesem Grund verließ ein Fähnrich, der aus der Kriegsgefangenschaft entlassen worden und in Lansen beheimatet war, den Dienst in der Polizei. Das waren für mich Anzeichen dafür, daß sich zwischen der Sowjetunion und den Westmächten eine Konfrontation im Kalten Krieg anbahnte.
Anfang November kam die Stunde des Abschieds von meinen Leuten, die mir in dunkler Zeit Brot und Obdach gewährt hatten. Ihnen gegenüber empfand ich große Dankbarkeit. Ich nahm wieder allein den gleichen Weg nach Westdeutschland, den ich mit den Töchtern des Bürgermeisters gekommen war. Dieses Mal gab es keinen Zwischenfall, als ich mich durch die sowjetischen Linien schlug. Von Braunschweig fuhr ich mit dem Zug nach Lübeck. Es gab schon wieder einen Fahrplan, und so erreichte ich zur verabredeten Zeit den Bahnhof von Lübeck, wo auf mich die Frau wartete, die mir am nächsten stand. In Lübeck erlebte ich eine große Überraschung. Als ich aus der Tür meiner Pension trat, standen zwei Amtschefs der

Reichsjugendführung vor mir, Ernst Ferdinand Overbeck und Simon Winter. Sie hatten meinen Aufenthaltsort von Gustav Memminger erfahren. Die Freude meines Wiedersehens mit ihnen wurde dadurch getrübt, daß sie mir einen dritten angeblichen Kameraden vorstellten, der sie im Auto nach Lübeck gebracht hatte, und den ich persönlich nicht kannte. Wer hatte schon 1945 ein eigenes großes Auto? Das stimmte mich sehr mißtrauisch und ließ mich ahnen, daß etwas schief gehen könnte. Bei dieser unverhofften Begegnung erfuhr ich das Gute, daß meine Mutter wohlbehalten auf dem Wakersberg bei Bad Tölz lebte. Natürlich wollte ich sie so bald wie möglich aufsuchen.

Ich bekam einen Hinweis, daß demnächst ein Lastwagen in Richtung München fahren und Leute mitnehmen würde. Für diese Fahrt meldete ich mich an und startete am 1. Dezember gen Süden. Die Mitfahrer waren zumeist Landser, die unterwegs über die Kriegsereignisse sowie über die Hitlerjugend sprachen, wobei sie auch oft meinen Namen erwähnten. Ich hielt mich unerkannt von diesen Gesprächen zurück. Zu der Jahreszeit war die Reise im offenen Lastwagen zwar nicht angenehm, aber jeder von uns hatte gelernt, im Straßengraben oder sogar bei Regen im offenen Güterwaggon zu schlafen. Von München aus fuhr ich nach Oberstaufen im Allgäu, wo ich Gustav Memminger traf.

In einer Hütte, hinter der sich die Allgäuer Alpen erhoben, sah ich meine Mutter wieder. Unser Hoffen aufeinander war in Erfüllung gegangen. Sie war damals 61 Jahre alt. In den wenigen Monaten nach Kriegsende war ihr Haar grau geworden. Ich konnte ihr die Ungewißheit nehmen und sagen, daß mein ältester Bruder Kurt noch lebte. Zu meinem Bruder Richard mußte ich ihr mitteilen, daß ich ihn zum letzten Mal am 30. April 1945 im Führerbunker gesehen hatte, daß er bis zur Stunde zwar vermißt ist, sich aber noch in Gefangenschaft bei den Sowjets befinden könnte. Das war eine schlechte Nachricht für sie. Mich erleichterte es, von ihr zu hören, daß sich Mitarbeiterinnen der Reichsjugendführung in den letzten Kriegsmonaten und nach Kriegsende vorbildlich um sie gekümmert hatten.

Mit meinem äußeren Aufzug war meine Mutter gar nicht zufrieden. Sie nahm mir gleich die Sachen und die alte Schiffermütze weg und reinigte sie. Auf der Hütte fanden sich auch frühere Mitarbeiter der Reichsjugendführung ein. Da war Willi Heidemann, der dem Sozialen Amt angehörte und in der letzten Kriegszeit Geschäftsführer des Deutschen Jugendförderungswerkes e.V. unter dem Staatssekretär Wilhelm Keppler war. Ihn hatte ich Anfang 1945 beauftragt, sich wirtschaftlich und finanziell um die Betreuung der hinterbliebenen Frauen unserer gefallenen Kameraden zu kümmern. Er berichtete mir nun darüber sowie über seine wirtschaftliche Tätigkeit, auf die ich noch im Zusammenhang mit der angeblichen

Untergrundbewegung der Hitlerjugend zurückkommen werde.
Auf der Hütte erschien auch Heinrich Hartmann, der frühere Hauptabteilungsleiter für bildende Kunst in der Reichsjugendführung. In unserem Gespräch berichtete er über die Diskussionen, die mit mehreren Führern der Hitlerjugend stattgefunden hatten. In ihnen zeichneten sich verschiedene Auffassungen über das zukünftige Verhalten ab. Nur vereinzelte Stimmen sprachen sich für einen passiven Widerstand aus. Heinrich Hartmann hingegen vertrat die Auffassung, daß man sich als ehemaliger Jugendführer auch jetzt nicht der Verantwortung entziehen könne, die zwischen den Zonen vagabundierende Jugend zum Lernen, zur beruflichen Tätigkeit und zur Seßhaftmachung aufzufordern. Diese Einstellung wurde von der Mehrheit akzeptiert und insbesondere von Gustav Memminger unterstützt. In meinem Gespräch mit Heinrich Hartmann bejahte auch ich diesen Vorschlag. Ich war mir allerdings im klaren darüber, daß diese Aufgabe nur in Zusammenarbeit mit den Kräften möglich war, die zur Zeit die Macht ausübten. Im Hinblick auf die Zusammenarbeit mit den alliierten Mächten äußerte ich meine Bedenken, da deren Verhalten der Hitlerjugend gegenüber mir eine solche Lösung als nicht realistisch erscheinen ließ. Während ich mich hier zurückhaltend verhielt, erklärte ich jedoch später aus der Internierung gegenüber Heinrich Hartmann sofort mein Einverständnis, sich mit deutschen Dienststellen und insbesondere mit Professor Carlo Schmid in Verbindung zu setzen.
Eines späten Abends klopfte jemand an die Hüttentür. Es war Günther Ebeling, der bereits mit meinen vertrauensseligen Mitarbeitern Overbeck und Winter im Auto vor meiner Pension in Lübeck erschienen war. Ihm wurde zunächst nicht geöffnet. Er rief: „Laßt mich doch rein. Ich habe den Artur ja sprechen hören." So geschah es. Ebeling lebte in Bad Aibling. Er erzählte von seinen Geschäftsverbindungen zu Amerikanern und Polen. Im Laufe des Gesprächs bot er mir neue Ausweispapiere an.
Am nächsten Tag verabschiedete ich mich von meiner Mutter, da ich über München nach Norddeutschland zurückkehren wollte. Ich wußte sie nun in guter Betreuung. Ebeling nahm Memminger und mich im Wagen mit. Im Raum Kempten-Memmingen sperrte ein Panzer hinter einer Kurve die Straße. Amerikanische Soldaten rissen die Wagentür auf und griffen sofort an meinen Unterkiefer. Sie wollten verhindern, daß ich auf eine Giftkapsel biß. Aber ich hatte gar keine. Niemals dachte ich daran, mich auf diese Weise von der Welt zu verabschieden. Ich konnte für das einstehen, was ich getan hatte. Und gegen Menschenrechte hatte ich mich nicht vergangen. Wir wurden abgeführt.

Nach 1945

In einem Haus am Wege stellte man uns nackt an die Wand und untersuchte uns. Ebeling stand neben mir und protestierte lautstark und empört. Ich fühlte, daß diese Empörung gespielt war. Er war unser Verräter. Er war früher in einer Dienststelle der Hitlerjugend in Krakau tätig. Sehr viel später erfuhr ich, daß er dort eine polnische Geliebte hatte, die mit dem amerikanischen Geheimdienst zusammengearbeitet haben soll. Daß es auch in der Jugendführung einen Verräter gab, enttäuschte mich sehr. Ich mußte amerikanische Sachen anziehen und einen Helm aufsetzen, ebenso Memminger. Niemand sollte uns als Deutsche erkennen. Man forderte mich auf, in den Panzer zu steigen. Die Kolonne setzte sich, von Fahrzeugen vorn und hinten begleitet, in Marsch. Für unsere Verhaftung war eine größere Panzereinheit aufgeboten worden. Die Fahrt ging nach München. Dort wurde ich in ein Kellergeschoß geführt und vernommen. Mißhandelt wurde ich nicht. Ich ging davon aus, daß die Vernehmer vom amerikanischen Geheimdienst waren. Man fragte mich nach dem Schicksal von Adolf Hitler und Martin Bormann. Wahrscheinlich gehörte ich zu den ersten Personen, die aus eigenem Erleben den Tod Adolf Hitlers bezeugen konnten. Den Vernehmern merkte ich an, daß sie mir nicht so recht glaubten. Sie schienen zu denken, daß ich die Wahrheit kaschieren wollte. Aber ich sagte die Wahrheit. Das war am 15. Dezember 1945.

Am nächsten Morgen ging die Fahrt im Panzer weiter. Durch den Schlitz im Turm konnte ich feststellen, daß wir nach Nürnberg und von dort nach Würzburg fuhren. Die Fahrt ging vermutlich in Richtung Frankfurt am Main. In Oberursel landeten wir in einem Barackenlager. Das war das zentrale Vernehmungslager des amerikanischen Geheimdienstes. Ich wurde mit der Nummer 2 eingeliefert. Memminger erhielt die Nummer 1. Nach unserer Überführung in ein Konzentrationslager gestand er, daß ihn die Nummer 1 furchtbar irritiert hätte. Meine Sachen hatte man mir bereits bei meiner Verhaftung abgenommen, jetzt mußte ich auch meine Armprothese abliefern, die ich nie mehr wiedergesehen habe. Sie landete entweder auf dem Müllhaufen oder als Souvenir in Amerika. Ich wurde in eine Dunkelzelle gesperrt, mußte auf der blanken Erde liegen und hatte weder Bett noch Stuhl. Einige Wochen war dunkle Nacht um mich. So verbrachte ich auch Weihnachten. Nur ganz leise drang von draußen ein Weihnachtslied zu mir.

Wie oft konnte ich nicht in Schlaf kommen vor Sorge um die Nächsten und das Schicksal unseres Volkes. Fragend standen die Gesichter von Kameraden vor meinem Auge, die selbstlos große Opfer gebracht hatten und von der Front nicht mehr zurückgekehrt sind. Gedanken und Phantasien erhitzten den Kopf, der einem fast zu bersten drohte. Um mich zur Ruhe zu zwingen, ließ ich noch einmal meinen Lebenslauf an mir vorüberziehen. Das hat geholfen. Es gab für mich so viele positive Begebenheiten der Vergangenheit, daß mich die Besinnung auf sie aus den Fesseln tiefster Niedergeschlagenheit zu befreien vermochte. Die Dunkelzelle war eine schlimme Tortur. Sie sollte uns vor den Vernehmungen mürbe machen.

Nach überstandener Haft erfuhr ich, daß es einigen Kameraden noch viel schlimmer ergangen war als mir. Simon Winter, der frühere Amtschef für Bauerntum und Landdienst in der Reichsjugendführung, berichtete, daß er länger als ich, nämlich zwölf Wochen, in der Dunkelzelle kampieren mußte, was sich auf seine Gesundheit sehr nachteilig ausgewirkt hatte. Gustav Memminger erzählte, daß seine Zelle bis zur Unerträglichkeit aufgeheizt wurde. Er riß sich das Hemd vom Leibe. Da er kaum Luft bekam, legte er sich auf die Erde mit der Nase am Türspalt, um Luft einzusaugen. Dann wurde die Heizung völlig abgestellt, so daß er mehrere Stunden in der Kälte saß. Von Willi Heidemann erfuhr ich, daß er verprügelt worden war. Aus Nachbarzellen hörte ich oft Schreie. In einer angrenzenden Zelle brach ein früherer Mitarbeiter unter riesigem Krach mit einem Doppelbettgestell zusammen, an dessen Pfosten er sich erhängen wollte. All das schlug aufs Gemüt. Die Foltermethoden sind wohl bei allen Geheimdiensten der Erde gleich. Erst der Umzug in eine normale Einzelzelle brachte mir die erste große Erleichterung. Auch in psychischer Hinsicht. Die Scheiben waren zwar dick und blind, es gab aber wieder Licht. Man merkte, wenn draußen die Sonne schien. Da wurde es auch heller in mir. Im Frühjahr und Sommer hörte man ganz schwach die Vögel singen. Irgendwie war ich wieder mit der Welt dort draußen verbunden. Da ließ es sich besser verschmerzen, daß man kein Buch, keine Tätigkeit, keinen Tisch und keinen Hocker hatte. Wenigstens konnte ich auf einem alten Bett mit trockenem Holzgestell liegen, in dem die Wanzen zu Hause waren. Ich sah sie oft an der Decke im Schein der Lampen, die draußen brannten, marschieren. Sie ließen sich dann aufs Bett runterfallen. Es war eine Plage. Einen Gang an die frische Luft gab es in den ersten Monaten nicht. Man bekam auch keine neue Wäsche. Monatelang habe ich dasselbe Hemd getragen. Die Haare wurden nicht geschnitten, der Bart wuchs, Postempfang gab es nicht, erst gegen Ende der Haft. Die Verpflegung war auf Hungerration gesetzt. Die Essensausgabe auf dem Flur verlief häufig mit Schikanen. Gustav Memminger wußte zu erzählen, daß ein Feldwebel mit seinem Hund zur Essensausgabe kam und diesem die Koteletts um die Ohren schlug, während die Häftlinge eine heiße Wassersuppe auf flachen Tellern fassen und diese im befohlenen Laufschritt in die Zelle bringen mußten. Sonntags gab es mal zwei Löffel Pudding, darauf einen Salzhering mit Schuppen. Wenn man zur Toilette mußte, bediente man von innen einen Stab, der draußen runterfiel. Oft reagierten die Posten überhaupt nicht darauf. Es kam vor, daß man den ganzen Tag oder noch länger nicht zur Toilette gelassen wurde. Das dringende Geschäft mußte in der Zellenecke verrichtet werden. Zur Toilette begleitete mich der Wachtposten, der sich vor dem Klo aufbaute und manchmal hinterher noch prüfend einen Blick ins Becken warf. Ich durfte weder lesen noch schreiben. Das war eine furchtbare Sache. Der Geist aber wollte tätig sein. Da kamen einem die merkwürdigsten Ideen. Ich habe mit dem Daumennagel mehrere Entwürfe für den Bau eines Hauses in die Wand geritzt.

Wenn ich nach langem Schmoren endlich in die Vernehmungszelle gerufen wurde, dann war ich zufrieden, aus der ewigen Eintönigkeit herausgerufen worden zu sein. In den Vernehmungen ging es wieder um den Verbleib oder den Tod von Adolf Hitler und Martin Bormann. Inzwischen hatten die Vernehmer wohl das Ergebnis meiner Einvernahme in München bekommen und analysiert. Ich wurde dann über meinen Aufenthalt in der sowjetisch besetzten Zone und die dortigen Verhältnisse befragt. In diesem Zusammenhang kam die Sprache auf die Einstellung der jungen Generation zum Bolschewismus. Dazu erklärte ich, daß viele Soldaten und viele meiner Kameraden nach dem Ende der Kampfhandlungen bereit gewesen wären und zum Teil noch sind, an der Seite der westlichen Alliierten gegen den Bolschewismus anzutreten. Aufgrund der Erfahrungen in den Zonen der westlichen Alliierten ist diese Bereitschaft allmählich erloschen. Hauptgegenstand der Vernehmung waren meine angeblichen Aktivitäten gegen die Besatzungsmächte im Untergrund und zur angeblichen Wiedererrichtung des nationalsozialistischen Regimes. Mir wurden die verschiedensten Feststellungen vorgehalten, die mich in größte Sorge versetzten. So hörte ich zum Beispiel von meinen Vernehmern, daß man bei meinem Mitarbeiter Memminger ein Waffenlager gefunden hätte. Mir war die Höchststrafe bekannt, die die Besatzungsmächte für dieses Vergehen vorgesehen hatten. Gott sei Dank stellte sich heraus, daß vorüberziehende Soldaten ihre Waffen in seiner Nähe vergraben hatten, ohne daß er davon wußte. Memminger hatte damit überhaupt nichts zu tun. Nach mehreren Monaten spürte ich am Verhalten der Vernehmer, daß der Verdacht auf eine Widerstandsbewegung mehr und mehr entkräftet schien.

Zu meiner großen Überraschung öffnete sich eines Tages meine Zellentür, und Memminger wurde zu mir hereingelassen. Wir durften uns einige Zeit unterhalten. Das war ein Zeichen dafür, daß unsere Haft in Oberursel ihrem Ende zuging. Es gab Kräfte, die von der Haltlosigkeit der schweren Vorwürfe gegen uns überzeugt waren, während eine andere Richtung unbedingt unsere Verurteilung wollte. Ein fairer amerikanischer Offizier äußerte sich, daß sich die Führer der Hitlerjugend in der Haft sehr ordentlich benommen und zu ihrer Sache gestanden hätten. In der ganzen Zeit meiner Inhaftierung in Oberursel habe ich nie nach einem Arzt oder Pfarrer gefragt und auch nie eine Erleichterung oder Vergünstigung beantragt. Das schien meine Wachtposten beeindruckt zu haben, die ich, wenn ich an meiner Zellentür lauschte, auf dem Flur sagen hörte: „He is okay." Nur eine einzige Bitte hatte ich an meine Vernehmer, daß man meine Mutter verschonen möge. Das sagten sie zu und haben ihr Wort gehalten. Unverständlich in Oberursel war die Tatsache, daß ich nicht als Zeuge zum Prozeß gegen Baldur von Schirach nach Nürnberg gerufen wurde. Ebenso unbegreiflich war für mich, daß ich keine Aufforderung des Internationalen Militärtribunals erhielt, in der Verhandlung gegen Martin Bormann für den als tot geltenden Martin Bormann auszusagen. Es mußte ja bekannt gewesen sein, daß ich mich im zentralen Vernehmungslager des amerikanischen Geheimdienstes in Oberursel befand. Dafür habe ich auch heute noch keine Erklärung.

Im Oktober 1946 wurden wir in ein Konzentrationslager der englischen Zone überstellt. Es nannte sich „V. Civilian Internment Camp Staumühle". Wir kamen in das Lager IV. In einem offenen Lastwagen wurden wir dorthin verfrachtet. Die Unbilden eines stürmischen Herbsttages vergaßen wir über der Tatsache, daß alte Kameraden wieder zusammen waren und miteinander sprechen konnten. Das Lager Staumühle lag bei Paderborn in Westfalen. Am Lagertor wurden wir von unteren Chargen der Engländer in Empfang genommen. Wir wurden wie Vieh im Laufschritt ins Lager getrieben. Wer im Schritt ging, auf den wurde mit einem Knüppel eingeschlagen. Diesen Leuten hatte man sicher gesagt, daß sie es mit Verbrechern oder Mördern zu tun hatten. Wir wurden in die sogenannten Nissenhütten einquartiert. Unsere Schlafgelegenheit bestand aus dreistöckigen Betten. Das Lager war sehr groß, in der Abmessung etwa 400 Meter mal 600 Meter. Etwa 12.000 Häftlinge waren dort untergebracht. Tausend Frauen lebten in einem getrennten Sonderlager. Es gab ein gemeinsames Krankenrevier. Das Gelände war sandig und nur vereinzelt mit Sträuchern bewachsen, von einem hohen Stacheldrahtzaun und Stacheldrahtrollen umgeben. Posten bewachten das Lager auf hohen Wachttürmen, die mit Maschinengewehren und Scheinwerfern ausgerüstet waren.

Die Lagerinsassen kamen aus allen Schichten und aus verschiedenen Verbänden, aus der Partei, der SA, der SS und der Hitlerjugend. Unter ihnen waren Bauern, Professoren, Wirtschaftsführer, einige Kapos aus deutschen Konzentrationslagern, Verwundete, Amputierte und sogar Blinde. Im Frauenlager befanden sich vorwiegend Führerinnen des Bundes Deutscher Mädel und der Frauenschaft, KZ-Aufseherinnen und einige Ausländerinnen. Eine Verbindung zu den früheren BDM-Führerinnen war nur über das Krankenrevier möglich. Die Ernährung war völlig unzureichend. Nach den Angaben des Chefarztes, Dr. Möllenhoff, wurden den Lagerinsassen höchstens 1.200 Kalorien pro Tag zugeteilt. Das deutsche Küchenpersonal gab sich in der Versorgung die größtmögliche Mühe. Aber die konnten ja nicht mehr verteilen, als sie erhalten hatten. Und wir dachten daran, daß es draußen der Bevölkerung nicht besser ging. In der ersten Zeit sind mehrere Häftlinge den Hungertod gestorben. Das Hungerödem war im Lager weit verbreitet. Ich hatte erlebt, daß sich Männer aus dem Müll und Abfall noch etwas Eßbares herauszuholen suchten. Der harte Winter des Jahres 1946/47 machte uns schwer zu schaffen. Im Mantel unter der Decke versuchte man, trotz großer Kälte in den Schlaf zu gelangen. Die langen Eiszapfen hingen von der Wellblechdecke herunter. Dennoch brachte uns das Lager Staumühle gegenüber den Bedingungen im Vernehmungslager Oberursel Vorteile. Wir waren nicht mehr in strengster Einzelhaft isoliert. Wir konnten miteinander Gedanken austauschen. Wir halfen uns gegenseitig. Der eine trat für den anderen ein. So ließ sich vieles besser ertragen. Wir bekamen wieder Kontakt mit der Außenwelt und den Menschen, die uns am nächsten standen. Nach einiger Zeit durften wir auf einer Karte zunächst 25 Wörter an die Empfänger schreiben. Diese Möglichkeit der Kommunikation konnten wir noch dadurch erweitern, daß wir Briefe auf Packpapier mit einer speziellen farblosen Flüssigkeit schrieben, die unter dem Bügeleisen des Empfängers Farbe annahmen und lesbar wurden. Auf eingefahrenen Wegen wurden sie nach draußen befördert. Wir erfuhren nun, was die Zeitungen schrieben und was draußen vor sich ging. So erhielten wir erst im Lager Kenntnis von der Veröffentlichung der Untergrundbewegung, die ich angeblich gegründet haben sollte. Der Zugang zum Buch wurde uns wieder zu einem großen Erlebnis und entrückte uns der tristen Gegenwart. Es bildeten sich Gruppen für bestimmte Interessengebiete, zu denen gelegentlich Vorträge gehalten wurden. Unter den Häftlingen befanden sich genügend prominente Fachkräfte, die diese Aufgabe übernommen hatten. Im Lager betätigte sich ein kleines Übersetzungsbüro, das von Dr. Lange geleitet wurde. Viele Anträge der Häftlinge an die Dienststellen der Besatzungsmacht waren vorher ins Englische zu übertragen. Unter Dr. Langer habe ich dort mitgearbeitet und hinzugelernt. Über mein erstes Zeugnis nach dem Kriege habe ich mich sehr gefreut, in dem es unter anderem hieß:

„Axmann fertigte während dieser Zeit die Übersetzungen der Schriftstücke und Gesuche der Internierten an die englischen Dienststellen selbständig an. Er war mir nicht nur durch seinen Fleiß, sondern auch durch die Gewissenhaftigkeit in seiner Übersetzungsarbeit in dem umfangreichen Aufgabengebiet eine wesentliche Entlastung. ... Neben der Mitarbeit im Dolmetscher-Büro war mir Axmann als Assistent in der Durchführung von Sprachlehrgängen behilflich. Unter meiner Aufsicht führte er einen Lehrgang der englischen Sprache mit gutem Erfolg durch."

Unterlagen mit den Notizen, den speziellen Fachausdrücken und Beispiele für Anträge der Häftlinge besitze ich noch, in die ich zur Erinnerung von Zeit zu Zeit gelegentlich meine Nase stecke.

Wir waren bemüht, uns körperlich fit zu halten. Wenn wir uns körperlich einigermaßen in Schuß fühlten, drehten wir im Lager unsere Runden. Solche Gänge unternahm ich mit Männern aus den verschiedensten Lebens- und Aufgabenbereichen. Ich erinnere mich dabei an ein Gespräch, das ich mit einem namhaften Wirtschaftsführer aus dem Ruhrgebiet führte. Dessen Mitarbeiter hatten ihm berichtet, daß eines Tages Herren in englischer Uniform im Werk erschienen wären, um es gründlich zu inspizieren. Das bezog sich auch auf das „Know how" und auf die Patente. Man kassierte die Unterlagen, und sie gingen mit nach England. Wie sich herausstellte, gehörten die Männer in Uniform der betrieblichen Konkurrenz in England an. So wurde geistiges Eigentum gestohlen. Das hörte ich auch von anderen.

Ein früherer Offizier unserer Abwehr in Nordafrika erklärte mir, daß sie rechtzeitig von der Landung der alliierten Streitkräfte in Algerien und Marokko Kenntnis gehabt hätten. Darüber erstatteten sie sofort Meldung an die Dienststelle des Admiral Canaris. Zu ihrer Verwunderung wären keine wirkungsvollen Gegenmaßnahmen auf deutscher Seite getroffen worden. Diese Mitteilung versetzte mich in Staunen. Denn ich entsann mich sofort an den Abend des 8. November 1942 in München, an dem Adolf Hitler traditionsgemäß seine alten Kämpfer um sich versammelt hatte. Wie üblich ging er bei dieser Gelegenheit von Tisch zu Tisch, um sich mit seinen Mitarbeitern zu unterhalten. Als er sich im Gespräch mit der Runde, zu der auch ich gehörte, befand, wurde er zum Telefon gerufen. Kurz darauf erklärte ein Sprecher, daß der Führer nicht mehr zurückkehren werde, da er soeben die überraschende Mitteilung von der Landung der Alliierten in Nordafrika erhalten habe. Offensichtlich war die Meldung über die erwartete Landung von der Dienststelle Canaris nicht an den Obersten Befehlshaber der Wehrmacht weitergeleitet worden. Da war also Sand im Getriebe. Erst nach dem Attentat auf Adolf Hitler vom 20. Juli 1944 entdeckte man die Sabotage der Dienststelle Canaris.

Bei einem Rundgang stieß ich einmal auf einen Kapo aus dem deutschen Konzentrationslager Stuthoff, der sich fluchend über die Verhältnisse in unserem Lager Staumühle äußerte. So erklärte er, daß die Ernährung in Stuthoff im Vergleich zu unserem Lager in Staumühle für alle Insassen wesentlich besser gewesen wäre, und daß sie dort im Gegensatz zu hier in regelmäßigen Abständen neue Wäsche für ihre Betten erhalten hätten. Diese Äußerungen waren für mich zwar nicht nachprüfbar, da ich die Verhältnisse in den deutschen Konzentrationslagern nicht kannte, doch diese Bemerkungen waren aufschlußreich für mich.

Das Krankenrevier war eine große Hilfe und ein Lichtblick für uns Internierte. Das Ärzteteam und die Schwesternschaft unter Leitung des Chefarztes Dr. Möllenhoff engagierte sich selbstlos und erfolgreich für uns. Unter den Schwestern gab es mehrere BDM-Führerinnen. So zum Beispiel Luise Michel, die Leiterin der Reichsführerinnenschule und der Akademielehrgänge des Bundes Deutscher Mädel war. Sie hielt durch ihre positive innere Einstellung und durch ihr persönliches Beispiel die Stimmung aufrecht, was sich auch häufig, trotz der deprimierenden Verhältnisse im Lager, in frohen und gemeinsam gesungenen Liedern ausdrückte. Im Krankenrevier begegnete ich Alfred Hugenberg, dem Industriellen und einstigen Herrscher über Presse und Film. Er war Vorsitzender der Deutschnationalen Volkspartei, mit der Adolf Hitler 1931 das Bündnis der Harzburger Front eingegangen war, und gehörte nach der Machtübernahme kurzfristig als Minister für Wirtschaft und Ernährung dem Reichskabinett an. Wir nannten ihn damals in der Kampfzeit den gestiefelten Kater und bekämpften ihn als unseren Gegner, als Vertreter der bürgerlich-kapitalistischen Reaktion. Nun saßen wir hier im englischen KZ im gleichen Boot. Wir unterhielten uns. Aber nicht über Politik und die Vergangenheit, sondern über die Probleme, die das Lagerleben mit sich brachte. Es hat mich menschlich stark berührt, daß ein alter Herr, der im 83. Lebensjahr stand, den letzten Abschnitt seines Lebens unter den strafenden und demütigenden Bedingungen hinter Stacheldraht verbringen mußte. Das war 1947. 1951 ist er gestorben.

Eines Tages mußte ich dringend den Zahnarzt aufsuchen. Als ich die Tür zum Behandlungsraum öffnete, stand mir die Gebietsmädelführerin von Berlin gegenüber, über deren Schicksal und Verbleib ich bis dahin in bedrückender Ungewißheit war. Das letzte Mal hatten wir uns am 1. Mai 1945 vor unserem Ausbruch aus dem Führerbunker im überfüllten Lazarett der Reichskanzlei gesehen. Sie lag dort schwer verwundet, und wir konnten sie nicht mitnehmen. Nun traf ich sie hier und gesund. Wir lagen uns gleich in den Armen. Dann vernahm ich die Geschichte ihrer Odyssee. Nach dem Eindringen der Sowjets in die Reichskanzlei wurde sie korrekt von einer russischen Ärztin behandelt und dann in ein Hospital verlegt. Da das Schwesternpersonal zum größten Teil aus BDM-Führerinnen bestand, war ihr Aufenthaltsort bekannt. Diese BDM-Führerinnen fuhren eines Tages mit einem Krankenstuhl in der Tracht des Roten Kreuzes in das Hospital und entführten in einem unbewachten Augenblick ihre Gebietsmädelführerin. Nach abenteuerlichen Erlebnissen in den Zwischenstationen wurde sie im Krankenstuhl bis an die Elbe gebracht, wo sie mit einem Boot hinübergebracht wurde. Ihre Gebietsärztin hatte sie medizinisch versorgt. In dem berüchtigten politischen Fragebogen gab sie ihre Zugehörigkeit zum Bund Deutscher Mädel an. Daraufhin wurde sie verhaftet und in das Konzentrationslager Staumühle gebracht. Es bleibt anzumerken, daß sie sich nach ihrer Entlassung aus dem Lager von den kleinsten Anfängen bis zur Unternehmerin hochgearbeitet hat. Ein Beweis für Fähigkeit und gesunden Lebenswillen.

Mit den Vernehmern im Lager hatten wir unsere Probleme. Ihre Behandlungsweise der Internierten bewegte sich zwischen Korrektheit und den infamsten Drohungen bis zur Todesstrafe. Sogar Mädelführerinnen wurden davon nicht ausgenommen. Vorgebrachte Argumente wurden oft sofort in den Wind geschlagen. Bei einem Hinweis auf den Konflikt zwischen den westlichen und östlichen Alliierten und die Ablösung des heißen durch den Kalten Krieg gerieten sie in Rage. Fast alle Vernehmer unternahmen den dümmlichen Versuch, den einen gegen den anderen auszuspielen und insbesondere die Führer gegenüber ihrer früheren Gefolgschaft zu diffamieren. Natürlich wurden die betroffenen Führer sofort davon unterrichtet. Ein Vernehmer wies einen Lagerinsassen darauf hin, daß ich mich unwürdig auf jede fortgeworfene Zigarettenkippe stürzen würde. Das war in der Tat ein unglücklich gewähltes Beispiel, denn jeder unserer Leute wußte, daß ich seit eh und je nicht rauchte und noch dazu Initiator der Gesundheitsführung der Hitlerjugend war. Die englischen Bediensteten in unserem Lager waren von minderer Qualität, wobei auch hier die Ausnahme die Regel bestätigt. Ohne Zweifel hatte man Personalprobleme. Dafür besaß ich Verständnis, denn die hatten wir auf unserer Seite auch. Geistliche beider Konfessionen, die von draußen ins Lager kamen, betreuten die Insassen seelsorgerisch. Sie leisteten auch praktische Hilfe. Für manchen Häftling waren sie ein Bindeglied zu ihrer Familie und brachten manchen Bericht über die üblen Mißstände im Lager nach draußen. Mit einer gewissen Spannung wurde der Besuch des Erzbischofs von Paderborn im Lager erwartet. In seiner Predigt betonte er, daß man draußen die Internierten keineswegs als Verbrecher ansehe und daß gerade sie, die durch das Tal des Leidens gegangen sind, dringend für den Wiederaufbau unseres Landes benötigt würden. Diese neue Sprache und stärkenden Worte hatten in

manchem Häftling Hoffnung erweckt. Für die meisten hat sie sich später draußen leider nicht erfüllt.
Wir glaubten, daß wir in unserem Lager ein Höchstmaß an Entbehrung und Drangsalierung erleiden mußten. Dem war aber keineswegs so. Das Lager in Bad Nenndorf war, wie wir später erfuhren, im Vergleich zu unserem Lager eine Hölle. Dort hatte der britische CIC nach dem Krieg in einem roten Backsteinbau eine Arrestanstalt errichtet. Die Häftlinge wurden grausam mißhandelt, geschlagen und gefoltert. Stundenlang mußten sie mit nackten Füßen und einem Sack über dem Kopf auf kaltem Zementboden im Wasser stehen. Die brutalen Wachmannschaften, die einer Bewährungseinheit angehörten, beschmierten die gekachelten Wände mit Dreck, die von den Häftlingen mit einer Zahnbürste gesäubert werden mußten. Jeden Abend hatten sie vor ihrer Zellentür ihre armseligen Sachen niederzulegen. Anderen wurde befohlen, nun auf dem Flur Dreckwasser auszukippen, so daß die Sachen völlig durchnäßt wurden und in diesem Zustand am nächsten Morgen von den gequälten Männern angezogen werden mußten. Der Kommandeur, ein Oberst Stevens, wußte von diesen Schikanen und beteiligte sich selbst durch Kinnhaken und Faustschläge an den Ausschreitungen. Der Bischof von Hildesheim erfuhr von diesen Grausamkeiten, als er im Vernehmungslager eine Predigt hielt, und informierte einen englischen Bischofskollegen. So erfuhren auch Scotland Yard und Unterhausabgeordnete von diesen Vergehen. Es kam in England zu einem Prozeß gegen die Verantwortlichen. Der Kommandant und die Angehörigen der Wachmannschaft wurden nicht verurteilt, nur der Militärarzt, Captain Smith, der alles zur Erhaltung der Gesundheit der Häftlinge unterlassen hatte. Er mußte die Armee verlassen. Ohnehin war er pensionsreif. Gemessen an dieser grausamen Behandlung im Vernehmungslager Nenndorf hatten wir es in Staumühle noch „gut".
Leider gab es in unserem Lager auch einige Insassen, die sich würdelos und schäbig benommen haben. Im Kameradenkreis stellten wir dazu fest: Die Anforderungen der Kampfzeit stellten einen Ausleseprozeß dar, und ein solches Lager könnte wieder ein Ausleseprozeß für die Zukunft sein.
Im zentralen Vernehmungslager des amerikanischen Geheimdienstes in Oberursel waren wir von der Außenwelt und jeglichen Nachrichten hermetisch abgeschlossen. So erfuhren wir auch nichts vom Verlauf des Prozesses vor dem Internationalen Militärgericht in Nürnberg, der in der Zeit vom 14. November 1945 bis zum 1. Oktober 1946 durchgeführt worden war. Hier im Lager Staumühle wurden uns nun Einzelheiten darüber bekannt. Am 16. Oktober 1946 wurden die Todesurteile und langfristigen Gefängnisstrafen gegen die Führungselite des Dritten Reiches ausgesprochen. Das rief in uns Empörung, Verbitterung, Niedergeschlagenheit

und Trauer hervor. Wir sahen darin einen Racheakt der Sieger gegen die Besiegten und fragten uns, wann wohl die Kriegsverbrechen der Alliierten geahndet würden. Die Hingerichteten und Verurteilten kannte ich alle persönlich. Hermann Göring erlebte ich an seinem letzten Geburtstag am 12. Januar 1945 in Karinhall, und den Reichsminister und Reichsleiter Rosenberg besuchte ich das letzte Mal im April 1945 in Berlin an seinem Krankenbett. Besonders hat mich auch das Urteil gegen meinen Vorgänger Baldur von Schirach erschüttert, der in Nürnberg zu 20 Jahren Gefängnis verurteilt worden war.

Am 3. Juli 1947 erschienen amerikanische Soldaten in Staumühle, um auch mich nach Nürnberg zu bringen. Der Hauptprozeß war abgeschlossen. Sollte ich im sogenannten Wilhelmstraßen-Prozeß angeklagt werden, der gegen die führenden Reichsbeamten geplant war? Dafür sprach die Tatsache, daß die Oberste Reichsbehörde „Jugendführer des Deutschen Reichs" in der Reichskanzlei ressortierte. Das würde ich ja nun bald erfahren. Im Gefängnis wurde ich in eine Einzelzelle eingewiesen. Davor stand ein Wachtposten. Das sah nicht nach Zeugenvernehmung, sondern nach Anklage aus. In der Zelle hatte ich eine Pritsche, einen Stuhl, einen Tisch und ein Klo. Die Zelle besaß ein Oberfenster, so daß ich eine Baumkrone und ein Stück Himmel sehen konnte. Schien draußen die Sonne, so flutete das Licht in mein Gelaß. Die Verpflegung war besser als im Konzentrationslager. Mit der Zeit gab es sogar eine Zuteilung an Tabakwaren. Ich war zwar Nichtraucher, aber dennoch konnte ich sie gut verwerten. Nachdem ich mit den Bewachern Kontakt gewonnen hatte, bat ich darum, meine Rauchwaren an eine bestimmte Adresse zu schicken. Sie waren draußen wie eine Währung auf dem schwarzen oder grauen Markt und damit eine echte Hilfe für den Empfänger. Das muß auch Rudolf Heß bedacht haben, denn er schickte mir des öfteren seine eigene Zuteilung durch den Gefängnisarzt Dr. Pflüger und Grüße in meine Zelle. Darin erblickte ich in unserer Lage eine Sympathiekundgebung. Die Sendungen nach draußen sind tatsächlich immer angekommen. Das war für die damaligen Verhältnisse erstaunlich. Die Hilfsbereitschaft der Posten beeindruckte mich. In der Woche durfte ich einmal duschen und mich rasieren lassen. Beim Gefängnisfriseur traf ich auf andere Gefangene. So begegnete ich dort Alfried Krupp, der für seinen nicht mehr vernehmungsfähigen Vater Gustav Krupp von Bohlen-Halbach in Haft genommen und zu zwölf Jahren Gefängnis verurteilt worden war. Alfried Krupp war ein Herr und hat sich in Nürnberg würdig benommen. Seinen Vater hatte ich noch kennengelernt. Er rief mich eines Tages im Kriege an und besuchte mich in meiner Dienststelle am Kaiserdamm. Ich war sehr überrascht, daß ein etwa 70jähriger Herr, bei dem Kaiser und Könige zu Gast waren, einem Jugendführer seine Aufwartung machte. Ich erblickte darin eine Anerkennung für die Tatsache, daß sich die Reichsjugendführung mit Elan für die berufliche Förderung und Leistungssteigerung sowie für die sozialen Belange der werktätigen Jugend eingesetzt hatte. Der Verlauf des Gesprächs bestätigte diese Annahme.

Für einen kurzen Gang an der Luft wurden wir auf den Gefängnishof geführt. Man freute sich über die Bäume, die dort standen. Es war erlaubt, mit anderen Gefangenen zu sprechen. Das war eine positive Abwechslung im Gefängnisalltag. Ich erinnere mich gern an die Unterhaltungen mit dem Staatssekretär im Reichsfinanzministerium, Fritz Reinhardt, der sich besondere Verdienste um die Beseitigung der Arbeitslosigkeit, den Ausbau des Betriebsprüfungswesens, der Steuerfahndung sowie der Ausbildung in den Reichsfinanzschulen erworben hatte. Auf unserem Rundgang ging ich bei ihm in die Schule. Auf meine Bitte brachte er mir die Grundlagen der Buchführung bei. Er stellte mir Aufgaben, die ich bis zum nächsten Gang schriftlich zu lösen hatte. Diese Unterlagen habe ich mir bis heute gut aufbewahrt. Auch mit seinem Chef, dem Reichsminister von Schwerin von Krosigk, kam ich ins Gespräch. Er gab mir wertvolle Hinweise. Er äußerte sich zum Beispiel über die Sitzungen des Reichskabinetts, die in der ersten Zeit des Dritten Reiches noch stattgefunden hatten, was später leider nicht mehr der Fall war. In den Kabinettssitzungen nach dem Tiefstand der Entwicklung in der Weimarer Republik stand man vor den schwierigsten Problemen und war beim Versuch ihrer Lösung auch hin und wieder in eine Sackgasse geraten. Wenn dann Adolf Hitler zu Beratungen hinzukam, fand er eine Lösung. Das überraschte, ja verblüffte die Minister des öfteren. Diese Bermerkung war für mich insofern aufschlußreich, als sie von einem Mann geäußert wurde, der nicht aus der nationalsozialistischen Bewegung kam, jedoch von allen als Ehrenmann mit hohem fachlichen Können geschätzt wurde. Er fügte dann jedoch hinzu, daß dieser Hitler der 30er Jahre nicht der Hitler von 1942/43 gewesen sei. Ich hörte das später auch von anderer Seite. Diese Behauptung stimmte mich sehr nachdenklich, und seitdem beschäftigte mich die Frage, ob wohl in der Persönlichkeit Hitlers im Laufe der Jahre ein Wandel vor sich gegangen sei. Schwerin von Krosigk erzählte mir dann noch, welche demütigende Behandlung das letzte Reichskabinett, dessen geschäftsführender Leiter er war, von den Engländern erfahren hatte.

Bei meinem Rundgang auf dem Gefängnishof konnte ich mich auch mit dem Feldmarschall Milch unterhalten. Zu ihm hatte ich einen persönlichen Kontakt gewonnen, seitdem er mich nach meiner Verwundung im Lazarett in Berlin besucht hatte. Ich kam auf die Freiwilligenwerbung in den letzten Monaten des Krieges zu sprechen, die für Sondereinsätze der Luftwaffe geplant beziehungsweise durchgeführt worden war. Die Testpilotin Hanna

Reitsch hatte sich in den letzten Monaten für Totaleinsätze nach dem japanischen Kamikaze-Beispiel stark gemacht. Mein Kamerad und Kommandeur des Kampfgeschwaders 200, Werner Baumbach, sprach sich für eine Lösung aus, die dem Piloten noch eine Chance des Überlebens bot. Diese Auffassung teilte ich auch. Einer solchen Lösung entsprach das sogenannte Mispel-Modell, wonach ein Jagdflugzeug mit einem sprengstoffgefüllten Bomber gekoppelt war, der im Sturzflug vom Jäger auf das Ziel ausgeklinkt werden konnte und so dem Piloten des Jägers noch die Möglichkeit des Entkommens gab. Milch meinte dazu salopp: „Solange sich der Führer nicht in ein solches Flugzeug setzte, konnte man das auch nicht von anderen erwarten." Diese für mich unverständliche Äußerung quittierte ich mit der Antwort: „Sie haben ja eine merkwürdige Auffassung von der Aufgabe eines Staatsoberhaupts." Daraufhin Milch: „Der Führer war ja am Ende verrückt." Da platzte es aus mir heraus: „Dann sind sie ja von einem Verrückten zum Feldmarschall ernannt worden." Diese spontane Reaktion bedauerte ich nachher in meiner Zelle. Schließlich hatte der Feldmarschall Milch dem Reich durch den Aufbau der Deutschen Lufthansa und der deutschen Luftwaffe wertvolle Dienste geleistet. Aber mir war auch bekannt, daß er dem Führer bis zum Ende Loyalitätsadressen zusandte. Und nun sollte dieser plötzlich verrückt gewesen sein? Für mich paßte das einfach nicht zusammen. Sicher waren unsere Nerven in diesem Disput durch unser Los im Gefängnis und durch große Belastungen gereizt. Erst im nachhinein habe ich erfahren, welche Demütigungen der Feldmarschall Milch erleiden mußte. Bei seiner Verhaftung entriß ihm ein englischer General seinen Marschallstab und schlug damit auf seinen Schädel ein, so daß er bewußtlos zu Boden sank. Auch im Dritten Reich hatte er gewiß in der Auseinandersetzung über die Strategie der Luftwaffe manches unverdient von seinem Reichsmarschall Göring einstecken müssen. Das sollte man bedenken, wenn man versucht, diesem Mann gerecht zu werden.

Ein anderer Gesprächspartner bei meinem Rundgang war Dr. Max Winkler. Er nannte sich schlicht Bürgermeister a.D., da er früher einmal zweiter Bürgermeister in Graudenz/Westpreußen war. Nach 1919 gehörte er als Abgeordneter dem Preußischen Landtag an. Während des Dritten Reiches war er in der Öffentlichkeit kaum bekannt. Er wirkte aus dem Hintergrund. Man nannte ihn deswegen „die graue Eminenz". Im Bereich der Presse und der Filmindustrie besaß er einen entscheidenden Einfluß. 1934 kaufte er auftragsgemäß den Ullstein-Verlag. 1935 wurde er zum Reichsbevollmächtigten für den Film ernannt und erwarb später von Alfred Hugenberg die UFA. An der Neuordnung des Films hatte er einen wesentlichen Anteil. Von 1939 bis 1945 war er außerdem Leiter der Haupttreuhandstelle Ost. Da ich von der Behauptung gehört hatte, der Ullstein-Verlag sei zu unserer

Zeit entschädigungslos „arisiert" worden, war das ein Grund für mich, ihn darauf anzusprechen. „Ja, das muß ich am besten wissen, denn ich habe selbst für das Reich die Kaufverhandlungen mit dem Ullstein-Verlag geführt, dem als Preis ein ordentlicher und angemessener Betrag auf Heller und Pfennig ausgezahlt worden ist. Andere Verlautbarungen entsprechen nicht den Tatsachen", sagte er. Diese Mitteilung aus erster Hand war mir sehr wertvoll. Er rückte auch unzutreffende Gerüchte über Vorgänge in der Filmwirtschaft gerade. „Winkler ist ein richtiges Geschäftsgenie", bemerkte Dr. Goebbels in seinem Tagebuch unter dem 9. März 1937. Er gehörte nicht zu den frühen Nationalsozialisten, sondern wurde erst 1937 Mitglied der NSDAP. Ich hatte von ihm den Eindruck gewonnen, daß er sich in Nürnberg ausdrücklich zu den positiven Leistungen des Dritten Reiches bekannte. Aus seiner reichen Lebenserfahrung - er stand zur Zeit unserer Gespräche 1947 im 73. Lebensjahr - hat er mir manchen guten Ratschlag gegeben. Auch in Nürnberg sind wir in Verbindung geblieben, und in einem Brief teilte er mir mit, daß sich Persönlichkeiten der Regierung um ihn bemühten.

Mein eintöniger Gefängnisalltag wurde belebt, als eines Tages der Wachtposten vor meiner Zelle einen Besucher bei mir einließ. Es war mein Kamerad Otto Skorzeny, der im Zweiten Weltkrieg so erfolgreiche Kommandounternehmen durchgeführt hatte. Wir kannten uns aus den Kriegsjahren. Er hatte mir einmal in seinem Quartier Geräte und Utensilien demonstriert, die bei seinen Unternehmungen Verwendung fanden. Er war Ingenieur und hatte die militärtechnische Prüfung in der Waffen-SS absolviert. Hünenhaft stand er mit seinem Werkzeugkasten vor mir. Er sollte das Oberfenster in meiner Zelle reparieren. Für die Glasscheibe mußte er Plastikersatz einsetzen. Damit sollte offensichtlich die Selbstmordgefahr verringert werden. Er hatte sich dafür gemeldet, weil er dadurch Gelegenheit erhielt, mit seinen Kameraden sprechen zu können. Der Wachtposten hatte auch jetzt nichts dagegen. Natürlich dauerte seine Arbeit etwas länger, um mehr Zeit für unsere Unterhaltung zu gewinnen. Deprimierend war sein Bericht über das Schicksal von SS-Offizieren, die von amerikanischen Soldaten bis zum Hals eingegraben worden waren und Gewehrläufe auf ihren Kopf gerichtet sahen. In dieser Lage tödlicher Gefahr versuchte man, von ihnen wahrheitswidrige Geständnisse zu erpressen. Als das nicht gelang, hatte man sie wieder ausgegraben. Von solchen und anderen Foltermaßnahmen zur Erpressung falscher Aussagen sollte ich noch des öfteren hören. Bei der Verabschiedung sagten wir trotz allem optimistisch: „Wir sehen uns wieder." Tatsächlich traf ich ihn später noch häufiger in Deutschland und in Spanien bis kurz vor seinem Tod.

Die offene Frage, ob ich eine Anklage zu erwarten hätte, wurde bald beantwortet. Die Reichsregierung war zwar korporativ von dem Vorwurf, eine verbrecherische Organisation zu sein, freigestellt worden. Dafür wurden nun die Minister und Staatssekretäre, die man nicht im Hauptprozeß erfaßt hatte, im sogenannten Wilhelm-Straßen-Prozeß angeklagt. Dazu gehörten zum Beispiel der Chef der Präsidialkanzlei, Staatsminister Dr. Otto Meissner, der in dieser Eigenschaft unter den Reichspräsidenten Ebert, von Hindenburg und Adolf Hitler gedient hatte, sowie der Chef der Reichskanzlei Dr. Lammers. Zu den Staatssekretären gehörte auch ich, da ich mit der Obersten Reichsbehörde „Jugendführer des Deutschen Reiches" in der Reichskanzlei ressortierte.

Das Warten auf eine Entscheidung wurde endlich unterbrochen, als ich zur Vernehmung zum stellvertretenden Hauptankläger des Internationalen Militärtribunals, Dr. Robert Kempner, gerufen wurde. Zwei Posten führten mich zu ihm. Auf meinem Weg kam ich an der Zelle vorbei, in der mein Vorgänger Baldur von Schirach einsaß. Als er mich entdeckte, sprang er mit erhobenen Armen auf und rief voller Überraschung: „Artur". Ich blieb stehen, doch die Posten nötigten mich, weiterzugehen. Danach sah ich meinen Vorgänger nie wieder. Wir durchschritten einen langen mit Brettern verkleideten Gang, bis wir vor dem Zimmer von Dr. Kempner landeten.

Was wußte ich von diesem Mann? Er war zuletzt in der Weimarer Republik Justitiar der Polizeiabteilung im Preußischen Innenministerium und wurde von dem neuen preußischen Innenminister Hermann Göring aus dem Amt entfernt. Er ging zunächst nach Italien, wohin ihm weiter seine Pension überwiesen worden sein soll. Dann emigrierte er nach Amerika. Er hatte eine jüdische Mutter. Aus Gesprächen auf meinem Hofrundgang hörte ich von Männern, die bereits mit ihm zu tun gehabt hatten, daß er bemerkenswerte Insiderkenntnisse aus der preußischen Verwaltung und über Personalien besaß. Man schätzte ihn als intelligenten und kalten Hasser ein. Dafür kolportierte man ein Beispiel. Als ihn die Frau eines Angeklagten beschwor, ihr Mann sei doch kein Verbrecher, er solle sich doch nur einmal seine Hände anschauen, entgegnete Dr. Kempner: „Gnädige Frau, ich sehe mir nicht seine Hände an, sondern seine Unterschriften."

Er mochte zur Zeit meiner Einvernahme Ende vierzig gewesen sein und machte körperlich durchaus einen drahtigen Eindruck. Er empfing mich mit heftigen Vorwürfen, daß ich die deutsche Jugend zu falschen Idealen verführt hätte. Hatte er anfangs noch in ruhigem Ton gesprochen, so steigerte er sich immer lauter in seine Anklage, die darin gipfelte: „Sie haben die deutsche Jugend in den Krieg gehetzt! Sie tragen die Verantwortung für den Tod junger Menschen! Schlägt Ihnen heute nicht Ihr Gewissen?" Der Aufbau seiner Anklage erinnerte mich fast an die Diktion von Dr. Goebbels, der in seinen Reden oft sanft begann und sich dann allmählich in ein Furioso hineinsteigern konnte. Trotz meiner inneren Erregung beherrschte ich mich und ließ mein Gegenüber ausreden. Als er geendet hatte, entgegnete ich: „Für jeden Frontsoldaten geht der Tod eines Kameraden an seinem Gewissen nicht spurlos vorüber. Aber Sie tun ja gerade so, als ob ich während des Krieges nichts anderes zu tun gehabt hätte, vom Schreibtisch aus die Jugend in den Tod zu hetzen. Wissen Sie, was die Jugendführer getan haben? Sie haben selbst zuerst getan, was sie von ihrer Gefolgschaft erwarteten, und durch die Ausbildung in der Wehrertüchtigung dafür gesorgt, daß nicht mehr Blut fließt, sondern mehr Blut gespart wurde." Meine Antwort hatte ich sehr engagiert vorgetragen, so daß ich mit einer scharfen Reaktion rechnen mußte. Doch die blieb aus. Aus meinen späteren Vernehmungen, wie auch hier, hatte ich den Eindruck gewonnen, daß ein offenes Wort mehr Wirkung erzielte als der Versuch, sich anzupassen und klein beizugeben.

Dr. Kempner sagte mir in dieser ersten Begegnung: „Ich weiß, daß Sie nicht zu denjenigen gehören, die nur Briefträger gewesen sein wollen." Dann fragte er mich: „Wie stehen Sie denn heute zu Ihrem Führer?" Ich antwortete: „Die historische Wertung kann nur aus einer größeren zeitlichen Distanz erfolgen. Was mein persönliches Verhältnis zu ihm angeht, so kann ich nur sagen, daß er mich wie einen Sohn behandelt hat, und erwarten Sie bitte nicht, daß ein Sohn schlecht über seinen Vater spricht." Das war keine taktische Bemerkung von mir, sondern entsprach meiner inneren Einstellung. Ich erklärte, daß ich allein für alle von der Reichsjugendführung getroffenen Maßnahmen verantwortlich und nes daher nicht notwendig sei, meine ehemaligen Mitarbeiterinnen und Mitarbeiter als Zeuge nach Nürnberg zu holen. Das ist in meinem Fall auch nie geschehen. Dr. Kempner entließ mich mit den Worten: „Bevor ich Sie anklage, reichen Sie mir bitte eine Ausarbeitung ein, wie Sie heute zum Dritten Reich stehen." Das habe ich getan, und zu diesen Ausführungen stehe ich auch heute. Sie entsprechen den Auffassungen, die in diesem Buch vertreten werden.

Als ich Anfang 1948 wieder zu Dr. Kempner bestellt wurde, führten mich die Wachtposten nicht in sein Arbeitszimmer, sondern in einen Besprechungsraum. Zu meiner großen Überraschung traf ich auf drei Amtschefs der Reichsjugendführung, auf Gustav Memminger, auf Simon Winter und auf Willi Heidemann, den Geschäftsführer des Deutschen Jugendhilfswerkes. „Menschenskinder, was macht ihr denn hier?", begrüßte ich sie. „Wir wollen dich besuchen", meinten sie. Ich vermutete, daß eine Gegenüberstellung in einer Frage stattfinden sollte, die mich in den Augen der Anklage belastete. Aber die muntern Mienen meiner Kameraden zerstreuten diesen Gedanken. Dann trat Dr. Kempner ein und sagte: „Na, Axmann, was sagen Sie zu ihren treuen Gefolgsleuten? Na, daß Sie mit denen etwas anfangen konnten, das ist wohl nicht zu leugnen. Kommen die einfach in den Justizpalast, um ihren Chef zu besuchen. Was sagen Sie dazu?" - „So ist nun einmal unsere Kameradschaft. Ich freue mich sehr", gab ich zur Antwort. Dann kam es in seiner Gegenwart zu einer Unterhaltung, die von einer Sekretärin mitgeschrieben wurde.

Später erfuhr ich von meinen Kameraden, wie sie damals ihrer eigenen Gefangenschaft entronnen waren, um mich in Nürnberg zu besuchen. Sie befanden sich Anfang 1948 im Arbeits- und Internierungslager in Nürnberg-Langwasser, das sie unbemerkt mit einem Mülltransport verlassen hatten. Sie bewegten sich in Nürnberg in Sträflingskleidung mit einem Viereck auf dem Rücken, ohne damit Aufsehen zu erregen. Das schien also damals zum normalen Straßenbild zu gehören. Ihnen gelang es, den Pförtner im Justizpalast zu bewegen, beim stellvertretenden Hauptankläger anzufragen, ob er sie einlassen sollte. „Halten Sie mal die Burschen fest", sagte Dr. Kempner, „die will ich mir mal ansehen." Er forderte Aufklärung über ihre illegale Entfernung aus dem Lager. Sie versicherten ihm, daß sie wieder freiwillig dorthin zurückkehren würden, woher sie gekommen waren. Dr. Kempner rief sofort die Lagerleitung in Langwasser an, die bis dahin die drei Entkommenen noch nicht vermißt hatte. Daraufhin wurden Wachtmänner in den Justizpalast entsandt, die sie wieder in ihrem Stammsitz abliefern sollten. Diese munteren Burschen mußten doch einen guten Eindruck hinterlassen haben, da sie von den Damen des Vorzimmers mit Keksen und reichlicher Zigarettenwährung versorgt wurden. Die Wachtmänner gingen dabei leer aus, aber die Flüchtlinge entschädigten sie aus ihrem Bestand, was ihnen einen verlängerten Aufenthalt in der Stadt eintrug. Es erübrigt sich fast zu sagen, daß es sich bei diesen Jugendführern um bewährte Frontsoldaten handelte.

Nach meiner Entlassung aus Gefängnis und Internierung übergaben mir meine Kameraden einen unterzeichneten, drei Seiten langen Besprechungsvermerk über ihre Unterhaltung mit Dr. Kempner am 13. Oktober 1947 im Nürnberger Justizpalast. Daraus ging hervor, daß er ihnen am Anfang die gleichen Anschuldigungen und Vorhaltungen gemacht hatte wie mir. Als sie auf sein Verlangen über ihre Tätigkeit in der Reichsjugendführung gesprochen hatten, schlossen sie ihren Bericht mit der Feststellung: „Es ist uns einfach nicht möglich, das als schlecht anzusehen." Dazu äußerte sich Dr. Kempner: „Das sollen Sie auch nicht! Es ist bei Ihnen manches getan worden!" Dann erwähnte er seinen Besuch in Tübingen, bei dem mit dem Staatsrat Prof. Schmidt eine Aussprache über das Problem der deutschen Jugend stattfand, der ihm danach einen Brief geschrieben habe, in dem er für den ehrlichen Aufbauwillen einer Gruppe von Hitlerjugendführern in Württemberg bürgte. Aus dieser Richtung wehte also der Wind. Darauf komme ich später zurück.

Mir gegenüber hat Dr. Kempner offensichtlich sein Mißtrauen nicht abgebaut, denn aus dem Besprechungsvermerk ergab sich auch, daß er anderen gegenüber einräumte, daß sie (in seinem Sinne) über die Hürde gesprungen seien, „aber Axmann will immer noch nicht."

Außer von Dr. Kempner wurde ich auch von anderen Mitarbeitern der Anklage vernommen. So zum Beispiel von einem Mister Joseph Tancos. Er verhörte mich insbesondere über die Zusammenarbeit der Hitlerjugend mit der SS, die uns in den Augen der Anklage sehr belastete. Die SS war mit Ausnahme der Reiter-SS vom Internationalen Militärtribunal zur „verbrecherischen Organisation" erklärt worden. Ebenso das Korps der Politischen Leiter der NSDAP, mit Ausnahme der Block- und Zellenleiter. Die Reichsregierung, der Generalstab und die SA wurden von der Anklage, eine „verbrecherische Organisation" zu sein, freigesprochen. Zur angeklagten SS gehörte nicht nur die Allgemeine SS, die Waffen-SS, sondern auch der Sicherheitsdienst (SD) und die Geheime Staatspolizei. Außerdem lag die Verantwortung für die Zusammenarbeit mit den nordischen Ländern in der Verantwortung des Reichsführers SS, ebenso wie er als Reichskommissar für alle Siedlungsfragen zuständig war. Hier ergab sich zwangsläufig eine Zusammenarbeit mit der SS. Hinzu kam, daß nach dem Gesetz über die Hitlerjugend vom 1. Dezember 1936 die gesamte deutsche Jugend in der HJ erfaßt war. Damit hatte sie zugleich auch die Verantwortung übernommen, auf allen Gebieten des Lebens den Nachwuchs zu stellen. Das galt nicht nur für die Wehrmachtteile und die Waffen-SS, sondern auch für die zivilen Bereiche, zum Beispiel das Deutsche Rote Kreuz, die Krankenschwestern, den Sport, die Mangelberufe im Bergbau und in der Landwirtschaft oder die Handelsflotte, die Bergwacht und Hochseefischerei. Nach Gesetz und Lebensordnung im Dritten Reich gehörte die Erfüllung dieser Aufgabe zu unserer Pflicht. Ich hatte den Eindruck, daß diese Gedankengänge von meinem Vernehmer anerkannt wurden. Jedenfalls habe ich in diesem Zusammenhang keine negativen Auswirkungen für mich zu spüren bekommen.

Wenn ich an die Freiwilligen für die 12. SS-Panzerdivision „Hitlerjugend" dachte, war es für mich unverständlich, daß das Siegertribunal von Nürnberg die Waffen-SS zur „verbrecherischen Organisation" erklärte, während international hochgeschätzte Militärexperten die Waffen-SS im Hinblick auf ihre Einsatzbereitschaft und Kampfkraft noch vor den Fallschirmspringern und Panzersoldaten an die Spitze rückten. Selbst negative Einzelfälle, die im Krieg auf allen Seiten vorgekommen sind, haben das Urteil dieser Militärexperten nicht zu trüben vermocht. Mir erschien es auch später als grobe Ungerechtigkeit, daß die Führer der Waffen-SS, die oft ihr Leben im Schwerpunkt der Schlachten als Himmelfahrtskommandos riskierten, da-

für durch den Verlust ihrer späteren Versorgungsbezüge haben büßen müssen. Und mit den Konzentrationslagern hatte die Hitlerjugend nichts zu tun.
In meinem Verhör wurde mir weiterhin zur Last gelegt, die fremdvölkische Jugend aus den besetzten Ostgebieten zwangsweise nach Deutschland verschleppt zu haben. Diese Anschuldigung wurde auch gegen meinen Vorgänger Baldur von Schirach im Hauptprozeß erhoben und in meinen weiteren Spruchkammerverfahren in Nürnberg und Berlin verhandelt. Leider wurde ich nicht im Hauptprozeß zu den Anschuldigungen gegen meinen Vorgänger als Zeuge vernommen. Gesetz und Tatsache war, daß die Verantwortung des „Jugendführers des Deutschen Reiches" an unseren Grenzen endete und er keine Weisungsbefugnis für die Arbeit der fremdvölkischen Jugend besaß. Die Richtliniengebung dafür lag beim Reichsminister für die besetzten Ostgebiete. Da sie sich auch auf die Jugend bezog, bat mich Reichsminister Alfred Rosenberg, ihm einen geeigneten Jugendführer für diese Aufgabe zu benennen. Ich hatte den Hauptbannführer Siegfried Nickel vorgeschlagen, der der Reichsjugendführung angehörte. Er unterrichtete mich über die Konzeption seiner Arbeit im Ostministerium. In größeren Zeitabständen gab er mir einen Bericht über seine Tätigkeit. Seine Zielsetzungen und Methoden waren, kurz gesagt, genau das Gegenteil von dem, was der Reichskommissar in der Ukraine Erich Koch praktizierte, nämlich keine Ausbeutung und Gewalt und kein Zwang, sondern Zusammenarbeit auf der Basis der Freiwilligkeit. So förderte Nickel im Entstehen begriffene Jugendorganisationen oder regte ihre Gründung an. Das bezog sich auf die Jugend Rußlands, der Ukraine, Weißrutheniens sowie der baltischen Länder Estland, Litauen und Lettland. Sie hatten ihre eigenen Führer und Führerinnen, ihre eigenen Uniformen und Embleme. Sie waren autonom. Ich wußte, daß Nickel und seine Mitarbeiter deswegen bei einigen deutschen Stellen auf Unverständnis stießen. Das traf zum Beispiel auf das „weißruthenische Jugendwerk" zu, das mit gutem Erfolg gearbeitet hatte. Natürlich wurde angestrebt, die Jugendorganisationen in den besetzten Ostgebieten für unsere Anstrengungen im Kriege zu aktivieren. Wir wollten ja den Krieg gewinnen und nicht verlieren. So wurde zum Beispiel ihr Wille zur Wehrertüchtigung begrüßt und gefördert.
Die Reichsjugendführung wäre bereit gewesen, ihre eigenen Lager in Ostpreußen und unseren östlichen Ländern zur Verfügung zu stellen. Der Reichskommissar Ostland, Hinrich Lohse, schrieb mir in einem Brief vom 18. April 1944, er halte das für nicht ratsam. Es wäre besser, wenn solche Maßnahmen im eigenen Land durchgeführt würden. So ist es dann auch in Estland und Lettland in eigener Regie geschehen. Es traf zu, wie mir mein Vernehmer Mister Tancos vorhielt, daß auch in diesen Jugendorganisatio-

nen für die Waffen-SS und den Einsatz als Luftwaffenhelfer geworben wurde. Darüber hatte mich Siegfried Nickel informiert und auch die Werbeplakate vorgelegt. Aber die Betonung lag eben auf Werbung und hatte überhaupt nichts mit Zwangsrekrutierung zu tun. Am 8. Juli 1944 fand zum Beispiel in Troppau eine Großkundgebung statt, in der sich die ersten 10.000 Jugendlichen aus Weißruthenien für ihren Einsatz im Rahmen unserer Kriegsanstrengungen verpflichteten. Darüber liegen noch vorhandene Unterlagen und Fotos vor. Unter ihnen befanden sich auch Angehörige von Lehranstalten, die sich geschlossen und freiwillig für einen Einsatz als Luftwaffenhelfer gemeldet hatten. Die Lehrer dieser Anstalten begleiteten und unterrichteten sie in der Freizeit. Sie wurden vom Ostministerium besoldet. In Lettland wurden auf Anordnung der lettischen Verwaltung 12.000 Jugendliche als Luftwaffenhelfer eingesetzt. Sie unterstanden der lettischen Division unter Führung des lettischen Generals Dankert. Erst beim Herannahen der Sowjets gingen sie mit den deutschen Truppen zurück und wurden in Deutschland aufgenommen. So geschah es auch mit den Freiwilligen aus Estland und Litauen.

Etwa sechs Monate vor Kriegsende waren die Bemühungen von Siegfried Nickel erfolgreich, etwa 6.000 russische und ukrainische Jugendliche aus den Ostarbeiterlagern des Generalbevollmächtigten für den Arbeitseinsatz herauszuholen und sie in die Gemeinschaftsunterkünfte ihrer Jugendorganisationen zu überstellen, in denen sie ohne Deklassierung des Ostarbeiterzeichens neu eingekleidet wurden und unter viel günstigeren Bedingungen leben konnten. Die fremdvölkischen Jugendlichen in den Lehrlingslagern erhielten die gleiche Ausbildung und auch den gleichen Schutz wie die deutsche Jugend. Jugendführer und Jugendführerinnen betreuten sie in gleicher Weise durch die Jugenddienststellen der Deutschen Arbeitsfront. Mister Tancos konfrontierte mich mit einem Aktenvermerk des Hauptbannführers Nickel vom 2. Juni 1944 über eine Besprechung bei der Heeresgruppe Mitte, in dem es hieß, daß etwa 40.000 bis 50.000 Kinder im Alter von 10 bis 14 Jahren im Rahmen der sogenannten Heu-Aktion nach Deutschland zu verbringen und das Einverständnis dafür von der Reichsjugendführung für deren Aufnahme einzuholen sei. Zugegeben, daß die Notiz ohne Kenntnis der Hintergründe, die zu ihrer Abfassung führten, den Eindruck und den Verdacht einer böswilligen Verschleppung hervorrufen konnte. Aber die Kenntnis der Ursachen ließen diese Maßnahmen in einem ganz anderen Licht erscheinen. Was war also geschehen? Die militärischen Führer hatten darauf hingewiesen, daß die sowjetische Spionage in verstärktem Umfang Jugendliche und sogar Kinder dazu benutzte, Kuriergänge durch deutsche Linien durchzuführen und Angaben über ihre dabei gemachten Beobachtungen an ihre Auftraggeber zu melden. Das war der eine Gesichtspunkt. Der andere bestand darin, daß Familien mit ihren Kindern, die mit den Deutschen kooperiert hatten, durch die Annäherung der Sowjets aufs höchste gefährdet waren und deren Schicksal nach gewohnter und überlieferter Praxis in der Liquidierung geendet hätte. Daher sollte in kürzester Frist deren Evakuierung betrieben werden. Nickel eilte mit seinen Mitarbeitern nach Bobruisk, um in den Verhandlungen mit Generalmajor Städgen zu erreichen, daß die Kinder und Jugendlichen der Jugendbewegung in Deutschland zur Betreuung übergeben wurden. Sehr wichtig war dabei, daß die Mehrzahl der Kinder mit ihren Müttern nach Deutschland evakuiert worden ist.

Ich entsinne mich, daß ich mit Siegfried Nickel gemeinsam ein Lager besuchte und die Mütter auf mich zukamen und sich überschwenglich für die Aufnahme und Betreuung bedankten. Ein anderes Mal war ich bei den Junkerswerken in Dessau, die Baracken für die Unterkunft von Kindern und Jugendlichen zur Verfügung gestellt hatten. Sie finanzierten auch das Projekt und erhielten dafür einen Zuschuß vom Ostministerium. Die Kinder wurden nicht durch schwere Arbeit mißbraucht, sondern verrichteten leichte Tätigkeiten, die ihrer eigenen Versorgung dienten, wie Aufräumen und Kartoffelschälen für die Werksküche. Die Werkdirektion versicherte, daß die weißruthenischen Jugendlichen genauso behandelt wurden wie die deutschen Lehrlinge und einige von ihnen sogar in die Entwicklungsabteilung aufgenommen wurden. Das war also keine Versklavung fremdvölkischer Jugend, sondern es handelte sich hier um eine geordnete Berufsausbildung bei völliger Gleichstellung mit der deutschen Jugend. Wenn bei Kriegsende von unhaltbaren Zuständen nach Übernahme der Aufnahmelager gesprochen wurde, so lag es allein daran, daß die BDM-Führerinnen, die die Betreuung in aufopfernder Weise durchgeführt hatten, sofort von ihrer Aufgabe entbunden und vor den Kadi geschleppt wurden. Mir ist kein Fall bekannt geworden, daß ein Kind in den wenigen Monaten seines Aufenthaltes gestorben ist. Ich bin weit davon entfernt zu behaupten, daß nun alles beim Rückzug deutscher Truppen perfektionistisch improvisiert werden konnte. Sicher hat es da Pannen und Fehlleistungen gegeben. Entscheidend aber war, daß die Hitlerjugend positiv und kameradschaftlich der fremdvölkischen Jugend begegnete und alles im Rahmen ihrer Möglichkeiten Stehende getan hat, um ihr Los in Deutschland zu erleichtern.

Es war sehr schwierig, nach dem Krieg ausländische Jugendführer als Zeugen ausfindig zu machen, die diese Tatsachen bestätigen konnten. Solche Zeugen hatten die abschreckenden Beispiele vor Augen, daß die Soldaten der Wlassow-Armee von den Amerikanern und die Kosakeneinheiten von den Engländern an die Sowjets ausgeliefert wurden, was in der Regel mit ihrem Tod endete. Dazu meinte der Vernehmer: „Da haben sie nicht ganz

unrecht." Eine solche Bemerkung wäre 1945 nicht denkbar gewesen. Aber inzwischen schrieben wir das Jahr 1948, in dem sich der Kalte Krieg auch in dieser Bemerkung äußerte. Bei den Vernehmungen in Nürnberg war man von vornherein unterlegen. Der Vernehmer verfügte über die beschlagnahmten Akten. Als Betroffener besaß man überhaupt keine Unterlagen. Hinzu kam, daß ich zu diesem Zeitpunkt keinen anwaltlichen Beistand hatte, der in der Lage gewesen wäre, diese zu beschaffen. Man mußte also aus dem Gedächtnis argumentieren. Außerdem wußte man vor der Vernehmung nicht, worüber man befragt werden würde. Man konnte sich also überhaupt nicht vorbereiten. Insofern war ich sehr erleichtert, daß mein Vernehmer bemerkte: „Ihre Aussagen entsprechen unseren Unterlagen." Vor jeder Vernehmung wurde ich unter Eid gestellt und mußte die Eidesformel sprechen: „Ich schwöre bei Gott dem Allmächtigen und Allwissenden, daß diese Erklärung auf Wahrheit beruht, so wahr mir Gott helfe."
Das nächste Mal wurde ich von einem anderen Amerikaner verhört. Dabei ging es nicht um Sachverhalte, die für eine Anklageerhebung gegen mich von Bedeutung hätten sein können. Es ging vielmehr um die näheren Umstände des Todes von Adolf Hitler und Martin Bormann. Ich wiederholte meine Aussagen, die ich nach meiner Verhaftung vor dem amerikanischen Geheimdienst gemacht hatte. Mein Vernehmer hielt mir entgegen, daß es mehrere Personen gäbe, die bezeugen könnten, daß Adolf Hitler kurz vor dem 30. April 1945 lebend aus Berlin entkommen sei. Darunter befänden sich auch Angehörige der SS. Ich bezeichnete das als unzutreffend und absurd. „Sind Sie bereit, sich solchen Zeugen gegenüberstellen zu lassen?", fragte mich der Vernehmer. Ich bejahte das. An einem der nächsten Tage wurde ich wieder zum Verhör gerufen. Im Vernehmungszimmer saß bereits der Zeuge, mit dem ich nun konfrontiert wurde. Wie ich später erfahren habe, handelte es sich bei dem Zeugen um Arthur Friedrich René von Angelotti-Mackensen. Er gab an, ein früherer SS-Führer gewesen zu sein und dem Begleitkommando Adolf Hitlers angehört zu haben. „Meine Herren, es ist Zeit, sich aus dem Staube zu machen", soll nach seinen Worten Adolf Hitler gesagt haben, als er den Bunker der Reichskanzlei verließ und in einem Panzer zum Flughafen Tempelhof fuhr. Von dort sei er nach Dänemark und dann zu einem unbekannten Versteck geflogen.
Diese Aussage hatte er zuerst vor den Vernehmern der amerikanischen Armee in einem Internierungslager im bayerischen Rosenheim gemacht und auch der Presse mitgeteilt. Diese Aussage wurde auch in der internationalen Presse verbreitet. Seine Aussage stimmte vorne und hinten nicht. Diesem Märchen hielt ich folgende Tatsachen entgegen: „Der Flughafen Berlin-Tempelhof war zu dem vom Zeugen genannten Termin bereits von den Sowjets besetzt, so daß von dort aus überhaupt keine Maschine mehr

starten konnte. Dasselbe galt auch für den Flughafen Berlin-Gatow, auf dem sich bereits am 27. April 1945 die Sowjets befanden. Von den wenigen noch von uns besetzten Straßen war der Start einer Maschine nicht mehr möglich, da sie durch Granat- und Bombentreffer aufgerissen waren. Der letzte Start eines Leichtflugzeuges erfolgte mit der Pilotin Hanna Reitsch, die meines Wissens den neu ernannten Oberbefehlshaber der Luftwaffe Feldmarschall Ritter von Greim am 28. April 1945 aus Berlin herausflog." Unter dem Eindruck meiner Argumente erschien mir der angebliche Zeuge verwirrt. Der Fall war schnell geklärt und der untaugliche Zeuge entlassen.

Ich nahm aus dieser Gegenüberstellung den Eindruck mit, daß mein Vernehmer Vertrauen zu mir gefaßt hatte. Das konnte ich auch daraus schließen, daß mir ein Wachtposten in den nächsten Tagen ein Buch von ihm in die Zelle reichte. Es trug den Titel „The Blasting of Bari" (Das Verderben von Bari). Es folgten weitere Essays von ihm, darunter eine Abhandlung über eine Debatte, die die Unsterblichkeit behandelte. Die Essays waren sehr gut geschrieben. Musmanno war also unter anderem auch Schriftsteller. Aus dieser Tatsache und seinem bekundeten Interesse für die Schlacht um Berlin zog ich den Schluß, daß er die Absicht hatte, darüber ein Buch zu schreiben. Die Bestätigung dafür erhielt ich, als er in Nürnberg eine Zusammenkunft der überlebenden Insassen des Führerbunkers arrangierte, die in den westlichen Zonen lebten oder sich im Gewahrsam der westlichen Alliierten befanden.

So traf ich zu meiner Freude alte Gefährten wieder. Unter ihnen waren der Heeresadjutant Hitlers Major Jahannmeyer, der Luftwaffenadjutant Oberst von Below, der Adjutant von Dr. Goebbels Schwägermann, der Zahnarzt des Führers Prof. Blaschke, der Rundfunkkommentator Hans Fritzsche, der letzte Pressereferent des Führerbunkers Heinz Lorenz, die Sekretärinnen Hitlers Frau Christian und Frau Junge, der Oberwachtmeister Hermann Karnau und der SS-Hauptscharführer Erich Mansfeld. Außerdem war eine Schwester Eva Brauns, Frau Focke-Michels, anwesend. Sie hatte ich im Führerbunker nicht getroffen. Sie erzählte mir empört von der Fälschung des Tagebuches ihrer Schwester Eva Braun durch den Filmschauspieler Louis Trenker. Dieser war übrigens kurz nach dem 30. Januar 1933 kurzzeitig filmischer Berater der Reichsjugendführung und hatte auch dem „Jungen Sturmtrupp", dem Kampfblatt unserer werktätigen Jugend in Berlin, Zuschriften über seine Filmerlebnisse zugesandt. Seiner Tagebuchfälschung sollten später von anderen Personen noch weitere Fälschungen folgen. Unter den Anwesenden fehlten der SS-General Mohnke, der Kommandant der Zitadelle Reichskanzlei und Hitlers SS-Adjutant Sturmbannführer Günsche, mit denen ich mich in den letzten Tagen des Reiches und Berlins besonders

verbunden fühlte. Ihr Schicksal blieb ungewiß. Entweder waren sie gefallen oder in sowjetische Gefangenschaft geraten. Nach etwa einem Jahrzehnt erfuhr ich, daß letztere Vermutung zutraf.
Aus Gesprächen mit den Teilnehmern der Nürnberger Runde hatte Musmanno das Material für sein Buch gewonnen, das unter dem Titel „Ten Days to Die" (In zehn Tagen kam der Tod) erschien, und zwar zuerst in den Vereinigten Staaten von Amerika. Erst in den sechziger Jahren kam es mir zu Gesicht. Die von mir gemachten Angaben waren darin im ganzen korrekt wiedergegeben. Allerdings entsprach die Interpretation der Ereignisse keineswegs meiner Auffassung. In jenen Tagen kam es vor, daß ausländische Journalisten den Inhaftierten über die Gefängnisleitung Fragen zur Beantwortung vorlegen ließen. Auf unserer Hofrunde hatte es sich herumgesprochen, daß einmal gegebene Antworten der Öffentlichkeit wahrheitswidrig und völlig entstellt zur Kenntnis gebracht wurden. Auch mir wurden am 23. Januar 1948 solche Fragen vorgelegt. Ich lehnte die Beantwortung mit der Begründung ab: „Ich habe darüber vor dem Geheimdienst und vor dem Internationalen Militärtribunal ausgesagt. Bitte verstehen Sie, daß ich mich gegenüber der Presse nicht äußern möchte, solange ich im Gefängnis unter den Bedingungen der Unfreiheit leben muß."
In einem weiteren Gespräch, das sich auf den Endkampf in Berlin bezog, fragte mich Musmanno unvermittelt, ob ich den SS-Führer Ohlendorf und seine Funktionen im Dritten Reich kennen würde. Ich kannte ihn persönlich von den Begegnungen auf unseren Veranstaltungen, und mein Stellvertreter Helmut Möckel hatte hin und wieder Arbeitskontakt zu ihm. Ohlendorf war im Reichswirtschaftsministerium unter dem Staatssekretär Dr. Franz Heyler tätig gewesen und hatte in der Reichsführung SS den sogenannten SD geleitet. Dessen Aufgabe bestand darin, im Lande und in der NSDAP sowie ihren Gliederungen Negativerscheinungen festzustellen und darüber Berichte zu verfassen, die an die Führung weitergeleitet wurden. Nicht wenige Parteigenossen sahen darin eine unliebsame Schnüffelei. Von Möckel kannte ich die Äußerungen Ohlendorfs, daß für ihn der SD ein Kriterium oder sogar indirekt ein Korrektiv war, das im Führerstaat keine verfassungsmäßige Verankerung gefunden hatte. Er machte sich ernste Gedanken über Reformen im Dritten Reich und war für seine Vorgesetzten ein unbequemer Querdenker. Selbst vor der eigenen Reichsführung SS hielt er sich in der Kritik nicht zurück. Es wurde damals darüber gemunkelt, daß Ohlendorf nicht zuletzt deswegen von der Zentrale zur Übernahme eines Kommandos an der Front fortbefohlen worden sei. Beweisen kann ich das nicht, aber einiges sprach dafür.
Musmanno fragte mich auch, ob ich von der Existenz der Einsatzgruppen und ihrem Auftrag gewußt hätte. Mir war bekannt, daß es im Osten Einsatz-

gruppen gegeben hatte, und es hieß, daß ihr spezieller Auftrag darin bestanden hätte, Banden und Partisanen zu bekämpfen. Ihnen sollen verhältnismäßig viele Juden angehört haben, die sich bekanntlich seit Jahren mit dem Reich im Krieg befindlich betrachteten. Hier unterbrach mich Musmanno und wies darauf hin, daß die Einsatzgruppen von vornherein die Juden in den Orten selektiert hätten, die sich nicht im Kampf gegen uns befanden. Sie wurden der Vernichtung zugeführt, darunter auch Frauen und Kinder. Als er mir wohl anmerkte, daß ich das nicht glauben mochte, legte er mir Beweisdokumente vor, die mich sehr erschüttert haben. In diesem Zusammenhang erfuhr ich nun auch, daß Michael Musmanno Präsident des Gerichtshofes im Einsatzgruppen-Prozeß war. Seine Angaben entsprachen den Aussagen von Otto Ohlendorf in Nürnberg, die ich nach Jahren in den Protokollen des Nürnberger Prozesses nachlesen konnte. Ich zitiere daraus nur wenige auszugsweise Passagen.

„Oberst Amen: Wieviel Einsatzgruppen gab es ... ?

Ohlendorf: Es gab vier Einsatzgruppen. Die Einsatzgruppen A, B, C und D ...

Oberst Amen: Welches waren Ihre Weisungen im Hinblick auf die Juden und die kommunistischen Funktionäre?

Ohlendorf: Es war die Weisung erteilt, daß in dem Arbeitsraum der Einsatzgruppen im russischen Territorium die Juden zu liquidieren seien, ebenso wie die politischen Kommissare der Sowjets.

Oberst Amen: Wenn Sie das Wort ‚liquidieren' verwenden, meinen Sie ‚töten'?

Ohlendorf: Damit meine ich ‚töten'.

Oberst Amen: Wissen Sie, wieviele Personen durch die Einsatzgruppe D liquidiert wurden, und zwar unter Ihrer Führung?

Ohlendorf: In dem Jahre von Juli 1941 bis Juni 1942 sind von den Einsatzkommandos etwa 90.000 als liquidiert gemeldet worden.

Oberst Amen: Schließt diese Zahl Männer, Frauen und Kinder ein?

Ohlendorf: Jawohl.

Oberst Amen: Haben Sie persönlich Massenhinrichtungen dieser Leute überwacht?

Ohlendorf: Ich bin bei zwei Massenhinrichtungen inspektionsweise dabeigewesen.

Oberst Amen: Welche Anweisung erhielten Sie hinsichtlich der Verwendung von Gaswagen, die Sie im Frühjahr 1942 bekamen?

Ohlendorf: Die Gaswagen sollten in Zukunft für die Tötung von Frauen und Kindern verwendet werden.

Oberst Amen:	Können Sie dem Gerichtshof die Konstruktion dieser Gaswagen und ihr Aussehen erklären?
Ohlendorf:	Dem Gaswagen sah man außen den Verwendungszweck nicht an. Es waren praktisch geschlossene Lastwagen. Sie waren so eingerichtet, daß nach Anlaufen der Motoren Gas in den Wagen geleitet wurde und den Tod in etwa zehn bis fünfzehn Minuten herbeiführte.
Oberst Porkowsky:	Wieviele Leute wurden unter Verwendung der Wagen hingerichtet?
Ohlendorf:	Ich kann genaue Zahlen nicht angeben. Aber es sind verhältnismäßig sehr wenige gewesen. Ich schätze, einige hundert."

Zwischen Musmanno und mir entspann sich eine mit Engagement geführte Diskussion über den Befehlsnotstand. Ohlendorf muß sich in einem ganz furchtbaren Gewissenskonflikt befunden haben. Durch seinen Eid war er zu unbedingtem Gehorsam verpflichtet. Eine Befehlsverweigerung hätte ihn vor das Kriegsgericht gebracht. Auch das amerikanische und britische Militärstrafgesetz kannte den Befehlsnotstand. Bis zum Zeitpunkt dieses Gespräches war mir leider nicht bekannt, daß der Paragraph über den Befehlsnotstand 1944 im Hinblick auf die Kriegsverbrecherprozesse in Deutschland vorübergehend suspendiert worden war. Nachdem die Urteile gegen die Deutschen gefällt worden waren, wurde dieser Paragraph wieder in die Militärstrafgesetze aufgenommen. Das war gewiß kein Ruhmesblatt für die angelsächsische Militärstrafgesetzgebung.

Mir waren in meiner Diskussion mit Michael Musmanno noch nicht die Äußerungen der angelsächsischen Oberbefehlshaber in Europa über das Thema des Befehls und des Gehorsams bekannt. Anläßlich der Verleihung der Ehrenbürgerrechte von Portsmouth an Feldmarschall Montgomery berichtete die „Times" am 27. Juli 1946 über dessen Ansprache:

„Es muß klargestellt werden, daß eine Armee nicht eine Ansammlung von Individuen ist, sondern eine kämpfende Waffe, geformt durch Disziplin ... Die Armee würde die Nation im Stich lassen, wenn sie nicht gewohnt wäre, Befehlen augenblicklich zu gehorchen. Das schwierigste Problem, strikten Gehorsam gegenüber den Befehlen zu erreichen, kann in einem demokratischen Zeitalter durch Einschärfen von drei Prinzipien erreicht werden:
1) Die Nation ist etwas, was der Mühe wert ist.
2) Die Armee ist die notwendige Waffe der Nation.
3) Pflicht des Soldaten ist es, ohne zu fragen allen Befehlen zu gehorchen, die die Armee, das heißt die Nation ihm gibt."

Im gleichen Sinn wie der britische Oberbefehlshaber in Europa äußerte sich dessen amerikanischer Amtskollege Eisenhower. Die „New York

Times" berichtete darüber am 13. Mai 1954:
„Der Gehorsam des Offiziers hat ein unbedingter zu sein und untersteht nicht etwa dem eigenen Gewissen ... Das Wesen einer Armee besteht darin, daß die Befehle der Vorgesetzten und die Gesetze der Regierung ohne Bedenken zur Ausführung gebracht werden, wofür die Verantwortung allein beim Obersten Befehlshaber liegt ... Befehle sind von allen Soldaten und Offizieren bedenkenlos auszuführen."
Die Auffassung der sowjetischen Armeeführer über Befehl und Gehorsam sind hinreichend bekannt. Befehlsverweigerung wäre mit Liquidierung geahndet worden. Hätte man die Auffassung der angelsächsischen Oberbefehlshaber in Europa zur Grundlage der Urteilsfindung in Nürnberg gemacht, so wären die Urteile gegen viele Angeklagte anders ausgefallen.
Wir wissen, daß Geständnisse durch Androhung der Auslieferung an die Sowjets und Polen oder durch Folter erpreßt worden sind. Jeder Angeklagte, ja auch jeder Zeuge, stand unter stärkstem Druck. Ganz gewiß besonders Ohlendorf. Ich habe mit ihm darüber nicht sprechen können. Doch ich glaube, daß seine Aussage im Prozeß nicht unter Folter erpreßt worden ist. Seinem Wesen entsprach es, daß er von vornherein die Wahrheit sagte und nicht versuchte, sie durch ausweichende Erklärungen zu verschleiern oder zu verbergen. In seiner tragischen Situation in einer Zeit der geistig-religiösen und politisch-gesellschaftlichen Krise wie in den Schrecken des Krieges hat er nach seiner eigenen Aussage in seinem Schlußwort „keinen Augenblick in meinem Leben den Glauben verloren, daß Gott in der Geschichte wirkt und, wenn wir auch seine Wege nicht übersehen können, so konnte mich auch keine Situation in meinem Leben von meinem Glauben abbringen, daß das Leben und Sterben der Menschen auf der Welt seinen Sinn habe". Das meinte er sicher auch für seinen eigenen Tod, der ihn erwartete. Ich sah ihn das letzte Mal, wie er nach seinem Todesurteil an meiner Zelle von Wachtposten allein zum Hofgang geführt wurde. Er hatte ein leichtes Lächeln auf den Lippen, und sein Ausdruck war ganz Ergebenheit in das Schicksal. Durch seinen ätherischen Gang schien er dem äußeren Geschehen wie entrückt. Er war nicht mehr von dieser Welt.
Wie mußte man dem Herrgott dankbar sein, daß man nicht in eine so furchtbare Konfliktsituation hineingestellt worden ist. Das habe ich besonders tief empfunden, als ich die zum Tode Verurteilten erlebte, wie sie an Handschellen unter den Klängen der Orgel zu einem christlichen Gottesdienst geführt wurden. Immer wieder habe ich in meiner Zelle gefragt, wie hättest du dich wohl in einer solch grausamen Konfliktsituation benommen? Natürlich sagte ich mir, daß ich bei einem Befehl wider mein Gewissen versucht hätte, mich dem durch Krankheit oder andere schwerwiegende Gründe zu entziehen. Aber letztlich bleibt das doch Theorie. Wie hätte es

in Wirklichkeit ausgesehen? Niemand kann das mit Bestimmtheit sagen. Musmanno bestätigte mir, daß er hohen Respekt vor Ohlendorf empfunden habe, der sein eigenes Plädoyer auf geistig-philosophischer Grundlage in sich vollkommen schlüssig geführt habe. Seine deutsche Sekretärin Katja Billig erzählte mir später, daß Musmanno mit dunklem Haarschopf nach Deutschland gekommen und mit grauen Haaren nach Amerika zurückgekehrt sei. Sie und ihr Chef waren meiner Frau und mir gegenüber stets freundlich und hilfsbereit. Musmanno setzte sich in Nürnberg für meinen Antrag auf Kurzurlaub zur Beschaffung einer neuen Prothese ein, die man mir weggenommen hatte. Die Gefängnisdirektion lehnte das trotzdem ab. Er stellte mir von sich aus für mein Berliner Entnazifizierungsverfahren eine Erklärung zur Verfügung, die mich entlasten sollte. Ich habe von ihr keinen Gebrauch gemacht. Seit 1961 meldete er sich nicht mehr.

Ende März 1948 wurde ich wieder zum stellvertretenden Hauptankläger gerufen. Kempner eröffnete mir: „Herr Axmann, ich wollte Sie im Wilhelm-Straßen-Prozeß anklagen, aber ich durfte nicht. Warum, weiß ich nicht." Damit war ich von der Anklagebehörde freigegeben. Auch die Verteidiger der Angeklagten, gegen die noch prozessiert wurde, benötigten mich nicht mehr. So stand meiner Überstellung in das Internierungslager von Staumühle nichts mehr im Wege. Am 12. April 1948 wurde ich abtransportiert. Dieses Mal wurde ich nicht in einem Panzer befördert, sondern ganz zivil in einem Omnibus. Meine Begleiter waren schwarze Wachsoldaten. Auf der Fahrt habe ich mich an den sprießenden Frühlingsblumen der Felder, an der ersten Kirschblüte, den bewaldeten Höhen und Seen sattgesehen. In der Nacht fuhren wir durch das Ruhrgebiet mit seinen unzähligen Lichtern und wieder aufflammenden Essen. Man hatte mir mit oder ohne Absicht keine Marschverpflegung mitgegeben, so daß mein Magen heftig zu knurren begann. Aber was bedeutete das schon, wenn man sich der Freiheit ein kleines Stückchen näher glaubte.

In der Morgenfrühe um halb sechs trafen wir in Staumühle ein. Über dem Lager begrüßte uns ein herrlicher Sonnenaufgang, von dem ich mir erhoffte, daß er ein gutes Omen für die weitere Zukunft sei. Im Lager traf ich meine engsten Mitarbeiter nicht mehr an. Sie waren inzwischen verlegt oder entlassen worden. Nur etwa zweihundert Seelen lebten noch in diesem Camp. Die folgende Zeit nutzte ich nun vor allem, mich körperlich zu betätigen. Am ersten Pfingstfeiertag nahm ich am Tischtennisturnier teil, das ich als Sieger beschließen konnte. Das erinnerte mich an meine Lazarettzeit. Als ich zum ersten Mal aus dem Bett aufstehen durfte, hatte ich sofort begonnen, linkshändig Tischtennis zu spielen. Man setzte mich auch gleich aufs Pferd, um mein Gleichgewichtsempfinden zu stabilisieren.

Als ich etwa sechs Wochen wieder in Staumühle zu Hause war, wurde ich eines frühen Morgens unsanft mit der Nachricht geweckt, daß ich sofort mit meinem Gepäck am Lagertor zu erscheinen hätte. Dort erwarteten mich dieselben schwarzen Amisoldaten, die mich vorher nach Staumühle gebracht hatten. Ich wußte also, daß es erneut hinter die dicken Mauern des Nürnberger Justizpalastes ging. Dieses Mal fuhren wir mit der Bahn und landeten bei dämmerndem Tag mit erstem Vogelgezwitscher und dem mir vertrauten Weckruf der Glocken an unserem Ziel. Die ganze Nacht hatte ich kein Auge zugemacht, weil ich überlegte, was jetzt wohl auf mich zukommen könnte. Für mich kam diese Überstellung ins Nürnberger Gefängnis im ungelegensten Augenblick, denn das Lager Staumühle sollte demnächst aufgelöst werden, und es bestand begründete Aussicht, daß mein Fall in der britischen Zone vor dem Review-Board zur Verhandlung kam. Mein Entlassungsort lag in Schleswig-Holstein, und der schleswig-holsteinische Landtag hatte bereits im Februar 1948 beschlossen, daß Angehörige des Jahrganges 1913 und jünger als unbelastet zu betrachten seien. Ich war Jahrgang 1913.

Natürlich habe ich nie damit gerechnet, daß ich als Unbelasteter davonkommen würde. Es war bekannt, daß die Bestimmungen in der amerikanischen Zone für Jugendführer strenger gehandhabt wurden. So vermutete ich, daß ich in die amerikanische Zone verbracht würde, um nach den dort geltenden schärferen Bestimmungen abgeurteilt zu werden. Dieser Verdacht wurde dadurch bestätigt, daß mir Professor Kempner bedeutete, daß er mich für die Anklagebehörde nicht angefordert hätte. Auch die Verteidiger hatten meine Vernehmung als Zeuge nicht beantragt. Es mußte also eine dritte Stelle gewesen sein. Es war das amerikanische Office of Chief of Council for War Crimes, das mit der deutschen Staatsanwaltschaft in Nürnberg zusammenarbeitete, um die Fälle in Angriff zu nehmen, die nicht in Nürnberg zur Anklage gekommen waren. Diese Dienststelle bediente sich über die Nürnberger Spruchkammer der deutschen Polizei, die mich am 3. Juni 1948 in meiner Gefängniszelle verhaftete. Ich wurde in das Arbeits- und Internierungslager Nürnberg-Langwasser verbracht.

Ich nahm das nicht ohne weiteres hin. Meine heutige Frau richtete an den Innenminister des Landes Schleswig-Holstein einen Antrag, in dem sie anregte, meine Verlegung in die britische Zone zu fordern. Dieser Antrag wurde damit begründet, daß sich mein Wohn- und Dienstsitz im britischen Sektor von Berlin befand und mein Entlassungsort in Schleswig-Holstein, also in der britischen Zone lag. Auch meine Angehörigen lebten im britischen Sektor von Berlin und in der britischen Zone. Dieser Antrag wurde vom Leiter der Entnazifizierungsbehörde des Landes Bayern, Staatssekretär Sachs, abgelehnt. So unterlag ich der Zuständigkeit der Nürnberger Spruchkammer, die man als „Revolutions-Spruchkammer" bezeichnete.

Im Lager Langwasser waren keine Jugendführer mehr interniert. Aber ich traf auf Kameraden, die in anderen Dienststellen der Partei und Behörden des Reiches tätig waren, mit denen ich zusammengearbeitet hatte und die den Neuzugänger kameradschaftlich empfingen. Dazu gehörten auch der Staatssekretär Dr. Eugen Klopfer, die rechte Hand von Martin Bormann für den staatlichen Sektor, und Heinz Krüger, der in der Parteikanzlei für Kirchen- und Erziehungsfragen sowie für die Zusammenarbeit mit dem Reichsminister für Erziehung, Kunst und Wissenschaft zuständig war. Natürlich sprachen wir über ihren früheren Vorgesetzten, dessen Arbeitsintensität sie lobten, von dessen menschlichen Qualitäten im Umgang mit seinen Mitarbeitern und Mitarbeiterinnen im Dienstbereich sie aber nicht so überzeugt waren. Sie erzählten mir, daß mein Auftreten gegenüber Martin Bormann, das manchmal auch unnachgiebig war, sie sehr beeindruckt hätte. Dieses offene Auftreten ergab sich aus der Unbefangenheit des Jugendführers, dem es nicht um die Karriere, den Machtkampf, sondern um die Sache ging. Sie bezeugten mir meine Verhaltensweise auch in einer eidesstattlichen Erklärung.

Hatte ich in Staumühle von den früheren Politikern der Weimarer Republik Alfred Hugenberg getroffen, so begegnete ich hier in Langwasser dem Herrn von Papen, der 1932 kurzfristig Reichskanzler und nach 1933 ebenso kurzzeitig Vizekanzler unter Adolf Hitler war. Dem päpstlichen Kammerherrn war ich des Morgens auf noch unbelebter Lagerstraße begegnet, einer abgelegenen Baracke zustrebend, die für religiöse Besinnung und Andachten bestimmt war. Achtung mußte man vor solchen Menschen haben, die in allen Lebenslagen ihrem Bekenntnis und ihrer Überzeugung treu geblieben sind. Ich suchte ihn hin und wieder in seiner Baracke auf. Wir sprachen auch über die Notwendigkeit, in gegenwärtiger Zeit die Jugend zu charakterlichen Werten zu erziehen. Etwas verwundert war ich darüber, daß er mich auch unter den neuen Verhältnissen für diese Aufgaben für geeignet hielt. Dieser Gedanke ging wohl etwas an der augenblicklichen Realität vorbei. Herr von Papen war früher Mitglied des „Herrenclubs". Als Herr, im besten Sinn, hat er alle Belastungen des Freiheitsentzuges und des Lagerlebens würdevoll hingenommen. Ende Januar 1949 wurde er aus dem Lager entlassen. Die Spruchkammer hatte ihn in die Gruppe II eingestuft.

Das Lager hatte gegenüber dem Gefängnis den Vorteil, daß man sich freier bewegen und wieder seine Runde drehen konnte. Man hatte auch wieder stärkere Verbindung nach draußen und erfuhr regelmäßig, was im Land und in der Welt vor sich ging. So drang eine Nachricht ins Lager, die mir zu ernsten Bedenken Anlaß gab. Es handelte sich um die Währungsreform. Am 18. Juni 1948 wurde sie von den westlichen Alliierten über den Rund-

funk verkündet. Sie galt nur für die amerikanische, britische und französische Besatzungszone. Die Besatzungszone der Sowjets war ausgespart. Die Russen reagierten sofort darauf und sperrten am 19. Juni 1948 den Personenverkehr per Bahn, Auto und zu Fuß von Westdeutschland in die sowjetisch besetzte Zone und nach Berlin. Die Berlin-Blockade begann. Am 23. Juni führte die sowjetische Militärverwaltung in ihrer Besatzungszone eine eigene Währung ein. Nun gab es in Deutschland zwei Währungen. Diese Tatsache begünstigte die Teilung Deutschlands, die nun fortschreitend zementiert wurde. Diese Entwicklung bedrückte mich sehr.
Im Juli 1948 wurde ich vom Lagerleiter zum Rechnungsführer des Krankenreviers bestellt. Mir oblagen die Buchführung und das Abrechnungswesen. Meine Lehrlingszeit bei Staatssekretär Reinhardt auf dem Nürnberger Gefängnishof kam mir hier zugute. In Dr. Wiesner besaßen wir einen sehr guten Lagerarzt, der sich mit allen Kräften für seine Kranken und die Lagerinsassen einsetzte. Mit ihm konnte ich dazu beitragen, daß die Verpflegungssätze für die Patienten heraufgesetzt wurden. Den Erfolg dieser Maßnahme konnte man bald am besseren Gesundheitszustand ablesen. Am 24. Juli 1948 kam über den Rundfunk die Meldung, daß ich von der Nürnberger Spruchkammer angeklagt und voraussichtlich als Hauptschuldiger eingestuft werde. Die Klageschrift erhielt ich aber erst am 7. Dezember 1948. Diese viereinhalb Monate gingen mir für die vorzubereitende Entgegnung auf die konkreten Anklagepunkte verloren. Am gleichen Tag erhielten wir im Lager von einer Abordnung des bayerischen Landtages Besuch. Ihr Eindruck dürfte schlecht gewesen sein, denn auf einer Baracke war mit Hammer und Sichel die Aufschrift gemalt: „Dahin treibt ihr uns!" Einige Häftlinge, die offenbar zu unserer Zeit im KZ gesessen hatten, riefen den Abgeordneten unter anderem zu: „In den Konzentrationslagern war es besser als hier!" Als Rechnungsführer hatte ich tatsächlich festgestellt, daß unsere Normalverpflegungssätze bei Fett, Fleisch und Gemüse unter denen lagen, die Eugen Kogon, der Verfasser des Buches „Der SS-Staat", darin angegeben hat.
Für mich waren die Verhältnisse in Langwasser wesentlich besser als in Oberursel und Staumühle. Drei Jahre nach Kriegsende durften wir hier Besuch empfangen. Das empfand ich bereits wie einen Übergang zur Freiheit. Ehemalige Mitarbeiter und Mitarbeiterinnen, die in Nürnberg und Umgebung beheimatet waren, brachten mir Sachen zum Anziehen ins Lager, erledigten draußen Gänge für mich und besserten meine Verpflegung auf. Dankbar erinnere ich mich dieser Hilfsbereitschaft. Leider war es mir später nicht möglich, mit jedem einzelnen in Verbindung zu bleiben.
Der Besuch der Landtagsabgeordneten hatte wohl Wirkung gezeigt. Nun konnten auch im Lager kulturelle Veranstaltungen stattfinden, die von Kräf-

ten des Nürnberger Theaters und der Oper getragen wurden. Der Konzertmeister der Oper spielte leichte Weisen von Sarasate und ein Liebeslied von Kreisler. Sänger und Sängerinnen erfreuten uns mit Volksliedern und Duetten aus dem „Vogelhändler" und dem „Land des Lächelns". Junge Ballettänzerinnen zeigten einen Walzer von Strauß und einen Pasodoble als Parodie. So kam eine ganz neue Welt zu uns herein. Als ich nach einer Veranstaltung zu meiner Baracke zurückging, begrüßten mich auf der Lagerstraße ein Sänger und die Tänzerinnen des Balletts. Der Sänger kannte mich von den Sommerkampfspielen der Hitlerjugend in Breslau und zwei Ballettänzerinnen von den Weimarfestspielen der Hitlerjugend. Es gab viel Freude auf beiden Seiten.

Weihnachten 1948 wurde zu einem Höhepunkt im Lager. Wieder mußte ich an den Heiligabend in der Dunkelzelle in Oberursel, an die durchdringende Kälte der vereisten Nissenhütte von Staumühle und an die Einsamkeit in meiner Gefängniszelle denken. Jetzt hatte ich einen kleinen lichterbestückten Weihnachtsbaum und einen aus Schwarzwälder Edeltanne gebundenen Adventskranz. Die Frau, die mir am nächsten stand, durfte bei mir sein und mich an meinem Geburtstag im Februar 1949 besuchen. Ihn beginnen wir im kleinen Kameradenkreis, in dem sich auch ein Urenkel unseres großen Philosophen Johann Gottlieb von Fichte befand, dessen Reden an die deutsche Nation uns unvergessen bleiben.

Ende Februar kam der Leiter der Entnazifizierungsbehörde des Landes Bayern in unser Lager. Er ließ mich zu sich rufen. Er konfrontierte mich zunächst mit Aussagen ehemaliger Mitarbeiter, die für mich nicht überprüfbar waren. Dann eröffnete er mir, daß das Lager Langwasser demnächst aufgelöst würde und die Internierten, gegen die ernstere Anschuldigungen vorliegen, ins Gefängnis Eichstätt verbracht werden sollten. Gegen mich liege nicht allzuviel vor, und wenn ich eine ähnliche Erklärung wie Baldur von Schirach vor dem Gerichtshof in Nürnberg abgeben würde, dann käme ich wohl frei. Diese Bemerkung erstaunte und irritierte mich. Ich fand keine Logik in ihr. Mein Vorgänger wurde nicht freigelassen, sondern zu zwanzig Jahren Gefängnis verurteilt. So antwortete ich dem Staatssekretär, daß mich seine Äußerung, gegen mich liege nicht allzuviel vor, doch sehr erstaune, denn in der Klageschrift würde gegen mich der schwerwiegende Vorwurf erhoben, die europäische Jugend versklavt und verschleppt zu haben. Um das beweiskräftig zu widerlegen, würde ich aus ganz Europa Zeugen benötigen. Dazu wäre aber viel Zeit notwendig; daher würde ich dann noch einmal ins Gefängnis gehen. Damit war das Gespräch beendet.

Der Rechtsanwalt Dr. Alfred Seidel, der Rudolf Heß verteidigt und unerschrocken und beharrlich für ihn gekämpft hatte, war bereits in Wahrnehmung der Interessen der 125 Internierten tätig geworden. Gegen die beabsichtigte Überstellung in das Amtsgerichtsgefängnis Eichstätt hatte er am 30. Januar 1949 einen Schriftsatz verfaßt und Einspruch eingelegt. Er sah in der Überstellung in ein Gefängnis einen rechtswidrigen Verwaltungsakt. Mir wurde empfohlen, einen Antrag auf Entlassung zu stellen. Entgegen meiner Erwartung wurde er genehmigt. Allerdings erhielt ich die Auflage, die Stadt Nürnberg nicht zu verlassen und mich täglich bei der Spruchkammer zu melden. Seit dem 26. März 1949 lief ich frei in Nürnberg herum. Zur Feier des Tages lud mich unser Lagerarzt in eine gemütliche Weinstube ein.

Die letzten Wochen im Lager hatte ich dazu benutzt, meine Entgegnung auf die Klageschrift vorzubereiten. Dabei leisteten mir meine engsten Mitarbeiter, die nicht mehr interniert waren, eine große Hilfe. Obwohl sie im Ringen um den Aufbau einer neuen Existenz standen, opferten sie viel Zeit, um für mich Entlastungszeugen zu gewinnen, die in den Augen der gegenwärtigen Machthaber nicht „belastet" waren. Außerdem bemühten sie sich, Dokumente ausfindig zu machen. Das war sehr schwer, denn die Reichsjugendführung hatte gegen Ende des Krieges aufgrund einer Anordnung ihre Unterlagen verbrannt. Das war aus späterer Sicht ein großer Fehler. Was hatte schon die Jugendführung zu verheimlichen? Dadurch müssen wir heute in Kauf nehmen, daß in den Archiven nur verhältnismäßig wenige Unterlagen vorhanden sind.

Meine Lage erforderte es, daß ich mir einen Anwalt nahm. Ich entschied mich für den Rechtsanwalt Stefan Fritsch, der in Augsburg eine Kanzlei unterhielt. Er hatte vor dem Internationalen Militärtribunal den Reichsfinanzminister Schwerin von Krosigk und im Südost-Prozeß den Generaloberst Rendulic vertreten. Um es vorwegzunehmen: Ich hatte mit meiner Wahl das große Los gezogen. Ich fühlte mich von ihm stets optimal vertreten. Darüber hinaus war er immer hilfsbereit, verlangte kein Honorar, so daß ich nur die entstandenen Unkosten zu decken brauchte. In diesem Zusammenhang muß auch einmal von mir festgestellt werden, daß es in Nürnberg einige Anwälte gab, die sich in einer bedrängten Situation nicht nur durch ein hohes Berufsethos, sondern auch durch eine ebenso große Menschlichkeit ausgezeichnet haben.

Meine Bewegungsfreiheit in der Stadt erleichterte mir meine Vorbereitungen für die Spruchkammer-Verhandlung sehr. Hin und wieder erfuhr ich auch eine schöne Ablenkung. So wurde ich zum Beispiel zu der Aufführung „Mathis der Maler" von Paul Hindemith, der im Dritten Reich sehr umstritten war, eingeladen. Unser Liederkomponist und Mitarbeiter in der Reichsjugendführung Georg Blumensaat war ein Schüler von Hindemith. Ich entsinne mich, daß er stets ohne Wenn und Aber für ihn eintrat, wenn

die Sprache auf ihn kam. Dieses Werk ist eine Faustdichtung auf Tilman Riemenschneider in Tönen. Die Musik hat mich sehr beeindruckt.
Mein Anwalt hatte bei seiner Akteneinsicht zwei Dokumente entdeckt, die mir bis dahin unbekannt waren und mir Freude bereiteten. Von meinen Wohnorten hatte man bei den Nachbarn und Mietern Erkundigungen über mein menschliches und politisches Verhalten eingeholt, die positiv waren. So hieß es in der Auskunft des Polizeipräsidenten von Berlin, Abt. II vom 29. August 1948, daß laut Bericht des für die Ostenderstraße 2 zuständigen Polizeireviers und nach Angaben der Bewohner des Hauses die Familie Axmann keinen Druck oder Terror ausgeübt hat und dies auch der im gleichen Haus wohnhafte jüdische Arzt Dr. Sander bestätigte. In dem Ermittlungsbericht I/2/0 der Entnazifizierungskommission Spandau vom 4. Oktober 1948 heißt es:
„Nach Aussagen des Leiters der Ortsamtsstelle von Berlin-Kladow, Trahn, hat Axmann in den ersten Kriegsjahren das in Berlin-Kladow, Imchenallee 80, gelegene große Grundstück erworben und wohnte mit seiner Frau und seinen Schwiegereltern dort. Axmann war bis etwa 1942 im Felde. Während der Anwesenheit in Kladow hat A. ruhig und bescheiden gelebt ... Eine große SD-Funktion hat A. in Kladow nicht ausgeübt ... A. ist niemandem in Kladow zu nahe getreten. Der frühere Polizeiposten in Kladow, Friedrich Kronberg, jetzt als Hauptwachtmeister im 146. Polizierevier Berlin-Kladow tätig, bestätigt das. gez. Gg. Kischel, Ermittler."
Bemerkenswert war, daß mein jüdischer Nachbar, der das Kriegsende noch um viele Jahre überlebte, sich der positiven Beurteilung der Hausbewohner angeschlossen hatte. Es gab also noch Menschen und Dienststellen, die trotz vieler Voreingenommenheiten tatsachengerecht berichteten.
Schon lange vor Beginn meiner Spruchkammer-Verhandlung wurden in der Öffentlichkeit Stimmen gegen mich laut. So richtete zum Beispiel der Kreisjugendring Nürnberg am 3. März 1949 einen „Offenen Brief" an das Bayerische Sonderministerium, in dem es hieß:
„Die im Kreisjugendring zusammengeschlossenen Jugendverbände Nürnbergs haben mit Empörung von der Entlassung des ehemaligen Reichsjugendführers Axmann aus der Internierungshaft Kenntnis genommen. Axmann ist einer der Hauptschuldigen an der Verführung der deutschen Jugend zu nationalsozialistischer Kriegsbegeisterung, die sie auf den Schlachtfeldern zwischen Stalingrad, El Alamein und Caen mit vielen Hunderttausenden von jungen Leben hat bezahlen lassen. Darum ist die Haftentlassung Axmanns eine Beleidigung der unschuldig Umgekommenen des Zweiten Weltkrieges und ein Fußtritt für die Millionen durch seine Mitschuld verkrüppelten Menschen. Axmann muß heute noch / oder bereits wieder als ein namhaftes Mitglied derjenigen Jugendlichen gelten,

die infolge der politischen Entwicklung in Deutschland weg von der Demokratie und zu neofaschistischen Verbindungen abgedrängt werden. Deswegen ist eine offene Rehabilitierung Axmanns durch seine Haftentlassung eine demonstrative Ermutigung zu verstärkten nationalsozialistischen Umtrieben und eine ernsthafte Gefährdung der gesamten Arbeit der demokratischen Jugendverbände."

In dieses Horn stießen vor der Verhandlung mehrere Zeitungen. Ich mußte damit rechnen, daß diese Verlautbarungen nicht ohne Wirkung auf die Mitglieder meiner Spruchkammer blieben. Über den Vorsitzenden Renner wurde mir von verschiedenen Seiten mitgeteilt, daß er Kommunist sei.

Obwohl der Verhandlungstermin vom 21. April 1949 schon lange bekannt war, trat kein einziger Zeuge persönlich gegen mich auf. Der Saal war bis auf den letzten Platz gefüllt. Unter den Zuhörern befanden sich auch meine Mitarbeiter und Mitarbeiterinnen, die sich als Zeugen zur Verfügung gestellt hatten. Mein Anwalt bestritt die Rechtmäßigkeit und Anwendbarkeit des Gesetzes zur Befreiung vom Nationalsozialismus und Militarismus vom 5. März 1946. Es verletze die grundlegenden Rechtsbegriffe, die seit Jahrhunderten in Deutschland gelten und auch in der Verfassung der Vereinigten Staaten von Amerika sowie im englischen und französischen Recht verankert sind. Es werde nach der Devise verfahren: Alle Nationalsozialisten sind Verbrecher. Der Betroffene ist Nationalsozialist, also ist er auch ein Verbrecher.

In der Verhandlung wurden gegen mich die gleichen Vorwürfe erhoben wie bei meinen Vernehmungen im Justizpalast von Nürnberg. Wieder handelte es sich vor allem um die Zusammenarbeit mit der SS, den Kriegseinsatz der jungen Generation und die Verschleppung der europäischen Jugend und der Jugend aus den besetzten Ostgebieten.

Zu Zwischenfällen kam es aus zwei Anlässen. Der erste bezog sich auf meine Äußerung: „Für mich hat die Waffen-SS einen reinen Schild." Dabei dachte ich natürlich auch an unsere tapferen Jungen, die sich in ihrem Idealismus nachweisbar freiwillig zur 12. SS-Panzer-Division „Hitlerjugend" gemeldet hatten. Das löste Empörung bei meinen Richtern aus. Der zweite Anlaß betraf die Frage des Vorsitzenden Renner an mich, wie denn meine Einstellung zu den Konzentrationslagern und zu der Tatsache sei, daß die Menschen ohne vorheriges Gerichtsverfahren in die Lager eingewiesen wurden. Meine Antwort war, daß ich das abgelehnt und sehr bedauert habe. Als ich davon erfuhr, daß auch Jugendliche wegen wiederholter schwerer Verletzung der Arbeitsdisziplin in Rüstungsbetrieben in ein Konzentrationslager eingewiesen worden sind, bin ich beim Reichsführer SS Himmler vorstellig geworden und habe durch meinen begründeten Einspruch erreicht, daß in Zukunft solche Fälle vor den Jugendrichter kamen oder von den Dienststellen der Jugendfürsorge behandelt wurden. Diese Tatsache konnte schlecht vom Tisch gewischt werden, da sie durch eidesstattliche Erklärungen von einigen Professoren bestätigt wurde, denen durch die Besatzungsmächte vollkommene Entlastung erteilt worden war. Zu ihnen gehörten unter anderen Prof. Dr. Sieverts, Rektor der Hamburger Universität und später zeitweilig Präsident der Westdeutschen Rektorenkonferenz, sowie Prof. Dr. Wieacker, der nach dem Krieg wegen seiner Arbeiten über das römische Recht von den Italienern ausgezeichnet wurde und in Deutschland das Bundesverdienstkreuz erhielt.

Den Vorsitzenden forderte ich dann durch meine Bemerkung heraus, es würde mich sehr wundern, daß er mir diese Frage zur Lagereinweisung ohne Gerichtsverfahren stellt, da doch Tausende von Führern der Hitlerjugend und Führerinnen des Bundes Deutscher Mädel ebenfalls ohne Gerichtsverfahren durch Verhaftung und automatischen Arrest in Konzentrationslager verbannt worden sind. Da fuhr der Vorsitzende wütend hoch und rief: „Das werden Sie noch bereuen. Wo die Macht ist, da ist eben das Recht!" Der Mann hatte in seinem Zorn die Wahrheit gesagt und die scheinheilige Verbrämung dieser Wahrheit für den Augenblick verdrängt. Die Zuhörer quittierten das mit „Aha!". Hinterher sagte man mir, daß dieser Ausspruch von Macht und Recht auch über den Bayerischen Rundfunk gelaufen sei. So hatte für mich die Verhandlung auch im Hinblick auf meine Gegner ihren Sinn gehabt.

Eine Woche danach verkündete die Spruchkammer das Urteil. Ich wurde in die Gruppe I der Hauptschuldigen eingestuft, zu dreiviertel Jahren Arbeitslager unter Anrechnung der politischen Haft verurteilt und von meinem Vermögen bis auf 3.000 DM befreit, von dem ich noch nicht einmal einen ganz geringen Bruchteil flüssig besaß. Ich mußte eine Sonderabgabe von fünf Prozent meines Einkommens entrichten und wurde für dauernd unfähig erklärt, ein öffentliches Amt zu bekleiden und Notar oder Anwalt zu werden. Mir wurde das aktive und passive Wahlrecht aberkannt. Ich durfte mich politisch nicht betätigen und keiner Partei als Mitglied angehören. Ebenso wurde mir die Mitgliedschaft in einer Gewerkschaft, in einer wirtschaftlichen oder beruflichen Vereinigung untersagt. Auf die Dauer von zehn Jahren wurde mir verboten, in einem freien Beruf oder selbständig in einem Unternehmen oder gewerblichen Betrieb jeglicher Art tätig zu sein, mich daran zu beteiligen oder die Aufsicht oder Kontrolle hierüber auszuüben. Der Beruf als Lehrer, Prediger, Redakteur, Schriftsteller oder Rundfunkkommentator war für mich ausgeschlossen. Nur gewöhnliche Arbeit war für mich erlaubt. Ich unterlag Wohnungs- und Aufenthaltsbeschränkungen, konnte zu gemeinnützigen Arbeiten herangezogen werden und verlor alle mir erteilten Approbationen, Konzessionen sowie das

Recht, einen Kraftwagen zu halten. Nicht nur mein Grundvermögen wurde enteignet, sondern auch die Kriegsinvalidenrente aberkannt. Diese letzte Strafmaßnahme hat mich sehr verletzt. Wie hieß es immer so schön: Der Dank des Vaterlandes sei dir gewiß. Hier begegnete ich dem neuen Geist im Nachkriegsdeutschland.
Wie vor der Verhandlung, so äußerten sich die öffentlichen Medien auch nach dem Prozeß überwiegend gegen mich. Nur wenige Zeitungen bemühten sich um sachliche Berichte. So schrieb zum Beispiel die „Nordbayerische Volkszeitung" aus Nürnberg in ihrer Nr. 17 vom April 1949:
„Chamberlain und Halifax richteten herzliche Begrüßungsschreiben an die HJ. Der ehemalige französische Staatspräsident Lebrun hatte die Ehre, eine HJ-Delegation zu empfangen. Der ehemalige französische Botschafter in Deutschland und jetzige Berater für deutsche Fragen, François Poncet, hielt kurz vor dem großen Krieg eine begeisterte Ansprache in einem großen HJ-Lager und ließ seinen Sohn als Gast in der HJ arbeiten. Und schließlich bestätigte der Oberverwaltungskriegsgerichtsrat Carlo Schmid, jetzt Fraktionsführer der SPD in Bonn, aus seiner Tätigkeit bei der deutschen Militärverwaltung in Belgien und Nordfrankreich dem Beauftragten Axmanns für diese Gebiete, daß dieser im Sinne Axmanns die (faschistischen - d. Red.) Jugendorganisationen dort nach besten Kräften unterstützte. Auch der ehemalige Sonderbeauftragte der UN, Graf Folke Bernadotte, hat sich laut Aussagen eines Zeugen immer lobend für die HJ ausgesprochen und bemerkt, daß, möge der Krieg ausgehen wie er wolle, er den Kontakt mit der HJ von sich aus immer beibehalten werde."
dpd, Nürnberg, meldete am 26. April 1949 unter anderem folgendes:
„Ergänzend dazu berichtete der ehemalige Amtschef der Reichsjugendführung, Heinz Schmidt, als Zeuge, er habe sich vor etwa vier Wochen mit Botschafter François Poncet in Köln getroffen und mit ihm ein längeres freundschaftliches Gespräch geführt. Dabei habe François Poncet etwa geäußert, die Kreise des deutschen Volkes, die sich seit je um eine kameradschaftliche Zusammenarbeit mit Frankreich bemüht hätten, wozu er auch die ehemalige Reichsjugendführung rechne, müßten ihre Arbeit fortsetzen."
Die Hamburger „Zeit" vom 28. April 1949 schrieb:
„Der Vorsitzende erklärte darauf, daß die Entnazifizierung nicht freiwillig, sondern auf Verlangen der Besatzungsmächte erfolge. Wer die Macht habe, habe eben auch das Recht, sagte er."
Die „Allgemeine Zeitung" berichtete am 22. April:
„Er habe sich verpflichtet gefühlt, alles zu tun, um zum Sieg beizutragen. Zu dem Vorwurf der Verschleppung von Jugendlichen aus der Tschechoslowakei konnte Axmann durch eidesstattliche Erklärungen nachweisen,

daß diese Behauptung falsch ist. Dieser Punkt der Anklage wurde daraufhin fallen gelassen ... Zum Schluß der Vormittagssitzung sagte auf Befragen Axmann, der eine offene und klare Haltung an den Tag legte, er habe die Leichen Hitlers und Eva Brauns in der Reichskanzlei gesehen."
Auch die „WAZ" äußerte sich verständnisvoll:
„Jahrgang 1913 ist Artur Axmann. 20 Jahre war er alt, als Hitler anfing, sein Schifflein zu steuern. Jetzt wurde er Hauptschuldiger. Das Amt aus seinem dritten Lebensjahrzehnt genügte den Richtern zu seiner Verurteilung. Zur Verurteilung für ein Leben ... Persönlich wird Axmann als aufrichtiger und sachlicher Mensch geschildert. Daß er im Krieg mit einem Arm bezahlte, spricht für den Ernst seiner früheren Überzeugung. Sein Auftreten vor Gericht verstärkte den Eindruck. Axmann wich nie aus ... Das Nürnberger Spruchkammerurteil löste gar nichts. Sollte denn der Typus getroffen und für immer ausgeschaltet werden? So könnte es scheinen."
Eine Wochenzeitung schrieb im April 1949 zu dem Spruchkammerurteil:
„Deshalb können wir uns die Bemerkung nicht versagen, daß uns diese klare Luft, die hier wehte, angenehmer berührte als der Dunst, der aus den Verhandlungen gegen viele Gestalten der Bürokratie, Wirtschaft, Kunst und Film aufstieg, die besser davonkamen."
Diese von mir zitierten Stimmen befanden sich in der Minderheit. Die große Mehrzahl der Zeitungen äußerte sich gegen mich. Aus der Verhandlung konnte ich aber in meinen neuen Lebensabschnitt die kraftspendende Gewißheit mitnehmen, daß bedeutende Persönlichkeiten der Wissenschaft und Kunst, der Architektur und der Musik sowie der Wirtschaft, der Medizin und der Wehrmacht für mich zivilcouragiert gegen den Strom der Zeit eingetreten sind.
Meine Zeit in Nürnberg möchte ich nicht abschließen, ohne noch einige Bemerkungen über das Internationale Militärtribunal zu machen. Schon die Bezeichnung „Internationales Militärtribunal" war unzutreffend. Befanden sich unter den Anklägern oder den Richtern etwa die Vertreter neutraler Nationen wie der Schweiz, Schwedens oder Spaniens? Das war nicht der Fall! Ankläger und Richter waren Amerikaner, Engländer, Franzosen und die Sowjets. Die Sieger des Krieges saßen Gericht über die Besiegten. So war es auch in Japan. Im Hauptprozeß gegen die Führungselite des Dritten Reiches war der Hauptankläger der Amerikaner Robert H. Jackson, der später sein Leben durch Selbstmord beendete. Er hatte am 26. Juli 1946 laut Protokollband 19 des IMT folgendes erklärt:
„Die Alliierten befinden sich technisch noch immer in einem Kriegszustand mit Deutschland, obwohl die politischen und militärischen Einrichtungen des Feindes zusammengebrochen sind. Als ein Militärgerichtshof stellt die-

ser Gerichtshof eine Fortsetzung der Kriegsanstrengungen der Alliierten Nationen dar."
Man fragt sich, was sollte denn da noch von Recht und Gerechtigkeit übrigbleiben. Man kann nur den Worten der Amerikanerin Frieda Utley zustimmen, die sie in ihrem Buch „Kostspielige Rache" niederschrieb:
„Die Auffassung, daß Macht Recht schafft, wurde eindeutig zur Grundlage der Gerichtsverfahren gemacht, die die Vereinigten Staaten in Nürnberg über die Bühne gehen ließen. Die amerikanischen Richter erklärten: Wir sind ein Tribunal, das seine Macht und seine Urteilsfällung einzig und allein aus dem Willen und den Befehlen der vier Besatzungsmächte ableitet."
In Neustadt ging ich sofort zum Arbeitsamt und bat um Vermittlung einer Stelle. Ich mußte uns wenigstens eine Mindestexistenz sichern. Aber Arbeit gab es nicht. Wochenlang stand ich mit ein paar Groschen in der Tasche in der langen Schlange der Arbeitslosen. Es tat sich nichts. Ich hatte auch bei meinen Vorsprachen den Eindruck gewonnen, daß meine Sache als Schlußlicht behandelt wurde. Dann gab es noch eine Schwierigkeit. Laut Spruchkammerurteil durfte ich nur gewöhnliche Arbeit verrichten. Was man darunter verstand, ist nicht festgelegt worden. Als Bau-, Hilfs- oder Waldarbeiter konnte ich wegen meines verlorenen Arms nicht eingesetzt werden. Was blieben mir da noch für Möglichkeiten? Pförtner, Nachtwächter oder Fahrstuhlführer, der nur auf den Knopf zu drücken brauchte? Eine Tätigkeit als Fremdsprachenkorrespondent, die ich gerne gewählt hätte, wurde bestimmt nicht als gewöhnliche Arbeit betrachtet. Ich bewarb mich um eine Vertretung. Aber fiel das unter den Begriff der gewöhnlichen Arbeit? Um diese Frage zu klären, beantragte ich einen Termin beim Präsidenten des Landesarbeitsamtes Schleswig-Holstein. Obwohl ich nicht damit gerechnet hatte, bekam ich ihn. Ich fuhr nach Kiel und trug dort mein Anliegen vor. Der Präsident reagierte freundlich, aber ablehnend in der Sache. „Sehen Sie, Herr Axmann," erklärte er mir, „Vertreter kommen viel im Land herum, und das ist es ja gerade, was wir bei Ihnen vermeiden wollen." Für sein offenes Wort war ich ihm im Grunde dankbar. Denn er hatte mir damit das Hinhalten nachgeordneter Dienststellen und damit viel Zeit erspart.
Kurz entschlossen gingen wir nach Nordrhein-Westfalen, um dort unser Glück zu versuchen. Wir zogen zu meinen Schwiegereltern in den Kohlenpott nach Gelsenkirchen-Horst. Dort erhielt ich nach geraumer Zeit eine Anstellung in einer kleinen Kaffeehandelsfirma, die ein ehemaliger Hitlerjugendführer von einem anderen Kameraden übernommen hatte. Ich verdiente 180 Mark im Monat. Natürlich war es mein Wunsch, mein einmal begonnenes Studium der Rechts- und Staatswissenschaften zu vollenden.

Aber nach den Bestimmungen war das für einen Hauptschuldigen nicht möglich. Außerdem fehlte mir das Geld dafür. Bald erschloß sich für mich eine Verbindung zu einer namhaften Hamburger Kaffeefirma. Man bot mir die Vertretung für einen Bezirk im Ruhrgebiet an. Sie wurde auf den Namen meiner Frau geschrieben. Aber das war nicht nur eine Formalität. Sie arbeitete gemeinsam mit mir für den neuen, uns so willkommenen Arbeitgeber. Durch Bekannte konnten wir außerdem die Vertretung einer Fettfirma aus dem Teutoburger Wald übernehmen. So hatten wir Kaffee, Butter und Margarine auszuliefern. Die Anschaffung eines Fahrzeuges, das wir auf Raten abzahlen konnten, wurde uns vorfinanziert. Als Lager hatten wir Räume in einem Tiefbunker in Gelsenkirchen-Buer auf dem Platz neben dem Rathaus gemietet. Wir mußten unsere Ware viele Stufen hochschleppen und uns bei starkem Fußgängerverkehr zwischen Passanten und an der Haltestelle wartenden Menschen hindurchschlängeln, um zu unserem Auslieferungsfahrzeug zu gelangen. Das war zwar beschwerlich, hatte aber den Vorteil, daß unsere Ware selbst im heißen Sommer immer eine gleichbleibende Temperatur aufwies.

Ich stand vor der Frage, ob ich meine berufliche Tätigkeit anmelden sollte. Nach meinen gemachten Erfahrungen mußte ich befürchten, daß ich dafür keine Genehmigung erhalten würde. Meine Familie hätte darunter leiden müssen. So nahm ich die Übertretung von Bestimmungen zugunsten meiner Familie in Kauf. Erst nach Jahren habe ich beim Finanzamt eine Unterwerfungsverhandlung beantragt und traf bei Darlegung meiner ziemlich verzweifelten Lage auf verständnisvolle und milde Richter. Von Natur aus war ich nicht zum Vertreter geeignet. Es kostete mich am Anfang große Überwindung, mich auf das Klinkenputzen umzustellen. Als ich das erste Mal einen Kunden besuchte, bin ich mehrfach an seinem Laden vorbeigegangen, habe durch die Scheibe geäugt, ob kein Kunde mehr drin ist, und bin erst dann hineingegangen.

Die Konkurrenz der eingeführten Markenartikel war im Ruhrgebiet groß. Günstigere Preise und Konditionen machten uns zu schaffen. Wir haben das durch gelegentliche Gefälligkeitsdienste ausgeglichen. So half ich im Hinterstübchen den Kindern des Ladeninhabers bei ihren Schularbeiten und fuhr die Kunden in meinem Auto zu ihren auswärtigen Besuchen oder zur Beerdigung. Wir belieferten in Gelsenkirchen auch die Rennbahn und etliche Gaststättenbetriebe. Da sah man es gern, wenn wir des Abends auch am Stammtisch Platz nahmen. Das bezog sich besonders auf meine Frau. Anfang der fünfziger Jahre kannten noch mehrere Kunden meinen Namen aus früherer Zeit. Sie wollten auch außerhalb der Geschäftszeit vieles von mir aus jüngster Vergangenheit wissen. Es waren nicht nur ehemalige Parteigenossen oder Sympathisanten, sondern auch Kunden, die aus einer anderen politischen Richtung kamen. Sie behandelten mich keineswegs schlechter. Sie respektierten, daß ich noch einmal von unten klein anfing. Da war ein betuchter Geschäftsinhaber, der mich um Rat bat, wie er am besten sein Geld anlegen sollte, und der unbedingt mit mir in Urlaub fahren wollte, den er zu finanzieren sich bereit erklärte. Kundinnen luden bei mir ihre persönlichen Sorgen ab und scheuten sich nicht, ihr Intimleben mit einzubeziehen. Auf diese Weise wuchsen die rein menschlichen Kontakte, die auch dazu beitrugen, uns einen festen Kundenstamm zu sichern. Manchmal mußten wir noch kurz vor Bankschluß Geld einzahlen, um einen Scheck abzudecken. In einer solchen Situation konnten wir uns darauf verlassen, daß der zuletzt besuchte Kunde den Betrag bar bezahlte, der uns noch fehlte. Und das war damals im Ruhrgebiet gar nicht so selbstverständlich.

Einmal wurde ich gefragt, warum ich bei meiner Bekanntschaft mit Männern der Wirtschaft nicht zu einem dieser Großen in den Betrieb gegangen bin. Erstens war es mir verboten, eine gehobene Stellung anzunehmen, und zweitens hatte ich das Gefühl, ohne Protektion und Fürsprache aus eigener Kraft meinen Weg gehen zu müssen, so wie ich es auch früher in meiner Arbeit vertreten hatte. Das war zwar schwieriger, aber ich fühlte mich dadurch vor mir selbst freier und unabhängiger. Ich möchte diese Zeit der Kärrnerarbeit im Ruhrgebiet nicht missen. Sie bewahrte mir den Realitätssinn und ließ mich auf dem Teppich bleiben. Das machte mich auch immun gegen Menschen, die glaubten, einem neuen politischen Sendungsbewußtsein folgen zu müssen. In Gelsenkirchen hatte ich mich immer noch in regelmäßigen Zeitabständen auf dem Polizeipräsidium zu melden. Man empfing mich dort schon wie einen guten alten Bekannten. Die Meldepflicht schlief bald sanft ein. Man war überzeugt, daß ich nicht türmen würde.

Für unsere Vertretung erhielten wir ganz unerwartet eine Verstärkung. Eines Tages stand ein Totgeglaubter vor unserer Wohnungstür. Es war Armin Dieter Lehmann, mein Melder aus den letzten Kampftagen in der Reichshauptstadt. Seit unserem Ausbruch in der Nacht vom 1. zum 2. Mai 1945 hatte ich ihn an der Weidendammer Brücke noch gesehen. Seitdem war er verschollen. Ich mußte annehmen, daß er gefallen war. Nun erzählte er mir sein Schicksal. Über ihm war eine Fassade zusammengestürzt. Er wurde schwer verletzt und war längere Zeit gelähmt. Eine russische Ärztin hatte ihn behandelt und versorgt, die er in späteren Jahren aus Dankbarkeit in Moskau aufsuchte. Er lebte jetzt in Oberhausen und hatte keine Arbeit. Die konnte er nun sofort bei uns antreten. So verbrachten wir gemeinsam viele Monate auf unseren Auslieferungstouren. Armin Dieter hatte geistige und musische Interessen. Die Vertretertätigkeit war ihm ebensowenig auf den

Leib geschrieben wie mir. Aber unsere Kameradschaft trug uns über alles hinweg. Er ging dann in die Vereinigten Staaten von Amerika, besuchte uns auf seinen Reisen nach Indien und Japan in Berlin und schenkte uns zwei kleine, von ihm verfaßte Gedichtbände zur Erinnerung an ihn. Ein prächtiger Mensch!

Anfang der fünfziger Jahre konnten wir zu unserer großen Freude bei uns zu Hause den Luftwaffen-Oberst Hans-Ulrich Rudel begrüßen. Er hatte 2.530 Feindflüge hinter sich gebracht, die niemals jemand in der Welt erreicht hat. Er schoß aus der Luft 519 sowjetische Panzer kampfunfähig, zerstörte ein Schlachtschiff und zwei Kreuzer. Er galt als der erfolgreichste Kampfflieger der Welt. Man wird verstehen, daß ich mich durch seinen Besuch sehr geehrt fühlte. Wir tauschten unsere Erlebnisse aus, und ich mußte ihm aus meiner Sicht über die letzten Tage in Berlin berichten. Wir fuhren dann in seinem Wagen nach Düsseldorf. Er fuhr wie ein Flieger, daß heißt, ich hatte bei seiner Fahrweise stets das Gefühl, als wollte er am liebsten die vor ihm fahrenden Autos überfliegen. Nach vielen Jahren erfuhr ich, daß man ihm das Betreten einer Luftwaffenkaserne in Deutschland verwehrt hatte - diesem Mann, der fünf Mal verwundet wurde, und der noch 1945 nach teilweiser Amputation seines rechten Beins mit und ohne Prothese weiterflog, den ausländische Staatsoberhäupter nach dem Krieg empfingen und der von den Fliegerassen der Siegermächte in fairer Weise aufs höchste anerkannt wurde. Und dieses Verbot im eigenen Land erfolgte nur, weil er eine andere politische Überzeugung hatte als die etablierte Führung. Ich empfand das als eine Schande. Ich werde Hans-Ulrich Rudel nie vergessen.

Freunde und frühere Mitarbeiter fanden sich bei uns ein, aber auch Menschen aus dem In- und Ausland, die wir nicht kannten und die plötzlich vor uns standen. Bei einigen sagte uns der Instinkt, daß sie auf uns angesetzt waren, um uns auszuforschen und damit Geld zu verdienen. Es sollte sich im nachhinein als zutreffend erweisen. Diese Erfahrung führte dazu, daß wir uns unbekannten Besuchern und Journalisten gegenüber völlig zurückhielten und uns einigelten. Die merkwürdigsten Meldungen in der Presse mögen auch dazu beigetragen haben, daß Unbekannte immer wieder bei uns vorbeischauten. Ich möchte nur eine dieser kuriosen Meldungen zitieren, die am 8. Dezember 1950 vom Düsseldorfer „Drei-Groschenblatt" verbreitet wurde, das auch im übertragenen Sinne seinen Namen zu Recht trug. Da hieß es in den Schlagzeilen: „Der englische Geheimdienst über Hitlers Ende. Hat Axmann Hitlers Urne?" Im Text wurde dann ausgeführt: „Der Historiker (Trevor Roper) schreibt in diesem Zusammenhang: Bleibt noch ein Zeuge, der etwas gewußt haben kann: Artur Axmann (Reichsjugendführer). Axmann wurde von Trevor Roper gefragt, was aus den sterb-

lichen Überresten Hitlers und Eva Brauns geworden sei. Er gab nach einem langen Verhör im Dezember 1945 an, nichts zu wissen. Aber acht Monate später wurde Hitlers Sekretärin, Frau Junge, verhaftet und vor dieselbe Frage gestellt. Sie erklärte: Ich weiß von Günsche, daß die Asche in einen Behälter gefüllt und dem Reichsjugendführer Axmann übergeben worden ist.
Trevor Roper hält diesen Punkt für ungeklärt. Er hält es aber für wahrscheinlich, daß Axmann die Asche übergeben wurde. Hitlers Entschluß, in Berlin zu bleiben und zu sterben, sei zweifellos auf den Einfluß Goebbels' zurückzuführen, der mit dem letzten Akt der Tragödie einen Mythos habe schaffen wollen.
Die Logik eines derartigen Planes hätte gefordert, die geheiligten irdischen Überreste für die nächste Generation aufzubewahren und sie nicht etwa der gegenwärtigen zu überlassen, die Hitlers große Idee verraten und sich als unwürdig erwiesen hatte. Diese nächste Generation aber wurde durch die Hitlerjugend verkörpert."
Ich kann mir vorstellen, daß eine solche Meldung diesen oder jenen veranlaßt hat, bei uns zu erscheinen und mit einem Seitenblick in den Garten auszuspähen, ob nicht eine Weihestätte zu entdecken ist. Was die Aussage der Sekretärin, Frau Junge, betrifft, so hat sie die Urne mit der Pistole verwechselt, mit der sich Adolf Hitler erschossen hat und die mir tatsächlich von Otto Günsche übergeben worden ist.
In der ersten Zeit nach meiner Freilassung wurde ich immer wieder darauf angesprochen, was es denn mit der Untergrundbewegung der Hitlerjugend gegen die Besatzungsmächte auf sich gehabt hätte. Das sei doch eine ganz unverständliche und törichte Aktion gewesen. Recht hatten die Leute mit ihrer Meinung. Aber in Wirklichkeit gab es überhaupt keine Untergrundbewegung. Von meinen Vernehmungen durch den amerikanischen Geheimdienst in Oberursel wußte ich zwar, daß man gegen mich den Verdacht der Anführerschaft einer Untergrundbewegung hegte. Auch im Internierungslager von Staumühle hatte ich ja erfahren, daß viele Jugendführer und Jugendführerinnen in diesem Zusammenhang verhaftet worden waren. Das volle Ausmaß der Publizität dieser Anklage und dieses angeblichen Tatbestandes erfuhr ich aber erst, als man mir deutsche und ausländische Zeitungen brachte. So schrieb beispielsweise die englische Zeitung „The People" vom 31. März 1946 in ihrer Hauptschlagzeile: „Bewaffneter Stoßtrupp zerschlägt Nazi-Griff zur Macht". Im Text hieß es dann weiter: „Heute morgen zerschlugen Tausende britische und amerikanische Truppen einen machtvollen, gut finanzierten, subversiven Versuch von Nazi-Fanatikern, die Macht im besetzten Deutschland wiederzugewinnen."
Die von den Siegern lizenzierten deutschen Nachrichtenblätter übernah-

men diese Meldungen. Die „Süddeutsche Zeitung" vom 2. April 1946 schrieb:
„Eine große illegale Nazi-Untergrundbewegung, die sich mit den Mitteln und unter der Leitung von Mitgliedern der früheren Hitlerjugend gebildet hatte und seit 10 Monaten an der Arbeit war, wurde vollständig ausgehoben, wie Brigadegeneral E. L. Siebert von der amerikanischen Militärregierung bekanntgab. Nach umfangreichen Razzien in der gesamten amerikanischen Zone Deutschlands und Österreichs nahm die Bewegung mit der Verhaftung von fünf ehemaligen Leitern der Hitlerjugend und über 1.000 anderen Beteiligten ihr Ende. Die amerikanischen Behörden haben damit die auf lange Sicht vorbereitete Umsturzbewegung ausgehoben, die in der amtlichen Mitteilung als ‚die bisher gefährlichste' bezeichnet wird ... 'Unsere Operation', erklärte General Siebert, ‚hat die Grundlagen dieser Geheimbewegung zerstört. Alle gefährlichen Personen sind in Haft, und alle illegalen Finanzmittel sind sichergestellt.'"
Zu diesen Meldungen hatten damals Kameraden aus unseren eigenen Reihen, wie ich später erfuhr, gesagt: „Die sind ja verrückt geworden! Wie kann man denn so dämlich sein, unter der totalen Gewalt der Besatzungsmächte und unter dem engmaschigen Netz der vier Geheimdienste ein so aussichtsloses Unterfangen zu wagen?" Vielleicht könnte es auch Zweck dieser wahrheitswidrigen Veröffentlichung gewesen sein, Mißtrauen und Uneinigkeit unter uns zu säen.
Es gab damals kaum jemanden, der nicht auf der Landstraße unterwegs war, um seine Angehörigen zu suchen, die durch die Kriegsereignisse in alle Richtungen zerstreut worden waren. Kreuz und quer führte sie ihr Weg durch Deutschland. Wie froh waren sie, wenn sie unterwegs Kameraden trafen, mit denen sie in ihrer Erschütterung über den verlorenen Krieg zu Rate gehen konnten. Man verabredete sich oder tauschte Adressen aus, sofern man schon einen Wohnsitz hatte. So bildeten sich im Lande einzelne und kleine Gruppen, die nur selten untereinander Verbindung hielten. Sie wurden nicht zentral gesteuert. Auch nicht durch mich. Ich befand mich ja in der sowjetischen Besatzungszone. Ich lebte allein in einem mecklenburgischen Dorf, hatte keine Kontakte zu früheren Kameraden. Ich war allein auf mich gestellt. Wie hätte ich da im Westen ein Netz der Verschwörung knüpfen können, abgesehen davon, daß ich es stets für abwegig und unrealistisch hielt.
Als ich im beginnenden Herbst 1945 zum ersten Mal in den westlichen Zonen auf Kameraden traf, wurde ich mit der Frage bestürmt: „Was machen wir jetzt. Wie soll es weitergehen?" Ich entsinne mich genau meiner Antwort: „Es geht jetzt ums nackte Überleben. Wenn es allen gelingt, die Familie recht und schlecht durchzubringen, dann bedeutet das in der Sum-

me, daß unser Volk überlebt. Und das muß uns nach diesem zweiten 30jährigen Krieg gelingen." Mit Sabotage der Besatzungsmächte hatte dieses Ziel überhaupt nichts zu tun. Sicher gab es vereinzelte Kräfte, die solche Überlegungen angestellt haben, jedoch besaßen sie keine Ausstrahlung. Es war eben nicht so, wie es manch einer der alliierten Besatzungsmächte annahm, daß hinter jedem Baum ein Werwolf stehen würde.
Der Verdacht der alliierten Geheimdienste auf eine Untergrundbewegung der Hitlerjugend wurde wohl dadurch genährt, daß Mitarbeiter der Reichsjugendführung Firmen betrieben, die auch mit amerikanischen Dienststellen in Verbindung standen. In den Geschäftsverkehr einer Münchener Firma schleuste der amerikanische Geheimdienst den 42jährigen Kaufmann Hans Garms ein. Er wurde von den Medien als „König des Schwarzmarktes" in der bayerischen Hauptstadt bezeichnet. Er war, wie sich herausstellte, vielfach vorbestraft. In seiner Villa in München-Harlaching verkehrten in jener turbulenten Zeit auch führende Persönlichkeiten. Durch diesen Agenten flog die Münchener Firma auf. Man vermutete, daß aus dieser Firma Gelder flossen, mit denen die Untergrundbewegung finanziert wurde. Dabei kam auch heraus, daß ehemalige Führer der Hitlerjugend mit amerikanischen Dienststellen verkehrten, deren Hilfe für die Durchführung bestimmter Maßnahmen notwendig war, wie zum Beispiel die Lieferung von Käse aus der amerikanischen Zone gegen die Lieferung von Ruhrkohle aus der britischen Zone. Diese Entdeckung führte offenbar zu der Annahme, daß es sich hier um eine gezielte politische Unterwanderung handelte, während tatsächlich die Bemühungen auf eine wirtschaftliche und geschäftliche Kooperation gerichtet waren.
Was hatte es nun für eine Bewandtnis mit der Gründung der Münchener Firma? In der letzten Phase des Krieges hatte die Reichsjugendführung das „Deutsche Jugendförderungswerk e.V." ins Leben gerufen, das besondere Aufgaben der Jugendbetreuung durchführen sollte. Für die Leitung dieses gemeinnützigen Vereins konnte ich den Staatssekretär Wilhelm Kepler gewinnen. Er war vor der Machtübernahme ein erfolgreicher Unternehmer und seit 1933 „Beauftragter des Führers und Reichskanzlers für Wirtschaftsfragen". Von Hitler erhielt er 1934 den Auftrag und die Vollmacht, „alle diejenigen Maßnahmen durchzuführen, die in Anbetracht der Devisenlage erforderlich sind, um ausländische Rohstoffe durch solche inländischer Erzeugung zu ersetzen". Er hatte sich große Verdienste um die Herstellung von synthetischen Fetten und Treibstoffen sowie für die Erzeugung von Buna erworben. Er war auch maßgeblich an den Verhandlungen über den Anschluß Österreichs an Deutschland beteiligt. Er hatte ein weites Herz für die Jugend und führte dem „Deutschen Jugendförderungswerk e.V." durch seine Verbindung zur Wirtschaft gespendete Gelder zu und vertiefte

auch die Beziehungen der Reichsjugendführung zu leitenden Persönlichkeiten der Wirtschaft. Besonders gern erinnere ich mich dabei an den Generaldirektor der Siemens AG, Bingel, der der Jugend gegenüber ebenfalls sehr aufgeschlossen und hin und wieder unser Gast war. Beim Einmarsch der Russen hat er sich in Berlin erschossen.
Anfang 1945 hatten wir den Geschäftsführer des Deutschen Jugendförderungswerkes e.V., Willi Heidemann, gebeten, unter anderem Gelder in der Wirtschaft anzulegen und aus den Erträgen die in Not geratenen Witwen unserer gefallenen Jugendführer zu unterstützen. Darum hatte er sich auch nach dem Krieg bemüht. Diese Maßnahme diente der sozialen Betreuung. Daraus wurde dann in der Öffentlichkeit eine Untergrundbewegung. Die Geheimdienste haben die Angaben der Verhafteten auf ihren Wahrheitsgehalt eingehend geprüft. Wäre nur etwas an der Untergrundbewegung wahr gewesen, so hätten wir nach den damals geltenden Bestimmungen der Alliierten mit der Höchststrafe rechnen müssen. Ich hätte diese Zeilen nicht mehr schreiben können. Da auch heute noch hier und da in der Literatur die Untergrundbewegung im Zusammenhang mit mir zitiert wird, lag mir daran, die tatsächlichen Vorgänge darzustellen. Leider haben die Angehörigen der Verhafteten unter der öffentlichen Verfemung leiden müssen.
Bei meiner ersten Begegnung mit früheren Mitarbeitern nach dem Krieg wurde darüber beraten, was getan werden muß, um eine heimatlose Jugend wieder seßhaft zu machen und sie in Ausbildung, Arbeit und Beruf zu bringen. In diesem Kreis war es vor allem Heinrich Hartmann, der sich für diese positive Zielsetzung aussprach. Durch glückliche Umstände gehörte er zu jenen, die einer Verhaftung entgingen. Er nutzte die Freiheit, um seinen Vorsatz in die Tat umzusetzen. Im März 1946 wandte er sich an das Sekretariat des Chefs der Deutschen Verwaltung im französisch besetzten Teil Württembergs und erbat unter Hinweis auf seine Vergangenheit als Hitlerjugendführer einen Gesprächstermin bei Staatsrat Professor Carlo Schmid. Dieser wurde nach den ersten Landtagswahlen vom Mai 1947 zum stellvertretenden Präsidenten und Justizminister des Landes Württemberg-Hohenzollern berufen. Es war damals ein seltener Ausnahmefall, daß Professor Carlo Schmid einen ehemaligen Mitarbeiter der Reichsjugendführung empfing. Ich zitiere darüber aus seinem Buch „Erinnerungen":
„Besondere Sorge bereitete mir das Schicksal der vielen Tausende Jugendlicher, die vor den Schrecken des Bombenkrieges in Jugendlagern untergebracht worden waren und nicht mehr heim fanden. Ihre Zahl war durch die aus den Ostprovinzen evakuierten Jugendlichen vergrößert worden, die vergeblich ihre inzwischen aus dem Osten vertriebenen Eltern suchten. Es

fehlte an Menschen, die sich dieser Jugend hätten annehmen können. Da führte mir der Zufall Heinrich Hartmann zu, der in der Reichsjugendführung Leiter der Hauptabteilung ‚Bildende Kunst' gewesen war. Er kam zu mir, weil er sich für das Unglück mit verantwortlich fühlte, das über die deutsche Jugend gekommen war. Er wollte seinen Teil dazu beitragen, die jungen Menschen dorthin zu bringen, wohin sie gehörten. Vor allem aber sie von der Landstraße wegzuholen, auf der sie verkamen. Ob ich eine Möglichkeit sähe, seine Pläne zu verwirklichen, wollte er wissen. Er glaubte, dabei auf die Mitwirkung ehemaliger HJ-Führer rechnen zu können, die sich im Untergrund versteckt hielten, um sich der Verhaftung durch die Polizei der Besatzungsmacht zu entziehen. Könnte so nicht auch über die Rettung der Jungen und Mädchen auf den Landstraßen hinaus einer Jugend ein neuer Lebensinhalt zuwachsen, die einst in gutem Glauben dem Hakenkreuz gefolgt war? Ich sagte meinem Besucher, daß ich für meinen Teil bereit sei, das Wagnis einzugehen, aber vor meiner Entscheidung mit dem Stellvertreter des Gouverneurs sprechen wolle, dessen Vertrauen ich besitze. Ich sprach mit Oberst d.e. Mangoux, der mir aufmerksam zuhörte. Es sei eine riskante Sache, meinte er, aber das Leben bestehe nun einmal darin, Risiken auf sich zu nehmen. Er werde mit Gouverneur Widmer sprechen. Nach einigen Tagen bat er mich, mit Heinrich Hartmann zu ihm zu kommen. Das Ergebnis des langen Gesprächs war: Heinrich Hartmann sollte mit den ehemaligen HJ-Führern, für die er sich verbürgen zu können glaubte, daß sie am Aufbau eines demokratischen Gemeinwesens mitzuwirken bereit wären, ans Werk gehen. Die französische Polizei werde Weisung bekommen, sie gewähren zu lassen, jedoch ein wachsames Auge auf sie haben. Später bauten Heinrich Hartmann und seine Freunde eine zerstörte Straße bei Teinach in einem mehrmonatigen freiwilligen Hilfsdienst wieder auf. Ich bat Fritz Erler, an den abendlichen Gesprächen mit dieser Gruppe teilzunehmen. Als die Straßenarbeiten beendet waren, erschien in der letzten Nacht die französische Polizei und nahm alle Teilnehmer in Haft.

Was war geschehen? Die Kommunisten hatten von der Zusammenkunft der alten HJ-Führer in Teinach erfahren und alarmierten ihre französischen Gesinnungsgenossen. Diese mobilisierten Pariser Stellen: ‚Faschistische Verschwörung im Schwarzwald'. Paris gab die Weisung nach Baden-Baden, den ‚Faschistenzirkel' hinter Schloß und Riegel zu bringen. Nach einigen Wochen waren die jungen Leute wieder frei. Tübingen hatte rasch gehandelt. Die Arbeit, die keimhaft begann, beruhte zu Beginn ganz auf der Schöpferkraft der Spontaneität und ist nach 30 Jahren zu einer mächtigen Organisation der Jugendwohlfahrtspflege, dem ‚Jugendsozialwerk' geworden. Kam es zunächst darauf an, die heimatlos gewordene Jugend

aufzufangen, später die auf dem Osten geflohene Jugend zu betreuen, dann Jugendheime der großindustriellen Firmen in eigene Regie zu nehmen, so wurde später eine der Hauptaufgaben die Leitung von Gastarbeiter-Heimen und die Einrichtung von Lehrwerkstätten für geistig und körperlich Behinderte.
Als die Arbeit begonnen wurde, dachte keiner von uns an die Möglichkeit solcher Ausweitung dessen, was in Gesprächen zwischen Heinrich Hartmann, seinen Freunden, Oberst Corbin de Mangoux und mir auf den Weg gebracht worden war. Kurt Schumacher hat uns geholfen, das Mißtrauen abzubauen, das von besorgten Antifaschisten gegen die Arbeit der alten HJ-Leute gehegt wurde. Dem Leiter der Jugendarbeit im DGB-Vorstand, Werner Hansen, war es zu verdanken, daß auch die Gewerkschaften bald ihr Mißtrauen aufgaben. Die britische und amerikanische Militärregierung von der demokratischen Gesinnung des Jugendsozialwerkes zu überzeugen, war schwieriger, aber es gelang. Daß mich die Generalversammlung der Mitglieder des Jugendsozialwerkes zum Ehrenmitglied und später, nachdem ich aus dem Parlament ausgeschieden war, zum Vorsitzenden des Vorstandes wählte, hat mich sehr bewegt."
Soweit Carlo Schmid. Wie sehr ihm das Jugendsozialwerk am Herzen lag, bekannte er in seiner Eröffnungsansprache aus dem Anlaß des 25jährigen Jubiläums der Gründung am 11. Januar 1949:
„Als ich vor zehn Jahren todkrank darniederlag und mein Leben überdachte, habe ich mich gefragt: Um welcher Dinge willen warst Du vielleicht notwendig? Da hat das Jugendsozialwerk zu diesen wenigen Dingen gezählt, die ich mir damals selbst vorgesagt und bestätigt habe."
Als ich mich 1948 im Internierungslager Nürnberg-Langwasser befand, erfuhr ich durch den Briefwechsel mit Heinrich Hartmann von dem Fortschritt seiner Bemühungen und habe mich darüber sehr gefreut. Auch später hat er immer wieder hervorgehoben, daß die Aufbauarbeit ohne das Vertrauen von Henri Humblot, dem Administrateur für Jugendfragen in der französischen Militärregierung, nicht möglich gewesen wäre, der dafür sogar von seiner vorgesetzten Dienststelle gemaßregelt worden ist. Sein Vertrauen war gerechtfertigt. Es wurde nicht mißbraucht. Die Jugendführer waren ja im Geist der Zusammenarbeit mit der französischen Jugend tätig gewesen. Heinrich Hartmann war über Jahrzehnte ehrenamtlicher Stellvertreter des Vorsitzenden und übernahm danach den Vorsitz des Bundeskuratoriums, den er noch heute inne hat.
Aber auch weitere ehemalige Mitarbeiter der Reichsjugendführung gehörten zu den Männern der ersten Stunde und der ersten Jahre des Jugendsozialwerkes e.V. Ich denke dabei an Otto Würschinger, den letzten Chef des Organisationsamtes der Reichsjugendführung, der in den letzten Apriltagen

1945 mit einer Kampfgruppe unsere Dienststelle gegen die Sowjets verteidigt hat. Er war der erste ehrenamtliche Mitarbeiter von Heinrich Hartmann und danach in mehreren führenden Positionen tätig. Ich denke an Dr. Georg Ebersbach, der zehn Jahre lang im Sozialen Amt der Reichsjugendführung angehörte und die sozialpolitische Zeitschrift der deutschen Jugend und das Mitteilungsblatt des Jugendführers des Deutschen Reiches „Das junge Deutschland" mitgestaltete. Dreißig Jahre lang arbeitete er als geschäftsführender Vorsitzender, prägend für den internationalen Bund „Jugendsozialwerk e.V.". Hin und wieder traf ich im Lande Kameraden, die nun auch diesem Aufbauwerk dienten. Einer von ihnen sagte mir: „Unter anderen Verhältnissen führen wir fort, was ihr einmal im Sozialen Amt der Reichsjugendführung begonnen hattet." Diese aufbauenden Aktivitäten ehemaliger Jugendführer beweisen, daß der Sinn nicht auf Sabotage und Untergrundbewegung gerichtet war.

Über Jahrzehnte wurde ich immer wieder mit Meldungen aus dem In- und Ausland konfrontiert, daß Martin Bormann nicht tot, sondern noch am Leben sei. Aus vielen Ländern meldeten sich Zeugen, die das angeblich bestätigen konnten. Ich habe bereits dargelegt, wie ich nach dem Ausbruch aus der Reichskanzlei in den ersten Morgenstunden des 2. Mai 1945 Martin Bormann und den letzten Leibarzt Adolf Hitlers, Dr. Ludwig Stumpfegger, auf der heutigen Sandkrugbrücke in der Nähe des Lehrter Bahnhofs ohne Lebenszeichen aufgefunden habe. Diesem Erlebnis entsprechen meine Aussagen, die ich nach meiner Verhaftung im Dezember 1945 vor den alliierten Geheimdiensten gemacht hatte. Im gleichen Sinn äußerte ich mich am 10. Oktober 1947 in meiner Vernehmung durch den stellvertretenden Hauptankläger im Internationalen Militärtribunal Nürnberg, Prof. Dr. Robert Kempner. Meine Aussage wiederholte ich in meinem Nürnberger Spruchkammerverfahren im April 1949 und in meiner zweiten Entnazifizierungsverhandlung in Berlin vom August 1958 sowie bei meiner Vernehmung durch die Berliner Kriminalpolizei am 11. Oktober 1962. Und schließlich habe ich am 17. April 1970 dem Untersuchungsrichter von Glasenapp in der Sache Bormann eingehend und gleichlautend berichtet.

Diese amtlichen Protokolle lagen also vor und konnten von Rechercheuren und Journalisten eingesehen werden. Daher habe ich von Auskünften an Journalisten Abstand genommen und auf die vorliegenden Protokolle verwiesen. Leider erschienen falsche Berichte über Gespräche mit mir, die niemals stattgefunden hatten. Obwohl das Amtsgericht Berchtesgaden bereits am 30. Januar 1954 und das Standesamt I Berlin im gleichen Jahr Martin Bormann für tot erklärt hatten, geisterten weiterhin neue Meldungen durch den internationalen Blätterwald, daß endlich der legendäre Flüchtling aufgespürt worden sei. Um Martin Bormann rankten sich weltweit

Legenden, wie um das Seeungeheuer von Loch Ness. Die Vertreter der Medien haben meine Aussage nicht geglaubt. Es gab kaum ein Land, in dem Bormann nicht gesichtet worden war.

So gab der SS-Offizier Joachim Tiburtius an, beim Ausbruchsversuch am 2. Mai 1945 Bormann in den Trümmern neben dem Hotel „Atlas" an der Friedrichstraße beobachtet zu haben, als dieser sich dort einen Zivilrock angezogen hat.

Ebenso wollte ihn in unmittelbarer Nähe der Pförtner vom Geschäftshaus „Weidenhof" an der Friedrichstraße / Ecke Schiffbauerdamm genau erkannt haben.

Eine langjährige Angestellte des Auswärtigen Amtes, Gertrud Heimerdinger, erklärte vor einem Notar an Eides Statt, daß sie Martin Bormann im Juni 1945 im Kriminalgericht Berlin-Moabit gesehen hat, und zwar unter Russen, von denen sie vernommen wurde.

Der Schriftsteller Heinrich Lienau behauptete, dem Leiter der Parteikanzlei im Juli 1945 in Schleswig-Holstein begegnet zu sein.

Ein früherer Beamter des Rüstungsministeriums gab an, Bormann 1952 als Franziskaner-Pater in Rom getroffen zu haben.

Der ehemalige Reichstagsabgeordnete Hesslein veröffentlichte in Österreich einen Brief, in dem er ausführte, daß Bormann im chilenischen Urwald lebe.

Die argentinische Nachrichtenagentur SAPORITE meldete im September 1960, daß Bormann in der Industriestadt Zarate 100 Kilometer nordwestlich von Buenos Aires verhaftet worden sei.

Die Londoner Tageszeitung „Daily Express" vom 27. November 1972 meldete weltweit exklusiv, daß Bormann auf einem großen Landgut in Argentinien vom dortigen Geheimdienst aufgespürt worden sei. Er sei 1948 von Italien nach Argentinien gekommen und auch in Bolivien, Peru und Südchile unter jeweils anderem Namen aufgetaucht.

Diese Auffassung teilte auch in öffentlichen Verlautbarungen der Leiter des jüdischen Dokumentationszentrums in Wien, Simon Wiesenthal. Die Israelis, die Adolf Eichmann aus Argentinien entführt hatten, glaubten keineswegs an den Tod von Martin Bormann.

Selbst führende Nationalsozialisten waren der Meinung, daß er noch lebt. Albert Bormann, der Bruder des Reichsleiters und persönlicher Adjutant Hitlers, äußerte in seinem Spruchkammerverfahren, er habe zwar von seinem Bruder nichts gehört, glaube aber, daß er sich in der Sowjetunion befinde.

Der SS-Obergruppenführer Gottlob Berger brachte vor dem Internationalen Militärtribunal in Nürnberg zum Ausdruck, daß er Bormann bei den Russen vermute. Diese Auffassung vertraten auch die SS-Führer Ohlendorf

und Schellenberg, der Chef des Auslandsnachrichtendienstes.
Natürlich machte mich das alles sehr nachdenklich, und immer wieder fragte ich mich, ob Bormann nicht doch nur ohnmächtig war, als ich ihn mit Dr. Stumpfegger fand. Schließlich konnte ich im russischen Feuer und unter Beschuß nicht wie ein Arzt den medizinischen Tod feststellen. Doch der bleibende Eindruck von der Leblosigkeit dieser Männer blieb so tief in mir haften, daß ich nach wie vor meinen eigenen Augen und meinen eigenen Feststellungen mehr vertraute, als allen anderen Erklärungen.
Am 7. und 8. Dezember 1972 wurden auf dem Ulap-Gelände in der Invalidenstraße die Skelette und Schädel von Martin Bormann und Dr. Ludwig Stumpfegger gefunden und nach vorhandenen Unterlagen über die Körperdaten identifiziert. Durch meine Aussage hatte ich dazu den Anstoß gegeben, und das kam so: 1964 trat der Redakteur der illustrierten Zeitung „Stern", Jochen von Lang, an mich heran, um mich für die Mitarbeit an der Serie „Die letzten 100 Tage" zu gewinnen. Ich lehnte das zunächst ab, da ich mich bis dahin völlig von den öffentlichen Medien zurückgehalten hatte. Mir war nicht nur bekannt, daß nach den Direktiven der Besatzungsmächte über diese nichts Negatives und über das Dritte Reich nichts Positives berichtet werden durfte. Von Kameraden und aus eigener Erfahrung wußte ich, daß sachliche Angaben in Artikeln und Büchern verzerrt und entstellt wiedergegeben wurden. Ein gebranntes Kind scheut eben das Feuer.
Nun erzählte mir mein Besucher von seiner Mitgliedschaft in der Hitlerjugend in Berlin-Moabit, die in der Kampfzeit zu meiner Gefolgschaft I gehört hatte, sowie von seinem Einsatz als SS-Kriegsberichter, der in den Apriltagen 1945 im Berliner Funkhaus an der Masurenallee endete. Er machte Angaben über seine Person und Verhältnisse und erwähnte auch, daß er ursprünglich anders hieße und von einem Berliner Polizeioffizier von Lang adoptiert worden war. Meine Fragen über Einzelheiten der Moabiter Hitlerjugend konnte er zutreffend beantworten. So vertraute ich ihm und gab ihm Informationen über das Ende von Martin Bormann. Ich fuhr mit ihm zum Lehrter Bahnhof und zeigte ihm den Stützpfeiler, auf dem wir vom Bahngelände hinunter geklettert waren und wo uns unter der Bahnüberführung eine russische Feldwache in Empfang genommen hatte. Ich führte ihn an die genaue Stelle auf der Brücke, an der ich Bormann und Dr. Stumpfegger ohne erkennbares Lebenszeichen gefunden hatte. Jochen von Lang glaubte meinem Bericht, der nun zum Ausgangspunkt seiner konsequenten Forschungen nach den Leichen der beiden Männer wurde. Er leistete sie in Zusammenarbeit mit der Staatsanwaltschaft in Frankfurt am Main, dem Untersuchungsrichter, der Polizei und den Behörden. Aus meinen Hinweisen folgerte er, daß die Leichen sehr wahrscheinlich im nähe-

ren Umkreis beigesetzt worden sein müssen, und erreichte, daß auf dem Ulap-Gelände Grabungen durchgeführt wurden. Sie verliefen 1965 noch ergebnislos.
Die Baubehörde wurde informiert, daß man sofort die Polizei verständigen sollte, wenn man bei weiteren Erdarbeiten auf sterbliche Überreste stoßen würde. Das geschah sieben Jahre später, Anfang Dezember 1972. Schädel und Skelette von einem großen und einem wesentlich kleineren Mann wurden ausgegraben. Es handelte sich um die Gesuchten. Fachkundige Untersuchungen ergaben, daß die Skelette der Größe der Lebenden entsprachen. Auch besondere Merkmale konnten an ihnen festgestellt werden, so ein Unterarmbruch des Dr. Stumpfegger sowie ein Schlüsselbeinbruch Martin Bormanns, den er einmal bei einem Sturz vom Pferd erlitten hatte. Form und Umfang der Schädel stimmten mit den vorhandenen Unterlagen überein. Das Gebiß von Bormann konnte durch das Zahnschema, das der behandelnde Arzt Dr. Blaschke aus dem Gedächtnis angefertigt hatte, identifiziert werden, was von dessen Mitarbeitern Echtmann und Katharina Heusermann mit an Sicherheit grenzender Wahrscheinlichkeit bestätigt wurde. Man fand in den Gebissen auch Glassplitter. Das ließ darauf schließen, daß eine Giftampulle zerbissen worden war. Diese Tatsache erklärte mir auch, daß ich bei der flüchtigen Inspektion der leblos erscheinenden Körper keine Wunden oder Blutspuren entdeckt hatte. Der Selbstmord durch Gift war eindeutig. Die Staatsanwaltschaft beim Oberlandesgericht Frankfurt am Main veranlaßte eine plastische Gesichtsrekonstruktion auf der Basis der gefundenen Schädel. Die mir gezeigten Fotos wiesen eine verblüffende Ähnlichkeit mit den Gesichtern von Bormann und Dr. Stumpfegger auf. Damit war bewiesen, daß diese beiden Männer in den ersten Morgenstunden des 2. Mai 1945 in Berlin ums Leben gekommen waren. Und so war es auch in meinen Aussageprotokollen zu lesen. Die Meldungen der Medien im In- und Ausland erwiesen sich endgültig als Legende. Der Redakteur hatte dem „Stern" durch seine konsequenten und gewissenhaften Recherchen einen großen Dienst erwiesen und eine Pleite verhindert, wie sie später durch die Veröffentlichung der gefälschten Tagebücher Adolf Hitlers weltweites Aufsehen erregte. Jochen von Lang hat über seine Recherchen in seinem Buch „Der Sekretär" berichtet. Meine gemachten Angaben sind darin korrekt wiedergegeben. Mit der Interpretation von Vorgängen und anderen Persönlichkeiten in diesem Buch vermag ich mich jedoch nicht zu identifizieren.
Zur Legende über Tod oder Leben des Reichsleiters kam noch ein neues Rätsel hinzu. Von verschiedener Seite wurde behauptet, daß Martin Bormann ein Spionage-As der Sowjets war. Diese Behauptung erhielt vor allem Glaubwürdigkeit durch Äußerungen des Präsidenten des Bundesnach-

richtendienstes, General Reinhard Arno Gehlen, die er 1971 in seinen Memoiren „Der Dienst" veröffentlicht hat. General Gehlen diente im Zweiten Weltkrieg unter anderem von November 1940 bis März 1942 als Leiter der Gruppe Ost in der Operationsabteilung des Oberkommandos des Heeres und war danach Chef der Abteilung „Fremde Heere Ost". Nach dem Krieg leitete er die „Organisation Gehlen" von Juli 1946 bis März 1956 und übernahm im Anschluß daran bis 1968 den Bundesnachrichtendienst. Im Hinblick auf seine Persönlichkeit und sein Amt mußten seine Äußerungen über die Existenz von Martin Bormann sehr ernst genommen werden. Ich möchte sie daher hier zitieren:

„In einem längeren Gespräch kamen Canaris und ich zu der Überzeugung, daß die Sowjets in der obersten deutschen Führung über eine gut orientierte Nachrichtenquelle verfügen mußten. Wiederholt stellten wir unabhängig voneinander fest, daß der Feind in kürzester Zeit über Vorgänge und Erwägungen, die auf deutscher Seite an der Spitze angestellt wurden, bis ins einzelne unterrichtet war. Ich will an dieser Stelle mein langes Schweigen um ein Geheimnis brechen, das - von sowjetischer Seite aufs sorgfältigste gehütet - den Schlüssel zu einem der rätselhaftesten Fälle unseres Jahrhunderts in sich birgt. Es ist die verhängnisvolle Rolle, die Hitlers engster Vertrauter, Martin Bormann, in den letzten Kriegsjahren und danach gespielt hat. Als prominentester Informant und Berater der Sowjets arbeitete er für den Gegner schon zu Beginn des Rußlandfeldzuges. Unabhängig voneinander ermittelten wir die Tatsache, daß Bormann über die einzige unkontrollierte Funkstation verfügte ... Meine eigenen Feststellungen konnten erst einsetzen, als nach 1946 Möglichkeiten bestanden, die mysteriösen Umstände der Flucht Bormanns aus Hitlers Bunker in Berlin und sein Verschwinden zu untersuchen. Die wiederholt in der internationalen Presse aufgetauchten Behauptungen, Bormann lebe im undurchdringlichen Urwaldgebiet zwischen Paraguay und Argentinien, umgeben von schwer bewaffneten Leibwächtern, entbehren jeder Grundlage. Zwei zuverlässige Informationen gaben mir in den 50er Jahren Gewißheit, daß Martin Bormann perfekt abgeschirmt in der Sowjetunion lebte. Der ehemalige Reichsleiter war bei der Besetzung Berlins durch die Rote Armee zu den Sowjets übergetreten und ist in Rußland gestorben."

Reinhard Gehlen stand mit dieser Auffassung nicht allein. So erklärte der SS-Obergruppenführer Gottlob Berger im Wilhelm-Straßen-Prozeß von Nürnberg, daß Bormann „nach Ansicht der SS ein Spion der Russen gewesen sei. ... Vor seiner Abreise nach Moskau sei Bormann noch aufgetragen worden, alle westeuropäischen Kriegsgefangenen, einschließlich der amerikanischen, erschießen zu lassen, um eine Atmosphäre des Hasses zwischen Deutschland und den Weststaaten zu schaffen, die Friedensver-

handlungen verhindern sollten".
Ein Beweis für diese Erklärung konnte nicht geführt werden. Es war lediglich eine Vermutung, von der man auch annehmen konnte, daß sie taktisch bedingt war. Vielleicht verfolgte sie den Zweck, insbesondere den Amerikanern zu sagen: „Seht, der Bormann läuft in Moskau frei herum und arbeitet für die Sowjets! Und was macht ihr mit uns?"
Aus meinem eigenen Erleben der Gefängnisatmosphäre und der Gerüchte von Nürnberg möchte ich meinen, daß einiges für diese Deutung spricht. Schwerwiegender erschien mir die Preisgabe des Geheimnisses von Reinhard Gehlen 26 Jahre nach Beendigung des Krieges, hinter der ich keinen taktisch-politischen Schachzug zu erkennen vermochte. Und die Argumentation, die Veröffentlichung dieses Geheimnisses sollte die Umsatzsteigerung des Buches bezwecken, konnte ich nicht akzeptieren.
So war ich sehr gespannt darauf, wie Reinhard Gehlen seine Ausführungen, Bormann habe als „prominentester Informant und Berater der Sowjets" gearbeitet und sei „inzwischen in Rußland gestorben", vor dem Untersuchungsrichter beweisen würde. Um es vorwegzunehmen, es gab keine Beweise. In seiner Vernehmung vom 21. September 1971 äußerte der General, daß er und Canaris bei der Suche nach der in der obersten militärischen Führung offenbar vorhandenen undichten Stelle, die dem Gegner sofort eigene Informationen zuspielte, auch den Angeschuldigten in Erwägung gezogen hätten. Ich zitiere nun wörtlich:
„Erst als Meldungen über Aussagen, die vor amerikanischen Behörden gemacht worden sind und die das Schicksal Bormanns betrafen, bekannt wurden, achtete man wieder etwas auf die Angelegenheit Bormann. Nach meiner Erinnerung war es entweder im Jahre 1946 oder 1947, als mir durch eine - ohne jeden Zweifel zuverlässige - Quelle bekannt wurde, daß Bormann in einem Film, der in einem Kino in Ost-Berlin vorgeführt worden war und in welchem über eine Sportschau berichtet worden war, in der Gruppe der sowjetischen Zuschauer - es mag sich hierbei um sowjetische Funktionäre gehandelt haben, nach meiner Erinnerung - der Angeschuldigte mit Sicherheit wiedererkannt worden sei. Ich muß hierzu bemerken, daß mir von dem Betreffenden, von dem diese Information stammt, bekanntgeworden ist, daß er den Angeschuldigten vor dem 2. Mai 1945 von Angesicht zu Angesicht hat sehen können. Diese Erkenntnis wurde von uns damals an die zuständigen amerikanischen Dienststellen weitergegeben. Ich möchte hierzu noch anmerken, daß schriftliche Aufzeichnungen hierüber nicht vorhanden sind. Die schriftlichen Unterlagen des Nachrichtendienstes wurden in Abständen jeweils vernichtet. Nach Konstituierung der Bundesrepublik hatte ich Veranlassung, entweder dem Bundeskanzler Adenauer oder dem Staatssekretär Globke zum Fall Bormann vorzutragen.

Es war mir bekannt geworden, durch eine gleichfalls nach meiner Überzeugung äußerst zuverlässige Quelle, daß russischerseits der Plan erwogen wurde, das Gerücht in die Welt zu setzen, daß Hitler noch am Leben sei, und daß man den in den Händen der Russen befindlichen Bormann als Bevollmächtigten Hitlers auftreten zu lassen erwäge. Dies alles mit dem Ziel, ein einheitliches, etwa national-kommunistisches Deutschland zu bilden. Mir ist in Erinnerung, daß der Bundeskanzler daraufhin entschied, daß politisch in dieser Sache nichts zu unternehmen sei. Jedenfalls ist mir eine Stellungnahme etwa in diesem Sinn im Gedächtnis geblieben. Selbstverständlich erhielt der Nachrichtendienst zahlreiche Meldungen über den Aufenthalt Bormanns. Diesen Meldungen gegenüber war und bin ich stets skeptisch gewesen, weil mir die Zuverlässigkeit der betreffenden Informanten nicht ausreichend erschien. Nur in den beiden geschilderten Fällen unterlag für mich die Zuverlässigkeit keinem vernünftigen Zweifel. Wenn ich heute nach dem Tod des Angeschuldigten befragt werde, so bemerke ich hierzu zunächst, daß ich meinerseits nie behauptet habe, daß der Angeschuldigte vor etwa drei Jahren gestorben ist. Ich für meine Person muß annehmen, daß Bormann mit an Sicherheit grenzender Wahrscheinlichkeit in der Zeit nach Bekanntwerden des eben geschilderten Konzepts eines national-kommunistischen Deutschlands gestorben ist. Ich habe meinerseits nie behauptet und kann auch heute nicht aussagen, daß ich hierfür auch nur eine einigermaßen sichere Informationsquelle gehabt hätte."
Diese Aussage Gehlens vor dem Untersuchungsrichter läßt auf alles andere als auf feste Gewißheit schließen. So heißt es auch in dem Schlußbericht der Frankfurter Staatsanwaltschaft in der „Strafsache gegen Martin Bormann wegen Mordes" vom 4. April 1973 dazu:
„Die beiden Informationsquellen hat der Zeuge Gehlen aus Sicherheitsgründen nicht bekanntgegeben. Ihn hierzu zu zwingen, bestand im Hinblick auf die offensichtliche Mangelhaftigkeit und Dürftigkeit der beiden Hinweise keine Notwendigkeit."
Auch nach der Gehlen-Erklärung in seinen Memoiren wurde noch viel über die Arbeit Bormanns für die Sowjets spekuliert. Anfang der 80er Jahre erschien ein Buch unter dem Titel „Moskaus As im Kampf der Geheimdienste" von Hugo Manfred Beer. Darin vertritt er ebenfalls die Auffassung des Generals. Er führt dafür seriöse Gründe an. So erwähnt er zum Beispiel, daß Bormann 1920 als Freikorpskämpfer im Baltikum in sowjetrussische Gefangenschaft geraten war, jedoch als einer der Ersten entlassen wurde. Er habe nur dadurch sein Leben retten können, daß er ein Papier unterschrieb, in dem er sich verpflichtet haben soll, für die Sowjets zu arbeiten. Diesen Hinweis entnahm er dem Buch „Der Admiral" von Klaus Benzing, der seine Kenntnisse über Bormann aus dessen Personalakte bei

den Amerikanern bezogen habe. Beer bezieht sich außerdem auf die Veröffentlichung des tschechischen Journalisten Pawel Havelka, der auch die Version einer nachrichtendienstlichen Verpflichtung des zwanzigjährigen Freikorpskämpfers Bormann durch die Sowjets vertritt. Dieser habe seine Informationen mündlich vom Chef der Gegenspionage im tschechischen Generalstab, General Bartek, erhalten, der zugleich Vertrauter des tschechischen Staatspräsidenten Benesch war. Diesem habe Stalin selbst mitgeteilt, daß Bormann sowjetischer Agent ist. Ich erinnere mich einer solchen Pressenotiz und möchte gar nicht ausschließen, daß der rote Diktator dem bürgerlich-liberalen Politiker Benesch eine solche Mitteilung gemacht haben könnte. Nur wissen wir, daß Stalin ein Meister der Desinformation war. Es gibt auch Anhaltspunkte dafür, daß man die Verbreitung des Gerüchtes erwog, daß Hitler noch am Leben sei. Aus der Tatsache, daß der Chef der tschechischen Gegenspionage eine brisante Information an einen Journalisten weitergibt, kann man auch umgekehrt schließen, daß er eine solche Information an einen Journalisten unter dem Zeichen der Verschwiegenheit verbreitet wissen wollte. Das sind interessante Kombinationen, die jedoch keine Beweiskraft besitzen.

Beer führt zwei Argumente an, auf die ich mich beschränken möchte. Bormann verfügte tatsächlich über einen eigenen Sender und ein Funknetz, die nicht unter Kontrolle standen. Wie wir wissen, wurden Ergebnisse aus den Lagebesprechungen bei Adolf Hitler dem Feind in kürzester Frist bekannt. Der Verdacht des Verrats fiel auch auf den SS-Gruppenführer Fegelein, den man kurz vor seiner Desertion aus Berlin verhaftet hatte. In der engsten Umgebung der deutschen militärischen Führung mußte es einen Mann geben, der Entschlüsse und geheime Daten verriet. So lenkte die Abwehr auch auf Bormann ihren Verdacht. Dieser verbreitete in der Endphase des Krieges über seinen Sender Spielmaterialien im Verkehr mit dem feindlichen Nachrichtendienst. Diese Spielmaterialien sollen auch zutreffende Tatsachen enthalten haben, um so Vertrauen in die irreführenden Meldungen zu schaffen.

Mir scheint das sehr problematisch, wenn ich bedenke, daß der Bormann-Sender erst einige Zeit nach dem 20. Juli 1944 zu arbeiten begann, und da waren doch schon die wichtigsten Entscheidungen im Krieg gefallen. Es muß auch berücksichtigt werden, daß in höchsten verantwortungsvollen Positionen der Abwehr bei Canaris Männer tätig waren, die selbst wichtigste Nachrichten an den Feind, wenn auch vornehmlich an die Westmächte, verrieten. Ich erinnere nur an den General Hans Oster, der die Angriffstermine der deutschen Wehrmacht im Westen über den holländischen Militärattaché Sass verraten hat und dessen Abteilung Z Mittelpunkt der Verschwörung gegen Hitler in der Abwehr war. Mußten diese Leute ein

Interesse daran haben, den Verratsverdacht auf Bormann zu lenken?
In der unheilvollen Unterdrückungspolitik des Reichskommissars Erich Koch in der Ukraine, die in Abstimmung und Komplizenschaft mit Bormann zum Schaden des Reiches und letztlich zum Nutzen der Sowjets und der Machterhaltung Stalins durchgeführt wurde, sieht Beer offensichtlich eine Bestätigung seiner Annahme, daß Bormann für die Sowjets gearbeitet hat. Ich habe bereits dargelegt, daß die in Rußland kämpfenden Jugendführer diese Politik in der Ukraine schärfstens abgelehnt hatten, und mein Gespräch mit Erich Koch erwähnt, in dem ich ihn beschworen hatte, seinen eingeschlagenen Kurs zu ändern. Empörte Ablehnung war seine Antwort. Dennoch bin ich nicht der Auffassung, daß diese Politik im feindlichen Auftrag Stalins erfolgte, sondern vielmehr, Gott sei 's geklagt, aus eigenem Willen und Antrieb. Das war einer der stärksten Nägel für unseren Sarg. „Moskaus As im Kampf der Geheimdienste" bringt wertvolle Hinweise auf Verdachtsmomente für eine mögliche Agententätigkeit Bormanns. Sie sind jedoch kein Beweis dafür.

Gegen die Version des Generals Gehlen und von allen, die seine Ansicht teilen, möchte ich aus eigenem Erleben verschiedene Tatsachen ins Feld führen. In meinen Besprechungen mit Bormann stellte ich stets fest, daß für ihn das Wort und die Entscheidung Hitlers Gesetz war. Selbst wenn er persönlich in einer Frage eine andere Meinung hatte, was selten genug vorkam, bestand er konsequent auf die Durchführung der Entscheidung Hitlers. In diesem Sinn war er seinem Chef loyal ergeben. Aus dieser Erfahrung fällt es mir schwer zu glauben, daß Bormann seinen Chef an die Sowjets verkauft und verraten hat. Ich habe nach dem Krieg im Konzentrationslager Nürnberg-Langwasser mit dem Staatssekretär Dr. Klopfer ausführlich gesprochen. Er war die rechte Hand Bormanns für die Zusammenarbeit mit den staatlichen Dienststellen. Bei aller Kritik am menschlichen Verhalten seines Chefs vertrat er die Auffassung, daß für ihn die Vorstellung von dessen Verrat an Hitler völlig abwegig sei. Diese Überzeugung äußerte mir gegenüber auch der Staatssekretär im Ministerium für Volksaufklärung und Propaganda, Dr. Naumann. Hier handelt es sich also um zwei Persönlichkeiten, die noch viel enger als ich mit Bormann zusammengearbeitet haben.

Und nun zu dem Verhalten Bormanns in den letzten Wochen vor dem drohenden Untergang, das uns über seine wahre Einstellung Aufschluß geben kann. In mehreren Aufrufen, Weisungen und Fernschreiben an die Gauleiter und Verbändeführer verlangte und beschwor er den höchsten Einsatz gegen die ins Reichsgebiet eingedrungenen Feinde. So heißt es zum Beispiel in einer Anordnung des Leiters der Parteikanzlei vom 1. April 1945: „Im Auftrag unseres Führers ordne ich an: Nationalsozialisten! Parteigenossen! Nach dem Zusammenbruch von 1918 verschrieben wir uns mit Leib und Leben dem Kampfe um die Daseinsberechtigung unseres Volkes. Jetzt ist die Stunde der höchsten Bewährung gekommen. Die Gefahr erneuter Versklavung, vor der unser Volk steht, erfordert unseren letzten und höchsten Einsatz: Der Kampf gegen den ins Reich eingedrungenen Gegner ist überall mit Unnachgiebigkeit und unerbittlichst zu führen. Gauleiter und Kreisleiter, sonstige politische Leiter und Gliederungsführer kämpfen in ihrem Gau und Kreis, siegen oder fallen. Ein Hundsfott, wer seinen vom Feind angegriffenen Gau ohne ausdrücklichen Befehl des Führers verläßt, wer nicht bis zum letzten Atemzug kämpft, er wird als Fahnenflüchtiger geächtet und behandelt. Reißt hoch die Herzen und überwindet alle Schwächen! Jetzt gilt nur noch eine Parole: Siegen oder fallen! Es lebe Deutschland! Es lebe Adolf Hitler!"

Ist das die Sprache eines Spions? Sicher kann man ins Feld führen, daß man gerade durch solche Gelöbnisse die Spionagetätigkeit kaschieren wollte. Aber wie lief es in der Stunde des Untergangs? Bormann gehörte zu jenen, die zum Beispiel im Gegensatz zu Dr. Goebbels darauf hofften, daß Hitler sein Berliner Hauptquartier noch rechtzeitig vor dem Eindringen der Sowjets in die Reichshauptstadt auf den Obersalzberg ins Alpenreduit verlegen würde. Dort wäre er doch nicht den Russen, sondern den Amerikanern viel näher gewesen.

Mein wichtigstes Argument gegen die Verratsthese ist folgende Begebenheit, die ich selbst erlebt habe und damit bezeugen kann. Nach der Verkündung des politischen Testaments von Adolf Hitler, in dem Dr. Goebbels zum Reichskanzler und Bormann zum Parteiminister ernannt worden waren, fand im Lageraum eine Besprechung unter der Leitung des neuen Reichskanzlers statt. Daran nahmen Bormann, der Generalstabschef Krebs, General Burgdorf, Staatssekretär Naumann und ich teil. Es wurde über die Aufnahme einer Verbindung zu den Sowjets mit dem Ziel der Erreichung eines Waffenstillstandes beraten. Dr. Goebbels beauftragte mit dieser Mission den General Krebs. Er war einmal stellvertretender Militärattaché in Moskau und sprach russisch. Als der japanische Außenminister Matsuoka nach seinem Aufenthalt in Berlin nach Moskau reiste, war er von Stalin empfangen worden, der auch den anwesenden deutschen Militärattaché Krebs ins Gespräch gezogen hatte. Dr. Goebbels richtete an Bormann nun die Frage: „Wollen Sie als Parteiminister mit dem General Krebs als Parlamentär mit zum sowjetischen Befehlshaber gehen?" Bormann lehnte das mit einem klaren „Nein" ab. So begab sich der Generalstabschef Krebs ohne Bormann zum sowjetischen General Tschuikow, der sein Quartier in der Tempelhofer Schulenburgstraße hatte. Hier frage ich mich nun, warum ist Bormann nicht mitgegangen, wenn er ein Agent Stalins gewesen sein

soll? Es bot sich ihm doch nun die einmalige Gelegenheit, unter dem Schutz der weißen Parlamentärsflagge zu seinen Auftraggebern zurückzukehren. Aber nichts dergleichen geschah. Statt dessen entschied sich Bormann, mit uns den Ausbruch aus Berlin zu wagen. Jeder von uns wußte, daß es ein Himmelfahrtskommando war und nur geringe Aussicht bestand, lebend durch die sowjetischen Linien zu kommen. Verhält sich so ein Agent, der lieber sein Leben aufs Spiel setzt, um sich beim neuen Staatsoberhaupt in Norddeutschland zu melden, obwohl er ohne Gefahr zu den Sowjets hätte überlaufen können? Ich sage nein. Und Bormann war sich dessen wohl bewußt, welch ein lebensgefährliches Risiko er mit dem Ausbruch einging. So äußerte er sich jedenfalls in unserem Kreis und auch gegenüber seiner Sekretärin.
Als hinter der Panzersperre an der Weidendammer Brücke ein Königstiger durch Feindeinwirkung explodierte, war Bormann danach aus dem Gesichtsfeld seiner Begleiter verschwunden. Erich Kempka, der Fahrer Hitlers schrieb in der ersten Ausgabe seines Buches „Ich verbrannte Adolf Hitler", Bormann sei bei dieser Explosion ums Leben gekommen. Er hat diese Äußerung sicher im guten Glauben getan, denn er war durch den Blitz der Explosion selbst so geblendet, daß er für einige Zeit nichts sehen konnte. Als seine Sehkraft wiederkehrte, war Bormann verschwunden. So mußte Kempka annehmen, daß Bormann bei der Explosion umgekommen war. Das traf aber nicht zu. Als ich zur Deckung in einen Bombentrichter sprang, fand ich dort Bormann unverletzt vor. Als wir über den Ausbruchsweg berieten, gab Bormann an, er müsse unbedingt zu Dönitz, also in Richtung Flensburg gehen. Er wollte also nicht zu den Sowjets, die nur wenige Meter von uns entfernt waren. Auf dem Bahngelände an der Friedrichstraße machten wir uns in nordwestlicher Richtung nach Spandau-Nauen auf den Weg. Durch heftiges Feuer wurden wir kurz vor dem Lehrter Bahnhof gezwungen, die Gleiskörper zu verlassen. Die sowjetische Feldwache nahm uns unter der Brückenüberführung in Empfang. Hier bot sich nun für Bormann die allerletzte Chance, sich zur nächsthöheren Kommandantur der Sowjets führen zu lassen, um sich als deren Agent zu erkennen zu geben. Auch das geschah nicht. Vielmehr entfernte er sich mit Dr. Stumpfegger in Richtung auf die Invalidenstraße, wo ich sie später beide ohne Lebenszeichen fand.
Alle Behauptungen, daß Bormann nach dem Tode Hitlers noch zu den Sowjets übergelaufen sei, entsprechen nicht den von mir angeführten Tatsachen. Ich bin mit ihm bis in die letzten Minuten seines Lebens zusammen gewesen und darf mir darüber ein Urteil erlauben. Übrigens wurden die beiden leblosen Körper an der von mir bezeichneten Stelle von drei weiteren Zeugen entdeckt, nämlich den Zeugen Seidel, Krumnow und Stelse.

Am gleichen Ort fand man auch den Kalender von Bormann mit Stichwortnotizen. Seine Echtheit kann ich daraus schließen, daß darin meine vier Besprechungstermine mit Bormann in der Zeit vom Januar bis März 1945 verzeichnet sind. Unter dem 29. April 1945 hatte er den Satz eingetragen: „Führer diktiert sein politisches und privates Testament. Verräter Jodl, Himmler und Generale liefern uns den Bolschewisten aus. Wieder Trommelfeuer." Also schienen die Bolschewiken wohl doch nicht Bormanns Auftraggeber und Freunde gewesen zu sein.

Der deutsche Journalist Richard Sorge hat den Sowjets im Zweiten Weltkrieg die deutschen Angriffstermine verraten. Die Auftraggeber hüllten sich darüber sehr lange in Schweigen. Erst nach zwanzig Jahren errichteten die Sowjets ihrem Helden ein Denkmal. Seit 1945 ist nun ein halbes Jahrhundert vergangen. Mir ist nicht bekannt, daß Martin Bormann von den Sowjets eine solche Ehre widerfahren ist.

Die Legende um Martin Bormann ist aber immer noch nicht gestorben. Am 7. Dezember 1994 erschien in der „Frankfurter Allgemeinen Zeitung" ein Artikel: „Martin Bormann, Stalins Agent in Berlin?" Er bezieht sich auf ein Buchmanuskript des russischen Militärautors Boris Tartakowski mit dem Titel: „Wer sind Sie, Reichsleiter Bormann?" Darin schildert er eine angebliche Agententätigkeit Bormanns für die Sowjetunion. Er verwertet darin die Angaben des Präsidenten des Bundesnachrichtendienstes, General Reinhart Arno Gehlen, die er in seinen Memoiren „Der Dienst" gemacht hat, sowie die Argumente, die Hugo Manfred Beer in seinem Buch „Moskaus As im Kampf der Geheimdienste" anführt.

Außerdem stützt er sich auf die Aussagen des SS-Obergruppenführers Gottlob Berger vor dem Internationalen Militärtribunal in Nürnberg. Dazu habe ich bereits Stellung bezogen und berichtet, was ich selbst erlebt habe. Über den 30. April 1945, dem Todestag Adolf Hitlers, schreibt Tartakowski: „Bormann befahl, den Führer und Eva in Teppiche einzuwickeln und nach draußen zu tragen, wo sich einige Bombentrichter befanden. Die Soldaten verschnürten die Teppiche und warfen sie mit Schwung auf den Grund eines Trichters." - Meine Antwort: Als die Leichen an mir vorbeigetragen wurden, waren sie in Decken gehüllt. Eine Verschnürung gab es nicht.

Im Text heißt es weiter: ‚Was werden wir tun?', fragte Krebs Bormann. ‚Teilen sie den Russen mit, daß wir die bedingungslose Kapitulation annehmen.'" - Meine Entgegnung: Tatsache ist, daß Dr. Goebbels und Martin Bormann die bedingungslose Kapitulation in meiner Gegenwart abgelehnt haben.

Tartakowskis Behauptungen gipfeln in den Worten: „Martin nahm aus dem Schrank das Funkgerät, schaltete die Akkumulatoren zu, rollte die Antenne zum eingeschlagenen Fenster hin aus und begann zu übermitteln: ‚Ich bitte um Hilfe, ich befinde mich auf der westlichen Seite der Reichskanzlei. Der nächste Eingang - der nördliche. Bewegung auf dem Korridor zum Osten. Raum 114...'" Um 14 Uhr näherte sich nach Tartakowski ein schweres Panzerregiment dem Gebäude der Reichskanzlei: „‚Umzingelt diese Seite des Hauses', kommandierte General Serow, ‚dichter herangehen...' - ‚Zwei Panzer an den Eingang. Direkt mit dem Heck.' Im Eingang zeigte sich eine Gruppe Leute. Einige Militärs in grünen Overalls trugen einen Menschen mit einem blauen Sack auf dem Kopf unter den Armen hinaus... Sie hoben den Menschen auf die Panzerung und ließen ihn vorsichtig in die Luke." - Meine Stellungnahme: Der Bunker tief unter der Erde besaß keine Fenster, durch die man eine Antenne hätte ausrollen können. Und in der Reichskanzlei hielt sich niemand im oberen Stockwerk auf, da es, wie der Bunker, häufig unter Artilleriefeuer lag.

Das soll sich am 30. April 1945 zugetragen haben. Um 16.30 Uhr starb Adolf Hitler. Danach war Bormann mit uns zusammen. Um 14.00 Uhr soll sich ein Panzerregiment der Sowjets der Reichskanzlei genähert haben, um Martin Bormann aufzunehmen. Mit an Sicherheit grenzender Wahrscheinlichkeit wären die sowjetischen Panzer, wie schon einmal auf dem Wilhelmplatz, vor unserer Haustür abgeschossen worden. Und Bormann hielt sich bis zum Beginn des Ausbruchs, das heißt bis in die Nacht des 1. Mai hinein, im Bunker auf. Ich war mit ihm und anderen Bunkerinsassen noch in den ersten Morgenstunden des 2. Mai zusammen.

Tartakowski berichtet weiter: „In Moskau gibt es unweit des Lefortowski-Platzes einen alten Friedhof. Grabsteine, Grabsteine, Grabsteine, dicht mit Bäumen und Sträuchern zugewachsen. Ich bleibe an einem von ihnen stehen. Reibe über die staubige Inschrift und lese: Martin Bormann 1900 - 1973." - Meine Erwiderung: Einen solchen Grabstein mag es geben. Warum wird der Nachweis, daß es sich um das Skelett von Martin Bormann handelt, nach zwölf Jahren nicht geführt? So ist es in Deutschland geschehen. Das Zahnschema von Bormann liegt vor. Außerdem muß am Skelett sein Schlüsselbeinbruch zu erkennen sein.

Die Dokumente des russischen Geheimdienstes sollen nach Ablauf der 50jährigen Geheimhaltungsfrist veröffentlicht werden. Ich warte gespannt darauf. Ich lasse mich gern von meinem Irrtum überzeugen. Schon einmal hatte die Regierung Argentiniens, wo sich Bormann ebenfalls aufgehalten haben soll, angekündigt, die geheimen Dokumente zu veröffentlichen, von denen man Aufschluß über die Umtriebe der Nazis und über den Aufenthalt Bormanns in diesem Lande erwartete. Darüber habe ich nichts mehr gehört.

Der Neubeginn und die Umstellung auf eine andere berufliche Tätigkeit brachte, wie für so viele Menschen, auch für mich Sorgen und manche

Probleme mit sich. Ich stand immer noch unter dem bedrückenden Bann der Ereignisse in jüngster Vergangenheit. Sich konkret und im Detail mit politischen Fragen zu befassen, dazu blieb mir weder die Zeit, noch stand mir der Sinn danach. Die Siegermächte konnten sich im Kalten Krieg nicht auf ein Gesamtdeutschland einigen. Im Westen des Reiches wurde im Mai 1949 mit der Verkündung des Grundgesetzes die Bundesrepublik Deutschland gegründet. Im Oktober 1949 folgte im Osten die Gründung der Deutschen Demokratischen Republik. Die Bundesrepublik Deutschland stand unter dem Einfluß der Westmächte und die Deutsche Demokratische Republik unter dem Einfluß der Sowjetunion. Die Grenzlinie des Kalten Krieges verlief mitten durch Deutschland. Die Teilung Deutschlands war nicht das Ergebnis des heißen Krieges von 1939 bis 1945, sondern das Ergebnis des Kalten Krieges zwischen den alliierten Siegermächten von 1945 bis 1949.
Eine Folge des Kalten Krieges war auch der Korea-Krieg. Er brach am 25. Juni 1950 aus und teilte das Land nach Kriegsende in die nördliche Demokratische Volksrepublik Korea und die südliche Republik Korea.
Gegenwärtig ziehen wieder die Wolken eines von Nordkorea angedrohten Krieges auf. Nach dem Sieg der Japaner über die Russen im russisch-japanischen Krieg von 1904 und 1905 wurde Korea, das auf der Seite der Russen stand, ein Protektorat und 1910 eine Kolonie Japans. Nach dem Zweiten Weltkrieg erhielt Korea seine Unabhängigkeit von Japan. Die Amerikaner schlugen den Sowjets vor, daß die Rote Armee die Übergabe der japanischen Truppen nördlich des 38. Breitengrades entgegennehmen sollte, während sie selbst diese Übernahme südlich des 38. Breitengrades vollziehen wollten. Nachdem nordkoreanische Truppen 1950 in Südkorea einmarschiert waren, verurteilte der Sicherheitsrat der Vereinten Nationen in Abwesenheit der UdSSR die Demokratische Volksrepublik Korea als Aggressor und beschloß, für den Kampf an der Seite Südkoreas UNO-Truppen aufzustellen. Dabei handelte es sich weitestgehend um amerikanische Truppen. Als diese sich im Gegenstoß am Yalu-Fluß der nordkoreanisch-chinesischen Grenze näherten, trat die Volksrepublik China an der Seite Nordkoreas in den Krieg ein. Nicht zuletzt diese Tatsache führte dazu, daß es am 27. Juli 1953 zu einem Waffenstillstand kam. Der 38. Breitengrad wurde als Staatsgrenze zwischen Nord- und Südkorea festgelegt. Der Krieg und die Teilung haben viel Unglück über die Koreaner gebracht.
Warum dieser Kurzausflug in den Fernen Osten? Als 1950 in Korea der Krieg begann, wurde in der folgenden Zeit in den beiden deutschen Teilstaaten die Wiederbewaffnung und Remilitarisierung der Bundesrepublik Deutschland auf das heftigste diskutiert. Schon im Herbst 1949 waren in den Vereinigten Staaten von Amerika Stimmen von Politikern laut gewor-

den, daß man die Bundesrepublik bewaffnen müßte. Diese Vorschläge resultierten gewiß nicht aus der Einsicht, den Westdeutschen endlich Gerechtigkeit widerfahren zu lassen, nachdem man sie in den fünf Jahren der Besatzung wegen ihres angriffslüsternen Militarismus beschimpft hatte. Sie ergaben sich vielmehr aus der Notwendigkeit, im Interesse Amerikas das westdeutsche Potential gegen die Sowjetunion mobilisieren zu müssen, nachdem diese seit dem September 1949 ebenfalls über die Atombombe verfügte. Bundeskanzler Dr. Konrad Adenauer ist auf diese Vorschläge eingegangen. Sein Sicherheitsberater, Graf von Schwerin, bereitete im Bundeskanzleramt unter dem Namen Heimatdienst die Aufstellung deutscher Truppen vor. Er überreichte am 29. August 1950 dem amerikanischen Hohen Kommissar John J. McCloy ein „Sicherheitsmemorandum", in dem die Auffassung zum deutschen Verteidigungsbeitrag dargelegt wurde. Man erachtete zunächst die Aufstellung von zehn bis zwölf Panzerdivisionen als erforderlich. Die Stimmung im Volk war entschieden dagegen. Durch eine Meinungsumfrage des Emnid-Instituts „Würden Sie es für richtig halten, wieder Soldat zu werden, oder daß Ihr Mann oder Ihr Sohn wieder Soldat werden?" wurde ermittelt, daß 73,4 Prozent der Bevölkerung mit „Nein", 13,6 Prozent mit „Ja" stimmten und sich 13 Prozent der Stimme enthielten.

Aber nicht nur im Volk brodelte es, auch in der Regierung gab es Unruhe. Der Innenminister Dr. Gustav Heinemann machte den Kurs Dr. Adenauers nicht mit und trat zurück. Waren 1945 noch viele Soldaten, die vor allem im Osten gekämpft hatten, bereit, mit den westlichen Alliierten gegen die Sowjetunion zu kämpfen, so hatte sich diese Einstellung durch ihre Erlebnisse in der Besatzungszeit grundlegend geändert. In den Spruchkammerverhandlungen wurde der soldatische Einsatz immer noch verächtlich gemacht, Offiziere ins Gefängnis geworfen und gehängt. Unter solchen Verhältnissen sollten Männer wieder in den Wehrdienst eintreten? Zumal nicht einmal die volle Souveränität der Deutschen garantiert worden war? Das löste eine Ohne-mich-Bewegung aus.

Dagegen war es ein offenes Geheimnis, daß in der Sowjetischen Besatzungszone in der Volkspolizei durch spezifische Ausbildung und Bewaffnung bereits Kader für eine neue Armee geschaffen wurden. Durch die Aufrüstung in beiden deutschen Teilstaaten wurde aber der Weg zur Einheit Deutschlands immer mehr versperrt und blockiert. Das Beispiel der Entwicklung zum Korea-Krieg ließ befürchten, daß auch eines Tages Deutsche auf Deutsche schießen könnten, und daß unser Land in der Mitte Europas zum Schlachtfeld werden würde. Das wäre das Ende unserer Geschichte gewesen, und da hätte es kein Überleben für unser Volk mehr gegeben. Diese düsteren und sorgenvollen Gedanken bewegten nicht nur mich, sondern viele meiner Kameraden, die den Krieg überlebt hatten. Aus den Reihen ehemaliger Hitlerjugendführer wurde mir gegen Ende des Jahres 1950 bekannt, daß man den Versuch unternehmen wollte, mit der Jugendführung in der Deutschen Demokratischen Republik die Verbindung mit dem Ziel aufzunehmen, gemeinsam gegen diese Entwicklung Front zu machen. Außerdem wollte man erreichen, daß HJ-Führer und BDM-Führerinnen, die aus politischen Gründen von den Sowjets und der DDR ins Gefängnis geworfen worden waren, frei zu bekommen. Diese Initiative wurde von dem ehemaligen pommerschen HJ-Gebietsführer Hans Schmitz und dem HJ-Oberbannführer Wilhelm Jurzek aus Hamburg gestartet. Sie sagten sich, es ist besser, rechtzeitig Gespräche zu führen, als später aufeinander zu schießen. So begründeten ja auch später die Parteien immer wieder ihre Verhandlungen und Gespräche mit der DDR. Diesen Vorsatz auszuloten, ob auf der anderen Seite eine tatsächliche Bereitschaft für ein gemeinsames Handeln gegen die Aufrüstung in beiden Teilstaaten vorhanden war, oder ob es sich bei ihnen lediglich um eine einseitige Propagandaaktion gegen die Remilitarisierung in der Bundesrepublik handelte, war nach meiner Auffassung jede Mühe wert.

Am 15. Dezember 1950 richteten 18 ehemalige HJ-Führer und Offiziere an den Bundeskanzler der Bundesrepublik Deutschland und an den Ministerpräsidenten der Deutschen Demokratischen Republik ein inhaltsgleiches Schreiben, in dem es hieß:

„Sehr geehrter Herr Bundeskanzler (Ministerpräsident)! In größter Sorge und in tiefer Verantwortung, die jeder Deutsche um die Zukunft seines Vaterlandes, seiner Nation und vor allem um die Zukunft der deutschen Jugend tragen sollte, wenden wir uns an Sie, sehr geehrter Herr Bundeskanzler (Ministerpräsident). Wir Unterzeichneten, früheren Führer der HJ, Offiziere und Soldaten, die sich erst unter schweren inneren und äußeren Erschütterungen zu einer klaren Vorstellung eines neuen einigen und friedlichen Deutschlands durchgerungen haben, sprechen nicht für uns allein. Wir dürfen hier für Tausende und Abertausende früherer Kameraden sprechen und glauben, auch hierzu verpflichtet zu sein. Aus dieser unserer klaren Verantwortung heraus bekennen wir uns rückhaltlos gegen alle Bestrebungen und Versuche, unser Volk in einen dritten Weltkrieg mit hineinzuziehen. Wir wollen nicht, daß sich abermals eine deutsche Jugend - und diese würde, wie schon einmal, die Hauptlast zu tragen haben - jener Wahnidee opfert, die mit dem Schlagwort eines 'Kreuzzuges für die Freiheit' propagiert wird. Aus diesem Grunde sind wir gegen jede Remilitarisierung, die einen Krieg in nächste Nähe rücken muß. Alles muß geschehen, um Deutschland das Leid einer neuen derartigen Katastrophe zu ersparen. Wenn in letzter Zeit die Vorschläge sich mehren, zu einer Aussprache zwischen

Ost und West zusammenzufinden, so bitten wir eindringlich, diese Möglichkeiten nicht von vornherein zu negieren. Das deutsche Volk wartet auf eine solche Aussprache um so mehr, als es sich in seiner Masse der durch keine Zonengrenze zu trennenden Einheit bewußt ist. Vor allem aber wartet die deutsche Jugend auf diese Aussprache, die dazu dienen soll, den Weg zur Einigung Deutschlands, zum Friedensvertrag, zum Abzug der Besatzungsmächte und zum Wegfall der Zonengrenzen freizumachen. Dafür setzen wir uns mit allen unseren Kräften ein. Wir bitten Sie dringend, sehr geehrter Herr Bundeskanzler (Ministerpräsident), Ihrerseits mit allen Ihnen zur Verfügung stehenden Mitteln mitzuhelfen, ein solches Gespräch unter Deutschen zwischen West und Ost zustandezubringen. Aus dem Glauben an unser gesamtdeutsches Vaterland halten wir uns berechtigt, die gleiche Bitte in der vorstehenden Form auch dem Herrn Ministerpräsident Grotewohl (Bundeskanzler Adenauer) zu unterbreiten. In der Hoffnung, daß Sie, Herr Bundeskanzler (Ministerpräsident), sich unserer Bitte nicht verschließen, begrüßen wir Sie mit ausgezeichneter Hochachtung!"
Ministerpräsident Grotewohl ließ dieses Schreiben durch sein Sekretariat am 19. Dezember 1950 wie folgt beantworten:
„Sehr geehrter Herr Jurzek! Herr Ministerpräsident Otto Grotewohl hat gestern Ihren Beauftragten Herrn Feilcke empfangen, Ihren gemeinsamen Brief vom 15. d.M. entgegengenommen und in einer von gegenseitiger Achtung getragenen Unterredung seine Entschlossenheit zum Ausdruck gebracht, im Interesse Gesamtdeutschlands die Bestrebungen zur Herbeiführung einer Aussprache mit Vertretern Westdeutschlands fortzusetzen. Die Zeitungen in der Deutschen Demokratischen Republik berichten bereits heute ausführlich."
Das Bundeskanzleramt bestätigte ohne weitere Stellungnahme mit einem Brief vom 29. Dezember 1950 dankend den Eingang des Schreibens. Von Kameraden erfuhr ich, daß Hans Schmitz und Wilhelm Jurzek eine Zusammenkunft mit dem Führer der Freien Deutschen Jugend, Erich Honecker, oder seinen Mitarbeitern anstrebten. Ich beabsichtigte nicht, daran teilzunehmen. Schon in jungen Jahren hatte ich die Erfahrung gemacht, daß die Kommunisten ihr Geschäft der Propaganda gut verstanden, des öftern „A" sagten, wenn sie „C" meinten und vordergründig Absichten vorgaben, die ihrer wirklichen Zielsetzung gar nicht entsprachen. So war meine Erwartung auf ein positives Ergebnis der Gespräche nicht groß. Dennoch meinte ich, daß nichts unversucht bleiben sollte, um auf der anderen Seite die ernsthafte Bereitschaft zum Handeln mit gemeinsamen Inhalten zu prüfen. Man sollte sich keinen Vorwurf machen müssen, etwas unterlassen zu haben. Ich sah in diesem Vorhaben einen Test.
In Hamburg trafen sich Anfang Januar 1951 Wilhelm Jurzek und einige

ehemalige Hitlerjugendführer mit Vertretern der FDJ, um die Grundsätze für ein gemeinsames Vorgehen zu besprechen und die Zusammenkunft mit der FDJ-Führung in Berlin vorzubereiten. Am 4. Januar 1951 trat der Hamburger Arbeitskreis ehemaliger HJ-Führer mit einer Erklärung vor die Presse, in der die Herbeiführung eines geeinten Deutschlands als vordringlichste Aufgabe bezeichnet wurde. Die „Welt" berichtete darüber am 5. Januar 1951 unter anderem:
„In einer Erklärung zur Wiederaufrüstung der Bundesrepublik warnen sie davor, ‚über den Kopf der jungen Generation hinweg, die auch diesmal wieder die Hauptlast eines Waffeneinsatzes zu tragen hätte', eine Entscheidung über die Remilitarisierung zu treffen und als bindend zu unterstellen. Voraussetzung eines Verteidigungsbeitrages müsse der Abschluß eines Friedensvertrages für Gesamtdeutschland sowie die Schaffung von Lebensverhältnissen sein, die der Mehrheit des deutschen Volkes verteidigungswert erscheinen. Außerdem müsse ein völkerrechtlich einwandfreier Zustand hergestellt werden, der die Möglichkeit späterer diskriminierender Gerichtsverfahren ausschließe. Das koreanische Beispiel demonstriere, welches Schicksal durch unklare Rechtsverhältnisse denen blühe, die in gutem Glauben Waffen ergriffen. Mit dieser Stellungnahme, so wurde betont, wollten die früheren HJ-Führer keineswegs die Politik der Bundesrepublik a priori ablehnen, vielmehr hofften sie, daß das Echo aus dem Volke ihre Position bei den sicher schwierigen Verhandlungen mit den Besatzungsmächten zu stärken vermöge."
Das Treffen mit den Mitgliedern des Zentralrats der FDJ fand am 30. und 31. Januar 1951 in einem Gemeinderaum der Kapernaum-Kirche in Berlin-Wedding statt, die durch Kriegseinwirkung stark zerstört worden war. In dieser Kirche wurde ich einmal eingesegnet. Der Bischof Dibelius hatte die Schirmherrschaft über dieses Treffen übernommen, und Probst Grüber unterstützte diese Begegnung aus Ost und West als Gesprächsleiter. Im Mittelpunkt der Tagung standen eine Aussprache über die Vermeidung eines deutschen Bruderkrieges sowie Fragen der Zusammenarbeit auf dem Gebiet des Sports, der Kultur, des Jugendverkehrs Ost-West, der Wirtschaft und Berufsausbildung. Es wurden auch Gespräche mit Erich Honecker geführt. Dessen spätere Ehefrau, Margot Feist, kümmerte sich um die Betreuung der Delegationsteilnehmer. Zu ihnen gehörte neben Wilhelm Jurzek und Hans Schmitz ein früherer Amtschef der Reichsjugendführung, der Obergebietsführer Karl Cerff. In Gegenwart von Erich Honecker brachte dieser die Einstellung seiner Kameraden auf den Punkt:
„Ideologisch trennen uns Welten, und nur die Gewehre, die wir nicht aufeinander richten wollen, führen uns hier zusammen."
Alleingänge von Wilhelm Jurzek ohne Unterrichtung des Arbeitskreises,

sein Eintritt in das „Nationalkomitee zur Vorbereitung der Weltjugendfestspiele" in Ost-Berlin, seine Entscheidung, am Nationalkongreß und an der Nationalratssitzung in Ost-Berlin teilzunehmen sowie der Verdacht, daß Reisen und andere Ausgaben vom Zentralrat der FDJ bezahlt wurden, bewirkten, daß sich der Hamburger Arbeitskreis ehemaliger HJ-Führer von Wilhelm Jurzek trennte. Sein Ausschluß wurde in einer Sitzung vom 4. März 1951 vollzogen. Tatsächlich hatte er von der FDJ Geld angenommen, wie eine von ihm unterzeichnete Quittung über 3.000 DM auswies, die im Zentralarchiv der FDJ vorliegt. Auch später wurde das Anfang Juni 1951 von Jurzek und Schmitz herausgegebene Wochenblatt „Deutscher Beobachter" von den Kommunisten finanziert. Es mußte bald sein Erscheinen einstellen, als keine Gelder mehr aus der DDR kamen. Diese Vorkommnisse rechtfertigten die Trennung von Wilhelm Jurzek. Wie kann man unabhängig verhandeln, wenn man sich von der anderen Seite bezahlen läßt? Das ließ den Schluß zu, daß Wilhelm Jurzek und Hans Schmitz den politischen Weg, den Ost-Berlin beschritt, für richtig hielten. Die Einstellung und Stimmung der ehemaligen HJ-Führer kommt in einem Brief vom 24. Februar 1951 zum Ausdruck, den Herbert Dey an Erich Hauth, die beide auch an dem Januar-Gespräch mit Erich Honecker teilgenommen und sich von Wilhelm Jurzek getrennt hatten. Darin hieß es:
„Ich stimme Hans (Schmitz) darin zu, daß man taktisch beweglich sein muß und daß Diplomatie noch lange keine Aufgabe seiner eigenen Grundsätze zu bedeuten braucht. Ich stimme mit Wilhelm (Jurzek) nicht überein, wenn auch diese Taktik ein prinzipielles ‚Linksum' wird. Ich bin Neutralist, aber kein SED-ist. Nicht einmal unter dem rosaroten Banner der Nationaldemokratischen Front. Ich glaube, das habe ich auch in Berlin deutlich gezeigt. Überdies war das Berliner Schlußwort der Abendtafel von Karl Cerff mir aus dem Herzen gesprochen. Die Auseinandersetzung muß stattfinden, aber nicht in russischen und amerikanischen Uniformen."
Einige Tage nach dem Gespräch mit Erich Honecker in Berlin erschienen bei mir in Gelsenkirchen-Buer vier ehemalige Führer der Hitlerjugend, die im Krieg als Offiziere gekämpft hatten. Es handelte sich um Karl-Heinz Siemens, Herbert Rode, Neuenhaus und Heinz Papenberg, die aus dem Ruhrgebiet kamen. Dort hatte sich ein ähnlicher Arbeitskreis gebildet wie in Hamburg. Über meinen früheren Mitarbeiter und Inhaber der Gilde-Kaffeegroßhandlung Toni Saftig, in der ich nach meiner Freilassung einige Monate gearbeitet hatte, hatten sie um ein Gespräch mit mir gebeten. Es fand am 10. Februar 1951 statt. Sie befragten mich eingehend zu wichtigen Gegenwartsproblemen, zu denen vor allem die Remilitarisierung in der Bundesrepublik gehörte. Ich erläuterte meine Auffassung, daß ich eine Aufrüstung in beiden deutschen Teilstaaten für gefährlich halte, da es im

Ernstfall zu einem Bruderkrieg auf deutschem Boden kommen könnte und eine angestrebte Wiedervereinigung dadurch unmöglich werden würde. Keine Gelegenheit dürfe ungenutzt bleiben, die uns in Deutschland wieder zusammenführt. Daher betrachte ich den Ansatz und Versuch ehemaliger HJ-Führer für richtig, mit den verantwortlichen Stellen der DDR zur Vermeidung der weiteren Auseinanderentwicklung ins Gespräch zu kommen. Wenn es die andere Seite nicht ehrlich meine, so werde man das früh genug erfahren. Es sei dabei allerdings zu bedenken, daß die Politik in der DDR von den Sowjets und in der Bundesrepublik von den westlichen Alliierten, insbesondere von den Amerikanern, bestimmt würde. Auf die Oder-Neiße-Linie angesprochen, lehnte ich diese entschieden ab und hielt dafür die Sowjets wie die westlichen Alliierten gleichermaßen verantwortlich. Ich sprach mich für eine wirtschaftliche Zusammenarbeit mit den östlichen Volksdemokratien und der Sowjetunion und gegen jede Behinderung des Handels zwischen der Bundesrepublik Deutschland und der Deutschen Demokratischen Republik aus.

Nach der Wende 1989/90 kam mir ein vierseitiger Aktenvermerk aus dem Zentralarchiv der FDJ zur Kenntnis, den ein Teilnehmer an dem erwähnten Gespräch für Erich Honecker angefertigt hatte. Er trägt die Unterschrift von Karl-Heinz Siemens. Er hatte mir seine Tätigkeit als Funktionär der FDJ und SED verschwiegen und sich nur als HJ-Führer und freischaffender Journalist ausgegeben. Abgesehen von einigen Punkten entspricht der Vermerk in den wesentlichen Fragen dem Inhalt der Besprechung. Aufschlußreich für den eigentlichen Zweck der Kontaktaufnahme mit mir sind unter anderem folgende Hinweise darin:

„Vorschlag: Zum nächsten Termin Jurzek hinzuziehen. Zielsetzung des nächsten Gesprächs: Jurzek berichtet über seine Erfahrungen bei Verhandlungen in der DDR. Versuch, über Axmann an weitere einflußreiche Kreise heranzukommen. Vervollständigung und Ergänzung sowie eventuelle Berichtigungen der bisher gewonnenen Einschätzung von Axmann, und Feststellung der Möglichkeiten, ihn auszunutzen."

Das war also der Punkt, mich für die Ziele der SED auszunutzen. Und weiter heißt es in dem Vermerk:

„Verfügt über weitgehende Verbindungen und ist sehr gut auch über die Republik informiert. Es ist sehr schwer, an ihn heranzukommen, da er sehr mißtrauisch ist. Nach dem in diesem ersten Gespräch gewonnenen Eindruck gegenwärtig kaum bereit, sich mit Vertretern der Partei und des Verbandes zu unterhalten."

Neben anderen und früheren Beobachtungen bestätigte mir dieser Vermerk nachträglich, daß mein Mißtrauen gegenüber späteren flugblattartigen Gesprächseinladungen, die von drüben unter der Parole „Deutsche an einen Tisch" erfolgten, berechtigt war. Ich habe darauf nicht reagiert, denn ich hatte inzwischen den Eindruck gewonnen, daß es denen drüben weniger um einen gemeinsamen Weg, als vielmehr um die Destabilisierung der Bundesrepublik ging. Wenn auch der Versuch der ehemaligen Hitlerjugendführer, mit verantwortlichen Kräften in der DDR eine Verständigung in wichtigen Lebensfragen unseres Volkes zu finden, gescheitert war, so lohnte sich doch diese Bemühung im Hinblick auf das hohe Ziel allemal. Jeder konnte nun von sich selber sagen, daß er dafür nichts unversucht gelassen hatte.

Diese Einstellung und Handlungsweise hätte ich mir ein Jahr später in der großen Politik gewünscht, als es darum ging, die Noten Josef Stalins vom März und April 1952 auf ihren Gehalt zu prüfen und die darin gemachten Vorschläge auf die Ernsthaftigkeit der Absicht des roten Diktators gründlich auszuloten. Aufgrund der sowjetischen Praxis und des Vorgehens in den besetzten Ländern des Ostens und Südostens hatte ich Verständnis für die zweifelnde Zurückhaltung gegenüber diesen Angeboten und dafür, daß man davon ausgehen mußte, es könnte sich hierbei, wie schon so oft, um ein taktisches Manöver oder einen Propagandatrick handeln. Das enthob aber die Regierung nicht von der Verpflichtung, mit den Sowjets über die Noten in Verhandlungen einzutreten und die wirklichen Absichten des Verhandlungspartners zu erkunden. Nichts dergleichen ist meines Wissens geschehen. Das mußte bei vielen Deutschen die Überzeugung wecken, daß der Bundeskanzler Dr. Adenauer der Westintegration den absoluten Vorrang vor einer deutschen Wiedervereinigung einräumen wollte. Seitdem bewegt es auch heute noch die Gemüter einiger Wissenschaftler und Politiker, ob es Stalin mit einer Wiedervereinigung Deutschlands vor mehr als vierzig Jahren ernst gemeint hat. Dafür könnte sprechen, daß er in der wirtschaftlichen und militärischen Potenz der Bundesrepublik im Dienste der westlichen Alliierten eine größere Gefahr für sein Imperium erblickte als in der Existenz eines neutralisierten Gesamtdeutschlands, und er sich auch Nutzen von einer vereinigten deutschen Wirtschaftskraft versprach. Durch einen Aufsatz in der „Welt" vom 5. Februar 1994 bin ich auf eine Quellenveröffentlichung der Historiker Wilfried Loth und Rolf Badstübner unter dem Titel „Wilhelm Pieck, Aufzeichnungen zur Deutschlandpolitik 1945 bis 1953" aufmerksam geworden, die für die Ernsthaftigkeit der Absichten Stalins spricht. Aus den Aufzeichnungen des früheren Staatspräsidenten der Deutschen Demokratischen Republik geht hervor, daß Stalin bis zur Ablehnung seiner Noten durch die Bundesregierung im Jahre 1952 eine gesamtdeutsche Lösung angestrebt und erst danach seinen politischen Kurs in der deutschen Frage geändert hat. Es darf dabei nicht vergessen werden, daß erst nach der Gründung des westdeutschen Teilstaats der ostdeutsche Teilstaat proklamiert worden ist. Die Aufzeichnungen Wilhelm Piecks offenbaren auch, daß in der deutschen Frage zwischen Stalin und der SED-Führung unterschiedliche Auffassungen bestanden haben, und daß er der SED-Führung wiederholt vorgeworfen hat, zu wenig für die Herstellung Gesamtdeutschlands zu tun. Sollten sich einmal die entsprechenden Moskauer Archive öffnen, so wird man endgültig Klarheit darüber haben, ob die Ablehnung der Stalin-Note den gesamtdeutschen Interessen geschadet hat, oder ob die deutsche Teilung nicht schon vierzig Jahre früher hätte überwunden werden können.

Unzweifelhaft bleibt die Tatsache, daß der Bundeskanzler Dr. Adenauer der Chance zur Wiedervereinigung eine Absage zugunsten der Westintegration erteilt hat. Das geht eindeutig aus der Niederschrift des obersten Beamten des britischen Foreign Office, Ivor Kirkpatrick, hervor, die er am 16. Dezember 1955 nach der Abgabe einer Erklärung des deutschen Botschafters in London, Hans Herwarth von Bittenfeld, im Auftrag des Bundeskanzlers machte. Darin heißt es unter anderem:

„Dr. Adenauer habe kein Vertrauen in das deutsche Volk. Ihn treibe die Furcht um, daß, wenn er einmal von der Bühne abgetreten sei, eine künftige deutsche Regierung sich mit den Russen auf einen Handel einlassen könnte, und zwar auf deutsche Kosten. Folglich sei er der Meinung, daß die Eingliederung Westdeutschlands in den Westen wichtiger sei als die Einigung Deutschlands."

In dieser Erklärung wurde weiterhin darauf hingewiesen, „daß es natürlich ganz verheerend für seine (des Kanzlers) politische Stellung sein würde, wenn die Ansichten, die er (dem Botschafter) hier mit solcher Offenheit mitgeteilt hat, jemals in Deutschland bekannt würden."

Auch aus der engsten Umgebung Dr. Adenauers wurde dessen Einstellung bestätigt. So äußerte sich zum Beispiel laut „Welt" vom 15. September 1986 der große Mann der deutschen Bankwelt, Josef Abs, unter anderem folgendermaßen:

„Entscheidend war die Frage der Freiheit, die nur mit der Garantie des Westens gelöst werden konnte. Adenauer hat sie viel größer geschrieben als die Wiedervereinigung. Wenn ich es ganz offen darstellen soll und auch glaube, anders miteinander zu reden hat keinen Zweck, so hatte er als ein in Köln geborener Rheinländer eine natürliche Abneigung gegen das preußische Berlin. Daraus ist manches zu erklären, zum Beispiel auch, daß er keine übertriebene Eile an den Tag legte, sofort nach Berlin zu reisen, als dort 1961 die Mauer gebaut wurde."

Als die Frage der Remilitarisierung in der Bundesrepublik aufkam, hatte ich Gelegenheit, darüber mit dem General Walter Wenck zu sprechen. Er war damals in Bochum in leitender Stellung bei der Firma Dr. Otto tätig.

Ich hatte ihn das letzte Mal im Herbst 1944 im Führerhauptquartier bei Rastenburg getroffen. Zu dieser Zeit war er als Chef der Operationsabteilung im Generalstab des Heeres unter Generaloberst Guderian tätig, für den er auch des öfteren an den Lagebesprechungen bei Adolf Hitler teilnahm. Ihm ging der Ruf eines hochbefähigten Generalstabsoffiziers voraus. Ich empfand große Sympathie für ihn, da er stets zupackend und mit positiver Einstellung an die Lösung der Probleme heranging und bei aller optimistischen Grundhaltung ein nüchterner Realist war. Er entsprach so ganz meiner Vorstellung von einer soldatischen Führungspersönlichkeit. General Wenck erzählte mir, daß man an ihn wegen des Aufbaues des Heeres herangetreten sei. Er habe jedoch abgelehnt, da er gegenüber seinem Unternehmen im Wort stand, nicht nur kurzfristig, sondern längerfristig tätig zu bleiben. Hinzu kam, daß er die Auffassung maßgeblicher Herren über den Eid und den 20. Juli nicht habe teilen können. Auch ihn bedrücke sehr die Existenz zweier deutscher Staaten in ihrer Abhängigkeit von den beiden politisch konträren Supermächten und die Wiederbewaffnung ihrer Satelliten im Zuge eines noch Kalten Krieges. Wir tauschten unsere Erlebnisse in den letzten Kriegstagen aus. Ich berichtete ihm von der Endzeitstimmung im eingeschlossenen Berlin und den Vorgängen im Führerbunker. Alle hätten ihre letzte Hoffnung auf ihn und seine Armee gesetzt. Dazu meinte der General, daß die Armee mit der Entsetzung Berlins überfordert gewesen sei, da es ihr an ausreichender Bewaffnung, insbesondere an Panzern und schweren Waffen, gefehlt habe. Die Kräfte hätten noch für einen Vorstoß gereicht, um Verbindung mit den Spitzen der 9. Armee von General Busse zu gewinnen, die unter der Einkreisung und dem Ansturm der Sowjets zurückgingen, die an Truppenmassen und Bewaffnung weitaus überlegen waren. Das gelang. Dadurch konnten Tausende von Soldaten und Zivilisten vor der Vernichtung oder sowjetischer Gefangenschaft gerettet werden. Er erwähnte, daß die öffentliche Verlautbarung der Entsetzung Berlins durch seine Armee ihr Nachteile und Schaden zugefügt hat, da nun die Sowjets ganz genau wußten, wo sie ihre Truppen und schwere Waffen zu konzentrieren hatten.
Ich sprach den General darauf an, daß man seine Armee in den Medien öfter als Geisterarmee in dem Sinne bezeichnen würde, als habe es sie überhaupt nicht oder nur auf dem Papier gegeben. Ich wußte ja, daß sich ihre Divisionen aus den jungen Männern des Reichsarbeitsdienstes, die vorher zum großen Teil in Wehrertüchtigungslagern der Hitlerjugend eine Vorausbildung erhalten hatten, rekrutierten. In den letzten Tagen waren auch Einheiten der Panzervernichtungsbrigade der Hitlerjugend im Rahmen der 12. Armee von Wenck eingesetzt worden. Und diese jungen Soldaten waren noch einsatzwillig. Der General bestätigte das. Ihre Kampf-

moral sei bis zum letzten Tag ungebrochen geblieben, und ihn habe keine Meldung von Desertion erreicht. Ein Phänomen im sechsten Kriegsjahr. Auch später wurde immer wieder mit Häme und Zynismus von der Geisterarmee gesprochen und geschrieben. Das Buch des Historikers Dr. Gellermann „Die Armee Wenck" hat mit dazu beigetragen, diese unbewußte Behauptung oder bewußte Lüge zu widerlegen und zu entkräften.
Anfang 1956 siedelte ich mit meiner Familie von Gelsenkirchen nach Berlin über. Dort unterhielt mein Bruder Kurt eine Einzelhandelsfirma, die in West-Berlin und in der DDR mehrere Fischfirmen aus Bremerhaven vertrat. Ich konnte in sein Geschäft die Repräsentanz einer westdeutschen Baumaschinengesellschaft einbringen, für die ich vorher kurzfristig beratend tätig gewesen war. Durch mein früheres Arbeitsgebiet hatte ich gute Verbindungen zur Wirtschaft und zu Industriewerken. So erreichte ich, daß einige Werke der Firma meines Bruders die Wahrnehmung ihrer Interessen in der DDR und einzelnen Ostblockstaaten übertrugen. In ihr arbeitete ich nun mit. Es ergab sich, daß ich auch mit den staatlichen Außenhandelsgesellschaften der DDR in Verbindung kam, wenn deren Mitarbeiter in unserem Büro erschienen. Bei der Teilung Deutschlands war damals der Interzonenhandel eine wichtige und eine der wenigen Möglichkeiten, die laufende Verbindung auf wirtschaftlichem Gebiet zwischen West- und Ostdeutschland aufrechtzuerhalten. Wir sahen daher in unserer Tätigkeit nicht nur eine kommerzielle Funktion, sondern eine Aufgabe, die der Annäherung von West- und Ostdeutschland diente.
Mein Bruder unterhielt mehr als zwanzig Jahre auf der Leipziger Frühjahrs- und Herbstmesse einen eigenen Stand. Dabei wollte ich ihn gern auch vor Ort entlasten. Das war aber bei meiner Vergangenheit problematisch. Zunächst suchten wir in der Bundesrepublik zu erfahren, ob ich in der DDR auf der schwarzen Liste der unerwünschten Personen stand. Danach klärte mein Bruder in Ost-Berlin ab, ob Einwendungen gegen meine Einreise in die DDR erhoben wurden. Wir legten die Karten offen auf den Tisch. Im Rahmen seiner Tätigkeit im innerdeutschen Handel hatte mein Bruder den Präsidenten der Volkskammer, Dr. Johannes Dieckmann, kennengelernt. An ihn richtete er am 24. April 1956 einen Brief, in dem es hieß:
„Ich bin als westdeutscher Kaufmann sechs Jahre im innerdeutschen Handel tätig und nehme seitdem die Leipziger Messe regelmäßig wahr. Ich habe mich in dieser Zeit mit meinem besten Können um die Förderung des Ost-West-Handels bemüht. Durch die Übernahme der Vertretung einiger osthandelsfreudiger Betriebe der westdeutschen Industrie ist nun das Arbeitsvolumen meiner Firma größer geworden. Aus diesem Grund habe ich meinen Bruder Artur Axmann gebeten, zu meiner Entlastung in meiner

Firma mitzuarbeiten. Er hat sich seit einigen Wochen auf innerdienstliche Angelegenheiten meiner Firma beschränkt und lediglich einmal eine Ingenieur-Delegation des Institutes für Bauindustrie Leipzig im März d.J. durch westdeutsche Betriebe geführt. Während meiner Abwesenheit von Berlin könnte sich die Möglichkeit ergeben, daß mein Bruder in Sachen der Firma über die Interzonenstraßen von Berlin nach Westdeutschland reisen muß. Auch könnte sich ergeben, daß mein Bruder in meiner Vertretung mit Ihren Fachanstalten in Verbindung tritt oder mit mir an der Leipziger Messe teilnimmt. Da er von 1940 bis 1945 Reichsjugendführer der NSDAP und Jugendführer des Deutschen Reichs gewesen ist, werden Sie mich verstehen, daß ich diese Möglichkeiten nicht in Aussicht nehmen möchte, ohne vorher die Dinge offen dargelegt zu haben. Ich versichere in diesem Zusammenhang vor allem, daß mein Bruder wie ich jenseits parteipolitischer Bindungen in Westdeutschland in der Aktivität und beruflichen Arbeit für den Ost-West-Handel die Erfüllung einer gesamtdeutschen Funktion erblickt. Ich wäre Ihnen aufrichtig dankbar, wenn Sie bei der zuständigen Instanz der Deutschen Demokratischen Republik zu klären bereit wären, ob gegen eine so geartete Tätigkeit meines Bruders Bedenken bestehen. Haben Sie auch Dank dafür, daß Sie mich gestern empfangen haben."
Die Antwort für meine Einreise war positiv. Dieses „grüne Licht" erleichterte unsere berufliche Tätigkeit.
Trotz dieser Regelung kann ich nicht verhehlen, daß ich bei meiner ersten Fahrt von Gelsenkirchen nach Berlin, die ich mit meiner Mutter im Auto antrat, gemischte Gefühle hatte. Und nicht zu Unrecht, wie sich zeigen sollte. An der Zonengrenze mußten wir sehr lange warten und wurden eingehend kontrolliert. Ein Offizier führte ein langes Telefongespräch. Die Wartezeit in Ungewißheit bedrückte uns. Doch schließlich kam der Offizier mit dem Bescheid zurück, daß wir weiterfahren durften.
In Zukunft konnte ich also an Geschäftsverhandlungen in Ost-Berlin teilnehmen. Sie verliefen stets korrekt. Nur einmal erlebte ich bei einem Vertragsabschluß, daß ein Angehöriger der Kaderabteilung, der immer bei Vertragsabschlüssen anwesend war, das Gespräch auf politische Fragen brachte. Es war nicht schwer, mit Gegenargumenten zu antworten. Einmal sagte der Funktionär der Kaderabteilung: „Was meinen Sie wohl, was geschieht, wenn das ‚Neue Deutschland' in West-Berlin verteilt werden würde?" Da brauchte ich nur zu antworten: „Was meinen Sie wohl, was geschieht, wenn ‚Die Welt' in Ost-Berlin verteilt werden würde?" Mit der Festigkeit der eigenen Meinung fuhr man immer gut.
Mir fiel hin und wieder die Aufgabe zu, Delegationen aus Ost-Berlin in die Werke der von uns vertretenen Firmen zu führen. Man war dann mehrere Tage gemeinsam unterwegs und saß am Abend nach getaner Arbeit zu-

sammen. Das ging auch bis in die Nacht. Da lösten sich die Zungen, und ich bekam Meinungen zu hören, die so gar nicht der offiziellen entsprachen. Man wuchs richtig zusammen.

Als wir an einem Sonntag, dem Tag unserer Rückreise, im „Breidenbacher Hof" in Düsseldorf am Frühstückstisch saßen, steckten sich die Delegationsmitglieder die voluminöse Sonntagszeitung ein, die der Hotelservice auf dem Frühstückstisch ausgelegt hatte. Ich machte darauf aufmerksam, daß an der Zonengrenze vor allem nach westlichen Zeitungserzeugnissen gesucht würde. Und tatsächlich wurden die Kontrolleure an der Grenze bei meinen Gästen aus der DDR fündig. Es hatte für sie ein unangenehmes Nachspiel - Reisende durch die DDR werden sich an die nicht selten schikanöse Abfertigung und die unzumutbaren Wartezeiten erinnern. So etwas habe ich häufiger erlebt.

Als ich mich einmal auf der Fahrt zu meinem Anwalt Fritsch nach Augsburg befand, wurde mein Auto lange und gründlich untersucht. Danach sagten die Kontrolleure zu mir: „Wir wollten doch mal sehen, was unser früherer Chef so alles bei sich hat, wenn er durch die DDR fährt." Ein anderes Mal mußte ich in Ost-Berlin auf den Hof des Polizeipräsidiums fahren. Dort montierte man die Räder von meinem Auto ab. Als der Uhrzeiger in die Nähe meines Termins rückte, machte ich die Vopos darauf aufmerksam, daß ich jetzt eine Außenhandelsgesellschaft anrufen müßte, weil ich zu einer Besprechung verabredet bin. Sofort montierte man die Räder an, und ich durfte weiterfahren. Viele werden die Schliche der Verkehrspolizisten kennen, die an bestimmten Baustellen wegen angeblich überhöhter Geschwindigkeit ihr Tagessoll an Bußgeldern kassierten. Ich kannte diese Stellen schon. Als ich mich wieder einmal einer solchen Baustelle mit vorgeschriebener Geschwindigkeit näherte, wurde ich angehalten und sollte eine Strafgebühr zahlen. Ich weigerte mich, das zu tun. Man drohte, mich zur nächsthöheren Dienststelle zu bringen. Ich sagte: „Ich bitte sogar darum." Der Weg wurde mir sofort freigegeben. Als ich mit dem Exportleiter einer westdeutschen Industriefirma im Transit durch die Zone nach Polen fuhr, wurden wir getrennt in ein Zimmer geführt und über den Zweck unserer Reise vernommen. Man ließ sich bei mir über die kapitalistischen Ausbeuter wie Krupp und Konsorten aus. Ich wandte ein: „Wissen Sie nicht, daß Ihre Regierung ganz schöne Geschäfte mit Krupp macht?" Der Exportleiter hatte für seine polnischen Geschäftsfreunde einige Medikamente und Mitbringsel bei sich. Man wollte sie beschlagnahmen. Der Hinweis, daß - im Transit - nicht sie dazu berechtigt seien, sondern nur die polnischen Zöllner, machte keinen Eindruck. Erst als wir über die beschlagnahmten Gegenstände eine Quittung verlangten, gaben sie freie Fahrt. Das waren bedrückende Begebenheiten im Interzonenverkehr.

Zur Zeit der Leipziger Messe wohnte ich einige Male bei privaten Familien. Wenn man miteinander warm wurde, hörte man im Gespräch unschwer ihre Opposition zum DDR-Regime heraus. Da gab es Menschen, die litten und sich ständig bedroht fühlten und, symbolisch gesehen, mit der Pistole unter dem Kopfkissen schliefen. Damals dachte ich, daß gerade solche Menschen einmal zur Führung in Deutschland berufen seien, sollte es jemals zur Wiedervereinigung kommen.

Im Juni 1956 fuhr ich zur Posener Messe. Mein Bruder hatte auch dort einen Gemeinschaftsstand für verschiedene Industriewerke. Bei der Ankunft mußte man als ausländischer Messebesucher seinen Paß beim Fremdenverkehrsbüro abgeben, den man sich dann wieder nach einer gewissen Zeit abholen konnte.

Eines Tages versammelte sich eine größere Menschenmenge auf dem Messegelände. Dann zogen Demonstranten über das Gelände und riefen in Sprechchören: „Chleba-Chleba" - Brot-Brot. So begann der Posener Aufstand. Die Streitkräfte griffen ein und machten von der Schußwaffe Gebrauch, als die Demonstranten Widerstand leisteten. Die Aussteller flüchteten in ihre Stände. Ich suchte in der Fahrerkabine eines Baufahrzeuges - eines Graders - Deckung. In dieser Lage hatte ich vor allem Angst um meinen abgelieferten Paß. Ich konnte mir denken, was mir als Westdeutschem im kommunistischen Polen ohne Ausweis blühte. Deswegen war ich fest entschlossen, mir trotz des Tumultes und Aufstandes meinen Paß vom Fremdenverkehrsbüro sofort zu holen. Auf den Straßen waren inzwischen Panzer aufgefahren. Ohne Zwischenfall erreichte ich mein Ziel. Im Gebäude fand ich zunächst keinen Menschen. Endlich traf ich in einem Zimmer einen einsamen Beamten an, der bleich und verstört war. Doch er konnte mir, welch ein Glück, meinen Paß wiedergeben. Ich war gerettet. Die meisten Aussteller reisten ab. Wir blieben. Das wurde von den Außenhandelsgesellschaften in Warschau honoriert. Mein Bruder bekam Verträge. Wir erfuhren noch, daß ein höherer Beamter eines Ministeriums, mit dem mein Bruder zu tun hatte, vorübergehend in Hausarrest genommen wurde. Als Grund vermuteten wir seine Befürwortung meiner Einreise. Während der Messe hörten wir, daß hohe jüdische Beamte aus ihren Stellungen entfernt worden waren. Überall konnte man eine antisemitische Einstellung verspüren.

Die Messe war auch ein Betätigungsfeld für den polnischen Nachrichtendienst. Mein Bruder teilte mir besorgt mit, daß er einen Annäherungsversuch des polnischen Geheimdienstes abweisen mußte. In Posen wohnten wir auch in Privatquartieren. Hier verspürte man, wie stark die Menschen sich mit dem Westen verbunden fühlten. Größte Freude konnte eine mitgebrachte Modezeitschrift bereiten. Während mein Bruder nach der Messe zu Vertragsverhandlungen nach Warschau fuhr, konnte ich im Auto auf Straßen, die noch teilweise von Militärfahrzeugen und Panzern verstopft waren, die Grenze zur DDR erreichen. Ich war froh, daß ich den Posener Aufstand glücklich überstanden hatte und wieder bei meiner Frau war, die in diesen Junitagen unsere jüngste Tochter geboren hatte. Man munkelte damals, daß der Aufstand vom amerikanischen Geheimdienst angezettelt worden sei. Als Indiz wurde die Tatsache genannt, daß man bei den polnischen Demonstranten amerikanische Zigarettenpackungen entdeckte.

Die von uns vertretenen Firmen suchten die Verbindung zum chinesischen Markt, der sich für den Westen in den 50er Jahren sehr schwer erschließen ließ. Inzwischen war ich Mitglied der Deutschen Chinagesellschaft geworden, da mich die Entwicklung im volkreichsten Land der Erde stark interessierte. Mitbegründer und Präsident dieser Gesellschaft war Wolf Schenke. Ich kannte ihn von der Hitlerjugend. Er war Mitarbeiter bei Gotthart Ammerlahn im Obergebiet Ost und danach kurze Zeit in der Reichsjugendführung tätig. Meinungsverschiedenheiten mit seinem Chef veranlaßten ihn, ein anderes Tätigkeitsfeld zu suchen. Er ging im Auftrag des Deutschen Nachrichtenbüros nach China. Dort arbeitete und lebte er bis zum Ende des Zweiten Weltkrieges. So wurde er Zeitzeuge des chinesisch-japanischen Krieges. Nach dem Krieg wurde er von den Amerikanern in China interniert und bei seiner Rückkehr nach Deutschland in das Konzentrationslager der Amerikaner nach Dachau gebracht. Seine Erlebnisse und Erfahrungen in China bewogen ihn, nach seiner Rückkehr in die Freiheit die Deutsche Chinagesellschaft zu gründen. Ihre Aufgabe war die Pflege und Vertiefung der politischen, kulturellen und wirtschaftlichen Beziehungen zwischen beiden Ländern.

Da Wolf Schenke Mitbegründer und langjähriger Präsident der Chinagesellschaft war, lag für mich nichts näher, als ihn um Rat zu fragen, wie man für meine geplante Chinareise am besten ein Einreisevisum erlangen könnte. Das war damals schwierig. Nur wenige Westeuropäer bereisten China. Erst 16 Jahre später, 1974, wurden diplomatische Beziehungen zur Volksrepublik China aufgenommen. In diesen 16 Jahren unterhielt die Bundesrepublik Deutschland keine diplomatischen Beziehungen zur Volksrepublik China. Es bestand lediglich ein Warenabkommen zwischen beiden Ländern, um das sich der Ostausschuß der deutschen Wirtschaft verdient gemacht hatte. In den Zeitungen las man nur selten wenige Zeilen über das volkreichste Land der Erde. Schenke fand eine Lösung. Aus der Zeit seiner Kriegsberichterstattung im chinesisch-japanischen Krieg kannte er Wam-Ping-nam. Dieser war Mitarbeiter in der Delegation von Chou-En-lai, die mit dem Beauftragten des amerikanischen Präsidenten Truman und Chef des Vereinigten Generalstabs George Marshall mit dem Ziel verhandelte, mit der Kuomintang unter Marschall Chiang-Kai-shek einen Ausgleich zu finden.

Als Mao-Tse-tung am 1. Oktober 1949 die Volksrepublik China ausrief, wurde Chou-En-lai Ministerpräsident. Wam-Ping-nam war sein Mitarbeiter. Er wurde später zum federführenden Botschafter in Europa mit Sitz in Warschau und Bern ernannt.

Wolf Schenke erreichte, daß uns der Botschafter in Genf gemeinsam zu einem Gespräch empfing. Am Vorabend dieses Treffens ging ich mit Schenke in Genf noch aus. Als ich gegen Mitternacht in unser Hotel zurückgekehrt war, bummerte es an meiner Zimmertür. „Aufmachen, Polizei!" Mir wurde erklärt, daß ich als unerwünschte Person in der Schweiz verhaftet sei. Inzwischen war auch Schenke alarmiert, der auf die Polizisten einredete, mich von der Verhaftung freizustellen. Die Polizisten nahmen mich mit. Im Abgang bat ich Schenke noch, mir einen Anwalt zu beschaffen. Ich wurde in eine Zelle gesperrt. Man nannte mir dort den Grund meiner Verhaftung. Ich hätte von der Schweizer Fremdenpolizei aus Bern eine schriftliche Benachrichtigung erhalten, daß mein Aufenthalt im Land unerwünscht sei und ich bei einer Einreise mit Ausweisung zu rechnen habe. Ich erklärte, eine solche Mitteilung niemals erhalten zu haben. „Das läßt sich ja leicht durch einen Rückruf in Bern feststellen", meinten die Polizisten.

Ich führte meine Festnahme auf meine Schweizer Reise zurück, auf der ich Vorträge in verschiedenen Städten wie St. Gallen und Davos gehalten habe. Das war im Jahre 1935. Wahrscheinlich sind damals dem jungen Redner einige Worte über die Schweiz über die Lippen gekommen, die man nicht als angenehm empfunden hat. Aus dem Anlaß meiner Versammlungstour hatte ich auch den Landesgruppenleiter der NSDAP besucht, der kurz darauf an seiner Wohnungstür von einem Juden erschossen wurde. Nach meiner Freilassung im Jahre 1949 erschienen bei mir ein Norweger und ein Deutscher als Abgesandte der Moralischen Aufrüstung Caux in der Schweiz und luden mich ein, vor einem größeren Kreis in Caux einen Vortrag zu halten. Ich sagte unter der Voraussetzung zu, daß man mir ein Visum beschaffen würde, das ich zu der Zeit noch für die Schweiz benötigte. Dieses Visum habe ich nie bekommen. Vielleicht hätte ich daraus schließen müssen, daß mein Besuch in der Schweiz unerwünscht ist. Jedenfalls traf eine entsprechende schriftliche Nachricht bei mir niemals ein.

Am Nachmittag suchte mich ein Schweizer Offizier in der Zelle auf, um mir mitzuteilen, daß tatsächlich eine schriftliche Benachrichtigung von Bern nicht an mich herausgegangen sei. Der Schweizer Offizier entschuldigte sich, und ich durfte sofort die Zelle mit der Auflage verlassen, spätestens am nächsten Morgen die Grenze zu überschreiten. Ich war ausgewiesen. Aber ich konnte noch am gleichen Nachmittag eine geschäftliche Verabredung mit dem Prinzen Ekrim wahrnehmen. Vor allem aber reichte die Zeit noch aus, um pünktlich zum Gespräch mit dem chinesischen Botschafter zu erscheinen. Schenke legte meinen Fall dar, währenddessen ich den Botschafter beobachtete. Sein undurchdringliches Lächeln konnte ich weder als Ablehnung noch als Zusage auslegen. Als ich in das Gespräch gezogen wurde, erklärte ich, daß ich auf die Erteilung einer Einreiseerlaubnis hoffen würde, da so kurze Zeit nach Beendigung des chinesisch-japanischen Krieges bereits wieder japanische Ingenieure China bereisen dürften. Das Gespräch mit dem Botschafter endete mit der Zusage, die Erteilung eines Visums für mich zu befürworten. Ich bekam es.

Da ich die Absicht hatte, über Hongkong nach China einzureisen, richtete ich meinen Antrag auf ein Durchreisevisum an die Briten. Sie lehnten das ab. So wählte ich den Weg über Moskau. Dafür benötigte ich nun ein Durchreisevisum von den Sowjets. Nachdem ich das chinesische Einreisevisum bekommen hatte, konnte ich damit rechnen, daß mir der russische Bruder die Durchreise per Flugzeug erlauben würde. Darin hatte ich mich nicht getäuscht. Vor meiner Abreise besuchte ich noch einmal die von uns vertretenen Firmen, die mir ihre Unterlagen und Informationen mitgaben. Am 9. Februar 1958 startete ich mit dem Zubringerbus vom Strausberger Platz in Berlin zum Flughafen Schönefeld. Da es noch keine Mauer in Berlin gab, fuhren wir durch das Brandenburger Tor. Ich wurde mir dessen bewußt, daß von hier aus bis Peking nur Hammer und Sichel regieren. Es war schon ein kribbeliges Gefühl. An einem ruhigen Sonntagvormittag, an dem wir kaum Menschen auf der Straße sahen, ging unsere Fahrt durch Ost-Berlin. Am Flughafen wurde ich schnell und zuvorkommend abgefertigt. Mir blieb noch Zeit, mich ins Restaurant zu setzen, um mir einen sowjetischen Cognac zu genehmigen. Einzelreisende sah ich nicht. Alle eintreffenden Passagiere gehörten Delegationen an. Ihr äußeres Merkmal waren Ledermäntel und Pelzmützen, ihr Akzent berlinerisch und mitteldeutsch. Unter diesen geschlossenen Delegationen kam ich mir als Einzelperson wie „Pik Sieben" vor.

In der Maschine bekam ich einen Fensterplatz. Wir starteten pünktlich. Die russische Iljuschin donnerte über die Piste und erhob sich leicht vom Boden. Wir brauchten uns zum Start nicht, wie bei uns, anzuschnallen. Auch das Rauchen wurde nicht verboten. Die russischen Stewardessen waren höflich und zuvorkommend, ihr Service gut. Make-up und lackierte Fingernägel fehlten nicht. Draußen glitzerte die Sonne auf den Tragflächen und spiegelte sich unter uns in eingefrorenen Seen und Wasserläufen. Binnen weniger Minuten überflogen wir die Oder bei Frankfurt nach Polen hinein. Bald stießen wir in eine Wolkendecke. Wir gerieten in eine richtige Waschküche und wurden anständig durchgeschüttelt. Als die Maschi-

ne tiefer ging, lag Rußland weithin ausgebreitet im tiefen Winter unter uns. Schnee, Hügel und Wald. Wir landeten in Minsk. Das Thermometer zeigte 14 Grad minus. Im Flughafengebäude war Paß- und Devisenkontrolle. Draußen fiel mein Blick auf Säulen, drinnen im Restaurant auf Plüschvorhänge. Alles war sauber. Rundliche Frauen bedienten uns. Sie trugen blaue Kleider mit weißen Kragen und eine weiße Schürze. Das Haar war zum Kranz geflochten. Sie trugen eine weiße Haube auf dem Kopf und waren freundlich und entgegenkommend. Europäisches Weißrußland. Die Aeroflot bot uns gutes Essen mit Rindfleischbrühe, Fisch und Pflaumenkompott an und sogar Kaviar. Draußen, auf dem runden Vorplatz lieferten sich Kinder eine Schneeballschlacht und fuhren mit Schlitten und Skiern vorüber. O-Busse brachten neue Fluggäste. Die Dämmerung brach bald herein, und nach einer guten Stunde flogen wir weiter. Über das aufgewühlte, hochgetürmte schwarzgraue Wolkenmeer sah ich noch lange am fernen Horizont den Streifen westlichen Abendrots, bis die Nacht uns umfing. Im Süden leuchtete einsam am Himmel ein Stern. Nach etwa zwei Stunden tauchte ein großes Lichtermeer auf. Das war Moskau.
Der Flughafen Wnukowo vermittelte den Eindruck eines geschäftigen Zentrums im internationalen Luftverkehr. Von hier aus flog man nach Europa und in die entlegensten Städte Rußlands und Asiens. Als wir von Bord gingen, wehte uns ein heftiger eisiger Wind entgegen. Die Abfertigung der Transit-Passagiere nahm längere Zeit in Anspruch. Die Beamtinnen der Aeroflot waren im Drang ihrer Arbeit leicht nervös. Nach dem Abendessen setzte ich mich in die Halle mitten unter Russen, Mongolen, Chinesen, Afghanen und Angehörige dieses eurasischen Vielvölkerstaates. Es war für mich eine neue Welt. Gegen Mitternacht kletterten wir wieder in ein großes Düsenverkehrsflugzeug, die TU 104 A, die genau zu betrachten ich nun Muße hatte. Inzwischen waren mächtige Schneewehen aufgekommen, so daß uns der Flugkapitän erklären mußte, daß wir wegen der schlechten Wetterverhältnisse nicht weiterfliegen könnten. Wir übernachteten im Flughafenhotel, das etwa 500 Meter entfernt lag. Diese 500 Meter zu Fuß hatten es in sich. Wir mußten dorthin in schneidender Kälte, eisigem Wind und hohem Schnee laufen. An meiner Hand hing ein überschwerer Koffer mit den Prospekten der Firmen und eine Reiseschreibmaschine. Wir wohnten zu zweit. Mein Zimmerkollege war ein Schriftsteller aus Dresden. Sein Ziel war Vietnam. Seine Eindrücke wollte er in einem Buch festhalten. Ich fiel in einen kurzen tiefen Schlaf.
Am nächsten Morgen starteten wir um 10.30 Uhr mit Verspätung. In einer Höhe von 5.000 bis 6.000 Meter flogen wir über Sibirien. Draußen waren 54 Grad minus, drinnen 15 bis 20 Grad Wärme. Die Geschwindigkeit betrug 800 bis 900 Kilometer pro Stunde. Unter uns weite Ebene, Wälder

und nur Schnee. Radebrechend kam ich mit einem russischen Offizier ins Gespräch, der sich in Begleitung einer schönen Russin befand. Gesichtsausdruck und Unterhaltung sprachen für eine hohe Intelligenz. Im Laufe des Gesprächs klopfte er mir kameradschaftlich auf die Schulter und sagte: „Früher Feind, heute Freund." Das war immerhin beachtlich. Am Nachmittag machten wir eine Zwischenlandung in Omsk. Aus der Luft erkannte ich rechteckig angelegte Straßen und Wohnviertel, Straßenbahnen, Omnibusse, festgefrorene Kähne im Flußlauf, Hütten, ein- und mehrstöckige Häuser. Nach kurzem Aufenthalt flogen wir weiter nach Irkutsk, ein Zentrum im Süden von Sibirien. Der russische Offizier erläuterte, daß die Stadt über Theater und Operette, über eine Universität mit mehreren Instituten, darunter insbesondere über ein Institut für Bergbau und Metallurgie verfüge. In Irkutsk beendete er mit seiner Begleiterin die Reise. Mir kam der Gedanke, ob Intelligenz und Schönheit nicht eine gezielte Begleitung oder eine Beschattung für mich waren. In Irkutsk übernachteten wir wieder. Ich lag mit dem Schriftsteller aus Dresden und einem Japaner zu dritt auf einem Zimmer. Am nächsten Morgen beim Frühstück saß an unserem Tisch ein bekannter chinesischer Schauspieler, der demnächst in Ost-Berlin auftreten sollte.

Und nun erfreute ich mich eines sehr erlebnisreichen Fluges. Bei Sonnenschein zog unser Metallvogel über den Baikalsee dahin, der auch im Sommer zugefroren sein kann. Unter uns erhob sich das Baikalgebirge, dessen schneebedeckte Krater rosa in der Sonne leuchteten. Und dann befanden wir uns über der Wüste Gobi. Bräunliches Hochland. Hier gelbe und dort rötliche Flecken. Kein Haus, keine Hütte, kein Mensch, kein Tier, kein Weg. Schiere Unendlichkeit in allen Richtungen. Der einzelne Mensch wäre unter uns verloren gewesen. Aus 10.000 Meter Höhe konnte man eine leichte Krümmung des Erdballs eindrucksvoll erkennen. Am blaßblau-grünlichen Himmel stand der Halbmond. Das nahende Gebirge mit seinen abgrundtiefen Einschnitten und Kerbungen wirkte wie ein plastisches Relief. Dann flogen wir über die beginnende nordchinesische Tiefebene, in der sich die ersten menschlichen Siedlungen wie Spielzeug ausnahmen, unserem Ziel entgegen: Peking.

Am Flughafen erwartete mich niemand. Bei der Abfertigung hatte ich viele Fragen zu beantworten. Wir verständigten uns auf Englisch. Die Stadt lag etwa 30 Kilometer entfernt. Nur wenige Taxis standen bereit. Am besten tat man sich mit anderen für eine Fahrt zusammen. Ich sprach zwei Chinesen an, die mit mir in einem Taxi in die City fuhren. Wir benötigten etwa 35 Minuten. Die Chinesen trugen einen weißen Tuchschutz vor dem Gesicht, vom Kinn bis über die Nase. Darüber blickten dunkle Augen. Sie schützten sich damit gegen Infektionen und Staub, den der Wind vom Löß-

boden der Nord- und Westberge brachte und über die Ebene trieb.
Auf der Landstraße bewegten sich viele Eselkarren. Sie sind das chinesische Lastgefährt für alles. Für Steine und für Lebensmittel. Auf unserer Fahrt mußte ich einmal vor mich hinlachen. Ein Esel hatte gerade seine Äpfel verloren, da war auch schon jemand mit der Schippe da, um sie von der Straße zu entfernen. Hier begegnete mir zum ersten Mal der neue Sauberkeitsfanatismus, den ich noch häufiger antreffen sollte. Das frühere China verkam im Schmutz, das neue China sollte sauber sein. Das war offenbar der Wille der Führung. Und tatsächlich, die Straßen waren sauber. Wir durchfuhren ein Tor der äußeren Stadtmauer und gelangten durch ein weiteres Tor der inneren Stadtmauer in das zweitausendjährige Peking. In der Innenstadt wimmelte es von Menschen in ihren einheitlichen blauen und wattierten Anzügen. Man gab ihnen den Namen „blaue Ameisen". Eine Unmenge von Radfahrern bevölkerte die Straßen. Zur Zeit meines Besuches soll es in Peking 600.000 Fahrräder gegeben haben. Autos waren kaum zu sehen, dafür aber viele Fahrradrikschas. Ich wohnte im Hotel Hsin-Chiao, das erst kurz zuvor erbaut worden war und in jeder Hinsicht den Ansprüchen der westlichen Ausländer genügte. Vom ebenerdigen Fenster meines Zimmers blickte ich auf die südliche innere Mauer der Stadt. Ich suchte Wolf Schenke in seinem Hotel Peking auf, um mit ihm das Programm zu besprechen. In der Hotelhalle machte er mich darauf aufmerksam, daß uns der Marschall Chu-Teh entgegenkam. Der Marschall war ein alter Kampfgefährte Maos auf dem legendären „Langen Marsch" und einer seiner Vertreter in Staat und Partei.
Schenke hatte schon für den ersten Abend Karten für ein Konzert besorgt. Das Pekinger Symphonie-Orchester spielte Werke von Tschaikowsky und Rossini. Die Wiedergabe war beachtlich. Auch die Klänge der Musik eines chinesischen Komponisten gingen mir ganz gut ins Ohr. Das Konzert wurde neben der Intelligenz überwiegend von Arbeitern und Soldaten, werktätigen Frauen und Männern und vor allem der Jugend besucht. Es war ein schöner Auftakt für meinen Aufenthalt in Peking. Nachts hatte ich das Gefühl, daß ich schon einige Tage in der chinesischen Hauptstadt war.
Nun war ich ja nicht als Tourist hierher gekommen, sondern hatte Aufträge unserer Firmen zu erfüllen. Obwohl brieflich alles gut vorbereitet worden war, vergingen doch einige Tage, bis die ersten Besprechungen stattfinden konnten. Diese konnte ich dazu nutzen, um mich in Peking näher umzusehen.
Wohl für jeden Besucher des 2.000 Jahre alten Peking ist das erste Ziel die „Verbotene Stadt" mit ihren kaiserlichen Palästen. Der Name rührt daher, daß zur Zeit der herrschenden Dynastien und Mandarine dem Volk der Zutritt zur Stadt verwehrt wurde. Seitdem Mao-Tse-tung auf dem Platz vor

dem Tien-An-Men, dem Tor des Himmlischen Friedens, die Volksrepublik China ausgerufen hatte, wurde die Verbotene Stadt für das Volk geöffnet. Das Tien-An-Men wurde im 15. Jahrhundert von einem Kaiser der Ming-Dynastie gebaut und nach einem Brand im Jahre 1651 wiedererrichtet. Die kaiserlichen Edikte wurden einst von dort aus verkündet. Heute ist der Platz vor dem Tor des Himmlischen Friedens eine nationale Kundgebungsstätte, auf der Hunderttausende den 1. Mai oder den 1. Oktober als nationalen Feiertag mit Aufmärschen und Tänzen begehen. Das Tien-An-Men ist zum Symbol Pekings geworden. Die Verbotene Stadt ist von einer hohen und glatten, angenehm wirkenden roten Mauer und einem Wassergraben umgeben. Vom Platz her erreicht man das Tor über Marmorbrücken, zu deren beiden Seiten sich Zuschauertribünen befinden, die bei großen Paraden und Veranstaltungen etwa 10.000 Menschen aufnehmen können. Nach dem Passieren des Tores gelangt man in einen Vorhof, sieht ein neues Tor vor sich und durchschreitet einen noch größeren Vorhof. Nun befindet man sich vor dem eigentlichen Eingang zur „Verbotenen Stadt", dem Wumen, dem südlichen Tor. Man geht über eine Marmorbrücke, die einen künstlich angelegten Wasserlauf überspannt und nähert sich über weitere Vorhöfe den Tempeln und Hallen, die blumenreiche Namen tragen, wie „Tempel Höchster Harmonie", „Palast der Himmlischen Reinheit" oder „Palast der Irdischen Ruhe."

Jeder Bau ist ein Kunstwerk für sich. Im Innern bewunderte ich die reich bemalten hölzernen Kassettendecken, die Schnitzereien, Seiden und Kunstgegenstände, die aus einer Zeit vor 2.000 bis 3.000 Jahren stammen. Unter der klaren Wintersonne leuchteten die goldgelben glasierten Ziegel der geschweiften Dächer. Das Licht des Ostens und die Farben hatten es mir angetan. Gewiß muß hier ein Paradies für Maler sein. Hier empfand man das Wort „ex oriente lux" auch als physikalisches Phänomen. Die gesamte Anlage, die Architektur und die Farben schwangen zu einer einzigartigen Harmonie zusammen.

Hier stand ich auf dem Boden eines alten Kulturvolkes. Und man täusche sich nicht! Es ist nicht geschichtslos geworden. Der schlafende Riese ist wieder erwacht. Das Land hat eine Zukunft vor sich.

Wir fuhren hinaus zum Sommerpalast, der in unmittelbarer Umgebung von Peking ein beliebtes Ausflugsziel für die Bevölkerung ist. In einer weiten Parklandschaft mit Hügeln und Seen liegen über hundert Pavillons, Hallen, Türme und Pagoden verstreut. Zu ihnen führen hier und da überdachte Promenaden. Stark beeindruckte mich ein 728 Meter langer Wandelgang mit prächtig bemalten Decken, die von 274 Säulenpaaren getragen wurden. Im Hintergrund dieser schönen, von Menschen gestalteten Landschaft erhoben sich die „Western Hills", die Westlichen Berge.

Wir besuchten den Himmelpalast, die größte Parkanlage Pekings, die wir über eine 500 Meter lange Zypressenallee erreichten. Sie erstreckt sich über eine Fläche von 26,6 Quadratkilometern. In Erinnerung ist mir besonders die „Gebetshalle für gute Ernte" geblieben, die sich auf einer runden Steinterrasse erhebt und deren rundes Dach aus herrlichen blau glasierten Ziegeln besteht. Die vier tragenden drachengeschnitzten Säulen versinnbildlichen die Jahreszeiten. Im Gedächtnis habe ich auch den kleinen Tempel auf der weiten Wegeachse der Parkanlage behalten, der von einer runden „Echomauer" umgeben war. Flüsterte man mit dem Gesicht zur Mauer einige Worte, so konnten sie auf der entgegengesetzten Seite deutlich verstanden werden.

Neben vielen anderen Sehenswürdigkeiten, die wir besichtigten, zog uns die Marco-Polo-Brücke an, die sich etwa zwölf Kilometer südwestlich von Tien-An-Men am Yungting-Fluß befindet. Sie ist aus weißem Marmor gebaut, 235 Meter lang und acht Meter breit. Sie wird von elf Brückenbogen getragen, so daß sie schwerste Lasten aufnehmen kann. Die seitlichen Brückenbalustraden bestehen aus 140 Pfeilern, auf denen jeweils ein aus Stein gehauener Löwe thront. Diese Brücke ist ein Ausdruck hoher Ingenieur- und Handwerkskunst. Sie hat auch historische Bedeutung. Von hier aus trugen die Japaner am 7. Juli 1937 den Krieg nach China hinein. Die Brücke erhielt den Namen des großen venezianischen Asien-Reisenden, der von dieser Stätte aus Peking zum ersten Mal betreten hatte. Es war ein Glücksfall, daß ich mit Wolf Schenke alle Unternehmungen bei schönstem Wetter durchführen konnte. Wir hatten nur wenige Grad Celsius unter Null. Man sagt, daß Peking nur Sommer und Winter kennt, da es nur kurze Jahreszeitübergänge gibt. Dem Frühling folgt schnell auf dem Fuße der Sommer und ebenso der Winter dem Herbst. Das Klima ist trotz feuchter Sommerwinde vom Meer kontinental. Die Durchschnittstemperatur soll im Winter minus 10 Grad und im Sommer plus 25 Grad Celsius betragen. Einen Abend verbrachte ich als Gast bei einer chinesischen Familie aus dem Volke. Der Tisch war mit wohlschmeckenden Gerichten und warmem Reiswein gedeckt. Meine Übung mit den Stäbchen zu Hause hatte sich bewährt. Der Hausherr hatte väterlicherseits deutsche Vorfahren. Er beherrschte auch noch unsere Sprache. So konnte ich ihn viele Dinge fragen, die er aufschlußreich beantworten konnte. In der Nacht bin ich unter einem sternklaren Himmel durch die Straßen Pekings zu meinem Hotel zurückgefahren.

Wir erhielten die Erlaubnis, mehrere Werkstätten und das Zentralinstitut für Kunsthandwerk am Rande der Stadt zu besuchen. Wir sahen wertvolle Arbeiten der Stickerei, der Töpferei und der Keramik. Überrascht war ich von der vollendeten Fertigkeit in der Herstellung von ausdrucksvollen

Miniaturfiguren. Wir wurden vom Generalsekretär der Gesellschaft zur Förderung des Handels, Chi-Chao-ting, empfangen, der Gesprächspartner unseres Ostausschusses der deutschen Wirtschaft war. Wolf Schenke berichtete über die Bemühungen der deutschen Chinagesellschaft, die Zusammenarbeit mit der Volksrepublik China auf vielen Gebieten des Lebens zu fördern. Ich hatte inzwischen den Bericht über den ersten Fünfjahrplan zur Entwicklung der nationalen Wirtschaft der Volksrepublik China für die Jahre 1953 bis 1957 eingehend studiert, in dessen Mittelpunkt der industrielle Aufbau, die Förderung der Landwirtschaft sowie der Handwerkskooperativen stand. Ich unterrichtete unsere Firmen davon. Nun liefen auch die ersten geschäftlichen Besprechungen mit der Machinery Corporation und Transport Machinery Corporation. Diese Dienststellen hatten ihren Sitz weit außerhalb der Stadt, so daß ich nur mit dem Taxi zur Verhandlung fahren konnte.
Vor jeder Besprechung wiederholte sich der gleiche Ritus. Man mußte ziemlich lange warten. In dieser Zeit wurde wiederholt Tee angeboten. In der Nähe stand immer ein Spucknapf. Ich übergab die Unterlagen der Firmen und erläuterte sie im einzelnen. Mit einer Verhandlung war es nicht getan. Ich lernte, daß man viel Zeit und Geduld mitbringen mußte. Wolf Schenke war am 16. Februar 1958 nach Chungking geflogen, wo er mehrere Jahre gelebt und als Kriegsberichterstatter im chinesisch-japanischen Krieg gewirkt hatte. Am 17. Februar begann für die Chinesen nach dem Mondkalender das Neujahrsfest. Es wurde in der Familie so gefeiert wie etwa bei uns Weihnachten. Es war ein Freudenfest, das von Feuerwerk begleitet wurde.
In noch dunkler Morgenfrühe fuhr ich am 18. Februar, meinem Geburtstag, zum Flughafen, um meine Reise nach Shanghai anzutreten. Dort befand sich auch eine Niederlassung der Machinery Corporation. Außer mir waren nur vier Passagiere an Bord, ein Chinese, ein Amerikaner, ein Neuseeländer und eine Russin. Weit über tausend Kilometer konnte ich nun aus der Luft unter mir die chinesische Landschaft bei klarster Sicht betrachten. Zunächst flogen wir über Ebenen. In der Nähe von Peking war das Land noch dichter besiedelt. Der Boden erschien unter der Sonne gelblich-braun. Ich sah kaum Straßen und wenig Bäume. Manchmal entdeckte ich junge Anpflanzungen. Kleine Ortschaften im Geviert waren von Lehmmauern umgeben. Es folgten Kanäle, kleine Wasserläufe, Stichgräben und der gewaltige Gelbe Fluß, dessen Macht man zu zähmen trachtete. Durch die Schau aus der Luft erkannte ich, daß die Bewässerung und die Umwandlung der Wasserkraft in Energie eine der Hauptaufgaben für die Volksrepublik China ist. Am Rande der Berge setzten wir zur Zwischenlandung in Nangking an. Auf dem Flug von Nanking nach Shanghai breiteten sich

unter uns kleine und größere Seen aus, die sich schließlich wie zu einem Meer ausweiteten, das in der Ferne mit dem Horizont zusammenlief, und das kein Ufer zu kennen schien. Die kleinen und größeren Inseln in den Seen erweckten den Eindruck einer Schärenlandschaft. Es folgten die weiten Gebiete des Reisanbaus, Felder, die unter Wasser standen, durch die der Wasserbüffel zog. Kanäle mit Dschunken und aufgeblähten Segeln. Die Felder wurden nun grün. Wir flogen über den breiten Yangtse-Fluß, der sich fast 5.000 Kilometer durch das Land der Mitte ergießt. Nach dem Yangtse ging die Maschine tiefer und schwenkte wenige Minuten später auf Shanghai ein.

Was lag nicht alles im Namen dieser Stadt, die einmal zu den größten Orten der Welt zählte! Die Chinesen fühlten sich gedemütigt durch die Konzessionsgebiete, die die europäischen Kolonialmächte hier mit eigener Rechtsprechung unterhielten. Romantik schwang in diesem Namen mit. Die einen sprachen vom Paris des Ostens, die anderen von einer Stadt des Lasters, der Prostitution und Opiumhöhlen. Am Flughafen wurde ich von einem ansässigen Deutschen im Mercedes 190 abgeholt. An einer Pagode vorüber fuhren wir durch die frühere französische Konzession in die Stadt. Ich wohnte in der Nähe des Hafens, im Peace-Hotel, dem früheren Cathay-Hotel. Gegenüber lag das Palace-Hotel, auf das 1937 nach Ausbruch des japanisch-chinesischen Krieges die ersten Bomben fielen. Es gab dabei dreihundert Tote. Man erzählte mir, daß ein Brite, der nach der Bombardierung über Leichen steigen mußte, um seine Freunde in der Bar des Erdgeschosses zu treffen, diese mit den Worten begrüßte: „Da scheint eine kleine Spannung zwischen den Japanern und den Chinesen zu bestehen."
Am Nachmittag war ich von dem Deutschen eingeladen, der mich am Flughafen erwartet hatte. Mein Gastgeber besaß ein schönes Haus und wohnte allein. Er leitete eine schwedische Firma, die vorwiegend die Interessen deutscher Firmen wahrnahm. Er lebte bereits seit 29 Jahren in China, ohne inzwischen in Deutschland gewesen zu sein. So erfuhr ich viel über die Verhältnisse im China des letzten Vierteljahrhunderts. Draußen im Garten stellten sich Vögel zur Fütterung ein. Wir hörten die englischen Nachrichten. Sie waren seine hauptsächliche Verbindung zur westlichen Welt. Am Abend war ich Gast bei einem anderen Deutschen, der einer schweizerischen Firma vorstand, die ebenfalls vorwiegend deutsche Vertretungen ausübte. Er war mit einer Chinesin verheiratet. Das drückte sich auch in einer hervorragenden Küche aus. Hier konnte ich aus der angeregten Unterhaltung viel über die Zustände in der Volksrepublik China erfahren. So hatte ich einen schönen Geburtstag verbracht.
Den nächsten Tag widmete ich der Erkundung Shanghais. Ich ging auf dem berühmten „Bund" am Hafen spazieren. Es war ein herrlicher Früh-

lingstag. Die Chinesen feierten noch das Neujahrsfest, und eine Unmenge von Menschen bevölkerte die Straßen. Ich sah in Tausende Gesichter, darunter pummlige rosige Babys mit wachem Ausdruck, bejahrte Mongolen mit durchfurchter gelblederner Stirn, einem schütteren Zwirbelbart, breiten Backenknochen und blinden leeren Augen. Ich entdeckte Frauen, die aus früherer Zeit noch eingebundene Füße und daher einen puppenhaften Gang und trippelnden Schritt hatten. Ein fremdartiges, turbulentes Stimmengewirr lag in der Luft. Vor allem die Kinder gafften mich an und sahen sich immer wieder nach der „Langnase" aus Europa um. Auf meinem Weg begegnete mir tatsächlich kein einziges europäisches Gesicht. Auf meinem stundenlangen Weg hatte ich fast schon das Gefühl eines Spießrutenläufers. Ich ging in mein Hotel zurück und sah von meinem Fenster aus auf das Gewimmel der Menschen nieder. Fahrradrikschas, die sonst nur zwei Personen faßten, transportierten nunmehr bis zu fünf Kinder. Alle blauweißen und weißroten Busse und Trollis waren unterwegs. Sie fuhren oft überfüllt an den Haltestellen vorüber. Dort warteten die Menschen geduldig in langer Reihe. Besonders auch Frauen mit vielen Kindern, eines an der Hand, eines auf dem Arm und eines auf dem Rücken. Die Chinesen trugen zumeist blaue wattierte Jacken, aber es mischten sich schon heitere Farben von seidenen Jacken, bunten Halstüchern und Schals darunter.
Am meisten war ich von der Geduld und Disziplin der Menschen beeindruckt. Während man einst vom überschäumenden Leben im Hafen von Shanghai und von dem sehr regen Schiffsverkehr sprach, so lagen jetzt außer wenigen Frachtern und Dschunken nur zwei große Pötte im Hafen. Der große Aufschwung im internationalen Verkehr war 1958 noch nicht zu verzeichnen. Nach erlebnisreichem Aufenthalt in Shanghai mußte ich wieder nach Peking zurückfliegen, um weitere Geschäftsbesprechungen, die festgelegt waren, wahrzunehmen. Zwischendurch konnte ich in Peking noch einige private Besuche machen. So wurde ich zum Beispiel von einem ehemaligen höheren chinesischen Offizier eingeladen, der auch Deutschland von einem längeren Aufenthalt her kannte. Wenn ich ein Taxi haben wollte, so mußte ich es über die Rezeption des Hotels bestellen und zugleich angeben, zu wem ich fahre und welche Telefonnummer mein Gastgeber hatte. Kaum war ich dort angelangt, klingelte schon das Telefon, und die Rezeption des Hotels meldete sich auf der anderen Seite. So wußte man also, daß ich mich dort tatsächlich befand. Dieses Mißtrauen gegenüber den Fremden resultierte unter anderem aus der Behandlung, die die Chinesen von den Fremden in der Kolonialzeit erfahren hatten.
Ich war sehr daran interessiert zu erkunden, wie der Übergang von der privaten Führung eines Betriebes auf die sozialistische Betriebsführung gehandhabt und geregelt wurde. Durch chinesische Freunde von Wolf

Schenke konnte arrangiert werden, daß wir von zwei Direktoren eines Betriebes eine Einladung zum Essen erhielten. Im Gespräch mit ihnen erhielten wir darüber Aufschluß. Der frühere Privatunternehmer wurde nicht aus dem Betrieb entfernt. Er blieb ihm als technischer Direktor erhalten. Er bekam sein gutes Direktorengehalt, und am Ende des Jahres wurde ihm sogar eine Prämie überwiesen. Der Staat entsandte einen zweiten Direktor in den Betrieb, und diese beiden Direktoren saßen hier nun einträchtig beisammen und berichteten von ihren Erfahrungen. Es mag sein, daß es nicht überall in den Betrieben so war und daß man uns hier ein neues funktionierendes Modell demonstrieren wollte. Für mich stand aber fest, daß die Chinesen in der Zeit des Systemübergangs mit Vorsicht zu Werke gingen und nicht die Erfahrungen der privaten Unternehmer wie ein Kind mit dem Bade ausgeschüttet haben. Das schien mir ein Zeichen für die Flexibilität der Chinesen zu sein.

Während unseres Aufenthalts in Peking erfuhren wir, daß in der Gegenwart Spannungen zwischen Moskau und Peking aufgekommen waren und die Sowjets begonnen hatten, ihre Berater aus den chinesischen Industriebetrieben abzuziehen. Es war der Beginn der Spannungen zwischen den beiden roten Brüdern, die die nächsten Jahre ausfüllen sollten. Für mich war die gewonnene Erkenntnis bedeutungsvoll, daß Mao-Tse-tung stets unabhängig von Stalin blieb. Dafür sprachen die Fakten. Er durchlief nicht die Schule und Ausbildung von Moskau wie die meisten kommunistischen Parteiführer. Er ging selbständig seinen eigenen Weg. Er führte auch nicht seine Revolution mit dem Industrieproletariat, sondern mit seinen chinesischen Bauern zum Sieg. Als er mit ihnen im Bürgerkrieg gegen die Kuomintang der nationalen Regierung unter Chian-Kai-shek stand, erhielt er keine Unterstützung von Stalin. Im Gegenteil, Stalin erkannte die Kuomintang offensichtlich in der Auffassung an, daß nur sie gegenwärtig für ihn ein starkes Gewicht gegen Japan bilden konnte. So führte Mao-Tse-tung seinen vierjährigen „Langen Marsch" über Tausende von Kilometern durch Wüsten und unwegsames Gebirge ohne jede Hilfe aus Moskau. Man verglich die ungewöhnlichen Strapazen dieses Marsches mit denen der Alpenüberquerung Hannibals mit seinen Elefanten. Nicht die ideologische Verbindung zu Moskau, sondern die realen Interessen seines Reiches der Mitte standen für Mao-Tse-tung an erster Stelle.

Bei verschiedenen Gelegenheiten kam ich mit Ingenieuren aus der Deutschen Demokratischen Republik in Kontakt, die in Industriebetrieben als Berater tätig waren. Sie äußerten sich im allgemeinen positiv über die Zusammenarbeit mit ihren Gastgebern. Aber sie hoben hervor, die Chinesen seien im privaten Verkehr sehr zurückhaltend. So erzählte mir ein Ingenieur, daß die Chinesin, mit der er auf einem Betriebsfest getanzt hatte, vom nächsten Tag an für ihn nicht mehr sichtbar war. Dasselbe hatte ich in Shanghai gehört, daß eine Chinesin, die sich mit einem Deutschen befreundet hatte, von der Bildfläche verschwunden war. Mir lag sehr daran zu erfahren, ob die junge Generation in der Volksrepublik ihrer Führung aus freiem Antrieb folgte. Darauf richtete ich immer wieder meine Beobachtungen. Aufschluß darüber gab die Besichtigung eines großen Betriebes, die für uns ermöglicht worden war. Ich sah mich zunächst nach dem Maschinenpark um und stellte fest, daß die Maschinen ziemlich veraltet waren, teilweise aus Japan und der DDR stammten. Ich erlebte die Jungarbeiter und Jungarbeiterinnen an ihrem Arbeitsplatz und sah, daß sie sich ihrer Aufgabe mit großem Eifer widmeten. Ich bin in den 30er und 40er Jahren viel in den Betrieben herumgekommen und habe in das Gesicht der schaffenden Jugend geschaut, das ja bei der Arbeit am schönsten ist. So glaube ich ein untrügliches Gefühl dafür bekommen zu haben, ob jemand seine Arbeit aus eigenem Wollen und Antrieb oder nur notgedrungen und befohlenermaßen verrichtet. Hier im chinesischen Betrieb hatte ich empfunden, daß die jungen Menschen mit innerer Teilnahme bei ihrer Sache waren. Sicher sind nicht alle aus freien Stücken den Fahnen der neuen Führung gefolgt, aber ebenso gewiß ist, daß es viele freiwillig getan haben.

Während meines kurzen Aufenthalts in Peking und Shanghai hatte ich den Eindruck gewonnen, daß es auf verschiedenen Gebieten unverkennbar voranging. Da war in breiten Schichten der Drang zur Erhaltung der Gesundheit, der sich in der Verwendung von Mund- und Nasenschutz zur Vermeidung von Infektionen oder in den morgendlichen Freiübungen in den Betrieben äußerte. Es gab die Bereitschaft zur Erhaltung der Sauberkeit. Ich sah viele Menschen, die für die Reinhaltung ihrer Straßen tätig waren. Im Hotel kam in gewissen Zeitabständen ein Bediensteter mit dem Staubwedel ins Zimmer, was vielleicht auch bezweckte, einmal nachzusehen, was der Fremde in seinem Zimmer tat. Die einfachen Kulis liefen nicht mehr wie früher in zerlumpter Kleidung herum, sondern wenigstens in geflickten Hosen. Die Korruption und Bestechung wurden radikal bekämpft. Ich hörte, daß am Anfang einem Dieb, der sich am Gemeingut vergangen hatte, dafür die Hand abgehackt wurde. Mir ist es nicht gelungen, im Hotel, im Taxi oder am Flughafen ein Trinkgeld an den Mann zu bringen. Die Annahme wurde verweigert.

Was die Verbesserung der Ernährung anging, so möchte ich mit einem Gleichnis sagen, daß diejenigen, die bisher nur eine Handvoll Reis bekommen hatten, nunmehr zwei bekamen. Und das war schon viel für Hunderte von Millionen Menschen. Dem Leser mag das alles primitiv vorkommen. Man mußte aber die jeweiligen Verhältnisse in Beziehung setzen zu dem, was vorher war. Daran gemessen, konnte man auf vielen Gebieten von Erfolgen sprechen. Es ist nicht ratsam, die Verhältnisse in einem asiatischen Land mit europäischen Maßstäben zu messen. Das gilt besonders auch für China. Es hatte eine andere historische Entwicklung und besitzt eine andere Tradition, andere gewachsene Wertvorstellungen, Eigenarten, Sitten und Gebräuche. Wer das in seinem Urteil nicht berücksichtigt, befindet sich auf dem Holzweg.

Meine geschäftlichen Besprechungen waren noch nicht zum Abschluß gekommen, und mein zeitlich begrenztes Visum lief ab. Wolf Schenke war bereits nach Deutschland zurückgeflogen. Ich begab mich zum Verkehrsbüro, um mein Visum um einige Tage verlängern zu lassen. Eine freundliche Chinesin erklärte mir, daß dies nur möglich sei, wenn eine führende Persönlichkeit die Verlängerung des Visums befürworten würde. Sofort machte ich mich auf den Weg zur Gesellschaft für kulturelle Beziehungen mit dem Ausland, deren Präsident Chou-To-nan der Gesprächspartner von Wolf Schenke und der deutschen China-Gesellschaft war. Nach üblicher Wartezeit wurde ich empfangen und erhielt das für mich so wertvolle Papier. Gleich ging ich wieder zurück zum Verkehrsbüro. Die Chinesin freute sich mit mir über die Lösung meines Problems und meinte zum Abschluß, daß ich ohne diesen Brief von Chou-To-nan Schwierigkeiten bekommen und das Land hätte sofort verlassen müssen. Als ich meinen Flug nach Moskau bestellen wollte, waren alle Flüge dorthin bis zum Verfallsdatum meines verlängerten Visums ausgebucht. Wahrscheinlich flogen viele russische Berater in ihre Heimat zurück. Ich mußte jetzt mit einer kleinen Maschine einen Umweg über Ulan-Bator in der Mongolei nach Moskau wählen. Den Flug empfand ich als riskant.

Vor meiner Abreise suchte ich den russischen Konsul in Peking auf. Ich fragte ihn um Rat, was ich tun müßte, um mit einem Durchreisevisum zwei oder drei Tage in Moskau bleiben zu können. „Bloß nicht zu Intourist", riet er mir. „Wenden Sie sich am besten an Aeroflot, die haben schon manchem geholfen." Diesen Rat habe ich befolgt. Als ich in Moskau zum Aeroflot-Schalter ging, versuchten vor mir DDR-Bürger, die nicht russisch sprachen, sich mit der Beamtin zu verständigen. Sie sprach außer russisch nur englisch. Ihre deutschsprechende Kollegin war gerade einmal fortgegangen. So betätigte ich mich als Dolmetscher zwischen beiden Parteien. Als das erledigt war, trug ich der Schalterbeamtin mein Anliegen vor, mit dem Durchreisevisum für einige Tage in Moskau bleiben zu wollen. Ohne Rückfrage gab sie mir anstandslos zwei Gutscheine, mit denen ich im Flughafenhotel übernachten konnte. Am nächsten Morgen fuhr ich in die Stadt und saß bei einem Glas auf dem Roten Platz und schaute auf das Machtzentrum des Kreml. Das hatte ich mir vor Jahren nicht träumen lassen.

Da meine Unterkunft und mein Verbleiben auf so angenehme Weise geregelt worden war, suchte ich Intourist auf und bat für die Besichtigung der Stadt um einen deutschsprechenden Begleiter. Von den Mienen der Herren konnte ich ablesen, daß sie darüber nicht schlecht erstaunt waren, wie ich nach Moskau gelangt bin, ohne daß sie etwas davon wußten. Nach längerem Hin und Her bekam ich einen Begleiter. Es war eine russische Germanistik-Studentin. Sie führte mich von der Basilius-Kathedrale mit den neun Kuppeln vorbei am Großen Akademischen Theater, dem das Bolschoi-Ballett entstammt, zum Hügel der Lomonossow-Universität. Sie zeigte mir die Bauten aus neuerer Zeit im Zuckerbäckerstil und demonstrierte mir den gegenwärtigen Aufbau an den von Kränen beherrschten Baustellen. Wir landeten wieder auf dem Roten Platz und im Kaufhaus GUM. Als sie mich auf die ideale Verfassung der Sowjetunion hinwies, konnte ich mir einen Einwand nicht versagen. Ich erwähnte, daß zum Beispiel die Schwerarbeit für Frauen in der Verfassung verboten ist, und meinte: „Aber haben wir nicht eben an der Kreml-Mauer Frauen schwere Preßlufthämmer bedienen sehen? Die geschriebene Verfassung entspricht oft nicht der Verfassungswirklichkeit." Von weiteren Einwänden nahm ich Abstand, da ich meine sympathische Begleiterin nicht in Verlegenheit bringen wollte. Zum Abschluß unserer Fahrt lud ich sie zum Essen ein. Sie lehnte dankend ab und bemerkte offen dazu, daß es nicht gestattet sei, von ausländischen Touristen Einladungen anzunehmen. Ich war jedenfalls zufrieden, daß ich auf meiner Rückreise die Gelegenheit hatte, einen kurzen Eindruck von der Metropole der östlichen Supermacht zu gewinnen.

Mitte März 1958 flog ich von Moskau nach Berlin zurück. An Bord der Maschine entdeckte ich den bedeutenden Wissenschaftler Manfred von Ardenne. Nach dem Zweiten Weltkrieg arbeitete er mit anderen deutschen Wissenschaftlern für die Russen. Auch die Amerikaner hatten Hunderte von deutschen Wissenschaftlern im Rahmen der Aktion „Paper Clip" nach den USA verbracht, unter ihnen viele Forscher für Raketen und die Weltraumfahrt. Unzählige Patente und Unterlagen über das Know How wurden von den Siegermächten mitgenommen. Das war die Befreiung von geistigem Eigentum, was Deutschland auf verschiedenen Gebieten einige Jahre ins Hintertreffen geraten ließ. Hier handelte es sich um „moderne" Reparationen.

Manfred von Ardenne stand an der Spitze der Forschung in der Deutschen Demokratischen Republik. Mich interessierte nun, wie dieser Spitzenforscher zu seiner Sicherheit beschattet wurde. Nichts dergleichen konnte ich entdecken. Auch nicht in Minsk, wo wir zwischenlandeten und eine Mahlzeit einnahmen. Als wir auf dem Flughafen Schönefeld eintrafen, stellte ich fest, daß er nicht einmal mit dem Auto abgeholt wurde. Er stieg wie wir in den Zubringerbus ein und verließ ihn bei einem Halt in Ost-Berlin. Hier konnte ich ebenfalls keine zivilen Sicherheitskräfte in seiner Nähe beobachten. Eine überraschende Tatsache für mich.

Das Ergebnis meiner fünfwöchigen China-Reise bestand in der Anbahnung der ersten Geschäftsverbindungen zu den staatlichen Außenhandelsgesellschaften. Persönlich wurde ich in meiner Überzeugung bestärkt, daß dieses volkreichste Land der Erde mit seinem weiten Lebensraum die Weltgeschichte im 21. Jahrhundert maßgeblich mitbestimmen wird. Sogar einen Atomangriff könnte dieses Land im Gegensatz zu uns überleben, dachte ich bei mir.

Meine Tätigkeit im Interzonenhandel und meine China-Reise ließen sogar bei einigen Kameraden die Frage aufkommen: „Ist denn der Axmann jetzt Kommunist geworden?" Wer das glaubte, irrte sich. Sicher konnte man sich vom Schreibtisch aus ein Bild von den Ostblock-Ländern machen. Es ist aber besser, vor Ort zu gehen und dort die Verhältnisse auszuloten. So kommt man der Realität am nächsten. Als ich wieder durch das Brandenburger Tor fuhr, war ich durch manche Erkenntnis bereichert.

Ende April/Anfang Mai 1958 traf in Deutschland eine Handelsdelegation der Volksrepublik China zum Besuch der Hannover-Messe ein. Ich sollte diese Delegation begleiten. Da die Berliner Spruchkammer für den 7. Mai nach der Nürnberger Spruchkammerverhandlung ein zweites Sühneverfahren gegen mich festgesetzt hatte, bat ich durch meinen Anwalt um Vertagung des Termins. Er mußte dafür eine Begründung angeben. Ich besichtigte mit den Chinesen eine Werkzeugfabrik in Bielefeld. Als ich am nächsten Morgen zur Hotelrezeption ging, entdeckte ich auf einer Zeitung die Hauptschlagzeile: „Ehemaliger Reichsjugendführer führt Rotchinesen." Bis dahin hatte ich den Leiter der Abordnung noch nicht über meine Vergangenheit informieren können. So kaufte ich alle vorhandenen Zeitungen auf und unterrichtete den Delegationsleiter, der allein mit mir im Auto ohne Kaderbegleitung fuhr, über meine Tätigkeit in der Vergangenheit. Er nahm das ganz gelassen auf. Es war ein Besuch bei Krupp in Essen vorgesehen. Wir machten in Dortmund Zwischenstation, wo ich die Nachricht erhielt, daß die Kruppdirektoren meine Anwesenheit als Begleiter nicht wünschten. Ich kannte Gustav Krupp von Bohlen-Halbach, und mit seinem Sohn Alfried saß ich in Nürnberg im Gefängnis, und wir trafen uns dort, als wir zum Friseur geführt wurden. Doch die neuen Herren von Krupp dachten und verhielten sich da ganz anders. Als die Chinesen nach Berlin zurückkehrten, überreichten sie mir ein schönes Geschenk.

Bei einem nächsten Besuch einer chinesischen Handelsdelegation stellte ich sie dem Vorstandsvorsitzenden Mommsen von Phönix-Rheinrohr vor. Hier wurde ich nicht so behandelt wie von den Kruppleuten. Die Chinesen rieten mir zur Gründung einer Firma, die sich mit dem Handel mit der Volksrepublik befassen könnte. So gründete ich mit meinem Bruder und einem Hamburger Kaufmann das China Kontor. Zu dieser Zeit hatten die Chinesen noch hohe Beträge für Käufe in der westeuropäischen Montanunion investiert. Danach trat ein völliger Stillstand ein. Ursache dafür war die politische Entwicklung, von der in den Ostblockstaaten stets auch die geschäftliche Entwicklung abhing. Wir schalteten auf das Hongkong-Geschäft um. Dabei durchlebten wir alle Kinderkrankheiten des Anfangs, wie zum Beispiel nicht mustergetreue Fertigung oder Verspätung in der vereinbarten Verschiffung, was für die Termingeschäfte mit Waren- und Versandhäusern sehr abträglich war. Nach wenigen Jahren wurde die Gesellschaft, die für solche Langzeitgeschäfte ein zu geringes Eigenkapital besaß, wegen Vermögenslosigkeit aufgelöst.

Meine zweite Spruchkammerverhandlung in Berlin war für mich sehr aufschlußreich. Mein ausgezeichneter Anwalt Fritsch, der meine Interessen schon in Nürnberg wahrgenommen hatte, stellte eingangs fest, daß in diesem Verfahren der elementare Grundsatz der Demokratie, nämlich die Gewaltenteilung, verletzt worden war. Es ging nicht an, daß ein Mitglied des Abgeordnetenhauses, also der Legislative, zugleich Vorsitzender einer Spruchkammer und damit in der Exekutive tätig war. Außerdem wies er auf das Fehlen eines Verfassungsgerichtshofes und einer Normenkontrolle hin.

Dem wurde in der folgenden Zeit abgeholfen. In der Verhandlung traten Vertreter der Gewerkschaften auf, die gegen mich Stimmung zu machen versuchten. Es fiel nicht schwer zu beweisen, daß ihre sozialpolitischen Forderungen für die Jugend von uns in die Tat umgesetzt worden sind. Ein jüdischer Mitbürger erhob sich im Saal und bezichtigte mich, verschiedene Leute mit dem Konzentrationslager bedroht zu haben. Mein Anwalt konnte ihm sofort durch Klärung der näheren Umstände überzeugen, daß er einem Irrtum und einer Verwechselung erlegen war. Als ich mit meiner Frau das Senatsgebäude am Fehrbelliner Platz verließ, sprach mich der jüdische Mitbürger auf dem Hohenzollerndamm an und entschuldigte sich. Er fragte mich, ob ich seine Hilfe benötigte. Dieser Wandel von der Bezichtigung bis zum Hilfsangebot überraschte mich.

Von meiner beruflichen Tätigkeit in der Nachkriegszeit hatte ich durch meine Arbeit und mein Leben in Spanien besonderen Gewinn. 1971 erhielt ich den Auftrag einer spanischen Firma, an der deutschen Kommanditisten beteiligt waren, als Bevollmächtigter für die Errichtung einer Freizeitanlage im Süden von Gran Canaria zu arbeiten. Die neue Aufgabe, der Umgang mit den liebenswürdigen Menschen anderer Mentalität, die meerumschlungene Landschaft mit den Stränden, den Bergen und schroffen Graten im

Inneren der Insel sowie das frühsommerliche Klima über die Jahreszeiten bedeuteten für mich einen willkommenen Wechsel. Es war auch von Gewinn, einmal Deutschland für längere Zeit von draußen zu sehen. Gelegentlich hatte ich dienstlich in Madrid zu tun und traf dort meinen Kameraden Otto Skorzeny, der mich in der zurückliegenden Zeit besucht hatte, wenn er sich in Berlin aufhielt. Er unterhielt ein Ingenieurbüro und eine Import-Export-Firma in der spanischen Hauptstadt. Er erzählte mir von seinen weltweiten Aktivitäten, die ihn u.a. nach Israel geführt hatten, wo seine Kommandounternehmen im Krieg Gegenstand der Unterweisung auf der Kriegsschule in Jerusalem waren. Als ich ihn das letzte Mal in seiner Wohnung und in seinem Büro aufsuchte, litt er bereits unter einer leichten Lähmungserscheinung als Folge einer Tumorerkrankung im Kopf. Für diesen stattlichen, hünenhaften Mann trug ich seine Aktentasche bis zum Fahrstuhl. Wenn er aber hinter dem Steuer seines Autos saß, dann brachte er es sicher und wendig durch den rasanten Verkehr von Madrid ans Ziel. Von seinem Tod am 6. Juli 1975 erfuhr ich aus der Zeitung im Flugzeug. Spanische Freunde ließen für ihn eine Messe lesen, der ich zu seinem Gedenken während meines Aufenthaltes in Madrid beiwohnen konnte. Einer der Tapfersten war von uns gegangen.

1976 kehrte ich nach Deutschland zurück und erhielt eine Beschäftigung in der Wirtschafts- und Handelsauskunftei Creditform Berlin Wolfram KG. Mit dem 73. Lebensjahr ging ich in den Ruhestand, der in meinem Fall diese Bezeichnung eigentlich nicht verdiente.

Keine Generation kann sich die Zeit aussuchen, in der sie leben möchte. Jede Generation muß sich mit der Zeit auseinandersetzen, in die sie durch Geburt hineingestellt ist. Meine Generation erlebte eine Epoche, in der sie in der Kindheit und Jugend mehr oder weniger unter den Auswirkungen des Ersten Weltkrieges, der Niederlage, dem Zusammenbruch und der Inflation zu leiden hatte. Es folgten Jahre der inneren Zersplitterung und der Schwäche nach außen, der politischen Demütigung, der wirtschaftlichen Not, der schmerzlichen Arbeitslosigkeit und das Infragestellen überkommener ethischer Werte. Dazu sollen zwei Stimmen zu uns sprechen. Eine für die inneren Verhältnisse, die andere für die Beziehungen zu den auswärtigen Mächten und deren Verhalten. Der Ministerpräsident Otto Braun, der das Land Preußen fast über die ganze Dauer der Weimarer Republik regierte, schrieb in seinen Erinnerungen:

„Das Parlament versagte vollends. Keine Partei wollte die Verantwortung für die nun einmal unerläßlichen, unpopulären Maßnahmen auf sich nehmen, jede schob sie der anderen zu und alle zusammen der Regierung. Die Worte, die Brüning im Januar 1931 in Schlesien sprach: ‚Die Parteien müßten den Mut haben, dem Volke die Wahrheit zu sagen', verhallten ungehört ... vergebens, das Parlament blieb bei seinem selbstmörderischen Treiben, das nicht nur das parlamentarische Regime gefährdete, sondern auch die Demokratie beim Volk in Mißkredit brachte."

Die andere Stimme gehört dem profilierten Außenminister Dr. Gustav Stresemann, der in seinem Todesjahr 1929 seinem Kummer gegenüber dem englischen Diplomaten Bruce Lockhart Luft machte:

„Ich habe mein Land in den Völkerbund gebracht, ich habe den Locarnovertrag unterzeichnet, ich habe gegeben, gegeben und nochmals gegeben, bis meine Landsleute sich gegen mich wandten ... Es ist nun vier Jahre her, daß wir Locarno unterzeichneten. Wenn sie mir nur *ein* Zugeständnis gemacht hätten, so hätte ich mein Volk gewonnen. Sie haben aber nichts gegeben, und die winzigen Zugeständnisse, die sie machten, kamen immer zu spät. Die Jugend Deutschlands aber, die wir für den Frieden und ein neues Europa hätten gewinnen können, haben wir für beides verloren. Das ist meine Tragik und ihre Schuld."

Vor dem Hintergrund dieser von diesen Politikern der Weimarer Republik umrissenen Verhältnisse ist Adolf Hitler mit seiner Bewegung im Kampf gegen den Kommunismus aufgestiegen. Nach der Machtübernahme konzentrierten wir uns so intensiv auf unser Arbeitsgebiet, daß wir vielleicht manches Mal blind dafür waren, was auf den Feldern rechts und links von uns geschah. Als der Krieg ausbrach, war es vor allem die junge Generation, die entschlossen kämpfend nicht nur für die Sicherung ihrer Zukunft, sondern auch für die Sicherung der Früchte ihrer eigenen ganz persönlichen Arbeit eintrat. Bis zum Ende, ehrenvoll.

Im fünfzigsten Jahr nach dem Kriegsende wurde immer wieder die Sinnlosigkeit der Opfer hervorgehoben. Ich kann nicht daran glauben, daß das Opfer der Jugend aus reinem Herzen spurlos in den Äonen untergeht. In der Hölle der letzten Tage des Kriegsgeschehens waren diese Schicksalsstunden nicht mit dem Intellekt zu bewältigen. Ich habe gebetet, daß mir die innere Stimme die richtige Entscheidung und den rechten Weg weisen möge. Verzweifelt haben wir an die Eltern gedacht und die furchtbaren Schmerzen erlebt, die der Krieg vor seinem Ende brachte. Aber es ging ja im letzten Kampf nicht darum, das Leben von Hitler um drei Tage zu verlängern. Wer das denkt, der hat uns nicht begriffen. Es ging darum, daß die Treue nicht aus der Welt kommt. Oft habe ich an das Bekenntnis von Carl von Clausewitz denken müssen,

„daß ein Volk nichts höher zu achten hat, als die Würde und Freiheit des Daseins; daß es diese mit dem letzten Blutstropfen verteidigen soll; daß es keine heiligere Pflicht zu erfüllen, keinem höheren Gesetze zu gehorchen hat; daß der Schandfleck der feigen Unterwerfung nie zu verwischen ist ..., daß selbst der Untergang dieser Freiheit nach einem blutigen und ehrenvollen Kampfe die Wiedergeburt des Volkes sichert und der Kern des Lebens ist, aus dem einst ein neuer Baum die sichere Wurzel schlägt."

Nach dem Kriege wurde der große Schatten offenbar, der auf der Geschichte der jüngeren Vergangenheit liegt: die Vernichtung der Juden. Wie oft bin ich gefragt worden: „Was wußtest du von Auschwitz?" Ich habe weder *vor* dem Lager Auschwitz oder Maidanek gestanden, geschweige denn diese Lager von innen erlebt. Als Augen- und Erlebniszeuge kann ich darüber keine authentische Aussage machen. Obwohl Staatssekretär, hatte ich an der Wannsee-Konferenz nicht teilgenommen und von meinen Kollegen von der Endlösung im Sinne einer physischen Vernichtung nichts vernommen. Ich fragte nach 1945 im Internierungslager Langwasser den Staatssekretär Dr. Klopfer danach, der an der Wannsee-Konferenz teilgenommen hatte. Er verneinte mir gegenüber den Beschluß über eine physische Vernichtung. Er wurde auch nicht vor dem Internationalen Militärtribunal von Nürnberg angeklagt.

Indessen steht fest, daß Juden im Dritten Reich vorsätzlich getötet worden sind. Ich beziehe mich jetzt nicht auf die Aussage vom Einsatzgruppenleiter Otto Ohlendorf, sondern auf Berichte von Soldaten nach 1945, die im Krieg an Erschießungen teilgenommen hatten und die durch Eidesleistungen verpflichtet wurden, darüber zu schweigen. Die Diskussion hinter vorgehaltener Hand über Ausmaß und Methoden der Vernichtung sollte nicht dazu beitragen, die Vernichtung zu relativieren. Jeder, der sich der Wahrheit verpflichtet fühlt und im Dritten Reich seine Pflicht erfüllt hat, ist daran interessiert, Aufschluß über das tatsächliche Geschehen zu erhalten, zumal auch im Ausland die Angaben sehr unterschiedlich sind. Es wäre unnatürlich, wenn das nicht zu Irritationen führen würde. Da aber diese Frage der Judenvernichtung unsere Vergangenheit so stark belastet, bedaure ich sehr, daß sie nicht von Anfang an durch eine internationale, mit Forschern besetzte Kommission überprüft worden ist. Hunderte sind nach 1945 in Deutschland gehängt worden, Abertausende in Gefängnisse geworfen, weit über hunderttausend - bis zur Jungmädelführerin - ohne Gerichtsverfahren interniert worden, und Millionen von einfachen Parteigenossen haben ihre Arbeitsstelle verloren.

Die Jugend hatte nichts mit der Judenvernichtung zu tun. Wie hätte sie überhaupt mit diesem Wissen kämpfen können? Wer kann es den Hinterbliebenen der Opfer verdenken, daß sie das nicht vergessen können? Wir würden es als Betroffene auch nicht vergessen. Tote können nicht ins Leben zurückgerufen werden. Daher wird eine materielle Wiedergutmachung durch die Generation zur Zeit des Geschehens nicht zu verwerfen sein. Aber die jungen Generationen der Zukunft damit zu belasten, würde nichts

Gutes erzeugen.

Wer hat denn je die Nachfahren derjenigen mit Sühneleistungen belasten wollen, die den Völkermord an den Indianern oder die Versklavung der Schwarzen zu verantworten hatten, denen Millionen Menschen zum Opfer gefallen sind? Die junge Generation der Gegenwart und der Zukunft hat keinen Grund, mit krummem Rücken und schuldbewußt im Büßergewand durch die Geschichte zu gehen. Auf sie kommen gewaltige Probleme zu, sei es die Erhaltung des Planeten und der Umwelt, die Bekämpfung der Kriminalität und der Drogenmafia und vieler Entartungserscheinungen. Ihre Lösung wird nur möglich sein, wenn der Gemeinsinn gelebtes Leben und keine Worthülse ist, wenn der Geist des krassen Materialismus überwunden ist.

Möge es noch einmal eine junge Generation geben, die sich mutig und stark genug fühlt, die Ärmel aufzukrempeln und die gewaltigen Aufgaben ohne die Hypotheken der Vergangenheit anzupacken! Nicht durch Molotov-Cocktails und Brandanschläge, sondern durch Lernen, Fortbildung und Arbeit an sich selbst. Nur so werden auch die grenzüberschreitenden Probleme in Europa zu lösen sein. Man kann nur hoffen, daß nächste Generationen nie in die Lage kommen, verzweifelt zu rufen:

Das kann doch nicht das Ende sein!